HERAUSGEGEBEN VON
Dr. Barbara Ort und Ludwig Rendle

fragen suchen entdecken

4

Arbeitshilfen

ERARBEITET VON
Angelika Dott,
Ursula Heilmeier,
Barbara Ort,
Angelika Paintner,
Ludwig Rendle,
Ludwig Sauter,
Josef Schwaller

Kösel/Auer

**fragen – suchen – entdecken 4
Religion in der Grundschule 1 – 4**

Herausgegeben von
Dr. Barbara Ort und OStDir Ludwig Rendle
mit Beratung von Prof. Dr. Lothar Kuld

fragen – suchen – entdecken 4 – Arbeitshilfen

Erarbeitet von
Angelika Dott, Ursula Heilmeier, Barbara Ort, Angelika Paintner,
Ludwig Rendle, Ludwig Sauter, Josef Schwaller

Bitte beachten Sie: Das Internet ist ein schnelllebiges Medium, das sich einer wirksamen Kontrolle der Inhalte entzieht. Wir haben uns bemüht, bei allen Link-Angaben ausschließlich „langlebige" Adressen von seriösen Quellen anzugeben, die kindgemäß sind und keinerlei Gewalt verherrlichende, diskriminierende, pornografische oder sonstige sittenwidrige Inhalte transportieren. Alle Angaben werden bei jeder Neuauflage der Bücher überprüft.
Dennoch kann nicht restlos ausgeschlossen werden, dass durch Veränderungen (z. B. Übernahme einer Domain durch einen neuen Inhaber) unerwünschte Inhalte auf den Seiten stehen, Links nicht mehr funktionieren oder auf andere Seiten mit unerwünschten Inhalten verwiesen wird. Wir distanzieren uns von solchen Inhalten, weisen Sie als Lehrkraft auf die besondere Aufsichtspflicht bei der Nutzung des Internets im Unterricht hin und bitten Sie um Hinweise an den Verlag, sollten Ihnen unerwünschte Inhalte auf den angegebenen Internet-Seiten auffallen.
Vielen Dank für Ihre Bemühungen!

2. Auflage 2006
Copyright © 2005 Kösel-Verlag, München,
in der Verlagsgruppe Random House GmbH,
und Auer Verlag GmbH, Donauwörth

Rechtschreibreformiert
Alle Rechte vorbehalten
Das Werk und seine Teile sind urheberrechtlich geschützt.
Jede Verwertung in anderen als den gesetzlich zugelassenen Fällen
bedarf deshalb der vorherigen schriftlichen Einwilligung der Verlage.
Hinweis zu § 52a UrhG: Weder das Werk noch seine Teile dürfen ohne eine
solche Einwilligung eingescannt und in ein Netzwerk eingestellt werden.
Dies gilt auch für Intranets von Schulen und sonstigen Bildungseinrichtungen.

Umschlag: Kaselow Design, München
Sachzeichnungen: Maria Ackmann, Hagen
Notensatz: Christa Pfletschinger, München
Satz: Kösel-Verlag, München
Druck und Bindung: Ludwig Auer GmbH, Donauwörth
Printed in Germany

ISBN-10: 3-466-50650-6 (Kösel)
ISBN-13: 978-3-466-50650-7 (Kösel)
ISBN-10: 3-403-03258-2 (Auer)
ISBN-13: 978-3-403-03258-8 (Auer)

Der Kösel-Verlag ist Mitglied im „Verlagsring Religionsunterricht (VRU)".

www.koesel.de
www.auer-verlag.de

Vorwort

Liebe Kollegin, lieber Kollege,

diese Arbeitshilfen zum vierten Band des Grundschulwerkes **fragen – suchen – entdecken** wollen Sie bei Ihrer kreativen Arbeit mit dem Schulbuch begleitend unterstützen.

– Zum besseren Verständnis des Gesamtwerkes wird zu Beginn das Konzept von **fragen – suchen – entdecken** erläutert. Im Mittelpunkt steht dabei die Betonung des eigenständigen Aneignungsprozesses von Inhalten durch die Schülerinnen und Schüler. Die Konsequenzen, die sich aus dieser didaktischen Konzeption ergeben, bestimmen die didaktische Struktur der einzelnen Kapitel.

– Eine Besonderheit stellen die ersten Seiten des jeweiligen Schulbuches dar. Sie sind überschrieben mit „Stille entdecken" und verweisen Sie und die Schülerinnen und Schüler auf eine wichtige Aufgabe des Religionsunterrichts: auf die Einübung der Stille, der Achtsamkeit, der Möglichkeiten „Wege der inneren Erfahrung" zu erkunden und zu gehen. Diese Angebote sollen gleichsam wie ein roter Faden den Religionsunterricht in immer neuen Variationen während des Jahres begleiten.

– Die Folienmappe mit Bildern der Kunst **Schatzkiste 3/4,** die CD **Liederkiste 3/4** und die Folienmappe mit Fotos aus dem Alltag und von liturgischen Vollzügen **Lebensbilder 3/4** sind zusätzliche Hilfen für Ihren Religionsunterricht.

Wir hoffen, dass die Arbeitshilfen mit ihren zahlreichen Impulsen, Arbeitsblättern und zusätzlichen Materialien eine lebendige und kreative Unterrichtsgestaltung ermöglichen.

Die Autorinnen und Autoren,
die Herausgeberin und der Herausgeber

Inhalt

| A GRUNDLAGEN | Das Konzept zu „fragen – suchen – entdecken 1-4" |

Rahmenbedingungen 14
Konsequenzen für die Religionsbücher „fragen – suchen – entdecken" 17
Ausgangspunkt und Ziel: fragende, suchende und entdeckende Sch 18

| A GRUNDLAGEN | Das Begleitmaterial zu „fragen – suchen – entdecken 1-4" |

1. Die „fragen – suchen – entdecken –Arbeitshilfen" 19
2. Die Folienmappe Schatzkiste 3/4 19
3. Die CD Liederkiste 3/4 19
4. Die Folienmappe Lebensbilder 3/4 19
5. Begleitbuch über die Stufen religiöser Entwicklung 20

| B SCHULBUCH | Der Umschlag von „fragen – suchen – entdecken 4" |

| B SCHULBUCH | Meditationsseiten in „fragen – suchen – entdecken 1-4" |

Stille-Übungen im RU der Grundschule 21
Die religionspädagogische Bedeutung von Stille-Übungen 21
Rahmenbedingungen und Gestaltung einer Stille-Übung 22
Grundformen der Stille-Übung: Atmen – Aufrechtes Sitzen 23
Aufbau der Stille-Übung 24
Literatur 24

| B SCHULBUCH | Stille entdecken in „fragen – suchen – entdecken 4" |

FRAGEN – SUCHEN – ENTDECKEN 4: Symbol: Weg 25
1. Hintergrund 25
2. Einsatzmöglichkeiten im RU 26
    M 4.0.1 *Lied:* Mal deinen Weg 27
    M 4.0.2 *Lied:* Mach dich auf den langen Weg 29
    M 4.0.3 *Lied:* Ich suche neue Wege 31
3. Weiterführende Anregungen 30
    M 4.0.4 *Labyrinth:* Auf dem Weg zum Ziel 33

FRAGEN – SUCHEN – ENTDECKEN 5: Ein Sinn: Tasten 30
1. Hintergrund 30
2. Einsatzmöglichkeiten im RU 32

FRAGEN – SUCHEN – ENTDECKEN 5: Das Labyrinth 34
1. Hintergrund 34
    AB 4.0.5 *Rollenspiel:* Mit Jesus gehen 35
2. Einsatzmöglichkeiten im RU 36
    AB 4.0.6 *Kopiervorlage:* Labyrinth-Typen 37
    M 4.0.7 *Meditationstext:* Ein Gang in das Labyrinth 39
    M 4.0.8 *Fantasieübung:* Mein Lebensweg 39
3. Weiterführende Anregungen 40

FRAGEN – SUCHEN – ENTDECKEN 6: Die Gebärden 41
1. Hintergrund 41
2. Einsatzmöglichkeiten im RU 42
    AB 4.0.9 Gebärdenfolge 43
3. Weiterführende Anregungen 44

KAPITEL 1   In die Freiheit geführt

1. Religionspädagogische und theologische Hinweise 45
2. Das Thema im Lehrplan und in *fragen – suchen – entdecken* 46
3. Verbindungen zu anderen Themenbereichen und Fächern 46
4. Lernsequenz 46

FRAGEN – SUCHEN – ENTDECKEN 7: In die Freiheit geführt 48
1. Hintergrund 48
2. Einsatzmöglichkeiten im RU 48
    M 4.1.1 *Lied:* Dafür will ich dir danke sagen 47
    Ein Grundmodell der Bilderschließung 50

FRAGEN – SUCHEN – ENTDECKEN 8/9: Frei von Regeln leben 52
1. Hintergrund 52
2. Einsatzmöglichkeiten im RU 54
3. Weiterführende Anregungen 54

FRAGEN – SUCHEN – ENTDECKEN 10/11: Alles bestens geregelt? 54
1. Hintergrund 54
2. Einsatzmöglichkeiten im RU 56
    AB 4.1.2 *Arbeitsblatt:* Träume vom Leben in Freiheit 49
    AB 4.1.3 *Arbeitsblatt:* Ich habe einen Traum 51
    M 4.1.4 *Lied:* Mein Traum erzählt vom Leben 53
3. Weiterführende Anregung 56

FRAGEN – SUCHEN – ENTDECKEN 12/13: Gott befreit 58
1. Hintergrund 58
2. Einsatzmöglichkeiten im RU 58
    AB 4.1.5 *Gestaltungsvorlage:* Von Gnade und Recht will ich singen 55

FRAGEN – SUCHEN – ENTDECKEN 14/15: Erfahrungen auf dem Weg 60
1. Hintergrund 60
2. Einsatzmöglichkeiten im RU 62
    AB 4.1.6 *Bastelanleitung:* Wüstenbüchlein 57
    AB 4.1.7 *Lied:* Volk in der Wüste 59
3. Weiterführende Anregungen 62

FRAGEN – SUCHEN – ENTDECKEN 16/17: Die Freiheit bewahren – Gottes Weisungen folgen 64
1. Hintergrund 64
2. Einsatzmöglichkeiten im RU 66
    AB 4.1.8 *Abdeckschablone:* Mose empfängt die Gesetzestafeln 61
    M 4.1.9 *Lied:* Zehn Gebote geb ich dir 63
    AB 4.1.10 *Gestaltungsvorlage:* Elemente für die Gebetsperlenkette 65
    M 4.1.11 *Lied:* Nicht aufeinander neidisch sein 67

FRAGEN – SUCHEN – ENTDECKEN 18/19: Was die Gebote zusammenhält 68
1. Hintergrund 68
2. Einsatzmöglichkeiten im RU 70
    AB 4.1.12 *Gestaltungsvorlage:* Ich erwarte von ihnen ... – Sie erwarten von mir 69
    AB 4.1.13 *Arbeitsblatt:* Was hält die Gebote zusammen? 71
    M 4.1.14 *Lied:* Eines Tages kam einer 73

FRAGEN – SUCHEN – ENTDECKEN 20/21: Wie kann das Leben gelingen? 72
1. Hintergrund 72
2. Einsatzmöglichkeiten im RU 74
    AB 4.1.15 *Laufzettel für Stationenlernen:* Wie kann das Leben gelingen? 76
    M 4.1.16 *Lied:* Da ging die Nacht zu Ende 73

FRAGEN – SUCHEN – ENTDECKEN 22: Gottes Weisung ist 75
1. Hintergrund 75
2. Einsatzmöglichkeiten im RU 75
    AB 4.1.17 *Partner-Puzzle:* Gottes Weisungen sind wie 78
    AB 4.1.18 *Gestaltungsvorlage:* Zwei Puzzleteile 78

KAPITEL 2   Dem Leben vertrauen können

1. Religionspädagogische und theologische Hinweise 79
2. Das Thema im Lehrplan und in *fragen – suchen – entdecken* 80
3. Verbindungen zu anderen Fächern 81
4. Lernsequenz 81

FRAGEN – SUCHEN – ENTDECKEN 23: Dem Leben vertrauen können 82
1. Hintergrund 82
2. Einsatzmöglichkeiten im RU 82

FRAGEN – SUCHEN – ENTDECKEN 24/25: Wer bin ich? 83
1. Hintergrund 83
2. Einsatzmöglichkeiten im RU 84
    M 4.2.1 *Folienvorlage:* Zufall 85
    AB 4.2.2 *Kopiervorlage:* Stammbaum 85
    M 4.2.3 *Anleitung:* Körperreise 87
    M 4.2.4 *Anleitung:* Abklopfmeditation 89
    AB 4.2.5 *Infotext:* Wusstest du, ... 91

FRAGEN – SUCHEN – ENTDECKEN 26/27: Was mich ausmacht 88
1. Hintergrund 88
2. Einsatzmöglichkeiten im RU 88
    AB 4.2.6 *Arbeitsblatt:* ABC-Gedichte 93
    AB 4.2.7 *Gestaltungsvorlage:* Mein Wappen 91
    AB 4.2.8 *Arbeitsblatt:* Mädchen sind ... – Jungen sind 95
3. Weiterführende Anregungen 92

FRAGEN – SUCHEN – ENTDECKEN 28/29: Manchmal möchte ich anders sein 92
1. Hintergrund 92
2. Einsatzmöglichkeiten im RU 94
    AB 4.2.9 *Arbeitsblatt:* Zauberspiegel 97
    AB 4.2.10 *Gedicht:* Wer ich bin 99
3. Weiterführende Anregung 98

FRAGEN – SUCHEN – ENTDECKEN 30/31: Auf wen kann man sich verlassen? ... 98
1. Hintergrund ... 98
2. Einsatzmöglichkeiten im RU ... 101
   AB 4.2.11 *Gedicht:* Aufbrechen ... 99
   M 4.2.12 *Anleitung der Körperübung:* Gehen heißt Vertrauen ... 103
   M 4.2.13 *Vorschlag:* Bewegungen zum Lied „Steh auf!" ... 103
   AB 4.2.14 *Arbeitsblatt:* Bleiben oder aufbrechen? ... 105
   AB 4.2.15 *Gestaltungsvorlage:* Abraham ... 107

FRAGEN – SUCHEN – ENTDECKEN 32/33: Wenn du nicht wärst 102
1. Hintergrund ... 102
2. Einsatzmöglichkeiten im RU ... 104
   AB 4.2.16 *Textblatt:* Geschichten von Freundschaften ... 109
   AB 4.2.17 *Arbeitsblatt:* Ein treuer Freund ist wie 109
   AB 4.2.18 *Gestaltungsvorlage:* Freundschaftskarten ... 111

FRAGEN – SUCHEN – ENTDECKEN 34/35: Wenn es wirklich schwierig wird ... 108
1. Hintergrund ... 108
2. Einsatzmöglichkeiten im RU ... 110

FRAGEN – SUCHEN – ENTDECKEN 36/37: Wenn wir nicht wären 112
1. Hintergrund ... 112
2. Einsatzmöglichkeiten im RU ... 113

FRAGEN – SUCHEN – ENTDECKEN 38: Was mein Leben schön macht ... 113
1. Hintergrund ... 113
2. Einsatzmöglichkeiten im RU ... 114
   AB 4.2.19 *Gestaltungsvorlage:* Meine Zukunft. Ein Film von 115
   AB 4.2.20 *Arbeitsblatt:* Rondell-Gedicht: Was mein Leben schön macht ... 115

KAPITEL 3	*Offen werden füreinander*

1. Religionspädagogische und theologische Hinweise ... 117
2. Das Thema im Lehrplan und in *fragen – suchen – entdecken* ... 118
3. Verbindungen zu anderen Fächern ... 118
4. Lernsequenz ... 118

FRAGEN – SUCHEN – ENTDECKEN 39: Offen werden füreinander ... 119
1. Hintergrund ... 119
2. Einsatzmöglichkeiten im RU ... 119

FRAGEN – SUCHEN – ENTDECKEN 40/41: Über Gott und die Welt nachdenken ... 120
1. Hintergrund ... 120
2. Einsatzmöglichkeiten im RU ... 120
   M 4.3.1 *Erzähltext:* Tims Fragen ... 121
   M 4.3.2 *Gedicht:* Werbespott ... 123

FRAGEN – SUCHEN – ENTDECKEN 42/43: In den Religionen Antwort finden ... 122
1. Hintergrund ... 122
2. Einsatzmöglichkeiten im RU ... 124
   M 4.3.3 *Infotext:* Die Religion der Juden ... 123
3. Weiterführende Anregungen ... 126

FRAGEN – SUCHEN – ENTDECKEN 44/45: Muslime glauben an Allah 130
1. Hintergrund 130
2. Einsatzmöglichkeiten im RU 132
    AB 4.3.4 *Arbeitsblatt:* Muslime glauben an Allah 125
    AB 4.3.5 *Arbeitsblatt:* Glaubensbekenntnis christlich – muslimisch 125
    AB 4.3.6 *Gestaltungsvorlage:* Islamische Ornamente 127
3. Weiterführende Anregungen 134
    AB 4.3.7 *Arbeitsblatt:* Die 99 schönsten Namen Gottes 129
    AB 4.3.8 *Arbeitsblatt:* Christliche Namen für Gott 131

FRAGEN – SUCHEN – ENTDECKEN 46/47: ... und verehren den Koran 134
1. Hintergrund 134
2. Einsatzmöglichkeiten im RU 138
    M 4.3.9 *Erzähltext:* Über das Leben des Propheten Muhammad 133
    AB 4.3.10 *Textpuzzle:* Das Leben des Propheten Muhammad 135
    AB 4.3.11 *Textblatt:* Suren aus dem Koran 137
    M 4.3.12 *Erzähltext:* Die Pilgerfahrt 139
    M 4.3.13 *Arbeitsblatt:* Die fünf Pflichten der Muslime/Die Hand der Fatima 141
3. Weiterführende Anregung 140

FRAGEN – SUCHEN – ENTDECKEN 48/49: ... beten zu Allah 140
1. Hintergrund 141
2. Einsatzmöglichkeiten im RU 142
    AB 4.3.14 *Arbeitsblatt:* Muslime waschen sich vor dem Gebet 143
    AB 4.3.15 *Arbeitsblatt:* Gebetshaltungen 144
    M 4.3.16 *Folienvorlage:* Die Kanzel, der Minbar 145
    AB 4.3.17 *Arbeitsblatt/Legespiel:* Moschee – Kirche 147
3. Weiterführende Anregungen 142

FRAGEN – SUCHEN – ENTDECKEN 50/51: ... fasten und feiern 146
1. Hintergrund 146
2. Einsatzmöglichkeiten im RU 148
    AB 4.3.18 *Arbeitsblatt:* Fasten und feiern 149
3. Weiterführende Anregung 148
    AB 4.3.19 *Spielvorlage:* Lernspiel Islam 151
    AB 4.3.20 a *Kopiervorlagen:* Frage-Karten zum Lernspiel Islam 153
    AB 4.3.20 b *Kopiervorlagen:* Antwort-Karten zum Lernspiel Islam 154

FRAGEN – SUCHEN – ENTDECKEN 52/53: Gemeinsamkeiten entdecken 150
1. Hintergrund 150
2. Einsatzmöglichkeiten im RU 150
    M 4.3.21 *Folienvorlage:* Picasso: Friedenstaube 155
    M 4.3.22 *Textblatt:* Um Frieden bitte ich 155
3. Weiterführende Anregungen 152

FRAGEN – SUCHEN – ENTDECKEN 54: Voneinander und miteinander lernen 152
1. Hintergrund 152
2. Einsatzmöglichkeiten im RU 156

KAPITEL 4 — Mit Leid und Tod leben lernen

1. Religionspädagogische und theologische Hinweise 157
2. Das Thema im Lehrplan und in *fragen – suchen – entdecken* 159
3. Verbindungen zu anderen Fächern 160
4. Lernsequenz 160

FRAGEN – SUCHEN – ENTDECKEN 55: Mit Leid und Tod leben lernen 161
1. Hintergrund 161
2. Einsatzmöglichkeiten im RU 161

FRAGEN – SUCHEN – ENTDECKEN 56/57: Von Unheil und Tod betroffen sein 162
1. Hintergrund 162
2. Einsatzmöglichkeiten im RU 164
    AB 4.4.1 *Arbeitsblatt:* Von Unheil und Leid betroffen sein 163
    AB 4.4.2 *Arbeitsblatt:* Einander Trost schenken 167
3. Weiterführende Anregung 165

FRAGEN – SUCHEN – ENTDECKEN 58/59: Fragen über Fragen 165
1. Hintergrund 165
2. Einsatzmöglichkeiten im RU 166
    AB 4.4.3 *Arbeitsblatt:* Fragezeichen-Gedicht 167
    AB 4.4.4 *Arbeitsblatt:* Warum lässt Gott zu, dass es Leid auf der Welt gibt? 171

FRAGEN – SUCHEN – ENTDECKEN 60/61: Hilfe von Gott erwarten? 168
1. Hintergrund 168
2. Einsatzmöglichkeiten im RU 170

FRAGEN – SUCHEN – ENTDECKEN 62/63: Jesus begegnet Menschen, die leiden 172
1. Hintergrund 172
2. Einsatzmöglichkeiten im RU 174
    M 4.4.5 *Erzähltext:* Die Heilung eines Aussätzigen 169
    AB 4.4.6 *Gestaltungsvorlage:* Die Heilung eines Aussätzigen 175

FRAGEN – SUCHEN – ENTDECKEN 64/65: Jesus geht einen schweren Weg 176
1. Hintergrund 176
2. Einsatzmöglichkeiten im RU 176
    AB 4.4.7 *Textkarten:* Jesus erfährt selbst Leid auf seinem Weg – Stationen seines schweren Weges . 177
3. Weiterführende Anregungen 178

FRAGEN – SUCHEN – ENTDECKEN 66/67: Stärker als Leid und Tod 180
1. Hintergrund 180
2. Einsatzmöglichkeiten im RU 182
    M 4.4.8 *Kopiervorlage:* Arnulf Rainer: Kreuz (Umrisszeichnung) 169
    M 4.4.9 *Tanzanleitng:* Halleluja aus der Finnischen Messe 179

FRAGEN – SUCHEN – ENTDECKEN 68/69: Auferstehung Jesu – Hoffnung für alle 183
1. Hintergrund 183
2. Einsatzmöglichkeiten im RU 184
    AB 4.4.10 *Arbeitsblatt:* Wie Christen ihre Hoffnung zeigen, wenn jemand stirbt ... 179
    AB 4.4.11 *Arbeitsblatt:* Mein Gedicht vom Himmel 181
    AB 4.4.12 *Arbeitsblatt:* Bei-Gott-sein stelle ich mir so vor 181

FRAGEN – SUCHEN – ENTDECKEN 70: An das Leben glauben 185
1. Hintergrund 185
2. Einsatzmöglichkeiten im RU 187

AB 4.4.13 *Arbeitsblatt:* Wovon Grabsteine erzählen 188
3. Weiterführende Anregungen 187

KAPITEL 5 — Jesu Botschaft weitertragen

1. Religionspädagogische und theologische Hinweise 189
2. Das Thema im Lehrplan und in *fragen – suchen – entdecken* 189
3. Verbindungen zu anderen Fächern 190
4. Lernsequenz 190

FRAGEN – SUCHEN – ENTDECKEN 71: Jesu Botschaft weitertragen 191
1. Hintergrund 191
2. Einsatzmöglichkeiten im RU 192
   M 4.5.1 *Ausschneidebogen:* Hilfen zur Bildbetrachtung 193

FRAGEN – SUCHEN – ENTDECKEN 72/73: Überall auf der Welt gibt es Christen 194
1. Hintergrund 194
2. Einsatzmöglichkeiten im RU 196
   M 4.5.2 *Folienvorlage:* Landkarte 195
3. Weiterführende Anregunge 198

FRAGEN – SUCHEN – ENTDECKEN 74/75: Ein Aufbruch 198
1. Hintergrund 198
2. Einsatzmöglichkeiten im RU 202
   M 4.5.3 *Lehrererzählung:* Ein Aufbruch voller Begeisterung 197
   AB 4.5.4 *Gestaltungsvorlage:* Das Pfingsthaus 199
   AB 4.5.5 *Arbeitsblatt:* Die Rede des Petrus 201
   AB 4.5.6 *Gestaltungsvorlage:* Thomas Zacharias: Pfingsten 203
   M 4.5.7 *Lied:* Bruder Petrus 205

FRAGEN – SUCHEN – ENTDECKEN 76/77: Wie die ersten Christen lebten 204
1. Hintergrund 204
2. Einsatzmöglichkeiten im RU 206
   M 4.5.8 *Kopiervorlage zur Visualisierung:* Über das Leben der Urgemeinde 207
   AB 4.5.9 *Arbeitsblatt:* Die Aufgaben einer christlichen Gemeinde 209

FRAGEN – SUCHEN – ENTDECKEN 78/79: Der Glaube überschreitet Grenzen ... 208
1. Hintergrund 208
2. Einsatzmöglichkeiten im RU 210
   M 4.5.10 *Landkarte:* Der Mittelmeerraum 211
   M 4.5.11 *Meditationstext:* Das Licht des Glaubens weitertragen 213
   M 4.5.12 *Lied:* Wir tragen dein Licht 213
   AB 4.5.13 *Arbeitsblatt:* Der Apostel Paulus verkündet das Evangelium 215

FRAGEN – SUCHEN – ENTDECKEN 80/81: Wie das Christentum zu uns kam ... 212
1. Hintergrund 212
2. Einsatzmöglichkeiten im RU 214
   AB 4.5.14 *Arbeitsblatt:* Bonifatius-Rätsel 217

FRAGEN – SUCHEN – ENTDECKEN 82/83: Christen übernehmen Verantwortung 216
1. Hintergrund 216
2. Einsatzmöglichkeiten im RU 218
   M 4.5.15 *Lied:* Gott baut ein Haus, das lebt 219
   AB 4.5.16 *Puzzleteile:* Ein Haus aus lebendigen Steinen 219

FRAGEN – SUCHEN – ENTDECKEN 84/85: In Verbindung bleiben 220
  1. Hintergrund 220
  2. Einsatzmöglichkeiten im RU 220
      AB 4.5.17 *Kopiervorlage:* Memory-Karten zum Lied „Gut, dass wir einander haben" 221
  3. Weiterführende Anregungen 222

FRAGEN – SUCHEN – ENTDECKEN 86: Verbindungen knüpfen 222
  1. Hintergrund 222
  2. Einsatzmöglichkeiten im RU 223
      AB 4.5.18 *Kopiervorlage:* Lernkärtchen 225
  3. Weiterführende Anregung 223

KAPITEL 6 — Mit Bildern und Symbolen sprechen

1. Religionspädagogische und theologische Hinweise 226
2. Das Thema im Lehrplan und in *fragen – suchen – entdecken* 228
3. Verbindungen zu anderen Themenbereichen und Fächern 228
4. Lernsequenz 229

FRAGEN – SUCHEN – ENTDECKEN 87: In Bildern und Symbolen sprechen 229
  1. Hintergrund 229
  2. Einsatzmöglichkeiten im RU 230
      M 4.6.1 *Sprechblase:* Meine Gedanken zum „Sonnenschlucker" 231

FRAGEN – SUCHEN – ENTDECKEN 88/89: Gegenstände beginnen zu erzählen 230
  1. Hintergrund 230
  2. Einsatzmöglichkeiten im RU 230
      AB 4.6.2 *Sprechblase:* Mein Gegenstand erzählt 231
      AB 4.6.3 *Arbeitsblatt:* Gegenstände beginnen zu erzählen 233
  3. Weiterführende Anregung 232
      AB 4.6.4 *Erzählung:* Die Geschichte vom Holzpferd 235
      AB 4.6.5 *Erzählung:* Mit dem Herzen sehen 237

FRAGEN – SUCHEN – ENTDECKEN 90/91: Der Baum – ein Bild für das Leben 232
  1. Hintergrund 232
  2. Einsatzmöglichkeiten im RU 236
      AB 4.6.6 *Arbeitsblatt:* Der Baum – ein Bild für das Leben 241
      M 4.6.7 *Lied:* Alle kommen zu dem Baum 242
      M 4.6.8 *Lied:* Herr, wie ein Baum 243
      M 4.6.9 *Lied:* Was ich dir wünsche 243
      M 4.6.10 *Gestaltungsvorlage:* Textpuzzle für eine Hoffnungsgeschichte 245
  3. Weiterführende Anregungen 240

FRAGEN – SUCHEN – ENTDECKEN 92/93: Mit Wort-Bildern sprechen 240
  1. Hintergrund 240
  2. Einsatzmöglichkeiten im RU 240
      AB 4.6.11 *Gestaltungsvorlage:* Die Bibel spricht in Bildworten 246

FRAGEN – SUCHEN – ENTDECKEN 94/95: Ohne Worte sprechen 244
  1. Hintergrund 244
  2. Einsatzmöglichkeiten im RU 248
      AB 4.6.12 *Thomas war sehr krank* 247
      M 4.6.13 *Abdeckschablone:* Fußwaschung 249
      M 4.6.14 *Lied:* Liebe ist nicht nur ein Wort? 251
      AB 4.6.15 *Arbeitsblatt:* Lied: Dies ist mein Gebot 251

FRAGEN – SUCHEN – ENTDECKEN 96/97: Märchen erzählen vom Leben 248
  1. Hintergrund 248
  2. Einsatzmöglichkeiten im RU 250
      M 4.6.16 *Textblatt*: Psalm 104 253
      M 4.6.17 *Lied*: Wasser ist Leben 254

FRAGEN – SUCHEN – ENTDECKEN 98/99: Die Bibel erzählt vom Leben 252
  1. Hintergrund 252
  2. Einsatzmöglichkeiten im RU 256
      M 4.6.18 *Bildvorlage*: Türme 255
      M 4.6.19 *Lied*: Gott, bist du ein hoher Turm? 257
      M 4.6.20 *Lied*: Wir wollen aufstehn 259
  3. Weiterführende Anregungen 258

FRAGEN – SUCHEN – ENTDECKEN 100/101: Bilder vom Reich Gottes 258
  1. Hintergrund 258
  2. Einsatzmöglichkeiten im RU 260
      AB 4.6.21 *Gestaltungsvorlage*: Selig seid ihr – Ein Hoffnungsspiel 261
      M 4.6.22 *Lied*: Selig seid ihr 262
      M 4.6.23 *Fantasieübung*: „Senfkorn" 263
      M 4.6.24 *Lehrerzählung*: Das Gleichnis vom Senfkorn 263
      AB 4.6.25 *Arbeitsblatt*: Hoffnungssätze 265
      AB 4.6.26 *Gestaltungsvorlage*: Das Reich Gottes – eine neue Welt? 267
  3. Weiterführende Anregung 264

FRAGEN – SUCHEN – ENTDECKEN 102: Komm, bau ein Haus 266
  1. Hintergrund 266
  2. Einsatzmöglichkeiten im RU 266

KAPITEL 7   Kirchen und Konfessionen – ein Evangelium

1. Religionspädagogische und theologische Hinweise 268
2. Das Thema im Lehrplan und in *fragen – suchen – entdecken* 269
3. Verbindungen zu anderen Themenbereichen 270
... und Fächern 270
4. Lernsequenz 270

FRAGEN – SUCHEN – ENTDECKEN 103: Kirchen und Konfessionen – ein Evangelium 271
  1. Hintergrund 271
  2. Einsatzmöglichkeiten im RU 272
      M 4.7.1 *Abdeckschablone*: Sieger Köder, Der Geist Gottes bewegt die Menschen 273
      AB 4.7.2 *Arbeitsblatt*: Evangelium 275

fragen – suchen – entdecken 104/105: Katholisch – evangelisch 272
  1. Hintergrund 272
  2. Einsatzmöglichkeiten im RU 274
      AB 4.7.3 *Arbeitsblatt*: Ich bin katholisch 277
      M 4.7.4 *Lied*: Im Namen des Vaters 279
  3. Weiterführende Anregung 274

FRAGEN – SUCHEN – ENTDECKEN 106/107: Gemeinsamer Anfang – Wege trennen sich 276
  1. Hintergrund 276
  2. Einsatzmöglichkeiten im RU 276
      AB 4.7.5 *Arbeitsblatt*: Gemeinsamer Anfang 281
      AB 4.7.6 *Arbeitsblatt*: Verschiedene Kirchen 280

FRAGEN – SUCHEN – ENTDECKEN 108/109: Martin Luther – Stationen der Trennung ... 278
1. Hintergrund ... 278
2. Einsatzmöglichkeiten im RU ... 282
      AB 4.7.7 *Arbeitsblatt:* Die Entstehung der evangelischen Kirche ... 283
      AB 4.7.8 *Arbeitsblatt:* Über Martin Luthers Leben ... 285
      AB 4.7.9 *Folien-/Gestaltungsvorlage:* Die Lutherrose ... 286
      AB 4.7.10 *Infotext:* Interpretation der Lutherrose ... 286

FRAGEN – SUCHEN – ENTDECKEN 110/111: Unterschiede wahrnehmen – in den Kirchengebäuden ... 284
1. Hintergrund ... 284
2. Einsatzmöglichkeiten im RU ... 288
      AB 4.7.11 *Arbeitsblatt:* Unterschiede wahrnehmen ... 287
3. Weiterführende Anregungen ... 288
      AB 4.7.12 *Gestaltungsvorlage:* Kirchenräume ... 289

FRAGEN – SUCHEN – ENTDECKEN 112/113: Unterschiede wahrnehmen – im Leben der Christen ... 290
1. Hintergrund ... 290
2. Einsatzmöglichkeiten im RU ... 292
      M 4.7.13 *Lehrererzählung:* Anja und Uwe entdecken Unterschiede in ihren Konfessionen ... 279
      AB 4.7.14 *Arbeitsblatt:* Anjas Fotoalbum ... 291
      AB 4.7.15 *Arbeitsblatt:* Uwes Fotoalbum ... 293
      AB 4.7.16 *Arbeitsblatt:* So ist ein Gottesdienst aufgebaut ... 295
      AB 4.7.17 *Fragekärtchen:* Ratespiel zur Kircheneinrichtung ... 297

FRAGEN – SUCHEN – ENTDECKEN 114/115: Gemeinsamkeiten entdecken ... 294
1. Hintergrund ... 294
2. Einsatzmöglichkeiten im RU ... 294
      AB 4.7.18 *Arbeitsblatt:* Das haben wir gemeinsam ... 298
3. Weiterführende Anregung ... 296

FRAGEN – SUCHEN – ENTDECKEN 116/117: Verschieden sein – miteinander Christ sein ... 296
1. Hintergrund ... 296
2. Einsatzmöglichkeiten im RU ... 296
      AB 4.7.19 *Arbeitsblatt:* Verschieden sein – miteinander Christ sein ... 299
      M 4.7.20 *Folienvorlage:* Ökumene (Schülerarbeit) ... 301
      M 4.7.21 *Lied:* Herr, gib mir Mut zum Brücken bauen ... 302
      AB 4.7.22 *Gestaltungsvorlage:* Ideensäule ... 303
      M 4.7.23 *Folienvorlage:* Mauern überwinden ... 305
3. Weiterführende Anregungen ... 300

FRAGEN – SUCHEN – ENTDECKEN 118/119: Miteinander Gottesdienst feiern ... 304
1. Hintergrund ... 304
2. Einsatzmöglichkeiten im RU ... 304
      M 4.7.24 *Lied:* Lasst uns miteinander ... 302
3. Weiterführende Anregungen ... 304
Literatur

Mein Ich-Buch

1. Hintergrund ... 306
2. Einsatzmöglichkeiten im RU ... 306
3. Weiterführende Anregungen ... 307
Blanko-Arbeitsblatt mit Rahmen ... 308

Quellenverzeichnis ... 309

Das Konzept zu „fragen – suchen – entdecken 1-4"

Rahmenbedingungen

Bei der Planung der neuen Religionsbücher waren für uns folgende Kriterien maßgebend:

1. Die Vorgaben des Lehrplans:
Es waren für uns nicht nur die Lehrplaninhalte maßgebend, sondern das Gesamtbild des Religionsunterrichtes (RU), das dem Lehrplan zugrunde liegt.

2. Die Lebenswelt der Grundschülerinnen und Grundschüler:
Hier spielen sowohl die gesellschaftlichen Bedingungen, unter denen Kinder lernen, als auch die Religiosität der Schülerinnen und Schüler eine wichtige Rolle.

3. Religiöses Lernen als Prozess der Aneignung:
Wir haben uns vor allem auf die Untersuchungsergebnisse der strukturgenetischen Forschung gestützt, nach denen die Kinder eigenständige religiöse Vorstellungen entwickeln und die deshalb im RU als Subjekte ihrer eigenen Lernprozesse, Lebens- und Sinnentwürfe und ihrer Glaubensvorstellungen betrachtet werden müssen.

1. Die Aussagen des Lehrplans zum RU in der Grundschule

Kinder im Grundschulalter kommen mit unterschiedlichen religiösen Erfahrungen, Vorstellungen und Verstehensweisen in die Grundschule und bringen Interesse an Religion und Glauben mit. Sie haben die Fähigkeit zu staunen und wollen mit ihren Fragen ernst genommen werden.
Im RU werden die Schülerinnen und Schüler (Sch) darin unterstützt, ihre religiösen Bedürfnisse und ihre Vorstellungen von Gott und von der Welt zu klären. Sie sollen angeregt werden, ihre Hoffnungen und Ängste auszudrücken, sich mit ihren eigenen sowie mit den Fragen ihrer Mitschüler auseinander zu setzen und im gegenseitigen Austausch von- und miteinander zu lernen. Sch werden ermutigt, nach sich selbst und nach Gestaltungsformen des Zusammenlebens mit anderen, nach dem Woher und Wohin ihres Lebens und in diesem Zusammenhang nach Gott zu fragen.
Im Fachprofil des Lehrplans für katholische Religionslehre werden die Ziele und Inhalte des RU in drei Lernbereichen entfaltet (vgl. Amtsblatt der Bayerischen Staatsministerien für Unterricht und Kultus, Wissenschaft, Forschung und Kunst, Sondernummer 1/2000, S. 18 f.):

1. Lernbereich: *Lebensfragen und biblische Botschaft*
Die Begegnung mit Geschichten der Bibel soll Sch anregen, über sich selber nachzudenken und Zugänge zur lebensbedeutenden und befreienden Botschaft der biblischen Überlieferung zu finden.

2. Lernbereich: *Ausdrucksformen des Glaubens und kirchliches Leben*
Sch sollen mit Ausdrucksformen des Glaubens in Bildern und Gesten, Symbolen und Metaphern vertraut und angeregt werden, eigene religiöse Sprach- und Ausdrucksformen zu entwickeln.

3. Lernbereich: *Leben in religiös-kultureller Vielfalt und Maßstäbe ethischen Handelns*
Auf der Grundlage christlicher Glaubensüberlieferung sollen Sch Wege zur Gestaltung eines gelingenden Miteinanders und Maßstäbe ethischen Urteilens finden, die für ihr Leben in Familie, Freundeskreis und Schule sowie im gesellschaftlichen und kulturellen Leben von Bedeutung sind.

2. Die Lebenswelt der Grundschülerinnen und -schüler

Schulbücher müssen einerseits die Vorgaben eines Lehrplans beachten und einlösen, sie müssen andererseits aber auch die Lebenswelt der Grundschülerinnen und -schüler, ihre Verstehensvoraussetzungen und die Möglichkeiten eines religiösen Lernens im Blick haben.

GESELLSCHAFTLICHE BEDINGUNGEN
Wenn mit Pluralisierung und Individualisierung die Lebenswelt der Erwachsenen gekennzeichnet wird, dann gilt dies nicht minder für Sch. Denn Kindheit ist heute geprägt von einem Wandel der Lebensräume, von neuen Raum- und Zeitwahrnehmungen, von Verhäuslichung und Verinselung des Kinderlebens und dem Wandel in den familiären Systemen (vgl. z. B. Maria Fölling-Albers (Hg.), Veränderte Kindheit – veränderte Grundschule, Frankfurt 1993, 25 f.).
Ein Gesamtpanorama der veränderten Lebensbedingungen unserer Sch lässt die Verflochtenheit vieler

Phänomene erkennen: So kann die veränderte Nachmittagsgestaltung der Sch nicht von der Veränderung der Familienstrukturen getrennt werden. Festzustellen ist vor allem eine Übernahme erwachsener Zeitorganisation. An die Stelle von spontan aufgesuchten Nachbarschaftsgruppen tritt eine verstärkte Institutionalisierung der Freizeit und der Freizeitgestaltung durch „Terminnetze". Die Vielfalt von Kursen sportlicher, musikalischer und handwerklicher Art verspricht Eltern und Sch, um den Preis einer verstärkten Institutionalisierung der Freizeitgestaltung, Ergänzung und Erweiterung der schulischen Ausbildung. Die Kommerzialisierung der Freizeit ist jeglicher Spontaneität entgegengerichtet und die Beschäftigungen sind oft so vorgegeben, dass es keiner großen Fantasie mehr bedarf. Vor allem die Natur und ihre wirklichen Zusammenhänge werden ausgeblendet. Eine vorpräparierte Welt wird präsentiert und schafft dazu noch mehr Distanz zu der unmittelbaren Realität. Verstärkt wird diese Erfahrungsarmut durch die elektronische Welt vom Fernsehen bis zum Computer, in denen keine unmittelbare Realität mehr erlebt wird, sondern Abbilder einer konstruierten Welt wahrgenommen werden. Bei allen positiven Aspekten, die einer modernen technischen Welt neu zuzuerkennen sind, bleiben doch als Probleme, dass rezeptive Aneignungsformen überwiegen und psychosoziale Konsequenzen in Richtung Isolierung und Kontaktverlust zu bewältigen sind. Während Hartmut von Hentig bereits 1984 „das allmähliche Verschwinden der Wirklichkeit" diagnostizierte, beklagt Horst Rumpf, dass die Schule in einen Wettlauf mit den Medien eintrete und durch ihre Art des Lernens die Realitätsverschiebungen noch vergrößere (vgl. Horst Rumpf, Die übergangene Sinnlichkeit, München 1981). Die Überlegungen, welche Wirkungen davon auf die Innenwelten der Sch ausgehen, stehen erst am Anfang. Vermutet wird, dass die überbordenden „Erfahrungen aus zweiter Hand" das Erleben der Sch besetzen und ihre Wahrnehmungen und ihre Fantasie mit übernommenen standardisierten Bildwelten überfluten. An die Stelle der selbst gemachten unmittelbaren Erfahrungen tritt Übernommenes. Während die „Fernsinne" (sehen, hören) in Anspruch genommen werden, verkümmern die „Nahsinne" (tasten, riechen, schmecken). Eigentätigkeit und direkte Wahrnehmung und Erfahrung der Welt nehmen ab. Da erscheint die These berechtigt, dass Lehrkräfte und Erzieherinnen bei unseren Sch mit einer anders akzentuierten inneren Welt rechnen müssen.

Mit diesen Veränderungen korrespondiert bei Sch das Bedürfnis nach Stille, nach unmittelbarer Wahrnehmung und Erfahrung. Damit scheint eine Gegenbewegung gegenüber einer Veräußerlichung zu entstehen, die als Kairos für den RU verstanden werden kann.

DIE RELIGIOSITÄT DER SCH IM GRUNDSCHULALTER

Die Auswirkungen von Pluralisierung und Individualisierung in der Gesellschaft spiegeln sich auch im religiösen Bereich wider. Bei einem großen Teil der Sch stellen die Religionslehrerinnen und -lehrer fest, dass die religiöse Tradition, wie sie von der Kirche gelebt wird, im Leben der Sch weitgehend fremd bleibt. Bis auf Weihnachten spielt das Kirchenjahr kaum eine Rolle. Allerdings darf für die Familienerziehung nicht pauschal behauptet werden, dass Religion keine Rolle mehr spiele. „Vielmehr ist es vielfach die kirchliche Religion, die von dem beobachteten Wandel betroffen ist, während individuell-persönliche Formen von Religiosität und Sinnfindung nach wie vor bedeutsam sind" (vgl. Friedrich Schweitzer, Kind und Religion. Religiöse Sozialisation und Entwicklung im Grundschulalter, in: ders./Gabriele Faust-Siehl, Religion in der Grundschule, Frankfurt ^{4}2000, S. 62).

Der Religionspädagoge Friedrich Schweitzer warnt davor, bei Sch einfach von unbeschriebenen Blättern auszugehen, die der schulische RU erstmals „beschreiben" könne. Auch wenn der RU den Sch die Erstbegegnung mit biblischen Geschichten und mit Kirche ermöglicht, bringen Sch doch nach wie vor religiöse Vorerfahrung bereits in die Schule mit. An solchen Vorerfahrungen wird der RU nicht einfach vorbeigehen dürfen.

Die Individualisierung von Religion erzeugt eine immer heterogenere Zusammensetzung von Klassen oder Lerngruppen.

Die These von Friedrich Schweitzer, dass wir statt von einer Säkularisierung besser von einer religiösen Individualisierung und Pluralisierung auszugehen hätten, wird in den Untersuchungen, die im Folgenden dargestellt werden, weitgehend bestätigt.

Nach einer Umfrage unter den Religionslehrerinnen und -lehrern (L) vor der Konzeption des neuen Grundschul-Lehrplans haben ca. ein Drittel der Sch noch kirchliche Bindungen und religiöse Erfahrungen, während die Sch der anderen zwei Drittel teilweise großes Interesse an religiösen Themen im RU haben, ohne dass sie in der Kirche beheimatet sind. Biblische Themen, vor allem Erzählungen biblischer Geschichten, werden nach Aussagen der L von den Sch am meisten gewünscht (vgl. Kath. Schulkommissariat in Bayern (Hg.), Grundschule: „Das Interesse am RU ist groß", München 1998 (= RU-aktuell 1/98), S. 55).

Dieser Sachverhalt wird durch die Untersuchung zum RU von Anton A. Bucher bestätigt, in der die Grundschülerinnen und -schüler Religion als ihr drittliebstes Fach angeben. Dabei werden „genuin theologische Themen" häufiger registriert als „anthropologische oder lebenskundliche". Am häufigsten seien die Themen „Gott" (84 %) und „Jesus" (83 %), auffallend selten „Dritte Welt" (11 %), „Probleme in der Familie" (11 %) sowie „Probleme in der Schule" (14 %). Religion in der Grundschule ist somit weniger problemorientiert als vielmehr biblisch-theologisch akzentuiert. Den L gelingt es, auch bei 40 % jener Sch, die religiös nicht oder kaum sozialisiert sind (85 % kennen kein regelmäßiges Tischgebet), Religion als etwas für ihr Leben „sehr Wichtiges" zu vermitteln, und zwar insbesondere mit Methoden, die die Selbsttätigkeit der Sch ermöglichen und fördern. Die enorme Beliebtheit dieses Faches korreliert mit einer hohen Akzeptanz christlicher Glaubensinhalte. 90 % halten für wahr, Gott könne Wunder wirken; noch mehr, Jesus sei von den Toten auferstanden (vgl. Anton A. Bucher, RU zwischen Lernfach und Lebenshilfe, Stuttgart ^{3}2001, S. 47 f.). Diese religiöse Unbefangenheit – in einer als nachchristlich etikettierten Epoche eher überraschend – ist auch entwicklungspsychologisch bedingt und erinnert an das von Fowler beschriebene Stadium des mythisch-wörtlichen Glaubens.

3. Religiöses Lernen als Prozess der Aneignung

Die Ergebnisse der strukturgenetischen Forschungen gehen im Unterschied zu psychologischen Reifungstheorien davon aus, dass Sch religiöse Inhalte eigenständig mit ihren Denkstrukturen begreifen und mit Sinn erfüllen (vgl. z. B. Fritz Oser, Die Entstehung Gottes im Kinde, Zürich 1992). Die Entwicklung religiöser Urteilsstrukturen (Oser) und die Entwicklung von Selbststrukturierungen (Kegan) sind deshalb auch nicht abhängig vom Lebensalter, sondern von der Entwicklung der Fähigkeiten, die mit diesen Strukturen und Konzepten verbunden sind (vgl. Robert Kegan, Die Entwicklungsstufen des Selbst, München ^{3}1994). Die entwicklungstheoretischen Arbeiten von Oser und Fowler legen uns nahe, Kinder und Jugendliche als Subjekte ihrer Lebens- und Sinnentwürfe zu betrachten. Sch übernehmen nicht einfach die religiösen Vorstellungen der Erwachsenen, sondern interpretieren diese Vorstellung im Rahmen ihres Weltverstehens. Für Glaube und Religion hat das zur Folge, dass ein Kind die Begriffe des Glaubens anders versteht als ein/e Erwachsene/r. Es übernimmt das Gesagte nicht einfach wie eine tabula rasa, sondern übersetzt das Gesagte und gleicht es den eigenen Verstehensmustern an.

So entwickelt ein Kind im Grundschulalter einen *do-ut-des* Glauben (Oser) wechselseitiger Gefälligkeiten oder jenes von Fowler *mythisch-wörtlich* genannte Glaubensverständnis, bei dem es sich in Geschichten über den Sinn der Welt verständigt, diese Geschichten aber nicht als Geschichten durchschaut, sondern wörtlich nimmt.

Ähnlich könnte man dies für die Konstruktion, Aneignung und Reflexion moralischer Sachverhalte annehmen (vgl. Lawrence Kohlberg, Die Psychologie der Moralentwicklung, Frankfurt/M. ^{4}1996). Auch sie verändert sich entwicklungsbedingt von einer Moral, die an konkreten Folgen einer Handlung (Lohn oder Strafe) orientiert ist, über eine Moral, die sich auf Rollenerwartungen (Rollenmoral), Gesetze und Verträge beruft, bis hin zu einer prinzipienorientierten Moral, die abstrakt mit Werten argumentiert.

Diese strukturgenetischen Annahmen und Beobachtungen zur Religiosität von Sch und Jugendlichen sind grundlegend für den RU. Dieser hat mit einer Vielfalt individueller Glaubensgeschichten zu tun und mit einer Pluralität von Glaubenskonstruktionen, die Sch jeweils für sich gefunden haben und die sie im Unterricht zur Geltung bringen. Der gemeinsame Nenner, auf den L sich noch beziehen können, sind die in einer Klassenstufe jeweils zu erwartenden religiösen und moralischen Entwicklungsstufen.

Religiöses Lernen ist somit als ein Prozess der Aneignung zu verstehen, der vom Kind (und Jugendlichen) selbst gesteuert und vorangebracht wird, wenn die entsprechenden Lernanlässe gegeben sind. Als religionspädagogische Grundhaltung ergibt sich weder die des bloßen Reifen-Lassens noch die des ausschließlichen Vermittelns: Sch sollen vielmehr zu eigener Reflexion und Praxiserprobung angeregt, sie sollen als Subjekte ihres Glaubens betrachtet werden. Ihre Gottesvorstellungen beruhen nicht auf bloßen Übernahmen der Vorgaben, sondern stellen aktive Interpretationsweisen dar.

Sch sind auf diese Weise Subjekte ihrer eigenen Lernprozesse, Lebens- und Sinnentwürfe und ihrer Glaubensvorstellungen. Die Wirksamkeit religiöser Lernprozesse ist abhängig von den Zugangsweisen und Verstehensgrundlagen der Sch. Aus diesem Grund haben aufgedrängte Inhalte und Bedeutungen keine emotionale Tiefenwirkung. Der RU sollte deshalb auf die Vorstellungen und Begriffe, mit denen Sch Religion denken und entwickeln, eingehen und mit diesen arbeiten. Ein solcher Unterricht ermutigt Sch zu eigenständigen religiösen Vorstellungen und achtet durch Differenzierung des Lernfeldes auf den jeweiligen – im Einzelfall von der Mehrheit der Klasse vielleicht verschiedenen – glaubensbiografischen Kontext.

Ziel dieser Pädagogik ist religiöse Autonomie: Sie versteht Glaubensgeschichten als Entwicklungsgeschichten (vgl. Fritz Oser, Die Entstehung Gottes im Kinde, Zürich 1992). „Der Blick auf diese Entwicklungschancen begründet das Plädoyer für eine religionspädagogisch gewendete Theologie, die entwicklungsbedingte Konstruktionen des Glaubens durch das Kind zulässt und damit zum Ausgangspunkt einer für die Lebensumbrüche sensiblen Didaktik religiösen Lernens macht" (vgl. Lothar Kuld, Wie hast du's mit der Religion? Die Gretchenfrage bei Kindern und Jugendlichen, in: Noormann, Harry/Becker, Ulrich/Trocholepcy, Bernd (Hg.), Ökumenisches Arbeitsbuch Religionspädagogik, Stuttgart 2000, S. 57-73, hier 72). Die Religionsbücher wollen einen Unterricht unterstützen, der Sch ermutigt, zu eigenständigen religiösen Vorstellungen zu kommen.

Konsequenzen für die Religionsbücher „fragen – suchen – entdecken"

Selbstkonstruktion des Glaubens

Die oben skizzierten Einsichten über Erfahrungsorientierung und über die Selbstkonstruktion des Glaubens der Kinder (und Jugendlichen) sind die Grundlage für die Konzeption der Unterrichtsreihe *fragen – suchen – entdecken* für die Grundschule.

Wenn Sch einerseits Subjekte ihrer Lernprozesse sind und bleiben, sie andererseits aber Einsichten gewinnen und in einen Lernprozess eintreten sollen, dann müssen eine Fragehaltung und eine Suchbewegung der Sch initiiert und angestoßen werden, bei der sich Sch auch interessiert mit Glaubensüberlieferungen beschäftigen. Dies mündet in eine aktive und praktisch werdende Beschäftigung mit den Einsichten und neuen Erfahrungen am Ende einer Thematik.

Die Programmatik dieses Prozesses gibt der Titel der Bücher wieder: fragen – suchen – entdecken. Die folgende didaktische Grundstruktur konkretisiert diese allgemeine Absicht im Aufbau der einzelnen Kapitel und will damit der Lebenswelt der Grundschüler ebenso gerecht werden wie den Erkenntnissen der modernen strukturgenetischen Entwicklungspsychologie.

Didaktische Grundstruktur der Kapitel

Die folgende didaktische Grundstruktur beschreibt den Aufbau eines jeden Kapitels und dient als Suchraster zur Erschließung jeweils eines Themas des Lehrplans. Sie besteht aus drei Teilen und folgt dem Titel „fragen – suchen – entdecken":

Mit „fragen" ist der spezifische Zugang zu einem Thema markiert. Es wird ein Lernprozess angestoßen und angeregt.

Mit „suchen" wird die inhaltliche Beschäftigung mit einem Thema beschrieben, das so angelegt ist, dass der angeregte Lernprozess in Gang gehalten wird.

Das „Entdecken" macht den Bezug zum Leben der Sch deutlich, indem die Relevanz dessen, was inhaltlich erarbeitet worden ist, für das praktische Leben deutlich wird.

I. EINEN LERNPROZESS ANSTOSSEN
Zugänge: Wahrnehmen – Fragen – Erkunden

In diesem ersten Schritt erfolgt nicht nur das, was häufig als „Motivation" bezeichnet wird. Sch werden vielmehr angeregt zur Eigenwahrnehmung, zur Beobachtung und zum Fragenstellen. Ziel ist es, Sch über Wahrnehmungsübungen, Betrachten von Bildern, Hören von Geschichten und Erzählungen dazu anzuregen, sich mit einer Thematik zu befassen und ihr durch Fragen auf den Grund zu gehen.

Jedes Kapitel beginnt mit einer oder mehreren Doppelseiten, in denen der „fragende" Lernprozess in Bewegung kommt. Die folgenden Stichworte sollen Möglichkeiten signalisieren, wie dies geschehen kann.

- **WAHRNEHMEN – STAUNEN**
  - Wecken und Intensivieren sinnlicher Wahrnehmungsfähigkeit (sehen, hören, atmen usw.)
  - Schaffen einer inneren Disposition für weitergehende religiöse Erfahrungen (still werden, staunen, loben)
- **FRAGEN – SUCHEN**
  - Anstiften zum Stellen der Fragen, die Sch bewegen
  - Stärken der natürlichen Fragebereitschaft der Sch und deren Weiterentwicklung durch gemeinsames Fragen
  - Verstehen der Fragen als Ausgangspunkt von Lernprozessen, die von den Sch mitgetragen werden (z. B. Warum feiern wir eigentlich Feste?)
- **ERKUNDEN – ERLEBEN**
  - Authentisches Lernen durch Begegnung mit Zeugnissen des Glaubens
  - Anregen und Inszenieren eigener Erfahrungen und Erlebnisse

II. EINEN LERNPROZESS IN GANG HALTEN
Inhaltliche Beschäftigung mit einem Thema

Diese Phase konfrontiert Sch nicht mit fertigem „Bescheidwissen", sondern regt sie zur Auseinandersetzung und Beschäftigung an, z. B. in Form von Dilemmageschichten (zahlreiche Gleichnisse, z. B. vom verlorenen Schaf, und biblische Erzählungen lassen sich mit einem Dilemmaschluss darstellen), zum Entdecken von Zusammenhängen, zum Infragestellen bisheriger kindlicher Annahmen und ihrer kognitiven Weiterentwicklung.

In diesem Hauptteil eines jeden Kapitels werden die notwendigen Informationen angeboten. Es wird bei jedem Thema geprüft, wie weit die Eigentätigkeit der Sch mit geeigneten Methoden, z. B. Freiarbeit, angeregt werden kann. In den Schulbüchern für die dritte und vierte Klasse wird diese Sachinformation durch ein Glossar ergänzt, in dem die wichtigsten Fachbegriffe erklärt werden und das die Kinder selbstständig benutzen können.

- **VERSTEHEN – SICH VERSTÄNDIGEN**
  - Unterstützen bei den Formulierungen gefundener Einsichten und Entdecken von Zusammenhängen
  - Verstehen von Erzählungen und biblischen Geschichten in ihrem Bedeutungsüberschuss als Anstoß, eigene Erfahrungen mit anderen Augen zu sehen.
- **UNTERSCHEIDEN UND BEWERTEN – MASSSTÄBE FINDEN**
  - Stimulieren der Entwicklung des ethischen Urteilens und Handelns
  - Sensibilisieren für Ungerechtigkeiten

III. LERNPROZESSE PRAKTISCH WERDEN LASSEN
Aneignen – Handeln – praktisches Lernen – Miteinander leben

Das in Phase II. Erarbeitete nimmt in Phase III. Gestalt an, nicht in Form von Merksätzen oder Zusammenfassungen, sondern in beispielhaften Ausdrucksformen oder Möglichkeiten praktischen Umsetzens oder Handelns. Jedes Kapitel mündet ein in ein Praktisch-Werden der erarbeiteten Thematik. Sch können die Relevanz des Erarbeiteten für ihr tägliches Leben neu entdecken. Aus diesem Grund geht es in diesem dritten Teil darum, das Erfahrene in verschiedene Handlungszusammenhänge umzusetzen.

- **MITEINANDER LEBEN – ANTEIL NEHMEN**
  - Einüben sozialer Umgangsformen und Regeln
  - Erschließen religiöser Sprach- und Ausdrucksformen, Einüben der Fähigkeit, eigene Empfindungen anderen mitzuteilen (Bild, Sprache, Gestik)
  - Kennenlernen von Ausdrucksformen in Bildern, Metaphern und Symbolen; Einüben, eigene Erfahrungen darin zum Ausdruck zu bringen
  - Befähigen, andere zu verstehen
- **PRAKTISCHES LERNEN – HANDELN**
  - Suchen von Handlungsperspektiven zur Veränderung von Missständen
  - Erarbeiten von Konsequenzen für die Gestaltung des eigenen Lebens
  - Gestalten und Umsetzen der Erkenntnisse in Spiel, Feier usw.

Ausgangspunkt und Ziel: fragende, suchende und entdeckende Schüler/innen

Wie die oben skizzierten Untersuchungen und Umfragen (s. S. 14 f.) dokumentieren, sind Grundschülerinnen und -schüler in religiösen Fragen ansprechbar, obwohl sie mehrheitlich in ihrem Elternhaus keine religiöse Erziehung erfahren haben. Von diesem Umstand geht „fragen – suchen – entdecken" konsequent aus. Sch nehmen die Realität mit wachem Sinn wahr, sie stellen Fragen und wollen Hintergründe klären.

Das Thema „Ostern feiern" soll beispielsweise in der Klasse eingeführt werden mit typischen Situationen, mit denen Ostern in einer säkularen Welt in Verbindung gebracht werden kann, wie Ferienreiseverkehr und Stau auf der Autobahn, Osterhasen oder Ostereier im Schaufenster usw. Sch werden angesichts dieser Phänomene zu der Frage ermuntert, weshalb das Osterfest gefeiert wird.

Diese Frage verlangt nach Klärung und Information über „die letzten Tage Jesu", seinen Tod am Kreuz sowie über die Erfahrung seiner Auferstehung. Im gemeinsamen Basteln einer Osterkerze kann die Bedeutung der Osterbotschaft von den Sch in einfachen Symbolen dargestellt werden. Sie erfahren damit im praktischen Tun, wie Glaube sich ausdrücken kann, und sie erkennen beim erkundenden Gang in die Kirche auch dort eine Osterkerze.

Wenn Sch auf die eben skizzierte Weise als fragende, suchende und entdeckende Sch eigentätig sein sollen, dann ist auch auf die Sprachebene zu achten. Sch verstehen in den ersten Grundschuljahren Inhalte und Texte überwiegend im wörtlichen Sinn, eine übertragene Bedeutung ist ihnen fremd.

Statt Belehrung sollen Erzählungen Vorrang besitzen. Diese lassen sich häufig wegen des Umfangs nicht in „fragen – suchen – entdecken" abdrucken. Dafür können kindgemäße und zugleich künstlerisch wertvolle Bilder Ausgangspunkt und Grundlage für Erzählungen sein.

Wo immer es sich anbietet, sollte das Lernen mit allen Sinnen erfolgen. Dabei kommt es vor allem darauf an, dass Sch zu eigenem Erfahren und zu eigenem Ausdruck und dessen Wahrnehmung angeregt werden: im Malen und Gestalten, im Musizieren, in der Bewegung, im Tanz, im Spiel. Zur Wahrnehmungsschule gehören auch Sehen, Hören, Riechen, Schmecken und Fühlen – sie sind die Tore zur Welt und können gleichzeitig Tore zur Innenwelt des Selbst sein.

Diese Konzeption trägt der pluralen weltanschaulichen Situation Rechnung und begreift den RU als Chance Sch anzuregen und zu unterstützen, die Gestalt des eigenen Lebens zu entwickeln, ihre Frage nach Gott zu wecken und wach zu halten.

Wir sind uns bewusst, dass das wichtigste Medium gerade im Unterricht der Grundschule aber nicht ein Buch, sondern die Lehrerin oder der Lehrer ist. Bücher können anregen und unterstützen – gestaltet und getragen wird der RU von den Menschen, die von den Sch als glaubwürdige Zeuginnen und Zeugen ihrer Botschaft wahrgenommen werden.

Das Begleitmaterial zu „fragen – suchen – entdecken 1–4"

1. „fragen – suchen – entdecken – Arbeitshilfen"

Jeden Band der Schülerbücher erschließt ein unterrichtspraktischer Lehrerkommentar. Das schulbuchdidaktische Konzept wird vorgestellt. Die Möglichkeiten, mit den Meditationsseiten „Stille entdecken" während des Schuljahres vielseitig zu arbeiten, werden entfaltet. Jedes Kapitel wird in größere Lernzusammenhänge gestellt und in seinem didaktischen Aufbau vorgestellt. Schließlich wird jede (Doppel)Seite erläutert, indem religionspädagogische und sachliche Information (**1. Hintergrund**) und eine Fülle von erprobten methodischen Anregungen geboten werden (**2. Einsatzmöglichkeiten im RU**). Zahlreiche Materialien (**M:** für die Hand der Lehrkräfte) und Arbeitsblätter (**AB:** zur Bearbeitung durch die Sch) erleichtern die Unterrichtsvorbereitung und Stundengestaltung. Gelegentlich finden sich Vorschläge, deren Vorbereitung aufwändiger ist (**3. Weiterführende Anregungen**).

2. Die Folienmappe Schatzkiste 3/4

Die Schatzkiste 3/4 (Kösel: Best.-Nr. 3-466-50652-2, Auer: Best.-Nr. 3-403-03502-6) enthält 24 Farbfolien mit Bildern der Kunst aus **fse 3** und **fse 4**. Die ausgewählten Kunstwerke helfen den thematischen Horizont der Grundschulreihe zu vertiefen und stehen für den kreativen Einsatz im Unterricht zur Verfügung. Aus „fragen – suchen – entdecken 4" sind folgende Bilder enthalten: „Miriam's Dance" von Michael Bogdanow (**fse 7**), „Das Schlaraffenland" von Pieter Brueghel d. Ä. (**fse 8**), „Glasfenster" von Dan Rubinstein (**fse 13**), „Moses erhält die Tafeln des Bundes" von Marc Chagall, „mit grünen Strümpfen" von Paul Klee (**fse 23**), „Fons forma" von Antoni Tàpies (**fse 55**), „Heilung des Aussätzigen" aus dem Echternacher Evangeliar (**fse 63**), „Kreuz" von Arnulf Rainer (**fse 67**), „Die Tore des Friedhofs" von Marc Chagall (**fse 70**), „Unendlichkeit ganz nahe" von Friedensreich Hundertwasser (**fse 71**), „Der Sonnenschlucker" (Mangeur de Soleil) von Joan Miró (**fse 87**) und „Der Geist Gottes bewegt die Menschen" von Sieger Köder (**fse 103**).
Der Schatzkiste ist ein Handblatt beigelegt, auf dem die historischen Werkdaten des jeweligen Bildes und „Ein Grundmodell der Bilderschließung" zu finden sind (vgl. auch Arbeitshilfen S. 50).

3. Die CD Liederkiste 3/4

Die Liederkiste 3/4 (Kösel: Best.-Nr. 3-466-45738-6, Auer: Best.-Nr. 3-403-05916-2) enthält vertonte Lieder aus **fse 3** und **fse 4** (**fse 3**: Seiten 6, 22, 40, 58, 68, 77, 82, 85, 89, 105; **fse 4**: Seiten 12, 22, 27, 31, 38, 60 f., 74, 85, 102). Dazu kommen Stücke zum Kapitel „Muslime" (Gebetsruf des Muezzin; Sure 1; Sufi-Meditation) und zum Kapitel „Judentum" (Höre, Israel; Sabbat-Gebet; Shofar). Die Lieder dieser **Arbeitshilfen 4**, die auf der Liederkiste 3/4 zu hören sind, tragen ein Symbol auf dem Arbeitsblatt.

4. Die Folienmappe Lebensbilder

Die Lebensbilder 3/4 (Kösel: Best.-Nr. 3-466-50701-4, Auer: Best.-Nr. 3-403-04196-4) enthalten Symbolfotos und Fotos aus dem Alltag. Sie eignen sich für den situativen Einsatz, als Gesprächs- oder Schreibimpuls, für kreative Gestaltung und als Meditationsbilder im RU und Kindergottesdienst.
Ein Register erlaubt rasches und gezieltes Suchen nach thematisch passenden Fotos.

5. Begleitbuch über die Stufen religiöser Entwicklung

Lothar Kuld, Das Entscheidende ist unsichtbar. Wie Kinder und Jugendliche Religion verstehen, München (Kösel) 2001

Für 9- und 10-jährige Sch sind Gottesvorstellungen mit menschlichen Zügen durchaus üblich, aber es nehmen symbolische und metaphorische Beschreibungen zu. Die Vorstellbarkeit Gottes wird selbst zu einer Frage.
Lothar Kuld verfolgt anhand von Kinderfragen, Zeichnungen von Gottesbildern, kurzen Interviews, wie sich die Vorstellungen im Kindesalter verändern. Er plädiert dafür, sorgfältig auf die Fragen der Schülerinnen und Schüler zu hören und mit ehrlichen Antworten das Weiterdenken zu stimulieren.

Literatur

Esser, Wolfgang, Gott reift in uns. Lebensphasen und religiöse Entwicklung, München 1991

Ders./Kothen, Susanne, Die Seele befreien. Kinder spirituell erziehen, München 2005

Der Umschlag von „fragen – suchen – entdecken 4"

Der Umschlag des Religionsbuches weist die Kinder (Sch), Lehrkräfte (L) und Eltern auf zwei wichtige Intentionen des Schulbuches **fragen – suchen – entdecken (fse)** hin:
Da sind zunächst die drei Verben „fragen", „suchen", „entdecken". Sch werden im RU angeregt zu fragen nach dem, was sie bewegt, und sich auseinander zu setzen mit dem, was auf den verschiedenen Seiten von fse zum Fragen und Weiterfragen anregt. Das Fragen führt dazu, dass sich L und Sch auf einen „Suchweg" begeben und schließlich gemeinsam auch Entdeckungen machen, die hilfreich sind.

Die drei ausgewählten Illustrationen, die fse 4 entnommen sind (**fse 40/41, fse 104** und **fse 64**), beziehen sich auf drei Zugangsweisen, die im Schulbuch für das Lernen genutzt werden: den individuellen Zugang (das staunende, nachfragende Kind vor dem Sternenhimmel), den gemeinschaftlichen Zugang (die alltägliche schulische Situation, die gemeinschaftliche Unternehmungen und Identitätsfindung in der Gruppe stimuliert), den biblischen Zugang mit der Illustration Betlehems am See Gennesaret (fse fördert Entdeckungen in der und Kenntnisse über die Bibel).

Stille entdecken: Meditationsseiten in „fragen – suchen – entdecken 1-4"

Stille-Übungen im RU der Grundschule

Stille-Übungen wurden in verschiedenen Ansätzen der Reformpädagogik, wie z. B. von Maria Montessori, als Bestandteil einer neuen Schul- und Bildungskonzeption entwickelt. Sie sollen in Abkehr vom Klassenunterricht ein interessegeleitetes individuelles Arbeiten und die Fähigkeit zur persönlichen Vertiefung ermöglichen.
Innerhalb der Religionspädagogik hat vor allem Hubertus Halbfas die Überlegungen und Erfahrungen von Maria Montessori aufgegriffen und deren Bedeutung für den RU entwickelt und dargestellt. Stille ist nach Hubertus Halbfas Voraussetzung für einen „Weg zur Mitte", und zwar sowohl zur eigenen Mitte als auch zu Gott (vgl. Hubertus Halbfas, Der Sprung in den Brunnen, Düsseldorf ²1998, S. 20).
Der Alltag heutiger Sch hat gegenüber früheren Zeiten eine rasante Veränderung erfahren. Sch wachsen heute in einer reizstarken, von elektronischen Medien geprägten und wenig strukturierten Umwelt auf. Deshalb ist es für Sch besonders wichtig, dass ritualisierte Handlungen, wie gemeinsame Mahlzeiten oder die Gute-Nacht-Geschichten, den Tag strukturieren. Dies ist eine wichtige Funktion von Ritualen für Sch: Rituale erlauben den Transfer von äußeren Erlebnissen zu innerem Bewusstsein. Aus diesem Grunde wurde die Bedeutung von Ritualen für den schulischen Alltag neu erkannt (vgl. Gertrud Kaufmann-Huber, Kinder brauchen Rituale, Freiburg 2001). Rituale in der Schule sind verabredete Abläufe, die über einen bestimmten Zeitraum eine feste Form behalten, deren Inhalt aber durchaus unterschiedlich sein kann. Rituale werden nicht jedes Mal neu diskutiert und ausgehandelt. In ihrer konstanten Selbstverständlichkeit liegt ja gerade ihre entlastende Funktion.
Regelmäßige Stille-Übungen sind deshalb in den vier Jahrgangsbänden des Unterrichtswerks vorgesehen.

Die religionspädagogische Bedeutung von Stille-Übungen

Stille-Übungen schaffen eine indirekte Bereitschaft für neue Erfahrungen

Stille-Übungen verhelfen Sch bzw. L zu Sammlung und innerer Besinnung. Sie verhelfen zu Ruhe und Eigentätigkeit und gleichen damit die Defizite einer von raschem Zeittakt und Medien geprägten Lebenswelt aus. Sch wie L können im Strom der Eindrücke innehalten. Und die Hektik der Ereignisse wird für einen Augenblick unterbrochen und angehalten.

Wohl deshalb empfinden alle Klassen diese Übungen in der Regel als wohltuend. Sch wie L nehmen sich dabei als Personen mit einer „inneren Welt" wahr. Der Unterricht verändert sich in der Weise, dass die „Wege der inneren Erfahrung" Lernen und Belehrung erweitern und bereichern. Es wird die notwendige Offenheit für die geforderten Prozesse erreicht, eine psychische Gefasstheit, Sensibilität und Bereitschaft, neue Erfahrungen machen zu können und sich selber ins Spiel zu bringen. Die Erfahrung des Elia (1 Kön 19, 4-13), wonach Gott nicht im Sturm, Beben oder Feuer zu vernehmen ist, kann auch analog für den RU gelten. Nicht nur im Reden und Erklären, sondern auch im vernehmenden Schweigen bietet sich dem RU ein Fundament an, mit dem er Sch über bloßes Nutz- und Brauchwissen hinausführen kann.

Stille-Übungen eröffnen einen Weg innerer Erfahrung

Das Stichwort von der Erlebnisgesellschaft (Gerhard Schulze, Die Erlebnisgesellschaft, Frankfurt ⁸2000) verdeutlicht, wie sehr unsere Gesellschaft, unsere Kinder und Jugendlichen geprägt sind von der „Reise nach draußen", d. h. von der Suche nach immer neuen Reizen und Erlebnissen. Stille-Übungen bilden ein Gegengewicht zur lauten Umwelt und werden als „Reise nach innen", als wohltuend und entspannend empfunden. Die Erfahrung der Stille kann dazu führen, dass Sch sich selbst und ihre Erlebnisse in neuer Perspektive wahrnehmen. Wenn dies gelingt, dann werden Stille-Übungen zu inneren Weiterentwicklungen, zu „Pfaden der inneren Veränderung" und zu „spirituellen Lernwegen".

Stille-Übungen schaffen Offenheit für einfache Sinneswahrnehmungen

Es scheint so, als müssten Sch wieder einfache Dinge lernen. Dazu gehören die Sinneswahrnehmungen wie hören, sehen, riechen, tasten usw., die als so genannte Primär-Erfahrungen zur Folie werden können für religiöse Erfahrungen. Aus diesem Grunde wird auf den Eingangsseiten „Stille entdecken" für jede Jahrgangsstufe jeweils ein Sinnesorgan thematisiert (vgl. Arbeitshilfen S. 32 ff.).

Stille-Übungen haben einen eigenständigen Wert

1. Stille-Übungen lassen sich nicht durch Druck gegen den Willen einer Klasse durchsetzen. Wenn wir Widerstand spüren, werden wir geduldig warten und mit neuen und andersgearteten Angeboten versuchen, Sch zur inneren Bereitschaft für eine Stille-Übung zu führen.
2. Stille-Übungen haben ihre eigene Bedeutung und dürfen nicht instrumentalisiert werden. Natürlich helfen sie mit, dass Sch ihre hektische Unruhe leichter verlieren oder sich besser konzentrieren. Doch sind dies Nebenwirkungen und sollten nicht Hauptziel sein. Stille-Übungen sind auch nicht als Mittel der Disziplinierung zu funktionalisieren. Sie ermöglichen etwas grundlegend anderes als nur die Abwesenheit von Lärm und Unruhe.
3. Für Stille-Übungen lassen sich keine Normen aufstellen, um bestimmte „Ergebnisse" zu erzielen. Die gemachten Erfahrungen sind oft sehr persönlich und müssen entsprechend respektvoll behandelt werden. Gesprächsaufforderungen werden deshalb einladenden Charakter haben unter Achtung der Freiheit des und der Einzelnen, sich nicht zu äußern.

Stille-Übungen als Rituale

Wie das Wort Stille-*Übungen* schon sagt, bedürfen diese der ständigen Übung. Sie werden nicht nur als gelegentlicher Gag oder als Besonderheit bemüht, sondern lassen z. B. den Anfang einer Stunde zu einem Ritual werden. Damit signalisieren sie, dass die Klasse sich innerlich auf Religion einstellen soll. Wiederholungen einer Übung müssen dabei nicht stereotyp sein, bei gleich bleibendem Grundgerüst können verschiedene neue Akzentuierungen gesetzt werden.

Unter einem Ritual versteht man ein gleich bleibendes Vorgehen in einer festgelegten Ordnung. Das Wort leitet sich aus dem Lateinischen „ritualis: den religiösen Brauch, die Zeremonien betreffend" und dem Substantiv „ritus: heiliger, feierlicher Brauch" ab. Daraus wird ersichtlich, dass Rituale ursprünglich im religiösen Bereich wurzeln. Auch im täglichen Leben begegnen uns zahlreiche Rituale, die es uns erleichtern, den Tag zu organisieren und das Zusammenleben fass- und vorhersehbar zu gestalten.

Rahmenbedingungen und Gestaltung einer Stille-Übung

Der Raum

Günstig für eine längere Übung ist ein eigener Meditationsraum, den es bereits in vielen Schulen gibt.
Für die Übung im Klassenzimmer bietet sich der Sitzkreis an, den man mit einem farbigen Tuch, mit Blumen oder einem anderen „Mittezeichen" (Kerze/Stein/Duftschale/Muschel usw.) zentriert.
Wenn Sch am Platz üben, soll dieser frei von allem unnötigen Beiwerk sein. Sch brauchen genügend Platz, um sich gegenseitig nicht zu stören.

Beginn und Ende der Übung

Die Stille-Übung beginnt mit einem Ton der Klangschale, einem Stillelied oder einem anderen akustischen Zeichen. Damit sind Vereinbarungen mit den

Sch verbunden das Reden einzustellen, ruhig zu werden, nur zu reden, wenn dazu aufgefordert wird. Sch berühren sich nicht. Unruhige Sch, die sich weigern mitzumachen, bleiben auf ihrem Platz oder gehen in die Ruheecke und beschäftigen sich still.

Wie der Anfang ist auch das Ende der Übung durch ein Ritual gekennzeichnet: sich verneigen, körperliche Entspannung (sich strecken, sich bewegen), ruhig an den Platz gehen (Musikbegleitung) ... Den Abschluss bildet die Rückkehr in den Alltag, wenn es sich ergibt mit Austausch des Erlebten oder durch Verarbeitung über das Malen/Formen/Schreiben oder eine andere Tätigkeit.

Die Zeit

Der Einsatz einer Stille-Übung richtet sich nach der Disposition der Klasse und dem Thema der Unterrichtseinheit. Günstige Zeiten sind der Tagesbeginn, der Anfang einer Stunde, der Woche, das Ende eines Unterrichtstages, einer Unterrichtswoche. Aber auch innerhalb einer Unterrichtsstunde kann sich zur Vertiefung eine Übung anbieten. Die Dauer einer Stille-Übung wird in ungeübten Gruppen sehr kurz sein und kann mit der Zeit immer länger werden. Stille-Übungen verlangen nach Wiederholungen: im Laufe der Unterrichtseinheit, im Ablauf der Schulwoche ...

Die Schülerinnen und Schüler

Ein Hauptaugenmerk ist auf die Situation der Sch zu richten:
L muss herausfinden, wann Sch bereit sind, sich auf die Stille-Übung einzulassen. Nach einiger Zeit lernen Sch auch mit Störungen umzugehen (Nichtbeachten von Durchsagen, von Lärm, der von außen kommt). Unruhige Sch werden nicht gezwungen mitzumachen: Sie werden in ihrer Entscheidung respektiert. Einzige Abmachung: Sie sollen nicht stören. Manchmal sind die Störungen innerhalb der Gruppe so stark, dass die Übung abzubrechen ist. Es darf dabei nicht zu Schuldzuweisungen kommen. Den Sch soll die Lust an und die Bereitschaft zu weiteren Übungen nicht genommen werden. Ein Gespräch zu späterer Zeit mit Sch kann die Situation klären.

Die Lehrerin/der Lehrer

Stille-Übungen beginnen bei den Erwachsenen. Sie müssen sich selbst der Stille aussetzen, für sich selbst Ruheerfahrungen machen. Sehr hilfreich sind Erfahrungen, die in Meditationskursen erworben werden. Bevor L die Übung mit Sch durchführt, hat er sie selbst für sich mehrmals ausprobiert und sie so gleichsam internalisiert. Vor der Übung hat L alle Materialien bereitgestellt (Symbole, Kassettenrecorder, Musik, Malutensilien usw.). Die Stimme ist dem Inhalt angepasst, zwischen einzelnen Sätzen bleiben Pausen, damit Sch sich auf Bilder oder Gesten einstellen können.

Der Ablauf einer Übung

In der Regel besteht jede Übung aus folgenden Phasen: Einstimmung durch ein Ritual – Bewegung – Ruheübung – (Thema) – Entspannung – Ausdruck. Die einzelnen Phasen erhalten je nach Thema und Situation unterschiedliches Gewicht. Bei allen individuellen Gestaltungsmöglichkeiten soll eine feste Form und eine klare Struktur Sch die notwendige Sicherheit geben: Sie wissen, worauf sie sich einlassen.

1. Die Übung beginnt mit dem Anfangsritual, z. B. mit einem Lied. Sch finden sich im Kreis zusammen, evtl. mit Hilfe von Musik oder Klängen der Klangschale. Sie lockern den Körper, bewegen sich bei Musik und setzen sich entspannt auf den Stuhl.
2. Im Mittelpunkt der Übung steht ein Inhalt, der auf verschiedene Weise vermittelt wird, z. B. durch eine Fantasiereise, eine Sinneswahrnehmung, den Umgang mit einem Symbol, durch eine Geschichte, eine Gebärde ...
3. Die Übung wird mit dem Abschlussritual beendet: Sch bewegen sich, dehnen und strecken den Körper, öffnen die Augen, verneigen sich, kehren still auf den Platz zurück (evtl. Musik einsetzen), lassen die Übung nachklingen. Eine Ausdrucksphase kann sich anschließen: Gespräch, Tanz, Malen, Schreiben.

Zu Beginn der vierten Jahrgangsstufe werden oft nur einzelne Phasen dieser Abfolge eingeübt. Im Laufe des Schuljahres sind längere Stille-Übungen möglich.

Grundformen der Stille-Übung: Atmen – Aufrechtes Sitzen

Das Atmen

Bei vielen Übungen steht am Anfang die Beobachtung des Atems. Sch atmen durch die Nase ein und aus: Sie beobachten, wie sich der Bauch, der Brustkorb hebt und senkt, wie der Atem von selbst fließt, wie nach jedem Ausatmen eine kleine Pause entsteht. Die Beobachtung der Atmung kann unterstützt werden, indem Sch ihre Hand auf den Bauch legen oder ihre beiden Hände an den Brustkorb. Eine weitere Übung: Beim Einatmen geht der Atem von den Füßen bis in den Kopf (Scheitel), das Ausatmen können wir bis in die Beine (Füße, Zehenspitzen) verfolgen. Oder: Einatmen durch die Nase, ausatmen mit gespitztem Mund. Die Beobachtung des Atems kann die Stille-Übung einleiten.

Das aufrechte Sitzen

Das bewusste Sitzen ist eine gute Hilfe, um zur Ruhe zu kommen: Die Füße stehen fest auf dem Boden. Die Fußsohlen spüren den Boden. Die Hände liegen locker auf den Oberschenkeln. Die Schultern hängen locker herab. Der Blick geht geradeaus. Die Wirbelsäule ist aufrecht. In der Vorstellung kann am Scheitel ein Faden befestigt sein, der zur Decke strebt. Für manche Kinder ist es leichter, wenn sie die Stuhllehne im Rücken spüren. Der Körper bewegt sich nicht mehr.

Aufbau der Stille-Übungen

Für eine kontinuierliche Arbeit sind in den Jahrgangsbänden 1 bis 4 folgende Elemente vorgesehen:

Für jedes Schuljahr wird ein **SYMBOL** angeboten:
1. Schuljahr: *die Tür*
2. Schuljahr: *der Baum*
3. Schuljahr: *das Brot*
4. Schuljahr: *der Weg*

Über die Schuljahre verteilt kommen folgende **SINNENHAFTEN ERFAHRUNGEN** zur Sprache:
1. Schuljahr: *hören*
2. Schuljahr: *sehen*
3. Schuljahr: *schmecken/riechen*
4. Schuljahr: *tasten*

Für jedes Schuljahr werden je vier **GEBÄRDEN** vorgestellt. Schuljahresübergreifend ergeben sie zusammengenommen eine längere Gebärdenfolge (vgl. Arbeitshilfen S. 41 und **M 4.0.9, Arbeitshilfen S. 43**). Jede Reihe kann aber auch für sich stehen.

Daneben folgt für jedes Schuljahr ein **WEITERES ANGEBOT** für die Stille-Übung:
1. Schuljahr: *ein Mandala*
2. Schuljahr: *ein Text zum Meditieren:*
ein irischer Segenswunsch
3. Schuljahr: *eine Symbolgeschichte:*
Wo ich Gott finde
4. Schuljahr: *ein Labyrinth*

Die Eingangsseiten „Stille entdecken" werden abgeschlossen mit einem **LIED**, das die Stille-Übung eröffnen bzw. abschließen kann.

Weitere Anregungen für Stille-Übungen sind in den nachfolgenden Kapiteln der Arbeitshilfen zu finden.

Literatur

Brunner, R., Hörst du die Stille? Meditative Übungen mit Kindern, München 2001

Gruber, Chr./Rieger, Chr., Entspannung und Konzentration. Meditation mit Kindern, München 2002

Halbfas, H., Der Sprung in den Brunnen, Düsseldorf 1989

Kreusch-Jacob, D., Zauberwelt der Klänge. Klangmeditationen mit Naturton-Instrumenten, München 2002

Maschwitz, G. u. R., Gemeinsam Stille entdecken. Wege der Achtsamkeit – Rituale und Übungen, München 2003

Maschwitz, G. u. R., Stille-Übungen mit Kindern. Ein Praxisbuch, München ^{6}1998

Merz, V., Übungen zur Achtsamkeit, München 2002

Dies., Wie gut der Apfel schmeckt ... Den Alltag und die kleinen Dinge achtsam erleben, München 2004

Schneider, M. u. R. (Hg.), Meditieren mit Kindern. Set mit Anleitungsbuch, CD und Dias, Mülheim an der Ruhr 1994

Stille entdecken in „fragen – suchen – entdecken 4"

Symbol: Weg

1. Hintergrund

Die ersten Seiten der Religionsbücher „fragen-suchen-entdecken", die Meditationsseiten „Stille entdecken", zeigen ein Grundsymbol, das gleichsam ein Grundthema des ganzen Jahres anspricht.
Die leicht geöffnete Türe in fse 1, S. 4, deutet das Neue an, das für die Schülerinnen und Schüler mit der Schulzeit begann.
In der 2. Klasse waren sie schon fest in der Schule verwurzelt, der Baum als Symbol in fse 2, S. 4, konnte dies gut verdeutlichen.
Wesentliches Thema für die katholischen Schüler/innen der 3. Klasse ist die Vorbereitung auf die Erstkommunion. Aus diesem Grund zeigt fse 3, S. 4, das Brot als Symbol für die 3. Klasse.
Mit der 4. Klasse geht die Grundschulzeit zu Ende, der Weg der Kinder führt in verschiedene weiterführende Schulen. Aus diesem Grunde erscheint das Weg-Motiv für diesen Jahrgang geeignet.

Bedeutungsebenen des Symbols „Weg"

Wenn man das menschliche Leben betrachtet, zeigt sich, dass es geprägt ist von Wegen und von Bewegung. Wege erfährt der Mensch, sobald er krabbelt. Beweglichkeit wird zum umfassenden Begriff, der Ortsveränderungen ebenso beschreibt wie den Fortgang und Wandel des Denkens. Weg als Symbol für unser Leben umgreift alles, was uns begegnet und geschieht, was wir erkunden, was wir entwerfen und was wir erreichen.
Aus diesem Grunde verwundert nicht, dass für die Menschen der Weg schon sehr früh Sinnbild für das Leben wurde.
Es gibt eine fast unerschöpfliche Vielfalt von Arten, auf denen sich Menschen von einem Ort zum anderen bewegen können: zu Fuß, zu Pferd, auf dem Rad, auf dem Schlitten oder auf Skiern, im Schiff, in der Eisenbahn, im Flugzeug, im Auto usw.
Zu der Vielfalt von realen Wegen kommt eine Fülle von Sprachbildern bei fast jedem Menschen, wenn er das Wort „Weg" hört.
Das menschliche Leben hat, wie jeder Weg, einen Anfang und ein Ende. Aus diesem Grunde spricht man vom Lebens-Weg.
Ein **Lebensweg** hat oft viele Aspekte. Es ist damit der Berufsweg gemeint oder der Weg mit einem Lebenspartner. Der Lebensweg wird auch unterteilt in Wegstrecken als Kind, als Jugendliche/r oder als Erwachsene/r. Man kann diesen Lebensweg auch, mindestens in Teilen, als Leidensweg erfahren.
Manchmal gehen Menschen Irr-Wege, weil sie es nicht besser voraussehen konnten oder sich „verrannten". Mancher Weg wird im Leben auch als Um-Weg empfunden, den man in Kauf nehmen musste, vielleicht im Nachhinein aber als durchaus sinnvoll empfinden kann. Manche Menschen geraten auf Ab-Wege, wenn sie Ab-wegiges tun. Wie dem „verlorenen Sohn" wünschen wir ihnen eine Kehrtwendung, eine Umkehr auf den richtigen Weg.
Der Heim-Weg kann zum Weg aus der Fremde und Entfremdung in die Geborgenheit führen, so wie ihn der „verlorene Sohn" in der Bibel gegangen ist.
Manche Lebenssituationen werden erlebt als Ausweglosigkeit, als Situationen, in denen keine Lösung in Sicht ist.
Wege gehen nicht nur auseinander, sie treffen aufeinander, überschneiden sich an Weg-Kreuzungen. An diesen **Weg-Kreuzungen** müssen wir uns entscheiden, welchen Weg wir gehen wollen.
Unterwegs im Leben finden Begegnungen statt mit anderen Menschen. Sie heißen Weg-Begleiter oder **Weg-Gefährten**, wenn sie ein Stück des Weges mit uns gehen, auch in schwierigen Situationen bei uns bleiben. Wenn diese Weg-Begleiter zusammen für eine gemeinsame Sache kämpfen, sprechen wir auch von Weg-Genossen. Wege-Lagerer sind dagegen solche, die auf der Lauer liegen und anderen den „Weg abschneiden".
Unterwegs braucht man **Weg-Weiser**, die die Richtung anzeigen. Weg-Marken, die den Weg kennzeichnen. Eine Weg-Weisung ist eine Hilfestellung, wohin der Weg gehen soll. So können die Zehn Gebote als Weg-Weisung verstanden werden. Weg-Zehrung ist jene Nahrung, die bei Kräften hält, um einen Weg durchzuhalten.
Sagen, Märchen und Legenden erzählen oft von glücklicher Rettung aus der Aus-weg-losigkeit.

Das Weg-Motiv prägt auch im Übertragenen unsere Sprache: Ich kann mich auf den Weg machen, mir den Weg frei räumen, auf halbem Weg stehen bleiben, vom vorgegebenen Weg abweichen usw. Ich kann aber auch andere Steine in den Weg legen, den Weg abschneiden oder den Weg frei machen, Hindernisse aus dem Weg räumen oder etwas auf den Weg bringen.

Menschen sind seit Urzeiten auf Wege angewiesen so wie auf das Licht oder die Nahrung. In den unerschlossenen Wäldern, im Gebirge, in endlosen Wüsten bedeutete das „Vom-Wege-Abkommen" oft den sicheren Tod. Wege sind oft von der Natur vorgegeben, z. B. werden Flüsse als Wasserwege benutzt, Furten als Flussübergänge oder gewisse Gesteinsformationen als Gebirgspfade. Wege müssen aber auch gebahnt werden. Wege sind auch ein Produkt menschlicher Technik und Zielstrebigkeit. Das Weg-Symbol kommt daher sowohl in der Natur als auch in Kultur und Technik vor.

Das Symbol „Weg" im Alten und Neuen Testament

Israels Existenz geht zurück auf wandernde und umherziehende Nomadenstämme. Von anderen Völkern unterschieden sie sich dadurch, dass sie sich als wanderndes und geführtes Volk begriffen und ihre Wege-Erfahrungen im Lichte ihres Jahwe-Glaubens deuteten.
Der Weg, auf den sich **Abraham** macht, wird als sachlich notwendig dargestellt. Er wird nicht hinterfragt. Es gibt kein Zögern beim Aufbruch: „Ziehe hinweg" (Gen 12,1). Hätten Abraham und seine Familie an Ort und Stelle verharrt, wären sie vermutlich schon längst vergessen. Der Weg Abrahams ließ keine Rückkehr zu und Jahwe erscheint auf diesem Weg als einer, der das Zeichen zum Aufbruch setzt und das Ziel niemals vergisst. Er ist wegweisend, führend und leitend; aber nur an bestimmten Weg-Stationen tritt er in Erscheinung, bringt sich in Erinnerung. Besonders deutlich wird dies bei der nächtlichen Vision von der Himmelsrampe, die dem Jakob bei seinem unsicheren Weg in die Heimat seines Großvaters zu einer hilfreichen Vision wird (vgl. Gen 28,10 f.). Abraham und die Erzväter haben im verheißenen Land gewissermaßen Wegmarken gesetzt: Altäre und so genannte Mahlsteine.

Der Weg nach Ägypten war notwendig geworden, um einer Hungersnot zu entgehen. Aber er war auch ein Weg in die Sklaverei und Knechtschaft. So wird der **Weg aus Ägypten** heraus zu einer Flucht aus der Unfreiheit in die Freiheit. Auf diesem Weg gibt es kein zurück. Wenn die Israeliten später jammern und zu den Fleischtöpfen Ägyptens zurück wollen, dann würden sie Luxus gegen Sklaverei tauschen. Was auf Ägypten folgt, ist ein „Weg der Mühsal" (Ex 18,8) durch die Wüste und ihre vielfältigen Mangelsituationen. Bei diesem Weg erscheint Jahwe fast wie ein Heerführer. Er geht vor seinem Volke her, in einer Wolkensäule bei Tag und einer Feuersäule bei Nacht. Er verwandelt Mangelsituationen auf dem Weg in Situationen der Fülle. Wenn das Volk die Kräfte verlassen, trägt er es sogar durch die Wüste (Dtn 1,31). Sein Weg und der Weg seines Volkes liegen ineinander, sind streckenweise identisch.

Die größte Identitätskrise Israels dürfte durch die Schicksalsschläge ausgelöst worden sein, die zur **Vernichtung des Königtums** führten. Zu diesem Zeitpunkt muss bewusst geworden sein, dass die Wege Gottes und die Wege seines Volkes sowohl in Übereinstimmung als auch in scharfem Gegensatz zueinander stehen können. Deshalb wurde rückblickend die Königszeit als Zeit beurteilt, in der Israel seine eigenen Wege ging, als Zeit, in der viele sich nicht mehr mit Gott identifizierten. Umgekehrt handelten viele Kreise des Volkes so, dass es im Widerspruch zum Willen Jahwes stand. Jesaja fasst dieses Problem zusammen, wenn er Gott sagen lässt: „Meine Gedanken sind nicht eure Gedanken und eure Wege sind nicht meine Wege ..." (Jes 55,8 f.).

Im **Neuen Testament** setzt Jesus diese Wegtradition fort: Er ist mit seinen Jüngern ständig unterwegs und erzählt häufig Weg-Geschichten. Im Johannes-Evangelium sagt er von sich: „Ich bin der Weg" (Joh 14,6). Das Neue Testament nimmt das Wegmotiv des Alten Testamentes in vielem auf. Jesus erscheint als der neue Mose, der aus der Unterdrückung heraus befreit zu einer neuen Gotteserfahrung, in die Freiheit der Gottesherrschaft. Sein Weg geht zu den Armen und Kranken, den Sündern und Abgewiesenen. Diese haben in ihrem Leben die Gegenwart, das Mitgehen Gottes erfahren.
Die Nachfolge Jesu ist die Entscheidung für die Gottesherrschaft und darin eine deutliche Parteinahme für die Armen, Kranken, Verachteten und Sünder. Für die Jünger stellt der Schritt in die Nachfolge einen Auszug eigener Art dar. Sie müssen alles hinter sich lassen, was sie festhalten könnte: Beruf und Besitz, Angehörige und Heimat. Wohin der Weg mit Jesus gehen wird, bleibt ihnen im Dunkeln.

2. Einsatzmöglichkeiten im RU

Einen Weg wählen

- L legt unterschiedliche Abbildungen von Wegen im Klassenzimmer aus, Sch sehen sich diese Bilder in Ruhe an, gehen daran vorbei und suchen sich das Bild aus, das sie am meisten anspricht, das ihnen am besten gefällt. Sie erklären einander, was sie an dem jeweiligen Bild angesprochen hat.

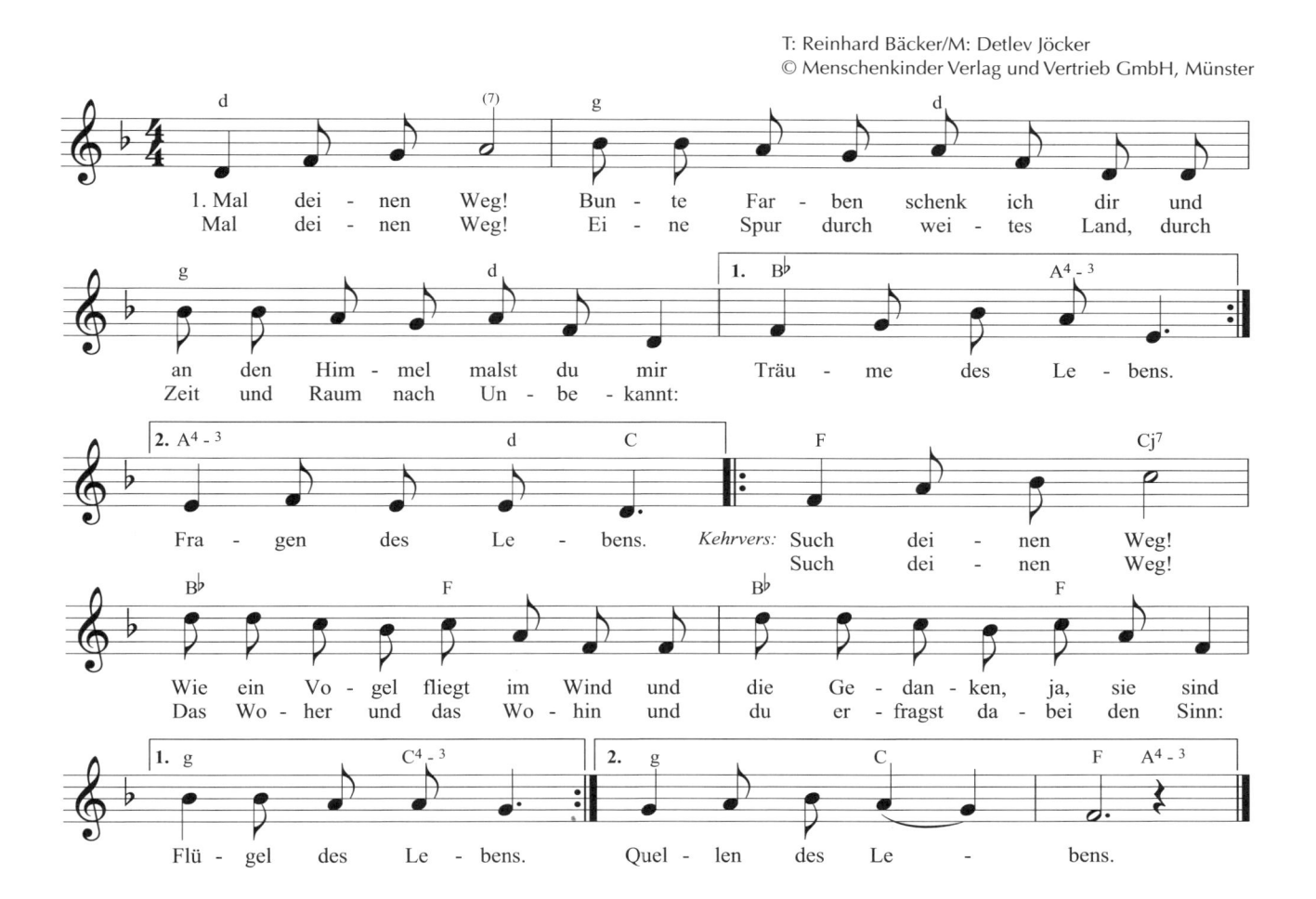

Mal deinen Weg

T: Reinhard Bäcker/M: Detlev Jöcker
© Menschenkinder Verlag und Vertrieb GmbH, Münster

1. Mal deinen Weg! Bunte Farben schenk ich dir und an den Himmel malst du mir Träume des Lebens.
Mal deinen Weg! Eine Spur durch weites Land, durch Zeit und Raum nach Unbekannt: Fragen des Lebens.
Kehrvers: Such deinen Weg! Wie ein Vogel fliegt im Wind und die Gedanken, ja, sie sind Flügel des Lebens.
Such deinen Weg! Das Woher und das Wohin und du erfragst dabei den Sinn: Quellen des Lebens.

2. Geh deinen Weg!
   Bleibe nicht am Anfang stehn,
   erst auf dem Wege wirst du sehn
   Lichter des Lebens.
   Geh deinen Weg!
   Such nicht immer nur das Ziel,
   auch unterwegs entdeckst du viel:
   Spuren des Lebens.

3. Such deinen Weg!
   Wie ein Vogel fliegt im Wind
   und die Gedanken, ja, sie sind
   Flügel des Lebens.
   Such deinen Weg!
   Das Woher und das Wohin
   und du erfragst dabei den Sinn:
   Quellen des Lebens.

B SCHULBUCH

Die Wege eines Tages

- Jede/r Sch bekommt ein großes Blatt Papier (DIN A4 oder besser DIN A3) und schreibt darauf, welche Wege er/sie am vorhergehenden Tag zurückgelegt hat.
- Die Ziele werden auf das Papier geschrieben oder gemalt und die Wege von einem zum anderen eingezeichnet. Wenn manche Wege mehrmals zurückgelegt wurden, sollen diese Wege auch mehrmals eingezeichnet werden.
- Anschließend schließen alle die Augen und gehen die Wege in Gedanken noch einmal.
  Welche Wege gehe ich gerne? Wie gehe ich diese Wege? Schnell oder langsam? Ich stelle mir die Ziele vor, zu denen ich nicht gerne gehe. Wie bewege ich mich dabei? Was denke ich? Welche Wege gehe ich bewusst, welche lege ich gedankenlos zurück?

Der Weg meines Lebens

- Jede/r Sch schreibt die wichtigsten Stationen des eigenen Lebens auf jeweils ein Kärtchen. Diesen Ereignissen werden Fotos zugeordnet, Bilder gemalt oder es wird kurz mit einigen Worten notiert, worum es sich handelte.
  Die Kärtchen mit Lebenssituationen werden dem zeitlichen Ablauf nach geordnet und an einem gezeichneten Weg auf ein Plakat gelegt.
- Sch erinnern, wie der Weg von einer Situation zur anderen beschaffen war: gradlinig oder verschlungen, steinig und mühsam zu gehen oder eine breite Prachtstraße. Sch gestalten diese Art ihres Weges bzw. ihrer Wegstrecke, die unterschiedlich gewesen sein kann.
  Anschließend werden Fotos, Bilder oder kommentierende Sätze so auf dem Plakat angeordnet, dass sie die einzelnen Stationen weiter illustrieren.
- Vor oder nach dem Gestalten des Lebensweges wird das Lied „Mal deinen Weg" **M 4.0.1, Arbeitshilfen S. 27**, gesungen oder auch gespielt.
- Alternative: „Mach dich auf den langen Weg": **M 4.0.2, Arbeitshilfen S. 29**.

Meditative Betrachtung unserer Lebenswege

- Sch sitzen im Kreis und haben ihre Wege-Bilder in die Mitte gelegt. Nach einer kurzen Einstimmung beginnt L mit einer meditativen Betrachtung:
  *In der Mitte sehen wir unsere Lebenswege
  wir sind sie mehr oder weniger weit gegangen
  wir schließen unsere Augen und gehen unseren Lebensweg noch einmal vor unserem inneren Auge durch. Wir erinnern uns nicht an den Anfang.
  Vielleicht kennen wir uns als Babys von Fotos, wir waren klein und hilflos.
  Von Anfang an waren da Menschen, die uns auf unserem Weg ein Stück begleitet haben:
  Eltern, Geschwister, Großeltern, Verwandte.
  Dann begannen wir, uns selbst fortzubewegen:
  Zu krabbeln, die ersten Schritte zu tun, die Welt zu entdecken.
  Andere Menschen traten in unser Leben:
  Freunde und Freundinnen, Erzieherinnen im Kindergarten.
  Unsere Schritte wurden selbstbewusster und länger.
  In der 1. Klasse lernten wir neue Kinder kennen, hatten eine Lehrerin oder vielleicht einen Lehrer.
  Wir lernten Lesen, Schreiben und Rechnen.
  Manchmal gehen wir gerne zur Schule, manchmal möchten wir lieber zu Hause bleiben oder mit unseren Freundinnen und Freunden spielen.
  Wir erinnern uns an viele schöne Zeiten, z. B. als wir im Urlaub waren, oder an andere schöne Erlebnisse.
  Aber es gab auch Zeiten, in denen es nicht gut lief.
  Vielleicht war in unserer Familie jemand schwer krank, oder vielleicht hatten die Eltern sehr viel Streit, vielleicht gab es große Sorgen und Not.
  Unser Lebensweg wird weitergehen, wir wissen nicht genau wohin.
  Wir vertrauen auf Gott. Gott ist bei uns, wenn wir froh sind und wenn wir verzweifelt sind.*

Ein Lied spielen

Die Strophen des Liedes „Ich suche neue Wege", **M 4.0.3, Arbeitshilfen S. 31**, werden aktiv umgesetzt.

- Spielanleitung: Vor jeder Strophe rufen alle in Ruf-Terzen (Kuckuck-Rufe) das erste Verb der Strophe dreimal: Suchen – Sehen – Hören – Gehen – Finden.
- Die Ruf-Terzen können von den Stabspielen (Glockenspiel, Metallophon, Xylophon) begleitet werden: C – A oder A – F …
- Nach den Rufen werden die Strophen gesungen. Dabei gehen alle durch den Raum und imitieren die genannten Verben:
  1. Str.: Ziellos im Raum hin- und hergehen.
  2. Str.: Gehen und dabei die Hand ausschauend über die Augen halten.
  3. Str.: Gehen und die Hände hinter den Ohren halten.
  4. Str.: Gehen und am Ende auf einen Partner, eine Partnerin zugehen.
  5. Str.: Mit dem Partner, der Partnerin Hand in Hand weitergehen.

Mein Weg mit vielen Entscheidungen

- Sch erhalten **AB 4.0.4, Arbeitshilfen S. 33**: Klebe oder male in das freie Feld links unten ein Bild von dir. Du musst unbedingt den Weg zum Berggipfel finden. Du hast vier Möglichkeiten, aber nur eine ist die richtige. Finde mit dem Bleistift den richtigen Weg. Male den richtigen Weg dann bunt aus.

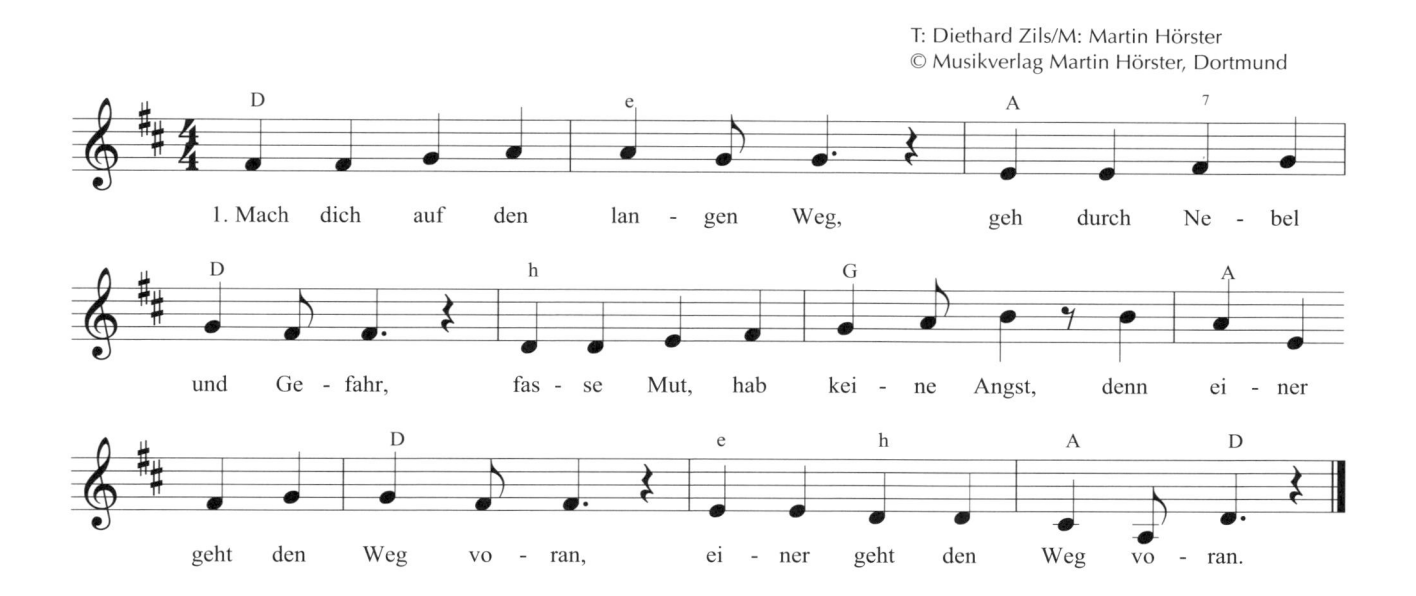

Mach dich auf den langen Weg

T: Diethard Zils/M: Martin Hörster
© Musikverlag Martin Hörster, Dortmund

1. Mach dich auf den langen Weg, geh durch Nebel und Gefahr, fasse Mut, hab keine Angst, denn einer geht den Weg voran, einer geht den Weg voran.

2. Mach dich auf den langen Weg,
   geh, bis du ans Ziel gelangst,
   viele gehn den Weg mit dir und
   einer geht den Weg voran,
   einer geht den Weg voran.

3. Einer geht und trägt das Kreuz,
   trägt das Kreuz für dich und mich,
   zeigt den Weg zum Leben an und
   geht voran, geht uns voran,
   geht voran, geht uns voran.

Tanzbeschreibung

Alle halten sich an den Händen und stehen in einer Reihe. Der/die Erste kann in den Händen ein Vortragekreuz halten, der/die Zweite legt eine Hand auf die Schulter des/der ersten.

- 1. Str.: Alle gehen in vielen Windungen durch den Raum.
- 2. Str.: Alle gehen in eine Spirale nach innen.
- 3. Str.: Alle gehen die Spirale nach außen.

3. Weiterführende Anregungen

Es gibt verschiedene Wege
- Sch suchen sich in der Natur einen Feld- oder Waldweg oder in der Stadt eine Straße oder einen anderen Weg aus und malen diesen auf einen Zeichenblock (evtl. als HA). Mit Wasserfarben oder Wachsmalkreiden gestalten Sch diese Wege.
- Im Klassenzimmer wird eine Wegausstellung veranstaltet. Sch stellen fest, welch unterschiedliche Wege es gibt.

Wege gehen
Auf eine Plastikplane wird ein Weg mit unterschiedlichen Naturmaterialien, wie Sand, Steine, Kiesel, Erde usw., gelegt. Sch gehen langsam barfuß mit verbundenen Augen diesen Weg entlang und ertasten den unterschiedlichen Untergrund.

Spiel: Mit Jesus gehen
- Sch lesen **AB 4.0.5, Arbeitshilfen S. 35**, und gestalten die Episoden in ihrer Fantasie und im Gespräch aus. Die Rollen werden akzentuiert und verteilt. Einfache Requisiten erleichtern die Rollenübernahme.
- Rollenspiel. Entlassung aus den Rollen.
- UG: „Komm mit mir!" – Fällt es leicht, diesem Rat zu folgen? Warum? Warum nicht?

Ein Sinn: Tasten

fragen – suchen – entdecken 5

1. Hintergrund

Ein Junge mit verbundenen Augen tastet mit beiden Händen einen Baum ab – er fühlt die rissige Rinde eines alten Laubbaumes und kleine Zweige, die seitwärts aus dem Baum wachsen.
Mit diesem Foto wird eine weitere Sinneserfahrung nach Hören (Klasse 1), Sehen (Klasse 2) und Riechen/Schmecken (Klasse 3) angesprochen.
Der Tastsinn ist einer der fünf menschlichen Sinne. Das damit verbundene Sinnesorgan ist die Haut. Da sie den ganzen Körper umgibt, ist sie das größte Sinnesorgan. Mit der Haut können wir Temperatur, Druck, Schmerz, Berührungen vielfältigster Art spüren. Mit Hilfe des Tastsinns wissen wir, ob etwas warm, heiß oder kalt, hart oder weich, glatt oder rau, eben oder rissig usw. ist. Der Tastsinn lässt uns die sanfte Berührung mit dem Fell einer Katze oder eines Hundes erleben oder warnt uns vor Gegenständen, die aufgrund ihrer Hitze gefährlich für uns werden können. Unzählig viele hochempfindliche Nervenzellen der Haut nehmen die Berührungen auf und leiten diese Impulse über die Nervenbahnen und das Rückenmark ans Gehirn weiter. Dort werden die Informationen verarbeitet und wir können die Empfindungen an den berührten Körperstellen spüren. Diese Informationsübermittlung geschieht so schnell, dass wir im Moment der Berührung bereits die entsprechende Empfindung wahrnehmen können.
Die vielen Millionen Tastzellen sind nicht gleichmäßig über die Haut verteilt. Es gibt Körperstellen, wie beispielsweise den Handrücken, wo sie relativ weit auseinander liegen. An anderen Körperstellen, wie den Fingerspitzen oder der Zunge, sind sie viel dichter beieinander und entsprechend höher ist unsere Tastempfindlichkeit.
Unser Tastsinn kann bereits geringste Berührungen, wie z. B. durch ein Härchen, wahrnehmen, weiterleiten und damit Empfindungen ermöglichen. Aber das Gehirn kann auch Tastreize ausblenden. Wenn ein konstanter Tastreiz gemeldet wird, nimmt die damit verbundene Empfindung ab.
Im Kleinkindalter kommt dem Tasten eine besondere Bedeutung zu, da Kinder durch das Anfassen und Befühlen aller Gegenstände langsam die Welt be-greifen. Dieses Lernen und Erfassen der Umwelt über das Begreifen der Dinge sollte auch über das Kleinkindalter hinaus geübt werden.
Von der Entwicklungspsychologie wissen wir, dass Körperkontakte und Berührungen auch für ein intaktes Körpergefühl und für emotionale Stabilität verantwortlich sind. Streicheln, Berührungen, Umarmungen stärken das Gefühlsleben von Kindern und Erwachsenen – sodass wir uns „in unserer Haut wohlfühlen können".

Tast-Übungen
Was über die Bedeutung und die Anleitung von Stilleübungen dargestellt wurde (vgl. Arbeitshilfen S. 21), gilt im Besonderen für die Übungen zum Tasten.
In Sinnesübungen, wie z. B. dem Tasten, wird die Fülle der auf die Kinder einströmenden Umwelteinflüsse reduziert und konzentriert, indem nur einer der üblicherweise integriert wahrnehmenden Sinne angesprochen wird. Die intensive Beschäftigung mit *einem* Sinnesorgan schult und verstärkt die auf das Organ bezogene Wahrnehmungsfähigkeit.
Die Stille ist entweder die notwendige Voraussetzung für eine Übung des Tastens oder des Fühlens oder sie entsteht durch die entsprechende Aufgabenstellung von alleine. Die unter „2. Einsatzmöglichkeiten" vorgestellten Übungen zielen auf eine Sensibilisierung für das Tasten und Fühlen. Während Tasten das aktive „Begreifen" meint, versteht man unter Fühlen die Wir-

Ich suche neue Wege

T/M: Elisabeth Unkel

1. Ich suche neue Wege, wohin ich gehen kann. Ich suche neue Straßen, die ich befahren kann.

2. Ich sehe viele Straßen,
   die führen weg von hier.
   Ich sehe andre Straßen,
   die kommen her zu mir.

3. Ich höre von den Straßen,
   die Schritte kommen und gehn.
   Ich hör den Lärm der Straße,
   ich höre Menschen gehn.

4. Ich geh auf vielen Straßen,
   ich komme nicht zur Ruh!
   Ich suche Gottes Spuren,
   ich geh auf Menschen zu.

5. Ich finde manchmal Straßen,
   die führen an kein Ziel.
   Ich finde andre Straßen,
   die bringen hin zum Ziel.

kung des Tastens. Man spricht deswegen auch von „Ge-fühl".

Der Tast-Sinn

Es geht beim Tastsinn um den Sinn, der direkt die Umwelt be-greift. Schon in diesem Wort werden Zusammenhänge deutlich. „Begreifen" heißt „Verstehen", „begreiflich" ist „verständlich". Auch andere Worte sagen uns das: etwas „fassen" ist in sich doppeldeutig. Stark heißt es „erfassen", „auffassen". Der Weg führt vom „Begreifen" zum „Begriff".

Wir „ahnen", wie wichtig diese Erfahrungen für unser Denken sind. Im Englischen wurde aus dem Wort „tasten" „taste" gemacht. Da meint es kosten, probieren, versuchen, prüfen, genießen, aber auch „eine Ahnung haben", da überspringt es zwei Sinne. Im Italienischen heißt das Wort „tastare" so viel wie „befühlen". Je mehr man darüber nachdenkt, desto breiter wird die Skala der Möglichkeiten. „Tasten" ist nur eine. „Greifen", „fühlen", „formen" stecken Richtungen ab, „empfinden" und „packen" setzen verschiedene Akzente.

Literatur

Brem, Christiane, Sinneserlebnisse. Mit Kindern die sinnliche Wahrnehmung entdecken, Donauwörth 1999, S. 24 ff.
Seitz, Rudolf (Hg.), Tast-Spiele, München [5]1991
Biermann, Ingrid, Spiele zur Wahrnehmungsförderung, Freiburg 1999

2. Einsatzmöglichkeiten im RU

Gegenstände ertasten

Verschiedene Gegenstände (Schlüssel, Stift, Radiergummi, Uhr, Kreisel usw.) sind einzeln unter verschiedenen Tüchern im Raum verteilt. Sch befühlen diese Gegenstände unter den Tüchern, versuchen sie zu erkennen und schreiben sie auf eine Liste. Danach erfolgt die gemeinsame Auflösung.

Entdeckungsreise für die Hände

Ein Kind führt den/die Partner/in, der/die die Augen verbunden hat, vorsichtig durch den Raum. Es führt die Hand des „blinden Kindes" an Gegenstände (Vorhang, Türklinke, Stift, Tisch usw.) heran, die dieses durch das Betasten mit der Hand erkennen soll.

Ringlein, du musst wandern

Alle Sch sitzen im Kreis, die Arme sind hinter dem Rücken. L gibt einem Kind einen Gegenstand (Radiergummi, Nuss, Kastanie usw.) in die Hand. Sch befühlt den Gegenstand und gibt ihn ohne Kommentar hinter dem Rücken an die/den Nächste/n weiter. So wandern unterschiedliche kleine Gegenstände durch die Runde. Danach werden alle Gegenstände in die Mitte gelegt und es folgt ein Austausch darüber, wer sehr viele erkannt hat und wie sie sich angefühlt haben.

Blind sein

In der Klasse werden gemeinsam verschiedene alltägliche Tätigkeiten genannt. Z. B. ein Pausenbrot aus der Schultasche holen, ein Wort an die Tafel schreiben, die Schnürsenkel binden, die Blumen gießen, das Federmäppchen aus der Schultasche holen, öffnen, den Bleistift und den Spitzer herausholen und spitzen. Anschließend in PA schließt einer die Augen bzw. verbindet sich die Augen und führt die Tätigkeit aus. Die/der andere beobachtet aufmerksam und greift ein, bevor etwas passieren kann.

Mit den Armen spüren

Ein/e Sch sitzt oder liegt auf dem Rücken, die Ärmel des Pullovers hochgeschoben, die Hände geschlossen. Ein anderes Kind streichelt mit unterschiedlichen Gegenstände vorsichtig die Arme entlang (Blatt, Watte, Feder, Wolle usw.).

Bilder oder Wörter tasten – ein Bilderbuch für blinde Kinder

– Einfache Objekte (Baum, Sonne, Haus usw.) werden aus Pappkarton (alternativ: Sandpapier) ausgeschnitten und auf einen Papierboden aufgeklebt.
– Die fertigen Ergebnisse werden von den anderen Sch mit verbundenen Augen erspürt.
– Wir sprechen darüber, dass Bilderbücher oder Lesebücher für blinde Kinder so aussehen könnten.
– Vielleicht ist es möglich, den Sch ein Buch mit der für Blinde entwickelten erhabenen Punkteschrift vorzustellen. Sie machen dabei auch die Erfahrung, wie schwierig es für Blinde ist ein Buch zu lesen.

Eine Spur verfolgen – Tastübung mit Seilen

- Wir besorgen uns vom Sportunterricht Hüpfseile, die wir vielleicht auch miteinander verbinden können.
- Jeweils ein/e Sch geht mit verbundenen Augen barfuß über das Seil. Sch merken dabei, dass sie langsam ihren Weg suchen müssen, damit sie ihre Orientierung auf dem kurvenreich gelegten Seil bewahren.
- Vielleicht können wir dabei vorsichtig mit den Sch die Frage besprechen, was uns in unserem Leben den Weg und die Richtung weist.

Barfuß gehen

In einer Kiste oder im Schulhof legen wir unterschiedliche Materialien, z. B. Heu, Stroh, Sägespäne oder Sand, nacheinander aus. Sch werden mit verbundenen Augen barfuß langsam über diese Materialien geführt. Sie spüren, wie ein unterschiedlicher Untergrund sich jeweils anfühlt.

Auf dem Weg zum Ziel

Versteckte Dinge tasten
- Unter einem undurchsichtigen Tuch (z. B. Tischdecke oder Bettlaken) sind verschiedene Gegenstände versteckt. Sch versuchen diese durch das Tuch zu ertasten.
- *Weiterführung*: Eine Fühlkiste anlegen: In einer Pappschachtel befinden sich verschiedene Gegenstände, die mit geschlossenen Augen ertastet werden können (Fellstück, kleines Stofftier, Rinden, Würfel, Muscheln usw.).

Sandkiste
In einer Kiste befindet sich Sand. Sch können darin wühlen, Buchstaben schreiben, kleine Gegenstände verstecken und diese blind ertasten usw.

Das Labyrinth

1. Hintergrund

Das Labyrinth
Das Labyrinth, ein Ursymbol, das seit über 5000 Jahren bekannt ist, stellt eine Vertiefung und Verdichtung des Weg- Symbols dar. Es erschließt sich – wie der Weg – im wiederholten Gehen. „In seinen Linien ist etwas verborgen, das mit dem ursprünglichen Wesen unseres Lebens zu tun hat. Das Ziel ist die Suche nach der geheimnisvollen Mitte. Das Labyrinth ist faszinierend und rätselhaft, unergründlich und einfach" (www.begehbare-Labyrinthe.de).

Unter dem Labyrinth ist eine geometrische Figur zu verstehen mit einer rechteckigen oder runden Abgrenzung nach außen. Die Linien sind Begrenzungen für den hin- und herführenden Weg, der von außen in ein Zentrum führt und dabei die vorhandene Fläche größtmöglich ausfüllt. Der Weg beginnt an einer kleinen Öffnung der Außenmauer und führt nach vielen Umwegen (im Gegensatz zur Spirale) zum Zentrum. Er ist kreuzungsfrei, seine Mitte kann nicht verfehlt werden. In der Mitte muss der Besucher seine Gehrichtung ändern und den Eingangsweg zum Ausgangsweg machen (nach Kern, S. 13).

Die **Herkunft** des Symbols liegt im Dunkeln. Wahrscheinlich stellte es ursprünglich eine Bewegungsfolge des Tanzes (einen Tanzplatz) dar. Das Symbol ist eng verbunden mit dem Mythos des Helden Theseus, der aus den verwirrenden Gängen des Palastes von Knossos herausgefunden hat dank des Fadens der Königstochter Ariadne, nachdem er im Zentrum den Minotaurus (ein doppelgestaltiges Wesen, halb Stier, halb Mensch) getötet hatte (ausführlich Kern, S. 43-46).

Es gibt zahlreiche Labyrinth-**Typen**: Bekannt sind das griechisch-kretische Labyrinth mit gewöhnlich sieben Umgängen und das römische (meist rechteckig). Für die Kirchenlabyrinthe steht als typisches Beispiel Chartres mit 11 Umgängen (vgl. **AB 4.0.6, Arbeitshilfen S. 37**). In England und in Nordeuropa findet man Rasen- und Gartenlabyrinthe und so genannte Trojaburgen (Steinlabyrinthe).

Deutungen
Wie die Labyrinth-Typen verschieden sind, so kann auch die Deutung unterschiedlich sein. Einige Beispiele:
- Im Labyrinth werden Tod und Wiedergeburt symbolisiert. Der Weg nach innen bedeutet Tod und ist zugleich Durchgang zu einer neuen Existenz. Im christlichen Bereich steht die Mitte oft als Zeichen für die Wiedergeburt mit Christus zu neuem Leben. Das Labyrinth stellt den Weg der Erlösung des Menschen dar.
- Der Heranwachsende begibt sich in die Enge und Bedrängnis eines Labyrinths, bis er zur Mitte gelangt. Sie ist der Ort der Erkenntnis. Der Rückweg ist zugleich eine Distanzierung von der Vergangenheit und der Beginn der veränderten Lebensweise eines mündigen Erwachsenen. Das Begehen des Labyrinths wird zum Initiationsritus.
- Das Labyrinth ist ein Symbol für den verschlungenen Lebensweg des Menschen. Das Ziel vor Augen, muss der Mensch in vielen Umwegen, bald nahe dem Ziel (der Mitte), bald weit weg, fast am Anfang des Weges gehend, die Mitte umkreisend, sie aber nicht erreichend, in Geduld und Zuversicht vorwärts gehen. Sein scheinbares Umherirren ist aber nicht sinnlos, denn es führt schließlich zur Mitte und damit zum Ziel seiner Mühen.
- Das Labyrinth wurde auch als Schutzzeichen bei der Stadtgründung eingesetzt. Das Labyrinth symbolisiert die starken Mauern. Es ist ein Zeichen für die Uneinnehmbarkeit der Stadt. Manche sehen im Labyrinth die Nachahmung der Bewegung von Himmelskörpern (Planeten).
- Bei den Kirchenlabyrinthen (Typ Chartres, siehe AB 4.0.6 unten links) haben die Kreuzform und die Zahl der Umgänge heilsgeschichtliche Bedeutung: Die Zahl elf (10 + 1 steht für Übertretung und Unvollkommenheit) zeigt die sündige und unerlöste Welt an. Ihr ist das Heilszeichen des Kreuzes eingeprägt. Der Weg durch das Labyrinth wird zum Heilsweg. Die Umkehr im Labyrinth symbolisiert die Abwendung vom Bösen und die Hinwendung zum Guten. Die Kirchenlabyrinthe sind in der Re-

Mit Jesus neue Wege gehen

Erzähler: Jesus geht allein durch das Land. Er will den Menschen von Gott erzählen. Jesus ist Gottes Sohn.

Am See stehen zwei Fischer. Sie wollen Fische fangen.

Zwei Kinder stellen pantomimisch dar, dass sie angeln, die Netze auswaschen, Fische in einen Eimer legen. Jesus ist während der Worte des Erzählers zu den Fischern gegangen. Er bleibt bei ihnen stehen und sieht ihnen zu.

Jesus: Kommt mit mir!
1. Fischer: Wer bist du?
Jesus: Ich bin Jesus.
2. Fischer: Und was willst du tun?
Jesus: Ich will den Menschen von Gott erzählen.
1. Fischer: Hast du keine Arbeit?
Jesus: Doch! Aber was ich tun will, ist wichtiger!
2. Fischer: Du hast Recht! Ich komme mit!
1. Fischer: Ich komme auch mit. Wollen wir Freunde sein?

Die beiden Fischer reichen Jesus die Hände und Jesus schlägt ein.

Erzähler: Jesus und die beiden Fischer gehen zusammen. Sie sind Freunde. Dort drüben auf dem See fahren drei Männer in einem Schiff.

***

In einem Boot (umgekippter Tisch) rudern drei Männer. Jesus und die beiden Fischer sehen ihnen zu.

Jesus: Kommt mir mir!
1. Mann: Wer seid ihr?
Beide Fischer: Wir waren Fischer! Ja, wir waren auch Fischer.
Jesus: Ich bin Jesus.
1. Fischer: Er ist unser Freund!
2. Mann: Und was willst du tun?
Jesus: Ich will den Menschen von Gott erzählen.
3. Mann: Und ihr?
2. Fischer: Wir sind seine Freunde: Wir gehen mit ihm.
1. Mann: Und eure Arbeit?
1. Fischer: Was er tun will, ist wichtiger!
1. Mann: Du hast recht.

Er fragt die anderen. Sie beraten leise.

2. Mann: Wir kommen mit!

Sie rudern, dann steigen sie aus, gehen auf Jesus zu.

3. Mann: Wollen wir Freunde sein?

Die Fischer, Jesus und die drei Männer aus dem Boot geben sich die Hände. Dann gehen sie gemeinsam weiter.

***

Erzähler: An einem Tor steht ein Mann und verlangt Geld. Jeder, der in die Stadt will, muss Steuern bezahlen. Der Mann will auch Zoll von Jesus und seinen Freunden.

An einem Tisch steht der Zöllner. Er hält die Hand auf.

Zöllner: Halt! Ihr könnt nicht weiter! Zuerst müsst ihr Zoll bezahlen!
Jesus: Komm mit mir! Ich will den Menschen von Gott erzählen.
Zöllner: Und die andern?
Jesus: Das sind meine Freunde!
Zöllner: Haben sie keine Arbeit?
Jesus: Doch! Aber was ich tun will, ist wichtiger.
1. Fischer: Komm mit uns!
Zöllner: Ihr seid alle seine Freunde?

Er zögert. Als Jesus auf ihn zugeht, gibt er ihm die Hand.

Zöllner: Ich komme mit. Darf ich auch dein Freund sein?

Jesus geht auf ihn zu, umarmt ihn. Die andern geben ihm die Hand, nehmen ihn in ihrer Gruppe auf und gemeinsam gehen sie weiter.

Erzähler: Jesus findet viele Freunde. Er ruft: „Komm mit mir! Ich will den Menschen von Gott erzählen". Jesus ist Gottes Sohn. Er hat zwölf *Jünger*. Sie gehen mit ihm überall hin. Es kommen immer mehr hinzu, die mit Jesus weitergehen.

Elsbeth Bihler

gel am Eingang der Kirche (im Westen) angebracht. Im Begehen des Labyrinths kann der Mensch über sich nachdenken, bevor er das Kircheninnere betritt.

Auffallend ist die Renaissance des Symbols seit dem Ende des vergangenen Jahrhunderts, die sich z. B. in neueren Veröffentlichungen zeigt (vgl. Lit.), aber auch in Projekten, wie sie im Internet zu finden sind. So sind in den letzten Jahren über 500 neue Labyrinthplätze vor allem in Süd- und Mitteldeutschland, in Österreich, der Schweiz und in den USA entstanden.

Religionspädagogische Aspekte

- Das Labyrinth ist ein Erfahrungssymbol: Sch „lernen" mit den Füßen:
  - Sch machen sich auf den Weg, auf eine Mitte hin.
  - Sie sind dem Ziel nahe, werden aber wieder weggeführt.
  - Sie müssen Umwege machen und Kehrtwendungen.
  - Sie erleben Enge, Alleinsein, sie brauchen Geduld und Ausdauer.
  - Sie fragen sich, ob der eingeschlagene Weg der richtige ist, ob es sinnvoll ist weiterzugehen, wenn sie die Mitte aus den Augen verloren haben.
  - Sie erfahren, dass sie nur ohne Hetze und Hast zum Ziel kommen.
  - Sie kommen nach vielen Umwegen an, auch bei sich. „Im Labyrinth verliert man sich nicht. Im Labyrinth findet man sich. Im Labyrinth begegnet man sich selbst" (Kern, S. 13).
  - Sie kehren um und gehen zurück an ihren Ausgangspunkt, das Ende ist immer auch ein Anfang. Der Gang aus dem Labyrinth birgt auch die Möglichkeit in sich, als ein veränderter Mensch herauszukommen.
- Das Labyrinth als Lebensweg gedeutet, lässt erfahren, dass das Leben sinnzentriert ist, nicht in die Irre führt, sondern auf eine Mitte hin angelegt ist.
Sch am Ende ihrer Grundschulzeit können spielerisch in vielfältiger Weise, gehend, tanzend, spielend, malend mit diesem Symbol umgehen und daraus Mut und Zuversicht für sich gewinnen. So wird das Labyrinth zur Hoffnungsfigur, ja zu einem Heilmittel.
- Wie die übrigen Symbole kann auch das Labyrinth in immer neuen Anwegen auf vielfältige Weise während des Schuljahres als Element, aber auch fächerübergreifend, im Unterricht aufgenommen werden. Es stellt zugleich eine Erweiterung und Vertiefung des Themenbereichs 4. 6 (In Bildern und Symbolen sprechen) dar.

Literatur und Adressen

Candolini, Gernot, Die Faszination der Labyrinthe. Das Praxisbuch. Mit Kopiervorlagen, München 2004
Ders., Labyrinthe – der verschlungene Weg zur Mitte, in: KatBl 129(2004)114-118
Halbfas, Hubertus, Lehrerkommentar zum Religionsbuch 4, Düsseldorf 1986 (hilfreich für einen Überblick; dazu die verschiedenen Labyrinthbilder im Religionsbuch 4)
Hofacker, Peter/Wolf, Mathias, Labyrinthe. Ursymbole des Lebens, Freiburg 2002 (praktische Beispiele)
Institut für Religionspädagogik der ED Freiburg (IRP) (Hg.) 2/2002. Symbol Labyrinth (für HS, inspirierend auch für GS)
Kern, Hermann, Labyrinthe, München ⁴1999 (Standardwerk, gibt es auch als preiswerte Sonderausgabe)
Internet:
www.begehbare-labyrinthe.de/
www.das-labyrinth.at
www.das-labyrinth.de (viele links!)

Bilder

Javor, P., Bilder der ungarischen Künstlerin, hg. v. Liturgischen Institut Trier (Dia 5: Labyrinth)
Köder, Sieger, Labyrinth und Rose, z. B. in: Die Bilder der Bibel von S. Köder, hg. v. Widmann, G., Ostfildern 1996, S. 217

2. Einsatzmöglichkeiten im RU

Die Eigenart des Labyrinths erfassen

- fse 5: Sch beschreiben Bild und Tätigkeit der Menschen: Was ist ihr Ziel? Sch bringen eigene Erfahrungen ein (z. B. Maisfeld). Das genaue Betrachten bringt einige Eigenschaften des Labyrinths zum Vorschein: runde Fläche, viele Wege, die um eine Mitte angelegt sind, ein Eingang, durch den man das Labyrinth betritt. Wie kommt man zur Mitte, wie kommt man heraus?
- Sch fahren mit dem Finger (oder der Rückseite eines Stiftes) das Labyrinth im Buch nach.
- Sch bekommen ein vergrößertes Labyrinth von **AB 4.0.6, Arbeitshilfen S. 37**, und ein leeres Blatt, falten es und schneiden in der Mitte ein kleines Dreieck/einen Kreis aus. Sie legen das Blatt als Sichtschutz über das Labyrinth, stecken durch die kleine Öffnung ihren Stift und fahren so den Weg des Labyrinths nach. Sch äußern ihre Erfahrungen: zur Mitte kommen wollen, viele Kehrtwendungen machen müssen, der Mitte nahe sein, weggeführt werden usw.; in der Mitte eine Kehrtwendung machen, um herauszukommen; Geduld und Ausdauer brauchen, nicht aufgeben, sorgfältig nachfahren, konzentriert arbeiten usw.
- Sch gehen frei mit einer Labyrinth-Darstellung um: Vorschläge: nachfahren mit dem Finger (evtl. mit den Augen), ausmalen (z. B. von dunkel nach hell oder umgekehrt), die Mitte gestalten.
- UG: Wie erklärst du deiner Freundin, deinem Freund, was ein Labyrinth ist?

Labyrinth-Formen

Kretisches Labyrinth

Römisches Labyrinth

Christliches Labyrinth (Chartres)

Die Stadt Scimangada

- Ein Elfchen oder ein Rondellgedicht (Bauplan: Die erste, vierte, siebte Zeile sind gleich, zweite und achte Zeile sind gleich, dritte, fünfte, sechste Zeilen kommen jeweils nur einmal vor) schreiben. Beispiel Elfchen (Bauplan: 1- 2- 3- 4- 1):
  gehen
  immer weiter
  die Mitte suchen
  in der Mitte ankommen
  endlich!

Ein Labyrinth erstellen

Da das Labyrinth ursprünglich ein Wegebild war, das begangen bzw. getanzt wurde, ist es sinnvoll, mit Sch ein Labyrinth zu bauen. „Ein Labyrinth zu bauen ist ... die Königsdisziplin im Umgang mit dem Labyrinth" (Candolini, S. 30). Es gibt verschiedene mehr oder weniger aufwändige Möglichkeiten. Einige werden hier vorgestellt. L und Sch sollten dabei möglichst gemeinsam tätig werden.

- Mit Seilen ein Labyrinth zum Begehen bauen.
  - *Ort*: Meditationsraum, Turnsaal, Aula, evtl. die nahegelegene Kirche, der Schulhof (Idee nach Hofacker, S. 39-41).
  - *Materialien*: zwei Seile von je 50 m Länge (oder mehrere zusammengeknotete Seile, Stoffstreifen oder Girlanden aus dem Weihnachtsschmuck), Zollstock, Klebeband. Notfalls kann das Labyrinth auch mit Kreide aufgezeichnet oder mit Sägemehl ausgestreut werden.
  - *Anlage*: siebengängiges Labyrinth, Gänge 50 cm Breite, Durchmesser 7,5 m.
  - *Durchführung*: Mit dem Zollstock und den Klebepunkten ein Kreuz auf den Boden auftragen. Im Abstand von 50 cm in alle vier Richtungen sieben Markierungen anbringen. Beginn des Auslegens mit dem ersten Seil bei -2/-1 (vgl. Skizze 1). Dann Auslegen des 2. Seils (vgl. Skizze 2).
- *Weiterführung*: Eine weitere Anleitung zum Bau eines Labyrinths findet sich in: www.das-labyrinth.at Link Pädagogik.
- Ein Labyrinth mit Samenkörnern oder mit Naturmaterialien, Steinen legen.
- Eine Labyrinthform (**AB 4.0.6, Arbeitshilfen S. 37**) wird auf Fotokarton kopiert; Sch fahren die Wände des Labyrinths mit Klebestift nach und bestreuen sie anschließend mit Samenkörnern.
  - *Weiterführung*: Wenn die Wände trocken sind, werden die Wege mit andersfarbigem Samen bestreut.
  - Weitere mögliche Materialien: Sand, Wollfaden). Aufwändiger ist das Auslegen eines Labyrinths mit Lichtern (Beispiele in KatBl, vgl. Lit.).
- Ein Labyrinth aus Ton formen
  Dazu werden neben dem selbst härtenden Ton ein Nudelholz und ein Reifen (ersatzweise eine Schüssel) gebraucht. Sch rollen einen Tonklumpen mit dem Nudelholz aus (evtl. eine Folie zwischen Ton und Nudelholz legen). Mit dem Reifen oder der Schüssel auf den Ton drücken, sodass eine kreisrunde Platte entsteht. Das Labyrinth (z. B. eines von **AB 4.0.6**) wird in die Platte mithilfe eines Stiftes oder einer Stricknadel eingedrückt. Die so entstandenen Linien werden nachgezogen bzw. vertieft.
- Ein Labyrinth auf einem Bettlaken aufkleben (kann nach Bedarf aufgerollt und wieder verwendet werden). Das Laken mit roten 10 cm breiten Kreppstreifen bekleben. Auf eine freie Innenfläche achten.
- Die aufwändigste Erstellung ist das Ansäen eines Labyrinths auf einem Stück Land. Es wird sich aber nur in den seltensten Fällen verwirklichen lassen. Vgl. dazu die Bilder in Halbfas, Religionsbuch 4, und die zugehörige Beschreibung im Lehrerhandbuch 4, S. 518-522.
- Sch entwerfen nach Anleitung selbst ein einfaches Labyrinth. Hier ein einfacher Konstruktionsplan; der Weg geht vom Kreuz nach rechts und in einer Pendelbewegung immer hin und her:

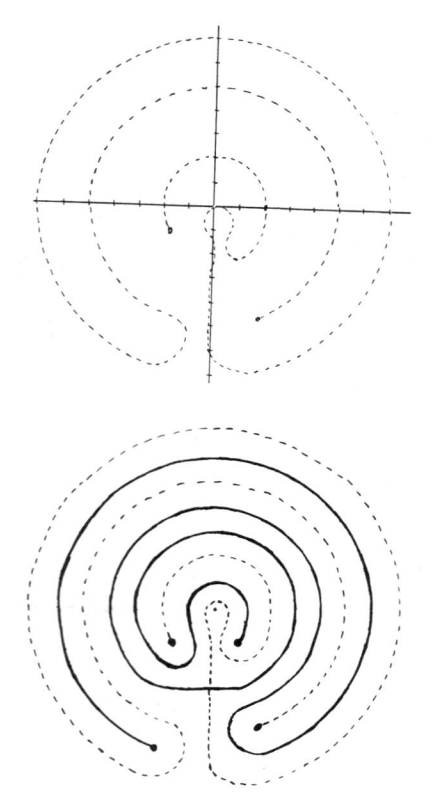

Gang in das Labyrinth

Betrachte das Labyrinth genau. Suche mit deinen Augen den Einstieg und die Mitte.
Mache dich auf den Weg. Rechts und links siehst du die Begrenzungen. Das Labyrinth nimmt dich auf. Du bist allein und gehst sicher deinen Weg. Alles, was dich umgeben hat, die Menschen, der Lärm, die vielen Dinge – du lässt sie alle zurück.
Du gehst langsam Schritt für Schritt. Schnell scheinst du der Mitte nahe zu sein, doch dann führt dich dein Weg weit weg. Du kommst fast wieder an den Anfang deines Weges.
Das Ziel ist fern. Du wirst unsicher und denkst: „Komme ich so zur Mitte?"
Du wirst weiter geführt von Kehre zu Kehre, der Mitte nahe, der Mitte fern. Wenn du zuversichtlich weitergehst von Schritt zu Schritt, wirst du am Ende die Mitte erreichen.
In der Mitte kannst du verweilen. Manche Menschen sagen: In der Mitte kommst du zugleich bei dir an. Manche sagen: In der Mitte kannst du etwas von Gott erfahren. Manche sagen: Wer ein Labyrinth begeht, macht sich auf den Weg von Außen nach Innen: zu sich, zu Gott.
Wenn du aus der Mitte heraus willst, musst du dich umwenden und den Weg zurückgehen. Genieße den Rückweg.
Menschen gehen immer wieder den Weg nach Innen und den Weg nach Außen. Sie spüren, das tut ihnen gut. Sie wissen, viele Menschen sind zu allen Zeiten den Weg nach Innen und den Weg nach Außen gegangen.

Fantasieübung: Mein Lebensweg

Vorbereitung:
Ich setze mich entspannt hin, ich lege meine Hände auf meine Oberschenkel, ich spüre: Die Füße stehen auf dem Boden, mein Rücken ist gerade. Ich merke, wie mein Atem kommt und geht. Ich schließe meine Augen, werde ruhig, jetzt stört mich nichts mehr, ich bin ganz bei mir.

Mein Lebensweg
Ich bin 9 oder 10 Jahre alt. Ich sitze hier in der Klasse 4... In meinen Gedanken gehe ich zurück:
Ich erinnere mich an den ersten Schultag in der vierten Klasse (Schulraum, meine Mitschüler/innen, die Lehrerin, mein/e Banknachbar/in: Wie war das?)
Ich gehe in Gedanken noch weiter zurück bis zu meiner Erstkommunion (Erinnerungen, Gottesdienst, Kleidung, Geschenke, Gäste ...): Was war besonders schön? Was war mir besonders wichtig?
Ich wandere weiter zurück und denke an ein besonders schönes Erlebnis, an das ich mich gerne erinnere.
Ich denke auch an ein Erlebnis, das mich traurig gemacht hat ...
Ich gehe noch weiter zurück bis zu meinem ersten Schultag (Sch, die L, hatte ich Angst? War ich neugierig? Meine Schultüte, die erste Hausaufgabe, das erste Zeugnis ...).
Ich denke an die erste Zeit im Kindergarten (die Kindergärtnerin, der Raum, der Geruch, der Spielplatz, das Basteln).
Jetzt bin ich am Anfang meiner Erinnerungen: Was weiß ich noch von meiner Kleinkinderzeit? Was haben mir die Eltern erzählt?
Aus meiner Kleinkinderzeit kehre ich zurück und sitze nun wieder in der 4. Klasse.
Ich dehne und strecke mich, öffne die Augen.

Ausdruck und Gestaltung:
Die einzelnen Stationen meines Lebensweges verbinde ich mit dem Labyrinth, das vor mir liegt (oder das ich ergehen kann). Die verschiedenen Kehren sind wie Haltestationen.
Sch überlegen, an welchen Stationen sie etwas hinlegen wollen, etwas, das sie an ein wichtiges Erlebnis oder eine erfreuliche oder traurige Situation erinnert (Symbol, Zeichnung, Farben, ein Text, ein Bild).
Alternativen:
Die Übung kann auch umgekehrt mit der Erinnerung an die Kleinkinderzeit beginnen.
Die Mitte des Labyrinths kann Ausgangspunkt oder Endpunkt sein.

Ein Labyrinth begehen
„Am stärksten werden die Grundaussagen (des Labyrinths) beim Gehen spürbar" (Candolini, S. 19).
- *Vorübung*: Eine Spiralform ergehen. Dazu wird mit Seilen eine Wegstrecke ausgelegt, die Sch zu gehen versuchen. Sch lernen ihre Schritte bewusst zu setzen.
- *Möglichkeiten*: im eigenen Rhythmus gehen; mit verbundenen Augen die Spirale gehen, ein/e Sch führt; alle fassen sich an einem Seil und gehen gemeinsam; im Pilgerschritt (s. u.) gehen; mit Musik oder zu einer gesungenen Liedzeile (s. u.) gehen; von außen nach innen gehen, von innen nach außen gehen; zur Mitte gelangen, etwas zur Mitte bringen, umkehren, etwas empfangen.
- Sch sprechen über ihre Erfahrungen.
- *Das Labyrinth ergehen*: L und Sch legen ein siebengängiges Labyrinth (s. o.). Zunächst gehen Sch um das Labyrinth herum, anschließend suchen sie nach eigenem Rhythmus ihren Weg durch das Labyrinth. Sie gehen Schritt für Schritt; sie verweilen in der Mitte und gehen dann nach außen. Wenn mehrere Sch sich im Labyrinth bewegen, das Ausweichen organisieren.
- Im Anschluss an verschiedene Labyrinthgänge folgt der Austausch über Beobachtungen, Erfahrungen, Überraschungen ...
Sch-Äußerungen: „Das Labyrinth bedeutet für mich Zeit; Ich muss mich auf den Weg konzentrieren und kann nicht auf andere schauen; ... das dauert lange ... ist für mich beruhigend; Da kann man seine Gedanken sammeln; Man kann in sich gehen; Ist für mich wie ein Lebensweg" (www.das-labyrinth.at).
- *Alternative*: Bei meditativer Musik gehen; L spricht langsam dazu den Text: **M 4.0.7, Arbeitshilfen S. 39**.

Im Labyrinth tanzen
Das Labyrinth als Tanzplatz (vgl. Arbeitshilfen S. 38) lädt ein, in einfachen Schritten durch das Labyrinth zu tanzen, dazu meditative Musik spielen.
- Im Pilgerschritt: rechts beginnend: in Tanzrichtung: rechter Fuß vor, linker Fuß vor, rechter Fuß vor, Gewicht auf den linken Fuß verlagern (Wiegeschritt). Von vorne beginnen.
- Wippen: in Tanzrichtung: rechter Fuß vor, den linken Fuß daneben stellen, beide Fersen anheben und senken, linker Fuß geht vor, rechter Fuß wird daneben gestellt, beide Fersen anheben und senken. Von vorne beginnen.
- Tippen: in Tanzrichtung: rechter Fuß, linker Fuß, rechter Fuß, linker Fuß, der rechte Fuß tippt mit den Zehen den Boden leicht seitlich des linken Fußes an. Von vorne beginnen.

Das Labyrinth mit dem eigenen Lebensweg verbinden
- Bei der Beschäftigung mit dem Labyrinth werden Sch unbewusst Verbindungen zu ihrem eigenen Lebensweg gefunden haben. In einer Fantasieübung werden Sch angeleitet, sich der einzelnen Stationen ihres bisherigen Lebens-Weges bewusst zu werden: **AB 4.0.8, Arbeitshilfen S. 39**.
- Im Anschluss an die Übung legen Sch an verschiedenen „Kehrtwendungen" Bilder oder Symbole, die sie an diese Ereignisse erinnern.

3. Weiterführende Anregungen

Einen Abschlussgottesdienst gestalten
- Sch bauen ein Labyrinth oder gestalten eine Karte als Abschiedsgeschenk (vgl. **fse 118/119**).
- Sie sehen den Weg durch das Labyrinth als Weg durch die vier Grundschuljahre. Einzelne Stationen werden gemeinsam erinnert, an den entsprechenden Haltepunkten wird ein Symbol gelegt.
- Gestaltung der Mitte mit Blumen, Fotos, Unterschriften, Wünschen für den weiteren Lebensweg.
- Den Weg gemeinsam in die Mitte gehen, den Weg aus der Mitte gehen, dabei Bitten für den weiteren Weg überlegen.
- Ein Segensgebet sprechen (vgl. Arbeitshilfen 2, S. 46, AB 2.0.14).

Das Labyrinth mit einzelnen Themenbereichen verbinden
- Themenbereich 2: dem Leben vertrauen können.
- Themenbereich 4: Jesus geht einen schweren Weg: die einzelnen Stationen als Labyrinthweg legen, in der Mitte Ende und Neubeginn durch Symbole und Bilder kennzeichnen.
- Themenbereich 6: In Bildern und Symbolen sprechen: den Labyrinthweg als Symbol für den Weg des Menschen sehen.

Geh mit uns

T: Norbert Weidinger/Jutta Richter/M: Ludger Edelkötter
© KiMu Kinder Musikverlag, 45219 Essen

Geh mit uns auf un-serm Weg, geh mit uns auf un-serm Weg.

Ein Schulhoflabyrinth anlegen
- Beispiel in Candolini S. 29: Schule in Amras/ Innsbruck.
- Für Klassen mit Internetzugang: Die vielfältigen Angebote suchen und sich davon inspirieren lassen oder ein Labyrinth in der Nähe aufsuchen (vgl. Literatur und Adressen); eine Übersicht über Labyrinthe in Deutschland, Österreich und in der Schweiz auch in: Candolini, S. 60-63.

Gebärden

1. Hintergrund

Wie in den Schulbüchern fse 1 bis 3 wird auch in fse 4 eine Gebärdenfolge angeboten. Sie schließt die Reihe ab (**M 4.0.9, Arbeitshilfen S. 43**). In den Arbeitshilfen 1 bis 3 sind dazu verschiedene Vorschläge zur Vorbereitung und Durchführung beschrieben, auf die hier nur verwiesen wird. Das Angebot soll Sch dazu motivieren, sich auf das (ihnen vielleicht fremde) Experiment einzulassen und Erfahrungen mit den verschiedenen Gebärden zu machen.

Erinnert sei an die **Intention** dieser Form von Stilleübungen: Die Einübung in die angebotenen Haltungen verhilft dazu, diese von innen her zu erspüren, sich in die Bewegung hineinzubegeben, in der Endform mit dieser eins zu werden. In der Tradition der verschiedenen Religionen sind Gebärden eine elementare Form, um mit Gott (den Göttern) in Verbindung zu treten. Der religiöse Ausdruck ist sinnenhaft verwurzelt und geht nicht in erster Linie über den Verstand oder den verbalen Ausdruck. Menschen haben zu allen Zeiten gespürt, dass sie ihre Beziehung zu Gott auch in bestimmten Gebärden ausdrücken können. In der christlichen Tradition ist das Erheben der Hände eine wertvolle Form des Gebetes (Origenes). „Es ist nicht notwendig, viele Worte zu machen, es genügt, die Hände erhoben zu halten" (Makarius, zit. n. Grün, S. 29f.). Die Gebärden sind die elementarste Form, in der sich der Mensch mit Gott verbinden kann. (Jäger, S. 23). Wird die Gebärde intensiv vollzogen, ist sie selbst zu einem leibgewordenen Gebet geworden.

Gebärden haben für den Menschen eine **heilende Wirkung**, sie sind Hilfen zum Leben. Beide Gehirnhälften werden aktiviert, das Innen und Außen vereinheitlicht sich in der Übung. Sch lernen dabei, sich selbst in ihrer Ganzheit, auch mit ihrem Körper anzunehmen. „Der Seele Freude ist es, im Leib wirksam zu sein" (Jäger 49). Sch können ohne Worte durch die Gebärden das, was sie bewegt, zum Ausdruck bringen. Gebärden führen in der wiederholten Übung zur Haltung der Offenheit, der Weite, des Wohlwollens und der Friedfertigkeit.

Ein weiterer Aspekt ist die notwendige Verbindung der Gebärden mit der Übung der **Achtsamkeit**. Sch werden dazu angeleitet, ganz gegenwärtig zu sein, ihre Aufmerksamkeit in die Gebärde zu legen. Wichtig ist für die Übenden die Erfahrung der Wirklichkeit im Hier und Jetzt. Diese Übungen bereiten darauf vor, die Achtsamkeit auch für andere Aufgaben und Personen wirksam werden zu lassen.

Beschreibung der Gebärden
Gebärde 1
(Ähnlich der Gebärde 3 in fse 1)
Die erste Gebärde zeigt die Gestalt unseres Körpers mit ausgestreckten Armen, die Kreuzesform. Die Senkrechte geht von der Fußsohle bis zum Scheitel, die Waagrechte wird mit den ausgespannten Armen gebildet.
BEGINN: Sie wird mit der Gebärde 2 aus fse 2 (siehe S. 43) vorbereitet. Zunächst wird sich Sch der eigenen Mitte bewusst. Dann werden die Arme weiter geöffnen bis in Schulterhöhe, die Schultern fallen locker, die Handflächen zeigen nach vorne, die Ellenbogen sind nicht durchgedrückt. Beide Ebenen bewusst spüren: die Senkrechte: ausgespannt zwischen Himmel und Erde, die Waagrechte: den Raum erfassend, die Weite erspürend.
In dieser Haltung verweilen. Wenn es anstrengend wird, die Arme ausatmend sinken lassen und von Neuem beginnen.
BILD: Mein Körper hat die Kreuzesform. Ich bin ausgespannt zwischen Himmel und Erde. Die Mutter breitet die Arme aus, um das Kind zu umarmen, das Kind breitet die Arme aus und flüchtet sich in den Schoß der Mutter.
WORTE: Ich breite die Hände aus und bete zu dir (Ps 143,6); Ich will in deinem Namen die Hände erheben (Ps 63,5); Als Abendopfer gelte vor dir, wenn ich meine Hände erhebe (Ps 141,2). – „Es ist nicht notwendig, viele Worte zu machen, es genügt, die Hände erhoben zu halten" (Makarius, zit. n. Grün, S. 29f.).

Gebärde 2
Die zweite Gebärde entwickelt sich aus der ersten.
BEGINN: Die Arme werden weiter nach oben geführt, bis in Schulterbreite zusammengeführt, die Hände auf der Höhe des Kopfes (oder etwas weiter oben) zeigen zueinander. Die Schultern bleiben entspannt.
BILD: Den Raum zwischen den Händen erspüren. Etwas Imaginäres über dem Kopf halten: einen Ball, die Sonne, einen Krug auf dem Kopf. Licht von oben

strömt ein. Empfangsbereit sein (für himmlische Kräfte, Ex 17,11-12).
WORTE: Der Herr ist mein Licht; der Herr segne uns vom Himmel her.

Gebärde 3
BEGINN: Die aus Gebärde 2 erhobenen Arme weiter sinken lassen, am Gesicht vorbei, bis sie auf der Höhe des Herzens zueinander zeigen.
BILD: Die Hände umschließen die Herzensmitte und den Brustraum. Auch hier wieder den Raum zwischen den Händen spüren. Was umschließe ich mit meinen Händen? Was berge ich? Was schütze ich?
WORTE: Ich bin in meiner Mitte, bei mir geborgen.

Gebärde 4
BEGINN: Aus der Gebärde 3 nähern sich die beiden Hände, bis sie sich berühren. Sachte die Nähe und Ferne der Hände spüren (Energie und Kraft wahrnehmen). Das Aneinanderlegen der Hände sammelt, die Gedanken gehen zu den gefalteten Händen.
BILD: Rechts und links verbinden sich; aus zwei wird eins.
ALTERNATIVE: Verschiedene Stellungen ausprobieren: die gefalteten Hände nach vorne, nach unten drehen, vom Körper weghalten, nahe beim Körper halten, die beste Position für sich suchen.
Die Gebärde des Händefaltens begegnet in allen Kulturen. Bei den Germanen reichte der Vasall dem Herrn die gefalteten Hände, die dieser mit seinen Händen umschloss, zum Zeichen eines Vertragschlusses. Eine mögliche Haltung: Das Gegenüber mit gefalteten Händen und einer Verbeugung begrüßen und verabschieden als Zeichen der Ehrfurcht.
In der katholischen Tradition begleiten die gefalteten Hände das Gebet: die Betenden überantworten sich Gott.
Das Nacheinander der vier Gebärden einüben, auch in der umgekehrten Reihenfolge von Gebärde vier bis Gebärde eins.

2. Einsatzmöglichkeiten im RU

Die Voraussetzungen für eine Einübung sind in den Arbeitshilfen 1 bis 3 beschrieben: Dazu zählen insbesondere die eigene Einstellung und Einübung und der rechte Zeitpunkt der Durchführung. „Nur was wir selbst wahrnehmen und zutiefst erfahren, ist wahr, und nur so können wir es in anderen Menschen wecken" (Jäger, S. 48).

Den Körper lockern und beweglich machen
In den Arbeitshilfen 1 bis 3 sind zahlreiche Möglichkeiten aufgeführt, Sch für die eigentliche Übung vorzubereiten:

– Dazu gehören Übungen zum festen Stehen (AH 1: S. 44; AH 2: S. 48 f.);
– Übungen, um den Körper zu entspannen: beweglich zu machen wie eine Gummipuppe oder einen Hampelmann (AH 1: S. 44; AH 2: S. 49);
– die „Regen-" und „Pizzaübung" (AH 3: S. 48);
– das Abklopfen des ganzen Körpers (AH 1: S. 44; AH 2: S. 49);
– Sch bewegen sich frei im Raum, Musik unterstützt sie dabei;
– Gehen auf Fußspitzen, auf den Fersen, nur auf der Innen- bzw. Außenkante.
- Sch spielen mit den Händen: Hände nach innen und außen kreisen; die Finger einzeln spannen; die Finger einzeln langziehen; Handinnenflächen aneinander reiben usw.
- Eine weitere vorbereitende Übung ist die Beobachtung des Atems: In der Vorstellung atmen Sch ein bis zum Scheitel und sie atmen aus, indem sie den Atem über die Füße in den Boden schicken; das Einatmen und Ausatmen kann mit Armbewegungen unterstützt werden.
- Weitere Möglichkeiten: den Oberkörper nach links neigen, die Arme mitnehmen und betont in die rechte Flanke atmen. Dann Seitenwechsel; mit beiden Händen die Bauchatmung und Brustatmung erspüren; Sch erfinden selbst weitere Übungen.
- Am Ende sollte die Beruhigung des Körpers stehen. Sch haben Kontakt zum Boden, erspüren ihre Körpermitte und sind bereit für die Einübung in eine Gebärde.

Einzelne Gebärden bzw. die Gebärdenreihe ausführen
- Am Ende der Lockerungsübungen wird eine Gebärde ausgeführt und wiederholend eingeübt (s. o.). Wichtig ist die Bereitschaft, in Stille und Konzentration in die Bewegungen hineinzugehen. Wichtig ist auch, die Übung gemeinsam zu beginnen (Lied oder Gongschlag) und zu beenden. Anfangs verweilen Sch nur kurz in der Gebärde, je nach individueller Befindlichkeit wird die Verweildauer verlängert.
- Sch äußern sich zu der ausgeführten Gebärde. Sie suchen ein Wort, das zu der erfahrenen Empfindung passt.
- Im Laufe der Zeit werden die weiteren Gebärden eingeübt. Dann werden sie in der angegebenen Reihenfolge aneinandergereiht; auch in der umgekehrten Reihenfolge.
- Sch suchen für sich eine Gebärde aus, in der sie einige Atemzüge lang verweilen. Sie gehen nach ihrem eigenen Rhythmus aus der Haltung heraus und spüren nach.
– Wiederholend probieren Sch auch andere Folgen aus (S. 43). Die Aufeinanderfolge mehrerer Reihen er-

Gebärdenfolge

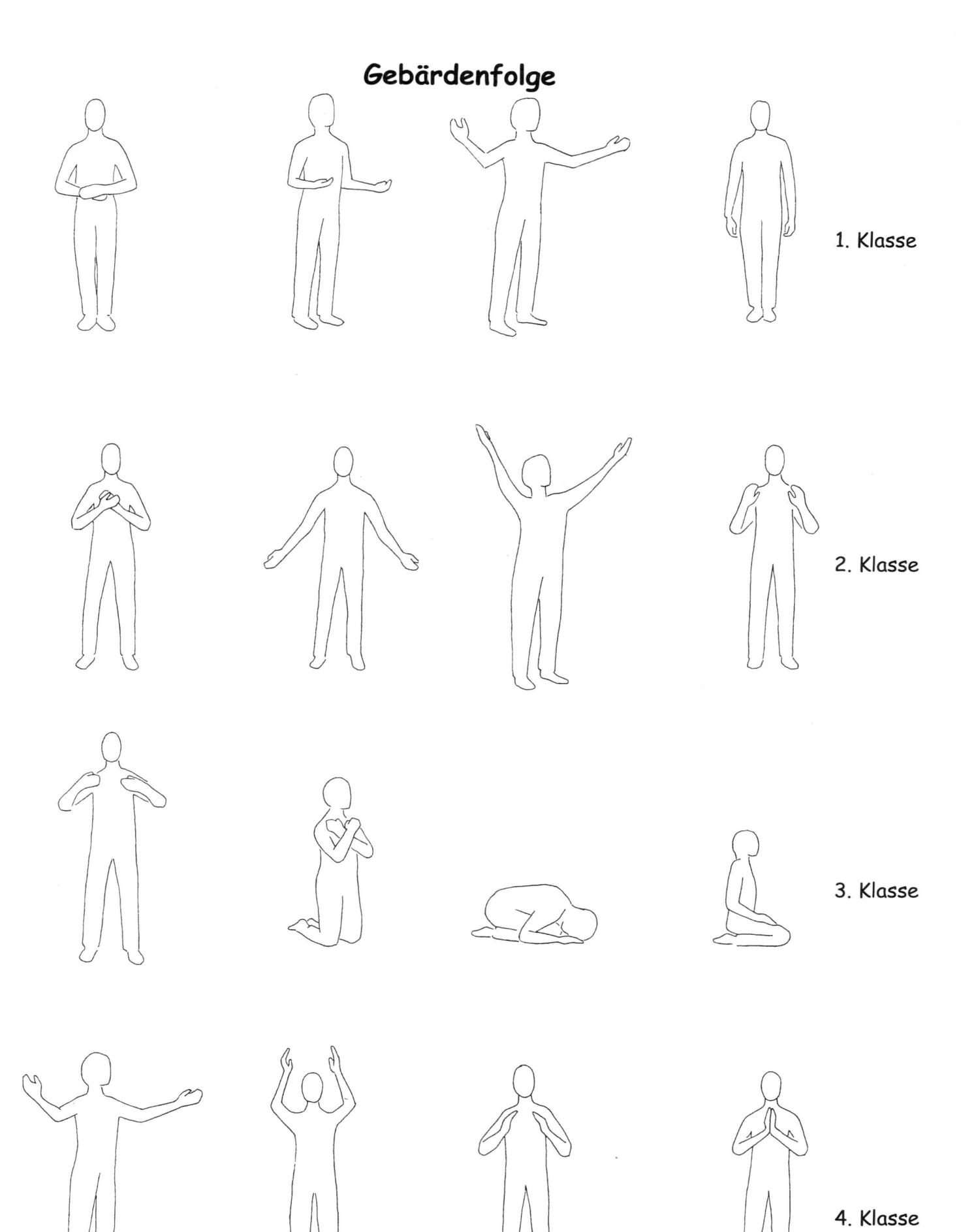

1. Klasse

2. Klasse

3. Klasse

4. Klasse

fordert eine hohe Konzentration, hier muss L sorgsam abwägen, was für die Klasse zumutbar ist.

3. Weiterführende Anregungen

Gebärden in einzelnen Kapiteln
Kap. 1: In die Freiheit geführt: **fse 17**: Gebärde 2: empfangen.
Kap. 2: Dem Leben vertrauen können, **fse 23**; dazu Gebärde 3 aus der 2. Klasse.
Kap. 3: Offen werden füreinander, **fse 43**: Gebärde 4; dazu Gebärde 3 aus der 3. Klasse.
fse 49: Einzelne Gebärden aus den verschiedenen Jahrgängen (vgl. M 4.0.9, Arbeitshilfen S. 43).
Kap. 4: Mit Leid und Tod leben lernen: **fse 58**; dazu Gebärde 3 aus der 2. Klasse.
fse 62: Gebärde 4 (der Aussätzige).
Kap. 5: Jesu Botschaft weitertragen: **fse 72** (Mitte): die Haltung einnehmen und deuten.
Kap. 7: Ein Evangelium ... : **fse 112/113**: Segensgestus (= Gebärde 4 der 2. Klasse).

Gebärden im Tanz
Wie Verbindungen einzelner Gebärden mit einem Tanz gelingen, beschreiben Arbeitshilfen 2, S. 50.

Gebärden im Gottesdienst
Sch finden passende Gebärden für den Abschlußgottesdienst, wie er in **fse 4**, 118/119 angeregt wird.

Literatur

Betz, Otto, Der Leib und seine Sprache, Kevelaer 2003 (Topos-Taschenbuch)
Grün, Anselm/Reepen, Michael, Gebetsgebärden, Münsterschwarzach ^{9}2000
Jäger, Willigis/Grimm, Beatrice, Der Himmel in dir. Einübung ins Körpergebet, München ^{2}2001
Maschwitz, Gerda und Rüdiger, Stilleübungen mit Kindern, München ^{3}1998, Gebärden: S. 85-91
Dies., Von Phantasiereise bis Körperarbeit. Existenzielle Methoden – gekonnt eingesetzt. Ein Handbuch für die Praxis, München 2004, Rituelle Gebärden und Körpergebet: S. 116-130
Kurse zum Körpergebet: Benediktushof, Klosterstr. 10, 97292 Holzkirchen

1 Von Gott in die Freiheit geführt

1. Religionspädagogische und theologische Hinweise

Die Freiheit, die das Volk Gottes im Laufe seiner Befreiungsgeschichte erlangt, wird geprägt und strukturiert durch die Gebote. Dieser Horizont der Befreiung aus der Sklaverei in Ägypten ist unbedingt nötig, um das Anliegen der Zehn Gebote verstehen zu können. Vor der Gesetzgebung am Sinai hat das Volk Israel Gott als den erfahren, der sie aus der Knechtschaft Ägyptens befreit hat. „Ich bin Jahwe, dein Gott, der dich herausgeführt hat aus dem Land Ägypten, aus dem Haus der Sklaverei" (Ex 20,2; Dtn 5,6). Exodus und Sinai, Freiheit und Bindung sind nicht voneinander zu trennen und können deshalb nicht isoliert betrachtet und interpretiert werden.

„Wer sie von ihrer (der Gebote) Einleitung, in der sich JHWH als der Befreiergott von Ägypten her versteht, löst, macht sie zu einer erdrückenden Last. Wer aber nur von der Befreiung spricht, ohne die daraus resultierende sittliche Verpflichtung zu erwähnen und sich jeder Formgebung dieser Erfahrung verweigert, bleibt in der Wüste" (Ludger Schwienhorst-Schönberger, in: Die Zehn Gebote. Welt und Umwelt der Bibel, Stuttgart 2000, S. 14).

Die Bezeichnung „**Dekalog**" hat ihren Ursprung im Griechischen (*deka logoi* = zehn Worte). Der Dekalog weist dem Volk Israel den Weg in das verheißene Land, den Weg in die Freiheit, den Weg in eine Beziehung zwischen Gott und den Menschen. Er ist Bestandteil des Bundes Jahwes mit dem Volk Israel. Dem „Zehnwort" kommt also die Aufgabe zu, die erlangte Freiheit zu bewahren, der Freiheit eine Form zu geben.
Dem Dekalog wird keineswegs gerecht, ihn isoliert von der Befreiungsgeschichte Israels, als bloße Struktur der christlichen Sittenlehre zu betrachten. „Leider wurden die 10 Gebote in der Glaubensunterweisung allzu oft so vermittelt, als handle es sich hierbei um die 10 Plagen" (Verena Lenzen, ebd., S. 64).
Martin Buber spricht von einer „Vermoralisierung und Verjurisierung" der 10 Gebote, deren Folge eine Wandlung von der persönlichen Rede zu einer unpersönlichen Soll-Anweisung der Moral ist.
In menschlichen Gesellschaften sind Regeln zu entdecken, die fast universellen Charakter haben, die das zwischenmenschliche Miteinander regeln, ohne die eine Gemeinschaft nicht möglich ist. Das Besondere des Dekalogs ist, dass er Gesetz und Freiheit in einmaliger Weise verbindet und so eine neue Richtung weist. Kein Gesetz der Welt hat eine mit dem Dekalog vergleichbare Wirkungsgeschichte und kann so die Grundrechte der Menschen und die Würde Gottes schützen.

Es ist topografisch heute kaum mehr rekonstruierbar, auf welchem Weg das Volk Israel an den Gottesberg gelangte. Die verschiedenen Pentateuchquellen machen zum Teil widersprüchliche Angaben, benutzen z. B. zwei verschiedene Namen für den Berg der Gotteserscheinungen. Auseinandersetzungen des Volkes Israel sind ebenfalls historisch nicht gesichert (vgl. Num 20,14-21).

Im Fokus des historischen und theologischen Interesses steht die Gestalt des **Mose**. Exodus, Dekalog und Wüstenwanderung sind untrennbar mit seiner Gestalt verbunden und er wird somit zur wichtigsten Gestalt in der Geschichte Israels.
„In dem Maße, wie Mose zur klassischen Idealfigur der Gründungszeit wurde, zog er immer mehr verschiedenartige Traditionen an sich, die ihn als Volksführer, Gesetzesvermittler und prophetische Gestalt ausweisen. Es ist unmöglich, hinter diesen Traditionen zu einem historisch verifizierbaren Bild dieser Gestalt zu gelangen, zumal die meisten Traditionen in Form von Sagen vorliegen, die erst in einem komplizierten überlieferungs- und redaktionsgeschichtlichen Prozess zusammengewachsen sind und mit der Person des Mose verbunden wurden. Die Gestalt des Mose ist in der biblischen Literatur in eine bunte Sammlung von Geschichten eingebunden, in der sich die Gruppe, die Gesellschaft des nachexilischen Israels wiederfinden wollte ..." (Dirk Kinet, in: Geschichte Israels (Die neue Echter Bibel: Ergänzungsband 2 zum AT), Würzburg 2001, S. 230).

Literatur und Adressen

Welt und Umwelt der Bibel 2/2002: Die Zehn Gebote
Braulik, Georg, Die deuteronomischen Gesetze und der Dekalog, Stuttgart 1991
Bondolfi, Alberto/Münk, Hans J. (Hg.), Theologische Ethik heute, Zürich 1999
Niehl, Franz W. (Hg.), Leben lernen mit der Bibel, München 2003,
  S. 66-129: Zimmer, Michael, Das Buch Exodus (exegetisch)
  S. 318-326: Dohmen-Funke, Christoph, Exodus (unterrichtspraktisch)
Otto, Eckart, Theologische Ethik des AT, Stuttgart 1994
Quadflieg, Josef, Die Bibel für den Unterricht, Düsseldorf 1996
Schmidt, Susanna, Anstöße zum Glücklichsein. Was die Zehn Gebote heute bedeuten können, Stuttgart 2000

2. Das Thema im Lehrplan und in fragen – suchen – entdecken

Das Leben der Menschen ist bestimmt von Regeln und Ordnungen. So sehr wir uns auch im Geheimen immer wieder wünschen, frei von Regeln zu leben, werden Sch auf **fse 8/9** erkennen, dass erst sinnvolle Regeln ein gemeinsames Miteinander gelingen lassen. Alle Menschen sehnen sich nach einem Leben in Freiheit. Das Beispiel der Befreiung der Israeliten aus der Sklaverei in Ägypten und der großartige Einsatz des Martin Luther King für ein menschliches und gerechtes Miteinander von Schwarzen und Weißen lässt Sch über die Freiheitssehnsucht aller Menschen ins Gespräch kommen. Gott befreit und führt sein Volk in ein Land, in dem es fern von Leid und Unterdrückung leben kann. Auf **fse 12-15** machen sich Sch ein Bild davon, dass der Weg in dieses versprochene Land geprägt war von Unsicherheit und Schwierigkeiten. Sie lernen die Zehn Gebote kennen als Wegweiser in ein Leben in Freiheit, das von Gott geschenkt ist. Auch in unserer heutigen Zeit ist der Dekalog (Zehnwort) aktueller denn je. **fse 18-22** spannt die Brücke vom Bundesschluss am Sinai über Jesus zu den Sch im 4. Schuljahr, indem diese eigene Zugänge zu diesen Lebensworten finden und entdecken sollen, dass bei schwierigen Entscheidungen die Gebote auch heute noch eine wertvolle Hilfe sein können.

3. Verbindung zu anderen Themenbereichen und Fächern

4.2.2 Auf Gott und Jesus vertrauen (**fse 34/35**)
4.6.1 Sich in Bildern und Symbolen ausdrücken, z. B. Symbol „Weg" (**fse 92/93**)

EVANGELISCHE RELIGIONSLEHRE: 4.1 Sich nach Freiheit sehnen – Freiheit erleben; 4.6 Mit Gottes Geboten leben; 4.6 3 Menschen lassen sich in ihren Entscheidungen von unterschiedlichen Motiven leiten
ETHIK: 4.1 Wünsche haben und verzichten können; 4.6 Frei sein und Verantwortung übernehmen
DEUTSCH: 4.1.3 Miteinander sprechen und miteinander umgehen; 4.2.1 Texte verfassen, Anliegen und Meinungen darlegen
HEIMAT- UND SACHUNTERRICHT: 4.4 Zusammenleben
MUSIKERZIEHUNG: 4.4.1 Sich zur Musik bewegen; 4.4.2 Szenen spielen
SPORTERZIEHUNG: 4.2.1 Regelgeleitetes Handeln; 4.4.2 Sich zur Musik bewegen

4. Lernsequenz

Planungsskizze	Überschriften in fse	Inhalte im Lehrplan
I. Regeln ordnen unser Zusammenleben	Frei von Regeln leben? **fse 8/9** Alles bestens geregelt? **fse 10/11**	4.1.1 Mirjam preist Gott für die Befreiung; Wanderung durch die Wüste 4.1.1 Israel lebt im Vertrauen auf Gottes Bund
II. Gott führt in die Freiheit	Gott befreit **fse 12/13** Erfahrungen auf dem Weg **fse 14/15** Die Freiheit bewahren – Gottes Weisungen folgen **fse 16/17**	4.1.2 Freude über Gottes Weisung
III. Die zehn Gebote: Hilfen auch für mein Leben	Was die Gebote zusammenhält **fse 18/19** Wie kann das Leben gelingen? **fse 20/21** Gottes Weisung ist ... **fse 22**	4.1.2 Worte die für mein Leben Bedeutung haben

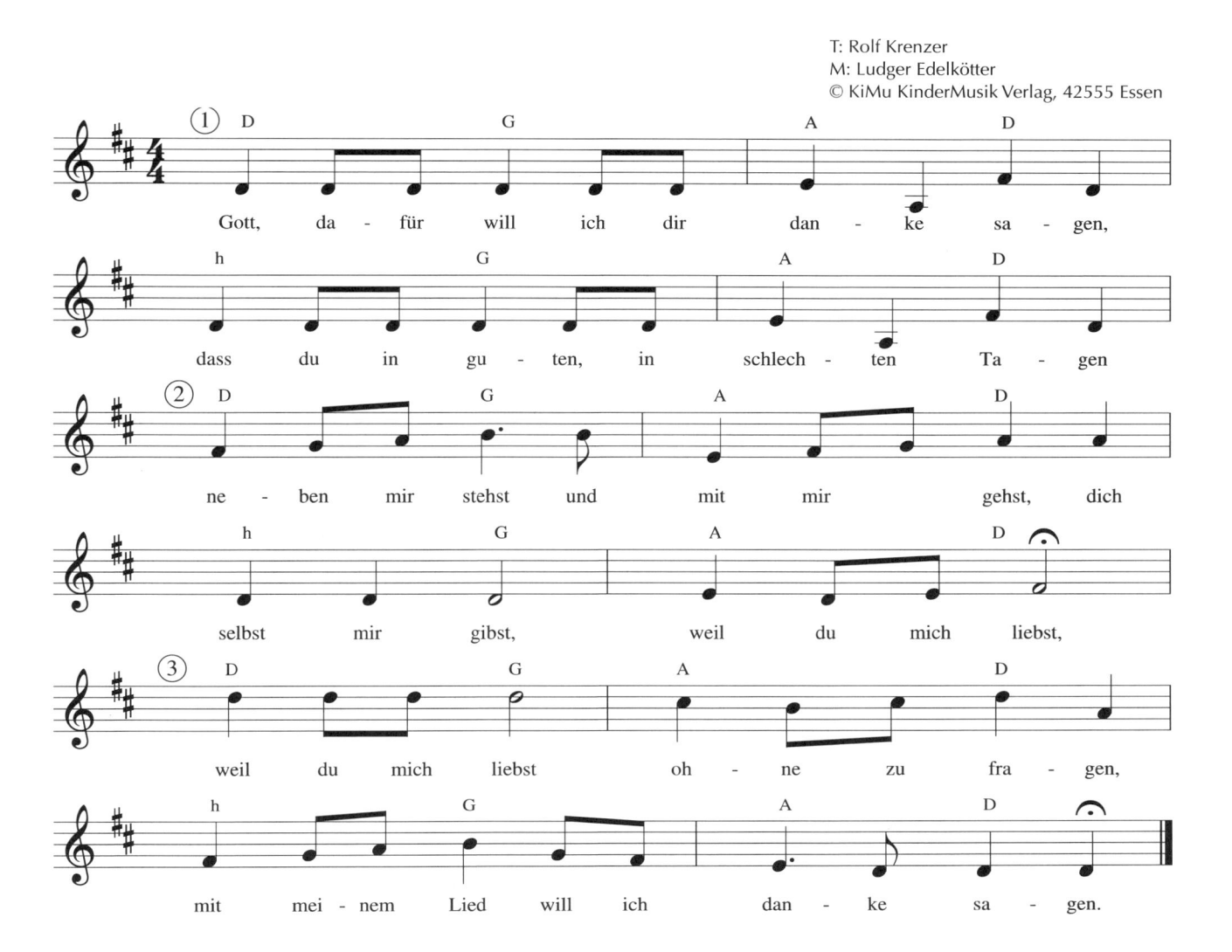

Dafür will ich dir danke sagen

T: Rolf Krenzer
M: Ludger Edelkötter
© KiMu KinderMusik Verlag, 42555 Essen

Gott, dafür will ich dir danke sagen,
dass du in guten, in schlechten Tagen
neben mir stehst und mit mir gehst, dich
selbst mir gibst, weil du mich liebst,
weil du mich liebst ohne zu fragen,
mit meinem Lied will ich danke sagen.

Von Gott in die Freiheit geführt

1. Hintergrund

Michael Bogdanow
Der Künstler Michael Bogdanow ist 1954 in Houston/Texas geboren und aufgewachsen. Hier begann er 1971 seine Werke im „Houston Museum of Fine Arts" auszustellen. Michael Bogdanow studierte ein Jahr in Jerusalem am „Institute for Leaders from Abroad". Seine Darstellungen zeigen oft biblische Themen.
www.michaelbogdanow.com

Michael Bogdanow: „Miriam's Dance", 1998
Acryl auf Leinwand, 55,9 x 71,1 cm
Beschreibung: Das Bild **fse 7** zeigt tanzende Menschen. Diese bewegen sich anmutig im Vordergrund und schweben schier mühelos von links oben nach rechts unten. Das Bild ist klar in zwei Hälften unterteilt, die tanzenden Personen sind im unteren Bereich zu entdecken. Vor der klaren blauen Trennungslinie, in der sich die Farbe der tanzenden Hauptperson widerspiegelt, verdunkelt sich die Farbe des Bildes. Mit viel Fantasie kann hier eine Vielzahl von Menschen entdeckt werden. Oberhalb der blauen Linie ist der Horizont überwiegend von roter Farbe durchtränkt.
Deutung: Inspiriert wurde der Künstler durch den Tanz und das Danklied der Mirjam aus Ex 15,20 nach dem Durchzug durch das Rote Meer.
Der obere Teil des Bildes deutet möglicherweise die überstandene Gefahr und Verfolgung durch die Ägypter an, ja das ganze Elend der Gefangenschaft und Sklaverei liegt hinter der blauen Linie, der Meeresgrenze. Die Motivation für den schwebenden Tanz der Menschen im Vordergrund könnte der Gedanke der Rettung aus Not und Gefahr sein. Bei längerem Betrachten des Bildes entsteht fast der Eindruck des völligen Losgelöst-Seins (Erlösung?). Doch wohin führt der Weg? In die Freiheit? Ins Ungewisse? Wer weist den Weg?

2. Einsatzmöglichkeiten im RU

Bildbetrachtung „Miriam's Dance"
Das Gemälde ist als Folie Nr. 13 in der Mappe „Schatzkiste 3/4" enthalten, vgl. Arbeitshilfen S. 19.
Ein Grundmodell der Bilderschließung findet sich in den Arbeitshilfen S. 50.
- Spontane Wahrnehmung: Ich sehe: ...
- Analyse des Bildes: Sch beschreiben die Personen und Einzelheiten der Darstellung.
- Analyse des Bildgehaltes: Sch deuten die (Verteilung der) Farben. Was drückt das Bild für sie aus?

Mirjams Tanz
- Sch betrachten auf Folie als Teilausschnitt des Bildes die Figur der tanzenden Mirjam.
- Sch ahmen die Körperhaltung der Mirjam nach.
- Sch versprachlichen die möglichen Gefühle der tanzenden Mirjam und schreiben diese auf Textstreifen.
- Sch gestalten mit einer Kopie des Bildausschnittes „tanzende Mirjam" und den Textstreifen ein Bodenbild; *Alternative*: ähnlich auch an der Tafel oder als Folienprojektion möglich.
- Sch malen zum kopiertem Bildausschnitt „tanzende Mirjam" ihr eigenes Kunstwerk.
- Sch betrachten ihre „Werke" in einer Ausstellung.

Kreative Bildentwicklung „Miriams Tanz"
Aufbau eines Bodenbildes in drei Abschnitten: Sklaverei – Rettung – Dank für die Rettung.
- Packpapier, ca. 2 x 1 m, wird in der Länge bei ca. 70 cm durch einen dicken blauen Strich optisch geteilt). Eine vergrößerte Mirjam-Darstellung wird auf den größeren unteren Platz geklebt.
- L: Die Israeliten erlebten in Ägypten eine schlimme Zeit. Sch erzählen, beschreiben und beschriften rote Textstreifen und gestalten damit den oberen Bildteil.
- Sch ergänzen blaue Textstreifen mit Texten der Rettung, z. B. Gott ist ..., Gott sieht ..., Gott ... und bekleben die blaue Trennungslinie.
- Mirjam dankt für die Rettung: Sch formulieren Dankworte, schreiben sie auf beige und gelbe Wortkarten und kleben diese um die tanzende Mirjam.
- Sch gestalten abschließend einen Hefteintrag.

Mirjam dankt für die Rettung
- Sch lernen den Kanon: „Dafür will ich dir danke sagen" **M 4.1.1, Arbeitshilfen S. 47**.
- Sch gestalten aus der Perspektive der Mirjam eine „Dank-Seite" in ihrem „Ich-Buch".

Träume vom Leben in Freiheit

Befehl des Pharao:
_____
_____
_____
_____

Lasst uns geh'n in unser Land, wo _____

Ein Grundmodell der Bilderschließung

Auch in den Schulbüchern **fragen – suchen – entdecken 3** und **4** ist das Bild zur Eröffnung der Kapitel in der Regel ein Bild der Kunst, das sorgsam erschlossen werden will. Auch die Wahrnehmung der Alltagsfotos aus der Folienmappe „Lebensbilder 3/4" kann in bewussten Schritten vollzogen werden. Um einen fruchtbaren Zugang zu den einzelnen Bildern zu ermöglichen, wird im Folgenden ein Grundmodell zur Bilderschließung vorgestellt. Die einzelnen Phasen sind zugleich für die Vorbereitung der Lehrerin, des Lehrers hilfreich.

1. Spontane Wahrnehmung
Erste Kontaktaufnahme mit dem Bild; ungelenktes Anschauen und Wahrnehmen;
nach einer Phase der Stille: spontane Äußerungen ohne Diskussion und Wertung.

2. Analyse des Bildes
Was ist auf dem Bild zu sehen?
- *Personen*: Haltung, Bewegung, Gestik, Stellung zueinander?
- *Landschaft*: statisch, bewegt? Stimmung?
- *Linien*: Verlauf von Linien: senkrecht, steigend, waagrecht, aufwärts, abwärts führend?
  Evtl. Bildlinien nachfahren.
- *Farben*: Welche kommen vor, welche fehlen? Hell-und-Dunkel-Kontraste?
- *Bildanordnung wahrnehmen*: Zusammenhang der einzelnen Teile?
- *Erinnern*: Mit geschlossenen Augen im Bild spazieren gehen.

3. Analyse des Bildgehalts
Was hat das Bild zu bedeuten? Was hat die Künstlerin, der Künstler ausgesagt oder dargestellt?
Evtl. Informationen zur Künstlerin, zum Künstler und der Entstehungszeit einbringen.
Bezug zu einem biblischen Text, zu anderen Texten, Motiven, Erfahrungen?
Dem Bild eine Überschrift geben.

4. Identifikation mit dem Bild
Was löst das Bild in mir aus?
Wo finde ich mich wieder in dem Bild? Wo bin ich gerne, nicht gerne?
Wenn die Personen sprechen könnten: Was würden sie sagen?

5. Weiterer Umgang mit dem Bild
Das Bild weitermalen, ergänzen, etwas weglassen.
Die Personen nachstellen, miteinander sprechen lassen.
Was war vorher, was kommt danach?
Welche Geschichte, welches Lied, welches andere Bild fällt mir zu dem Bild ein?

Literatur

Lange, Günter, Kunst zur Bibel, München 1988, S. 9-11
Niehl, Franz W., Damit uns die Augen aufgehen, in: ders./Thömmes, Arthur, 212 Methoden für den Religionsunterricht, München 1998, S. 13-45 (viele hilfreiche Methoden)
Schmid, Hans, Ein Grundmodell des Umgangs mit Bildern im Religionsunterricht, in: ders., Die Kunst des Unterrichtens, München 1997, S. 125-178

„Ich habe einen Traum ..."

Frei von Regeln leben

1. Hintergrund

Die Doppelseite **fse 8/9** regt Sch an zu entdecken, dass Regeln und Gebote die unbedingt nötige Basis für ein gelingendes Zusammenleben von Menschen bilden. Das Bild „Das Schlaraffenland" von Pieter Brueghel d. Ä. und die Erzählung „Das Dorf ohne Regeln" von Josef Osterwalder **fse 8** ermöglichen den Sch einen ersten emotionalen und rationalen Zugang zum Wunschtraum eines jeden Menschen, ohne Regeln und Ordnungen zu leben, Freiheit ohne Zwänge genießen zu können, ja geradezu im paradiesischen Zustand des Schlaraffenlandes zu leben.

fse 9 gliedert sich inhaltlich in zwei Teile. Der obere Teil beinhaltet Regeln, die durch egoistische Ellbogenmentalität das Zusammenleben von Menschen in Gemeinschaften erschweren oder geradezu unmöglich machen. Im unteren Teil wird der Denkprozess über ein gelingendes Zusammenleben weitergeführt und der Weg zur Erkenntnis, Regeln erleichtern und gestalten ein harmonisches Zusammenleben, aufgezeigt.

Pieter Brueghel der Ältere (1525/30-1569)

Der Maler Pieter Brueghel d. Ä., auch „Bauern-Bruegel" genannt, wurde zwischen 1525 bis 1530 vermutlich in der Nähe von Breda in den Niederlanden geboren. Über sein Leben ist wenig bekannt. Er erlernte die Malerei als Schüler der Maler Pieter Coecke van Aelst und Hieronymus Cock in Antwerpen. 1553 arbeitete er während einer Italienreise in der Werkstatt eines Miniaturmalers in Rom. Pieter Brueghel hatte zu Beginn seines künstlerischen Schaffens Hieronymus Bosch als Vorbild, fand jedoch in seinen zahlreichen Bauerndarstellungen einen eigenen Malstil. Seine Allegorien der menschlichen Fehler, seine Vision vom Turmbau zu Babel und seine drastischen Szenen aus dem Dorfleben waren schon zu seinen Lebzeiten sehr geschätzt. Der Künstler lebte von 1563 bis zu seinem Tod am 5. November 1569 in Brüssel. Auch seine beiden Söhne Jan und Pieter wurden berühmte Maler ihrer Zeit.

Pieter Brueghel d. Ä.: „Das Schlaraffenland", 1566

Öl auf Eichenholz, 52 x 78 cm, Alte Pinakothek, München.

Das im Querformat gemalte Bild zeigt die Vision des Malers vom Schlaraffenland. Drei beleibte Männer liegen faul, erschöpft oder schlafend im Zentrum des Bildes um einen ansatzweise zu erkennenden Baum, um den ein Rundtisch angebracht ist. Hier sind Spuren eines ausgiebigen Gelages zu erkennen. In der linken oberen Ecke ist der Oberkörper einer Frau zu erkennen, die aus einer Hütte blickt, deren Dach mit Pfannkuchen gedeckt ist. Personen und Landschaft sind sehr wirklichkeitsgetreu dargestellt, ganz im Gegensatz dazu rennt im Vordergrund ein geköpftes Ei mit einem Messer in der Schale davon. Am rechten oberen Rand sucht ein Schwein mit einem Messer im Rücken eine Gelegenheit zur Flucht. Auf einer weißen Tischdecke liegt auf einem Silbertablett ein gebratenes Huhn. Der See und die Landschaft im Hintergrund heben sich durch die freundliche helle Farbgebung deutlich vom eher dunklen Vordergrund ab.

„Das Schlaraffenland" zeigt, wie Menschen sich im 16. Jahrhundert ein mögliches Leben im Schlaraffenland, ohne Arbeit, Hunger und Plagen vorgestellt haben. Doch deutet die Farbzusammenstellung ein solches Leben tatsächlich als die Verwirklichung heiterer Träume? Der dickste Mann im Vordergrund schläft auf seinem Dreschflegel. Will der Künstler damit ausdrücken, dass ein Leben im Schlaraffenland keineswegs bequem und schön ist? Finden Menschen Sinn und Erfüllung ihres Lebens im Nichtstun und Essen?

Literatur: Entdecke Kunst. Die Alten Meister in der Alten Pinakothek München, München 2003 (mit vielen Detail-Aufnahmen)

2. Einsatzmöglichkeiten im RU

Assoziationen zu „Schlaraffenland" sammeln
- Sch entdecken den Begriff „Schlaraffenland" als eine mögliche Umschreibung für grenzenloses Glück: „Höre ich Schlaraffenland ..."; „Schlaraffenland ist wie ...; „Im Schlaraffenland ist ..."
- Sch entwickeln eigene Visionen vom Schlaraffenland und stellen sich diese gegenseitig vor.

„Das Schlaraffenland" von P. Brueghel entdecken
- Sch entdecken bei der Bildbetrachtung die einzelnen Elemente (Folie 14 in Schatzkiste 3/4).
- Sch erfahren über den Künstler (vgl. links).
- Sch vergleichen eigene Vorstellungen vom Schlaraffenland mit den Vorstellungen des Malers.

Das Dorf ohne Regeln
- Sch hören die Geschichte „Das Dorf ohne Regeln" bis „ ...von heute an sollen keine Regeln mehr gelten. Das war schön".
- Sch entwickeln zum Impuls: „Jetzt kann jeder endlich tun und lassen, was er möchte" in PA drei oder vier mögliche Ideen und schreiben diese auf Text-

Mein Traum erzählt vom Leben

T: Reinhard Bäcker/M: Detlev Jöcker
© Menschenkinder Verlag und Vertrieb GmbH, Münster

1. Mein Traum erzählt vom Leben in Gottes neuer Welt. Ich lad euch ein: Vertraut auf Gott, der sein Versprechen hält. Ein neues Leben – das macht uns Mut – hat Gott versprochen. Das tut uns gut. Ein neues Leben – das macht uns Mut – hat Gott versprochen. Das tut uns gut.

2. Mein Traum erzählt von FREUDE,
   die uns zum Lachen bringt,
   weil dann für immer Gottes Geist
   die Traurigkeit bezwingt.
   Freude erleben,
   das macht uns Mut.
   Lachen und Singen,
   das tut uns gut.

3. Mein Traum erzählt von FREIHEIT,
   die keine Grenzen kennt,
   weil dann für immer Gottes Geist
   verbindet, was uns trennt.
   Freiheit erleben,
   das macht uns Mut.
   Springen und Tanzen,
   das tut uns gut.

4. Mein Traum erzählt von FRIEDEN,
   der überall gelingt,
   weil dann für immer Gottes Geist
   Feindschaft und Krieg bezwingt.
   Frieden erleben,
   das macht uns Mut.
   Lieben und Teilen,
   das tut uns gut.

5. Mein Traum erzählt von HOFFNUNG,
   die wächst und blüht und bleibt,
   weil dann für immer Gottes Geist
   die schlimme Angst vertreibt.
   Hoffnung erleben,
   das macht uns Mut.
   Auf Gott vertrauen,
   das tut uns gut.

6. Mein Traum erzählt von LEBEN,
   ein Fest in Gottes Welt.
   Ich lad euch ein: Vertraut auf Gott,
   der sein Versprechen hält.
   Ein neues Leben –
   das macht uns Mut,
   heute zu feiern.
   Dein Traum ist gut.

streifen. Zur Überschrift: „Das Dorf ohne Regeln" werden sie an die Tafel geheftet.
- Sch lesen die Geschichte **fse 8** zu Ende, schreiben in GA eine Fortsetzung und stellen ihr Ergebnis in einem kurzen Spiel dar.
- Sch entdecken die Problematik eines Lebens ohne Regeln und diskutieren mögliche Gefahren, Auswirkungen und Einschränkungen eines solchen Lebens.

Mit unausgesprochenen Regeln leben
- Je zwei Sch erhalten die Texte von **fse 9** oben als „Regieanweisung" für ein karikierendes Pantomimespiel. Jedes Paar stellt seinen Satz/Schlagwort dar, die Klasse errät und bespricht „Sinn" oder „Un-Sinn" dieser Worte.
- Sch entwickeln in PA ein Streitgespräch mit Pro und Contra-Argumenten zu je einem Satz.
- Sch finden weitere unausgesprochene Regeln.

Wir entdecken sinnvolle Regeln
- Sch notieren in drei Gruppen auf je einem Plakat Stichpunkte, Regeln oder Anregungen für ein sinnvoll geregeltes Miteinander in der jeweiligen Gemeinschaft.
- Sch entdecken die Bedeutung und markieren mit je einem Farbpunkt die Regel, die für sie unverzichtbar ist, und einigen sich auf „Mindestregeln".

Kreatives Schreiben
- Sch schreiben Elfchen zu einem der folgenden Stichworte: Regeln, Gemeinschaft, Zusammenleben ...
- Sch formulieren ihre Gedanken in einem Akrostichon.

3. Weiterführende Anregungen

Regeln für die Schulfamilie
Sch beteiligen sich bei der Erstellung von Regeln für die Lerngruppe, die Klasse, helfen als Paten in einer Anfangsklasse ...

Spielregeln ausdenken
Sch entwickeln in GA Spielregeln für ein (Rate-, Karten-, Brett-) Spiel. Die jeweils andere Gruppe spielt danach.

Montagsmaler
Sch entwickeln Ratekarten für „Montagsmaler" oder „Scharade" und spielen z. B. Wegweiser, Vorfahrt, Rücksicht, Gemeinschaft, Schulordnung, Strafgesetzbuch ...
„Montagsmaler": Ein Wort von einer Wortkarte wird von einer/einem Sch an die Tafel gezeichnet, die anderen Sch erraten das Wort.
„Scharade": Der Begriff wird pantomimisch dargestellt.

Alles bestens geregelt?   fragen – suchen – entdecken **10/11**

1. Hintergrund

Die Doppelseite **fse 10/11** leitet mit einem Rückblick auf **fse 10** die Lebenssituation der Israeliten in der ägyptischen Gefangenschaft ein. Sch erinnern sich an die unmenschlichen Lebensbedingungen der Sklaven und an die lebensfeindlichen Gesetze des Pharao in Wort und Bild. Sie hören im Lied von der Sehnsucht der geknechteten Menschen, die unter der menschenverachtenden Gesamtsituation und den unterdrückenden Regeln des Pharao leiden und so eine Vision von Freiheit und menschenwürdigen Regeln entwickeln. Dieser Traum durchzieht die gesamte Menschheitsgeschichte. Immer wieder, bis auf den heutigen Tag leben Menschen unter schlimmsten Bedingungen und entwickeln Vorstellungen von und Sehnsucht nach Veränderung, Freiheit, Gerechtigkeit und Menschlichkeit. Im Text **fse 11** über den schwarzen amerikanischen Bürgerrechtler Martin Luther King kommt dies ganz besonders zum Ausdruck.

Martin Luther King (1929-1968)
Michael Luther King, später nannte er sich nach dem Reformator Martin Luther, wurde am 15. Januar 1929 in Atlanta in Georgia geboren und wurde am 5. April 1968 in Memphis in Tennesee ermordet. Er war wie sein Vater Pfarrer einer Baptistengemeinde. Während seines Studiums beschäftigte er sich mit der Philosophie des gewaltlosen Widerstands des Mahatma Gandhi. Er setzte sich aktiv für die Aufhebung der Rassentrennung in der amerikanischen Bevölkerung ein. Diese ging zurück auf ein Urteil des Obersten Gerichtshofes von 1894 unter dem Schlagwort „separate but equal" (getrennt, aber gleich) und wurde in den meisten Staaten im Süden der USA sogar gesetzlich geregelt. Aus einer Protestaktion, ausgelöst durch Rosa Parks, die eine Gleichbehandlung von Schwarzen und Weißen in öffentlichen Bussen forderte, ging M. L. King als angesehener Anführer der Wider-

Von Gnade und Recht will ich singen

standsbewegung hervor. Der Montgomery-Bus-Boykott war erfolgreich. 1956 erklärte der Oberste-Gerichtshof, dass jegliche Art von Rassentrennung in den öffentlichen Verkehrsmitteln der Stadt Montgomery gesetzeswidrig sei. 1959 reiste M. L. King nach Indien, um das Prinzip des gewaltlosen Widerstands besser kennen zu lernen. Bei dem historischen Marsch auf Washington demonstrierten am 28. August 1963 250 000 Schwarze und Weiße gemeinsam. Vor einem Denkmal von Abraham Lincoln hielt King seine berühmte Rede „I have a dream".

I have a dream
„... Ich habe einen Traum, dass eines Tages auf den roten Hügeln von Georgia die Söhne früherer Sklaven und die Söhne früherer Sklavenhalter miteinander am Tisch der Brüderlichkeit sitzen können.
Ich habe einen Traum, dass sich eines Tages selbst der Staat Mississippi, ein Staat, der in der Hitze der Ungerechtigkeit und Unterdrückung verschmachtet, in eine Oase der Gerechtigkeit verwandelt.
Ich habe einen Traum, dass meine vier kleinen Kinder in einer Nation leben werden, in der man sie nicht nach ihrer Hautfarbe, sondern nach ihrem Charakter beurteilen wird ...
Ich habe einen Traum, dass eines Tages in Alabama mit seinen bösen Rassisten, mit seinem Gouverneur, von dessen Lippen Worte wie „Intervention" und „Annullierung der Rassenintegration" kommen ..., dass eines Tages genau dort in Alabama kleine schwarze Jungen und Mädchen die Hände schütteln mit kleinen weißen Jungen und Mädchen als Brüder und Schwestern.
Ich habe einen Traum, dass eines Tages jedes Tal erhöht und jeder Hügel und Berg erniedrigt wird. Die rauen Orte werden geglättet und die unebenen Orte begradigt werden und die Hoffnung des Herrn wird offenbar werden ...
Mit diesem Glauben werden wir fähig sein zusammen zu arbeiten, zusammen zu beten, zusammen zu kämpfen, zusammen ins Gefängnis zu gehen, zusammen für die Freiheit aufzustehen, in dem Wissen, dass wir eines Tages frei sein werden ..."

1963 wurde Martin Luther King vom Time-Magazin zum „Mann des Jahres" gewählt und erhielt kurze Zeit später den Friedensnobelpreis.
www.martin-luther-king-zentrum.de
www.heiligenlexikon.de, unter Biografien Buchstabe M.

2. Einsatzmöglichkeiten im RU

Hoffnungsseil der Israeliten
- Visualisierung von **fse 10** durch Arbeit mit einem „Hoffnungsseil" (mind. 2 m langes Seil oder Stoffstreifen)
- „Alles bestens geregelt?": Wichtige inhaltliche Stichpunkte werden nach der Textbegegnung auf Streifen fixiert und am Beginn des Seiles befestigt.
- Sch befestigen Umrisszeichnungen des Bildes **fse 10** am Hoffnungsseil.
- Sch schreiben die drei Befehle des Pharao auf Schriftrollen, lesen sie vor und entwickeln die Gestaltung des Seiles weiter: **AB 4.1.2 unten, Arbeitshilfen S. 49**.
- L: Die Israeliten haben Träume von einem Leben in Freiheit.
  Empathieübung: Stell dir vor, du bist ein Kind der Israeliten in Ägypten. Wovon träumst du? Wovon träumen deine Eltern? Wie schauen eure Hoffnungen und Wünsche aus?
- Sch fixieren ihre Ergebnisse auf blauen Zetteln in Wolkenform: **AB 4.1.2 oben, Arbeitshilfen S. 49**.
- Sch befestigen „Traumwolken" am Hoffnungsseil.

Lasst uns gehn in unser Land!
- Sch lernen das Lied und texten eigene Strophen dazu.
- Sch ergänzen die Textpfeile, z. B. „Lasst uns gehn in unser Land, wo ..." und befestigen sie am Hoffnungsseil, AB 4.1.2.
- Sch setzen das Lied in „Rap-Form" um.
- Sch gestalten eine „Sprechmotette" im Wechsel.

Menschen träumen von Freiheit und Gerechtigkeit
- Sch lernen M. L. King kennen, seine Biografie, seine Lebenssituation, seine Träume („I have a dream") und Hoffnungen (Hintergrund, **fse 11** und Internet).
- Sch stellen nach der Textbegegnung **fse 11** Person, Leben und Idee des M. L. King als Ergebnis einer Gruppenrecherche vor.
- Sch entdecken, warum manche Gesetze der Menschen nicht „alles bestens regeln".
- Jede/r Sch schreibt den eigenen Traum auf **AB 4.1.3, Arbeitshilfen S. 51**.

3. Weiterführende Anregung

Singen
- Sch lernen das Lied: „Mein Traum erzählt vom Leben": **M 4.1.4, Arbeitshilfen S. 53**.
- Sch hören und lernen das Gebet aus Frankreich: „Herr, mach mich zu einem Werkzeug deines Friedens", GL Nr. 29(6).

Faltanleitung „Wüstenbüchlein"

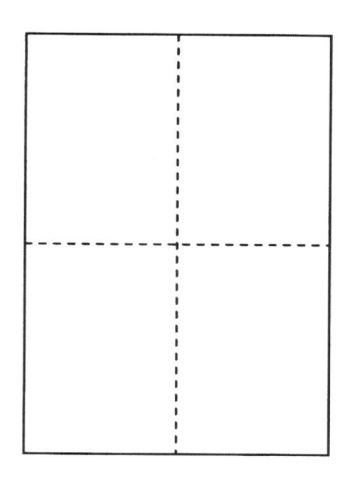

1. Falte ein DIN-A4-Blatt längs und quer zur Hälfte:

2. Falte die untere und die obere Hälfte zur Mitte:

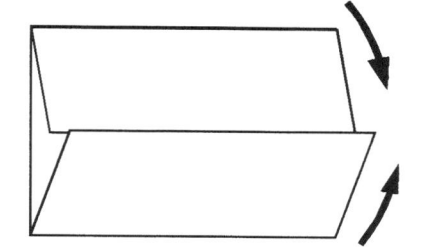

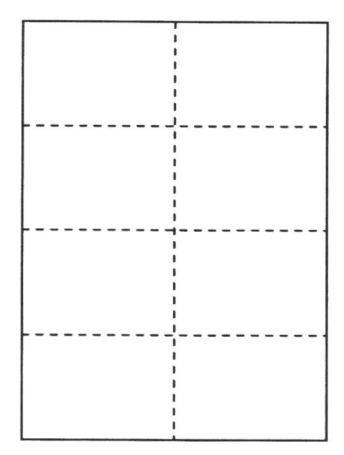

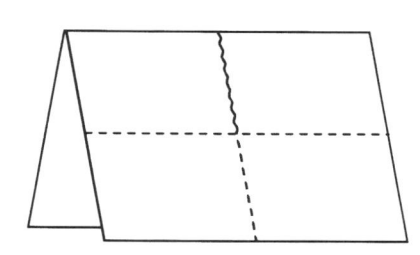

3. Öffne das Blatt; du hast jetzt acht gleiche Felder vor dir. Halbiere dein Blatt der Breite nach und schneide die gewellte Linie genau ein.

4. Öffne das Blatt und falte es der Länge nach. Schiebe dann x auf x und knicke um. Jetzt hast du ein kleines Buch gefaltet.

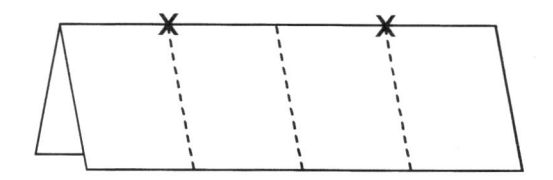

Gott befreit

1. Hintergrund

Die Befreiung des Volkes Israel aus der Sklaverei in Ägypten und die Rettung am Schilfmeer wird in der Überlieferung des AT als fundamentale Tat des Befreiergottes Jahwe gesehen. Dies verdeutlicht sich in der immer wiederkehrenden Erinnerung, in Texten, Liedern und Gebeten der Menschen in AT und NT. Die älteste Deutung dieser göttlichen Rettung stellt das Mirjamlied in Ex 15,21 dar. Auch Propheten und Psalmen erinnern an dieses Ereignis, z. B.: Jes 10,26; Ps 77,17; 78,13; 136,13f. Im NT weist Paulus auf die Befreiungstat am Meer hin: 1 Kor 10,1f.

> **Das „Lied der Mirjam", Ex 15,20-21**
> V20 „Die Prophetin Mirjam, die Schwester Aarons, nahm die Pauke in die Hand und alle Frauen zogen mit Paukenschlag hinterher.
> V21 Mirjam sang ihnen vor: Singt dem Herrn ein Lied, denn er ist hoch und erhaben! Rosse und Wagen warf er ins Meer."
> Die israelitischen Frauen empfingen das israelitische Heer, das siegreich aus einem Kampf zurückkehrte, mit Lied und Tanz. Mirjam war somit „Chorleiterin" dieses Frauenchores und wird hier als „Prophetin" bezeichnet, die vom „Geist Jahwes" ergriffen wird und den Gottesdienst mit Gesang, Musik und Tanz gestaltet. Mirjam wird hier „nur" als Schwester Aarons vorgestellt, nicht jedoch als Schwester des Mose. Erst später geschieht wahrscheinlich eine Einordnung in den Stammbaum des Mose (Num 26,59).

Dieselbe Intention wie der Erinnerungstext der Mirjam **fse 12** drücken die Glasbilder des Künstlers Dan Rubinstein **fse 13** aus.

> **Dan Rubinstein (geb. 1940)**
> Der Künstler Dan Rubinstein wurde in Nathanja (Israel) geboren und lebt heute mit seiner Familie in Zürich. Im Alter von 24 Jahren begann er sich mit Malerei zu beschäftigen und kam so 1964 in die Schweiz, wo er an der Zürcher Kunstgewerbeschule ausgebildet wurde. Der Maler Oskar Kokoschka ermutigte Rubinstein den eingeschlagenen Weg weiter zu gehen. Die erste Ausstellung der Werke des Künstlers fand in Zürich statt. Die Malerei von Dan Rubinstein hat ihren Ursprung und ihre Prägung in der Lebensgeschichte des Künstlers, die ihn schon früh zu einer fundamentalen Auseinandersetzung über den Sinn des menschlichen Daseins zwang. So können die meditative und transzendente Dimension seines künstlerischen Schaffens und seine Fähigkeit sich in Menschen gefühls- und verstandesmäßig hineinzuversetzen, erklärt werden. Zu seinen berühmtesten Werken gehören der Zyklus „Hommage au Festival Yehudi Menuhin" mit zehn Radierungen, das Glasfenster „Die Schöpfung" für eine Klinik in Jerusalem und der Zyklus über „Das Buch Esther" mit 13 Farbradierungen, wofür er den Kunstpreis der David-Salomon-Steinberg-Stiftung erhielt.

Dan Rubinstein: „Von Gnade und Recht will ich singen"

Eines der neueren Werke Dan Rubinsteins sind die 13 Kunstglasfenster „Von Gnade und Recht will ich singen" für die römisch-katholische Kirche St. Verena in Stäfa bei Zürich in der Schweiz. Aus den 13 Kirchenfenstern erstrahlen fesselnde Szenen des AT, vom Künstler meisterhaft umgesetzt und in uralter Glaskunsttradition geschaffen. Sie bestechen durch ihre farbenfrohe und klare Gestaltung.
Die vier Glasfenster stellen vier biblische Szenen der Exodusgeschichte dar. Jede einzelne Szene ist in drei inhaltlich zusammenhängende Bilder gegliedert. *Szene 1*: „Gott offenbart sich dem Mose am Horeb", *Szene 2*: „Gott rettet die Israeliten am Meer", *Szene 3*: „Gott begleitet sein Volk auf dem Weg", *Szene 4*: „Gott gibt seinem Volk die Zehn Gebote".
www.edition-eden.com/seiten/staefa.htm

Der biblische Inhalt der Bildszenen 1 und 2 ist den Sch bereits bekannt. Die Inhalte der Bildszenen 3 und 4 kommen erst **fse 14-16** zur Sprache und sollen hier noch nicht im Fokus der Betrachtung liegen.

Literatur

Zimmer, Michael, Der Pharao verfolgt die Israeliten – Gott führt sein Volk durch das Meer – Lied der Mirjam, in: Niehl, Franz W. (Hg.), Leben lernen mit der Bibel, München 2003, S. 99-108

2. Einsatzmöglichkeiten im RU

Mirjam erinnert sich

- Sch erinnern sich am Beispiel einzelner Episoden des „Hoffnungsseiles" (s. o.) „Damals waren wir in Knechtschaft, Unterdrückung und Unfreiheit, heute erleben wir Befreiung und Freude."
- Sch beschriften Textstreifen mit den letzten fünf Sätzen des Textes **fse 12** oben und befestigen diese am Hoffnungsseil.

Volk in der Wüste

T: Diethard Zils/M: Volkslied aus Argentinien
© Gustav Bosse Verlag, Kassel

1. Volk in der Wüste, Gott wohnt im Zelt, Volk auf dem Wege, Gott wohnt im Licht. Volk in Bedrängnis, Gott wohnt im Lied, Volk in der Hoffnung, Gott wohnt im Wort.

2. Menschen in Armut, Gott wohnt im Stall,
Menschen in Schwachheit, Gott wohnt im Kind,
Menschen in Krankheit, Gott wohnt im Fleisch,
Menschen in Trauer, Gott wohnt im Leid.

3. Völker im Aufbruch, Gott bricht mit auf,
Völker in Knechtschaft, Gott macht sie frei,
Völker in Fesseln, Gott macht sie weit,
Völker im Notstand, Gott steht mit auf.

Tanzbeschreibung

Taktart: 3/4-Takt. Die Tänzer/innen stehen paarweise voreinander auf der Kreisbahn und reichen sich beide Hände.

- **Takt 1-2:** Die Paare drehen sich im Kreis und lösen am Ende des zweiten Taktes die Handfassung, sodass alle einen großen Kreis bilden.

- **Takt 3-4:** Sechs Schritte in die Kreismitte machen, dabei die Arme zu einem gemeinsamen großen Zeltdach erheben.

- **Takt 5-6:** Alle drehen sich nach rechts, sodass nur noch die linken Arme das Zelt bilden, und gehen sechs Schritte auf der Kreisbahn.

- **Takt 7-8:** Alle senken die Arme, drehen sich nach außen, dabei strecken sie die Arme zum Licht.

- **Takt 9-10:** Alle geben sich die Hände und wiegen recht – links (je ein Takt).

- **Takt 11-12:** Alle lösen die Hände, heben die Arme, drehen sich wieder dem/der Partner/in zu und nehmen die gleiche Stellung wie am Anfang ein.

- **Takt 13-14:** Die Paare drehen sechs Schritte rechts herum.

- **Takt 15-16:** Die Paare drehen sechs Schritte links herum.

Elsbeth Bihler

- *Alternative*: Aufbau eines Bodenbildes: Mit einer Erzählfigur erzählen Sch in der Rolle der Mirjam von Knechtschaft und Rettung und legen für jede belastende Erfahrung dunkle Tücher und Steine und für jede befreiende Erfahrung helle Tücher (Chiffontücher) und Federn oder ein Teelicht.
- Auch für das Bodenbild beschriften Sch Textstreifen mit den letzten fünf Sätzen des Textes **fse 12** oben und integrieren sie ins Bild.
- Als kreative Heftgestaltung übertragen Sch das Hoffnungsseil bzw. Bodenbild in ihr Heft.

Singt Gott, jubelt ihm
- Sch lernen Lied **fse 12** unten und untermalen das Lied mit Orff-Instrumenten (Pauken, Schellenkranz) oder selbst gebastelten Instrumenten.
- Sch beschreiben, wie in dem Lied die Freude Israels über die Rettung ausgedrückt wird.
- Sch gestalten eine Seite im „Ich-Buch". L: „Wähle aus dem Lied Sätze aus, die für dich wichtig sind".

Kirchenfenster erzählen von der Rettung der Israeliten
An dieser Stelle ist eine Arbeit mit den ersten beiden Fenstern in Verbindung mit **fse 12** angebracht.
Die dritte und vierte Szene der Fenster kann abschließend als Überleitung/Einstieg in die Folgeseiten bearbeitet werden.
- Sch kolorieren helle Schwarz-weiß-Kopien einer Fensterszene: **AB 4.1.5, Arbeitshilfen S. 55**.
- Sch beschreiben „ihr Kunstwerk", betrachten die Bilder im Buch und erhalten Information über den Künstler.
- Sch gestalten daraus ein Lesezeichen: Kopie auf festes Papier, laminieren und mit einer Wollquaste versehen.
- *Alternative*: Sch entwerfen eigene „Glasfenster" über die Rettung der Israeliten.

Erfahrungen auf dem Weg — fragen – suchen – entdecken 14/15

1. Hintergrund

Die Doppelseite fse **14/15** wird inhaltlich bereits durch die Darstellung des dritten und vierten Kirchenfensters **fse 13** eingeleitet. Das Volk Israel setzt seinen Weg unter dem Schutz und Beistand Jahwes in das verheißene Land fort. Doch der lang ersehnte Weg in die Freiheit erweist sich auch als schwieriger Weg. Die Identifikationsfigur Mirjam erzählt den Sch im Text **fse 14** von den Schwierigkeiten einer langen Wüstenwanderung. **fse 15** schildert in einer szenischen Darstellung die Probleme des Alltags des Volkes im Zusammenleben als Gemeinschaft. Hier bietet sich ein Rückgriff auf **fse 9** „Sinnvolle Regeln für unser Zusammenleben" an.

Der Text **fse 14** bietet eine Zusammenfassung der Bibelstellen Ex 15,22-17,7; 19,1-8; 32,1-14.
Der Handlungsverlauf dieser zusammenfassenden Erzählung findet in der „**Wüste**" statt. Diese wird so zum Ort der Entbehrung, des Murrens und des Zweifelns. Das Volk verliert das Ziel, das gelobte Land, aus dem Blick. Durch die Rückschau in die Vergangenheit, die Erinnerung an die „Fleischtöpfe Ägyptens" geschieht der Abfall vom Glauben. „Wüste" wird also zum Ort des Unglaubens. Die Israeliten murren und hadern in aggressiver Weise, demgegenüber steht die grenzenlose Langmut, Güte und Liebe Gottes, der zu seiner Zusage „Ich bin da" steht. Um die tatkräftige Fürsorge Gottes für die Menschen zu zeigen, erzählt das AT von Wachtelfleisch und Manna.

> **Manna**
> „Für das Manna gibt es eine durch wissenschaftliche Forschung an Ort und Stelle gefundene Erklärung: Im Sinaigebiet wächst ein Strauch, die Manna-Tamariske; sie wird von Schildläusen bewohnt und sondert, von den Stichen der Schildläuse gereizt, einen Saft ab, der tropfenförmig zu Boden fällt und zu weichen Körnern gerinnt. Noch heute wird dieses von den Arabern *Mann* genannte Sekret aufgesammelt und als Nahrung verwendet. Genauso wie in der Bibel beschrieben „mahlt man es mit der Handmühle oder zerstampft es mit dem Mörser, kocht es in einem Topf, backt daraus Brotfladen"; so zubereitet, schmeckt es „wie Ölkuchen" (vgl. Num 11,8)" (in Quadflieg, S. 173).
> Im NT wird dieses Manna „Brot vom Himmel" genannt, als vergänglich relativiert. Das neue, wahre Brot vom Himmel ist Jesus (vgl. Joh 6, 35.58).

Alles, was im Dekalog unter dem Begriff „das goldene Kalb" erzählt wird, spielt an einem einzigen Ort: dem Sinai, wie dies vom Itinerar der Priesterschrift geschildert wird.
„Weg" und „Wüste" werden zu Schlüsselbegriffen nicht nur für das Volk, das von Ägypten nach Kanaan zieht, sondern für den Lebensweg aller Menschen, die beschwerliche und befreiende Erfahrungen und Erlebnisse durchleben.
Das Volk Israel macht auf diesem langen beschwerlichen Weg im Vertrauen auf Gottes Bund die grund-

Mose erhält die Tafeln des Neuen Bundes

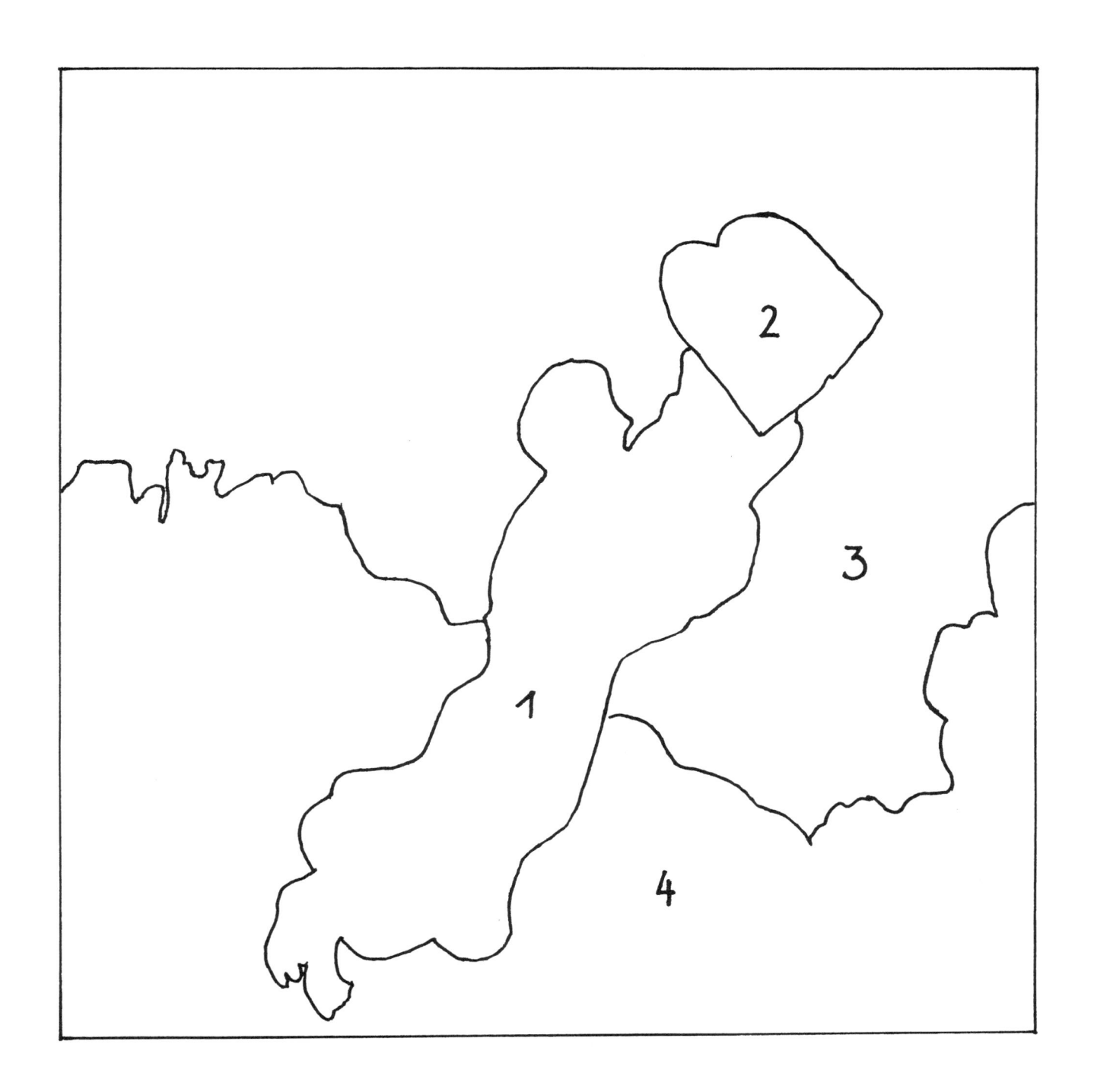

legende Erfahrung: Gott bleibt uns treu, er begleitet uns immer und überall, auch wenn wir seinen Bund brechen.

Literatur

Quadflieg, Josef, Bibel für den Unterricht, Düsseldorf 1996
Zimmer, Michael, Brot vom Himmel, in: Niehl, Franz W. (Hg.), Leben lernen mit der Bibel, München 2003, S. 108-114

2. Einsatzmöglichkeiten im RU

Erfahrungen auf dem Weg

- Bildbetrachtung „Wüste" (Kalenderblatt, Reiseführer, Dia ...).
- Sch äußern ihre Assoziationen zu „Wüste".
- Sch gestalten Kreis-Mitte zur „Wüste", z. B. Schale, flache Kiste oder Tablett mit Sand, beige und gelbe Tücher, Naturmaterialien, dürre Zweige, Rose von Jericho, Fotos von Wüstenlandschaften ...
- L-Erzählung nach **fse 14** bis „...wenn man vertraut und durchhält" (evtl. mit biblischer Erzählfigur, integriert in die gestaltete Mitte).
- Sch bearbeiten die AA **fse 14** (Elfchen kann ins „Ich-Buch" geschrieben werden, gesammelte Wörter an der Tafel festhalten);
- Wir gestalten ein „Wüstenbüchlein"
- Sch falten nach Anleitung ein Büchlein: **AB 4.1.6, Arbeitshilfen S. 57**.
- Sch zeichnen Buchstaben WÜSTE mit Klebestift nach und bestreuen die Klebefläche mit Sand. Die Sandbuchstaben mit selbst klebender Folie bekleben.

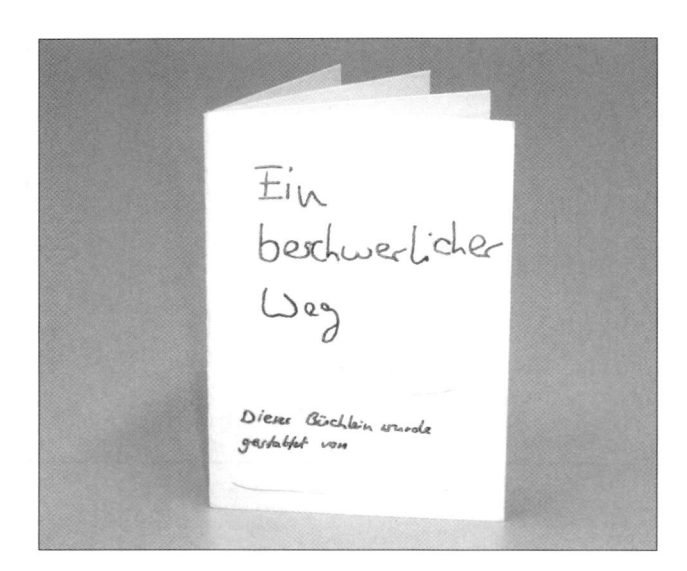

- Sch überlegen sich zu den einzelnen Buchstaben des Wortes „Wüste" Erfahrungen des Volkes Israel auf dem Weg durch die Wüste (s. Ergebnisse aus 2. AA **fse 14**).

- Einfühlungsübung: Wie fühlten sich Mirjam und ihr Volk wohl auf dem beschwerlichen Weg? Erzählung nach dem Text **fse 14**.

Gott geht mit

- Sch lernen das Lied: „Volk in der Wüste" **M 4.1.7, Arbeitshilfen S. 59**. Die „neutestamentliche" Strophe kann in diesem Zusammenhang ausgelassen werden.
- Sch tanzen nach der Anleitung M 4.1.7 zum Lied.
- Sch lesen „Erfahrungen auf dem Weg" **fse 14**, Teil 2.
- Sch suchen in der Erzählung nach wichtigen Aussagen, z. B: „Gott ist immer für uns da".

Brauchen die Israeliten auf ihrem Weg Regeln?

- Sieben Sch schildern in einem kurzen Spiel die Schwierigkeiten der Gemeinschaft (Texte frei nach den Sprechblasen **fse 15**).
- Vier Sch versuchen als „Stammesälteste" Regeln für ein gelingendes Miteinander aufzustellen.
- Die restlichen Sch sind „Beobachter" und „Berater".
- Alle Sch besprechen im anschließenden UG ihre Beobachtungen. Sie prüfen und wählen die notwendigsten Vorschläge aus. Sch sollen untersuchen, in welcher Weise die aufgestellten Regeln dazu beitragen können, die neu gewonnene Freiheit zu schützen und zu bewahren.
- Sch singen zum Abschluss Lied: „Volk in der Wüste" M 4.1.7.

3. Weiterführende Anregungen

Mein Lebensweg

- Sch suchen „Wegerzählungen" aus der Bibel und setzen diese in Beziehung zu ihrem eigenen Leben.
- Sch gestalten im „Ich-Buch" „ihren" Lebensweg, malen oder kleben Bilder zu den wichtigsten Stationen ihres Lebens.
- Sch formulieren Bitt- oder Danksätze.

„Weg-Erfahrungen" machen

- Sch begehen barfuß einen Weg, gelegt aus unterschiedlichen Materialien, z. B. Rinden, Steine, Folien, Papier, Stoff, Sägemehl, Sand, Schmirgelpapier, Pappe, Gras, Blätter ...
- Sch bereiten eine Weg-Andacht vor, evtl. als Nachtwanderung mit Lichtern und abschließendem Lichtertanz.

Zehn Gebote geb ich dir

T: Rolf Krenzer/M: Detlev Jöcker, in: Zehn Gebote geb ich dir
© Menschenkinder Verlag und Vertrieb GmbH, Münster

1. Als Moses durch die Wüste zog, da fand er keine Ruh. Und auf dem höchsten Berg sprach Gott: „Jetzt höre mir gut zu!" Zehn Gebote geb ich dir. Die zehn Gebote helfen dir, um jeden Tag es neu zu wagen, dich mit allen zu vertragen. Schau auf mich! Vertraue mir! Zehn Gebote geb ich dir!

2. „Was ich dir sage", sprach der Herr,
„soll nie vergessen sein.
Drum stehen alle zehn Gebote
hier auf diesem Stein."

3. Wir fangen mit viel Eifer an
und werden so schnell schwach.
Was Gott sich von uns Menschen wünscht,
das lest hier selber nach.

4. So war es einst und so wird es
auch in der Zukunft sein.
Für alle Zeiten gilt, was einst
geschrieben auf dem Stein.

Die Freiheit bewahren – Gottes Weisungen folgen

1. Hintergrund

Auf der Doppelseite **fse 16/17** erfahren Sch, dass Gott dem Volk Israel die Weisungen als Worte zum Leben schenkt und sie an die Errettung aus dem Sklavenhaus Ägypten erinnert. Sch lernen den Wortlaut der Gebote kennen und setzen sich mit deren Bedeutung für das Volk und für sie selbst auseinander. Das Bild von Marc Chagall ist eine weitere Möglichkeit, das Geschehen am Sinai als Geschenk der Freiheit von Gott an sein Volk zu deuten.

Die Zehn Gebote

Die Zehn Gebote sind im Buch Exodus und im Buch Deuteronomium zu finden, wobei **fse 16** die Fassung aus Exodus bietet (Ex 20,1-17). In beiden Büchern sind die Gebote ohne Zahlwörter überliefert, sodass es schwierig ist, eine einheitlich geordnete Zehnerformel zu erkennen. Auf fse **16** wird der Dekalog in zwei Blöcken mit der Aufteilung 1-3 und 4-10 abgedruckt, in der jüdischen Tradition ist eine Aufteilung im Verhältnis 5:5 zu finden. Die Struktur des Gesetzestextes lässt sich mit dem Aufbau altorientalischer Gesetzeskodizes vergleichen (z. B. „Codex Hammurapi"). Dann wird deutlich, dass Israel nicht erstmals schriftliche Anweisungen für ein geregeltes Leben der Menschen untereinander und mit ihrem Gott besaß. Der Dekalog übertrifft jedoch viele vergleichbare altorientalische Gesetzestexte an sprachlicher Dichte. „Für die Authentizität und die Autorität des Dekalogs spricht vor allem seine ungebrochene Wirkungsgeschichte, die auch mit dem NT nicht endet" (Josef Quadflieg, Bibel für den Unterricht, Düsseldorf 1996, S. 186).
„Die Befreiungserfahrung Israels entlässt einen Impuls: um nicht zu versanden, sucht sie eine Form, lebendig zu bleiben. Die Zehn Gebote und die sich daran anschließenden Gesetze verstehen sich als Formgebung dieser Befreiungserfahrung. Dabei geht es um die Verwirklichung einer Gesellschaft, die aus dieser Befreiung lebt, um die Werdung eines Volkes, in dessen Mitte der befreiende Gott selbst Wohnung nehmen will (Ex 25,8; 29,43-46; 40,33b-38)" (Ludger Schwienhorst-Schönberger, in: Die Zehn Gebote: Welt und Umwelt der Bibel, Stuttgart 2000).

Auch heute sind die Weisungen zur Erhaltung und zum Schutz der Freiheit eines jeden einzelnen Menschen aus unserer Gesellschaft nicht wegzudenken. „Überall dort, wo Menschen zusammenleben, machen sie die Erfahrung, dass sinnvolles und geglücktes Zusammenleben nur dann möglich ist, wenn solche Grundregeln beachtet werden: Wenn sich die verschiedenen Generationen respektieren, wenn man das Leben und das Eigentum der anderen achtet, wenn man die Gemeinschaft von Mann und Frau schützt und nicht verletzt, wenn Vertrauen unter den Menschen herrscht und man sich auf das Wort der anderen verlassen kann. Die 2. Tafel der Zehn Gebote will in grundlegender Weise davor schützen, dass diese Fundamente menschlicher Gemeinschaft zerstört werden" (Stephan Ernst/Ägidius Engel: Grundkurs christlicher Ethik, München 1998, S. 50).

Marc Chagall (1887-1985)

Seine jüdische Herkunft und die dörfliche Atmosphäre seines Geburtsortes Liosno bei Witebsk in Weißrussland haben Chagall nachhaltig geprägt. Er begann 1907 in St. Petersburg Malerei zu studieren. 1910 reiste er nach Paris, wo er unter dem Einfluss van Goghs und der Fauves geriet, Modigliani und vor allem die Kubisten kennen lernte, mit deren Formproblemen er sich auseinander setzte. Durch Apollinaire ergab sich der Kontakt zu Herwarth Walden, in dessen Galerie „Der Sturm" er 1914 in Berlin seine erste Einzelausstellung hatte. Über Berlin kehrte er nach Russland zurück, wo ihn der Ausbruch des Ersten Weltkrieges festhielt. In dieser Zeit erarbeitete sich Chagall die bruchlose Verbindung eigener Vorstellungen mit den Möglichkeiten der westlichen Avantgarde. Seine Themen kreisen um seinen Heimatort Witebsk. Als Chagall 1922 nach Frankreich übersiedelte, kamen neue Bildmotive dazu: die Milde der mittelmeerischen Küste, der Eiffelturm, Notre-Dame und Pont-Neuf. Mit Vollards Auftrag Nikolai Gogols „Tote Seelen" zu illustrieren, begann 1923 Chagalls umfangreiche und großartige Tätigkeit als Illustrator. Um 1925 entdeckte er die Zirkuswelt für sich. Sie beflügelte seine Fantasie und ließ das ursprüngliche dunkle Glühen seiner Bilder in eine leuchtende Farbigkeit hinübergleiten. Früher vereinzelt, nun verstärkt erhoben sich Mensch und Kreatur märchenhaft in die Lüfte. Als die Kriegsdrohungen und politischen Spannungen zunahmen, änderte sich vorübergehend seine Thematik wie bei der symbolischen Komposition „Die weiße Kreuzigung" (Chicago Art Institute) von 1938. Die Kriegsjahre und die ersten Jahre danach verbrachte Chagall in New York. Nach einer großen Ausstellung im Museum of Modern Art 1946 kehrte er 1947 nach Frankreich zurück, wo er seit 1950 seinen ständigen Wohnsitz in Saint-Paul-de Vence bei Nizza hatte. Dort starb er 1985 (in: Ingo F. Walther (Hg.), Malerei der Welt – Bd. II, Köln 1995, S. 693).

Elemente für die Gebotsperlenkette

Ich bin Jahwe, dein Gott, der dich aus Ägypten geführt hat, aus dem Sklavenhaus. Um die Freiheit zu bewahren, gebe ich dir folgende Weisungen:

Ich bin Jahwe, dein Gott

10x kopieren

Du sollst neben mir keine anderen Götter haben

9x kopieren

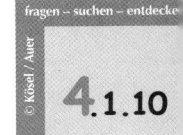

Marc Chagall: „Moses erhält die Tafeln des Neuen Bundes", 1950/52

234 x 238 cm, Öl auf Leinwand

Im Zentrum des Bildes schwebt die große Gestalt des Mose. Dieser erhält als Bindeglied zwischen Himmel und Erde, zwischen Gott und den Menschen die beiden Gesetzestafeln. Der Übergeber der Tafeln ist nahezu verhüllt, lediglich zwei Arme und eine Hand sind deutlich erkennbar. Chagall malt Mose in leuchtenden, hellen Farben und mit Strahlen (statt Hörnern). Rechts von Mose schwebt ein Engel mit einer Torarolle zur Erde, während in der diagonalen Verlängerung Aaron, in violetten Farben gemalt, den siebenarmigen Leuchter trägt. Dieser wird durch ein Schild auf seiner Brust als Hoher Priester gekennzeichnet. Das Volk Israel ist dicht gedrängt am linken Bildrand zu sehen, während über dem Volk das goldene Kalb abgebildet ist. Die Menschen bilden einen Rahmen, der das zentrale Ereignis für die Übergabe des Dekalogs umgibt. In der linken oberen Ecke ist eine angedeutete Stadt zu erkennen, Witebsk, Chagalls Heimat?

Wie kommt Mose zu Hörnern?

Auf vielen anderen Gemälden der Kunst ist Mose mit Hörnern an seinem Kopf dargestellt. Eine geläufige Antwort auf die Frage nach ihrer Bedeutung ist, dass dies auf ein Missverständnis bei der lateinischen Bibelübersetzung des Hieronymus (Vulgata, 4. Jh.) beruht. Das Gesicht des Mose glänzte oder strahlte, als er vom Gottesberg herabstieg. Das hebräische Wort für „Strahlen" (*qaran*) und das hebräische Wort „Horn" (*qeren*) kommen aus dem selben Wortstamm. Hieronymus hat wohl den Glanz Gottes im Gesicht von Mose mit „facies cornuta" übersetzt und dies wohl auch so verstanden. Das Auffällige an dieser Geschichte ist, dass die Vulgata im 4. Jh. entstand und das Bild eines gehörnten Mose zum ersten Mal in England im 12. Jh. auftauchte. Manche Abbildungen in den „biblia pauperum" des Mittelalters zeigen Mose mit vergoldeten Hörnern oder ersetzen die Hörner durch Strahlen. Wenn der Hebräisch sprechende Jude Marc Chagall Mose malte, trägt dieser zwei Strahlenbündel statt Hörner auf dem Kopf.

Literatur

Kinet, Dirk, Geschichte Israels (Die Neue Echter Bibel, Ergänzungsband zum AT, Bd. 2), Würzburg 2001

Zimmer, Michael, Gott erscheint am Berg Sinai – Gott gibt seinem Volk die Zehn Gebote, in: Niehl, Franz W. (Hg.), Leben lernen mit der Bibel, München 2003, S. 114-123

2. Einsatzmöglichkeiten im RU

Mose empfängt die Gesetzestafeln – eine verzögerte Bildbetrachtung

Das Motiv ist – in anderer Fassung – als Farbfolie Nr. 16 in der Mappe „Schatzkiste 3/4" enthalten. Bildbetrachtung in vier Abschnitten mit Abdeckschablone **AB 4.1.8, Arbeitshilfen S. 61**.

- Sch betrachten zunächst nur die Gestalt des Mose, nehmen dessen Haltung ein, achten besonders auf die Kopfhaltung und den erwartungsvollen Blick, entdecken die offenen Hände und überlegen, was Mose erwartet.
- Sch beschreiben dann, was Mose in seinen Händen hält, und erfahren im UG mehr zu den Gesetzestafeln, vgl. Arbeitshilfen S. 61.
- Sch vermuten, dass Mose mit den Tafeln die Verbindung zwischen Oben und Unten, zwischen Himmel und Erde darstellt.
- Sch erkennen durch das Legen zweier Stifte, dass das Bild im Schulbuch einen x-förmigen Aufbau aufweist. Mose und das „Geschenk" der Gesetzestafeln bilden das Zentrum des Gemäldes.

Kreatives Gestalten

- Sch erhalten die Nachzeichnung **AB 4.1.8, Arbeitshilfen S. 61**, und kolorieren sie mit Wachsmalkreiden oder Wasserfarben.
- Alternative: Sch erhalten eine Kopie des Bildes aus fse.
- Sie wählen Teile des Bildes aus und verfremden oder ergänzen diese (Collage).
- Sch lassen die einzelnen Gestalten des Gemäldes mittels Sprechblasen zu Wort kommen.

Die Freiheit bewahren – Gottes Weisungen folgen

- L erzählt nach Text **fse 16** die einleitende Geschichte zum Dekalog.
- Sch lernen die Basis zum Dekalog, die Selbstvorstellung Jahwes kennen.
- Textbegegnung „Zehn Gebote" nach **fse 16**.
- Sch bearbeiten in GA die Arbeitsanweisungen **fse 16**.
- Sch lernen das Lied: „Zehn Gebote geb ich dir" **M 4.1.9, Arbeitshilfen S. 63**.

Gebotsperlenkette

- Sch legen ein Bodenbild aus vergrößerten Gebotsperlen und Elypsen, benennen die Gebote. Sie legen evtl. je einen Edelstein auf Perlen und Elypsen.
- Sch erhalten **AB 4.1.10, Arbeitshilfen S. 65**, beschriften die „Gebotsperlen" mit je einem Gebot und befestigen diese in der Reihenfolge der Gebote von **fse 16** an einem ca. 1 m langen Wollfaden.
- Als Bindeglied zwischen den einzelnen Geboten

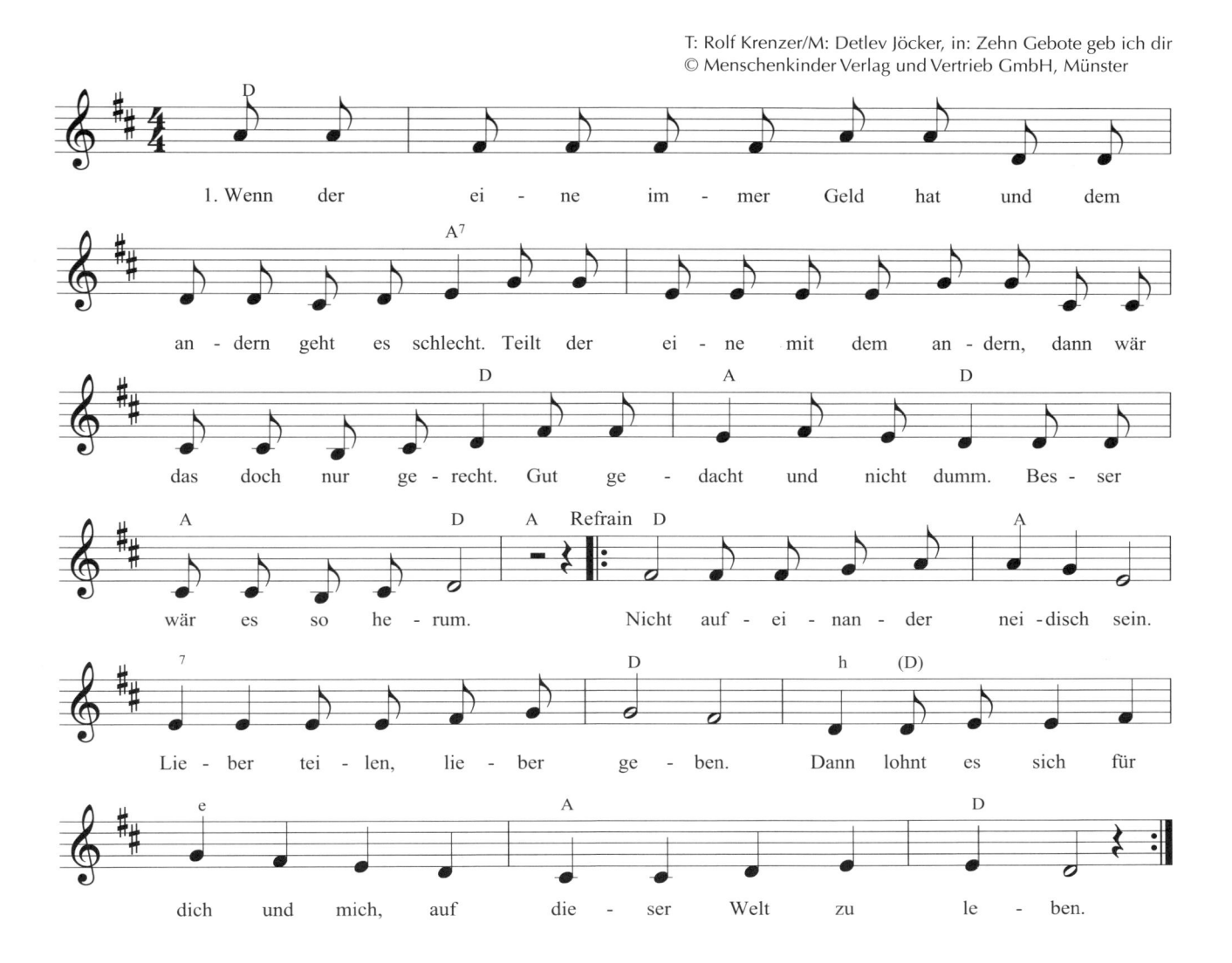

Nicht aufeinander neidisch sein

T: Rolf Krenzer/M: Detlev Jöcker, in: Zehn Gebote geb ich dir
© Menschenkinder Verlag und Vertrieb GmbH, Münster

1. Wenn der eine immer Geld hat und dem andern geht es schlecht. Teilt der eine mit dem andern, dann wär das doch nur gerecht. Gut gedacht und nicht dumm. Besser wär es so herum.

Refrain:
Nicht auf-ei-nan-der nei-disch sein.
Lieber teilen, lieber geben.
Dann lohnt es sich für dich und mich, auf dieser Welt zu leben.

2. Hat der eine zu viel Ängste
und der andre zu viel Mut.
Teilt der eine mit dem andern,
wäre das für beide gut.
Gut gedacht und nicht dumm.
Besser wär es so herum.

3. Hat der eine viele Kleider,
hat der andre noch kein Hemd.
Teilt der eine mit dem andern,
dann bleibt man sich nicht mehr fremd.
Gut gedacht und nicht dumm.
Besser wär es so herum.

4. Ist der eine ohne Hoffnung
und der andre voll Vertraun.
Teilt der eine mit dem andern,
dann kann jeder Brücken baun.
Gut gedacht und nicht dumm.
Besser wär es so herum.

befestigen Sch die Kurzform der Selbstvorstellung Jahwes.
- Anfang und Ende der Kette bildet die große Elypse mit der Vorstellung Jahwes.
• Sch gestalten einen DIN-A5-Umschlag auf der Vorderseite mit der Überschrift von **fse 16** „Die Freiheit bewahren – Gottes Weisungen folgen" und mit einem Foto oder einer Zeichnung von sich.
- Sch bewahren die kostbare Gebotsperlenkette in diesem Umschlag auf.

Konkret werden
• Sch lernen Lied: „Nicht aufeinander neidisch sein" **M 4.1.11, Arbeitshilfen S. 67**.

Dank formulieren
Sch formulieren freie Gebete und schreiben sie schön in ihr Ich-Buch: Guter Gott, danke für deine Gebote ...; Guter Gott, manchmal fällt es mir schwer ...

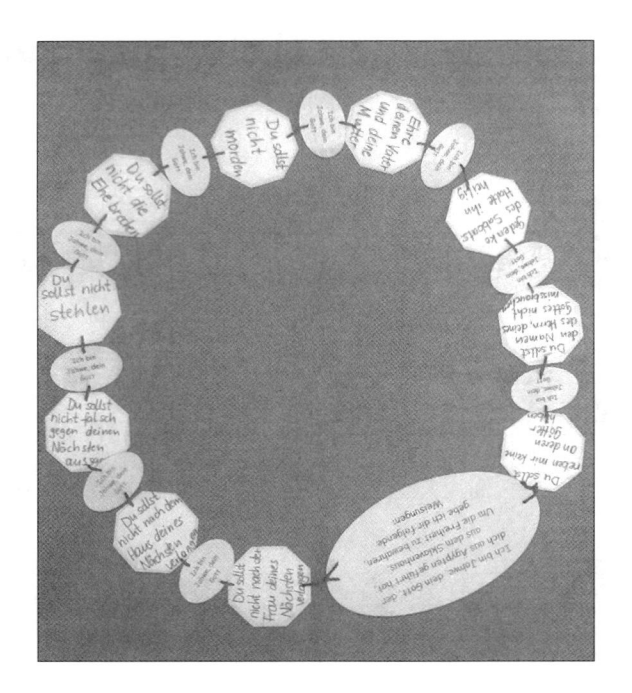

Was die Gebote zusammenhält

fragen – suchen – entdecken 18/19

1. Hintergrund

Die Doppelseite **fse 18/19** wird eingeleitet von der Feststellung **fse 18**, dass es sich bei den Zehn Geboten nicht um „fertige" Anleitungen handelt, sondern um Richtlinien für ethisches Handeln. Um Leben gelingen zu lassen, ist es sinnvoll, über die bloße, gedankenlose Gebotserfüllung hinaus zu einer ethisch verantworteten Handlungsweise zu gelangen. Dies findet im zentralen Gebot, das Jesus in Mt 7,12 gibt, der Goldenen Regel, seinen Ausdruck. Ähnliche Handlungsmaxime sind vielen Kulturkreisen bekannt (vgl. die populäre, abgeschwächte Fassung im Sprichwort: „Was du nicht willst, dass man dir tu, das füg auch keinem andern zu").

Doch woraus resultieren ethische und moralische Handlungsmaxime in einer christlich geprägten Gesellschaft? Die christliche Botschaft hat alle Menschen im Blick und möchte universale Botschaft für alle sein. Dazu gab das Zweite Vatikanisches Konzil mit seinem Aufruf zur Mitverantwortung der Christen im gesellschaftlichen Bereich neue Denkanstöße und Impulse. „Glaube und Handeln unter dem speziellen Aspekt der Öffentlichkeitsgeltung der christlichen Botschaft wurde so zum zentralen Thema der Moraltheologie. Dabei können sich aber die Moraltheologen mit dem allgemeinen Postulat nach Durchdringung und Formung der Gesellschaft durch die Befreiungsbotschaft des Evangeliums nicht zufrieden geben. Es genügt auch nicht, einzelne konkrete gesellschaftskritische Forderungen aufzustellen. Abschaffung der Rassendiskriminierung, Bekämpfung der Massenarmut, Schutz dem Lebensrecht der Geboren wie der Ungeborenen usw., das sind zweifellos fundamentale Ansprüche, für die sich Christen an vorderster Front einsetzen müssen." Es geht aber auch darum, ein wohl begründetes System der sittlichen Normen darzustellen (Franz Böckle, Fundamentalmoral, München 1977, S. 18).
Zum Gesamtbegriff „Ethik" gehören zwei Begriffe: Das Wort „Ethik", das sich vom Griechischen *ethos* ableitet, und „Moral", das sich vom Lateinischen *mos* her ableitet. Ethik fragt nach Gut und Böse, nach Richtig und Falsch, Moral stellt die Frage: Was sollen wir tun, um Gutes und Richtiges zu verwirklichen? Moralische Forderungen sind erkennbar an ihrer semantischen Sprachform: „Du sollst ...", sie formulieren Erkenntnisse der Ethik in Normen und Gesetzen. Der Lehrplan für kath. Religionslehre wird sowohl der Forderung nach moralischer Erziehung als auch nach ethischem Lernen gerecht: „Auf der Grundlage christlicher Glaubensüberlieferung sollen Schüler Wege zur Gestaltung eines gelingenden Miteinanders und Maßstäbe ethischen Urteilens finden" (Handreichungen zum Lehrplan Kath. Religionslehre, München 2002, S. 122).

Das **Lernen ethischen Handelns** wird Kindern dann besonders gut ermöglicht, wenn der Status ihres moralischen Entwicklungsstandes berücksichtigt wird. L. Kohlberg teilt die Entwicklung in drei Phasen ein: die präkonventionelle Phase (ca. 7-9 Jahre), die konventionelle Phase (beginnend mit der Pubertät) und die postkonventionelle im Erwachsenenstatus (soziale Werte, Regeln und Prinzipien, wie z. B. Gerechtigkeit

Ich erwarte von ihnen ... – Sie erwarten von mir ...

ich   X x auf x kleben   X mir
     und so doppelseitige Wortkarten herstellen

erwarte von O O auf O kleben

erwarten von O

Eltern   Lehrer   Freund
Freundin   Geschwister
Mitschüler   Erwachsene
Verwandte   Lehrerin
Mitschülerin

Alles, was ihr von anderen erwartet, das tut auch ihnen!

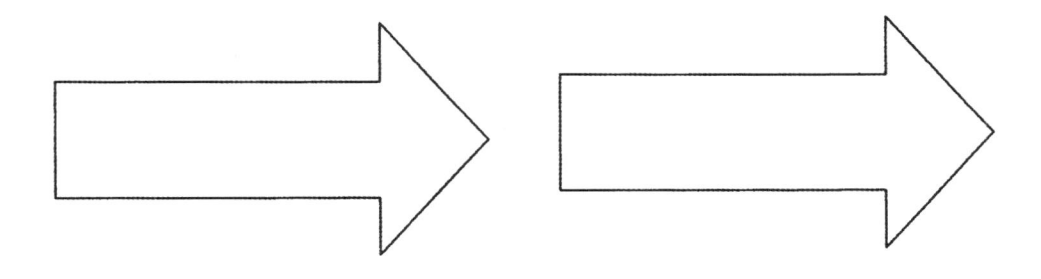

und Frieden, werden als für alle gültig anerkannt und sind Grundlage ihrer ethischen Argumentation; vgl. dazu Arbeitshilfen S. 14f.).

Um die Sch ethisches Handeln zu lehren, ist es unabdingbar, dass sie erfahren und erleben, dass ethisch handeln wertvoll ist. „Ethisches Handeln und Glückserfahrung sind de facto verschwistert. Für die Pädagogik heißt das: Wenn wir von Kindern erwarten, dass sie gut sein sollen, dann dürfen sie das Gut-Sein nicht nur als (An)Forderung erfahren, sondern auch als Bereicherung. Schon Ethiker wie Augustinus und Seneca ... haben gewusst, dass Gutsein und Glücklichsein zusammen gehören" (Elisabeth Reil, Sich an Regeln zur Lebensgestaltung orientieren – Ethisches Lernen im RU, in: Handreichungen zum Lehrplan Katholische Religionslehre, München 2002, S. 123).

In Abwandlung des Slogans: „learning by doing" kann für das Lernen von ethischen Handlungsweisen gesagt werden: „Learning by feeling, seeing and doing"!

Sch einer 4. Klasse haben über die Bedeutung der Zehn Gebote nachgedacht. Die beschrifteten Blütenblätter der „Ich-Du-Wir" Blume **fse 18** zeigen den Sch in jeweils gegenüberliegenden Blütenblättern, dass Menschen Erwartungen an ihre Mitmenschen haben, diese umgekehrt Erwartungen und Wünsche an sie formulieren.

Im Matthäusevangelium (Mt 22,34-40) auf **fse 19** spricht Jesus mit frommen Juden seiner Lebenswelt, die ihn zum **Stellenwert der Gebote** befragen. Die Antwort Jesu, der die Gebote der Gottes- und Nächstenliebe als die „Schlüsselgebote" bezeichnet, die alle anderen zusammenhalten, war schon im AT bekannt, aber Jesus hat die Gottes- und Nächstenliebe in einen unmittelbaren Zusammenhang gestellt. In der darauf folgenden Geschichte ist ein Beispiel zu lesen, inwieweit diese Gebote im täglichen Leben ihre Anwendung finden können. Sch erfahren, dass es Situationen im Leben geben kann, in denen das Gebot der Wahrhaftigkeit dem Gebot der Nächstenliebe untergeordnet sein kann. Tätige Nächstenliebe erfordert manchmal Langmut, Geduld und die Fähigkeit, Situationen auszuhalten und zu ertragen.

Jesus als Jude setzt den Dekalog des AT nicht außer Kraft, sondern unterstreicht dessen Bedeutung durch den Hinweis gegenüber einem Gesetzeslehrer, in der Tora nachzulesen, wie das ewige Leben zu gewinnen sei. Als der Schriftgelehrte als Antwort die Gottes- und Nächstenliebe nennt, werden diese beiden Grundgebote von Jesus bekräftigt und mit den Worten kommentiert: „Handle danach und du wirst leben" (vgl. Lk 20,25-28). An einer anderen Stelle des NT wird Jesus mit Blick auf den Dekalog zitiert: „An diesen beiden Geboten hängt das ganze Gesetz (Mt 22,40).

2. Einsatzmöglichkeiten im RU

Die Goldene Regel kennen lernen

- Sch entdecken über mitgebrachte goldene Gegenstände (z. B. Ring, Schmuck, Goldpapier ...) die Faszination, Aussage und Wert des Symbols „Gold".
- Sch erstellen ein „Klassen-Mindmap" an der Tafel zum Begriff „Gold".
- Sch fügen die Worte der Goldenen Regel als Wörterpuzzle zu einer sinnvollen Aussage zusammen.
- Sch suchen in GA/PA Beispiele für die Kernaussage der Goldenen Regel und überlegen, warum dieser Satz von Jesus „Goldene Regel" genannt wird.
- Sch gestalten mit Goldpapier kreativ die Goldene Regel in ihr Heft oder ins „Ich-Buch".

Meine Erwartungen und ...

- Sch gestalten ein Bodenbild mit vergrößerten Pfeilen und doppelseitigen Wortkarten („Ich erwarte von") von **AB 4.1.12, Arbeitshilfen S. 69**, und dem ersten Teil der Goldenen Regel: „Alles, was ihr von anderen erwartet".
- Sch überlegt in EA: „Was erwarte ich von anderen?" und beschriftet zwei Erwartungspfeile.
- Alle Pfeile der Klasse werden ins Bodenbild eingefügt, vorgestellt und im UG besprochen.
- Einzelne Sch stellen sich ins Bodenbild und bringen ihre Erwartungen, Gefühle und Empfindungen zum Ausdruck.

... deine Erwartungen

- L legt als stummen Impuls den zweiten Teil der Goldenen Regel ins Bodenbild.
- Doppelseitige Wortkarten werden umgedreht („erwarten von mir").
- Sch entdecken, dass ihre Erwartungen an andere gleichzeitig die Erwartungen der anderen an sie selbst sind.
- Sch bauen Bodenbild um, einzelne Sch stellen sich in die Mitte des Bildes.
- Meine Erwartungen – deine Erwartungen als Hefteintrag.

Welches ist das wichtigste Gebot?

- L: Erinnere dich an die Zehn Gebote: Welches ist für dich das wichtigste Gebot? Sch tauschen sich im UG aus (vgl. **fse 16**).
- Sch erinnern sich an Jesusgeschichten, z. B.: der barmherzige Samariter, der gute Vater ..., und erkennen, was Jesus mit den Geschichten über das Verhalten der Menschen aussagt.
- Sch erkennen auf dem Bild **fse 19** an der Kleidung, dass Jesus hier mit frommen Juden spricht (vgl. fse 3, 2. Kapitel).
- Bild **fse 19** wird vergrößert an die Tafel geheftet, Sch schreiben die Zehn Gebote daneben.

Was hält die Gebote zusammen?

Du sollst den Namen des Herrn, deines Gottes, nicht missbrauchen.

Du sollst neben mir keine anderen Götter haben.

Du sollst nicht die Ehe brechen.

Du sollst nicht stehlen.

Du sollst nicht morden.

Gedenke des Sabbats: Halte ihn heilig!

Du sollst nicht nach dem Haus deines Nächsten verlangen.

Du sollst nicht nach der Frau deines Nächsten verlangen.

Du sollst nicht falsch gegen deinen Nächsten aussagen.

Ehre deinen Vater und deine Mutter, damit du lange lebst in dem Land, das der Herr, dein Gott, dir gibt.

- Sch begegnen dem Text **fse 19** oben, arbeiten die beiden wichtigsten Gebote heraus und suchen eine Gestaltungsmöglichkeit zum Ausdruck an der Tafel oder im Heft (z. B. Rahmen, Klammer, Ring ...): **AB 4.1.13, Arbeitshilfen S. 71**.
- Sch singen das Lied: „Eines Tages kam einer": **M 4.1.14, Arbeitshilfen S. 73**.

Immer ehrlich sein?
- L liest die Geschichte **fse 19** unten.
- Sch schreiben in EA eine mögliche Fortsetzung der Geschichte.
- Sch stellen sich in Vierergruppen ihre Geschichten vor und diskutieren über die einzelnen Varianten der Lösungsvorschläge. Die Gruppen erhalten folgende mögliche Gesprächsimpulse:
  - Der Junge hat die Wahrheit gesagt!
  - Eine peinliche Situation ist entstanden!
  - Immer die Wahrheit sagen?
  - Wahrheit kann verletzen!
  - Die Geschichte hat ein Verbindung zur Goldenen Regel!
  - Die Geschichte hat eine Verbindung zum Gebot der Nächstenliebe!
  - Kennst du auch Situationen, in denen du die Wahrheit nicht sagen konntest?
  - Erinnere dich an eine Situation, als du etwas „aushalten" musstest!

Wie kann das Leben gelingen? fragen – suchen – entdecken 20/21

1. Hintergrund

Die Doppelseite 20/21 bietet den Sch verschiedene Möglichkeiten, den Transfer zum heutigen Leben zu vollziehen. Die Frage: „Wie kann das Leben gelingen?" soll unter vielfältigen Aspekten in Beziehung mit den Zehn Geboten gebracht werden und so einen spannenden Entdeckungs- und Lernprozess anstoßen. Die Geschichte „Die soll doch selbst aufpassen" bietet Stoff für eine Auseinandersetzung mit dem Thema „Wahrhaftigkeit und Eigentum". Ganz anders als in der Geschichte **fse 19** unten haben hier Wahrheit und Wahrhaftigkeit einen anderen Stellenwert in der Kategorie „ethisch handeln". Die Geschichte „Ein Riese warf einen Stein" **fse 20** von Josef Guggenmos stellt deutlich heraus, dass alles Leben Geschenk Gottes ist und schützenswert ist. Anstoß, um ethisch zu handeln oder sich darin einzuüben? Die Kreidezeichnung **fse 21** links von Käthe Kollwitz zeigt hungernde Kinder, die mit großen, erwartungsvollen Augen nach oben blicken und auf tätige Nächstenliebe warten; das Bild von Keith Haring stilisiert (um Geld) bittende Hände. Die Texte **fse 21** über Peters Vater und Marion schildern Dilemma- und Entscheidungssituationen. Wie können die Zehn Gebote in solchen Situationen Orientierung geben? Das bekannte Lutherwort unten rechts verdeutlicht, dass das, was im Zentrum eines menschlichen Lebens steht, wofür jemand Zeit, Gefühl, Energie, Engagement und Elan investiert, sein Gott ist. Diese Worte Martin Luthers sind heute so aktuell wie damals.

Käthe Kollwitz (1867-1945)

Käthe Kollwitz, geboren in Königsberg, studierte ab 1885 Malerei und Grafik an der Künstlerinnenschule in Berlin und in München. Ihr grafisches Talent fiel auf, ab 1890 entstanden Radierungen. Mit der Heirat 1891 siedelte sie nach Berlin um, bekam zwei Söhne, Peter fiel als Kriegsfreiwilliger 18jährig im Ersten Weltkrieg. Mit der grafischen Folge „Ein Weberaufstand", den Käthe Kollwitz nach dem Besuch der Uraufführung von Gerhard Hauptmanns „Die Weber" schuf, gelang der künstlerische Durchbruch in der Öffentlichkeit. Es folgten Aufenthalte in Paris (u. a. Begegnung mit dem Bildhauer Auguste Rodin), Florenz und Rom. Ab 1910 schuf sie ausdrucksstarke Plastiken. Als erste Frau wurde sie 1919 zur Professorin an der Preußischen Akademie der Künste ernannt und leitete dort das Meisteratelier für Grafik.

Ihr Engagement gegen das Elend der Nachkriegsnot und ihre Warnungen vor einem neuen Krieg (Plakate für die KPD, SPD und humanitäre Organisationen) brachten ihr die Gegnerschaft der Nationalsozialisten ein. 1933 Entfernung aus der Akademie, 1936 Ausstellungsverbot. 1943 zerstörten Bomben mit der Wohnung und dem Atelier auch viele Drucke und Platten. Käthe Kollwitz starb wenige Tage vor Kriegsende in Moritzburg bei Dresden.

Eines Tages kam einer

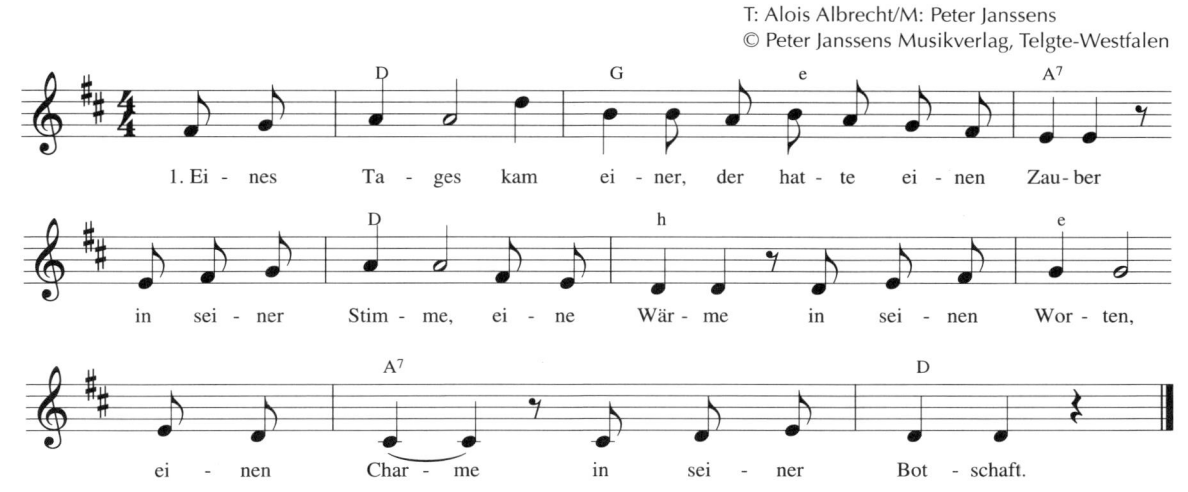

T: Alois Albrecht/M: Peter Janssens
© Peter Janssens Musikverlag, Telgte-Westfalen

1. Eines Tages kam einer, der hatte einen Zauber in seiner Stimme, eine Wärme in seinen Worten, einen Charme in seiner Botschaft.

2. Eines Tages kam einer,
   der hatte eine Freude in seinen Augen,
   eine Freiheit in seinem Handeln,
   eine Zukunft in seinen Zeichen.

3. Eines Tages kam einer,
   der hatte eine Hoffnung in seinen Wundern,
   eine Kraft in seinem Wesen,
   eine Offenheit in seinem Herzen.

4. Eines Tages kam einer,
   der hatte einen Vater in den Gebeten,
   einen Helfer in seinen Ängsten,
   einen Gott in seinem Schreien.

5. Eines Tages kam einer,
   der hatte einen Geist in seinen Taten,
   eine Treue in seinen Leiden,
   einen Sinn in seinem Sterben.

6. Eines Tages kam einer,
   der hatte einen Schatz in seinem Himmel,
   ein Leben in seinem Tode,
   eine Auferstehung in seinem Grabe.

Da ging die Nacht zu Ende

T: Eugen Eckert/M: Jürgen Kandziora
Rechte bei den Autoren

V: 1. Als ich hungrig war, und du teiltest mit mir dein Brot, als ich fremd war, und du nahmst mich auf, A: da ging die Nacht zu Ende, ein neuer Tag brach an, da ging die Nacht zu Ende, ein neuer Tag brach an.

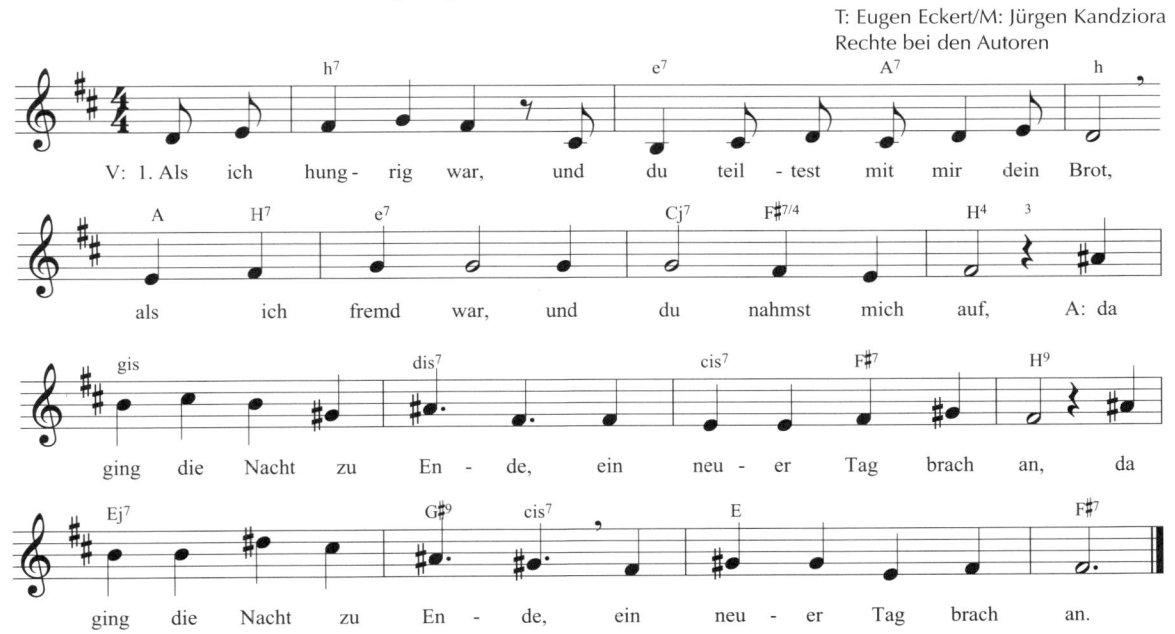

2. V: Als ich einsam war, und du schenktest mir deine
   Zeit, als mir kalt war, und du hieltest mich warm –
   A: da ging die Nacht zu Ende, ein neuer Tag brach an.

3. V: Als ich stolperte, und du fingst mich noch vor dem
   Fall, als ich stumm war, und du standst mir bei –
   A: da ging die Nacht zu Ende, ein neuer Tag brach an.

4. V: Als ich krank dalag, und du kühltest mir meine
   Stirn, als ich schwach war, und du halfst mir auf –
   A: da ging die Nacht zu Ende, ein neuer Tag brach an.

5. V: Als ich müde war, und du wiegtest mich in den
   Schlaf, als ich alt war, und du bliebst mir nah –
   A: da ging die Nacht zu Ende, ein neuer Tag brach an.

Keith Haring (1958-1990)

Der 1958 in den Vereinigten Staaten geborene und 1990 an AIDS verstorbene Keith Haring ist ein Pop-Art-Künstler, dessen Bildersprache aufgrund ihrer Einfachheit, ihrer Bewegung und Klarheit auch Sch in besonderem Maße anspricht. Eine enge Freundschaft mit Andy Warhol hat den Stil Harings deutlich beeinflusst. Großflächige Bilder, comicartige Figuren und poppige Farben sind kennzeichnend für seine Werke. Viele seiner Bilder weisen narrative Elemente auf und erscheinen uns fast wie kleine Geschichten. Seine farbigen Skulpturen empfand Haring selbst als Spielzeug, mit dem man richtig spielen kann. Er verstand sich als Künstler, der mit seiner Art von Kunst eine breite Öffentlichkeit erreichen wollte, die über seine Bilder diskutieren und sich mit seinen Zeichnungen auseinandersetzen sollte.

2. Einsatzmöglichkeiten im RU

Wie kann das Leben gelingen?

Die Vielzahl der Texte und Bilder auf dieser Doppelseite bieten die Möglichkeit für ein „Lernen an Stationen".

- *Vorbereitung*:
  - L vergrößert die Texte und Bilder der Doppelseite auf ansprechende Weise (z. B. farbiges Tonpapier, farbige Bildausdrucke ...)
  - und stellt pro Station eine Karte mit den Zehn Geboten, der Goldenen Regel und dem Gebot der Gottes- und Nächstenliebe bereit,
  - außerdem: Papier, Stifte, Klebstoff, Sprechblasen aus Papier, die Geschichte vom Riesen in zwei Teilen, den 2. Teil in einen Briefumschlag (Stat. 3), und ein Bild von Martin Luther (Stat. 6).
  - L kopiert für jede/n Sch einen Laufzettel: **AB 4.1.15, Arbeitshilfen S. 76**.

- *Durchführung*: Jeweils zwei oder drei Sch gehen mit einem Laufzettel durch die Stationen und bearbeiten die jeweiligen Arbeitsaufträge:

- 1. STATION
  1. Lest die Geschichte mit verteilten Rollen.
  2. Daniel ist in einer schwierigen Lage. Gib ihm einen Rat. Schreibe diesen auf.
  3. Schau dir das Blatt mit den Geboten an. Bei welchem der Gebote entdeckst du einen Zusammenhang mit der Geschichte?

- 2. STATION
  1. Lies den ersten Teil der Geschichte vom Riesen.
  2. Beschreibe die Situation in drei Sätzen. Schreibe diese auf.
  3. Öffne den Briefumschlag und lies die Fortsetzung der Geschichte.
  4. Schau dir das Blatt mit den Geboten an. Bei welchem der Gebote entdeckst du einen Zusammenhang mit der Geschichte?

- 3. STATION
  1. Lies den Text von Peter und seiner Familie.
  2. Stell dir vor, du bist Peter. Wie soll sich dein Vater entscheiden? Notiere dies auf deinem Laufzettel.
  3. Schau dir das Blatt mit den Geboten an. Bei welchem der Gebote entdeckst du einen Zusammenhang mit dem Text?

- 4. STATION
  1. Schau dir die Kreidezeichnung von Käthe Kollwitz eine Minute lang schweigend an.
  2. Lass zwei Kinder sprechen. Beschrifte die Sprechblasen auf deinem Laufzettel.
  3. Schau dir das Blatt mit den Geboten an. Bei welchem der Gebote entdeckst du einen Zusammenhang mit dem Bild?

- 5. STATION
  1. Schau dir das Bild von Keith Haring an.
  2. Wähle zwei Darstellungen aus dem Bild aus und male sie in die Kästchen auf deinem Laufzettel. Erkläre deren Bedeutung in je einem Satz neben deinen neu entstandenen Bildern.
  3. Schau dir das Blatt mit den Geboten an. Bei welchem der Gebote entdeckst du einen Zusammenhang mit dem Bild?

- 6. STATION
  1. Lies dir den Text über Marion durch.
  2. Was soll Marion tun? Gib ihr einen Rat. Schreibe diesen auf deinen Laufzettel.
  3. Schau dir das Blatt mit den Geboten an. Bei welchem der Gebote entdeckst du einen Zusammenhang mit dem Text?

- 7. STATION
  1. Lies den Text von Martin Luther.
  2. Gestalte diesen in Schönschrift im Rahmen.
  3. Woran hängt dein Herz? Denke darüber nach und erzähle deinen MitschülerInnen.
  4. Schau dir das Blatt mit den Geboten an. Bei welchem der Gebote entdeckst du einen Zusammenhang mit dem Text?

- *Auswertung der Stationenarbeit im Plenum*
  - Gruppen stellen ihre Ergebnisse vor. Aufgrund der Erklärung der „Lösungen" wird noch einmal deutlich: Die Zehn Gebote sind eine Richtschnur, die in der konkreten Situation Orientierung gibt. Sie geben nicht immer „eindeutige" Handlungen vor.
  - UG: Wie helfen die Gebote beim Gelingen des Lebens?
  - Sch kleben ihre Laufzettel ins Heft.

Als ich ...

- Sch lernen das Lied: „Als ich hungrig war" **M 4.1.16, Arbeitshilfen S. 73**.

Gottes Weisung ist ...

fragen – suchen – entdecken **22**

1. Hintergrund

Die Seite **fse 22** schließt das Thema „In die Freiheit geführt" ab. Sch haben den langen Weg der Befreiung aus der Knechtschaft und Sklaverei der Israeliten in Ägypten kennen gelernt. Sie haben erkannt, dass die Zehn Gebote ein Angebot des befreienden Gottes sind, damit sie die Freiheit bewahren können. Die Geschichten des Dekalogs sind für Sch eine Horizonterweiterung; sie können ihren eigenen Erfahrungen neue Erkenntnisse und Sichtweisen hinzufügen. In diesem Kapitel wird den Sch in den Befreiungserzählungen die Gelegenheit gegeben, sich ihrer eigenen Einstellungen bewusst zu werden, sie zur Sprache zu bringen und dies als ein „Spielfeld" zur Erprobung von Werten und Tugenden zu nutzen. Indem Sch auf **fse 22** die Zehn Gebote für sich gewichten und darüber noch einmal intensiv ins Gespräch kommen, werden ihnen Handlungsspielräume eröffnet, in denen sie ihr eigenes ethisches Handeln einüben und überdenken können. Dass auch anderen Menschen die Zehn Gebote als Lebensgrundlage wichtig sind, wird in dem Lied und den Bildworten auf der Seite deutlich. Indem Sch eigene Bildworte finden, verinnerlichen sie die Bedeutung, die die Weisungen auch heute haben.

2. Einsatzmöglichkeiten im RU

Gottes Weisungen sind ...

- Sch schreiben die Zehn Gebote kalligrafisch ansprechend auf Schmuckblätter.
- Sch gestalten zu jedem Gebot ein DIN-A3-Plakat mit Schlagzeilen und Bildern aus Zeitungen und Illustrierten; *Alternative*: Sie malen und können sich vom Stil Käthe Kollwitz´ oder Keith Harings dabei anregen lassen.
- Sch legen die Plakate großflächig aus (vgl. **fse 22**).
- Sch erhalten drei Steine (Edelsteine, Glasmuggelsteine), gehen im Raum zu ruhiger meditativer Musik und wählen die für sie wichtigsten Gebote, indem sie die Steine ablegen.
- Sch entdecken, welche Gebote der Klassengemeinschaft sehr wichtig sind, und kommen darüber ins Gespräch.
- Sch gestalten im „Ich-Buch" eine Seite: „Das wichtigste Gebot für mich".

... wie ein Licht in der Nacht

- Sch wählen aus umgedrehten Textstreifen einen aus und suchen ohne Worte ihren „Textstreifenpartner", **AB 4.1.17, Arbeitshilfen S. 78**.
- Sch-Paare beschriften, bemalen oder verzieren zwei passende Puzzleteile **AB 4.1.18, Arbeitshilfen S. 78**.
- Sch stellen im UG ihre Wortbilder vor.
- *Alternative*: Sch finden eigene, neue Wortbilder.
- Sch entdecken, dass diese Wortbilder Synonyme für etwas Besonderes sein müssen: Bildworte für „Gottes Wort", für „Gottes Weisungen".
- Sch gestalten mit ihrem Puzzleteil einen Hefteintrag, malen ein Bild dazu. Überschrift: „Gottes Wort ist wie ..."
- Sch singen Lied **fse 22**.

Wie kann das Leben gelingen?

| 1. Station | Daniel, ich rate dir: |

_____

_____

_____

Gebot: ☐

| 2. Station | Die Geschichte vom Riesen: |

_____

_____

_____

Gebot: ☐

| 3. Station | Peter sagt: „Mein Vater ... |

1. _____
2. _____
3. _____

Gebot: ☐

| 4. Station |

Gebot: ☐

5. Station

Gebot:

6. Station

Marion, ich rate dir:

Gebot:

7. Station

Gebot:

Laufzettel von:

Gottes Weisungen sind wie ...

Licht ...   ... in der Nacht

Mehr ...   ... als großer Besitz

Sonnenschein ...   ... nach einem Gewitter

Versöhnung ...   ... nach einem Streit

Honig ...   ... für meinen Mund

Wasser ...   ... in der Wüste

Weg ...   ... in der Wildnis

Regenbogen ...   ... nach einem Gewitter

Regen ...   ... in der Hitze

Tau ...   ... auf den Blättern

Sterne ...   ... am Himmel

Mond ...   ... in der Finsternis

Zwei Puzzleteile

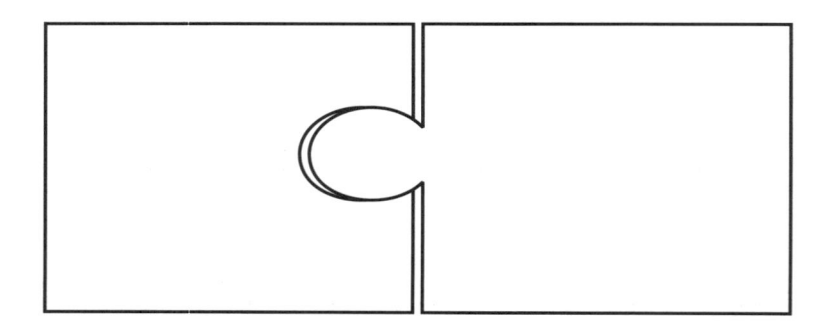

2 Dem Leben vertrauen können

1. Religionspädagogische und theologische Hinweise

Es gehört zu den Grundanliegen des RU, zusammen mit allen Fächern Sch zu unterstützen, dass sie zu einer positiven Weltsicht finden, die geprägt ist von Vertrauen in das Leben und zu sich selbst. Dieses Unterrichtsprinzip wird im folgenden Kapitel unter verschiedenen Aspekten der Identitätsbildung thematisiert. Bei anthropologisch orientierten Themen ist bei Sch, Eltern, aber auch bei Lehrkräften selbst mit der Anfrage zu rechnen: Was hat das eigentlich mit Religion zu tun?

Bereits vor über 20 Jahren wiesen die deutschen Bischöfe dem RU die diakonische Aufgabe zu, die jungen Menschen bei ihrer Suche nach einem verlässlichen Lebenskonzept zu begleiten, ohne sie für die eigene klar vertretene Orientierung durch den Glauben einfach vereinnahmen zu wollen (vgl. Synodenbeschluss (1974), Der Religionsunterricht in der Schule, 2.3.3).

Die Zielsetzungen (Ichstärkung, Beziehungsfähigkeit, Sinnorientierung usw.) eines solchen RU heben sich nicht von anderen Fächern ab. Sein Engagement ist aber nicht ethisch begründet, sondern hat seine Wurzel im Menschenbild der jüdisch-christlichen Tradition. Die Menschen der Bibel erleben ihr ganzes Dasein eingebettet in die Begegnung und Beziehung zu einem Gott, der sich ihnen selbst als „DER ICH BIN DA" offenbart, von dem sie sich ganz individuell angesprochen und erwählt wissen: „Ich habe dich bei deinem Namen gerufen; du gehörst zu mir" (Jes 43,1) oder an anderer Stelle : „Kann eine Frau ihr kleines Kind vergessen, eine Mutter ihren leiblichen Sohn? Und selbst wenn sie ihn vergessen würde; ich vergesse dich nicht. Sieh her: ich habe dich eingezeichnet in meine Hände!" (Jes 49,15). Diese bedingungslose Zusage Gottes gegenüber jedem Menschen ist es letztlich, die die Selbstannahme möglich macht. Und diese Eigenliebe ist wiederum die Voraussetzung für die Wertschätzung und Liebe zu anderen Menschen und zu Gott (vgl. Doppelgebot der Liebe). Identitätsbildung steht in diesem Kapitel in dieser Dimension. Das muss für Sch auch deutlich werden, ohne dass sie für diese Sicht vereinnahmt werden.

Sch dieser Altersstufe stehen am Höhepunkt ihrer Kindheit, was sich in der Regel auch in einer ausgeprägten körperlichen und psychischen Stabilität und Selbstsicherheit äußert. Anderseits birgt die Konzentration auf die schulischen Leistungen angesichts der anstehenden Schullaufbahn-Entscheidungen in der vierten Jahrgangsstufe die Gefahr einer verzerrten und verunsichernden Selbst- und Fremdwahrnehmung des Kindes. Vertrauen in das Leben und die eigene Person lassen sich nicht einfach erzeugen, sondern sind das Ergebnis eines Entwicklungsprozesses, den vielerlei Faktoren beeinflussen.

Nach den Untersuchungen des Psychoanalytikers Erik H. Erikson vollzieht sich die Identitätsentwicklung über mehrere Lebensphasen, wobei jede einen bestimmten Akzent für die Ich-Entwicklung setzt. So ist in jeder Phase eine Krise zu bestehen, die eine positive, aber auch die Gefahr einer negativen Entwicklungs-Möglichkeit in sich birgt und eine neue Sicht des eigenen Ichs mit sich bringt. Mit jeder bewältigten Phase wachsen die emotionalen und kognitiven Fähigkeiten, sich selbst als Individuum in Beziehung zu anderen wahrzunehmen und zu akzeptieren. So bringen Sch der 4. Jahrgangsstufe schon eine Reihe von Ich-Bestimmungen und Lebenskonzepten mit. Diese direkte Thematisierung schafft einen Raum und die Möglichkeit, dass Sch ihre erworbenen Sichtweisen auf ihr eigenes Leben neu bearbeiten und ergänzen können.

Die Phasen der Ich-Entwicklung nach Erik H. Erikson

1. Säuglingsalter: Ich bin, was man mir gibt (Urvertrauen gegen Urmisstrauen)
Die positiven oder negativen Erfahrungen, die ein Kind hinsichtlich der Befriedigung seiner Grundbedürfnisse gemacht hat, prägen grundlegend, ob ein Mensch eher optimistisch oder pessimistisch dem Leben und seiner Zukunft gegenübersteht.

2. Kleinkind: Ich bin, was ich will (Autonomie gegen Scham und Zweifel)
Vor allem in der so genannten Trotzphase entwickelt ein Kind die Kraft sich zu wehren oder es bildet sich eine Haltung heraus, die geprägt ist durch Selbstzweifel bzw. Scham.

3. Spielalter: Ich bin, was ich mir zu werden vorstellen kann (Initiative gegen Schuldgefühl)
Durch Initiative erobert das Kind sich die nähere Umwelt und identifiziert sich spielend mit Menschen und deren Rollen. Schuldgefühle können entstehen, wenn das Kind die Rivalität zu den Eltern zu stark empfindet oder Misserfolge bei seinen Initiativen erfährt.

4. Schulalter: Ich bin, was ich lerne und kann (Werksinn gegen Minderwertigkeitsgefühl)

„Im Schulalter übersteigt der Aktionsradius des Kindes die Familie. Es erfährt sich als leistungsfähig und lernt, dass es auch ohne Hilfe der Eltern Probleme meistern kann und dafür Anerkennung erntet. Lernen und Lernerfolge sind die entscheidende Basis für Identität. Aber Erfolge sind nicht garantiert, sodass die Gefahr des Scheiterns lauert: Scheitern kann Minderwertigkeitsgefühle verstärken. Die durchgehende Krise dieser Zeit besteht darin, die aufbauenden Kräfte des eigenen Werksinns gegen die Gefahr der Minderwertigkeitserfahrung zu nutzen" (Ziebertz, H.-G., in: Hilger u. a. (Hg.), Religionsdidaktik, S. 125).

5. Jugendalter: Ich bin, was ich von mir halte und was andere von mir halten (Identität gegen Identitätsdiffusion)
Mit Beginn der Pubertät gerät das erworbene Selbstbild der Kindheit ins Wanken. Jugendliche sind hochgradig mit ihrer sozialen Rolle beschäftigt. Alles ist darauf ausgerichtet herauszufinden, wie sie in den Augen anderer erscheinen.

Daraus ergibt sich als klare Konsequenz: Erste und wichtigste Aufgabe ist es, den Sch zu helfen sich selbst wichtig, wertvoll, leistungsfähig und schätzenswert zu erleben. Dabei kann der RU betonen, dass sie auf der Suche nach ihrer Identität nicht auf ihr Bemühen und ihre Leistung allein setzen müssen, sondern immer schon unter dem Zuspruch eines liebenden Gottes stehen. „In der religiösen Erziehung wird es vor allem darauf ankommen, die lebensbejahenden Impulse der christlichen Religion, von denen die Bibel berichtet, und die unbedingte Annahme der Menschen durch Gott als Hilfestellung bei der Deutung des eigenen Lebens zur Sprache zu bringen bzw. die Welt und das eigene Leben mithilfe religiöser Überlieferungen und Symbole anders sehen zu lernen" (ebd., S. 123).

Literatur

Erikson, E. H., Identität und Lebenszyklus, Frankfurt 1973
Ziebertz, Hans-Georg, Wozu religiöses Lernen? Religionsunterricht als Hilfe zur Identitätsbildung, in: Hilger, Georg u. a. (Hg.), Religionsdidaktik. Ein Leitfaden für Studium, Ausbildung und Beruf, München 2001, S. 123-135

2. Das Thema im Lehrplan und in fragen – suchen – entdecken

Der einleitende Satz im LP zur Zielbeschreibung weist auf die grundlegende und weit reichende Bedeutung des Themas hin: „Kinder sehnen sich nach einem glücklichen und sinnvollen Leben." Voraussetzung dafür ist eine positive Selbstsicht, die alle Lebensbezüge einbezieht. Der LP zielt in 4.2.1 zunächst darauf, die Frage nach dem eigenen Ich zu wecken und die eigene Einmaligkeit zu entdecken. Dies geschieht immer auch vor dem Hintergrund der Zusage, dass für Gott jeder Mensch wertvoll und einzigartig ist. Ausgangspunkt auf **fse 24/25** sind Texte und Bilder, die Fragen nach sich selbst wecken und gleichzeitig ein Staunen über sich selbst in Gang setzen wollen. Das Gedicht „Zufall" und der Text „Universum im Universum" eröffnen eine Außenperspektive auf das eigene Ich und regen so philosophische Suchprozesse um die Frage „Wer bin ich?" an. Der Text „Innendrin" lenkt die Wahrnehmung der Sch auf die eigene Körperlichkeit. Das hohe Interesse an naturwissenschaftlichen Vorgängen begünstigt hierbei ein Staunen über den menschlichen Organismus, das Sch angestoßen durch das Psalmwort durchaus in einer Haltung der Dankbarkeit und Achtung zum Ausdruck bringen können. Das Bild von Paul Klee birgt den Impuls Außen- und Innenwelt der eigenen Persönlichkeit wahrzunehmen und aufeinander zu beziehen. Dieses Anliegen konkretisiert sich auf **fse 26/27**. Die Anregungen dienen dazu, eigene Fähigkeiten, Stärken und Vorlieben sowie Charakterzüge und Gefühle zu entdecken. Im unbewussten und bewussten Vergleich mit Mit-Sch nehmen sie Unterschiede und Gemeinsamkeiten wahr. Das Lied unterstützt einen kindgemäßen Ausdruck der Entdeckung: Ich bin einmalig – und so von Gott gewollt und geliebt.

Dennoch kennen Sch den Wunsch „Manchmal möchte ich anders sein" **fse 28/29** – wenn auch sehr unterschiedlich motiviert. Das Kaleidoskop und das Gedicht „Manchmal träume ich von mir ..." geben Anstoß eigenen Wunschvorstellungen nachzuspüren. Offen bleiben muss dabei, ob dies ein Sch aus einer negativen Selbstsicht heraus oder in einer Zukunftsperspektive „So will ich werden" tut. Der Text von Sieglinde Preitz will Hilfestellung sein, eigene Grenzen anzunehmen, indem als Messlatte nicht die Hochleistungen anderer hergenommen werden, sondern die eigenen Möglichkeiten. Elemente dieser Seite ermöglichen auch einen kritischen Blick auf die suggerierende Wirksamkeit von Werbung hinsichtlich der Persönlichkeitsvorstellungen. Wie sehr die Sicht der eigenen Person durch die Sicht anderer Menschen mitgeprägt wird, können Sch an der Episode um Don Bosco entdecken. Daran wird eine christliche Grundhaltung der Wertschätzung deutlich, die resultiert aus der Glaubensüberzeugung, dass jeder Mensch – unabhängig von seiner Leistungsfähigkeit usw. – von Gott bedingungslos angenommen ist.

Ein zweiter Zielbereich im LP intendiert, dass Sch „ein Gespür bekommen, dass Vertrauen zu anderen Menschen, zu sich selbst und zu Gott dem Leben Halt und Zuversicht geben kann." Darin enthalten ist der sinnstiftende Impuls „sich anderen Menschen zuzuwenden und Vertrauen und Liebe weiterzuschenken" (LP Zielbeschreibung). Wie sehr eigenes Zutrauen und Zuversicht aus christlicher Sicht mit der Zusage Gottes an jeden Menschen verbunden sind, können Sch anhand der Text- und Bildelemente zur biblischen Abrahamerzählung auf **fse 30/31** erkennen.

Einer bewussten Wertschätzung von Beziehungen zu Menschen, die von Nähe und Vertrauen geprägt sind, wird auf **fse 32/33** Raum gegeben. Dabei kann auch das Maß der Verantwortlichkeit für die Gestaltung solcher Beziehungen bewusster werden. Christen sehen in der Beziehung zu Gott eine Rückbindung (*religio*), deren Tragfähigkeit gerade in Grenzerfahrungen auf dem Prüfstand steht. **fse 34/35** führt Sch in die Auseinandersetzung mit der neutestamentlichen Geschichte vom „Sturm auf dem See" (Mk 4,35-40). Im Zentrum steht dabei nicht das Wundergeschehen, sondern die existenzielle Angst von Menschen damals wie heute, ernst genommen in der Frage „Kümmert es dich nicht, dass wir zugrunde gehen?".

Im Gottvertrauen Jesu und der Stillung des Sturmes kommt die Hoffnung und Erfahrung von Christen zum Ausdruck, dass der Glaube in solch bedrohlichen Lebenssituationen trägt. Kinder dieser Altersstufe definieren ihre Identität sehr stark von dem her, was sie können und leisten und dass sie mit ihren Möglichkeiten auch gefragt sind. **fse 36/37** bietet den Sch Anregung sich zu vergegenwärtigen und aufmerksam zu werden, wo sie andere mit ihrem Können und Handeln unterstützen können und spüren könnten „Gut, dass es mich gibt". Darin wird die Wirksamkeit und eine Sinnperspektive des eigenen Handelns eröffnet. Die Projektbeschreibung **fse 37** macht deutlich, wie auch Sch mit dem Einsatz ihrer Begabungen einen Beitrag gegen Not und zu mehr Gerechtigkeit leisten können. Ein besonderer Akzent liegt dabei auf dem gemeinschaftlichen Engagement.

Im Laufe des Kapitels konnten Sch auf vielfältige Art und Weise und unter verschiedenen Gesichtspunkten über sich selbst und ihr Leben nachdenken. Im Wahlangebot der Schlussseite **fse 38** finden Sch Möglichkeiten, in einer Art Rückblick auf die Einheit, das gestaltend zum Ausdruck zu bringen, was ihr Leben schön macht (LP 4.2.2.).

3. Verbindungen zu anderen Fächern

Das pädagogische Leitthema des Lehrplans für die 4. Jahrgangsstufe „Vertrauen in die Zukunft entwickeln – Verantwortung übernehmen" steht in engem Zusammenhang mit diesem Kapitel.

Daraus ergeben sich viele Querverbindungen zu anderen Fächern:

EVANGELISCHE RELIGIONSLEHRE: 4.9.1 Große Fragen
ETHIK: 4.2 Miteinander arbeiten
DEUTSCH: 4.2 Für sich und andere schreiben
HEIMAT- UND SACHUNTERRICHT: 4.2 Ich und meine Erfahrungen
SPORTERZIEHUNG: 4.4. Spielen – Gestalten – Fit werden
MUSIKERZIEHUNG: 4.4.1 Sich zur Musik bewegen; 4.4.2 Szenen spielen

4. Lernsequenz

Planungsskizze	Überschriften in fse	Inhalte im Lehrplan
I. Ich bin ich	Wer bin ich? **fse 24/25** Was mich ausmacht **fse 26/27** Manchmal möchte ich anders sein **fse 28/29**	4.2.1 Fragen nach sich selbst; über sich selbst staunen können; Wir sind verschieden und haben doch vieles gemeinsam; manchmal möchte ich anders sein; Jeder Mensch ist für Gott einzigartig und wertvoll
II. Ich bin nicht allein	Auf wen kann man sich verlassen? **fse 30/31** Wenn du nicht wärst ... **fse 32/33** Wenn es wirklich gefährlich wird **fse 34/35**	4.2.2 Freunde und Freundinnen haben; Menschen, denen ich vertrauen kann; sich etwas zutrauen; auf Gott vertrauen
III. Was mein Leben schön macht Wofür ich dankbar bin	Wenn wir nicht wären ... **fse 36/37** Was mein Leben schön macht **fse 38** Dem Leben vertrauen können **fse 23**	4.2.2 Wo ich gebraucht werde; einander Freude bereiten; Gutes füreinander und für die Welt tun (in Werken und Worten Gottes Liebe weitergeben)

Dem Leben vertrauen können

1. Hintergrund

Paul Klee (1879-1940)

Klee wurde in Münchenbuchsee bei Bern geboren und starb in Locarno-Muralto. Ab 1900 studierte er an der Kunstakademie in München. Er unternahm zahlreiche Reisen, z. B. nach Italien und Tunesien, und beschäftigte sich mit dem Impressionismus. Bei einer Reise nach Paris lernte er die Arbeiten von Georges Braque (1882-1963), Pablo Picasso (1881-1973) und Robert Delaunay (1885-1941) kennen. Im Oktober 1920 wurde er an das staatliche Bauhaus in Weimar berufen, wo er seine Arbeit als Teil eines pädagogischen und gemeinschaftsbildenden Zukunftsprojektes sah. 1926 war Klee auf der ersten Gruppenausstellung der Surrealisten in Paris vertreten. Zwischen 1931 und 1933 hatte er eine Professur an der Akademie der Bildenden Künste in Düsseldorf inne. 1933 war er wegen der Verfolgung seiner Kunst durch die Nationalsozialisten gezwungen, in die Schweiz zurückzukehren. Die Ausstellung „Entartete Kunst" 1937 zeigte 17 seiner Werke, 102 seiner Arbeiten wurden aus den öffentlichen Sammlungen entfernt. In der Schweiz nahm Klee seine Arbeit wieder auf, war aber durch eine schwere Krankheit immer mehr eingeschränkt. Er beschäftigte sich in seiner Malerei mit dem Ausdruck des „Unsichtbaren". Sein Werk zeigt eine lyrische und fantastische Innerlichkeit. In vielen Phasen seines Schaffens gestaltete er vor allem Bilder, die sich mit der elementaren Neugestaltung des Verhältnisses von Linie und Fläche beschäftigten und die durch ihre formale Verdichtung zukunftsweisend wurden.

Paul Klee: „mit grünen Strümpfen", 1939

Aquarell, Feder und Bleistift auf Papier und Karton, Standort unbekannt

Beschreibung: In einfachen und klaren Strichen umreißt der Künstler die Gestalt eines Mädchens. Das rechte Bein seitlich angestellt nimmt das Kind einen leichten, aber sicheren Stand ein. Überlang strecken sich die Arme nach oben aus und scheinen über den Bildrand hinauszugreifen. Das ausladende Kleid im unteren Bildteil bildet nur mühsam ein optisches Pendant zur weit ausholenden Gestik. Kopfhaltung und Blickrichtung weisen ebenfalls steil nach oben. Das Mädchen scheint ihre ganze Aufmerksamkeit einer rätselhaft geöffneten Kreisgestalt zu widmen.

Eine zentrale Bedeutung kommt der Farbgebung des Bildes zu. Hier hebt sich vor allem der Bereich innerhalb der Arme in seiner Farbenfülle und Farbintensität vom übrigen Bild ab. Kräftig blaue Farbwölkchen schweben von oben erdwärts und zeigen sich konzentriert in der geheimnisvollen Form sowie im Kleid und verblassend am Boden. Die Arme sind in intensives Gelb gehüllt, das sie wie magnetisch anzuziehen scheinen, einige Farbtupfer regnen zu Boden. Eine Brückenfunktion kommt der Farbe Rot zu. Sie verbindet und durchdringt die Konturen der geheimnisvollen Form sowie des Kopfes, konzentriert sich jedoch in besonderer Dichte im Herzbereich des Kindes. Die Farbe Grün innerhalb der Kreisform spiegelt sich in der Farbgebung der Beine, wobei das bewegte Bein eine stärkere Farbintensität aufweist.

Eine *Deutung* des Bildes legt sich von der Körperhaltung und der Symbolik der Farben nahe.

Es sind die Farben des Himmelsbereiches, das Blau des Himmels und das Grün der Hoffnung, die das Mädchen aus der blassen Umgebung abheben. Es sind wohl nicht einfach grüne Strümpfe, sondern Beine, die voller Hoffnung in der Welt stehen und sich durch sie bewegen. Die Körperhaltung legt sogar eine tanzende Bewegung nahe, die Ausdruck einer lebensfrohen Lebenseinstellung ist, aber nicht aus sich heraus, sondern in Beziehung zu einer geheimnisvollen Quelle aller Freude, Hoffnung und Zuversicht.

Das Bild eignet sich zur Eröffnung wie auch zum Abschluss des Themenbereichs. Zu Beginn bahnt es eine Fragehaltung an: Was macht im Leben Freude? Was gibt Halt? Woher kommt Hoffnung im Leben? ... Am Ende des Themenbereichs finden Sch über die Bildbetrachtung zum Ausdruck eigener Vorstellungen auf diese Fragen.

2. Einsatzmöglichkeiten im RU

Bild fse 23 betrachten

Das Gemälde ist als Farbfolie Nr. 17 in der Schatzkiste 3/4 enthalten, vgl. Arbeitshilfen S. 19.

- *Spontane Wahrnehmung*: erste Kontaktaufnahme mit dem Bild; ungelenktes Anschauen und Wahrnehmen; nach einer Phase der Stille: spontane Äußerungen ohne Diskussion und Wertung.
- *Analyse des Bildes*: Was ist auf dem Bild zu sehen?
- Sch beschreiben das Kind, seine Blickrichtung, Haltung (evtl. Haltung nachahmen).
- Sch rätseln, was das Gebilde über dem Kind sein kann: Ball? Gedanken, Traum ...; was das Kind tut: spielen, jubeln, nachdenken, nach oben schauen, beten ...
- Sch benennen die wichtigsten Farben, die Klee verwendet, und lokalisieren sie auch hinsichtlich ihrer Intensität im Bild.

- *Analyse des Bildgehaltes:*
- Sch assoziieren Bedeutungen dieser Farben.
- Sch überlegen, was die Farben über das Kind erzählen können und „woher" die Farben kommen.
- Sch suchen eine Überschrift.

Gedanken gestalten

- Sch fassen Gedanken, die ihnen am Bild wichtig geworden sind, in ein Rondell-Gedicht. Sie formulieren fünf Sätze zum Bild und ordnen sie entsprechend den Vorgaben des Rondells an. Zur Anleitung und als Kopiervorlage kann **AB 4.2.20, Arbeitshilfen S. 115**, dienen.
- Sch ergänzen folgende Impulse mit ihren persönlichen Gedanken, evtl. in eine SW-Kopie des Bildes. Sie wählen dafür farblich passende Stifte.
  Ich hoffe ...
  Himmlisch finde ich ...
  Ich freue mich .../Dankbar bin ich ...
  Ich vertraue darauf, ...

Wer bin ich?

fragen – suchen – entdecken 24/25

1. Hintergrund

Sich selbst wahrnehmen ist Voraussetzung und Grundaufgabe jeder Persönlichkeitsentwicklung. Die Doppelseiten **fse 24/25** und **fse 25/26** setzen hierfür Impulse mit unterschiedlichen Akzentuierungen.
Die Elemente **fse 24/25** führen Sch bewusst in ungewöhnliche und distanzierte Blickwinkel auf die eigene Person und das eigene Leben. Gerade dieser fremde Blick auf das eigene Ich irritiert und weckt bei den Sch Fragen nach der eigenen Identität. Es ermöglicht ihnen, ihre Einmaligkeit zu erkennen und ins Staunen darüber zu kommen.
Das Gedicht **„Zufall"** von Martin Auer eröffnet den Sch eine Außensicht auf ihr Dasein. Es führt Sch an die Grenzen des Denkens und stellt sie in einen Fragehorizont, in dem die ganze Rätselhaftigkeit der Identität aufbrechen kann: Was wäre, wenn es mich nicht gäbe? ...wenn ich woanders leben würde? ...wenn ich ein Mädchen/Junge wäre? ...wenn statt mir ein anderes Kind auf der Welt lebte? ... Ist es Zufall, dass es mich gibt? ... Das Gedicht animiert zu eigenem Weiterfragen und motiviert zur Suche nach eigenen Antworten.

Auch der Text **„Universum im Universum"** von Gudrun Pausewang verrückt die Perspektive auf das menschliche Leben durch seinen naturwissenschaftlichen Kontext. Dieses Vater-Tochter-Gespräch nimmt Sch mit auf eine Gedankenreise zunächst in den Makrokosmos und anschließend in den Mikrokosmos, wie er sich auch in jedem Menschen selbst zeigt. Angesichts der (unvorstellbaren) Größe des Universums mit seinen Milliarden Galaxien erscheint der Planet Erde und vor allem auch die menschliche Existenz wie ein unbedeutendes Nichts, andererseits spiegelt sich die Größe des Universums in der Welt des mikroskopisch Kleinen der (menschlichen) Zellen, Moleküle und Atome. Was in jedem Fall bleibt, ist ein eindrucksvoller Blick auf die Ordnung und Einzigartigkeit der Welt im Großen wie im Kleinen. Der Text regt an, sich selbst als Teil dieser großartigen Schöpfung zu begreifen, kann Sch ins Staunen bringen und Ehrfurcht vor dieser Schöpfung und dem menschlichen Leben wecken.

Beide Texte **fse 24** regen zu philosophischen Überlegungen an und fordern vor allem auch die Perspektive des christlichen Glauben heraus: Jeder einzelne Mensch ist von Gott gewollt und an seinen „Platz" gestellt.

Paul Klee (1879-1940)
s. Arbeitshilfen S. 82

Paul Klee: „hat Kopf, Hand, Fuß und Herz", 1930

Mit dem Wechsel vom Dessauer Bauhaus an die Akademie in Düsseldorf im Jahre 1930 geht für Paul Klee ein großer Wunsch in Erfüllung. Hier arbeitet er in finanzieller Abgesichertheit, bis er 1933 – durch die Nazis veranlasst – vor die Tür gesetzt wird und in die Schweiz emigriert.
Wie schon zu Bauhaus-Zeiten verfolgt er das Anliegen der formalen Reduzierung der Bildfigur, um elementare Ordnungen unabhängig vom äußeren Erscheinungsbild zu ergründen. „Kunst bildet nicht ab, sondern macht sichtbar."
Das vorliegende Werk thematisiert auf diese Weise den Menschen. Verteilt auf vier Ecken finden sich ein Gesicht und Gliedmaßen im Wesentlichen auf geometrische Formen reduziert dargestellt. Gemeinsam ist ihnen ein weißer Balken, der mit einer farblichen Aura umgeben ist. Die Farbgebung ist hierbei bei Fuß und Hand ähnlich und spiegelt auch die zwei Farben der Augenkreise wider. Die Verbindungsbalken Hand-Fuß und im Gesicht entsprechen sich. In drei Fällen sind die Balken nicht geschlossen, sondern wirken wie Verbindungen zum ebenfalls weißen Hintergrund. Im Zentrum des Bildes hebt sich ein rotes Herz deutlich ab. Dahinter erscheint diffus vor weißem Hintergrund eine rosa Fläche mit Ausläufern in vier Richtun-

gen. Auffällig ist insgesamt ein Kontrast zwischen klaren Linien und verlaufenden Flächen sowie zwischen formal starren und dynamischen Formen. Für Paul Klee drücken sich darin wohl gegensätzliche Weisen der Welterfassung aus: von der Ratio her und über das Herz.

Im Blick auf den Kontext des Kapitels können Sch unterschiedliche Aspekte des Menschseins bewusster wahrnehmen: das Denken, das Handeln, das Fühlen. Die Bildkomposition fordert dabei ein Aufeinanderbeziehen dieser Bereiche heraus: Bin ich, was ich denke? Bin ich, was ich tue und leiste? Bin ich, was ich fühle? Wo liegt die Mitte meiner Person?

In einer medial geprägten Welt finden Sch immer weniger Möglichkeiten ihren eigenen Körper zu spüren und ein Körperbewusstsein auszubilden. Hier kann der RU durch erfahrungsorientierte Elemente (Spiegelmeditation, Körperreise) unterstützend wirken. Eine Distanz schaffende und Spielraum zur Selbstwahrnehmung eröffnende Sicht ist integraler Bestandteil der Geschichte „Innendrin" von Susanne Kilian.
Die Geschichte lenkt den Blick auf die Körperlichkeit und vergegenwärtigt eine Erfahrung der Selbstwahrnehmung, die vielen Sch vertraut sein wird. Der Blick in den Spiegel löst bei Dieter Neugier und Faszination, aber auch Befremden und Irritation aus. Er kommt ins Nachsinnen darüber, was sich in seinem Körperinneren ohne eigenes Zutun abspielt. Er gerät dabei in ein Staunen über die Funktionalität seines Körpers, das einmündet in eine Haltung der Ehrfurcht und der Achtung vor dem Leben und dem Schöpfer. Dieters Gedanken am Ende der Geschichte machen deutlich, wie auf diesem Weg die religiöse Dimension ins Spiel kommen kann, ohne dass „Gott" genannt wird.

Das biblische Zitat aus Ps 139 **fse 25** unten bringt diese Haltung in gläubiger Sicht zum Ausdruck. Psalm 139 als Ganzer weist Anklänge an die biblische Weisheitsliteratur und zu den Lobpsalmen auf. Er beschäftigt sich ausdrücklich mit dem Verhältnis des einzelnen Menschen zu Gott. Der Beter erkennt und bekennt dankbar Gott als seinen Schöpfer. Die für fse ausgewählten Verse 13 und 14 regen Sch an, sich bewusst in diese religiöse Dimension hineinzustellen. Im Dank über die eigene Existenz kann Gott als der nahe und gegenwärtige spürbar werden.

2. Einsatzmöglichkeiten im RU

Über sich nachdenken und staunen
- Das Gedicht „Zufall" wird ohne Titel und durch schrittweises Aufdecken auf OHP präsentiert und erarbeitet. Die Folienvorlage **M 4.2.1, Arbeitshilfen S. 85,** gibt Absätze vor, wo sich Erarbeitungsschritte anbieten.
- Nach jedem Teilschritt bringen Sch Fragen, Gedanken und Gefühle im Gespräch oder schreibend zum Ausdruck.
- Die letzte Zeile des Gedichtes bietet die Anknüpfmöglichkeit, die Bedeutung des eigenen Namens zu bedenken (vgl. Arbeitshilfen S. 86).
- Sch setzen den Titel des Gedichtes „Zufall" mit dem Gedichtinhalt in Beziehung und formulieren den Titel in eine Frage um.
- Um eine Antwort auf die Frage zu finden, überlegen Sch: „Welche Menschen mussten zusammentreffen, damit ich ich wurde?"
- Hierbei eignet sich die Struktur eines Stammbaumes **AB 4.2.2, Arbeitshilfen S. 85,** als visueller Impuls. Sch entdecken daran, dass das Leben jedes einzelnen Menschen das „Ergebnis" eines eindrucksvollen, Generationen von Menschen durchlaufenden sozialen und genetischen Prozesses darstellt. Sie verfolgen den Stammbaum eines Menschen über mehrere Generationen zurück und errechnen die Anzahl der Personen, die sich finden mussten (z. B. bei 7 Generationen 254 Menschen).
- Wie weit zurück könnte man den Stammbaum eines Menschen verfolgen?
- Sch verändern einen Faktor im Stammbaum (z. B. Wenn meine Ur-Ur-Ur-Großmutter Berta nicht meinen Ur-Ur-Ur-Großvater Bruno getroffen hätte …) und bedenken die Auswirkungen. Daran erkennen sie, dass das Prinzip Zufall nicht greift.
- Gut zur *Weiterarbeit* und Vertiefung eignet sich das Lied „Vergiss es nie", z. B. in: Troubadour für Gott, Kolping Bildungswerk Würzburg 1999, S. 777.

Universum im Universum
- Sch betrachten Bild auf **fse 24** oben und stellen Vermutungen an, worüber sich Vater und Kind unterhalten könnten.
- Zwei Sch lesen das Gespräch zwischen Vater und Tochter „Universum im Universum" **fse 24** unten in Rollen vor.
- Nach der Frage „Was sind dann wir?" und Bettinas Ausruf „Da wird einem ja ganz schwindlig, Vati!" wird die Textbegegnung unterbrochen, damit Sch selbst ihre Gedanken weiterspinnen und einbringen können: *Ich frage mich …, ich denke …, ich staune …*
- Sch ergänzen anschließend folgende Satzanfänge: *Wenn das Universum so groß ist, dann bin ich … (Wenn die Erde nicht der Mittelpunkt des Weltalls ist, dann …) Wenn in mir selbst ein Universum ist, dann …*
So können sie sich selbst wahrnehmen im Spannungsfeld von Makro- und Mikrokosmos als wichtiger und gewollter Teil der gesamten Schöpfung.

Zufall

Wenn statt mir jemand anderer
auf die Welt gekommen wär.

Vielleicht meine Schwester
oder mein Bruder
oder irgendein fremdes blödes Luder –
wie wär die Welt dann ohne mich?

Und wo wäre denn dann ich?
Und würd mich irgendwer vermissen?

Es tät ja keiner von mir wissen.
Statt mir wäre hier ein ganz anderes Kind,
würde bei meinen Eltern leben
und hätte mein ganzes Spielzeug im Spind.

Ja, sie hätten ihm sogar
meinen Namen gegeben!
Martin Auer

Stammbaum

	Anzahl
ICH	
	+
	+
	+
	+
	+
	+
	=
???????	

Den eigenen Körper bewusst wahrnehmen und über seine Funktionalität staunen

- Anhand einer angeleiteten Körperreise **M 4.2.3, Arbeitshilfen S. 87**, oder einer meditativen Klopfübung **M 4.2.4, Arbeitshilfen S. 89**, nehmen Sch ihre Körperteile bewusst wahr (vgl. Arbeitshilfen 2, AB 2.0.12 und S. 49f.).
- Nach der Körperübung malen sie Bilder von ihrem Körper nur mit Farben. Die Farben sollen dabei ihr Wohlbefinden oder die Intensität der Erfahrung zum Ausdruck bringen.
- Die Geschichte „Innendrin" erlesen; Gespräch: Was Dieter fasziniert.
- Sch bringen ein, über welche körperlichen Phänomene sie selbst schon ins Staunen gekommen sind.
- *Weiterführung*: Sch erfahren über Folie oder **AB 4.2.5, Arbeitshilfen S. 91**, weitere interessante und staunenswerte Informationen über den menschlichen Körper.
- Jede/r Sch gestaltet zu einer Info einen Hefteintrag mit Bild.
- Sch deuten den letzten Abschnitt der Geschichte „Innendrin". Die Verse des Psalms 139 sind dafür ein zusätzlicher Impuls.
- Sch drücken ihr Staunen und ihren Dank in einem eigenen Gebet aus, indem sie die Psalmworte weiter schreiben. Als Impuls dienen folgende Satzanfänge:

   Guter Gott, staunenswert sind deine Werke.
   Ich danke dir, dass du mich so wunderbar gestaltet hast.
   Gott,
   ich staune ...
   ich freue mich ...
   ich danke ...

„hat Kopf, Hand, Fuß und Herz" betrachten

- Nach einer ersten Gesamtbetrachtung empfiehlt sich eine schrittweise Bilderschließung:
- Nacheinander werden die Körperelemente in den Bildecken aufgedeckt: Arme – Füße – Kopf. Sch nehmen am eigenen Körper den jeweiligen Körperteil bewusst wahr durch Betasten oder Abklopfen **M 4.2.4**, bewusstes Umgehen (Zeitlupen-Bewegung), bewusste Sinneswahrnehmung.
- Abschließend sammeln sie zu jedem angesprochenen Körperteil, welche Möglichkeiten es eröffnet.
- Das Herz im Bildzentrum wird aufgedeckt:
- Sch nehmen das Herz als Organ wahr: Herzschlag, Puls wahrnehmen.
- Sch entdecken das Herz als Sitz des Fühlens und des Selbst: Wieso hat Klee das Herz in die Mitte gemalt? Was hat das mit anderen Körperelementen zu tun? Wir denken uns Verbindungen aus.
- Das Bild kann auch als inhaltliche Brücke zur nächsten Doppelseite dienen: Was mich ausmacht.
- Die Bildelemente helfen dabei verschiedene Aspekte zu fokussieren:
- Hand und Fuß: Was ich gerne tue, was ich gut kann, wohin meine Füße gerne gehen ...
- Kopf: Meine Lieblingsfarben, -düfte, -speisen ...; worüber ich mir den Kopf zerbreche ...
- Herz: meine Gefühle: Was mich freut; was mich aufregt; was mir Angst macht; woran mein Herz hängt; ...
- Sch schreiben zu obigen Impulsen ihre Gedanken ins Bild, besser zu ausgeschnittenen Elementen. L kopiert dazu die Bildvorlage **fse 25**.

Über meinen Namen nachdenken

Anknüpfungsmöglichkeiten an Gedicht „Zufall"

- Sch denken darüber nach, wie wichtig der eigene Name ist und welche Bedeutung er hat.
- Folgende Gesprächsimpulse regen sie dabei an:
- Hast du mehr als einen Namen?
- Rufen dich deine Freunde beim selben Namen wie deine Eltern?
- Würde es dir etwas ausmachen, wenn du keinen oder einen anderen Namen hättest?
- Wenn du einen anderen Namen hättest, wärst du dann ein anderer Mensch?
- Weitere Anregungen finden sich in Arbeitshilfen S. 113 f. und in Arbeitshilfen fse 2, S. 198.

Umrissbilder erstellen

- Sch bilden Paare. Ein Partner setzt sich zwischen eine Lichtquelle (z. B. OHP) und die Wand. Der andere zeichnet den Schattenumriss des Kopfes an der Wand auf ein Plakat.
- Die Umrisse werden ausgeschnitten und in der Klasse betrachtet. Sch versuchen ihre Mit-Sch anhand der Umrisse zu erkennen.
- Im weiteren Verlauf der Einheit schreiben Sch ihre „Entdeckungen" an der eigenen Person in das Umrissbild, z. B. Fähigkeiten, Wünsche usw.

Körperreise: Zauberfahrzeug

- *Vorbereitung*: eine „Insel der Ruhe" schaffen (Raumwahl; Ordnung; dämmriges Licht; meditative Musik; ... innere Ruhe der Lehrkraft; ruhige, langsame, sanfte Stimme); in gesammelte, angenehme Sitz- bzw. Liegehaltung führen.
- Die Länge der Körperreise muss unbedingt an den Fähigkeiten und Vorerfahrungen der Sch orientiert werden.

„Du wirst ganz ruhig ...
In deinem Kopf sind noch Gedanken. Lass sie kommen und gehen, wie Wolken am Himmel vorbeiziehen ...
Deine Arme sind ganz schwer, als wenn sie abwechselnd eine schwere Tasche getragen hätten ...
Deine Beine sind ganz schwer, als wenn sie in schweren Skistiefeln steckten ...
Alles an dir ist ganz schwer ... Dein Gesicht ist entspannt und gelöst ... Du bist ganz ruhig ...
Ich lade dich ein zu einer Traumreise ... Schließe deine Augen.

Stell dir vor, du bist auf einer großen, grünen Wiese ... Vielleicht siehst du Blumen dort ... mag sein, dass du auch etwas riechen kannst ... das Gras, die Blumen, die Erde, ... vielleicht kannst du auch Bienensummen, Vogelgezwitscher ... hören.
Du blickst in die Ferne ... da siehst du ein ganz besonderes Fahrzeug – ein Zauberfahrzeug ... Neugierig schaust du es dir von allen Seiten genau an: ... seine Form ..., seine Farbe ..., die Räder ...
Du entdeckst eine Einstiegstüre ... Vorsichtig öffnest du sie und schaust ins Innere ... ins Cockpit ...
Im Fahrersitz liegen ein Helm und ein Schutzanzug, ein Overall.
Du ziehst ihn an: schlüpfst zuerst in das eine Bein, dann ins andere ... ein Arm, dann der andere ... Langsam ziehst du den Reißverschluss des Overalls von unten nach oben zu ...
Du setzt dich auf den Fahrersitz, nimmst den Steuerknüppel fest in beide Hände ... Mutig drückst du auf einen Knopf: du fühlst dich ganz sicher und jetzt merkst du: Dein Zauberfahrzeug wird langsam kleiner ... immer kleiner und kleiner, bis du deinen Finger vom Knopf nimmst ...
Dann drückst du einen anderen Knopf ... Ein Ruck geht durch das Fahrzeug und es setzt sich in Bewegung ... Es fährt los und du steuerst es über die grüne Wiese ...
Plötzlich spürst du, wie etwas an deinem Bein entlang fährt – es ist das Zauberfahrzeug ... Es fährt an dir hoch ... über dein Bein, deine Seite und Schulter zum Hals, hinauf zum Ohr, ins Ohr und schwups, ist das Zauberfahrzeug in deinem Kopf ...
Es fährt durch deinen Kopf ... im Hals hinunter ... durch die Schulter ... in einen deiner Arme ...
Und du bemerkst es erst jetzt: überall, wo das Zauberfahrzeug hinkommt, verströmt es um sich herum einen wunderbaren Zaubernebel ... Zaubernebel überall ... in allen Farben schillernder, glitzernder Zaubernebel breitet sich aus ... und wo er hinströmt, spürst du, wie eine wohlige Wärme dich erfüllt ... Ruhe und Wärme durchströmen dich ...
In Zaubernebel gehüllt fährt dein Zauberfahrzeug langsam deinen Arm hinunter ... bis zu deiner Hand ... und verströmt überall diesen Zaubernebel ... bis hinein in deine Fingerspitzen.
Langsam kehrt es um und bewegt sich durch deinen Arm nach oben ... zur anderen Schulter ... und in deinen anderen Arm ... (in gleichem Tempo und gleicher Intensität wie beim ersten Arm anleiten)
... und kommt zurück zum Schulterbereich ... fährt über deine Brust hinab zum Bauch ...
Dort dreht das Zauberfahrzeug eine große Runde durch den ganzen Bauchraum und erfüllt wieder alles mit dem herrlichen, glitzernden Zaubernebel ... Und weil es so schön war, dreht es noch eine zweite Runde ... Wärme durchströmt deinen Bauchraum ...
Weiter geht es ... über dein Becken hinab in ein Bein ... Oberschenkel ... Knie ... Unterschenkel ... Fuß ... Zehenspitzen (nicht vergessen) ... Zaubernebel ... Wärme ... umkehren ... zurück ... (ebenso anderes Bein)
... Aus deinem Bein nach oben ... in den Bauch ... dort dreht das Zauberfahrzeug noch einmal eine Runde ... Über Brust und Hals wieder in den Kopf ...
Und schwups durch das Ohr aus deinem Körper heraus ...
Wieder zurück zum Ausgangspunkt führen: ...Fahrzeug fährt zurück ... wird wieder groß ... hält auf Knopfdruck an ... Schutzanzug und Helm ablegen ... aussteigen ... zurück zur Wiese gehen ...

Wichtig: Sch aus der Traumreise zurückholen und den Kreislauf anregen:
Augen öffnen, tief durchatmen, Fäuste ballen, die Arme recken und strecken, gähnen.

Weiterarbeit, z. B.: Austausch über Erfahrungen der Körperreise.

Anne Walcher

Was mich ausmacht

fragen – suchen – entdecken 26/27

1. Hintergrund

Die Elemente der Doppelseite legen nun den Fokus auf die Wahrnehmung der eigenen Fähigkeiten, Charaktereigenschaften und Gefühle, die genauso zu mir gehören wie mein Körper. Sch, die ihre Begabungen und Stärken entdecken, entwickeln Selbstwert und sind zunehmend auch bereit Schwächen und Grenzen anzunehmen. Im Vergleich mit anderen fallen ihnen Unterschiede und Gemeinsamkeiten – auch geschlechtsspezifische – auf. Angestoßen werden soll auch eine differenziertere Wahrnehmung der eigenen Gefühlswelt und der Charaktereigenschaften. Dabei darf deutlich werden, dass zu jedem Menschen durchaus sehr vielfältige, ja sogar gegensätzliche Stimmungen und Eigenschaften gehören. Ergänzend zu den Selbsteinschätzungen der Sch können vorsichtig auch Fremdeinschätzungen anderer Sch eingeholt werden. Insgesamt geht es darum, dass Sch die Einzigartigkeit ihrer Person bewusster wahrnehmen und schätzen lernen. Indirekt wird damit auch eine Haltung der Achtung und Wertschätzung anderen gegenüber gefördert. In der Glaubensperspektive kommt hinzu: So bin ich und ist jeder Mensch von Gott gewollt und geliebt.

Die **ABC-Gedichte** und das **Wappen fse 26** regen in offener Weise an über die eigenen Fähigkeiten und Eigenschaften nachzudenken und diese zum Ausdruck zu bringen.
Das Erleben unterschiedlicher, ja gegensätzlicher Regungen und Stimmungen in sich selbst, wird im **Gedicht** „Sieben Seelen" angesprochen. Der Begriff „Seele" ist hier weniger im traditionell christlichen Verständnis gebraucht, sondern beschreibt, was einen Menschen vor allem von seinem Wesen her ausmacht. Die Zeichnungen stellen ein Kind in verschiedenen Gefühlszuständen dar. Sie helfen den Sch anhand von Mimik und Gestik Stimmungen differenziert wahrzunehmen und zu benennen.

Das Lied **fse 27** sieht vom Notensatz mit den Sechzehntel-Noten und Punktierungen auf den ersten Blick komplizierter aus, als es ist. Die Melodie wird wesentlich durch den Sprechrhythmus getragen und ist von den Sch leicht zu erlernen. Die Original-Version auf der CD Liederkiste 3/4 wird nicht zum Einsatz in der Schule empfohlen, sondern soll L beim Erlernen des Liedes eine Hilfe sein. Die rhythmische Melodie und der pfiffige Text sprechen Sch meist sehr an, sodass sie das Lied begeistert singen – oft über die Behandlung des Themas hinaus. Inhaltlich zielt das Lied darauf ab, sich im Vergleich mit anderen (1. Str.), vor dem Hintergrund der Vielzahl von Menschen (2. Str.), angesichts einer uniformierten Mode (3. Str.), ähnlich wie in der gesamten Schöpfung (4. Str.), als von Gott gewollt (5. Str.), der eigenen Einmaligkeit bewusst zu werden und sie dankbar auszudrücken.

Literatur

Riechling, U./Wolters, D., Hallo, wie geht es dir? Gefühle ausdrücken lernen. Merk- und Sprachspiele, Pantomimen und Ratespiele. Set mit 72 vierfarbigen Bildkärtchen, Mülheim/ Ruhr 1994

2. Einsatzmöglichkeiten im RU

Ich-Buch

Viele Aufgabenstellungen eignen sich ausdrücklich für eine Gestaltung oder einen Eintrag in das „Ich-Buch" (**fse 120 f.**, Arbeitshilfen S. 306 f.).

Meine Fähigkeiten und Stärken (und Schwächen) zusammenstellen

- Sch gestalten ein „Was ich gut kann-ABC": **AB 4.2.6, Arbeitshilfen S. 93**. Sie assoziieren eigene Fähigkeiten, Fertigkeiten und Stärken zu den einzelnen Buchstaben des Alphabets. Es dürfen pro Buchstaben mehrere Einfälle notiert werden und es kommt nicht darauf an, dass zu allen Buchstaben etwas gefunden wird. Hier muss L die Sch bewusst von diesem Druck entlasten. Zudem sollten im Vorfeld verschiedene Bereiche in Blick genommen werden, in denen Fähigkeiten zum Tragen kommen.
- *Weiterführung*: Sch geben ihr „Was ich gut kann-ABC" an eine/n oder mehrere Mit-Sch ihrer Wahl weiter, die *ihre* Wahrnehmung der Fähigkeiten dieses Kindes ergänzen. Regel: Es wird nur Positives formuliert und mit Bleistift geschrieben. So kann der Besitzer des Blattes entscheiden, ob er die Ergänzung annimmt oder ausradiert.
- Sch interpretieren die Aussage auf fse 26 „Vielleicht hast du sogar Fähigkeiten, von denen du noch gar nichts weißt!" Sie überlegen, wie man solchen Fähigkeiten auf die Spur kommen kann und welche Rolle dabei Mitmenschen spielen.
- Sch schreiben ein „Was ich nicht gut kann-ABC" **AB 4.2.6**. Diese Aufgabe sollte ergänzenden und freiwilligen Charakter haben und nicht unter Einbeziehung der Mit-Sch ausgeführt werden, da es in erster Linie um eine Ich-Stärkung geht.

Mein Wappen gestalten

- Sch bringen ihre Vorkenntnisse über Wappen ein und stellen Vermutungen über ihre Bedeutung an:

Abklopfmeditation zur Körperwahrnehmung

Bei der folgenden Übung klopfen Sch mit einer Hand oder mit beiden Händen auf verschiedene Bereiche ihres Körpers. Am einfachsten ist es, wenn sie mit dem **Klopfen der Arme** beginnen. Die Übung kann im Sitzen oder Stehen erfolgen.

Habt ihr genügend Platz, dass ihr die Arme ausbreiten könnt, ohne eure Nachbarn zu berühren?
Richtet jetzt eure Aufmerksamkeit zunächst auf eure Haltung! Nehmt eine Haltung ein, bei der euer Rücken gerade in die Höhe ragt und bei der euer Kopf frei von der Wirbelsäule getragen wird.
Hebt jetzt zunächst euren linken Arm und haltet ihn leicht abgewinkelt vor euch hin, nicht ganz in Schulterhöhe. Die Schulter fällt locker. Die linke Hand lasst ihr entspannt herunterhängen. Mit der rechten Hand klopft ihr nun auf den linken Arm, bei der Hand beginnend, bis zur Höhe der Schulter. Probiert aus, wie es ist, wenn ihr erst vorsichtig und dann fester auf euren Arm klopft.
Könnt ihr spüren, wie sich dabei eure rechte Hand anfühlt?
Wie ist es, wenn ihr mit einzelnen Fingern klopft, wie, wenn ihr mit der ganzen Hand klopft?
Denkt jetzt an den ganzen Arm und klopft auch die Unterseite des Armes!
Wenn ihr bei den Schultern angelangt seid, beginnt ihr wieder bei der Hand.
Nachdem ihr etwa zwei- bis dreimal den ganzen Arm auf diese Weise geklopft habt, haltet inne.
Wie fühlt sich dieser Arm jetzt an? Spürt ihr einen Unterschied zwischen dem rechten und dem linken Arm? Wie fühlt sich eure rechte Hand an, wie eure linke?
Nach einer kurzen Pause beginnt ihr auf die gleiche Weise den rechten Arm zu klopfen.

Diese Übung kann fortgesetzt werden, indem auch **die beiden Beine** geklopft werden.
Bei geringer Konzentrationsfähigkeit der Gruppe sollte diese Weiterführung zu einem späteren Zeitpunkt oder an einem anderen Tag vorgeschlagen werden.

Klopft ein Bein mit beiden Händen von der Fußspitze bis zu eurem Gesäß.
Versucht dabei die beiden Hände so zu halten, dass sie den Fuß, den Unterschenkel, das Knie und den Oberschenkel beim Klopfen umschließen. Wenn ihr zwei- bis dreimal ein Bein auf diese Weise geklopft habt, setzt es wieder auf den Boden.
Erlebt ihr jetzt eure Beine unterschiedlich? Wie fühlt sich das geklopfte Bein an?
Nach einer kurzen Pause könnt ihr auf diese Weise auch das andere Bein klopfen.

Ein anderes Mal klopfen Sch ihren **Brustkorb** oder ihren **Bauch**. Damit sie auch ihren **Rücken** auf diese Weise spüren können, bitten wir sie, in Zweiergruppen zusammenzugehen. Der passive Partner stellt sich vor den anderen; der andere klopft mit beiden Händen den Rücken seines Partners von den Schultern beginnend bis zum Gesäß. Die Wirbelsäule wird dabei ausgelassen.

typische Erkennungszeichen von Rittern, Personen, Städten etc.
- Sch betrachten das Wappen auf **fse 26**, das ein Sch gestaltet hat. Sch deuten die Darstellung und lesen mögliche Eigenschaften des Sch heraus.
- Sch erhalten die Umrissstruktur eines Wappens **AB 4.2.7, Arbeitshilfen S. 91**, und gestalten darauf ein Wappen für sich selbst.
– Halten Sch ihre Wappen während der Gestaltungsphase geheim, ergeben sich interessantere Möglichkeiten der Vorstellung.

Sch stellen ihre Wappen vor
- So wird die Vorstellungsphase für alle interessanter:
– Bevor ein/e Sch das eigene Wappen erläutert, versuchen die anderen erst eine Interpretation.
– L stellt im Stuhlkreis die Wappen der einzelnen Sch (ohne Namensnennung) vor, die Klasse versucht anhand der Darstellungen die zugehörigen Sch zu erraten: „Ich glaube, das Wappen gehört zu ..., weil ...".
– Die Wappen werden (ohne namentliche Kennzeichnung) ausgelegt. Sch gehen von Wappen zu Wappen und versuchen anhand der Darstellung herauszubekommen, ob das jeweilige Wappen von einem Mädchen oder einem Jungen stammt (vgl. zur Weiterarbeit **AB 4.2.8, Arbeitshilfen S. 95**: Mädchen sind ... – Jungen sind ...).

Gefühle wahrnehmen und darstellen
- Sch betrachten die Darstellungen des Kindes in verschiedenen Stimmungen auf **fse 26** unten und benennen Gefühle, die sie am mimischen und gestischen Ausdruck wahrnehmen. Die Ergebnisse halten sie an der Tafel fest.
- Sch stellen allein oder zu zweit weitere Gefühle mimisch und gestisch vor, die anderen erraten.
- Sch markieren angenehme und unangenehme Gefühle mit unterschiedlichen Farben an der Tafel.
- Gefühle in Szene setzen:
– In PA oder GA wählen Sch eine oder mehrere Stimmungen aus, TA.
– Sie besprechen, was passiert ist, dass das Kind sich so fühlt.
– Anschließend fantasieren sie anhand ihrer Überlegungen und eigenen Erfahrungen eine Spielszene. In der Gruppe proben sie mehrere Durchgänge, bei denen sie besonders auf die Mimik und Gestik achten, bevor vor der Klasse gespielt wird.
- Sch erstellen selbst Gefühle-Bilder:
– Sie drücken Gefühle mimisch und gestisch aus.
– Mit einer Digitalkamera werden sie fotografiert. Die Digitalkamera ermöglicht es zu experimentieren, bis ein für Sch optimales Ergebnis zustande gekommen ist.
– Die Ergebnisse werden ausgedruckt oder über ein Wiedergabegerät von allen betrachtet und erraten. Ausdrucke eignen sich auch zu weiteren Aufgabenstellungen.
- Gefühle malen:
– Sch malen mit Farbstiften in eine Körperumrisszeichnung, wo sie ein Gefühl im Körper spüren (z. B. Wut) oder
– sie bringen auf DIN-A3-Blättern Gefühle nur mit Farben und Formen zum Ausdruck.
- Sch verbinden Gefühle mit eigenen Erfahrungen und erlebten Situationen. Dazu wählen sie einige Gefühle aus und schreiben entsprechende Impulssätze weiter:
„Ich fühle mich glücklich, wenn ..."
„Ich fühle mich ..., wenn ..."
„Ich bin ..., wenn ..."
- Nachdenken:
– Woran kann man Gefühle erkennen?
– Empfindet jeder dasselbe in einer Situation? Was macht den Unterschied?
– Kann man Gefühle anfassen?
– Woher kommen Gefühle? Wo sind sie zu spüren?

Vielfalt der eigenen Person erkennen
- Jede/r Sch versucht schriftlich eine Erklärung für den Begriff „Seele". Sch tauschen sich anschließend über ihre Erklärungsversuche aus.
- Sch lesen Gedicht „Sieben Seelen" und arbeiten die Gegensätze in der Person heraus.
– Dazu suchen Sch in PA oder GA nach geeigneten pantomimischen Ausdrucksformen für die im Gedicht genannten Wesenszüge.
– Anschließend liest ein/e Sch der Gruppe das Gedicht vor unter Auslassung der Begriffe „fleißig", „faul" ... An diesen Stellen präsentieren die anderen Sch ihre pantomimischen Umsetzungen.
– Im auswertenden Gespräch entdecken Sch, dass jeden Menschen vielfältige und auch widersprüchliche Züge ausmachen.
- Sch reißen kleine farbige Papierstücke aus, beschriften sie mit Wesenszügen der eigenen Persönlichkeit (auch gegensätzlichen) und kleben daraus eine Figur in ihr Heft als Ausdruck ihrer Vielfalt.
- *Alternative*: Sch erhalten das Gedicht von **fse 26**; die Zeilen 5-8 sind dabei durch Leerstellen ausgespart. Nach einer ersten Besprechung des Rumpfgedichtes ergänzt jede/r Sch Wesenszüge, die sie oder er schon an sich entdeckt hat.

Eigene Einzigartigkeit in einem Lied ausdrücken
- Sch lernen das Lied **fse 27** (für die Vorbereitung ist es in der Liederkiste 3/4 als Lied Nr. 15 enthalten).
- Sch vertiefen den Inhalt der einzelnen Liedstrophen, z. B.:
– 1. Strophe: Ähnlichkeiten, die ich mit anderen habe – was bei mir einmalig ist.

Wusstest du,

➤ dass dein Körper aus vielen Milliarden Zellen besteht? Das sind so viele wie eine Galaxie ungefähr Sterne hat.

➤ dass allein deine Haut sechs Millionen Zellen auf jedem Quadratzentimeter (= Quadrat mit 1 cm Seitenlänge) hat?

➤ dass dein Herz in jedem Jahr 2,6 Millionen Liter Blut durch deinen Körper pumpt? Das sind an jedem Tag ungefähr 7400 Liter.

➤ dass die Blutbahnen in deinem Körper insgesamt etwa 20 000 km lang sind? Zusammen mit deinem Nachbarn oder deiner Nachbarin würden eure Blutbahnen damit einmal um die Erde reichen.

➤ dass deine Lunge 400 Millionen Lungenbläschen besitzt? Wenn man sie alle auf einer Fläche ausbreiten würde, könnte man ein ganzes Fußballfeld damit auslegen.

➤ und dass alles aus einer einzigen Zelle entsteht, die viel, viel kleiner ist als ein i-Punkt auf dieser Seite?

„Mein Wappen"

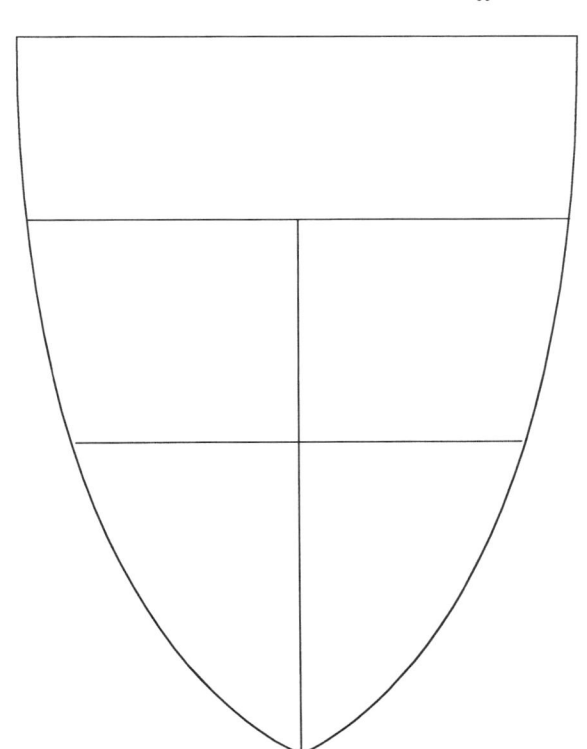

Mein Name (je nach Ankündigung deiner Lehrerin oder deines Lehrers soll der Name zuerst noch ausgespart bleiben)	
Ein typisches Erkennungszeichen, z. B. ein körperliches Merkmal, ein markantes Kleidungsstück.	Eine Eigenschaft, die für dich typisch ist
Etwas, worin du sehr gut bist oder was du sehr gut kannst.	Etwas, worin du gut werden willst.

- 2. Strophe: Fingerabdrücke von einigen Mit-Sch (ggf. mit gleichem Namen) – mein Fingerabdruck.
- 3. Strophe: sich malen im oft modischen Uni-look, eine individuelle Eigenheit dazu, z. B. Haarfarbe, Frisur ...
- 4. Strophe: Ideen der Sch, wie die Einmaligkeit aller Geschöpfe zum Ausdruck gebracht werden kann.
- 5. Strophe: Sch formulieren ein Gebet: Guter Gott, ich danke dir, ...
- Sch besprechen die Begriffe „einmalig" und „original" – Hilfreich ist hierbei der Gegensatz „Kopie".

3. Weiterführende Anregungen

Einen Talentschuppen veranstalten

Sch führen ihre Fähigkeiten und Begabungen vor (singen, tanzen, musizieren, Theater spielen, malen, knüpfen, Gedichte aufsagen, Kunststücke, Witze erzählen usw.). Es sind dabei auch Vorführungen zu zweit oder als Gruppe möglich. Was nicht praktisch vorgeführt werden kann, stellen Sch anhand von Gegenständen oder Fotos vor. Manche Sch wird der L beim Suchprozess unterstützen müssen. Wichtig ist die Würdigung jedes Beitrags.

Michal Snuit/Na´ama Golomb, Der Seelenvogel, Hamburg 1991

Dieses kleine Kinderbuch spricht mit seiner anregend erzählten Geschichte und den liebevollen Bildern Sch sehr an. Es lässt sie die Gefühlswelt in der Gestalt des Seelenvogels differenziert wahrnehmen.
Die Geschichte könnte den roten Faden für eine eingehendere Beschäftigung mit Gefühlen über einen längeren Zeitraum darstellen. Anregungen finden sich in: Wischnewski, Christel, in: Niehl, Franz W. (Hg.), Leben lernen mit der Bibel. Der Textkommentar zu Meine Schulbibel, München 2003, S. 372 ff.

Lektüre für Schülerinnen und Schüler

„Warum bin ich Ich?", in: Janßen, U./Steuernagel, U., Kinder-Uni. Zweites Semester, München 2004, S. 167-187

Manchmal möchte ich anders sein fragen – suchen – entdecken 28/29

1. Hintergrund

Die Doppelseite **fse 28-29** thematisiert die Erfahrungen von Unzufriedenheit mit sich, eigenen Unzulänglichkeiten und Grenzen (wie sie auch Sch in diesem Alter schon deutlich erfahren können). Neben einer Grundtendenz sich weiterzuentwickeln und sein Leben nach eigenen Vorstellungen zu gestalten, liegt gerade in der Erfahrung des Misserfolgs und der eigenen Grenzen und damit des Minderwertes eine Triebfeder für den Wunsch anders zu sein: schöner, erfolgreicher, mächtiger, beliebter. Letztlich steht dahinter aber die Sehnsucht nach Angenommensein und Anerkennung der eigenen Person.

Das **Spiegelkaleidoskop** bringt mögliche Wunschbilder eines Kindes in den Blick. Es bleibt dabei bewusst offen, aus welchen Erfahrungen diese entspringen. Hinter den bildlichen Darstellungen in den Spiegelfacetten verbergen sich Wunschvorstellungen wie:
Sieger/in sein: Erfolg haben, etwas sehr gut können, besser als andere sein, Anerkennung finden ...
Sänger/-in: Superstar sein, ankommen bei Massen von Menschen, viel Geld haben, im Mittelpunkt stehen ...
Löwe: stark sein, sich Respekt verschaffen können, sich wehren können ...
Superman: souverän sein, Alles-Könner sein, Probleme einfach lösen können ...
Clown: sich am Leben freuen, andere zum Lachen bringen und mitreißen ...
Zauberer: geheime Kenntnisse haben, Macht haben ...
Die Fragezeichen animieren nach weiteren und eigenen Wunschbildern zu suchen.

Das **Gedicht** „Manchmal träume ich von mir ..." stellt eine Auswahl von Strophen eines Gedichtes von Reinhard Bäcker dar, das Detlev Jöcker zum „Kinder-Träume-Lied" (MC und Buch: Heut ist ein Tag, an dem ich singen kann – Folge 2, Menschenkinder Verlag, Münster) vertont hat. Es spricht in seinen Strophen unterschiedliche Sehnsüchte von Menschen an. Gerade die symbolische Sprechweise in ihrer Mehrdeutigkeit ermöglicht den Sch sowohl das Entdecken als auch das Ausdrücken und zur Sprache-Bringen eigener Wunschbilder.
Durch die Auseinandersetzung mit dem „Kaleidoskop" und den Gedichtzeilen in Kombination mit entsprechenden Imaginationsübungen gewinnen Sch Vorstellungen, wie sie sein wollen. Darin liegt ein notwendiges Entwicklungspotenzial, aber auch die Möglichkeit der Illusion.

Die gedichtartige **Aufzählung fse 28** links unten relativiert illusorische Vorstellungen eigener Möglichkeiten und Fähigkeiten. Es ist vor allem der Vergleich mit Größen der Weltgeschichte, die eine zu hoch gelegte Messlatte als unrealistisch erscheinen lässt. Ziel ist

ABC-Gedichte

Mein „Was ich gut kann-ABC"

A ----------------------------------
B ----------------------------------
C ----------------------------------
D ----------------------------------
E ----------------------------------
F ----------------------------------
G ----------------------------------
H ----------------------------------
I ----------------------------------
J ----------------------------------
K ----------------------------------
L ----------------------------------
M ----------------------------------
N ----------------------------------
O ----------------------------------
P ----------------------------------
Q ----------------------------------
R ----------------------------------
S ----------------------------------
T ----------------------------------
U ----------------------------------
V ----------------------------------
W ----------------------------------
X ----------------------------------
Y ----------------------------------
Z ----------------------------------

Mein „Was ich nicht so gut kann-ABC"

A ----------------------------------
B ----------------------------------
C ----------------------------------
D ----------------------------------
E ----------------------------------
F ----------------------------------
G ----------------------------------
H ----------------------------------
I ----------------------------------
J ----------------------------------
K ----------------------------------
L ----------------------------------
M ----------------------------------
N ----------------------------------
O ----------------------------------
P ----------------------------------
Q ----------------------------------
R ----------------------------------
S ----------------------------------
T ----------------------------------
U ----------------------------------
V ----------------------------------
W ----------------------------------
X ----------------------------------
Y ----------------------------------
Z ----------------------------------

nicht in erster Linie ein Desillusionieren, sondern ein sich Besinnen auf eigene Stärken und Fähigkeiten. Hier ist am Ende der „Ich kann nicht ..."-Sätze der Impuls „Aber ich kann ..." gesetzt.

Innerhalb einer solchen Auseinandersetzung mit Sehnsüchten von Menschen sollte auch schon mit Grundschulkindern der Einfluss der Werbung und der Medien reflektiert werden. Denn Werbeleute bedienen sich der Sehnsüchte und bieten Produkte an, die durch Kauf und Konsum Erfüllung versprechen. Anhand der dargestellten Produkte und **Werbeslogans fse 28** erkennen Sch angesprochene Sehnsüchte, entlarven dahinter liegende Werbestrategien und beurteilen sie kritisch. Es ist ein direkter, wenn auch bescheidener Beitrag, Kinder stark zu machen gegen die manipulative Einflussnahme der Werbestrategen. Indirekt wird dieses Anliegen jedoch durch die Intention der Ich-Stärkung und Sinnorientierung des Gesamtkapitels unterstützt. Medienerziehung ist eine der fächerübergreifenden Bildungs- und Erziehungsaufgaben des Lehrplans, denen auch der RU verpflichtet ist (LP S. 16).

Ob hinter der Erzählung aus dem Leben des **Don Bosco auf fse 29** eine historische Begebenheit steht, ist nicht geklärt. Es handelt sich wohl eher um eine episodenhafte Darstellung, in der eindrucksvoll seine von Würde und Achtung geprägte Haltung gegenüber Kindern und Jugendlichen zum Ausdruck gebracht wird. Die Geschichte eröffnet eine doppelte Perspektive und Identifikationsmöglichkeit. In der Person des Lehrlings stellt sich ein junger Mensch vor, der Unsicherheit und Minderwertigkeitsgefühl ausstrahlt. Der Umgang des Friseurs mit seinem Lehrling lässt mögliche Ursachen dafür deutlich werden. Auf der anderen Seite erkennen Sch am Verhalten Don Boscos dem Lehrling gegenüber, wie Hinwendung, Zutrauen und Anerkennung ein veränderndes und aufbauendes Potential beinhalten, das die Selbstsicht eines Menschen entscheidend prägen kann. Don Boscos Verhalten orientiert sich nicht in erster Linie an der Leistung und am Können eines Menschen, sondern ist geprägt von einer grundsätzlichen Wertschätzung und Achtung gegenüber dem Menschen als Geschöpf Gottes. Die Aufgaben zur Geschichte regen an, sich solcher Erfahrungen im eigenen Leben bewusst zu werden und die Grundhaltung Jesu gegenüber Menschen als Vorbild Don Boscos aufzudecken.

Don Bosco (1815-1888)
vgl. fse 3, 88 f.
Johannes Bosco, auch Don Bosco genannt, wurde am 16. August 1815 in einem Dorf namens Becchi bei Turin geboren. Er stammte aus einem kleinbäuerlichen Betrieb, auf dem er schon sehr früh arbeiten musste. Johannes Bosco galt als lebhafter Junge, der durch seine geistige und körperliche Gewandtheit auffiel. Er konnte nicht nur gut erzählen, sondern auch geschickt auf einem Seil balancieren.
Schon bald strebte er danach Priester zu werden. Mit seinem handwerklichen Können finanzierte er sein Theologiestudium und beendete es mit der Note „mehr als sehr gut". Zum Priester wurde er dann am 5. Juni 1841 geweiht. Im Anschluss führte ihn sein Freund Josef Cafasso in die seelsorgerliche Arbeit in Turin ein. Er lernte das soziale Elend des Großstadtproletariats kennen, das von Arbeitslosigkeit und Wohnungsnot geprägt war. Don Bosco spürte, worin seine Lebensaufgabe liegen sollte, und kümmerte sich um die verwahrlosten und seelisch verkümmerten Jungen.
Schon bald wuchs die Gruppe der Jugendlichen, um die er sich sorgte und die sich bei ihm geborgen und verstanden fühlten. Doch er schuf sich dadurch nicht nur Freunde, sondern auch Gegner. Er wurde als Bandenführer bezeichnet, von der Polizei kritisch beäugt und von den geistlichen Kollegen misstrauisch beobachtet. 1846 fand er für seine mittlerweile 800 Jungen einen ausgebesserten Schuppen als Bleibe. Er baute ein Erziehungs- und Bildungszentrum auf. Die Einrichtung wuchs stetig an. Am 14. Mai 1862 erfolgte die Gründung der „Frommen Gesellschaft vom heiligen Franz von Sales" (Salesianer). Sie wurde 1874 von Papst Pius IX. bestätigt. Als 1875 die ersten Salesianer nach Argentinien ausgesandt wurden, begann die weltweite Ausbreitung des Werkes. Don Bosco starb am 31. Januar 1888 und wurde in der Salesianerkirche in Turin beigesetzt. 1934 sprach ihn Papst Pius XI. heilig. Sein Fest wird am 31. Januar gefeiert.

Literatur

Mayer-Skumanz, Lene, „und die Spatzen pfeifen lassen", München 2003 (In 21 Geschichten stellt die bekannte Autorin den Heiligen Johannes Bosco in kindgerechter Sprache und mit vielen Bildern von E. Singer vor)

2. Einsatzmöglichkeiten im RU

Wie Menschen sein wollen

- L lässt Sch in ein Kaleidoskop schauen.
- Sch erkennen in der Illustration auf **fse 28** oben ein solches Kaleidoskop, das einen Menschen in vielen Facetten spiegelt. Im Kontext der Überschrift werden sie die Darstellungen schnell als Wunschbilder erkennen.
- Zunächst benennen Sch diese, anschließend versuchen sie dahinter liegende Sehnsüchte zu beschrei-

Mädchen sind ... – Jungen sind ...

Welche Eigenschaftswörter passen deiner Meinung nach besser zu Jungen, welche besser zu Mädchen? Welche passen sowohl zu Jungen als auch zu Mädchen? Ordne sie in die Spalten ein. Du kannst auch noch Eigenschaftswörter ergänzen. Sprecht in der Klasse über eure Wahl.

mutig laut **stark** nett brav eitel ängstlich sportlich **klug** lieb **hilfsbereit**

Mädchen sind ...	Jungen sind ...

Schreibe auf, warum du gerne ein Mädchen/Junge bist.

Ich bin gerne ein _____, weil ...

ben, z. B. „Manchmal möchte das Kind ein Clown sein. Dann könnte es ..."

„Manchmal träume ich von mir ..."

- Sch lernen das Gedicht kennen und entdecken die Bilder in den Strophen als Ausdruck von Sehnsüchten.
  - Sie finden aus den einzelnen Strophen heraus, wie der Dichter sein möchte,
  - und ergänzen mit ihren eigenen Deutungen, z. B.: Wolke: Ich möchte um die Welt ziehen, wie es mir gefällt; fremde Länder sehen, der Sonne nahe sein; ...
- Darstellungen der Sehnsuchtsbilder (Wolke, Baum, Blume) an der Tafel oder am OHP veranschaulichen und erleichtern die Erarbeitung und Sicherung.

Eigenen Wunschbildern nachspüren ...

Folgende Vorschläge werden je nach gewähltem Zugang an das Kaleidoskop oder an das Gedicht angeknüpft. In jedem Fall schafft eine einführende Stilleübung bzw. Fantasiereise die nötige Arbeitsatmosphäre und aktiviert innere Bilder und Sehnsüchte der Sch.

Schließe deine Augen. Spüre, wie deine Füße Kontakt zum Boden haben ... Achte auf deinen Atem ...
Manchmal träumst du vielleicht auch davon – ein ganz anderer oder eine ganz andere zu sein. Ich lade dich ein zu einer Traumreise:
Stell dir in deinen Gedanken einen wundersamen Spiegel vor, vor dem die Menschen sich, so oft sie wollen, verwandeln können in Lebewesen oder Gegenstände, in alles, was sie sich wünschen.
Neugierig stellst du dich davor und schaust hinein. Zuerst siehst du einen glasklaren, glitzernden Spiegel. Langsam kannst du immer deutlicher dich selbst in diesem Spiegel erkennen, dein Gesicht ... du kannst dich in diesem Zauberspiegel nicht nur von außen sehen, sondern auch, wie du dich oft fühlst ... Plötzlich beginnt sich der Spiegel zu drehen und zu drehen. Hundert kleine Spiegel drehen sich vor dir. In jedem Spiegel erkennst du ein Tier: Löwe, Maus, Giraffe, Vogel ... Im Zauberspiegel kannst du dich verwandeln in ein Tier – Wenn du ein Tier sein könntest, welches Tier wärst du gerne? Lange dreht sich der Spiegel, bis er schließlich still steht und du darin erkennst, welches Tier du am liebsten wärst.
Betrachte es genau und lass es in deiner Fantasie für einige Augenblicke lebendig werden.
Wieder beginnt sich der Spiegel zu drehen, das Tierbild löst sich auf und auf den vielen kleinen Spiegelbildern erscheinen Musikinstrumente: Flöte, Klavier, Trompete, Trommel, Gitarre, Geige ... (weiter wie oben).
... auf den kleinen Spiegelbildern erscheinen Figuren aus Märchen, aus Filmen, aus Büchern ... (weiter wie oben).

Wieder beginnt sich der Spiegel zu drehen, die Gestalt löst sich auf und auf den vielen kleinen Spiegelbildern taucht dein Bild wieder auf, bis der Spiegel stehen bleibt und du dich wieder sehen kannst, wie du bist. Es wird Zeit sich zu verabschieden vom Zauberspiegel. Du drehst dich um und siehst eine Treppe mit 7 Stufen; du steigst sie langsam hinauf ... oben angekommen öffnest du deine Augen und bist wieder im Klassenzimmer (strecken, gähnen ...).

... und ihnen Gestalt geben

- Sch malen ihre Wunschbilder oder entwerfen dazu eigene Gedichtzeilen (in Anknüpfung an das Gedicht **fse 28**). Dabei empfiehlt es sich, dass Sch ein Wunschbild auswählen, das sie in der Traumreise besonders intensiv erfahren haben oder auf dessen Verwandlung sie am meisten Lust hätten. Die Vorlage Zauberspiegel **AB 4.2.9, Arbeitshilfen S. 97**, kann zum Malen und/oder Beschreiben verwendet werden.
  - Während des Gestaltens denkt jede/r Sch für sich darüber nach, welche Vorteile diese Verwandlung hätte, was schön daran wäre.
  - Die Ergebnisse dürfen auf keinen Fall zerredet oder psychologisiert werden. Die Vorstellung der Bilder obliegt deshalb der Freiwilligkeit.
  - Sch reflektieren anhand der Darstellung in fse (vgl. oben).

Sich auf eigene Stärken und Fähigkeiten besinnen

- L präsentiert die Namen der großen Persönlichkeiten aus dem Text **fse 28** unten.
  - Sch bringen ihr Vorwissen über die Personen ein und stellen dabei deren besonderes Talent heraus.
  - Sch lesen Text und gestalten ihn mit Gesten.
  - Sch deuten die Absicht des Textes vom Schlussimpuls aus „Aber ich kann ...": Im Vergleich mit solchen Persönlichkeiten können wohl kaum Menschen bestehen. Kein Mensch ist zu allem begabt. Jede/r hat Grenzen und Schwachpunkte. Es ist wichtig, diese zu kennen, aber noch wichtiger ist der Blick auf die eigenen Stärken und Talente.
- Jede/r Sch gestaltet Sätze nach dem Muster: *„Ich kann nicht ... wie ..., aber ich kann ..."* Dabei greifen sie auf Vorgaben des Textes zurück oder setzen für die Vergleiche andere Persönlichkeiten des öffentlichen Lebens oder Menschen aus ihrem Umfeld, deren Fähigkeiten sie bewundern, ein.
  - Sch lesen, wie Siglinde Preitz ihr Gedicht weiter geschrieben hat **AB 4.2.10, Arbeitshilfen S. 99**.

Werbung durchschauen

- Sch gestalten arbeitsteilig in GA Werbespots zu den Produkten auf **fse 28** unten.
  - Dazu entwickeln sie eine Kurzszene unter Verwen-

Zauberspiegel

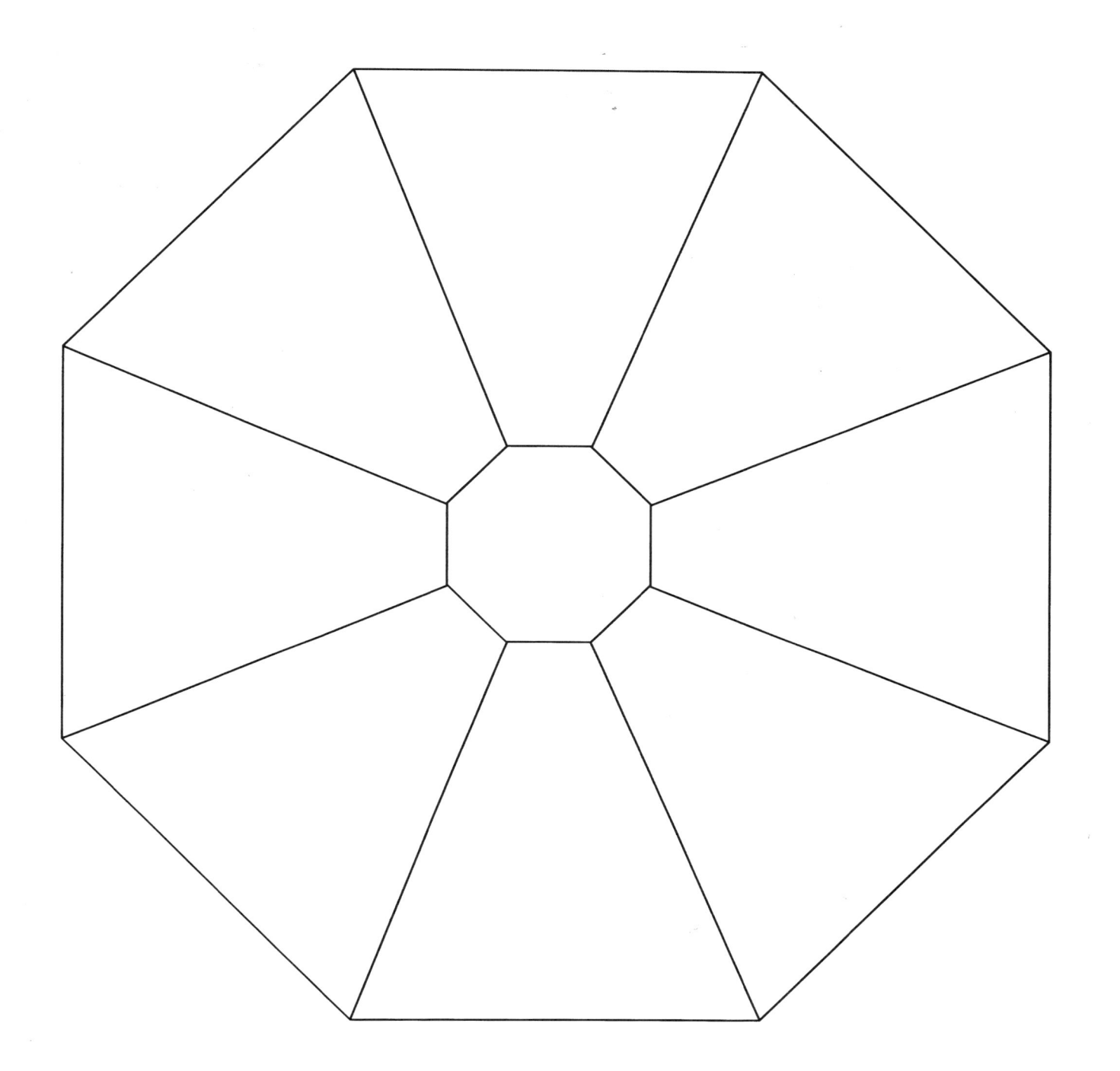

dung des vorgegebenen Slogans, um für das Produkt zu werben.
- Anschließend stellen die Gruppen ihre Ergebnisse vor.
• Sch nehmen Stellung zu folgenden Fragen:
- Was verspricht die jeweilige Werbung?
- Welche Personen werden sich von diesen Werbungen besonders angesprochen fühlen?
- Verändere ich mich, wenn ich so ein Produkt kaufe?
- Wie kann ein Mensch sich verändern?
• Sch verändern ihre Werbespots, indem sie versuchen die tatsächliche Wirkung des Produktes darzustellen oder
- sie ergänzen ihre Spots mit Gegenszenen, die zeigen, was einer tun kann, um sich wirklich zu verändern.

Don Boscos Grundhaltung der Wertschätzung und Achtung entdecken
• Sch bringen ihr Vorwissen über Don Bosco ein (vgl. fse 3, S. 88-89) oder machen sich im Lexikon fse 4, S. 123 kundig.
• Sch lesen die Begebenheit aus dem Leben Don Boscos mit verteilten Rollen.
- Sch stellen die Stimmungen des Lehrlings im Verlauf der Geschichte in einer Stimmungskurve dar.
- Sch stellen gegenüber, wie der Friseur und wie Don Bosco zum Lehrling sprechen. – Im Gespräch werden die unterschiedlichen Einstellungen und Haltungen gegenüber dem Lehrling herausgestellt.
- Sch ergänzen beide Grundhaltungen mit Sätzen, die sie aus ihrer Erfahrung kennen.
• Diese Grundhaltungen wie Niedermachen, Herabschauen und Verurteilen einerseits und Aufrichten, Achten, Zutrauen, Wertschätzen andererseits und deren Wirkung auf Menschen (Lehrling) drücken Sch pantomimisch oder in Standbildern aus.
• Sch erzählen von Situationen, in denen sie selbst schon die Erfahrung gemacht haben, dass ihnen jemand etwas zugetraut hat.
• Sch entdecken hinter der Haltung des Don Bosco das Vorbild Jesu. Folgender Arbeitsauftrag kann dazu einleiten: „Don Bosco war auch Priester. Für einen Gottesdienst sucht er nach Bibelstellen, die zeigen, wie Jesus gering geachteten Menschen begegnete. Macht dafür Vorschläge."
- Sch verwenden dafür auch Meine Schulbibel evtl. unter Vorgabe einiger Schriftstellen, z. B. Lk 12,6-7: Vom Wert der Spatzen und eines Menschen vor Gott; Lk 13,10-17: Die Heilung einer Frau am Sabbat.

Einander achten und wertschätzen
(vgl. fse 3,58)
Sch üben sich selbst in der Haltung des Wertschätzens innerhalb der Klasse ein:
• Sie heften sich DIN-A5-Zettel auf den Rücken. Anschließend gehen sie im Klassenzimmer umher und schreiben sich gegenseitig ausschließlich positive Bemerkung „auf den Rücken", z. B. „Du kannst gut ...", „Danke, dass du ...", „Schön, dass es dich gibt. Ohne dich wäre ..."
• Sch besprechen vor der Aktion miteinander, worauf sie achten wollen, damit niemand enttäuscht und verletzt wird.

3. Weiterführende Anregung

Werbeslogans untersuchen
In einem fächerübergreifenden Projekt untersuchen Sch Werbespots und Werbeslogans.
Literatur: Peschel, Andrea, „Ich bin froh, dass es mich gibt!". Fächerübergreifende Unterrichtsmodelle und Projekte zur Entwicklung von Persönlichkeit und Ich-Stärke für die 1.-4. Jahrgangsstufe der Grundschule, Bd. 2, Neuried 1996

Auf wen kann man sich verlassen?

1. Hintergrund

Diese Einheit in fse 4 geht über die direkten Vorgaben des bayerischen Lehrplans hinaus. Nachdem auf den vorausgehenden Doppelseiten schwerpunktmäßig ein von den Sch und ihren Erfahrungen her gewählter Zugang im Mittelpunkt stand, soll nun die lebensbejahende und ermutigende Botschaft der Bibel ihr Licht auf die Identitätsfindung werfen und die Glaubensdimension wird bewusst in den Vordergrund gestellt. Das Vertrauen zu sich selbst und zum Leben hat seinen letzten Grund in der Zusage Gottes zu jedem Menschen: Ich bin mit dir, ich beschütze dich, ich halte dich in meiner Hand. Das Leben aus diesem Zuspruch Gottes nimmt in Abraham Gestalt an. Abraham muss als biblische Gestalt gesehen werden, in der die Lebens- und Glaubenserfahrungen des Volkes Israel sich verdichten. So kommen in ihr elementare Grunderfahrungen zum Ausdruck, die über alle Zeiten hinweg bis in unsere Zeit Bedeutung gewinnen. Wie Abraham stehen Menschen auf ihrem Lebensweg vor Situationen, in denen es gilt, sich zu lösen von Gewohnheiten und Sicherheiten, neue Lebensschritte zu wagen, sich auf unbekanntes Terrain zu begeben, sich

Wer ich bin

Ich kann nicht dichten wie
Goethe
Ich kann nicht komponieren wie
Mozart
Ich kann nicht logisch denken wie
Einstein
Ich bin nicht mutig wie
Ronja Räubertochter
Ich kann nicht malen wie
Picasso
Ich kann nicht Auto fahren wie
Michael Schumacher
Ich bin nicht so stark wie
Mutter Teresa

Aber
ich kann lachen, wie ich lache
ich kann laufen, wie ich laufe
ich kann denken, wie ich denke
ich kann schreiben, wie ich schreibe
ich kann malen, wie ich male
ich kann helfen, wie ich helfe

Ich bin nicht großartig
ich bin nicht berühmt
ich rage nicht heraus
aber
mich gibt es nur einmal
ich bin einmalig
Gott hat mich
wunderbar gemacht

Nach Siglinde Preitz

aufbrechen

aufbrechen
mache dich auf
geh deinen Weg
lasse los
verlasse
wage Neues

brich auf
du findest Weggefährten
du findest Menschen
du findest Freunde
du findest dich

Peter Boekholt

auf neue Begegnungen und Perspektiven einzulassen. Die Abrahamerzählung wird so zu einer Zukunftsgeschichte, die unseren Blick nach vorne ausrichtet. Ungewissheit und Wagnis sind durchgängige Motive der Erzählung. Für Sch der 4. Jahrgangsstufe bedeutet sicherlich der anstehende Schulartwechsel einen solchen Blick in die Zukunft. Nur über die Erfahrung, dass da Menschen sind, die hinter ihnen stehen und ihnen diesen Schritt zutrauen, kann dieser Schritt auch tatsächlich mit einem zuversichtlichen Gefühl getan werden. Für Abraham war es der Ruf Gottes, der ihm vertrauenswürdig erschien.

Dieses Vertrauen war kein sicheres Wissen, sondern eine in der Beziehung zu Gott gründende Gewissheit. Erst im Losziehen und Tun hat sie sich im Nachhinein als tragfähig erwiesen. Und Abraham sieht in der Verheißung Gottes eine neue Perspektive für sein Leben, die ihn aufbrechen lässt. Hier verbindet sich der Gedanke des Aufbruchs mit dem Segensmotiv: „Wer aufbricht, geht nicht in eine ungewisse Zukunft, sondern hat das Segensversprechen bei sich, die Zusage des Schutzes und der Entdeckung neuer Lebensmöglichkeiten" (Lachmann, Rainer u. a., Elementare Texte, S. 57). Daraus erwächst für Abraham auch Sinn und Aufgabe: selbst Segen zu sein für die Menschen.

Folgende biblische Texte bilden den Hintergrund für die Elemente **fse 30/31**: Gottes Ruf an Abraham (Gen 12,1-7) und Gottes Verheißung (Gen 15,1-7.18). Sie werden in Meine Schulbibel Nr. 8 und 9 zur Verfügung gestellt und lassen sich gut zu **fse 30/31** in Beziehung setzen.

Für die unterrichtliche Umsetzung sollte bedacht werden: Die Berufungsszene wie auch die ganze Abrahamerzählung steht in einer einseitigen Auslegungstradition, die ganz auf den Gehorsam Abrahams abhebt: Gott ruft und Abraham gehorcht; eine tief prägende Rolle hat dabei die Opferung Isaaks, die in genannter Leseart zu einer Prüfungssituation stilisiert wird und den blinden Gehorsam Abrahams als Vorbild herauskristallisiert. Obwohl in der Theologie diese Deutung überwunden ist, ist sie immer noch sehr präsent, möglicherweise auch in der Person der Lehrkraft selbst. Ungeachtet dessen stehen auch Sch dieser Altersstufe in ihrer Entwicklung noch stark in einer Autoritätshörigkeit, die sich auch im religiösen Bereich äußert als „do ut des"-Denken, z. B. „Ich leiste Gehorsam, damit ich bekomme ..." (vgl. Arbeitshilfen S. 16). Deshalb gilt es in der Behandlung der angesprochenen Abschnitte aus der Abrahamerzählung nicht den Gehorsam hervorzuheben, sondern Abrahams Vertrauen.

Die biblische Erzählung lässt auf den Ruf Gottes „Zieh fort ..." unmittelbar das Aufbrechen Abrahams ohne Wenn und Aber folgen. Der Text **fse 30** stößt bewusst in diesen nicht erzählten Zwischenraum. Aufgenommen in die Gesprächsszene sind wesentliche Aspekte der biblischen Erzählung Gen 12 und Gen 15. Die Darstellung betont von vornherein stärker die Beziehung Abrahams und Saras zu Gott und somit die Dimension des Vertrauens. Gleichzeitig wird den Sch ein Nachdenk-Spielraum eröffnet, indem sie selbst hinein genommen werden in ein Sondieren und Abwägen, das die Tragweite der Entscheidung Abrahams erst wahrnehmen lässt.

Zieh fort (Gen 12,1-7)

„Der Blick auf die eigene Zukunft wird besonders feinfühlig zum Ausdruck gebracht, wenn die Aufforderung Gottes an Abraham (Gen 12,1) in Anlehnung an den hebräischen Text mit „Geh für dich" übersetzt wird. Geh für dich, trau dir zu, mit eigenen Kräften eine neue Herausforderung zu meistern – in dem Wort, welches Abraham zu Beginn der Geschichte erreicht, wird damit gar nicht so sehr ein Anspruch zum Ausdruck gebracht als vielmehr ein Zuspruch. Vertrauen haben in sich selbst wird zur Voraussetzung für den ersten Schritt" (Christel Wischnewski, Abraham, in: Niehl, Franz W. (Hg.), Leben lernen mit der Bibel. Der Textkommentar zu Meine Schulbibel, München 2003, S. 303).

Segen empfangen und Segen sein

Der Begriff Segen wird heute meist – eingeengt – als kirchlich-rituelle Handlung verstanden. Segen ist im biblischen Sinne weiter „als lebensbegleitende, förderliche Zuwendung Gottes zu verstehen" (Lachmann, Theologie für Lehrerinnen und Lehrer 1, Segen, S. 349). Er gilt dem ganzen Menschen und hat ein umfassendes Wohlergehen in Blick: Lebensglück, Gesundheit, Gerechtigkeit, Frieden, Gelingen, Erfolg. Die Aufforderung „Du sollst ein Segen sein" an Abraham meint dann: Lebe deinem zugesprochenen Segen gemäß, sodass er sich förderlich und gedeihlich auswirken kann. Der Segen, die Zuwendung Gottes und alles, was ein Mensch Gott verdankt, wird so nicht zum Besitz, sondern fordert auf, selbst in diesem Sinne zu wirken und andere teilhaben zu lassen.

Verheißung und Bund (Gen 15,1-7)

Der Text ist als Gespräch von den biblischen Autoren inszeniert und spiegelt die Qualität des Verhältnisses zwischen Gott und Israel, repräsentiert durch Abraham.

Israel soll sich verstehen als Volk, das Gott zu seinem Vertragspartner auserwählt hat. Die höheren Gesprächsanteile liegen eindeutig auf der Seite Gottes. Abraham spricht den Sachverhalt seiner Kinderlosigkeit (Zukunftslosigkeit) an. Von Gott aber gehen Aufforderung, Zusage und Versprechen aus: Fürchte dich nicht. Ich beschütze dich. Dein Lohn wird groß sein

(Nachkommen, Land, Zukunft). So verstanden ist dieser Text ein Hoffnungstext: Im Vertrauen auf Gottes Verheißung wird Leben und Zukunft möglich (vgl. Textkommentar zu Meine Schulbibel, S. 55).

Ernst Alt (geb. 1935)

Ernst Alt wurde 1935 in Saarbrücken geboren, wo er heute als freischaffender Künstler tätig ist. Durch Studien der klassischen wie modernen Kunst bildete er sich weitgehend autodidaktisch als Grafiker und Maler aus. Bekannt wurde er vor allem durch seine Bronze- und Bauplastiken. Während in seinen Frühwerken das Grafische vorherrschte, drückt er sich später zunehmend in Malerei und Farbe aus. Seine Bilder sind geprägt von starkem emotionalen und spontanen Ausdruck. Gleichzeitig kennzeichnen seine Werke eine strenge Komposition, bewusste Farbwahl und Genauigkeit in der Zeichnung. Ein wichtiges Gestaltungsmittel ist der Hell-Dunkel-Kontrast.

Kunst ist für Ernst Alt „Schlüsselsuche nach verlorenem oder noch nicht gefundenem Paradies, ... rettende Arche zu bauen für kommende Flut, das bedrohte Gedächtnis des Menschen, seine Geschichte, vor dem ertränkenden Vergessen zu retten" (aus einem Brief). Ernst Alt setzt sich mit Grunderfahrungen menschlicher Existenz auseinander. So versucht er Lebenserfahrung und Traum, Anfechtung und Sehnsucht der Menschen ins Bild zu bringen.

Ernst Alt: „Semen Abrahae" (Verheißung an Abraham), 1976

Aquarell mit Feder, Deckweiß

Dieses kleinformatige Aquarell ist entstanden als Gratulationskarte für eine jüdische Gemeinde zu Chanukka (Tempelweihfest), dem großen Lichtfest der Juden.

Der Künstler hat es vor dem Hintergrund der biblischen Abrahamerzählung, insbesondere der Verheißung Gottes an Abraham, gestaltet. Das Bildmotiv wird in erster Linie von Gen 15,5 bestimmt: „Er führte ihn hinaus und sprach: Sieh doch zum Himmel hinauf und zähl die Sterne, wenn du sie zählen kannst ... so zahlreich werden deine Nachkommen sein."

Das Bild weist diagonal geteilt zwei Bereiche auf, die sich gegenseitig zu durchdringen suchen und so auch den Blick des Betrachters hin- und herwandern lassen: Links oben: Unzählige Lichtpunkte breiten sich in zwölf Bahnen aus einem strahlenden Ursprung, einem (Davids)Stern, über den Horizont aus. Dabei umfließen sie die Gestalt Abrahams und werfen ihr Licht auf sein Gesicht. Rechts unten: In nächtliches Schwarz-Blau getaucht und in detaillierten Federzügen gestaltet der Künstler das Gesicht und eine Hand eines alten Mannes, Abrahams. Der Sternenregen rieselt durch die gespreizten Finger seiner Linken. Die nach oben ausgerichtete Kopfhaltung, der gleichzeitig nach außen und innen gerichtete Blick, die Geste der Hand, alles vermittelt den Eindruck von Konzentration auf ein Gegenüber und von Ergriffenheit. Die Augen dieses alten Mannes jenseits aller Hoffnung auf Nachkommen und Zukunft sind nicht leer; in ihnen spiegeln sich die Hoffnungssterne, deren Bahnen hinführen zur Quelle der Zuversicht. Zwei rote Farbstellen mischen sich in seinem Umhang unter das Blau wie Blut.

Das Lied **fse 31** lässt sich in seiner einfachen sprachlichen und inhaltlich offenen Gestalt auf den Grundtenor der Seite beziehen. In einer älteren Fassung des Liedes lautete die erste Zeile „Brich auf ...", was im Kontext von **fse 30/31** geeigneter erscheint. Der Autor bevorzugt aber die abgedruckte Fassung.

Steh auf bzw. *brich auf*, bewege dich: Zutrauen und Ermutigung gleichzeitig, das Leben anzugehen mit seinen Herausforderungen und nicht zu verharren und sich einzuigeln in Sicherheiten; *denn nur ein erster Schritt*: jeder noch so lange Weg beginnt mit einem ersten Schritt; *verändert dich, verändert mich*: aufbrechen, sich einlassen auf Neues bringt Begegnungen mit Situationen und Menschen, die Veränderung mit sich bringen und sie ermöglichen.

2. Einsatzmöglichkeiten im RU

Gedicht bedenken

- Sch decken sukzessive Zeile für Zeile den ersten Teil des Gedichtes von Peter Boekholt auf, **AB 4.2.11, Arbeitshilfen S. 99**, und assoziieren jeweils ihre Gedanken dazu.
- Stichpunkte werden hinter jeder Zeile festgehalten (Folie, Tafel). Um die Beiträge von vornherein mehr thematisch in Richtung „meinen Lebensweg gehen, meine Zukunft" zu lenken, kann auch mit der dritten Zeile begonnen werden.
- Sch sprechen darüber, welche Erwartungen und Gefühle sie haben, wenn sie an ihr zukünftiges Leben denken.
- Sch vollziehen die Körperübung „aufbrechen – gehen" **M 4.2.12, Arbeitshilfen S. 103**, nach, tauschen ihre Erfahrungen dazu aus und vergleichen diese anschließend mit den Gedichtzeilen.
- Die erste Gedichtzeile des zweiten Teils „Brich auf" wird aufgedeckt. Sch besprechen, was helfen kann, in neue Lebenssituationen aufzubrechen und ergänzen diese Aussage mit ihren Ratschlägen, z. B. hab Mut, vertraue auf deine Stärken ...
- Der Rest des Gedichtes bringt biblisch gesprochen eine Verheißung in den Blick.

Zunächst werden nur die Zeilenanfänge „Du findest" aufgedeckt; Sch ergänzen, was einer finden kann, der sich mutig auf den Weg macht.
- Sch vergleichen ihre Ergebnisse mit den Möglichkeiten, die im Gedicht genannt sind. Sie erzählen von Erfahrungen, die sie dazu schon gemacht haben.
- Sch gestalten mit den Gedichtzeilen und evtl. ihren Assoziationen ein Wortbild.
- Sch hören und singen das Lied **fse 31**. Sie suchen dazu geeignete Körperbewegungen oder übernehmen die Vorschläge **M 4.2.13, Arbeitshilfen S. 103**.
- Sch schreiben an sich selbst einen Brief. Sie sollen sich darin selbst Mut zusprechen, Neues zu wagen, ganz gleich, was die Zukunft noch bringen wird. Dazu verwenden Sch nach eigenem Empfinden Zeilen aus dem Lied **fse 31**, aus dem Gedicht oder auch dahinter stehende assoziative Ergänzungen der Klasse.

Eine biblische (Selbst-)Vertrauensgeschichte kennen lernen

- Sch lesen den Text **fse 30** mit verteilten Rollen.
- Sch wägen aus der Sicht der Familien von Ben und Esther ab, was für ein Bleiben, was für ein Mitziehen mit Abraham spricht.
- *Alternative*: Es kann festgelegt werden, dass Esthers Familie sich entschieden hat zu bleiben und Bens Familie die Heimat verlassen will. Sch suchen und formulieren arbeitsteilig Argumente und Begründungen für jede Entscheidung: Sprechblasen **AB 4.2.14, Arbeitshilfen S. 105**.
- Die Ergebnisse stellen sie stichpunktartig an der Tafel gegenüber.
- Im auswertenden Gespräch nehmen Sch Stellung zu folgenden Impulsen:
- Wie denkst du über die Argumente der Familien?
- Abraham ist ganz schön mutig! Er traut sich zu seine Heimat zu verlassen.
- Was Abraham hilft den Schritt zu wagen.
- Woher er den Mut hat.
- Als Zusammenfassung übertragen Sch die Ergebnisse (TA) in ihr Heft und ergänzen selbstständig den Impulssatz **fse 30** „Abraham traut sich zu seine Heimat zu verlassen ..."
- Sch singen Lied **fse 31**.

„Samen Abraham" betrachten

- *Spontane Wahrnehmung*: erste Kontaktaufnahme mit dem Bild; ungelenktes Anschauen und Wahrnehmen; nach einer Phase der Stille: spontane Äußerungen ohne Diskussion und Wertung.
- *Analyse des Bildes*: Was ist auf dem Bild zu sehen? Sch beschreiben die Farben des Bildes, erkennen den Kopf und die Hand eines alten Mannes, seinen nach oben gerichteten Blick, seinen staunend fragenden Gesichtsausdruck; sie sehen einen großen Stern am Himmel; von dem tausend Lichtpunkte ausstrahlen; das Licht der Sterne umhüllt das Gesicht Abrahams, umspült seine Finger, strömt in sein Auge und spiegelt sich im Gesicht.
- *Analyse des Bildgehaltes*: Sch ergänzen: Einer, der so schaut ...; Einer der so schaut, fragt ..., staunt ...
- Sch erzählen das biblische Geschehen (Gen 15,1-7.18) nach oder erlesen es in Meine Schulbibel Nr. 9 und beziehen es auf das Bild:
- Der Stern/die Sterne erzählen Abraham ...
- Wie diese Zusagen und Versprechen Abraham verändern.
- *Weiterer Umgang mit dem Bild*: Sch erhalten eine Kopie des Bildes ohne den Kopf Abrahams **AB 4.2.15, Arbeitshilfen S. 107**; sie malen sich selbst an die Stelle Abrahams; aus den biblischen Texten sucht jede/r Sch Sätze aus, die er/sie als ermutigend und hilfreich empfindet, und schreibt sie in den Sternbereich des Bildes.

Wenn du nicht wärst ... fragen – suchen – entdecken **32/33**

1. Hintergrund

Freunde und Freundinnen zu gewinnen ist für Sch dieser Altersstufe ein zentrales Anliegen und eine Grundlage für ihr allgemeines Wohlbefinden. Bindend wirkt dabei meist eine gemeinsame Interessens- und Gefühlslage. Wesentliche Merkmale einer Freundschaft sind Vertrautheit und gegenseitige Achtung im Umgang miteinander. Das umfasst auch: den anderen so anzunehmen wie er ist, füreinander da zu sein und zueinander zu stehen, ohne große Scham oder Ängste offen von eigenen Problemen und Wünschen sprechen zu können. Eine solche Qualität haben Freundschaften zwischen Gleichaltrigen in diesem Alter in der Regel erst anfanghaft. Wer Freunde/Freundinnen hat, fühlt sich akzeptiert, fühlt sich zugehörig, hat Verbündete und Spielkameraden. Gegensätzliche Erfahrungen bedeuten für Sch Ausgrenzung, Kummer und Unglück. Um die Freundschaft bestimmter Sch wird innerhalb einer Gruppe gebuhlt, weil damit auch eine Zuweisung innerhalb einer Rangordnung verbunden ist. So erleben Sch auch die Zerbrechlichkeit von Freundschaften. Sie sind durchaus schon in der Lage, Absichten und Motive zu erkennen, die hinter einer

Körperübung: Gehen heißt Vertrauen

Stelle dich in einfacher Haltung, mit geschlossenen Beinen hin. Versuche nun mit einem Bein einen Schritt nach vorn zu tun, aber im Zeitlupentempo, Millimeter für Millimeter. Heb also ganz langsam dein Bein an, führe es genauso langsam zu einem Schritt ausholend nach vorne und achte darauf, dass du auch die Abwärtsbewegung deines Beines in gleichmäßigem Zeitlupentempo ausführst.
So versuchen Sch konzentriert zwei Schritte auszuführen.
Sch tauschen ihre Wahrnehmungen und Beobachtungen aus.
Sie werden sagen: Das geht über meine Kräfte.
Die Abwärtsbewegung des Beins im Zeitlupentempo? Unmöglich!
Nun hast du etwas von dem, was Gehen heißt, erfahren: Nämlich, wie es nicht geht.
Zunächst ist die Antwort nur erst eine Art Ahnung. Ihr gilt es nachzuspüren: ...
Wir beobachten aufmerksam, was geschieht, wenn wir einen Schritt vor den anderen setzen. Mit dem Anheben des rechten Fußes soll es beginnen.
Wenn wir mit dem Bein nach vorne zum Schritt ausholen, kommen wir an einen Punkt, an dem wir den Schwerpunkt unseres Körpers aus der Standhaltung heraus nach vorne verlagern müssen. Ab dem Zeitpunkt beginnt die Fallbewegung des Beines dahin, wo der rechte Fuß Boden fassen soll. Diese Fallbewegung lässt sich aber nicht kontrollieren: Einen Moment lang ist man während jedes Schrittes ungesichert und zwar immer dann, wenn er nach vorn in den jeweils aufzusetzenden Fuß hineinfällt. Der Fall rechts wird aufgefangen dadurch, dass ihm der Körper nachfolgt, um den Fall links zu wiederholen. Das Gehen ist nur möglich im Wechsel zwischen beiden Phasen: Sicherung (Auffangen des Falls) und Entsicherung (Beginn erneuten Falls).

Nach Hugo Kükelhaus

Bewegungen zum Lied „Steh auf" (fse 31)

Steh auf (Brich auf):	mit Armen von hinten nach vorne Schwung holen
(2 Viertelpausen):	2 x klatschen
bewege dich:	am Platz gehen
(2 Viertelpausen):	2 x klatschen
denn nur ein erster Schritt:	am Platz gehen
verändert dich:	auf andere zeigen
verändert mich:	auf sich selbst zeigen
(2 Viertelpausen):	2 x klatschen
steh auf, bewege dich:	mit Armen auffordernde Geste

Da vielen Sch gleichzeitiges Singen und begleitendes Bewegen Schwierigkeiten bereitet, kann eine Hälfte der Klasse singen, während die andere die Bewegungen dazu ausführt.

Freundschaftsaufkündigung stehen. Manche Freundschaften sind aber durchaus über mehrere Jahre stabil. Sch sitzen in der Schule nebeneinander, gestalten miteinander einen Großteil ihrer Freizeit und fühlen sich innig verbunden. Die Tragfähigkeit dieser Freundschaften ist meist geprägt von einer hohen Reziprozität im Handeln. Man lässt dem Freund/der Freundin zukommen, was man von ihr/ihm erhalten hat. In dieser Wechselseitigkeit wird gelingende Kommunikation und Gleichwertigkeit erlebt. Über ihre Fähigkeit, innere Wirklichkeiten (Absichten, Motive und Gefühle) des anderen wahrzunehmen, können sie erkennen, wie es dem anderen geht und ein echtes Mitgefühl sowie Engagement entwickeln. Darin gründet auch eine ausgeprägte Dankbarkeit für eine gelingende Freundschaft.

fse 32/33 bietet Angebote, der Bedeutung von freundschaftlichen Beziehungen, den „Wert" eines Freundes/einer Freundin bewusster und differenzierter wahrzunehmen.

Der Text **fse 32** hat briefartigen Charakter und reflektiert aus der Sicht eines Grundschulkindes ganz konkrete Erlebnisse und Erfahrungen mit einem wohl gleichaltrigen Menschen. In seiner Konkretheit entspringt er der Erfahrungswelt der Sch dieses Alters und kann so eigene Erfahrungen wecken und vergegenwärtigen.

Keith Haring (1958-1990)

Keith Haring lebte von 1958 bis 1990. Bekannt wurde der US-Amerikaner durch seine Kreidezeichnungen in den frühen achtziger Jahren, die er in der New Yorker U-Bahn mit raschen Strichen auf den schwarz überklebten Werbetafeln entwarf. Bereits 1984 war er in die angesehensten Museen und Galerien der Welt vorgedrungen. Als er 1990 an den Folgen von AIDS starb, hatte seine Kunst einen immens großen internationalen Kreis von Bewunderern gefunden, zu dem gleichermaßen Kinder, sozial Engagierte bis hin zu Medienstars und andere große Künstler zählten. Haring erfand eine zeitgemäße geistreiche und ausdrucksstarke Formensprache mit leicht wiedererkennbaren Elementen und allgemein verständlichen Symbolen, wie Kreuz, Heiligenschein, Pyramide und Herz, die in unserem mediengeprägten Zeitalter unmittelbar und unmissverständlich anspricht.

Jesus Sirach

Das biblische Zitat **fse 33** stammt aus dem alttestamentlichen Buch Jesus Sirach, das etwa 180 v. Chr. in Jerusalem abgefasst wurde. Innerhalb des Werkes wird ein Weisheitslehrer namens „Jesus, Sohn Eleasars, des Sohnes Sirachs" (50,27; 51,30) als Verfasser vorgestellt. Inhaltlich handelt es sich um eine lockere Sammlung von Lebens- und Verhaltensregeln, mit denen sich der Autor vorwiegend an die Jugend wendet, um sie für die Aufgaben und Schwierigkeiten des Lebens zu erziehen. So spricht er darin unter vielen weisheitlichen Themen auch über die Freundschaft (Sir 6,5-17). Zunächst rät er Freundschaften sorgfältig zu prüfen. Gerade in der Stunde der Not und des Unglücks erweise sich wahre Freundschaft. Ein Vertrauter, der in einer solchen Situation Beistand und Nähe zeigt, ist ein „treuer Freund", ein „Schatz", der unbezahlbar ist. Der Vergleich mit einem „festen Zelt" bringt die nomadischen Erfahrungen in Erinnerung: Das Zelt als lebensnotwendiger Begleiter, als Raum des Geschütztseins, der Geborgenheit, der Begegnung; in Anspielung an das Heilige Zelt als Raum der Gegenwart Gottes.

2. Einsatzmöglichkeiten im RU

Die Bedeutung von Freundschaft bedenken

- Sch überlegen, zu wem jemand so sprechen wird: „Wenn du nicht wärst …".
- Sch lesen den Text **fse 32**.
- Sch sprechen in GA darüber, was/wie ein Freund ist. Ihre Gedanken schreiben sie auf Plakaten in eine Umrissgestalt eines Menschen oder strahlenförmig um ein Herzsymbol, z. B.:

  Ein Freund / eine Freundin ist jemand, …
  – dem/der man alles erzählen kann.
  – der/die dir hilft, weil er/sie es will.
  – der/die dich gut kennt und dich (trotzdem) mag.
  – der/die zu dir steht, auch wenn er/sie dafür Nachteile hat.
  – …

Ein Bild von Freundschaft betrachten

- Sch betrachten das Bild **fse 33**.
- *Spontane Wahrnehmung:* erste Kontaktaufnahme mit dem Bild; ungelenktes Anschauen und Wahrnehmen: spontane Äußerungen ohne Diskussion und Wertung.
- *Analyse des Bildes:* Sch decken zunächst obere Bildhälfte mit dem Herzsymbol ab.
– Sch beschreiben die beiden Figuren, ihre Körperhaltung …

Bleiben oder aufbrechen?

Wir gehen nicht mit Abraham, weil …

_____
_____
_____
_____

Wir gehen mit Abraham mit, weil …

_____
_____
_____
_____

- Sch stellen in PA die Bildsituation als Standbild, Kurzszene oder Pantomime dar.
- Sch betrachten die Gesamtdarstellung in **fse 33**.
- *Analyse des Bildgehalts:* Sch beziehen das Herzsymbol und die dargestellte Situation (Freude, Streit …) aufeinander.
- Sch sprechen über Konflikte und Auseinandersetzungen in Freundschaften.
- Mögliche Weiterarbeit: Sch verfassen zum Bild kurze Freundschaftsgeschichten.

Qualität von Freundschaft an Beispielen prüfen
- Sch lesen verschiedene Fallgeschichten **AB 4.2.16, Arbeitshilfen S. 109**, über bedrohte und zerbrochene Freundschaften.
- Sie diskutieren über Motive und Verhalten der Beteiligten.
- Sie identifizieren sich jeweils mit dem/der „verratenen" Partner/in. Sie führen die Geschichte aus seiner/ihrer Sicht weiter und bringen ihre Empfindungen zum Ausdruck.
- Sie überlegen, was die Freundschaft hätte retten können.

(vgl. Elfriede Woller, Anregungen für den RU nach dem neuen Lehrplan Grundschule in der Jahrgangsstufe 4. Unveröffentlichte Handreichung, 2003)

Metaphern für gelungene Freundschaft finden
- Sch lesen den biblischen Spruch über Freundschaft **fse 33**.
- Sch drücken mit ihren Worten aus, was ein „treuer" Freund/eine „treue" Freundin ist. ist.
- Sch loten die Metapher aus: Ein treuer Freund ist wie ein Zelt.
- Sie malen ein Bild dazu;
- sie deuten, was ein Zelt und ein treuer Freund gemeinsam haben.
- Sch suchen nach weiteren Vergleichen: Ein treuer Freund ist wie … (**AB 4.2.17, Arbeitshilfen S. 109**).
- Sch überlegen sich, welche Verhaltensweisen für eine Freundschaft wichtig und notwendig sind. Mit den Ergebnissen gestalten sie auf einem Plakat ein Freundschaftszelt, ein Freundschaftshaus oder wählen eine eigene Metapher. Einige vorgegebene „Bausteine" können die Aufgabenstellung erleichtern und für Diskussionsstoff sorgen.

Einen „Wenn du nicht wärst …"-Text verfassen
- Sch denken an einen Menschen, der für sie wichtig ist, und schreiben einen „Wenn du nicht wärst …"-Text nach dem Muster **fse 32**. Dabei lassen sich Sch zusätzlich von den um den Text gestreuten Verben inspirieren.
- Sch stellen auf freiwilliger Basis ihre Textproduktionen vor.
- Wenn Sch wollen, können sie ihre Texte auf schönes Papier oder eine Karte schreiben und der „beschriebenen" Person schenken.

Freundschaftskarte gestalten
- Sch gestalten ein Freundschaftsbild für die Vorderansicht, z. B.:
- Sie verwenden Elemente einer verkleinerten Kopie des Bildes **fse 33**, sie malen mit passenden Farben oder Gesichtern aus; sie malen sich und ihre/n Freund/in unter das Herzsymbol; sie suchen nach eigenen Freundschaftssymbolen, **AB 4.2.18, Arbeitshilfen S. 111**.

- Die beiden Innenseiten gestalten Sch z. B. mit den biblischen Versen Sir 6,14-15 **fse 33** und persönlichen Zeilen an den Freund, evtl. nach dem Vorbild **fse 32** „Wenn du nicht wärst …".

Mutig und vertrauensvoll wie Abraham

Spiele für Vertrauen ausprobieren
- Einander führen: Sch bilden Paare. Ein Partner schließt die Augen und lässt sich vom anderen nur über Zurufen oder durch den Kontakt per Hand durch den Raum führen. Ziel ist für den Führenden seinen Partner möglichst zuverlässig über Hindernisse und an anderen vorbei zu führen.
- Aufgabe lösen ohne Sprache: Sch bilden Paare. Sie haben die Aufgabe miteinander ein Bild zu malen, z. B. ein Tier, ein Gebäude. Die Partner dürfen jedoch während dieser Aufgabe nicht miteinander sprechen oder sich durch Schreiben verständigen.

Weitere Geschichten und Texte zum Thema
Freunde und Freundschaft, von Gina Ruck-Pauquèt, in: Steinwede, D., Neues Vorlesebuch Religion 1, Lahr 1996, S. 74.

Wenn es wirklich gefährlich wird — fragen – suchen – entdecken 34/35

1. Hintergrund

Zum menschlichen Leben gehören nicht nur glückliche Stunden. Immer wieder geraten Menschen in Situationen, in denen alles drunter und drüber geht. Was bis dahin Bestand hatte und Halt bot, kommt aus dem Gleichgewicht und ins Wanken: Unter Freunden gibt es einen schlimmen Streit, ein Familienangehöriger verunglückt, eine Ehe geht in die Brüche, eine Krankheit zerstört Lebenspläne, ein Familienvater wird arbeitslos, ein Kind hat große Probleme in der Schule, eine Naturkatastrophe bedroht alles Leben ... In solchen Situationen steht die Tragfähigkeit aller Lebenssysteme (Beziehungen und Gemeinschaften, die eigenen Kräfte und Wertvorstellungen, religiöse Überzeugungen) auf dem Prüfstand.

Auch der christliche Glaube bietet da keine Lösungen und Sicherheiten. Die Bibel ermutigt jedoch auch in existenzieller Bedrohung und Angst sich an Gott festzuhalten. Sie bezeugt im AT und NT einen Gott, der aus solcher Notsituation herausführt und der sich in Jesus Christus als Herr über Angst und Tod erwiesen hat. In der Auseinandersetzung mit dem biblischen Zeugnis können Sch die Hoffnung stiftende Dimension des christlichen Glaubens wahrnehmen.

Die Doppelseite **fse 34/35** bietet dafür schwerpunktmäßig Möglichkeiten zur unterrichtlichen Erschließung der Erzählung „Der Sturm auf dem See" (Mk 4,35-40) an: Ein kurzer Einführungstext zur Bibelstelle rückt ihren Sitz im Leben als Mutmach- und Hoffnungsgeschichte ins Blickfeld der Sch. Falls der L einen entstehungsgeschichtlichen Zugang wählt, kann sie/er in einer L-Erzählung weiterführen zur Situation der verfolgten Christen in Rom in den ersten Jahrhunderten.

Die **Redewendungen** „Das Wasser steht mir bis zum Hals" und „Ich verliere den Boden unter den Füßen" dürften einigen Sch aus alltäglichen Kontexten bekannt sein. Sie ermöglichen einen Zugang über das Ausloten von existenziellen Erfahrungen, die darin zum Ausdruck kommen. Gleichzeitig werden Sch aufmerksam auf ein metaphorisches Sprechen. So wird ein Verstehensweg der biblischen Erzählung vorbereitet. Hinter den Redewendungen stehen Psalmworte: Schon reicht mir das Wasser bis an die Kehle (Ps 69,2). Ich bin in tiefem Schlamm versunken und habe keinen Halt mehr (Ps 69,3).

Jes 43,2.4a

Die alttestamentlichen Worte aus dem Buch Jesaja sprechen den Beistand Gottes vor dem Hintergrund seiner grundsätzlichen Zusage und Liebe zu jedem Menschen aus. Die sprachliche Form bietet ein Fortschreiben der Zusage in anderen Lebenssituationen durch Sch an.

Die Verse entstammen einem eigenen Überlieferungsblock innerhalb des alttestamentlichen Jesaja-Buches. Der Verfasser bzw. die Verfassergruppe ist namentlich nicht bekannt und wird allgemein Deuterojesaja, d. h. „zweiter Jesaja" genannt. Zur Zeit des babylonischen Exils sieht er in der machtpolitischen Entwicklung ein Hoffnungszeichen für ein baldiges Ende der Gefangenschaft, für einen neuen Auszug aus dem Sklavenhaus.

Hinter allen Ereignissen erkennt er die geschichtliche Wirkmächtigkeit Jahwes als Rettungstat. Ziel seiner Botschaft ist es, Trost und Hoffnung zu wecken. So ist ein wesentlicher Teil seiner Verkündigung geprägt von Heilszusagen, die den demoralisierten Exilierten die Augen öffnen sollen für die Rettungsmacht Jahwes. Die Verse auf **fse 34** stellen die Zusage Jahwes als Beistandsbezeugungen in Gefahrensituationen heraus. Rettung bedeutet dabei nicht eine Beseitigung der Schwierigkeiten, sondern ein Herausholen aus der Gefahr. Deuterojesaja begründet das rettende Handeln Gottes mit seiner Wertschätzung Israels (trotz Schuld) und seiner Liebe zu ihm.

Literatur: Zapff, B. M., Jesaja 40-55. Die neue Echter Bibel. Kommentar zum Alten Testament mit der Einheitsübersetzung, Würzburg 2001, S. 257ff.

Geschichten von Freundschaften

Katrin ist Susannes beste Freundin.
„Hast du schon gehört, Katrin? Susannes Vater sitzt im Gefängnis. Und du bist ihre Freundin! Na pass nur auf, vielleicht ist Susanne auch so eine!"
Als Susanne in die Klasse kommt, ist der Platz neben ihr leer.
Katrin steht bei der Lehrerin: „Ich mag nicht mehr neben Susanne sitzen."

Tom und Jonas sind unzertrennlich. Fast jeden Tag treffen sie sich. Oft machen sie Streifzüge in der Umgebung. Eines Tages entdeckten sie die Höhle in einem Abhang am Waldrand. Seitdem ist sie ihr Geheimversteck. Sie haben sich in die Hand versprochen, keinem etwas davon zu sagen. Die Höhle soll das Geheimnis bleiben, das ihnen allein gehört.
Eines Tages sagt Stefan, den Tom ohnehin nicht besonders leiden kann, weil er so ein Wichtigtuer ist: „Ich weiß jetzt, wo ihr euch immer trefft, du und Jonas. Ich kenne eure Höhle. Und weißt du, wer mir das verraten hat?"

Ein treuer Freund ist wie ...

... ein Zelt

Der Sturm auf dem See (Mk 4,35-40)

Ob hinter dem Erzählten ein Ereignis im Leben Jesu steht, kann nicht geklärt werden und ist letztlich auch nicht relevant. Die Wundergeschichte will nicht Tatsachen berichten, sondern den Glauben an Jesus Christus stärken. Dazu benutzt der Verfasser die Sprache der Bilder und Symbole, wie sie sich unübersehbar in den tragenden Wörtern: „Wind/Sturm" und „Wasser/Wellen" zeigt. In Anklang an viele Psalmen werden so Erfahrungen der Bedrohung durch die Chaosmacht Wasser transparent für alle existenziellen Gefährdungen menschlichen Lebens (äußerer wie innerer). Kontrastreich hebt sich in dieser Situation des Ausgeliefertseins an die Gewalt des Wirbelsturmes und des drohenden Untergangs der auf einem Kissen schlafende Jesus ab. Auch im Hilferuf der Jünger spiegelt sich die existenzielle Bedrängnis und Anfechtung. Wie bei den Psalmen mischt sich auch hier der Bittruf mit herausfordernder Frage, Klage und Anklage. Zum Ausdruck kommt darin auch die Anfechtung des Gläubigen in der Grenzerfahrung: Wo bist du, Gott?

Das Aufstehen Jesu gegen die Bedrohung lässt die Geretteten fragen: Wer ist dieser?

Eingeschoben wird zuvor vom Evangelisten Markus die Frage nach dem Glauben der Jünger. Darin ist nicht nur eine theologische Beurteilung des Unglaubens und der Resignation der angefochtenen Menschen zu sehen, sondern auch eine Ermutigung, solcher Bedrohung aus der Hoffnungsperspektive des Glaubens entgegenzutreten. Die Analogien im Text geben als Grund für diese Hoffnung die Rettungstaten Gottes an, wie sie im AT bekundet werden, und den Aufstand Jesu über den Tod, wie er in den Osterzeugnissen bekannt wird.

Hitda-Codex: „Stillung des Sturmes", ca. 1000 n. Chr.

Das Bild ist ein beeindruckendes Beispiel mittelalterlicher Buchmalerei und stammt aus dem Evangeliar der Äbtissin Hitda von Meschede, das sich heute in der hessischen Landesbibliothek in Darmstadt befindet.

Die biblische Erzählung wird aufs Wesentliche reduziert ins Bild gesetzt. Ein mit dreizehn Mann vollbesetztes Boot, das an eine Nussschale erinnert, ist in bedrohlicher Lage: Es scheint nach vorne zu kippen, die Ruder hängen in der Luft, die Segelleinen sind losgerissen. Die Männer im Boot wirken der Situation hilflos ausgeliefert: voller Entsetzen und Angst starren sie nach vorne, keiner rudert mehr, einer sucht Halt am Mast. Eine einzige Gestalt wendet sich mit forderndem Blick Jesus zu und versucht ihn mit seiner Hand wachzurütteln. Jesus selbst hebt sich von den anderen ab durch die Größe seiner Darstellung, den verzierten Kreuznimbus und das goldene Gewand. Seine Position im Boot wirkt der Kippbewegung entgegen. Er liegt schlafend, unbewegt (sein Ärmel) von der Situation, die Angst der Jünger kontrastierend, im Boot.

Gold ist ein Stilmittel der Kunst, Gottes Gegenwart und Wirken ins Bild zu setzen. Einige Bildelemente haben somit Verweischarakter und eröffnen auch für die Haltung Jesu einen Deutungshorizont: Am Mast, der mit Rahe ein Kreuz andeutet, zeigen sich goldene Bänder (Erinnerung an die Auferstehung?); Jesu Gewand ist goldverziert; der Bildrahmen selbst ist goldbesetzt (er hält das Boot in seinem Unheil). Auch die Jünger sind umgeben von goldenen Heiligenscheinen. Ihre Gesichter bezeugen jedoch den sich darin ausdrückenden Glauben nicht.

Literatur

Scholz, Günter, Didaktik neutestamentlicher Wundergeschichten, Göttingen 1994

2. Einsatzmöglichkeiten im RU

Bedrohliche Notlagen hinter Redewendungen entdecken

- Sch lesen die Redewendungen **fse 34**.
- Sch überlegen, in welcher Situation Menschen so sprechen.
- Sch betrachten im Stuhlkreis Bilder (z. B. ausgewählte Motive aus Folienmappen Lebensbilder 1/2 Lebensbilder 3/4; vgl. Arbeitshilfen S. 19) mit Menschen in unterschiedlichen Situationen und bringen die Redewendungen damit in Verbindung. Abschließend wählt jede/r eine Bildsituation aus und schreibt auf eine Sprechblase aus der Perspektive dieses Menschen eine der beiden Redewendungen weiter.
- Wenn L die Psalmverse hinter den Redewendungen bewusst macht, können Sch ihre Situationsbeschreibungen auch in Form eines Gebetes gestalten.
- Sch lesen ihre Ergebnisse vor und legen die Sprechblasen zu den entsprechenden Bildern.

Von der Angst der ersten Christen erfahren

- L legt ein Bild eines Menschen in römischer Kleidung dazu (evtl. vergrößert aus fse 2, 55). L erzählt aus der Sicht dieses römischen Christen, wie Kaiser Nero unter den Christen Angst und Schrecken verbreitet.
- Sch beschriften als Zusammenfassung eine Sprechblase.
- L erzählt vom Evangelisten Markus, der in der Zeit der Verfolgung der Christen lebte.

Vorlagen für Freundschaftskarten

Eine biblische Mutmach-Geschichte kennen lernen
- Sch betrachten das Bild **fse 35**.
- *Spontane Wahrnehmung*: erste Kontaktaufnahme mit dem Bild; ungelenktes Anschauen und Wahrnehmen; nach einer Phase der Stille: spontane Äußerungen ohne Diskussion und Wertung.
- *Analyse des Bildes*: Was ist auf dem Bild zu sehen? Sch beschreiben die Notsituation und wie sie zum Ausdruck kommt:
- in der Lage des Bootes: losgerissenes Segel, Ruder greifen nicht, Boot kippt nach vorne – ...
- an den Menschen im Boot: was sie tun, was ihre Gesichter verraten, was sie fühlen, was die Blickrichtungen verraten, worauf sie achten. Sch sprechen aus der Perspektive dieser Menschen, was sie denken, fühlen, sagen, schreien ...
- an der Gestalt Jesu: Jesus unterscheidet sich ...
- *Analyse des Bildgehaltes*:
- Sch erlesen die biblische Erzählung **fse 34** oder erzählen sie anhand des Bildes nach, soweit sie schon bekannt ist, und lesen anschließend.
- Sch untersuchen, welche Aspekte der Geschichte der Künstler gemalt hat.
- L weist auf die Bedeutung der Farbe Gold in der Kunst hin. Sch entdecken goldene Elemente im Bild und interpretieren, wieso der Künstler sie so gemalt hat.
- Sch formulieren Sätze aus der Perspektive Jesu, die den Menschen im Boot helfen, gut tun.
- Verschiedene Möglichkeiten, Erzählung und Bild kreativ zu gestalten:
- Sch identifizieren sich mit einer Person im Bild und schreiben aus ihrer Perspektive, was sie erfahren hat: *Ich bin ...* (wo du im Boot sitzt, was du tust, was du erlebst ..., was du denkst, was du fühlst, rufst ...). *Du aber, Jesus ...* (wie erlebst du Jesus im Boot, wie verhält er sich dir gegenüber ...).
- Sch falten aus einem DIN-A5- oder DIN-A6-Blatt ein Schiff und schreiben anschließend einen Mutmach-Satz als Sicherung darauf. Das Schiff kleben sie ins Heft.
- Sch verklanglichen die Geschichte vom Seesturm mit Orff-Instrumenten. Dabei drücken sie vor allem die Stimmungen der Jünger im Verlauf der Erzählung aus.
- Sch gestalten ein Stimmungs-Leporello: Dazu unterteilen sie ein DIN-A4-Blatt (Querformat) in 4 Bereiche. Anschließend teilen sie die Geschichte in vier Abschnitte und überschreiben jeden mit einem kurzen Satz. Möglichst ungegenständlich drücken Sch die Gefühle der Jünger im Verlauf der Erzählung nur mit Farben und Formen aus.

Einen Hoffnungstext gestalten
- Sch lesen den Text aus Jes 43 **fse 34** als Zusagen Gottes.
- Sch formulieren trost- und hoffnungsvolle Zusagen für Menschen in verschiedenen Problemsituationen (siehe Bildsituationen oben).
- Sch gestalten aus all ihren Sätzen einen Hoffnungstext der Klasse.

Wenn wir nicht wären ... fragen – suchen – entdecken 36/37

1. Hintergrund

Die Doppelseitenüberschrift „Wenn wir nicht wären ..." darf nicht missverstanden werden als Ausdruck einer egozentrischen Selbstüberschätzung, sondern meint ein gesundes Selbstwertgefühl. Das eigene Selbstwertgefühl wird stark geprägt durch Erfahrungen wie: ich kann etwas, ich habe Fähigkeiten, meine Begabungen sind im sozialen Umfeld gefragt, ich werde gebraucht und kann anderen helfen; das habe ich gut gemacht; ich habe Erfolg (Werksinn nach Erikson).

Zwei Gedanken sind aus christlicher Sicht dabei zu bedenken: Da die jedem Menschen eigene besondere Begabung angesprochen ist, ist nicht ein allgemeiner Leistungsmaßstab bestimmend, sondern was jede und jeder nach eigenem Vermögen leisten und einbringen kann. Die eigenen Fähigkeiten sind nicht Gabe nur für sich selbst, sondern Gabe zum Einsatz in und für die Gemeinschaft, für mehr Gerechtigkeit und Frieden.

Ein solches Einsetzen der eigenen Fähigkeiten trägt wesentlich bei zu einem sinnerfüllten Leben.

Die drei Zeichnungen **fse 36** kreisen um das Motto „Da konnte ich helfen". Dargestellt sind drei Situationen, in denen sich Sch mit ihren Fähigkeiten einbringen und andere unterstützen konnten. Ein Kind hilft dem Vater in der Werkstatt; ein Mädchen kann der Mutter am PC weiterhelfen; Kinder bringen ihre musikalischen Fähigkeiten ein.
Dies entdecken Sch anhand der Zeichnungen selbst und erfinden und spielen dazu Geschichten. Das Fragezeichen im vierten Feld gibt Anstoß weitere, vor allem auch eigene „Da konnte ich helfen"-Situationen in Blick zu nehmen.

Der Text **fse 37** beschreibt aus Sch-Sicht ein von der Klasse durchgeführtes Projekt zugunsten eines MISEREOR-Hilfsprojekts. An diesem Beispiel erkennen Sch, wie durch den gemeinsamen Einsatz der unterschiedlichen Begabungen einer ganzen Klasse eine erfolgreiche Aktion werden kann. Die Ausrichtung als Projekt zur Unterstützung von Straßenkindern in Indien stellt dieses gemeinsame Tun in einen Sinn stiftenden Zusammenhang. Natürlich möchte der Bericht Sch auch motivieren, selbst ein Projekt oder eine Aktion zu starten und so ihre vielfältigen Möglichkeiten einzusetzen. Im Bericht selbst erkennen Sch dazu wesentliche Schritte für ihr Vorgehen, z. B. Informieren – ein Ziel haben – die eigenen Möglichkeiten ausloten – Ideen entwickeln und umsetzen, was möglich – durchführen. Nicht zuletzt wird in der Darstellung ersichtlich, wie aus diesem uneigennützigen Einsatz Wertschätzung und Anerkennung erwachsen.

2. Einsatzmöglichkeiten im RU

Geschichten erzählen
- Sch erzählen zu den Zeichnungen **fse 36** aus der Sicht der dargestellten Sch, wie sie in diesen Situationen anderen helfen konnten.
- Sie formulieren auf Kärtchen als mögliche Reaktionen Sätze aus der Perspektive derjenigen, die Unterstützung erfahren haben, z. B.: „Wenn ich dich nicht hätte ...", „Du warst mir eine große Hilfe!" ...
- Die Kärtchen werden eingesammelt. L liest vor. Sch schließen dabei ihre Augen und lassen diese Sätze auf sich wirken. Sch bringen zum Ausdruck, wie sie sich gefühlt haben.
- Sch schreiben eine Situation auf, in der sie selbst anderen (weiter)helfen konnten.

Miteinander etwas bewegen
- Sch lesen den Projektbericht **fse 37**.
- Sch äußern sich, was ihnen an der Aktion der Klasse und ihrer Durchführung gefällt.
- Sch sprechen darüber, was durch die Aktion der Klasse bewirkt wurde: für die Straßenkinder, für die Eltern und andere, für die Klasse selbst, für die Schule (Lehrer).
- Sch besprechen Gründe, warum die Aktion so gut gelang, z. B. weil sich alle eingebracht haben; weil jeder mit seinen Fähigkeiten gefragt war; ...
- Sch überlegen, wofür und wie sie ihre Fähigkeiten einsetzen könnten.

Ein eigenes Projekt planen
- *Projektidee*: Es geht in erster Linie um eine Gemeinschaftsaktion mit einer sinnvollen Zielsetzung. Projektideen können von den Sch selbst entwickelt oder durch die Lehrkraft angestoßen werden. Projektimpulse und Ideen zur Durchführung geben auch
  - kirchliche Hilfsorganisationen, z. B.: www.misereor.de, www.missio.de, www.adveniat.de, www.brot-fuer-die-welt.de
  - außerkirchliche Organisationen, z. B. www.tdh.de (Kinderhilfsorganisation terre des hommes)
  - Bildungseinrichtungen und Suchmaschinen, z. B.: www.blinde-kuh.de (Empfehlenswerte Suchmaschine für Kinder), www.zum.de (Fundgrube für L)
- *Information*: Woher bekommen wir Informationen?
  Ziel: Was wollen wir erreichen?
  Ideen: Welche Ideen haben wir?
  Möglichkeiten: Welche Möglichkeiten und Fähigkeiten in unserer Klasse können wir nutzen? (Was wir alles können)
  Planen: Wer übernimmt welche Arbeiten? Wer arbeitet mit wem zusammen?
  Wie machen wir andere auf unsere Aktion aufmerksam? usw.
- *Durchführung*
- *Rückblick*: Wie ist unsere Aktion gelungen? Was hat uns und ggf. anderen Spaß und Freude gemacht? usw.

| Was mein Leben schön macht | fragen – suchen – entdecken **38** |

1. Hintergrund

Die Schlussseite des Kapitels fokussiert Aspekte, die zu einer positiven Sicht der eigenen Person und des eigenen Lebens wesentlich sind: Wer bin ich? Wer und wie möchte ich sein? Wer und was trägt mich? Was gibt Sinn und wofür setze ich mich ein?
Das **Lied fse 38** schließt inhaltlich an die vorausgehende Doppelseite an. Es steht im Kontext der Sinnfrage und regt an darüber nachzudenken, wofür „Herzen trommeln" und welches Lebenslied über Lippen kommen kann. Als Sinnhorizont gibt das Lied selbst das Engagement für „Leben" und „Frieden" vor.
Eine Aufgabenstellung dieser Seite bezieht sich auf den eigenen **Namen**. Die Einzigartigkeit und Einmaligkeit jedes Menschen wird im Namen eingefangen: sein Geschlecht, seine Fähigkeiten und Grenzen, seine Erlebnisse und Beziehungen. Persönlich werde ich angesprochen und fühle mich angesprochen über meinen Namen. Im Tonfall, wie jemand meinen Namen ausspricht, wird etwas von seinem Verhältnis und seiner Beziehung zu mir vernehmbar. Heute nicht mehr wichtig, aber dennoch interessant, ist die ety-

mologische Bedeutung eines Namens. Im Namen drückt sich auch eine religiöse Dimension aus: Die Zusage an das Volk Israel in Jesaja 43,1 gilt jedem Menschen: „Fürchte dich nicht, denn ich habe dich ausgelöst, ich habe dich beim Namen gerufen, du gehörst mir." Nicht zuletzt stehen hinter den meisten Namen Menschen, die in der Vergangenheit ihren Glauben in besonderer Weise gelebt haben. Das Wissen um den eigenen Namenspatron und das Feiern des Namenstages sind durchaus Komponenten und Ausdrucksformen der eigenen Identität.

Der Impuls **„Wenn ich einmal groß bin ..."** zielt darauf ab, Vorstellungen zu entwickeln von der eigenen Zukunft, von Aufgaben (Beruf), Lebensformen und Werten, die man anstrebt. Hierbei gilt es auch innere Bilder zu wecken und eine emotionale Ebene ins Spiel zu bringen. Hilfreich sind dazu meditative Formen wie eine angeleitete Fantasiereise.

Das Kapitel gibt reichlich Anstoß zum vielgestaltigen Nachsinnen über das eigene Leben. Hierbei entdecken Sch bestimmt vieles, das ihr Leben trägt und schön macht und wofür sie dankbar sein können. In der Gestaltungsaufgabe **„Danke-Mobile"** können sie solchen Entdeckungen Ausdruck verleihen.

Die Aufgabenstellung zum **Kreativen Schreiben** in Form eines Rondell-Gedichtes lässt Sch reflektieren und werten, was ihr Leben schön und wertvoll macht. Dabei nehmen sie sicher auch die ermutigende und lebensbejahende Dimension des christlichen Glaubens, wie diese auch im Kapitel zum Ausdruck kam, in Blick. Als offene Ausdrucksform für eigene Vorstellungen eignet sich das Kreative Schreiben besonders. Andererseits gibt das Rondell-Gedicht eine hilfreiche Struktur und einen ästhetischen Rahmen vor. Die im Rondell wiederholten Sätze bekommen einen refrainartigen Charakter.

Literatur

Sauter, Ludwig, Kreatives Schreiben im Religionsunterricht, Stuttgart 2005

2. Einsatzmöglichkeiten im RU

Meinen Namen gestalten

- Sch bedenken den Ausspruch von Dale Carnegie und suchen dabei nach Gründen, die diese Behauptung stützen:
  *Für jeden Menschen ist sein Name
  das schönste und bedeutungsvollste Wort
  in seinem Sprachschatz.
  Dale Carnegie*
- Sch gestalten ihren Namen als Wortbild, das etwas durch Form, Farbe und bildliche Elemente über sie zum Ausdruck bringt. Die Beispiele **fse 38** dienen als Anregung. Die fertigen Namensbilder ordnen Sch auf einem großen Plakat als Gemeinschaftsarbeit nach eigenen Ideen an. Sie ergänzen Bilder und Symbole, die Gottes Nähe zu jedem Menschen ausdrücken.
- *Alternative und Weiterführung*: Die Bedeutung des Namens erkunden.
  Namen haben meist eine Bedeutung. „Joachim" bedeutet z. B. „Den Gott aufrichtet". Sch erkunden die Bedeutung ihres Namens mithilfe eines Namenserklärungsbuches oder des Internets (www.heiligenlexikon.de).
- Was gefällt mir an der Bedeutung meines Namens? Was passt davon (nicht) zu mir?
- Sch gestalten die Bedeutung ihres Namens in einem Wortbild (s. o.).
- Sch gestalten ein Akrostichon zu ihrem Namen: In Großbuchstaben schreiben sie ihren Namen senkrecht. Waagrecht ergänzen sie beginnend mit dem jeweiligen Buchstaben oder wie bei einem Kreuzworträtsel zu ihrer Person passende Eigenschaften, Fähigkeiten, Vorlieben ... oder längere Aussagen.

„Trommle mein Herz für das Leben" singen

Das Lied von Gerhard Schöne ist auf der Liederkiste 3/4 als Konzertmitschnitt zu hören.

- Sch erlernen das Lied **fse 38**. Die Kanonform wird für Sch zunächst schwierig sein, gute Instrumentalisten in der Klasse könnten sie zum Gesang intonieren.
- Sch stellen Sätze zusammen, die Vorstellungen von einem Leben zum Ausdruck bringen, wofür ihr Herz trommelt und ihr Mund singt, z. B.: Jeder hat genug zu essen. Kein Mensch wird ausgelacht. Deutsche und ausländische Kinder spielen miteinander ...
- Sch gestalten mit ihren Sätzen eine Sprechmotette: Jeweils eine Kleingruppe weiß sich für einen der Sätze zuständig. Sie sprechen ihn so lange rhythmisch hintereinander, bis der L der nächsten Gruppe den Einsatz anzeigt.
- *Alternative*: Sch gestalten ihre Sätze als Sprechgesang (Rap), evtl. in Anlehnung an den Rhythmus der ersten Zeile des Liedes. Ihren Vorstellungen verleihen Sch auch mit einer dezent eingesetzten Trommel Nachdruck.
- Bei beiden Varianten folgt nach einigen Sätzen wieder das Lied als Refrain.

Von der Zukunft träumen

- Sch nehmen Haltung ein, die Ruhe und Entspannung ermöglicht. L leitet zu einer Fantasiereise an, in der Sch sich selbst in der Zukunft vorstellen können.
- Sch gestalten auf **AB 4.2.19, Arbeitshilfen S. 115**, Bilder eines Zukunfts-Filmes über sich.

Meine Zukunft. Ein Film von ...

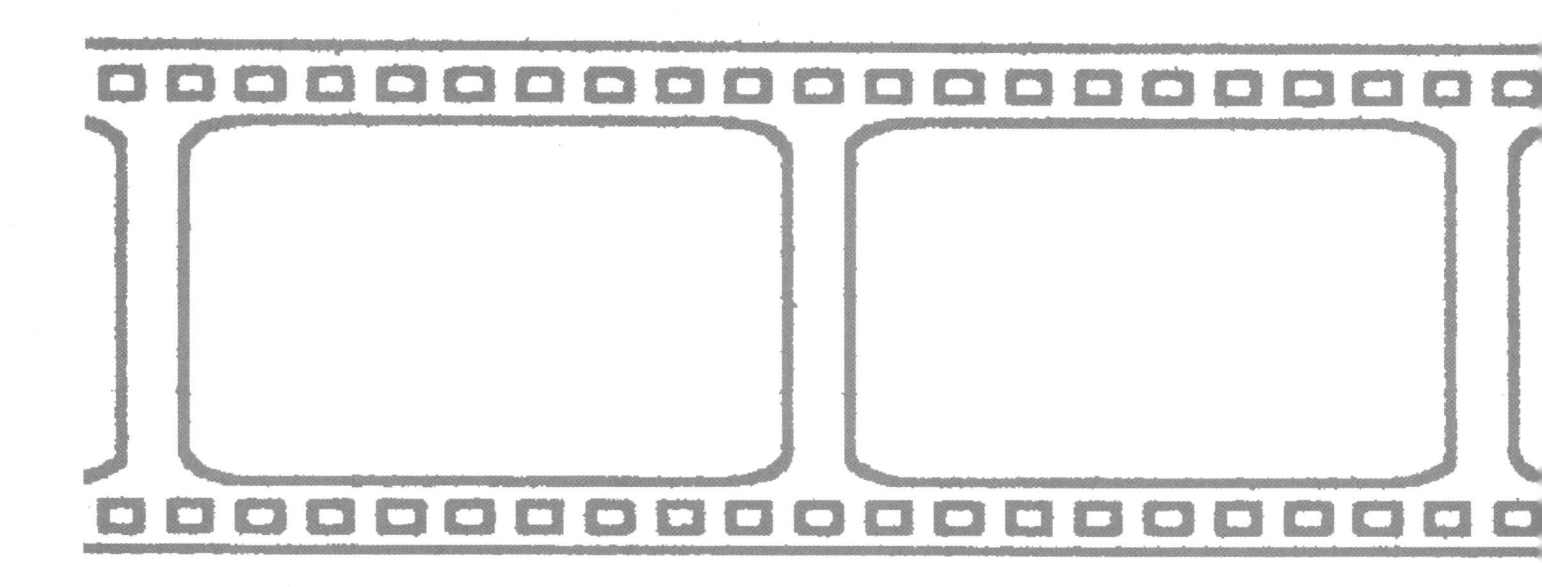

Rondell-Gedicht: Was mein Leben schön macht

Ein Rondell-Gedicht besteht aus acht Zeilen.
Die erste, vierte und siebte Zeile sind gleich: ●
Die zweite und achte Zeile sind auch gleich: ■
Nur die dritte, fünfte und sechste Zeile sind verschieden und kommen nur einmal vor.

Ein Danke-Mobile basteln

Jede/r Sch schneidet aus verschieden farbigen Tonpapieren mindestens sechs etwa 7 x 7 cm große Quadrate aus. Sie verzieren sie auf einer Seite durch Aufmalen oder durch Aufkleben von Geschenkpapier und Bändern als „Geschenkpakete". Sie denken darüber nach, wofür sie dankbar sind in ihrem Leben. Ihre Gedanken schreiben und/oder malen sie jeweils auf die Rückseite eines der „Geschenke". Insofern sie eine Antwort darauf finden, notieren sie auf der Vorderseite und dem Vermerk „Geschenk von ...", wem sie dafür dankbar sind. Aus allen „Geschenken" bastelt jede/r Sch ein Mobile. Dafür stellt der L Faden und Strohhalme bzw. Peddigrohr zur Verfügung. Zuhause hängen Sch ihr Dank-Mobile an geeigneter Stelle in ihrem Zimmer auf.

Ein Rondell kreieren

- Sch schreiben ein Rondell-Gedicht zum Thema: Was mein Leben schön macht **AB 4.2.20, Arbeitshilfen S. 115**.
- Sie entscheiden dabei selbst, ob sie die Themenvorgabe als Kehrvers (Gedichtzeilen, die sich dreimal wiederholen) oder eine eigene Formulierung verwenden wollen. Jede/r Sch sollte das AB doppelt erhalten: für seinen Entwurf und evtl. Überarbeitungen und die Endfassung des Gedichtes.

3 Offen werden füreinander

1. Religionspädagogische und theologische Hinweise

Das Kapitel „Offen werden füreinander" beinhaltet zwei Schwerpunkte:
1. Zunächst geht es um die Erfahrung, dass Menschen auf verschiedene Weise nach Gott und darin einschlussweise nach dem Woher und Wohin des menschlichen Lebens fragen (LP Zielformulierung).
2. Die Suche nach Gott und dem Sinn des Lebens äußert sich in den verschiedenen Religionen. Die eigene Religion der Sch ist ein Beispiel dafür; exemplarisch lernen sie den Islam als weitere (Offenbarungs-)Religion kennen (LP). Der Islam bildet den zweiten Schwerpunkt.

In zwei Dokumenten des Zweiten Vaticanums äußert sich die Kirche zum Islam. Im Dokument „Nostra Aetate" Art. 3 heißt es: „Mit Hochachtung betrachtet die Kirche auch die Muslime, die den alleinigen Gott anbeten …". Es hebt dann besonders hervor: den Glauben an den Schöpfergott, an Jesus als einen Propheten, die Verehrung Marias und den Glauben an Gericht und Auferstehung. Es würdigt die sittlichen Grundhaltungen, insbesondere das Streben nach sozialer Gerechtigkeit, Freiheit und Frieden. Es betont weiter die religiösen Grundhaltungen: Gebet, Fasten und Almosengeben. Das Kirchendokument „Lumen gentium" Nr. 16 hebt die gemeinsame Wurzel von Juden, Christen und Muslimen hervor: den Glauben Abrahams an den alleinigen Gott.

Ein besonderes Ereignis interreligiöser Bemühung war das von Papst Paul II. initiierte Gebetstreffen 1986 in Assisi. Eine wichtige Aussage des Papstes bei dem Treffen, die auch für die Schule gelten kann, lautete: „Man kann sicher nicht zusammen beten, aber man kann zugegen sein, wenn andere beten" (Leitlinien, S. 20). Die Deutsche Bischofskonferenz hat in verschiedenen Veröffentlichungen Hilfen erarbeitet für die Begegnung der beiden Religionen (vgl. Lit.).

In fse 3, Kap. 1, war die Frage nach Gott zentraler Inhalt. In der Verehrung Gottes und in dem Bemühen um ein Gott wohlgefälliges Leben finden sich die Angehörigen verschiedener Religionen wieder. In fse 4, Kap. 3, lernen Sch nun exemplarisch am Beispiel des Islams, wie Menschen im Glauben an Allah und in der Erfüllung religiöser Pflichten das Leben von ihrer Religion bestimmen lassen. Zugleich können sie zusammen mit ihren muslimischen Mit-Sch nach Gemeinsamkeiten in ihrer jeweiligen Weltanschauung suchen und in gemeinsamen Aktionen tätig werden.

Die unterschiedlichen Vorerfahrungen der Sch sind bei diesem Themenbereich besonders zu berücksichtigen (LP Kap. II A Interkulturelle Erziehung). Es gibt Schulen mit einem hohen Anteil von Sch islamischen Glaubens (v. a. türkischer Herkunft). Andere Sch kennen Muslime aus dem Fernsehen oder sie begegnen ihnen in türkischen Geschäften und auf der Straße (Frauen und Mädchen mit Kopftuch). In der Bundesrepublik leben zurzeit ca. 3, 5 Millionen Muslime. Die Nachrichten in den Medien über Menschen muslimischen Glaubens sind schwerpunktmäßig von den Aktionen islamistischer Gruppen (z. B. Selbstmordattentäter) geprägt. Der 11. September 2001 und die weiteren Attentate haben diese Tendenz noch verstärkt. Umso mehr bedarf es der Aufklärung über die Besonderheit der Religion der Muslime, ihrem Streben nach Gerechtigkeit und Frieden, um Vorurteile gegenüber Andersgläubigen nicht entstehen zu lassen bzw. sie zu entkräften.

Der RU nimmt die Bildungs- und Erziehungsaufgabe, die der Lehrplan vorschreibt, ernst, wenn er elementare Kenntnisse über die Kultur und Religion von Sch unterschiedlicher Herkunft vermittelt. Das Kennenlernen einer fremden Religion ist Voraussetzung für den Dialog und das Zusammenleben von Menschen unterschiedlichen Glaubens (LP Kap. II A). Die religiöse Vielfalt kann als Herausforderung verstanden werden, aber auch als Reichtum für die eigene Glaubensvorstellung fruchtbar gemacht werden.

Literatur

Grundlegend:
Christen und Muslime in Deutschland (Arbeitshilfen 172), hg. v. Sekretariat der Deutschen Bischofskonferenz, Bonn 2003
Leitlinien für multireligiöse Feiern von Christen, Juden und Muslimen. Eine Handreichung der deutschen Bischöfe (Arbeitshilfen 170), hg. v. Sekretariat der Deutschen Bischofskonferenz, Bonn 2003
Der Koran, übersetzt von Khoury, Adel Theodor, Gütersloh 1987 (GTB 783)
Der Koran, übersetzt von Paret, Rudi, Stuttgart 1979

Einführungen in den Islam:
VELKD und EKD (Hg.), Was jeder vom Islam wissen muss, Gütersloh 1991 (GTB 786)
Falaturi, Abdoldjavad/Tworuschka, Udo, Der Islam im Unterricht. Beiträge zur interkulturellen Erziehung in Europa, Frankfurt ²1992 (Kurze Übersicht über die Kernaussagen, eingeteilt in: sachgemäß ist/unsachgemäß ist …)
Renz, Andreas/Leimgruber, Stephan, Christen und Muslime. Was sie trennt, was sie verbindet, München 2004
Schimmel, Annemarie, Der Islam. Eine Einführung, Stuttgart 1990 (reclam 8639)

Unterrichtshilfen:
Berger, Hartwig u. a., Von Ramadan bis Aschermittwoch. Religionen im interkulturellen Unterricht, Weinheim/Basel 1989 (darin: Nikolausgeschichte)
Bundeszentrale für politische Bildung (Hg.), Islam – Politische Bildung und interreligiöses Lernen, Bonn 2003
Krause, Vera, Salam! Der Islam in der Grundschule, Donauwörth 2003
Tworuschka, Monika u. Udo, Der Islam Kindern erklärt, Gütersloh ²2003
Diess., Vorlesebuch fremde Religionen, Düsseldorf 1997

Medien:
Filme zum Islam (Medienzentralen), z. B. Nazmiyes Kopftuch
Religionspädagogisches Seminar Regensburg, o. J., 81 Farbfolien

Literatur für Schüler/innen:
Brown, Alan/Langley, Andrew, Woran wir glauben. Religionen der Welt – von Kindern erzählt, Lahr 1999
Tworuschka, Monika u. Udo, Die Weltreligionen Kindern erklärt, Gütersloh 1999
Diess., Lexikon Weltreligionen Kindern erklärt, Gütersloh 2003

2. Das Thema im Lehrplan und in fragen – suchen – entdecken

Im Fachprofil Katholische Religionslehre wird als *ein* Ziel die Begegnung mit Menschen anderer Religionen genannt. Kap. 3 liegt in der Spur dieses Zieles. **fse 40/41** führt Sch zum Nachdenken und Fragen zu Naturbeobachtungen, Verhalten von Menschen und unerklärlichen Widerfahrnissen. Die Antworten von Kindern aus verschiedenen Ländern zeigen einen nur lockeren Zusammenhang mit den gestellten Fragen. Sie wollen den Horizont für eventuelle Antworten öffnen. **fse 42/43** bringt Antworten auf die Fragen der Menschen nach dem Grund und dem Ziel menschlichen Lebens, die verschiedene Religionen geben (LP 4. 3. 1: Viele Menschen glauben an Gott). Je nach Ausgangslage der Klasse bietet sich ein mehr oder weniger langes Verweilen auf dieser Doppelseite an, ehe die Fokussierung auf den Islam erfolgt. **fse 44** eröffnet den zweiten Schwerpunkt des Kapitels: Informationen zum Islam (LP 4. 3. 2: Wie Muslime leben, woran sie glauben). Roter Faden durch die folgenden Seiten ist die Freundschaft zweier Mädchen. Mit Claudia werden Sch mithineingenommen in wichtige Aspekte der fremden Religion. **fse 44/51** bringen folgende Schwerpunkte: das Grundbekenntnis zum einen Gott. Mohammad ist sein Prophet (**fse 44/45**); Kurzinformation zum Leben Mohammads (**fse 46**); das heilige Buch, der Koran, und die Wallfahrt nach Mekka (**fse 47**); das Pflichtgebet (**fse 48/49**) und das Zuckerfest nach dem Fastenmonat Ramadan (**fse 51/52**). Die fünf Pflichten der Muslime bilden den Abschluss (LP 4. 3. 2 Wie Muslime leben, woran sie glauben). **fse 52/53** regt an, Gemeinsamkeiten beider Religionen zu entdecken und Folgerungen für das eigene Handeln daraus zu entwickeln (**fse 54**). Exemplarisch werden die Verantwortung für Schöpfung und Frieden, gemeinsame Traditionen in beiden Religionen, angesprochen (LP 4. 3. 3 Miteinander in Frieden und Gemeinschaft leben).

3. Verbindungen zu anderen Fächern

EVANGELISCHE RELIGIONSLEHRE: 4. 8 Muslimen begegnen – ihre Lebensweise verstehen
ETHIK: 4.4.2 Religionen begegnen: Der Islam
HEIMAT- UND SACHUNTERRICHT: 4.4.2 Wir in der Welt – die Welt bei uns
DEUTSCH: 4.1.2 sich und andere informieren
KUNST: 4.3 Im Blickwinkel: Andere Kulturen
MUSIKERZIEHUNG: 4.3.1 Instrumente erkunden – Instrumente aus anderen Ländern; 4.3.2 Musik begegnen
FREMDSPRACHE: 1 Lebensweise und Kultur von Menschen mit anderer Sprache

4. Lernsequenz

Planungsskizze	Überschriften in fse	Inhalte im Lehrplan
I. Über Gott und die Welt nachdenken Von Menschen mit einer anderen Religion erzählen	Über Gott und die Welt nachdenken **fse 40/41** In den Religionen Antworten finden **fse 42/43**	4. 3. 1 Viele Menschen glauben an Gott
II. Den Islam kennen lernen Grundzüge der Religion der Muslime kennen lernen Die fünf Säulen des Islam Moschee als Versammlungsraum	Muslime glauben an Allah **fse 44/45** … verehren den Koran **fse 46/47** … beten zu Allah **fse 48/49** … fasten und feiern **fse 50/51**	4. 3. 2 Wie Muslime leben und woran sie glauben
III. Gemeinsamkeiten zwischen dem Christentum und dem Islam entdecken, gemeinsam handeln	Gemeinsamkeiten entdecken **fse 50/51** Voneinander und miteinander lernen **fse 52**	4. 3. 3 Miteinander in Frieden und Gemeinschaft leben

Offen werden füreinander

1. Hintergrund

Das Kapitel wird eröffnet mit einem Bild von Paul Klee. Es kann – das Thema begleitend – an mehreren Stellen eingesetzt werden: zunächst als eigenständige Bildbetrachtung; dann im übertragenen Sinn als Symbol für die unterschiedlichen Wege der Menschen, die alle dem gleichen Ziel entgegenstreben. Im weiteren Verlauf der Unterrichtseinheit kann es auch als Bild genommen werden für die unterschiedlichen Wege der Religionen zu Gott.

Paul Klee (1879-1940)
zur Biografie vgl. S. 82.

Paul Klee: „Hauptweg und Nebenwege", 1929
83,7 cm x 67,5 cm, Öl auf Leinwand, Wallraff-Richartz-Museum Köln
In diesem Bild verarbeitet Klee die Eindrücke seiner Ägyptenreise 1928/29. Über längere Zeit hinweg beeinflussen die Landschaft, der Nil mit seinem fruchtbaren Tal, die angrenzenden Wüstenlandschaften und die einzigartigen alten Bauwerke sein Schaffen. Streng den Dessauer Bauhaus-Gesetzen folgend, malt er in klaren Linien und mit einfachen Ausdrucksmitteln. Ein monumentaler Hauptweg verjüngt sich nach oben, zu dessen beiden Seiten formieren sich eine Fülle kleiner farbiger Felder zu weiteren variabel angelegten Nebenwegen. In gebrochenen Schüben, teilweise unterbrochen von parallelen Einlagerungen, laufen sie auf ein blaues horizontales Band zu, das sich einige Male wiederholt. Ganz am oberen Bildrand erscheint ein sich verlierender kräftiger roter Streifen. Ocker und ein helles Blau sind die bestimmenden Farben, die in der Intensität der Farbgebung variieren. So ist vor allem die Farbe Blau in den Feldern neben dem mittleren Weg kräftiger ausgearbeitet. Das Rot des äußersten oberen Randes findet sich an weiteren Stellen im Bild. Die warmen Farben erinnern an Wasser und Wüste, Felder und Oasen. „Trotz aller Klarheit und Geometrie gelingt es ihm (P. Klee) hier, die Erfahrung der fernen, sonnenerfüllten und weiten Landschaft in seltener Eindringlichkeit festzuhalten" (Büchner, Joachim, Paul Klee, Bechtermünz-Verlag, o. O., o. J., S. 6).

2. Einsatzmöglichkeiten im RU

Verlauf und Ergebnis der Bildbetrachtung hängen wesentlich vom didaktischen Ort innerhalb der gesamten Unterrichtseinheit ab. Wird die Bilderschließung an das Ende des Kapitels gestellt, sind sequenzbezogene Interpretationen zu erwarten. Eröffnet das Bild das Kapitel, werden Sch mehr im Allgemeinen und am Symbol Weg verweilen. In beiden Fällen ist darauf zu achten, dass das Bild vor jeder schnellen Verzweckung geschützt wird.

Hauptweg und Nebenwege erkunden
- Die Linien des Bildes betrachten:
- Sch beschreiben eine Schwarz-Weiß-Kopie des Bildes, indem sie, unbeeinflusst von den Farben, die vorherrschenden Elemente benennen. Sie werden Felder, Wege und Treppen erkennen, die verschiedenen Verläufe, die Richtung der Wege, ihre Geradlinigkeit bzw. die Brechung und das Ineinanderlaufen einzelner Wege und die Hindernisse, die sich ihnen entgegenstellen. Sie entdecken den mittleren Pfad, der sich von den übrigen Wegen abhebt. Sie verfolgen die Gerichtetheit der Wege: Wo enden sie?
- Sch suchen einen (vorläufigen) Titel.
- Die Formen und Farben des Bildes in den Blick nehmen:
- Anschließend betrachten sie das gesamte Bild und beschreiben differenziert die verschiedenen Farben und ihre unterschiedliche Intensität. Sch stellen Vermutungen an, welche Erlebnisse hinter dem Bild stehen könnten, welche Landschaft? Woran erinnert das Blau, woran die gelb/ockerähnliche Farbgebung?
- Informationen zum Künstler:
- L gibt Hintergrundinformationen zum Künstler bzw. lässt Sch wiederholen, was sie über den Künstler bereits wissen (Kurzreferat).
- Zur Verdeutlichung der Entstehungssituation des Bildes eine Landkarte von Ägypten benutzen, dazu Bilder von einer Nil- oder einer Wüstenlandschaft.
- Den Titel des Bildes vorgeben:
- Das Bild mithilfe des Titels interpretieren. Wege, die ich kenne, mit dem Bild vergleichen.
- Erschließungshilfen: Was ist für mich ein Hauptweg, was sind Nebenwege? Wohin führen Haupt- und Nebenwege auf dem Bild? Was könnte das bedeuten?
- Meine Empfindungen zum Bild:
- Sch finden Adjektive: Das Bild ist klar, verwirrend, warm, kalt, freundlich, abweisend, usw.
- Ich schaue das Bild (nicht) gerne an.
- Besonders gefällt mir ..., weil ...
- Mich stört, dass ...
- Was gefällt mir am besten an diesem Bild?

Weiterer Umgang mit dem Bild
- Sch entwerfen ein Bild mit Nebenwegen und einem Hauptweg: Sie überlegen, welche Linienführung,

welche Farben sie verwenden wollen. L kann eine andere Technik (z. B. Mosaik) vorgeben.
- Sch wählen wie Klee eine Landschaft oder eine Jahreszeit (Wald, Meer, Gebirge, Frühling).
- Sie stellen ihre Kunstwerke vor.
- *Alternative*: L gibt den Hauptweg vor, Sch ergänzen.

Das Bild und die Inhalte des Kapitels
- Nach **fse 43**: Menschen fragen – Religionen geben (verschiedene) Antworten.
- Das Bild **fse 39** kann entsprechend gedeutet werden: Die verschiedenen Wege stehen für verschiedene Religionen. Sch legen die Namen der einzelnen Religionen auf das Bild.
- Das Ziel aller Wege?
- Welche Religion legen Sch auf den Hauptweg? Wie verändert sich die Anordnung, wenn Juden, Buddhisten, Muslime, Hinduisten die Namen der Religionen anordnen?
- Nach **fse 53**: Wie passen das Bild und die Überschrift „Gemeinsamkeiten entdecken" zusammen?

Über Gott und die Welt nachdenken   fragen – suchen – entdecken 40/41

1. Hintergrund

Die unterschiedlichen Lebensdeutungen und Glaubensauffassungen (LP) haben ihren Grund in den Fragen der Menschen nach dem Sinn und dem Ziel von Leben und Welt. In allen Altersstufen fragen Menschen über das Alltägliche hinaus, wenn sie betroffen sind von einer schlimmen Nachricht, ins Staunen kommen über Wunderbares, Selbstverständliches hinterfragen, Unerklärliches zu deuten versuchen usw. So wie das Staunen der Anfang der Philosophie ist, sind existenzielle Fragen ein Weg, um nach religiösen Antworten zu suchen, die auch in den Religionen zu finden sind. Das Nachdenken von Neun- und Zehnjährigen steht deshalb am Anfang des Kapitels, wenn es um Angebote von Religionen (besonders des Islams) geht, das Leben zu deuten, es sinnvoll zu gestalten und Wege zum richtigen Handeln zu finden. Dabei werden verschiedene Ebenen angesprochen: Fragen naturwissenschaftlicher Art, z. B.: Wie ist alles entstanden? Fragen, die existenziell betreffen: Wo ist meine verstorbene Oma? Fragen zur Lebensführung: Wie soll ich leben? Schließlich die Frage nach Gott. Die Beispiele **fse 40/41** regen Sch zu eigenen Fragen an, zu Fragen, die sich nicht leicht und schnell beantworten lassen, sondern zum Weiterfragen verlocken. Die Fragen sind wichtig, nicht die Antworten (Oelkers).

Die Bibel verheißt den Menschen, die nach Gott fragen, Segen und Heil: „Das sind Menschen, die nach ihm fragen, die dein Antlitz suchen, Gott Jakobs" (Ps. 24,6). In den Eröffnungsseiten geht es deshalb in erster Linie um die Fragen der Sch und darum, das Fragen nicht zu verlernen. L hört in den Beiträgen der Sch die Interessen, Weltdeutungen, ihre Ängste und Wünsche. Das gemeinsame Suchen nach Antworten ist ein Stück Konkretisierung der angestrebten Schülertheologie (vgl. Arbeitshilfen, S. 16 f.). In ihr hat auch das letztlich Unbeantwortbare seinen Stellenwert und darf nicht als defizitär angesehen werden.

Die Antworten der vier Kinder aus verschiedenen Erdteilen und Kulturkreisen **fse 40/41** zeigen, dass Kinder auf der ganzen Welt versuchen, mithilfe ihrer jeweiligen Religion eine Antwort auf ihre Lebensfragen zu finden. Sie sind nicht in erster Linie als Antworten auf die Fragen im Buch gedacht, sondern als Anstoß für Sch, ihre Antworten auch in ihrer Religion zu suchen. Inhaltlich weisen sie schon auf die folgende Doppelseite hin, die explizit verschiedene Weltreligionen zum Thema hat.

Literatur

Dichtl, Johanna, „Philosophieren" im Religionsunterricht der Grundschule, in: Handreichung zum Lehrplan Katholische Religionslehre, Kath. Schulkommissariat, München 2002, S. 76-80
Oberthür, Rainer, Kinder und die großen Fragen, München ²2000
Ders., Neles Buch der großen Fragen, München 2002 (darin eine schülergemäße Erzählung vom Anfang der Welt, S. 23-25)
„Warum fallen die Sterne nicht vom Himmel?", in: Janßen, U./Steuernagel, U., Kinder-Uni. Zweites Semester, München 2004, S. 189-211

2. Einsatzmöglichkeiten im RU

Nachdenklich werden
- Die Abbildung **fse 40/41** zeigt eine mögliche Ausgangssituation, die Sch zum Nachdenken motivieren kann: Ein Kind wacht nachts auf und kann nicht mehr einschlafen. Es steht auf und schaut aus dem Fenster in die sternklare Nacht (Abb. auf OHP). Viele Fragen gehen ihm durch den Kopf.
- L hält Sch-Äußerungen an der Tafel fest oder Sch schreiben diese auf vorbereitete Gedankenblasen.
- Sch ordnen die Fragen nach übergeordneten Gesichtspunkten (s. o.) und
- überlegen: Wer hilft bei den Antworten (L, Eltern, Lexika, Sachbücher, eigenes Nachdenken, Mit-Sch ...)?
- *Weiterarbeit*: Sch wählen eine Frage aus (oder ziehen eine Frage) und beantworten sie zunächst in EA

Tims Fragen

Tim blickt in den Nachthimmel. Er sieht, wie die Sterne funkeln und glitzern.
Wie kommt es ... (Frage 1)? Wie viele mögen es sein? 100 000, eine Million, eine Milliarde?
Wie weit sind sie von der Erde entfernt? Ich habe von Lichtjahren gehört, unvorstellbar vielen Kilometern. Da wird mir ganz schwindelig!
Tim überlegt weiter. Wer hat die Sterne entstehen lassen und wer hat überhaupt das ganze Weltall und unsere Erde gemacht?
Wer hat sich das alles ausgedacht? Wie ist alles entstanden (Frage 2)?
In der Bibel steht, dass Gott die Welt erschaffen hat. Wer aber hat Gott gemacht (Frage 3)? Der Pfarrer sagt, Gott ist ewig. Was heißt das? Ist Gott schon immer da gewesen?
Je länger Tim wach ist, desto mehr Fragen kommen ihm. Im letzten Monat z. B. ist seine Oma gestorben. Gestern haben seine Mutter und er die Kränze vom Grab abgeräumt. Oma liegt im Grab. Aber seine Mutter sagt: Sie lebt weiter. Wie muss er sich das vorstellen? Im Religionsunterricht hat er gehört ... Wo ist Oma jetzt (Frage 4)?
Was einem so alles durch den Kopf geht, wundert sich Tim. Da sind z. B. die Bilder, die im Fernsehen gezeigt worden sind. Ein Mann hat eine Bombe gelegt, drei Häuser wurden zerstört, die Bewohner sind alle umgekommen. Warum tun Menschen anderen Böses an und töten sie sogar (Frage 5)?
Alle wissen, dass das ein Verbrechen ist. Aber manchmal ist es schon schwer, das Gute vom Bösen zu unterscheiden. Wer sagt mir eigentlich, was richtig und falsch ist, wie ich leben soll (Frage 6)?
Tim denkt: Morgen werde ich meine Eltern fragen oder den/die ...
Vielleicht kann ich manches selbst herausfinden ...
Jetzt versuche ich aber erst einmal wieder einzuschlafen ...

➤ Suche dir eine von Tims Fragen aus und beantworte sie.
➤ Geh anschließend mit den Kindern, die dieselbe Frage beantwortet haben wie du, in eine Gruppe. Besprecht eure Antworten.
➤ Zum Schluss stellt ihr eure Ergebnisse in der Klasse vor.

oder sie überlegen, wo sie Antworten finden können.
- Anschließend vergleichen sie ihre Antworten, Überlegungen, Fragen in GA. Sie diskutieren ihre Ergebnisse und
- stellen sie der Klasse vor.
- Weitere Überlegungen: Fragen, die nicht abschließend zu beantworten sind? Können Erwachsene/Gelehrte ... alle Fragen beantworten? Haben Erwachsene keine Fragen mehr?

Fragen ergänzen
- L liest „Tims Fragen" **M 4.3.1, Arbeitshilfen S. 121**.
- *Alternative*: Sch ergänzen durch weitere eigene Fragen.
- Anschließend Weiterarbeit in GA wie oben.

Antworten der vier Kinder als Antworten auf Fragen verstehen
- Thomas, Leyla, Raitoo, Nikkyo: vier Kinder aus verschiedenen Ländern geben Antwort auf wichtige Fragen. Sch lesen die Antworten und suchen die Fragen dazu:
  - Thomas: Wie kann ich friedlich mit anderen auskommen?
  - Raitoo: Wohin komme ich, wenn ich gestorben bin?
  - Leyla: Was ist wichtig im Leben? Woher bekomme ich Hilfe?
  - Nikkyo: Wie kann ich meine vielen Wünsche aufgeben?
- Nikkyo denkt anders als wir. **M 4.3.2, Arbeitshilfen S. 123**, Werbespot, verwenden. Den Gegensatz zwischen (karikierter) Werbung und buddhistischer Bedürfnislosigkeit herausarbeiten.

Woher nehmen Kinder ihre Antworten?
- Lexikonarbeit: Sch informieren sich zum Hinduismus und Buddhismus (Buddha) auf **fse 123/124**.
- Zum Koran: Vorläufiges Wissen der Sch zum Islam abrufen, evtl. **fse 125**; Hinweis auf die nächsten Stunden.
- Zur Antwort des Thomas: Beispiele aus dem Leben Jesu suchen, z. B. fse 4, 19; fse 3, 98/99.
- *Weiterarbeit*: Die Fragen der Sch von Zeit zu Zeit in Gesprächsrunden zum Thema machen.

In den Religionen Antwort finden fragen – suchen – entdecken 42/43

1. Hintergrund

Religionen geben den Menschen Antworten auf ihre existenziellen Fragen: Warum bin ich? Woher komme ich? Was geschieht mit mir nach dem Tod? Wie lebe ich richtig? Die Antworten werden in Mythen, Erzählungen, Regeln und Glaubenssätzen tradiert. In Symbolen und Riten, Opfern und Gebeten wenden sich Menschen an ihren Gott oder an ihre Götter, um von ihnen Hilfe und Weisung zu bekommen. Oft versammeln sich Menschen zu gemeinsamen Vollzügen an heiligen Orten. Religion wird für diese Menschen zur Basis ihres Lebens. Über die Religion wird das „Lebenswissen" an die nächste Generation weitergegeben.
Die Fotos auf fse **42/43** zeigen, wie Menschen ihren Glauben Gestalt werden lassen und im Vollzug die Antworten auf ihre Lebensfragen annehmen: an heiligen Orten (Klagemauer), in Riten (Räucherstäbchen-Abbrennen der Buddhisten zur Reinigung des Geistes), in Symbolen (heiliger Fluss Ganges), bei Gebeten und Vorschriften (das Gebet als eine tragende Säule des Islam), im gesungenen Lied (als Form des Gebetes und der Verehrung Gottes im Christentum).
Zum Aufbau der Doppelseite:
Die Fotos zeigen religiöse Handlungen, die zu verschiedenen Religionen gehören. Die Gebete (eine Ausnahme ist der buddhistische Text) ergänzen die bildlichen Aussagen.

Die Fotos fse 42/43

Klagemauer: Fromme Juden beten an der Klagemauer in Jerusalem. Sie ist Teil der westlichen Mauer des herodianischen Tempels, der 70 n. Chr. von den Römern zerstört wurde. Für die Juden ist sie ein heiliger Ort, ein Ort des Gebetes. (Ein anderer Bereich der Klagemauer, im Foto nicht gezeigt, ist dem Gebet der Jüdinnen vorbehalten.)
Opferstelle für Räucherstäbchen: Das Darbringen von Rauchopfern erfreut sich im Buddhismus großer Beliebtheit. Neben dem Wohlgeruch, den die Räucherstäbchen verbreiten, sind sie für ärmere Gläubige eine Möglichkeit Opfer darzubringen für das Heil ihrer Seele.
Hindufrauen beim Reinigungsbad: Ziel eines jeden Gläubigen ist es, einmal im Leben bei der Stadt Benares, im Norden Indiens, im heiligen Fluss der Ganga zu baden. Die Hindus glauben, dass ein solches Bad nicht nur den Körper, sondern auch die Seele reinigt. Dabei werden dem Fluss, der selbst als Göttin gilt, auch Früchte, Blumen und Lichter geopfert.
Muslime beim Freitagsgebet: Zum Freitagsgebet versammeln sich Muslime in den Moscheen, aber auch unter freiem Himmel. Sie beten nach festgelegten Ri-

Werbespott

ALLES! Kaufen Sie *ALLES!*
ALLES – immer ein Gewinn!

ALLES! Ich hätt gern *Alles!*
Für *ALLES* geb ich alles hin.
ALLES! Kaufen Sie *ALLES!*

Wer *ALLES* kauft, muss sich nicht sorgen,
Wer *ALLES* hat, der muss nichts borgen,
Wer *ALLES* hat, der kann gut lachen:
Mit *ALLES* kann man alles machen!

ALLES! Kaufen Sie *ALLES!*
ALLES – immer ein Gewinn!

ALLES! Ich hätt gern *ALLES!*
Mit dem ich sehr zufrieden bin
Und das ich niemals tauschen würde!
ALLES! Ich bleib bei *ALLES!*

Michail Krausnick

Die Religion der Juden

Die Juden glauben an einen einzigen Gott (Jahwe). Er ist treu, gütig und barmherzig. Er hat die Juden aus der Knechtschaft der Ägypter befreit (fragen – suchen – entdecken 3, S. 32/33), ihnen die Gebote gegeben (fragen – suchen – entdecken 4, S. 16/17) und mit ihnen einen Bund geschlossen. Die heilige Schrift der Juden ist das Alte Testament, darin stehen auch die Psalmen. Die Juden beteten im Tempel zu Jerusalem Jahwe, ihren Gott, an. Heute steht davon nur noch die Westmauer (vgl. Bild). An ihr beten Jüdinnen und Juden besonders gerne. Jesus stammte aus dem Volk der Juden.

ten und führen deshalb alle gleichzeitig dieselben Gebetshaltungen aus.

Christen im Gottesdienst: Die Versammlung von Christen ist den Sch geläufig. Im Ensemble der anderen Bilder wird deutlich: Auf unterschiedliche Weise beten Menschen und finden in ihrer Religion Halt.

Die Texte fse 42/43

Ps 55,1.17-19: Der Klagepsalm aus dem Buch der Psalmen lässt den Beter zu Gott rufen, er seufzt und stöhnt in seiner Not morgens, mittags und abends. Von Gott erwartet er Hilfe, Gott wird ihn hören und ihn befreien. Der Text ist ein Beispiel für die Klage- und Bittgebete, die Juden an der Mauer sprechen im Vertrauen auf Gottes Hilfe.

Buddhistischer Text: Die heiligen Texte des Buddhismus enthalten neben den Lehren Buddhas eine Vielzahl von Lebensregeln und Abhandlungen, die den Sinn seiner Lehre erklären. Sie wurden lange Zeit mündlich tradiert und teilweise erst Jahrhunderte später aufgeschrieben. Der hier zitierte Text gibt das große Ziel aller Buddhisten wieder, nämlich das vollkommene Erlöschen (= Nirwana) der menschlichen Wünsche und Begierden. Erst wenn der Buddhist dies erreicht hat, ist der Kreislauf der Wiedergeburten durchbrochen und der Mensch kann das ersehnte Heil erlangen.

Hinduistischer Schrifttext: Der Hinduismus kennt zwei Arten von heiligen Schriften: Die so genannten Veden (= Wissen) enthalten alle Schriften der vedischen Ursprungsreligion des Hinduismus und bestehen hauptsächlich aus Hymnen, religiösen Versen und Liedern sowie Opfervorschriften für die vielen Götter. Die späteren Texte werden zusammenfassend Smriti (= Erinnerung) genannt und bestehen überwiegend aus Gedichten, Lehrgeschichten und Legenden. Der Text auf **fse 43** ist ein vedischer Text, der den Gott Shiva preist. Dieser ist mit seinen gewaltigen Kräften zuständig sowohl für die Entstehung als auch für die mögliche Zerstörung der Welt.

Sure 1 aus dem Koran: Die hier abgedruckte Sure trägt auch den Namen „Al-Fatiha", die Eröffnende, und ist die bekannteste aller Koransuren, denn ihr erster Satz wird beim Rezitieren allen anderen Suren (außer der neunten) vorgeschaltet. Sie enthält Gott verehrende Aussagen wie auch „Lebensbitten" des Betenden an Allah. Sie ist in Arabisch und Deutsch auf der „Liederkiste 3/4" anzuhören. Die Bedeutung der Al-Fatiha für die Muslime ist vergleichbar mit dem Stellenwert des Vaterunsers für die Christen.

Danklied der Christen: Es ist eingebettet in die Gebetsformen anderer Religionen. Sch wird deutlich, dass Menschen verschiedener Religionszugehörigkeit ähnliche Grundhaltungen haben.

2. Einsatzmöglichkeiten im RU

Die Überschrift fse 42/43 befragen
- L-Impuls: Hinter den Antworten stehen Fragen von Menschen.
- Sch bringen die Fragen aus **fse 40/41** und ihre eigenen Fragen in Erinnerung.
- Gesammelte Fragen werden am OHP visualisiert.

Die Fotos deuten
- Sch beschreiben in arbeitsteiliger GA die Fotos, versuchen die Haltungen zu deuten. Sie suchen im Lexikonteil von fse oder in der bereitgestellten Literatur (vgl. Lit.) nach Informationen zu den einzelnen Religionen (Hinduismus, Buddhismus, Islam; Information zum Judentum **M 4.3.3, Arbeitshilfen S. 123**).
- Sch bringen ihre Ergebnisse ein (Bittgebet, opfern, sich reinigen, beten, sich niederwerfen, Gott danken).

Die Texte zu den Fotos erschließen
- Die einzelnen Gruppen bekommen den zu ihrem Foto gehörenden Text:
- Psalm: Was erwartet der Betende (Bittende) von Gott? Die Verben notieren (sich nicht verbergen, hören, befreien usw.).
- Buddhismus: Wie soll der Gläubige leben? Ergänzung: Text fse 41.
- Hinduismus: Was sagen die Betenden über den Gott Shiva?
- Islam: Was erwarten die Betenden von Gott? Welche Namen geben sie Gott? Welcher Satz passt zum Foto?
- Christentum: Wie loben die Christen Gott? Was ist für sie wichtig?
- Zusammenfassender AA **fse 42**. Dazu ein Satz von Mahatma Ghandi, einem Hindu: „Religionen sind verschiedene Wege, die alle zum gleichen Ziel führen, zu Gott." – UG zu diesem Satz.

Die Fragen der Menschen entdecken
- Je nach Vermögen der Klasse versuchen Sch die Fragen hinter den Fotos und Texten zu entdecken (vgl. oben OHP), auf die Menschen in ihren verschiedenen Religionen eine Antwort geben.
- *Alternative:* L gibt die Fragen vor, Sch suchen dazu die entsprechenden Fotos und Texte.

Foto 1 und Text: Wenn wir in großer Not sind, wer hört uns, wer hilft uns? Können wir auf Gott vertrauen?

Foto 2 und Text: Wie sollen wir leben, was müssen wir tun, macht uns die Erfüllung all unserer Wünsche glücklich?

Foto 3 und Text: Wie sollen wir Gott verehren, was will er von uns? Was sollen wir tun, damit Gott Shiva uns gnädig ist?

Muslime glauben an Allah

„Allah" ist das arabische Wort für „der eine Gott". Deshalb nennen in den arabischen Ländern auch die Christen ihren Gott „Allah". Da man Gott nicht malen kann und darf, gestalten die Muslime den Gottesnamen, aber auch viele Texte aus dem Koran, in besonders schöner Schrift (= Kalligrafie). Oft tun sie dies mit dem Anfangssatz jeder Sure (= Kapitel) im Koran, ihrem Glaubensbekenntnis und den so genannten „99 schönsten Namen Gottes".

➤ Versuche das Wort „Allah" in Kalligrafie nachzuschreiben. Verbinde dazu alle Punkte der Reihenfolge nach.

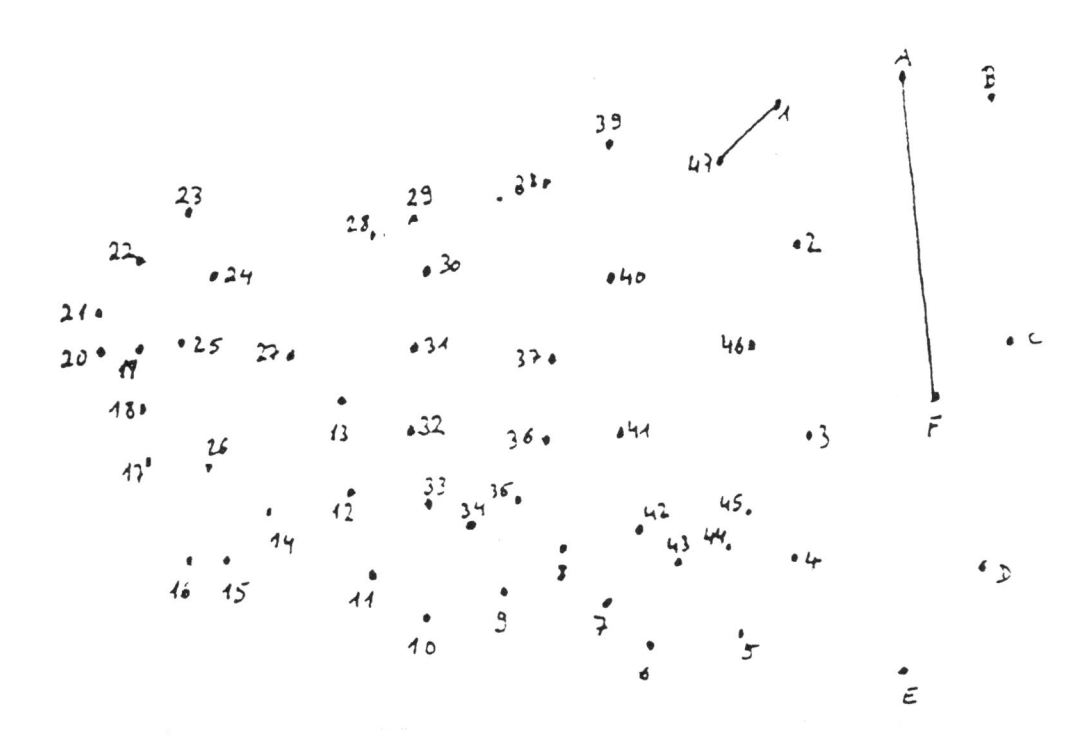

Das Glaubensbekenntnis

christlich	islamisch
Ich glaube an Gott, den Vater, den Allmächtigen. Ich glaube an Jesus Christus, seinen Sohn, unsern Herrn. Ich glaube an den Heiligen Geist.	Ich bezeuge: Es ist kein Gott außer Allah. Ich bezeuge, dass Muhammad der Gesandte Gottes ist.

➤ Unterstreiche, was ähnlich ist!

Foto 4 und Text: Wenn Gott der Herr der Welt ist: Wie beten wir zu ihm? Worum bitten wir ihn?
Foto 5 und Lied: Was verdanken wir Gott? Wie können wir ihm danken?

3. Weiterführende Anregungen

Weiterfragen
Wenn Sch sich intensiver mit einzelnen Religionen beschäftigen wollen, vor allem mit dem Buddhismus und Hinduismus, können weitere Materialien zur Verfügung gestellt werden (aber: LP HS: Klasse 9, LP RS: Klasse 8, LP Gy: Klasse 10!).
Literatur: z. B. Steinwede, Dieter, Vorlesebuch Religion 1, 337 f. (Hindureligion); 344 f. (Buddhismus); Anregungen finden sich auch im Internet (www.kindernetz.de/thema/religion/a-z); Information in den Kinder- und Jugendbüchern (Literatur s. o.)

Stationenarbeit zum Islam
Wie in den einführenden Hinweisen zu diesem Kapitel schon angedeutet, eignet sich der Aufbau von fse, um den mehr sachkundlichen Bereich des Islams mithilfe einer Stationenarbeit zu erarbeiten. Dafür können die jeweiligen für das Islambuch vorgesehenen AB ebenso verwendet werden wie das Religionsbuch selbst.
- Ob dazu jede/r Sch das eigene Buch von Station zu Station mitnimmt oder jeweils zwei Exemplare an den einzelnen Tischen liegen, bleibt L überlassen.
- Die Anzahl der Stationen richtet sich zum einen nach der Größe der Klasse und den räumlichen Gegebenheiten, zum anderen nach dem gewünschten zeitlichen und inhaltlichen Aufwand. Da die verschiedenen Stationen unterschiedlich lange Bearbeitungszeit benötigen, ist es notwendig, einige Ausweichstationen bereitzustellen, die jederzeit verlassen werden können. Dafür eignen sich besonders Nr. 8, 9 und 10 (vgl. Arbeitshilfen S. 128) und Texte aus dem Koran (**AB 4.3.11, Arbeitshilfen S. 137**).
- Das Material jeder Station wird in stapelbaren Ablagekörben aufbewahrt und kann so von Sch im Stundenwechsel sehr schnell hergerichtet und wieder verstaut werden. Zudem lassen sich diese Platz sparend auf der Fensterbank im Klassenzimmer deponieren.
- Wer etwas mehr Aufwand betreiben will, kann die einzelnen Stationen mit Informationsplakaten ausstatten, die das jeweilige Thema ausführlicher illustrieren.
- *Hinweis*: Solche Plakate können auch entstehen, wenn die einzelnen Stationen nicht von allen Sch bearbeitet werden, sondern wenn sich einzelne Sch-Gruppen in arbeitsteiliger GA mit nur einem

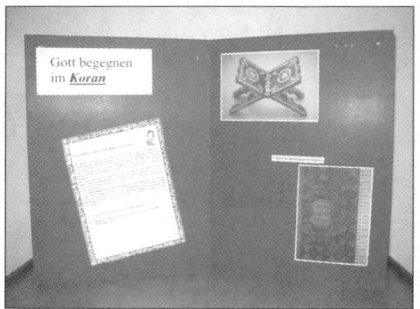

Islamische Ornamente

Die Wände der Moscheen sind oft mit Ornamenten geschmückt, die keinen Anfang und kein Ende haben. Die Ornamente sollen an die Unendlichkeit Gottes erinnern.

Thema beschäftigen und ihre Ergebnisse auf Plakatkarton festhalten.
- Der Einstieg in das Kapitel erfolgt zunächst bis **fse 44**, wie auf den vorherigen Seiten beschrieben. Für den Lernzirkel selber werden je nach Klasse 4-5 Einzelstunden benötigt, wobei die Einführungsstunde, in der die einzelnen Elemente vorgestellt werden, nicht mitgezählt ist. Arbeitet die Klasse zum ersten Mal auf diese Weise, ist es sinnvoll, die Stationen aufzubauen und dann mit der gesamten Gruppe abzugehen und diese dabei zu erläutern. Geübten Klassen reicht es, die einzelnen Stationen im Kreis zu erklären.
- Dann wird die Klasse in Gruppen eingeteilt und jeder Gruppe das Material einer Station mitgegeben. Die Ausweichstationen baut L selbst, z. B. vor der Tafel, auf.
- Sch sammeln die bearbeiteten AB in einer Klarsichthülle.
- Während der Stationenarbeit kann L entweder eine schwache Gruppe begleiten, an einer eventuell schwierigen Station als Helfer zur Verfügung stehen oder als Berater von Station zu Station gehen.
- Den Abschluss der gesamten Lernzirkelsequenz bildet einerseits das Besprechen und Ordnen der bearbeiteten AB, andererseits die Zusammenschau der fünf Säulen mit **AB 4.3.13, Arbeitshilfen S. 141**.
- Ab **fse 52** (Gemeinsamkeiten entdecken) wird wieder im Klassenverband gearbeitet.

Folgende Stationen sind möglich:
- 1. Station: Muslime glauben an Allah
- **fse 44/45** lesen, **AB 4.3.4, Arbeitshilfen S. 125**, ausfüllen.
- 2. Station: 99 schönste Namen Gottes
- **AB 4.3.7** und **4.3.8, Arbeitshilfen S. 129** und **S. 131**, lesen und bearbeiten.
- 3. Station: Das Leben des Muhammad
- **AB 4.3.9, Arbeitshilfen S. 133**, lesen, als zerschnittenes Textpuzzle zusammenlegen, anschließend **AB 4.3.10, Arbeitshilfen S. 135**, bearbeiten;
- ggf. schneiden Sch aus Reiseprospekten Fotos von Medina und Mekka aus und kleben sie auf das AB.
- 4. Station: Der Koran
- **fse 47** lesen; einen Koran auf Arabisch und in deutscher Übersetzung betrachten; ausgewählte Koranverse lesen: **AB 4.3.11, Arbeitshilfen S. 137**. Die Sure 1 auf Arabisch und Deutsch hören: Liederkiste 3/4, Nr. 26.
- 5. Station: Muslime beten zu Allah
- **AB 4.3.14**, und **4.3.15, Arbeitshilfen S. 143** und **S. 144**, bearbeiten, können auch als Legespiel gespielt werden;
- anschließend **AB 4.3.15** mit **fse 49** kontrollieren (fse darf nicht an dieser Station, sondern kann z. B. auf dem Lehrertisch zu Kontrolle liegen!).
- Wenn verfügbar, folgende Originalgegenstände bereitstellen: einen Gebetsteppich (mit einem Kompass richtig nach Osten ausrichten!), ein gehäkeltes Käppchen der Männer, eine Gebetskette.
- 6. Station: Die Moschee
- **fse 48/49** lesen; die Zeichnungen und Beschriftungen von **AB 4.3.17, Arbeitshilfen S. 147**, vergrößern und laminiert als Legespiel bereitstellen. Sch legen die passende Bezeichnung auf den entsprechenden Platz auf dem jeweiligen Gotteshaus.
- Kontrollblatt am Lehrertisch!
- Anschließend **AB 4.3.17, Arbeitshilfen S. 147**, zur Festigung ausfüllen.
- 7. Station: Fasten und Feiern
- **fse 50** lesen, **AB 4.3.18, Arbeitshilfen S. 149**, ausfüllen.
- Schön wäre es, wenn an dieser Station ein typisches Gebäck (in einem türkischen Geschäft fertig gekauft) zum Probieren bereitläge.
- 8. Station: Islamische Kunst kennen lernen
- Es ist gut, wenn sich diese Station außerhalb des Klassenzimmers befinden kann, damit die übrigen Gruppen nicht gestört werden. Übrigens wird in der Moschee keine Musik gespielt, nur Trommeln können eingesetzt werden.
- Bei leiser orientalischer Musik (z. B. von der CD iftah ya simsim von Pit Budde und Ahmet Bektas zum gleichnamigen Buch aus dem Ökotopia-Verlag oder Lied Nr. 25 aus Liederkiste 3/4) malen Sch **AB 4.3.6, Arbeitshilfen S. 127**, mit bunten Stiften aus.
- 9. Station: Arabische Einflüsse auf unser tägliches Leben
- Riech- und Schmeckschälchen mit Gewürzen und Früchten arabischer Herkunft bereitstellen (Namen auf die Unterseite kleben): Döschen mit Pfeffer, gemahlener Paprika, Kümmel, Kardamon, Süßholz (Ausgangsstoff von Lakritze), Ingwer (gemahlen und als Wurzel), Zimt (gemahlen und als Stange), Anis, Fenchel, Nelken (gemahlen und ganz);
- Früchte: frisch und getrocknet: Orangen, Zitronen, Datteln, Aprikosen, Feigen, Korinthen.
- 10. Station: Bücher zum Thema

An dieser Station können Sch sowohl in einigen Kindersachbüchern zum Thema lesen (vgl. Lit., Arbeitshilfen, S. 118) als auch in Reiseführern über Saudi-Arabien blättern, um einen Eindruck über das moderne Land Muhammads zu bekommen.

Vertiefen

Nach Beendigung der Stationenarbeit, deren Zusammenfassung und Sicherung durch L, ist es möglich, die gelernten Inhalte auf spielerische Art zu vertiefen.
- Dazu bieten sich so genannte Partner-Klapp-Karten an, mit denen sich Sch gegenseitig abfragen kön-

Die 99 schönsten Namen Gottes

- der Erbarmer
- der Barmherzige
- der König
- der Heilige
- der Friede ist
- der Treue
- der wache Berater
- der Mächtige und Prächtige
- der ganz Starke
- der Großartige
- der Hervorbringer
- der Gestaltende
- der Schöpfer
- der stets Vergebende
- der in allem Vorherrschende
- der stets Gebende
- der Verteiler (aller Güter)
- der Öffnende und Offenbarende
- der Allweise
- der beengt
- der weitet (das Leben und die Brust der Diener)
- der erniedrigt
- der zu Würden erhebt
- der Ehren und Macht verleiht
- der demütigt
- der Allhörende
- der Allsehende
- der Richter
- der vollkommen Gerechte
- der Wohlwollende
- der Kluge, Verstehende
- der Gütige
- der Herrliche, Mächtige
- der Vergebende
- der Dankbarkeit beantwortet
- der Hohe
- der Große
- der starke Bewahrer
- der Ernährende
- der Rechenschaft fordert
- der Majestätische, der Großmütige
- der genaue Beobachter
- der gütig Erhörende (der die Gebete erhörte)
- der Weise
- der Allgegenwärtige
- der Allerliebevollste
- der Glorreiche
- der aus dem Tod zum Leben ruft
- der Zeuge
- der Wahre
- die Wahrheit
- der alles mit Vollmacht tut
- der Starke
- der unerschütterlich Zuverlässige
- der Freund und Beschützer
- der Preiswürdige
- der Aufzeichner allen Geschehens
- der den Anfang setzt
- der Leben aus dem Tod zurückbringt
- der Leben schenkt
- der Lenker des Todes
- der Lebendige
- der in sich selbst Bestehende
- der Finder
- der Verherrlichte
- der Eine und Einzige
- der Ewige
- der Mächtige
- der Bestimmende
- der näherbringt
- der aufhält
- der Erste
- der Letzte
- der Sichtbare
- der Verborgene
- der Herrschende
- der Erhabene
- der gerechte Wohltäter
- der Reue annimmt und zu ihr führt
- der Rächer (der die Ungehorsamen züchtigt)
- der Nachsichtige (der die Sünden auslöscht)
- der Nachsichtige, Freundliche
- der König aller Königreiche
- der Herr der Majestät und der Freigiebigkeit
- der jedem Gerechtigkeit gibt
- der Versammler
- der sich selbst Genügende
- der Reichmachende
- der Geber
- der Zurückhaltende
- der Heimsuchungen schickt
- der Förderung schenkt
- das Licht
- der Führer und Leiter
- der Unvergleichliche
- der Ewige ohne Ende
- der Erbende
- der auf den geraden Weg führt
- der Allergeduldigste

▶ Schreibe drei Namen Gottes auf, die dir besonders gefallen:

_____

_____

_____

▶ Unterstreiche den Namen, der für dich am wichtigsten ist!

nen. Dazu befinden sich in der linken Tabellenspalte die Frage, auf der rechten Seite die dazu passenden Antworten. Diese Karten werden in der Mitte gefaltet, sodass ein/e Sch nur die Fragen, der/die andere Sch nur die Antworten sieht.
- Dieselben Fragen werden auch bei dem Brettspiel verwendet. Dazu wird **AB 4.3.19, Arbeitshilfen S. 151**, vergrößert, koloriert, mit farbigen Punkten versehen und laminiert. **AB 4.3.20 a, Arbeitshilfen S. 153**, bietet die Fragen, die Rückseite mit den Antworten liefert **AB 4.3.20 b, Arbeitshilfen S. 154**. Passgenau übereinander kopiert entstehen Fragekarten mit Vorder- und Rückseite. Sch würfeln sich den Weg entlang, ziehen bei jedem farbigen Punkt eine Karte und beantworten deren Frage. Ist die Lösung falsch, geht Sch seine gewürfelte Augenzahl zurück, war die Antwort richtig, bleibt Sch auf seinem Platz stehen. Sieger ist, wer zuerst das Ziel erreicht hat.

Muslime glauben an Allah

fragen – suchen – entdecken **44/45**

1. Hintergrund

Mit dem Islam lernen Sch eine der großen Weltreligionen kennen. Der Islam ist die Religion, die sich wegen der vielfältigen Berührungspunkte, die Sch mit dieser Religion haben, nahelegt (Mit-Sch; Umfeld der Sch, Medien).

fse 44-51 bietet in gedrängter Form die Grundzüge des Islams an, während **fse 52/53** exemplarisch gemeinsame Anliegen des Islams und des Christentums in den Mittelpunkt stellt, die zum Handeln motivieren.

Religionsstifter ist der Prophet Muhammad. Nach einem Berufungserlebnis in der arabischen Wüste trat er als „Gesandter Allahs" auf, predigte die Abkehr vom Vielgötterglauben und die Hinwendung zu „Allah" als dem einzigen Gott.

Die heilige Schrift ist der erhabene Koran (arabisch: *al-qur'an* = Lesung, Vortrag, Rezitation). Er ist für die Muslime das authentische Wort Gottes und wurde 610 bis 632 in Mekka und Medina von verschiedenen Schreibern nach dem Diktat des Propheten im kunstvollen und poetisch klingenden Altarabisch niedergeschrieben. Der Koran umfasst 114 Suren (Kapitel), vgl. **fse 46/47**.

Der Glaube der Muslime ist im Glaubensbekenntnis, der *Schahâda*, zusammengefasst. Es lautet: Ich bezeuge, es gibt keinen Gott außer Allah und ich bezeuge, dass Muhammad sein Prophet ist, vgl. **fse 45**.

Die Praxis des Glaubens ist anschaulich zusammengefasst in den „Fünf Säulen des Islam": das Glaubensbekenntnis; das Pflichtgebet (die *Salât*); das Fasten (der *Sawn*); das Almosengeben (die *Zakât*); die Pilgerreise nach Mekka (der *Hadsch*).

fse 44/45 enthält weitere Informationen und Begriffe, die zum Teil auf den folgenden Seiten weiter geklärt werden. Dazu gehören:

Muslim: der sich Gott ergibt oder: der sich zum Islam bekennt. Da Muslime allein Gott anbeten, lehnen sie es ab, Mohammedaner genannt zu werden.

Islam: auf Gott hin ausgerichtet sein; Unterwerfung unter seinen Willen.

Koran: Heilige Schrift der Muslime, auf Arabisch offenbart und als allein gültig tradiert (mehr dazu **fse 47**).

Gebetsruf: Gott ist größer, *Allahu akbar*.

Imam: Vorbeter; auch Leiter der Gemeinde.

Mekka: Geburtsort Muhammads, Ziel der Pilgerreise der Muslime, Heiligtum der Kaaba.

Die Erzählung **fse 44** beginnt mit der Aufnahme des Neugeborenen in die Gemeinschaft (*Umma*) der Muslime und den dazugehörigen Ritualen. Im Text wird auch das Tragen des Kopftuches erwähnt, das zum einen ein Bekenntnis zum Islam darstellt, aber in der aktuellen Diskussion auch als ein politisches Instrument zur Unterdrückung der Frau angesehen wird.

Auf **fse 45** steht das Glaubensbekenntnis der Muslime im Mittelpunkt. „Allah" (al ilah) ist das arabische Wort für „Gott"; auch arabische Christen verwenden das Wort „Allah", wenn sie zu Gott beten. Allah ist der eine und einzige Gott. Er ist lebendig, beständig und erhaben, weise und wissend. Wichtige Aussagen über

Christliche Namen für Gott

1. unsere Hilfe
2. der Himmel und Erde gemacht hat
3. der Lebendige
4. der Vater
5. der Herr
6. der Schöpfer der Welt
7. der Herrscher über das All
8. der Starke
9. der Unsterbliche
10. der Anfang und das Ende
11. das Licht
12. der Fels
13. die Burg
14. der König
15. der Hirte
16. Gott im unzugänglichen Licht
17. Gott in unserer Mitte
18. der Treue
19. der uns erhört
20. der Befreier
21. der Gott unserer Freude
22. der Gott der Nähe
23. Gott der Gnädige
24. Gott der Barmherzige
25. Tiefe unseres Herzens
26. Gott der uns nahe ist
27. der Mächtige
28. der Gütige
29. der Heilige
30. der Höchste
31. der Eine
32. der Dreifaltige
33. der Gute
34. der Wahre
35. die Liebe
36. der Freund der Menschen
37. die Weisheit
38. die Demut
39. die Geduld
40. die Geborgenheit
41. die Ruhe
42. die Fröhlichkeit
43. die Freude
44. die Gerechtigkeit
45. die Zuflucht
46. die Hoffnung
47. die Glückseligkeit
48. der Erbarmer
49. der Heilbringer
50. unser Schutz
51. der Weise
52. Mutter
53.

➤ Schreibe drei Namen Gottes auf, die dir besonders gefallen:

_____

_____

_____

➤ Unterstreiche den Namen, der für dich am wichtigsten ist!

Allah sind: Er ist der Schöpfer und Erhalter der Welt, er gewährt Leben und nimmt es. Er ist der Richter. Gegenüber den Menschen ist er gerecht und barmherzig (vgl. Sure 42). Im Koran und in der Überlieferung (*Hadith*) finden sich insgesamt 99 Aussagen über die Eigenschaften Allahs. Sie werden als die so genannten 99 schönsten Namen Gottes bezeichnet (**AB 4.3.7**) und gehören zum Grundwissen eines jeden Muslims. Die Zahl 99 ist im Islam eine heilige Zahl und symbolisiert die Unendlichkeit. So sollen die 99 Namen Gottes dessen Allmacht und unbeschränkte Herrschaft ausdrücken. Die Aufzählung endet vor der vollkommenen Zahl 100, denn der Mensch kann die Vollkommenheit Gottes nicht mit seinen Worten ausdrücken. Eine alte arabische Überlieferung erzählt, dass das Kamel den Kopf so hoch trage, weil es den hundertsten Namen Gottes bereits kenne.

Das Foto zeigt – Teil einer großen arabischen Moschee – in der Mitte des Spitzbogens die kalligrafischen Namenszüge Allahs und Muhammads. Das Innere der beiden Namen ist mit Koranversen ausgestaltet. Ein weiteres Gestaltungselement sind Blumen und teilweise verschlungene grafische Elemente.

Das Glaubensbekenntnis ist hier in einer der bekanntesten kalligrafischen Schreibweisen abgebildet. Es befindet sich häufig an den Innenwänden der Moscheen.

Literatur

Islam-Politische Bildung und interreligiöses Lernen, hg. v. der Bundeszentrale für politische Bildung, bpb 3/2000

Knaebel, Christian (Ill.)/Wolpers, Godehard, Der hundertste Name Gottes, RPA-Verlag, Landshut 1999 (24 S., 12 Abb.)

2. Einsatzmöglichkeiten im RU

Stationenarbeit

- Die Doppelseite kann als gemeinsame Einführungsseite verwendet werden, um danach in offenen Unterrichtsformen weiterzuarbeiten. Die wichtigen Begriffe (vgl. 1. Hintergrund) werden stichwortartig festgehalten. Sie dienen den Sch als inhaltliche Richtschnur, an der sie sich beim selbstständigen Arbeiten orientieren. Genauere Ausführungen dazu unter 3. Weiterführende Anregungen, S. 126.
- Unabhängig von den Rahmenbedingungen und der methodischen Gestaltung bietet sich bei diesem Thema die Gestaltung eines Islamheftes an. Dazu können die Arbeitsblätter, die mit einem Schmuckrand verziert sind, verwendet werden.

Wichtige Begriffe des Islams kennen lernen

- Sch bringen ihr Vorwissen zum Thema ein: Namen, Sch islamischen Glaubens an der Schule, in der Klasse, Erfahrungen aus der Nachbarschaft, aus dem Urlaub, Ruf des Imam, Gebäude usw.

- Besuch von Claudia bei Aylin: Sch lesen den ersten Teil des Textes (bis: in die Gemeinschaft der Muslime aufgenommen). – Eine wichtige Handlung für Achmed!
- Bisher nicht bekannte Wörter (Gebetsruf, Muslim, Allah) werden an der Tafel oder auf Kärtchen gesammelt.
- Den zweiten Teil der Erzählung lesen. Die nicht bekannten Wörter werden wieder gesammelt (Imam, Mekka, Koran, Muhammad, arabisch, Glaubensbekenntnis, Moscheen) und notiert.
- Sch erstellen eine Mind-Map/ein Cluster, die Stichworte leiten die Weiterarbeit (in Klassen mit muslimischen Mit-Schülern).

Das Glaubensbekenntnis der Muslime kennen lernen

- UG: Ein Muslim fragt: Welcher Satz, welches Wort ist in eurer Religion wichtig?
- Wir fragen einen Muslim oder eine Muslimin: Was ist für euch das Wichtigste?
  Sch lernen das Glaubensbekenntnis der Muslime kennen als Zusammenfassung ihres Glaubens: **fse 45**; sie lernen es fehlerfrei auf Arabisch zu sprechen.
- **AB 4.3.4, Arbeitshilfen S. 125**: Sch schreiben das Wort Allah nach der Vorgabe und suchen es in der Kalligrafie **fse 45** bzw. in dem Bildausschnitt.
- Sch vergleichen das christliche Glaubensbekenntnis (gekürzt) und das der Muslime anhand **AB 4.3.5, Arbeitshilfen S. 125**. In schöner Schrift wird der Name „Gott" oder die Kurzform des Glaubensbekenntnisses kalligrafisch gestaltet.

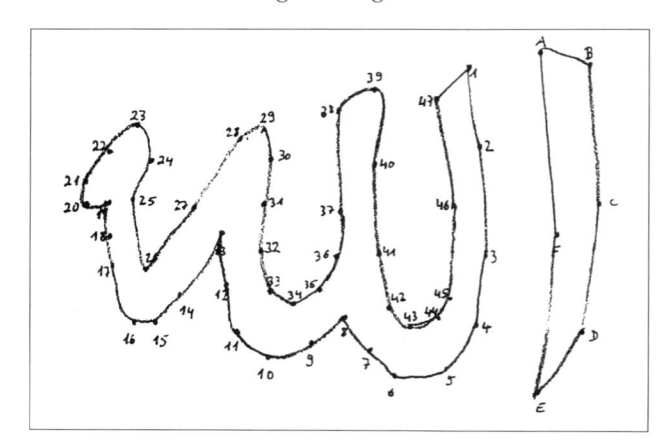

Das Bild fse 45 deuten

- Sch entdecken die besondere Ornamentik, die Blumen und die ineinander greifenden Mustergirlanden, die Farben sowie die kalligrafischen Schriftzüge. Sie überlegen, weshalb die Moschee so geschmückt ist.
- L erläutert die Bedeutung der Kalligrafie im Islam.
- Für eine meditative Vertiefung kann **AB 4.3.6, Arbeitshilfen S. 127**, eingesetzt werden.

Über das Leben des Propheten Muhammad

Der Mann, den wir heute kennen lernen, lebte vor etwa 1500 Jahren, weit weg von hier, in Arabien. Er wurde im Jahre 570 n. Chr. in der Stadt Mekka geboren. Mekka lag in einer größeren Oase mitten in der Wüste und war deshalb ein wichtiger Rastplatz für durchreisende Karawanen.

Figur auf sandfarbenes Tuch stellen (Kamele dazu).

Weil seine Eltern schon früh starben, wuchs er bei nahen Verwandten auf. Bald durfte er seinen Onkel Abu Talib auf Karawanenreisen begleiten, denn dieser war, wie viele Leute in Mekka, Kaufmann. So kam er viel herum, lernte andere Menschen und Städte kennen, aber auch neue Religionen. Später wurde er in der Firma einer reichen Witwe selbst Kaufmann. Nach einigen Jahren heiratete er diese Frau und bekam mit ihr sechs Kinder.

Stadt aus einfachen Bausteinen bauen, Oase gestalten (Palmen, kleine Kakteen, Brunnen).

Je länger er als Kaufmann arbeitete, umso mehr ärgerte ihn das Verhalten vieler Geschäftsleute, die immer rücksichtsloser wurden und nur auf ihren eigenen Vorteil aus waren. Er stellte fest, dass die Reichen immer reicher und die Armen immer ärmer wurden. Immer wieder zog er sich zum Nachdenken in die Wüste zurück. Hier, in einer einsamen Höhle am Rande der Oase, fand er die gewünschte Ruhe und Abgeschiedenheit.

Berge mit Höhle aus Tüchern (Kettücher oder große andere feste Tücher)

Eines Nachts, wahrscheinlich im Jahre 610, erschien ihm im Traum der Erzengel Gabriel. Der Engel brachte ihm eine Botschaft von Gott und erteilte ihm einen Auftrag: „Muhammad, du sollst der von Gott auserwählte Prophet sein. Geh zu den Menschen und sage ihnen, dass es nur einen Gott gibt, der gnädig und barmherzig ist." Völlig verwirrt wachte Muhammad auf, ging nach Hause und berichtete seiner Frau von dem Traum.

Muhammad in eine Höhle legen.

Seine Frau bestärkte und unterstützte ihn. Sie spürte, dass ihr Mann zu einer besonderen Aufgabe berufen war. In weiteren Träumen wurde Muhammad Gottes Wort verkündet. Er ging zu den Menschen und predigte ihnen von diesem einen Gott. Muhammad ermahnte sie, nach den Weisungen Gottes zu leben.

Von seinen Freunden wurden seine Predigten und der Inhalt der Träume (Offenbarungen) aufgeschrieben. Daraus entstand das heilige Buch der Muslime, der Koran.

Koranausgabe auf das Tuch legen.

Vielen Menschen in Mekka gefielen die Predigten Muhammads nicht, ja sie griffen ihn sogar an. Deshalb wanderte er im Jahre 622 nach Medina aus. Seine Freunde und er bildeten dort die erste Gemeinschaft, die nach den neuen Regeln Gottes lebte. Es begann eine neue Zeit. Deshalb ist für Muslime das Jahr der Auswanderung nach Medina das Jahr 1 ihrer Zeitrechnung.

Kleine Stadt am Rand des Tuches bauen.

Nach vielen heftigen Kämpfen kehrte Muhammad nach Mekka zurück. Er konnte die Menschen von dem Glauben an den einen Gott überzeugen und die vielen Götterbilder aus dem Heiligtum der Kaaba entfernen.

Evtl. schwarzen Würfel in die Mitte Mekkas legen.

Im Jahr 632 starb Muhammad überraschend in Medina.

3. Weiterführende Anregungen

99 Namen Gottes
- Folie 43 (Religionspädagogisches Seminar, s. o.) bietet „Die 99 schönsten Namen Gottes". **AB 4.3.7, Arbeitshilfen S. 129**, bringt eine Übersetzung.
- Sch wählen daraus drei Namen für Gott, die ihnen besonders wichtig erscheinen. Aus einer Sammlung christlicher Namen für Gott (aus dem Gotteslob, Nr. 763), **AB 4.3.8, Arbeitshilfen S. 131**, suchen Sch ebenfalls drei Namen aus.
- Sch stellen ihren wichtigsten Namen Gottes vor und begründen ihre Auswahl.
- Daraus entstehen auf einem Plakat die „schönsten Namen Gottes" der Klasse.
- Aus der Arbeit mit beiden Materialien kann ein weiteres AB für das Islamheft entstehen.

Bodenbild legen
Ein anderer Zugang zum Islam ist der Einstieg mit der Lebensbeschreibung des Propheten Muhammad.
- Sch und L begeben sich auf eine Zeitreise in ein fernes Land in eine längst vergangene Zeit. In einem Bodenbild entstehen die verschiedenen Landschaften Arabiens: viel Wüste, einige Berge, eine Oase mit Wasserstelle, einfache Häuser aus naturbelassenen Holzbausteinen.
- Sch versetzen sich in Gedanken in diese Landschaft und fühlen sich in die Lebensweise ein.
- In einem weiteren Schritt wird in Form einer einfachen Figur (Puppe) ein Mann eingeführt, der in dieser Landschaft aufgewachsen ist. Die Wortkarte „Mekka" wird dazugelegt.
- In einer L-Erzählung, **M 4.3.9, Arbeitshilfen S. 133**, erfahren Sch einiges aus dem Leben dieses Mannes und können z. B. die Gewürze riechen, mit denen er auf dem Basar der Stadt gehandelt hat (Zimt, Nelken, Pfeffer, Ingwer).
- Zum Schluss wird von den Berufungserlebnissen am Berg Hira berichtet und von der Entstehung des Korans.
- Im Anschluss an diese Einheit wird der Bogen zu den einzelnen Seiten in fse gespannt.

Freiarbeit
Sch arbeiten ab **fse 46** selbstständig mit dem Buch und den ergänzenden Arbeitsblättern. L kopiert dazu die AB und stellt sie in jeweils getrennten Ablageboxen, die mit den korrespondierenden Buchseiten beschriftet sind, bereit.
- Sch erarbeiten sich in PA oder GA die einzelnen Bereiche eigenverantwortlich.
- Hat die gesamte Klasse die Arbeit beendet, erfolgt die gemeinsame Zusammenschau und Ordnung der Inhalte und Arbeitsblätter.
- Auf dieser Basis wird ein Blanko-Schmuckblatt zur Gestaltung der fünf Säulen des Islams verwendet oder **AB 4.3.13, Arbeitshilfen S. 141**, mit der Hand der Fatima.

... und verehren den Koran   fragen – suchen – entdecken 46/47

1. Hintergrund

fse 46/47 vereint drei wichtige Themen der islamischen Religion:
- Der Koran ist die heilige Schrift der Muslime und richtungsweisend für die religiöse Praxis und das Leben der Muslime.
- Die Herkunft des Korans ist eng mit dem Propheten Muhammad (so die ursprüngliche Aussprache des eigentlich ohne Vokale geschriebenen Namens) verbunden.
- Mekka, die Geburtsstadt Muhammads, ist zugleich die heilige Stadt des Islams und Wallfahrtsort, ihr Besuch gehört zu einer der fünf Grundpflichten des Islam.

> **Der Prophet Muhammad**
> Muhammad (der Gepriesene) ist der Religionsstifter des Islams und gilt als letzter Prophet. Der Islam kennt aufgrund seiner alttestamentlichen und christlichen Wurzeln weitere Propheten, wie Abraham (= Ibrahim), Mose (= Musa), Jesus (Isa), und seine Mutter Maria, der entscheidende aber bleibt Muhammad, der die Texte des Korans von Gott empfing.
> Muhammad wurde um 570 in Mekka geboren. Sein Vater starb noch vor seiner Geburt, die Mutter, als er sechs Jahre alt war. So wuchs er erst beim Großvater, dann beim Onkel auf. Einer muslimischen Legende zufolge sagte ein Mönch dem 12-Jährigen eine besondere Berufung voraus. Im Jahre 595 heiratete er die reiche Kaufmannswitwe Chadidscha (Khadidja), mit der er sechs Kinder hatte, von denen aber nur die Tochter Fatima wieder Kinder hatte.
> Mit 40 Jahren begann Muhammad immer mehr nach dem Sinn des Lebens in einer unsozialen Gesellschaft zu fragen. Er zog sich häufig in die Einsamkeit zurück. In einer Höhle am Berg Hira hatte

Das Leben des Propheten Muhammad

Muhammad wurde im Jahre _____ in der Stadt _____ im heutigen Arabien geboren.

Als Erwachsener wird er _____. Mit den _____ lernt er andere Länder, Menschen und Religionen kennen.

Er _____ die Menschen und sieht vieles, was ihm nicht gefällt. Immer öfter zieht er sich in eine _____ am Rande der Wüste zurück.

Eines Tages erscheint ihm in der Höhle der _____ und beauftragt ihn, Allah als den _____ Gott den Menschen zu predigen.

Weil vielen Menschen in Mekka die Predigten nicht gefallen, muss Muhammad nach _____ fliehen.

Nach vielen Kämpfen _____ er nach Mekka _____ und _____ die Götzenbilder. Er stirbt 632 in Medina.

570 n. Chr.

➤ *Setze die folgenden Wörter richtig ein und verbinde dann die passenden Texte und Bilder miteinander.*

beobachtet – Mekka – Kaufmann – Höhle – 570 – Karawanen – Erzengel Gabriel – Medina – zerstört – kehrt zurück – einzigen Gott

4.3.10

er am 27. Tag des Monats Ramadan im Jahre 610 die erste nächtliche Erscheinung. Von einem Engel (Gabriel) wurde er aufgefordert, die Botschaft Gottes an die Menschen öffentlich vorzutragen. Im Zentrum der Offenbarung stand der Glaube an Allah, den einzigen Gott: „Sprich: Gott ist einer. Er ist der Ewige. Er ist nicht gezeugt. Ihm gleich ist keiner" (Sure 112).

Seine Predigt missfiel den Bewohnern von Mekka. Sie bedrohte den polytheistischen Kult, der der Stadt reiche Erträge einbrachte. Es kam zu heftigen Auseinandersetzungen. 622 musste Muhammad nach Medina fliehen. Dieses Jahr wurde für die Muslime der Beginn ihrer Zeitrechnung, die sich nach dem Mondkalender richtet. In diese Zeit fiel auch die Änderung der Gebetsrichtung: nicht mehr nach Jerusalem, sondern nach Mekka sollten sich die Betenden richten. Von Medina aus bekämpfte Muhammad den Vielgötterglauben in Mekka und die Entweihung des Heiligtums der Kaaba.

630 kehrte er nach vielen Kämpfen nach Mekka zurück, trat in die Kaaba ein und beseitigte endgültig die Götzen, die heidnischen Malereien und die Kultsymbole. 632 unternahm er die erste Wallfahrt nach Mekka, die als Vorbild für die muslimischen Pilger gilt. In Medina wurde Muhammad überraschend krank und starb am 8. Juni 632.

Der Koran
(qur´an = Rezitation, Lesung)

Die Offenbarungen, die Muhammad in Mekka und Medina erhielt, sind für den Muslim das unverfälschte Wort Gottes, das durch das Instrument Muhammad in klarer arabischer Sprache vernehmbar wurde. Da der Prophet selbst weder lesen noch schreiben konnte, diktierte er seinen Begleitern die Offenbarungen. Daraus entstand in einer längeren Überlieferung der Koran. Da der Koran auf Arabisch offenbart wurde, darf er auch nur in dieser Sprache gelesen und gelernt werden. Eine Übersetzung stellt lediglich eine Annäherung (Interpretation) dar. Der Koran besteht aus 114 Suren (Abschnitten), die nach ihrer Länge geordnet sind, begonnen mit der längsten, ausgenommen die erste, genannt „Al Fatiha", die Eröffnende (**fse 43**). Der hohen Bedeutung entspricht der Umgang mit dem Koran. Nur dem rituell Reinen ist die Berührung gestattet, die Rezitation ist die erbaulichste Beschäftigung.

Neben der Rezitation ist das Schreiben von Koranversen in schöner Schrift (Kalligrafie) eine fromme Tätigkeit und zeugt von der Verehrung der Schrift (**fse 45**).

Inhaltlich ist der Koran die Quelle der Heilswahrheit und die Grundlage des rechten Glaubens: Gott (Allah) als Schöpfer, Richter, Vorherseher (vgl. die 99 Namen Gottes); die Norm sittlichen Handelns, das Fundament der gesetzlichen Bestimmungen ist in ihm enthalten. Seine Bestimmungen bringen Zuversicht und Sicherheit.

Mekka und die Pilgerfahrt (Hadsch)

Mit Muhammad und seiner Lehre ist Mekka untrennbar verbunden. Mekka ist der Geburtsort des Propheten, hier begann seine Mission, hier steht das bedeutendste Heiligtum der islamischen Welt, die Kaaba. Zur Zeit Muhammads war Mekka eine Handelsmetropole. Heute ist sie in erster Linie die Pilgerstadt für Millionen von Gläubigen. Jeder Muslim soll einmal in seinem Leben, wenn es ihm möglich ist, die Pilgerreise nach Mekka zur Kaaba unternehmen.

Die Kaaba ist ein würfelförmiges Gebäude, ca. 11 Meter hoch. In der östlichen Ecke, ca. 1, 50 m über dem Boden ist der heilige schwarze Stein (Basalt oder Lava) eingefügt. Nach der Legende soll er vom Altar des Abraham stammen, der darauf seinen Sohn opfern sollte. Ein schwarzer Überwurf (reich mit Koranversen in Gold bestickt) bedeckt die Kaaba, zur Wallfahrtszeit werden weiße Stoffe angebracht (**fse 47**). Die Pilgerfahrt ist mit zahlreichen Riten verbunden. Dazu zählen das Pilgergewand, das Umkreisen der Kaaba, die „Steinigung des Satans" usw. Das Zusammensein von Muslimen aus aller Herren Länder trägt viel dazu bei, das Gemeinschaftsgefühl der Muslime zu stärken. Der Pilger darf sich nach Abschluss seiner Wallfahrt „Haddschi" nennen.

Zu den Bildern auf fse 46/47

Die beiden orientalischen Miniaturen **fse 46** zeigen zwei Szenen aus dem Leben Muhammads: Muhammad entfernt eine Götzenstatue vom Heiligtum der Kaaba (oben) und gibt die empfangene Lehre seinen Freunden weiter (unten). Diese sitzen in andächtiger Pose ihm zu beiden Seiten zugeordnet und halten ihre Hände mit den offenen Handflächen nach oben gerichtet in empfangender Haltung.

Die obere Miniatur weist eine Besonderheit auf: Manchen muslimischen Glaubensrichtungen ist es verboten, das Gesicht des Propheten darzustellen. Deshalb wird es auf diesem Bild, das die Zerstörung der Götzenbilder auf der Kaaba nach der erfolgreichen Rückeroberung Mekkas im Jahre 630 darstellt, mit einem weißen Tuch verhüllt. Das Bilderverbot, das für die Darstellung Allahs gilt, wird auf Muhammad ausgedehnt.

Suren aus dem Koran

1. Sure 1 (Fatiha): fse 4, S. 43.

2. Basmala: Im Namen Gottes, des Erbarmers, des Barmherzigen.
(Bis auf Sure 9 wird jede Sure des Korans mit der Basmala eingeleitet.
Sie ist auch Bestandteil des Pflichtgebetes).

3. Aussagen über Allah
Sure 2,255 (Als Thronvers bekannt): Gott, es gibt keinen Gott außer Ihm, dem Lebendigen, dem Beständigen. Nicht überkommt Ihn Schlummer und nicht Schlaf. Ihm gehört, was in den Himmeln und was auf der Erde ist. Wer ist es, der bei Ihm Fürsprache einlegen kann, es sei denn mit seiner Erlaubnis? Er weiß, was vor ihnen und was hinter ihnen liegt, während sie nichts von seinem Wissen erfassen, außer was er will. Sein Thron umfasst die Himmel und die Erde, und es fällt Ihm nicht schwer, sie zu bewahren. Er ist der Erhabene, der Majestätische.
Sure 3,2: Gott, es gibt keinen Gott außer Ihm, dem Lebendigen, dem Beständigen.
5: Vor Gott ist nichts verborgen, weder auf der Erde noch im Himmel. 8: Unser Herr, lass unsere Herzen nicht abweichen, nachdem Du uns recht geleitet hast. Und schenke uns von Dir Barmherzigkeit. Du bist ja der Freigebige.
Sure 57,28: O ihr, die ihr glaubt, fürchtet Gott und glaubt an seinen Gesandten, dann lässt Er euch einen doppelten Anteil an seiner Barmherzigkeit zukommen, macht euch ein Licht, in dem ihr wandeln könnt, und vergibt euch. Gott ist voller Vergebung und barmherzig.

4. Aussagen über Muhammad
Sure 33,40: Muhammad ist nicht der Vater irgendeines von euren Männern, sondern der Gesandte Gottes und das Siegel der Propheten. Und Gott weiß über alle Dinge Bescheid.
45: O Prophet. Wir haben dich gesandt als Zeugen, als Freudenboten und als Warner, 46: und als einen, der zu Gott mit seiner Erlaubnis ruft, und als eine helle Leuchte.
Sure 25,1: Gesegnet sei der, der auf seinen Diener die Unterscheidungsnorm herabgesandt hat, damit er den Weltenbewohnern ein Warner sei. 6: Sprich: herabgesandt hat ihn, der weiß, was in den Himmeln und auf der Erde geheim ist.

5. Zum rechten Verhalten der Menschen
Sure 25,63: Und die Diener des Erbarmers sind die, die demütig auf der Erde umhergehen und wenn die Törichten sie anreden, sagen: „Frieden!". 68: Und die, die neben Gott keinen anderen Gott anrufen und den Menschen nicht töten, den Gott für unantastbar erklärt hat. 71: Und wer umkehrt und Gutes tut, der wendet sich in wahrhaftiger Umkehr Gott zu.
Sure 2,215: Sie fragen dich, was sie spenden sollen. Sprich: Was ihr an Gutem spendet, das sei für die Eltern, die Angehörigen, die Waisen, die Bedürftigen und die Reisenden. Und was ihr an Gutem tut, Gott weiß es.
Sure 6,151: ... ihr sollt die Eltern gut behandeln. 152: ... Und gebt volles Maß und Gewicht nach Gerechtigkeit ... Und wenn ihr aussagt, dann seid gerecht, auch wenn es um einen Verwandten geht.

Die Verehrung des Korans zeigt sich in prachtvollen Ausgaben **fse 47**. Der Schrift kommt eine große Bedeutung zu, deshalb hat man sich von Anfang an bemüht, die Koranexemplare so schön wie möglich zu schreiben und kunstvoll auszuschmücken. Die hohe Wertschätzung zeigt sich auch darin, dass der Koran von Andersgläubigen nicht in die Hand genommen werden soll.

Literatur

Renz, Andreas/Leimgruber, Stephan, Christen und Muslime, München 2004,
S. 103 ff: Das Problem der Offenbarung in Christentum und Islam
S. 139 ff.: Biblische Erzählungen und Personen im Koran
S. 243 ff.: Ästhetische Dimensionen im christlich-islamischen Lernprozess (u. a. Moscheen als sakrale Räume, Kalligrafie, Koranrezitation)

Koran lesen, Themenheft Katechetische Blätter 129 (2004) H. 5

2. Einsatzmöglichkeiten im RU

Das Leben Muhammads kennen lernen

- L erzählt wichtige Ereignisse aus dem Leben Muhammads: **M 4.3.9, Arbeitshilfen S. 133**. Dazu kann ein Boden- oder Tafelbild erstellt werden, das die Landschaft Arabiens andeutet.
- L und Sch bauen die Stadt Mekka aus einfachen Bausteinen; leise orientalische Musik und ein fiktiver Gang durch den Basar mit Riechen oder Probieren von einheimischen Gewürzen oder Früchten (Zimt, Nelken, Pfeffer, Ingwer, Zitrone, Banane, Datteln, Orangen) ermöglichen ganzheitliche Erfahrungen.
- Die Erzählung wird durch die beiden Bilder **fse 46** ergänzt. Die gesichtslose Gestalt Muhammads wird erklärt.
- Vertiefung: Sch füllen **AB 4.3.10, Arbeitshilfen S. 135**, aus und verbinden die Bilder mit den entsprechenden Daten aus dem Leben Muhammads.
- Sch gestalten aus **AB 4.3.10** ein Leporello oder Wandfries zum Leben Muhammads. L stellt weitere Bilder zur Verfügung (z. B. aus der Folienmappe des RPS Regensburg).
- *Alternative* für die Stationenarbeit: **M 4.3.9, Arbeitshilfen S. 133**, als Infotext einsetzen, **AB 4.3.10** zur Lernzielkontrolle.

Den Koran als heiliges Buch kennen lernen

Hinweis: Für Sch ist eindrucksvoll, wenn sie die Möglichkeit haben, Koranausgaben auf Arabisch oder Deutsch zu betrachten. Dabei sollte den Sch erklärt werden, dass der Koran als Buch bei den Muslimen eine sehr hohe Wertschätzung genießt, stets oberhalb der Gürtellinie gehalten wird und von Andersgläubigen möglichst nicht in die Hand genommen werden soll. (Vergleich mit der ehrfurchtsvollen Behandlung der Bibel beim christlichen Gottesdienst: Kerzen, Weihrauch, Alleluja-Gesang, Stehen der Gläubigen).

- Die beiden Themen „Koran" und „Wallfahrt nach Mekka" werden schwerpunktmäßig durch L-Erzählung eingeführt.
- Koranausgaben in arabischer und deutscher Sprache betrachten; evtl. als Ersatz entsprechende Folien zeigen (RPS Regensburg).
- L gibt Informationen zur Übersetzung des Korans (vgl. Hintergrund).
- Den Koran als das verbindliche Glaubensbuch der Muslime einführen und wichtige Inhalte vorstellen: Alleinverehrung Allahs, Allah als Schöpfer und Erhalter allen Lebens, Vorschriften für ein Leben, das Allah gefällt usw.
- Eine kunstvoll gestaltete Koranausgabe betrachten. Gründe für die Prachtausgabe suchen. L gibt Informationen zur Kalligrafie und vergleicht mit einer Prachtausgabe der Bibel.
- Weitere Entdeckungen am Koran: Die Länge der Kapitel (Suren), im Inhaltsverzeichnis biblische Gestalten entdecken (Josef: Sure 12; Abraham: Sure 14; Maria: Sure 19; Noach: Sure 71; Jesus: z. B. Sure 33,7).
- Sch lesen je nach Interesse einige Suren aus dem Koran: **AB 4.3.11, Arbeitshilfen S. 137** (die Texte stammen aus der Übersetzung des Korans von Adel Th. Khoury, GTB 783, Gütersloh 1987).

Die Pilgerfahrt nach Mekka – eine Grundpflicht für Muslime

- L liest die Erzählung von Ahmad von Denffer **M 4.3.12, Arbeitshilfen S. 139**.
- Das Foto **fse 47** unterstützt die Erzählung.
- Die Besonderheit der Kaaba wird erklärt (vgl. Arbeitshilfen S. 136).
- L ordnet die Wallfahrt nach Mekka in die fünf Grundpflichten ein, die für einen Muslim gelten (Bekenntnis zu Allah als erste Grundpflicht **fse 45**; die 5. Grundpflicht ist die Pilgerfahrt nach Mekka).
- Sch erhalten **AB 4.3.13, Arbeitshilfen S. 141**, benennen die ersten beiden „Säulen" bzw. beschriften zwei Finger der Hand der Fatima.
- Die Orte Medina und Mekka werden auf einer (historischen) Landkarte aufgesucht (z. B. in: Bundeszentrale für politische Bildung, Islam – Politische Bildung und interreligiöses Lernen, Bonn 2003, Modul 3, S. 51).
- AA **fse 47**: Sch überlegen in PA, warum Menschen wallfahren (heilige Orte, Verehrung heiliger Personen; Erinnerung, Gebet: Dank und Bitte; in Gemeinschaft beten usw.).

Die Pilgerfahrt

Drei Monate später kamen Onkel Ismail und Tante Fatima noch einmal zu Besuch. Sie waren beide vor kurzem in Mekka gewesen zum *Hadsch*. *Hadsch* ist das arabische Wort für Pilgerfahrt.

Onkel Ismail erzählte: Dort in Mekka waren viele, viele Menschen. Sie sind aus allen Ländern gekommen.

Ja, sagte Tante Fatima, es waren Männer und Frauen. Sie sind alle gekommen, weil es im Koran geschrieben steht. Islam bedeutet ja, dass man die *Schahâda* sprechen soll, dass man fünfmal am Tag betet, im Monat Ramadan fastet, den Armen *Zakât* gibt und dass man nach Mekka zur Pilgerfahrt geht.

Und was habt ihr da gemacht?, fragte Leila.

Wir haben die Pilgerfahrt gemacht, wie es uns der Prophet Muhammad gesagt hat, erklärte Onkel Ismail. Zuerst sind wir zu einem kleinen Berg gegangen, bei Arafat. Dort haben wir den ganzen Tag lang gewartet und zu Allah gebetet. Dann, am Abend, sind wir weitergegangen in ein Tal. Dort haben wir ein paar Steinchen gesammelt. Am nächsten Tag sind wir nach Mina gekommen. Mina ist ein Dorf in der Nähe von Mekka. Dort stehen drei hohe Steine. Da haben wir die kleinen Steinchen hingeworfen, die wir in der Nacht gesammelt hatten. Dabei haben wir gedacht: Jetzt werfen wir auf den *Iblis* (= Teufel) mit Steinen, damit er uns in Ruhe lässt.

Dann haben wir ein Schaf geschlachtet.

Halt, rief Hassan, das ist in Erinnerung an den Propheten Ibrahim.

Richtig, sagte Tante Fatima, du weißt ja sehr gut Bescheid! Nachher erzählst du mir noch einmal die Geschichte vom Propheten Ibrahim, ja?

Dann berichtete Onkel Ismail weiter: Später sind wir nach Mekka gegangen. Dort in der Moschee steht die *Kaaba*. Die *Kaaba* ist ein großes Haus aus Steinen, ohne Fenster und mit einem flachen Dach. Sie sieht wie ein riesiger Würfel aus. Um die *Kaaba* sind wir siebenmal herumgegangen, wie der Prophet Muhammad es uns gesagt hat.

Es waren der Prophet Ibrahim und sein Sohn Ismail, die haben die Kaaba gebaut, sagte Leila.

Ja, sagte Tante Fatima, aber weißt du auch, warum?

Nun, erklärte Onkel Ismail, sie haben ein großes Steinhaus gebaut, weil sie Propheten waren und von Allah Worte gehört hatten. Auf diese Worte von Allah haben sie gehört. Sie wollten, dass die Menschen sich immer an Allah erinnern, wenn sie an diesem Haus vorbeikommen. Darum haben sie das Haus gebaut und darum gehen die Muslime immer zur Pilgerfahrt.

Kann man auch in das Haus hineingehen?, wollte Leila wissen.

Das braucht man nicht, sagte Onkel Ismail. Es ist ja kein richtiges Haus. Es genügt ja, wenn man es von außen sieht. Wenn man um die Kaaba herumgeht, dann wird man daran erinnert, dass Allah den Propheten immer Worte geschickt hat, die sie den Menschen sagen sollten. Damit man sich daran erinnert, dazu ist das Haus da.

Allah hat den Menschen sehr viele Propheten gesandt. Der erste war Adam. Und Muhammad war der letzte. Alle Propheten haben den Menschen gesagt: Ihr sollt nur an Allah glauben. Er hat euch geschaffen und die Pflanzen und die Tiere, damit ihr zu essen habt. Ihr sollt nur zu Allah beten und das Gute tun.

Noch lange erzählten Tante Fatima und Onkel Ismail von Mekka. Sie sprachen davon, wie viele verschiedene Menschen dort hinkommen, manche mit schwarzer Hautfarbe, andere mit weißer oder mit schöner brauner. Aber alle sind wie Geschwister. Denn sie sind ja alle Muslime, die an Allah glauben und das tun, was ihnen der Prophet Muhammad gesagt hat.

Wenn ich einmal groß bin, dachte Hassan, dann mache ich auch eine Pilgerfahrt nach Mekka.

Ahmad von Denffer

3. Weiterführende Anregung

Kenntnisse im Textpuzzle festigen
- Aus **AB 4.3.9, Arbeitshilfen S. 133**, wird durch Zerschneiden nach den jeweiligen Absätzen ein Textpuzzle hergestellt; Sch malen in GA ein passendes Bild in vorgegebener Größe (mit Rahmen) zu den Textteilen. Danach erfolgt die gemeinsame Text-Bild-Zuordnung.
- *Hinweis*: Da es muslimischer Tradition entspricht, Muhammad ohne Gesicht darzustellen, ist es sinnvoll, wenn L eine „Muhammad-Schablone" herstellt und Sch auf die „Gesichtslosigkeit" hinweist.

... beten zu Allah   fragen – suchen – entdecken 48/49

1. Hintergrund

fse 48/49 verbindet die Information zum Gebetsraum der Moschee mit den beiden Teilen des rituellen Gebets: der Reinigung und den Ritualen des Pflichtgebetes.

Das tägliche **Pflichtgebet** (die *Salât*) ist eine weitere Säule (Grundpflicht) des Islam. Jeder erwachsene Muslim ist verpflichtet, fünf Mal am Tag zu beten: in der Morgendämmerung, mittags, nachmittags, abends und in der Nacht. Die Zeiten für die Gebete ruft der Muezzin vom Minarett der Moschee. Beim Gebet richten sich alle Gläubigen auf der ganzen Welt nach Mekka, weshalb in manche Gebetsteppiche von Muslimen, die beruflich viel unterwegs sind, ein Kompass eingearbeitet ist und in Flugzeugen arabischer Airlines ein Pfeil auf der Flugroutenanzeige nach Mekka weist. In der Moschee, dem islamischen Gebetshaus, zeigt eine Nische (*Mihrab*), die Gebetsrichtung (*Kibla*) an.

Rituelle Waschungen

Vor dem Gebet wäscht sich jeder Gläubige nach genau festgelegten Regeln, um eventuelle kultische Unreinheiten zu beseitigen. Vier Elemente dieser Reinigung sind exemplarisch auf **fse 48** dargestellt. Das dazu passende AB 4.3.14, Arbeitshilfen S. 143, erläutert die Bedeutung der wichtigsten Waschungen:

Hände: Das Schlechte, das die Hände getan haben, abwaschen.
Gesicht: Das Schlechte, das Mund und Nase gesprochen bzw. aufgenommen haben, wegwaschen.
Haare/Nacken: Von Schlechtem befreien, das auf dem Menschen lastet.
Ohren/Augen: Das Schlechte wegwaschen, das Augen und Ohren gesehen bzw. gehört haben.
Arme: Reinigung von Schlechtem, das unterstützt worden ist.
Füße: Das Schlechte abwaschen, zu dem oder mit dem man gegangen ist.

Bevor die Muslime den Gebetsteppich betreten, ziehen sie ihre Schuhe aus, um auch hier möglichst jede Verunreinigung auszuschließen. Aus demselben Grund befinden sich in jeder Moschee ein Schuhregal und eine Waschgelegenheit. Im Zustand der rituellen Reinheit trennt sich der Beter/die Beterin von der profanen Umwelt.

Auch der **inhaltliche Verlauf eines jeden Gebetes** ist festgelegt: In der Rezitatiton von Koranversen stehen der Lobpreis Gottes, fromme Anrufungen und Segenswünsche. Der Gläubige steht vor Allah, er folgt dem Ruf und der Offenbarung Allahs in Verehrung. Zu immer gleichen Texten werden immer die jeweils entsprechenden Gebetshaltungen eingenommen (**fse 49** in exemplarischer Auswahl). Dadurch wird die Einheit von Ritus und Glaubensinhalt betont. Die Zusammengehörigkeit aller Muslime (*Umma*) wird unterstützt durch die verbindliche **Gebetssprache** Arabisch. Im Gebet vertraut sich der Muslim/die Muslimin Allah und seiner Barmherzigkeit an. Alle Gläubigen sind vor Allah Brüder und Schwestern. Deshalb hat das gemeinsame Gebet Vorrang vor dem Gebet des einzelnen.

Neben dem Pflichtgebet *Salât* kennt der Islam auch private Gebete, indem er z. B. mit der Gebetskette (arabisch *Misbaha* oder *Subha*, türkisch *Tasbih* genannt) die 99 Namen Gottes aufzählt. Die persönlichen Gebete ersetzen aber nicht das Pflichtgebet. Freitags und an Festtagen versammeln sich die Muslime zum gemeinsamen Gebet und Hören der **Freitagspredigt** des Imam in der Moschee. Den islamischen Gepflogenheiten nach halten sich dabei Männer und Frauen mit Kindern in getrennten Räumen auf. Für seine Predigt besteigt der Imam eine eigene Predigtkanzel (*Minbar*) oder zumindest einen erhöhten Stuhl.

Die Moschee

Die Moschee (Ort, an dem man sich niederwirft) ist der Versammlungsort der Muslime. Sie wird zum Freitagsgebet, aber auch für Versammlungen und den Koranunterricht benutzt. Oft befinden sich auch Läden innerhalb der Moschee. Wichtige Einrichtungen sind: eine Waschgelegenheit oder ein Brunnen vor der Moschee; eine kleine Nische (*Mihrab*) im Innern des Gebetsraumes, die die Richtung

Die fünf Pflichten der Muslime –
Die Hand der Fatima

Die Tochter Muhammads – Fatima – wird von den Muslimen als Stammmutter besonders verehrt. Die Hand der Fatima, kunstvoll verziert, gilt in den muslimischen Ländern als Glücksbringer. Die fünf Finger erinnern an die fünf Pflichten eines jeden gläubigen Muslim, einer jeden gläubigen Muslimin. Die fünf Pflichten werden auch die fünf Pfeiler des Islams genannt.

➤ Schreibe in die Hand die fünf Pflichten:

➤ Schreibe in die zweite Hand wichtige Pflichten eines Christen, einer Christin:

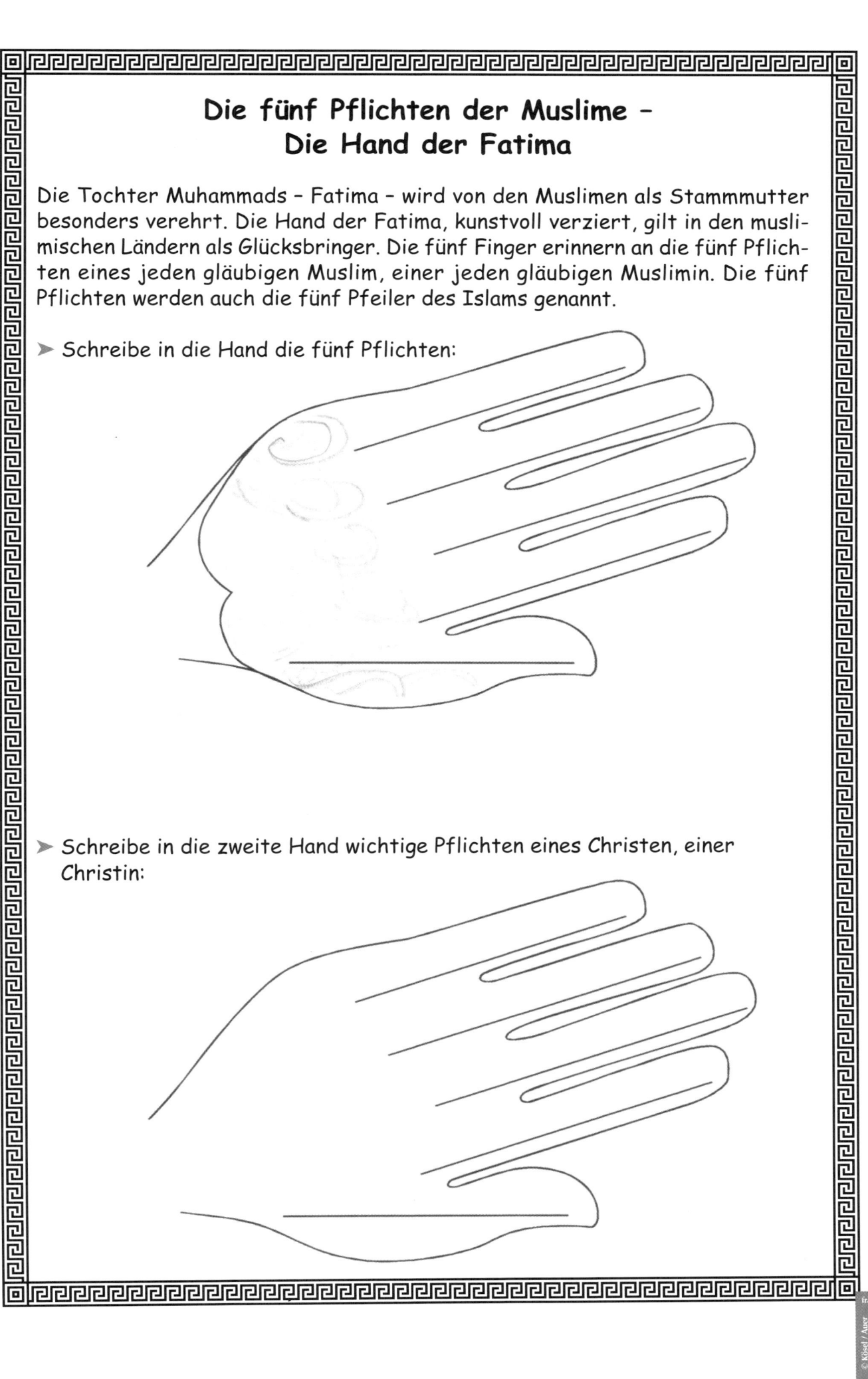

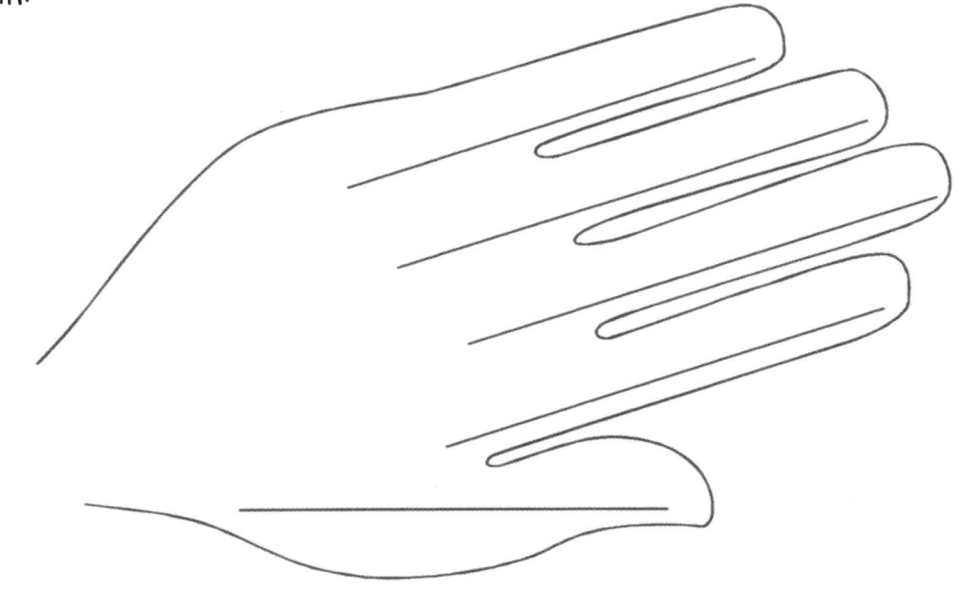

nach Mekka anzeigt. Auf dem Boden liegen Teppiche, die oft das Motiv der Nische aufnehmen. Neben der Gebetsnische befindet sich der Predigtstuhl (*Minbar*). Die Ausschmückung der Moschee besteht aus kunstvoll geschriebenen Koranversen, dem Namen Allahs und Muhammads, geometrischen Figuren und Arabeskenranken. Wegen des strengen Bilderverbots ist kein Bilderschmuck zu finden. Das Foto **fse 48** zeigt einen Ausschnitt einer großen arabischen Moschee, deren Spitzbögen in der Mitte mit den kalligrafischen Namenszügen Allahs und Muhammads geschmückt sind. **fse 45** zeigt neben dem Glaubensbekenntnis die Vergrößerung dieser Kalligrafie – ein Beispiel dafür, wie Kalligrafien dazu benutzt werden, Moscheen und den Koran auszuschmücken.

Das Innere einer Moschee zeigt auch Folie 23 in Lebensbilder 3/4.

2. Einsatzmöglichkeiten im RU

Die Erarbeitung der Vorschriften zur Reinigung, zum Ablauf des Gebetes und die Kenntnis der Einrichtung und Ausschmückung der Moschee kann in arbeitsteiliger GA erfolgen. Anschließend informieren sich die einzelnen Gruppen gegenseitig (evtl. im Gruppenpuzzle).

Reinheitsvorschriften kennen lernen (Gruppe 1)

- Einführungsgespräch: Wie bereiten wir uns auf ein Gebet oder auf einen Gottesdienst vor? (Weihwasser nehmen, das Kreuzzeichen machen, sich in Gedanken auf den Gottesdienst vorbereiten, ruhig werden, auch den Körper ruhig stellen; Handhaltung).
- Sch betrachten vor dem Lesen des Textes die Bilder am Rand von **fse 48** und lesen dazu Sure 5,6. Sie versuchen den Zusammenhang von Überschrift und Bildern zu erklären: Muslime bereiten sich auf das Gebet vor. Sch überlegen, welche Bedeutung die Waschungen haben: Was könnte der Muslime denken, während er einzelne Körperteile (Hände, Augen, Nase, Mund, Ohren) wäscht?
(Zum Vergleich: Christen beten am Anfang der Eucharistiefeier: ... ich habe gesündigt in Gedanken, Worten und Werken ...)
– Die Bedeutung von Auge, Mund, Ohr, für das Gebet überlegen.
Die Anweisung, auch mit Sand zu reinigen, zu verstehen suchen (Wasserknappheit in der Wüste).
– Sch betrachten **AB 4.3.14, Arbeitshilfen S. 143**, und ergänzen die Abbildungen mit den Gebetssätzen.

Gebetshaltungen beim Pflichtgebet kennen lernen (Gruppe 2)

- Sch betrachten die Zeichnungen am Rand von **fse 49**.
– Mit dem Körper beten: Sch vergleichen ihre Erfahrungen aus den Gebärdeübungen fse 6 mit den Gebetshaltungen (z. B. Haltung 3 und 4, vgl. Arbeitshilfen S. 43). Die einzelnen Gebetshaltungen einnehmen und dazu Gebetssätze suchen.
– Sie suchen Gebetshaltungen, die Christen einnehmen, und vergleichen sie mit den dargestellten Haltungen.
- Sch bringen die Gebetstexte und die Gebetshaltungen in Beziehung zueinander: **AB 4.3.15, Arbeitshilfen S. 144**.
– Sch entdecken inhaltliche Bezüge zum Vaterunser.
– Sch lernen das Pflichtgebet als eine weitere Säule des Islams kennen (Säule 2) und tragen sie auf **AB 4.3.13, Arbeitshilfen S. 141**, ein.
Hinweis: Vom reinen Nachahmen der muslimischen Gebetshaltungen ist abzuraten; Sch können aber die Haltungen zum Anlass nehmen, eigene Gebetstexte mit den Haltungen zu verbinden. Sie lernen, dass diese Haltungen eine Form des Gebetes darstellen, vgl. Gebärden fse 6).

Die Moschee als Gebetshaus kennen lernen (Gruppe 3)

- Sch betrachten die beiden Abbildungen **fse 48/49**:
  – das Äußere der Moschee: Kuppel, Eingang, Verzierungen, Größe usw.
  – das Innere der Moschee: Teppiche, Verzierungen, „Bilder" (Koranverse in Kalligrafie), Verhalten der Muslime (Männer), Nische mit vielen Verzierungen.
- Sch lesen Text **fse 48** und **fse 49**. Wichtige Teile der Moschee werden aus dem Text herausgeschrieben und im Bild aufgesucht. Zwei Teile fehlen: Minarett (fse 4, 127) und Minbar (**M 4.3.16, Arbeitshilfen S. 145**, mittels OHP zeigen).
– Sch entdecken in PA auf **AB 4.3.17, Arbeitshilfen S. 147**, die im Buch genannten Elemente.
– Sch ordnen auf **AB 4.3.17** auch die Teile der Kirche zu, benennen deren Bedeutung.
– Sch vergleichen beide Gotteshäuser.
- Die Ergebnisse der drei Gruppen werden im Plenum vorgestellt.

3. Weiterführende Anregungen

Einladen und besuchen

- Einen Vertreter der islamischen Gemeinde einladen. Zuvor in der Klasse entsprechende Fragen vorbereiten: Was wollen wir wissen?
- Besuch einer nahe gelegenen Moschee mit einer Führung durch den Gemeindevorsteher oder Imam (vgl. **fse 54**).

Muslime waschen sich vor dem Gebet

Ich reinige mich von dem Schlechten, ...

... das meine Hände getan haben.

... das Mund und Nase aufgenommen haben, das ich gesehen und gesprochen habe.

... das auf mir lastet.

... das ich gehört habe.

Gebetshaltungen

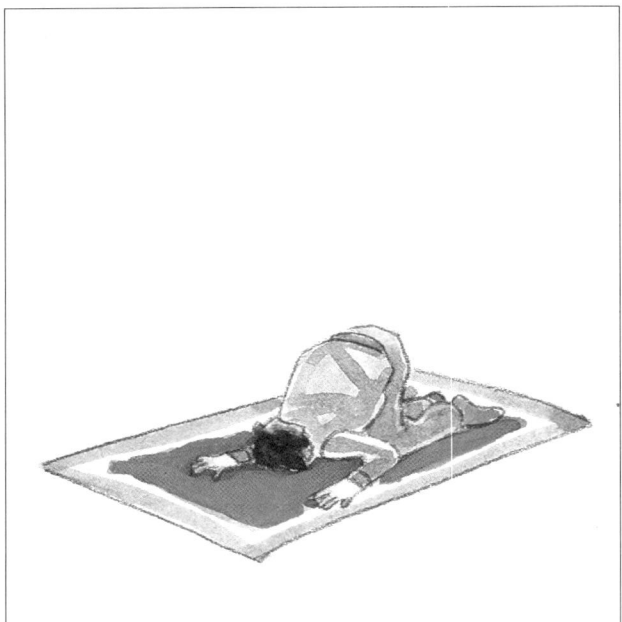

Allahu akbar – Gott ist größer!

Ich habe mich an den gewandt, der Himmel und Erde erschaffen hat.

Heilig ist mein Herr!

Allahu akbar – Gott ist größer. Heilig mein Herr, Schöpfer und Helfer.

O Allah, verzeih mir die Sünden, sei mir gnädig und leite mich auf dem rechten Weg – behüte mich vor allem Bösen. Friede sei bei euch und Allahs Gnade!

Die Kanzel, der Minbar

Von der Kanzel aus hält der Imam seine Freitagspredigt. Diese rituelle Anordnung geht auf ein Ereignis im Leben des Propheten Muhammad zurück: Als sich 628 eine riesige Menschenmenge im Hof seines Hauses in Medina einfand, um seine Predigt zu hören, bauten seine Gefährten ihm ein erhöhtes Podest.

Eine Moschee bauen
- Sch bauen in arbeitsteiliger GA aus Schuhkartons, Pappollen und anderen Verpackungen eine Moschee. Anleitung in: Islam – politische Bildung und interreligiöses Lernen, hg. von der Bundeszentrale für politische Bildung, bpb 3/2000, Modul 3, S. 26.

- Eine detailgetreuere, aber sehr aufwändige Herstellung von Modellen ermöglichen die Möckmühler Arbeitsbögen Nr. 33 (Unsere Kirche) und 69 (Moschee), Aue-Verlag, Möckmühl/Stuttgart o. J.

... fasten und feiern

fragen – suchen – entdecken **50/51**

1. Hintergrund

Der vierte Pfeiler des Islams ist das Fasten (der *Sawn*). Mit der Pflicht zu fasten hat Muhammad eine Tradition des Judentums übernommen. Die zweite Sure im Koran schreibt ein einmonatiges Fasten während des 9. Monats des islamischen Mondjahres, des Ramadan, vor. Alle gesunden erwachsenen Gläubigen sind verpflichtet, zwischen Sonnenaufgang und Sonnenuntergang weder zu essen noch zu trinken. Nachts dagegen besteht kein Fastengebot. Schwerarbeiter, Reisende und Schwangere dürfen das Fasten tagsüber brechen. Diese Fastentage verstehen die Muslime als Tage des Opfers und der Besinnung auf das Wesentliche des Lebens. Die Muslime sollen sich in dieser Zeit mit ihren Feinden aussöhnen. In die Zeit des Fastens fällt auch die Abgabe der Armensteuer (*Zakât*). Sie zählt als weiterer Pfeiler zu den fünf Grundpflichten der Gläubigen. Sie schärft den Blick für die Mitmenschen, die in Not geraten sind. Da das muslimische Jahr sich nach dem Mond richtet, verschiebt sich der Fastenmonat jährlich um 11 Tage. So kommt es, dass Ramadan auch in den Hochsommer fallen kann und dann besonders beschwerlich ist.

In der Nacht vom 26. auf den 27. Tag des Fastenmonats feiern die Muslime eines ihrer höchsten Feste, die so genannte heilige Nacht der Offenbarung des Korans an Muhammad.

Das zeitgleiche Fasten und das zwei bis drei Tage dauernde Fest des Fastenbrechens (arabisch: *Idu el Fitr*, türkisch: *Ramazan bayrami*) verstärkt die Zusammengehörigkeit aller Muslime. Schon vorab werden Glückwunsch- und Einladungskarten verschickt, auf denen man sich ein gesegnetes Fest im Namen Allahs wünscht (**fse 51**). Am ersten Tag geht möglichst die ganze Familie zum feierlichen Gottesdienst in die Moschee. Spätestens am zweiten Tag werden Freunde und Verwandte eingeladen oder besucht und vor allem Kinder reichlich beschenkt. Den bei uns bekannten Namen „Zuckerfest" hat das Fest vom vielen süßen Gebäck, das nach der Zeit des Verzichts besonders beliebt ist.

Ebenso bedeutsam wie das Bayramfest ist das so genannte Opferfest. Es geht wie das Fasten auf eine Anweisung Muhammads zurück und erinnert an die Bereitschaft Abrahams, Gott seinen Sohn zu opfern und daran, dass Allah den Sohn Abrahams (arabisch: *Ibrahim*) vor dem Opfertod rettete. Sehr interessant ist ein Vergleich beider auf die gleiche Tradition zurückgehenden Erzählungen, denn in der islamischen Erzählung soll nicht Isaak, sondern Ismael geopfert werden. Daneben kennt der Islam noch einige andere Feste, die meist auf Stationen im Leben des Propheten zurückgehen.

Die Doppelseite **fse 50/51** verbindet die beiden Aspekte, Fasten und Feiern, miteinander und beschränkt sich dadurch zwangsläufig auf das bei uns eher bekannte Bayramfest am Ende des Ramadan. **fse 51** fordert auf, die fünf Grundpflichten abschließend zusammenzustellen.

> **Hand der Fatima**
> Die so genannte „Hand der Fatima" soll auf die Tochter des Propheten Muhammad zurückgehen (= Fatima bint Muhammad), die als einziges seiner Kinder Nachkommen hatte. Sie lebte von 606-633 und genießt in der gesamten islamischen Welt hohe Wertschätzung. Die von den Fatimiden als Stammmutter verehrte Tochter gilt als von Gott geschaffenes weibliches Ideal. Die **fse 51** abgebildete silberne Hand ist eines der am weitesten verbreiteten Amulette. Es soll Unheil abwenden und gläubige Muslime an ihre Pflichten erinnern. Meist findet man diesen Anhänger mit Koranversen versehen, oft auch noch durch heilkräftige Edelsteine besetzt. Im Mittelalter war die „Hand der Fatima" ein beliebter Standartenaufsatz.

Die abgebildete Hand trägt den Schriftzug „Allah" auf der Handfläche und nicht näher identifizierbare Korantexte. Die Zahl fünf gilt im Islam als heilige Zahl und symbolisiert die fünf Säulen. Im afrikanischen Mali pilgern Gläubige zu einem charakteristischen Bergmassiv, das wie eine fünffingrige Hand in den Himmel reicht und den Namen „Hand der Fatima" trägt.

Moschee – Kirche

Für Muslime ist die Moschee ein Ort des gemeinschaftlichen Gebets. So wie Christen sich sonntags und an Feiertagen in der Kirche versammeln, um Gott nahe zu sein, treffen sich Muslime am Freitag und an wichtigen Feiertagen in der Moschee oder in ihrem Gebetsraum zum Gebet. Nicht jede Moschee in Deutschland hat einen Turm (Minarett), aber das Innere jedes Gebetsraumes ist gleich ausgestattet.

➤ Hier siehst du Zeichnungen einer Moschee und einer katholischen Kirche. Verbinde die einzelnen Wörter mit den entsprechenden Teilen der Moschee bzw. der Kirche. Dein Religionsbuch hilft dir dabei!

Minarett

Minbar

Mihrab

Gebetsteppiche

Waschgelegenheiten

Schuhregale

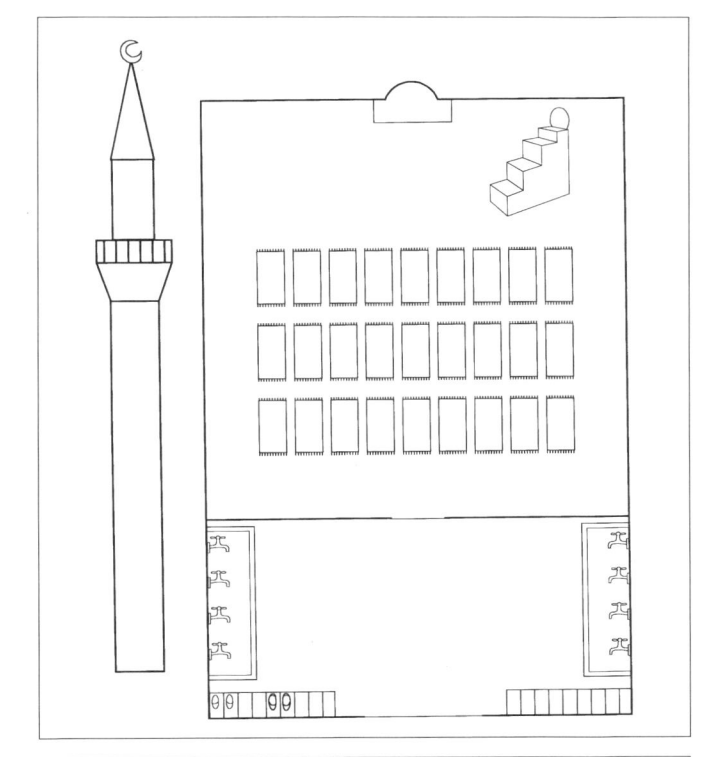

Glockenturm

Altar

Orgel

Sitzbänke

Ambo/Lesepult

Taufbecken

Kreuz

Sitz für den Priester

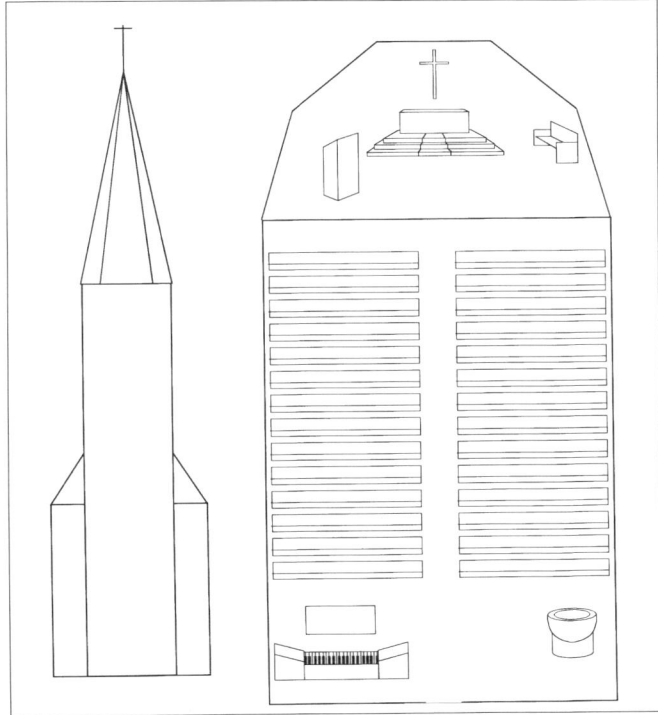

2. Einsatzmöglichkeiten im RU

Wie die vorangegangenen Seiten bringen auch **fse 50/51** vor allem Informationen zur religiösen Praxis des Islam. Sch entnehmen in GA aus den Texten die Inhalte.

Zwei Säulen des Islams kennen lernen: Fasten und Armensteuer (*Zakât*)

- L gibt auf einer Wortkarte das Gebet **fse 50** vor – Schüleräußerungen.
- Sch erarbeiten sich mithilfe des **AB 4.3.18** (1. Teil), **Arbeitshilfen S. 149**, wichtige Information zum Ramadan aus **fse 50**.
- Im UG überlegen Sch die besondere Belastung, wenn Ramadan im Hochsommer liegt.
- In PA suchen Sch Gründe für den Zusammenhang von Fasten und Armensteuer.
- Sch sammeln Beispiele für das Fasten der Christen (Zeitpunkt, Fasten der Erwachsenen: Verzicht auf Selbstverständliches ...; Spenden für Hilfswerke; Besuch des Bußgottesdienstes; Fasten der Kinder: Fastenkalender, Verzicht auf ... Fernsehen, Computerspiele, Süßigkeiten, sich bemühen um ..., denken an ...).
- Welche Ähnlichkeiten gibt es zwischen dem muslimischen und christlichen Fasten?

Sich informieren über den Ablauf des Zuckerfestes

- **fse 50**: Wenn man etwas Schwieriges ... erreicht hat: sich freuen mit anderen, ein Fest feiern, sich dafür schön machen; Gottesdienst feiern ...
- Sch informieren sich über den Ablauf des Zuckerfestes (Bayramfestes): **fse 50** und ergänzen **AB 4.3.18** (2. Teil), **Arbeitshilfen S. 149**.

In der Klasse (Schule) ein Zuckerfest feiern

Wenn sich muslimische Sch in der Klasse oder an der Schule befinden, ist es möglich mit ihnen das Zuckerfest zu feiern.

Literatur zur Durchführung (mit Beispielen, Rezepten):
Franger, Gaby/Kneipp, Hubertus (Hg.), Miteinander leben und feiern, Frankfurt 1984, S. 16-23
Ramadan – heut ist unser Fest! Eine Feier zum Fest des Fastenbrechens in der Grundschule, in: Kuhn, Elke (Hg.), Gott in vielen Namen feiern, Gütersloh 1998, S. 70-80
Wagemann, Gertrud, Feste der Religionen, München 2002, S. 109 ff.
Kath. Schulkommissariat in Bayern (Hg.), Handreichungen zum Hauptschullehrplan 7, 2, München 1998, S. 34f.

Die fünf Pflichten des Islams zusammentragen

- Sch werden auf **fse 51** aufgefordert, die auf den vergangenen Seiten angesprochenen Grundpflichten (Säulen/Pfeiler) des Islams zusammenzutragen. **fse 45**: Glaubensbekenntnis (1); **fse 47**: Pilgerfahrt nach Mekka (5); **fse 48/49**: Pflichtgebet (2); **fse 50**: Fasten (3) und Armensteuer (4).
- **AB 4.3.13, Arbeitshilfen S. 141**, kann dabei behilflich sein. Eine andere bekannte Merkhilfe sind die fünf Säulen.
- Im zweiten Teil des **AB 4.3.13** werden Sch dazu angeregt, fünf wichtige Pflichten der Christen zu überlegen. Dabei kann es sich nicht um einen direkten Vergleich handeln. Sch sollen sensibilisiert werden für die Überlegung, dass es auch in ihrer Religion wichtige Grundlagen gibt: z. B. das Vaterunser, die Eucharistiefeier, das Glaubensbekenntnis, den Empfang der Sakramente, die Mitfeier des Kirchenjahres, das Gebet, die Gebote, die Liebe zu Gott und zum Nächsten etc.
- Sch füllen die christliche Hand mit den „Säulen" aus, die sie selbst für wichtig halten.

3. Weiterführende Anregung

Spielen und vertiefen

Sch führen ein Spiel zum Thema Islam durch. Einen Spielplan bietet **AB 4.3.19, Arbeitshilfen S. 151**. Er wird vergrößert, farbig gestaltet auf starken Karton aufgezogen oder auf ein Brett aufgebracht.
Fragen und Antworten finden sich **AB 4.3.20 a** und **AB 4.3.20 b, Arbeitshilfen S. 153** und **S. 154**. Präzise kopiert, entstehen Vorder- und Rückseiten kleiner Kärtchen, die ausgeschnitten und laminiert werden.

Fasten und Feiern

Fasten

Eine wichtige Pflicht aller _____ ist das Fasten während des Monats _____ . Man darf von _____ bis _____ weder essen noch trinken. Dadurch sollen die Muslime lernen, für das tägliche Essen _____ zu sein. Wenn sie mit jemandem im Streit liegen oder verfeindet sind, sollen sie sich _____ . Mit dem Fastenmonat ist die _____ verbunden. Sie ist für die ärmeren Gemeindemitglieder bestimmt.

Feiern

Am Ende des Fastenmonats feiern die Muslime ein großes Fest, das _____ oder _____ . Es dauert drei Tage.

Am ersten Tag _____

_____ .

An den folgenden Tagen _____

_____ .

Die Kinder freuen sich, weil sie _____

_____ .

4.3.18

Gemeinsamkeiten entdecken

fragen – suchen – entdecken 52/53

1. Hintergrund

Auch wenn auf den vorhergegangenen Seiten die Besonderheit islamischer Glaubenspraxis besprochen wurde, konnten Sch immer wieder Parallelen zum Christentum ziehen. Aus einer Reihe weiterer Ähnlichkeiten (z. B. der Verehrung der 5 (4) standhaften Propheten) wurden für **fse 52/53** zwei Themen ausgewählt, die für Sch relevant sind, weil sie auch zum gemeinsamen Handeln motivieren.

Die Welt als Schöpfung Gottes

Der Islam bekennt Allah als Schöpfer des Menschen und der Welt, Allah ist auch für die Lebensgrundlagen allein verantwortlich. Die Natur ist ganz von ihm abhängig und dem Menschen bedingungslos untergeordnet (vgl. Sure 35,12). Allah erschafft jeden Moment neu, Naturgesetze sind dem Koran unbekannt. Dies kommt auch in den **fse 52** zitierten Suren zum Ausdruck:

Sure 39,6: Allah als Schöpfer und Erhalter des Tag- und Nacht-Kreislaufes, dem sogar die wichtigen Gestirne Sonne und Mond gehorchen (vgl. dazu Gen 1,16).

Sure 14,32: Allah ist es, der es in der Hand hat, Wasser zur Befruchtung der Erde regnen zu lassen, damit die Menschen Nahrung bekommen.

Sure 30,24 und 25: Allah ist es, der nach Trockenzeit und Ruheperioden die Vegetation wieder zum Leben erweckt.

Diese Allmacht, die Allah hier zugesprochen wird, speist sich auch aus den geografischen und klimatischen Bedingungen zur Zeit Muhammads, wie sie heute noch in Arabien gegeben sind.

Der biblische Text ist ein Teil des Psalms 104, der in hymnischen Versen den Schöpfer des Himmels und der Erde preist. Gott ist ein Liebhaber des Lebens. In den VV5-9 wird die Erschaffung der Erde besungen; in den ausgesuchten VV10-17 wird die Wohlgeordnetheit der Erde durch Jahwe hervorgehoben. Quell- und Regenwasser spenden Tieren Trank und Pflanzen die notwendige Bewässerung. Die Tiere des Feldes, die Vögel, die Bäume, die Pflanzen, alles lebt von der Leben spendenden Macht Gottes. Auch die Berge sind noch fruchtbar. Brot, das der Mensch aus den Pflanzen gewinnt, stärkt ihn, Wein erfreut sein Herz und Öl lässt sein Gesicht glänzen. Alles, was die Erde hervorbringt, dient Menschen und Tieren zum Leben, das sie der Fürsorge des Schöpfers verdanken (vgl. AB 4.6.15, Arbeitshilfen S. 253).

Durch die Arbeit mit den Texten **fse 52** entdecken Sch, dass das Leben in beiden Religionen als ein von Gott geschenktes verstanden wird, das von ihm auch wohlwollend erhalten wird. Daraus folgt für die Menschen der Auftrag, diese Schöpfung zu erhalten und zu bewahren (vgl. AA **fse 52**).

Achtung und Frieden

Dazu sind gegenseitige Achtung und ein Leben in Frieden nötig. **fse 53** ist der Rolle des Friedens in beiden Religionen gewidmet. Muslime beenden jedes ihrer Pflichtgebete mit einem Friedensgruß an die neben ihnen Betenden: „Friede sei bei euch und Allahs Gnade!" Dieselbe Formel sprechen sie als Begrüßung. Diese Friedensgrußformel wird in der islamischen Tradition schon Ibrahim (= Abraham) in den Mund gelegt. Bei der Errichtung der Kaaba bittet Abraham Gott, diesen Ort zu einer Friedensstätte zu machen.

Die Kalligrafie des arabischen Wortes für „Friede" **fse 53** oben stammt von Hassan Massoudy (in: IfR 38/1993, S. 31, hg. vom Schulreferat des EB Ordinariats München).

In der Bibel kommt das Thema des Friedens (*schalom*) über 180-mal vor. Im NT grüßt der Auferstandene die Jünger mit: „Friede sei mit euch" (Lk 24, 36).

Die Engel verkünden bei der Geburt den Frieden auf Erden Menschen seiner Gnade (Lk 2,14); das Licht aus der Höhe wird unsere Schritte lenken auf den Weg des Friedens (Lk 1,79). In den Paulusbriefen wird Gott auch der Gott des Friedens genannt (Röm 15,33, 1 Kor 14,33 u. ö.).

Auf **fse 53** wird die Bitte um Frieden im Lied thematisiert und die liturgische Praxis im Bild visualisiert. Zu erwähnen ist auch der Entlassgruß am Ende der Eucharistiefeier: „Gehet hin in Frieden" (auch: schafft Frieden oder: bringt Frieden).

Der Friedensauftrag und die Bemühung um Frieden gilt über die Religionsgrenzen hinweg und ist ein gemeinsamer Auftrag beider Religionen.

2. Einsatzmöglichkeiten im RU

Gemeinsame Verantwortung für die Schöpfung entdecken

- Die einzelnen Suren sowie der Psalm (je nach Klassengröße aufgeteilt in zwei bis drei Abschnitte) werden in die Mitte von DIN-A3-Blättern geklebt ohne Quellenangabe, um eine vorschnelle Zuordnung auszuschließen.
- Möglichkeiten der Weiterarbeit mit den Texten in GA:
- Sure 39: Text in ein Dank- oder Lob-Gebet mit „Du-Gott-Anrede" umschreiben;
- Sure 30: Den Schlussgedanken schriftlich weiter-

Lernspiel Islam

Wann wurde Muhammad geboren?

Start
Ziel

führen: Wie verhält sich der „nachdenkende Mensch"?;
- Sure 14: Danktexte „in schöner Schrift" rund um den Text schreiben.
- Ps 104: Metaphermeditation: Gott in diesem Text ist für mich wie ...;
- Ps 104: Den Text mit Farben oder passenden Bildern gestalten;
- Ps 104: L stellt zu einzelnen Versen passende Bilder, Postkarten, Fotos bereit, Sch schreiben arbeitsteilig die jeweils passenden Abschnitte auf Wortkarten dazu.
- UG: Gemeinsamkeiten in den Texten beider Religionen entdecken, eine Überschrift finden.
- Unter den „99 Namen Gottes" **AB 4.3.7, Arbeitshilfen S. 129**, jene herausfinden, die mit der Schöpfertätigkeit Gottes zusammenhängen.

Sich um Frieden bemühen
Sch entdecken Übereinstimmungen zwischen den beiden Religionen zum Thema Frieden.
- Sch betrachten die Kalligrafie „Friede" **fse 53** und stellen Vergleiche mit anderen bekannten Friedenssymbolen an, z. B. mit der Zeichnung von Picasso **M 4.3.21, Arbeitshilfen S. 155**, oder dem Symbol: Schwerter zu Pflugscharen (Jes 2,4).
- Sch gestalten ähnliche Darstellungen mit dem Wort „Frieden", evtl. in verschiedenen Sprachen: peace, paix, pax.
- Sch vollenden Sätze wie: „Friede ist wie ...", „Friede ist für mich ...", „Friede ist, wenn ...".
- Sch erlernen den Kanon **fse 35**. Sich den Frieden wünschen: Warum tun dies Christen im Gottesdienst?
- Friedensgedichte **M 4.3.22, Arbeitshilfen S. 155**, werden als meditative Texte zum Tages- oder Stundenbeginn gelesen, gebetet. Sch suchen und schreiben Friedensgebete.
- HA: Zeitungs- oder Zeitschriftenartikel über Friedensaktionen (Friedenskonferenz, Friedensschluss, Friedensappell ...) sammeln und an der Pinnwand aushängen.
- Friedensaktionen planen:
- Tauben aus weißem Papier ausschneiden, mit Friedenstexten aus Bibel und Koran beschriften, Flügel aus weißem oder buntem Seidenpapier ankleben, an einem Zweig oder einer Leine aufhängen.
- „Schritte zum Frieden": Fußumrisse aller Sch ausschneiden, mit persönlichen Vorsätzen und Wünschen zum Frieden beschriften, bemalen und an einer Leine hintereinander befestigen.

3. Weiterführende Anregungen

Ein Gang durch die Schöpfung
- L sucht Route für einen gemeinsamen Spaziergang in die Natur so aus, dass Sch an verschiedenen Orten rasten (und essen) können, die zu einigen Textstellen passen. Diese Texte lesen und weiterführen.

Umweltschutz konkret
Sch überlegen konkrete Mülltrennaktionen und Umweltschutzmaßnahmen in der Schule und zu Hause, z. B.:
- „Aktion sauberes Schulgelände",
- Maßnahmen zum sparsamen Umgang mit Wasser und Energie,
- Einkauf von Bioprodukten und im „Eine-Welt-Laden" (fächerübergreifend).

Gottesdienst feiern
- Sch gestalten einen gemeinsamen Gottesdienst zum Thema Schöpfung: Anregungen z. B. in: Wie lange noch – Verantwortung für die Schöpfung, in: Kuhn, Elke (Hg.), Gott in vielen Namen feiern, Gütersloh 1998, S. 81-84.
- Sch gestalten einen Gottesdienst zum Thema Frieden:
  Anregungen in: Frieden kommt nicht von allein, in: Gott in vielen Namen nennen, a. a. O., S. 85-89.

Voneinander und miteinander lernen
fragen – suchen – entdecken **54**

1. Hintergrund

fse 54 gibt Anstöße, über die bisherige Unterrichtsarbeit hinaus das Thema interreligiöse Gemeinschaft lebendig zu halten und, soweit möglich, über das eigene Klassenzimmer hinaus in die Schule zu tragen. Nostra Aetate (Zweites Vatikanisches Konzil, vgl. S. 117) spricht von der Verpflichtung der Christen, Streit und Zwistigkeiten der Vergangenheit zu überwinden, sich um gegenseitiges Verstehen zu bemühen und gemeinsam für Frieden und Freiheit aller Menschen einzutreten.

Neben einigen Anregungen, die Sch helfen sich weiter mit dem Thema zu beschäftigen, steht in **fse 54** ein Gebet, das Muhammad zugeschrieben wird und das nochmals die Nähe von Islam und Christentum aufzeigt. Ein Vergleich mit dem Vaterunser legt sich nahe. Das Lied nimmt ebenfalls die Intention des Kapitels auf: Im Verstehen des fernen Nächsten wächst die Möglichkeit, friedlich miteinander umzugehen.

Fragekarten zum Lernspiel Islam

Wie wird die Religion der Muslime genannt?	Zu welcher Tageszeit wird im Ramadan gefastet?	Wer ruft die Gläubigen zum Gebet?	Wie heißt das wichtigste Heiligtum der Muslime?
Wann wurde Muhammad geboren?	Wie nennt man die Grundpflichten des Islams noch?	Warum geben Muslime Almosen?	Aus wie vielen Sätzen besteht das Glaubensbekenntnis der Muslime?
Welche ist die erste Säule des Islam?	Wie heißt der Fastenmonat?	Worauf beten Muslime?	Wie heißt die erste Sure des Korans?
Wie wird das heilige Buch der Muslime genannt?	Wohin zog sich Muhammad oft zum Gebet zurück?	Wie nennen Muslime ihr Gebetshaus?	Nenne die vierte Säule des Islams.
Wie heißt das fröhliche Fest am Ende des Ramadan?	Wie werden die Kapitel im Koran genannt?	Woran orientiert sich der muslimische Kalender?	Muss jeder Muslim fasten?
Wie wird der Vorbeter in der Moschee genannt?	Nenne die fünfte Säule des Islam.	In welche Richtung beten die Muslime?	Wo wurde Muhammad zum Propheten berufen?
Wie nennen Muslime ihr Glaubensbekenntnis?	Was tun Muslime vor jedem Gebet?	Wer ist der bedeutendste Prophet im Islam?	Wo wurde Muhammad geboren?
Wer gilt im Islam als Schöpfer der Welt?	Wie viele Suren hat der Koran?	Wie wird der Turm einer Moschee genannt?	Wie möchten Muslime nicht genannt werden?
Durch wen wird Muhammad zum Propheten erwählt?	Wie oft am Tag beten die Muslime?	Welches ist die dritte Säule des Islams?	Was ist ein Minbar?
Wie wird Gott im Islam genannt?	Nenne den Namen der heiligen Stadt des Islams.	In welchem Land ist der Islam entstanden?	Nenne fünf wichtige Elemente einer Moschee.

Col1	Col2	Col3	Col4
Allah	Mekka	in Arabien	Gebetsteppiche, Waschgelegenheiten, Minbar, Mihrab, Minarett
durch den Erzengel Gabriel	fünfmal	Fasten	erhöhter Stuhl oder eine Kanzel, von der der Imam aus predigt
Allah	114 Suren	Minarett	Muhammadaner, denn sie beten nicht Muhammad, sondern Allah an
Schahada	sich rituell waschen	Muhammad	in Mekka
Imam	die Pilgerfahrt nach Mekka	in Richtung Mekka	in einer Höhle in der Wüste
Fest des Fastenbrechens/ Zuckerfest	Suren	am Mond	nein, nur die gesunden Erwachsenen
Koran	in eine Höhle	Moschee	die Armensteuer
das Glaubensbekenntnis	Ramadan	auf einem Gebetsteppich	Al-Fatiha – die Eröffnende
um 570 n. Chr.	die fünf Säulen des Islam	aus Dankbarkeit und um anderen zu helfen	aus nur einem Satz
Islam	von Sonnenaufgang bis Sonnenuntergang	der Muezzin	Kaaba

4.3.20b

Ein Symbol des Friedens

Um Frieden bitte ich

Bittgebet des Propheten Muhammad um Frieden
Gott, Du bist Friede, Friede geht aus von Dir
Und Friede kehrt zu Dir zurück.
Gewähre uns, Gott, in Frieden zu leben
Und in die Wohnung des Friedens einzugehen.
Gesegnet bist Du, unser Herr und Höchster,
Gott der Herrlichkeit und der Barmherzigkeit.

Was soll ich mir wünschen?
Was soll ich mir wünschen, lieber Gott?
Ich habe alles,
was ich brauche.
Nur eins wünsche ich mir –
doch nicht für mich allein,
für viele Mütter, Kinder, Väter,
nicht nur in diesem Land,
auch in fremden und feindlichen Ländern.
Ich will mir Frieden wünschen.
Ja, um Frieden bitte ich.
Und einem kleinen Mädchen
schlägst du keine Bitte ab.
Du hast das Land des Friedens erschaffen,
in dem die Stadt des Friedens steht,
in dem das Haus des Friedens war,
aber niemals, niemals Frieden ...
Was soll ich mir wünschen, lieber Gott,
da ich doch alles habe?
Ich wünsche nur Frieden,
nur Frieden ...
    Schlomith Grossberg, 13 Jahre, Israel

Krieg und Frieden
Krieg ist etwas
im Fernsehen.
Man kann es abschalten.

Krieg ist etwas
in der Zeitung.
Man kann Salat darin einwickeln.

Krieg ist meistens weit weg.

Frieden ist nicht,
was man mal
anschalten kann.

Frieden ist nicht,
was sich schnell auswickeln lässt.

Frieden ist nicht,
was man Jüngeren oder Älteren
überlassen soll.

Frieden beginnt immer ganz nah.
    Ingeborg Görler

2. Einsatzmöglichkeiten im RU

fse 54 schlägt Möglichkeiten vor, die Intention dieses Kapitels weiterzuführen und zu vertiefen. Exemplarisch folgen hier Vorschläge für einen Aktionstag zusammen mit einer Ausstellung, die aus dem RU erwachsen kann. Besondere Bedeutung kommt der Kooperation mehrerer Klassen und Religionsgruppen sowie dem fächerübergreifenden Arbeiten (Deutsch, Kunst, Musik, HSU) in den einzelnen Klassen und Jahrgangsstufen zu.

Auf den Einbezug kulinarischer Besonderheiten der jeweiligen Länder sei hier nur kurz hingewiesen. Rezepte in: Franger, Gaby/Kneipp, Hubertus (Hg.), Miteinander leben und feiern, Frankfurt 1984.

Ideen für die 4. Klasse beim Aktionstag

- Religion:
  - Verschiedene Sch-Gruppen greifen sich einen Aspekt (z. B. Feiern bei den Christen, bei den Muslimen; der heilige Nikolaus; Spiele; ein Quiz usw.) heraus und stellen ihn anhand von Plakaten, Wandfriesen oder gebastelten Modellen vor.
  - Sch sammeln Gebete der (verschiedenen) Religionen, schreiben sie besonders schön; gestalten einen gemeinsamen Gottesdienst. Anregungen in: Gott in vielen Namen feiern, a. a. O. S. 154ff; Schwikart, Georg/Wanzura, Werner, Die großen Gebete, Graz 1996; Schimmel, Annemarie, Dein Wille geschehe. Die schönsten islamischen Gebete, Bonndorf 1992.
  - ein Klassenzimmer als Stilleraum einrichten mit Angeboten zu festgelegten Zeiten: z. B. Vorlesen orientalischer oder indischer Märchen und Geschichten, Bildmeditationen zum Thema Wüste, Kurzfilme der Serie „Apropos ..." der staatlichen Kreisbildstellen anschauen (ca. 9 Min. lang zu einzelnen Aspekten der verschiedenen großen Religionen).
- Deutsch:
  - Texte und Sprüche aus Bibel und Koran in besonders schöner Schrift gestalten.
  - Legenden, Märchen, Erzählungen aus dem jeweiligen Kulturkreis lesen. Zusammenfassungen und Nacherzählungen schreiben, dazu malen.
  - Märchenzelt in einem Klassenzimmer einrichten, in dem L oder gut lesende Sch aus den Märchensammlungen anderer Religions- und Kulturkreise vorlesen.
- Musik:
  - Sch hören sich in die Eigenart orientalischer Musik ein.
  - Kennenlernen charakteristischer Musikinstrumente.
  - Basteln verschiedener Musikinstrumente und Liedbegleitung einüben.
  - Eine Bauchtanzgruppe einladen – von der Geschichte und Tradition des orientalischen Tanzes erfahren.
- Kunst:
  - Schattenspiele oder Stabpuppenspiele kennen lernen („Karagöz").
  - Orientalische Ornamente betrachten, nachzeichnen und deren Regelmäßigkeiten entdecken; vorgegebene kolorieren (**AB 4.3.6, Arbeitshilfen S. 127**); weitere in: Rupp-Holmes, Friederun, Lernstraße Islam. 15 Stationen für den Unterricht in der Sekundarstufe I, Stuttgart 2004.
  - Mit Keramikmalstiften Fliesen mit Ornamenten in leuchtenden Farben anmalen;
  - Fliesen mit Texten (aus Bibel oder Koran) in besonders schöner Schrift beschreiben, die erst aneinandergereiht den ganzen Text ergeben.

Einen Stilleraum nutzen

Sollte in der Schule ein freier Gruppenraum zur Verfügung stehen, kann dieser genutzt werden, um einen Stilleraum einzurichten, in dem in größeren Abständen ein interreligiöses Morgengebet stattfindet. Ein hohes Maß an Sensibilität bei allen Beteiligten vorausgesetzt, wird dies abwechselnd von den verschiedenen Religionsgruppen und Jahrgangsstufen vorbereitet und gestaltet. Dabei ist an eine Zeitdauer von maximal 15 bis 20 Minuten gedacht, die mit Liedern, Texten aus Bibel und Koran, anderen Geschichten mit religiösem Hintergrund, wie Heiligenlegenden, einfachen Meditationen, Symbolbetrachtungen u. a. gefüllt wird.

Literatur

Hilger, Georg/Ritter, Werner H., Religionsdidaktik Grundschule. Handbuch für die Praxis des evangelischen und katholischen Religionsunterrichts, München 2006, bes. 310 ff: Die Stille spüren – meditative Übungen und Gebet

Kuhn, Elke (Hg.), Gott in vielen Namen feiern, Gütersloh 1998

4 Mit Leid und Tod leben lernen

1. Religionspädagogische und theologische Hinweise

Der RU greift die Lebenssituation der Kinder auf und gibt ihnen Hilfen, sie aus der Botschaft des christlichen Glaubens zu deuten. So erschließt der RU menschliche Grunderfahrungen wie Geborgenheit und Vertrauen, Freude und Hoffnung, aber auch Versagen, Angst, Not, Krankheit, Leid und Tod.

Leid und Tod gehören zum Leben. Kinder haben ein Recht darauf, mit der ganzen Wirklichkeit des Lebens vertraut gemacht zu werden und sie wollen dies auch. Sie leben zwar in einer Gesellschaft, in der entweder alles, was in Zusammenhang mit Alter, Leid und Tod steht, tabuisiert oder in den Medien banalisiert und inflationär dargestellt wird. Dennoch sind Kinder bedrückt von leidvollen Situationen, die sie selbst oder in ihrem Umfeld bei anderen erleben: Erkrankungen, mangelnde und mangelhafte Beziehungen, Ängste und Versagen, Tod von Haustieren, Trauer über den Tod von Menschen. Nachrichten aus den Medien über Krieg und seine Folgen, Naturkatastrophen und Hunger in der Welt machen sie besonders betroffen.

So sind hinsichtlich der Unterrichtsthematik Vorerfahrungen allgemeiner Art bei allen Sch vorauszusetzen, ihre persönliche Intensität und Betroffenheit kann jedoch von Kind zu Kind sehr stark differieren, insbesondere was die direkte Konfrontation mit schwerem Leid, Sterben und Tod betrifft. Ein genauso weites Spektrum ist anzunehmen, wenn gefragt wird, ob und in welchem Maß die Gefühle der Kinder in die Alltagskommunikation der Familie eingebunden sind.

Von der/dem L ist eine hohe Sensibilität gefordert bei der Wahrnehmung der Kinder und beim unterrichtlichen Vorgehen. Ein aktuelles Ereignis, z. B. ein Todesfall in der Familie eines Sch, lässt eine unterrichtliche Behandlung wenig sinnvoll erscheinen und legt eine angemessene zeitliche Verschiebung oder eine andere Schwerpunktsetzung nahe.

Bei der angesprochenen Thematik ist auch mit sorgenvollen Anfragen aus der Elternschaft zu rechnen. Viele Eltern wollen ihre Kinder vor Angst machenden Belastungen bewahren. Es ist daher empfehlenswert, anlässlich eines Elternabends über Zielsetzungen der Unterrichtseinheit zu informieren und so die aktive Unterstützung der Eltern zu gewinnen.

Zum Todesverständnis von Grundschulkindern

Im Alter von 9/10 Jahren haben Sch in der Regel ein reifes Todeskonzept erworben: Sie wissen, dass mit dem Eintritt des Todes alle lebensnotwendigen Körperfunktionen aufhören. Sie können verschiedene Todesursachen unterscheiden sowie die Endgültigkeit und Unausweichlichkeit des Todes realisieren. Den Tod begreifen sie nicht nur als generelles Phänomen, sondern zunehmend auch, dass sie selbst davon betroffen sein können, wenngleich dies für sie im Alltag in der Regel nicht präsent ist oder verdrängt wird. Dass mit dem Tod der Körper dem Verfall ausgeliefert ist, kann von vielen Sch dieser Altersstufe noch nicht für sie selbst akzeptiert werden.

Der Gedanke an den Tod von geliebten Menschen, insbesondere der Eltern, löst Angst und das Gefühl der Verlassenheit aus.

Die zunehmend von kritischem Realismus geprägte Weltsicht der Sch am Ende der Grundschulzeit prägt auch deren Todesverständnis. So interessiert Sch z. B. die Auferstehung eher von der technischen Seite und weniger unter der Perspektive des christlichen Glaubens. Dies ist zu bedenken, wenn im Themenbereich gerade dieser Aspekt ausführlich zur Sprache kommt. Wenn Sch Verhaltens- und Bewältigungsmuster im Umgang mit Leid und Tod erlernen sollen, brauchen sie Räume, in denen Fragen gestellt werden dürfen, und Gespräche, in denen gemeinsam nach Antworten gesucht wird. Sie brauchen Gelegenheiten, um sich kognitiv und emotional mit dem Thema Leid und Tod auseinander zu setzen, bei unterschiedlichen Erfahrungen, auch um für sich sinnvolle und stärkende Lebenskonzepte zu entdecken. Deshalb ist es ein Grundanliegen des RU Kinder zu ermutigen, nach sich, nach dem Woher und Wohin ihres Lebens und in diesem Zusammenhang nach Gott zu fragen und ihnen gleichzeitig Zugänge zu eröffnen zur lebensdeutenden und befreienden Kraft der biblischen Überlieferung (vgl. Lp, Lernbereich 1). Es geht um die Entwicklung eines tragfähigen Lebenskonzeptes, das Leid und Tod einschließt und so die Entfaltung einer gereiften Persönlichkeit mit religiöser Identität ermöglicht.

Für das unterrichtliche Vorgehen muss besonders berücksichtigt werden, dass sich Lebens(ein)sichten nicht einfach vermitteln lassen, sondern Prozesse aktiver Aneignung bedürfen.

Für Sch bedeutet Leiderfahrung nicht nur eine Krisensituation für ihr Leben, sondern auch für ihre **Gottesbeziehung**. Erschüttert wird die Vorstellung eines gütigen und allmächtigen Gottes. Sch entwerfen angesichts von Leid und Tod eigene Theodizeekonzepte. Je nach Entwicklung ihres Gottesbildes führen Sch das Leid noch direkt auf Gott zurück, deuten es als gerechte Strafe für Fehlverhalten oder sehen die menschliche Freiheit als zentrales Motiv für ihre Erklärung an. Es ist zwar fraglich, inwieweit solche theologisch-rationalen Argumentationen und Reflexionen in Leidsituationen greifen, aber die Auseinandersetzung im Unterricht kann Anstoß zur Weiterentwicklung des Gotteskonzeptes der Sch sein. Jedes religionspädagogische Vorgehen muss aus dem Bewusstsein heraus geschehen, dass alle Rechtfertigungsversuche scheitern, dass also auch Christen keine letztgültige Antwort wissen auf die Frage nach dem Warum von Leid und Tod. Dies darf und muss im Unterricht auch so zur Sprache kommen, ergänzt durch die persönliche Überzeugung, dass Gott dem Menschen auch und gerade im Leid nahe ist. Verschiedene biblische Impulse innerhalb dieses Kapitels können Perspektiven für die Auseinandersetzung mit Leid und Tod eröffnen:

An den *Psalmen* wird deutlich, wie der leidende Mensch im Gebet klagt und Gott anklagt. Er wendet sich nicht von ihm ab, sondern artikuliert seinen Widerspruch in der Beziehung zu Gott. In der christlichen Tradition ist dieses Ringen um Gott als Gebetsform verkümmert, wenn nicht sogar verloren gegangen.

In vielen **biblischen Texten** des Alten Testaments, ganz besonders aber im Handeln Jesu wird der Widerstand Gottes gegen das Leiden deutlich. So sind die *Erzählungen von Wundern und Heilungen* Jesu gleichzeitig Erlösungs-, Hoffnungs- und Aufforderungsgeschichten, aktiv gegen das Leid zu kämpfen.

Die *Passionserzählungen* und der Kreuzweg Jesu lassen nachempfinden, wie sich der Sohn Gottes mit uns Menschen auch im tiefsten Leiden solidarisiert. Als Grund für die Kreuzigung Jesu sollte nicht die Formel „für unsere Sünden" betont werden, sondern die Ablehnung Jesu durch seine Gegner, die seine Zusage der Liebe Gottes zu den leidenden und ausgegrenzten Menschen nicht verstehen können und deshalb sein Verhalten bekämpfen. So wird auch die Botschaft von der Auferstehung Jesu nicht ein freundliches Nachspiel zu einem tragischen Leben, sondern die Bestätigung und Inkraftsetzung dieses Lebens durch Gott.

In der Verkündigung der Auferweckung Jesu bekennen die Jünger und ersten Christen zugleich den Leben schaffenden Gott: Er ist es, dessen Macht Leben und Tod umgreift, auf den deshalb auch noch im Zerbrechen aller menschlichen Möglichkeiten unbedingt Verlass ist. Der Tod bleibt zwar nach wie vor der letzte Feind des menschlichen Lebens, aber das letzte Wort kommt nicht ihm, sondern allein Gott zu, der neues, ewiges Lebens verspricht. Daraus erwächst eine Hoffnung, die sich nicht nur auf ein Leben nach dem Tod bezieht, sondern die schon jetzt trägt und Handlungsperspektiven eröffnet, indem sie auffordert, gegen Ursachen von Leid aufzustehen, und die Halt gibt erfahrenes Leid durchzustehen.

Die christliche Vorstellung von der Auferstehung meint weder eine Rückkehr in dieses Leben noch eine Verlängerung des irdischen Leben ins Unendliche noch das Zurücklassen des vollzogenen Lebens und das Einsteigen in ein neues, besseres Leben. Auferstehung meint, dass der ganze Mensch mit all seinen Erfahrungen und seiner individuellen Lebensgeschichte zu Gott gelangt und bei ihm Vollendung erfährt. Christliche Symbole, Riten und Gebete im Umfeld des Todes (Beerdigung, Friedhof usw.) drücken diese Hoffnung aus. Das Sprechen von der **Auferstehungshoffnung** ist angewiesen auf Metaphern, denn „wir verkündigen, wie es in der Schrift heißt, was kein Auge gesehen und kein Ohr gehört hat, was keinem Menschen in den Sinn gekommen ist: das Große, das Gott denen bereitet hat, die ihn lieben" (1 Kor 2,9). Gerade vor diesem Hintergrund gilt es auch, eine kritische Auseinandersetzung zu führen mit immer noch stark prägenden traditionellen Glaubensbildern (Himmel, Hölle). Unterstützend wirkt hierbei das Entwickeln eigener Vorstellungen für das Unvorstellbare.

Literatur

Brocher, Tobias, Wenn Kinder trauern, Hamburg 1990
Hilger, Georg/Ritter, Werner H., Religionsdidaktik Grundschule. Handbuch für die Praxis des evangelischen und katholischen Religionsunterrichts, München 2006, bes. 269 ff: Über Leben und Tod nachdenken – Philosophieren mit Kindern
Itze, Ulrike/Plieth, Martina, Tod und Leben. Mit Kindern in der Grundschule Hoffnung gestalten, Donauwörth 2002
Nocke, Franz-Josef, Liebe, Tod und Auferstehung. Über die Mitte des christlichen Glaubens, Neuausgabe, München 2005
Oberthür, Rainer, Kinder fragen nach Leid und Gott. Lernen mit der Bibel im Religionsunterricht, München ^{4}2004
Thiede, Werner, Sterben und Tod, in: Mette, N./Rickers, F. (Hg.), Lexikon der Religionspädagogik, Bd. 2, Neukirchen-Vluyn 2001, Sp. 2051-2056
Tod – Bestattung – Trauer: Themenheft „Lebendige Seelsorge" 5/2004

Kinderliteratur zur Thematik Leid und Tod

(Beispiele für die AA auf **fse 70**)
Donelly Elfie, Servus Opa, sagte ich leise, München 1984
Egger, Bettina/Jucker Sita, Marianne denkt an ihre Großmutter, Zürich 1988
Olbrich, Hiltrud, Abschied von Tante Sofia, Lahr 1998
Oyen, Wenche/Kaldhol, Marit, Abschied von Rune, München 1990
Schwikart, Georg, Der Tod ist ein Teil des Lebens, Düsseldorf 2003
Stark, Ulf/Höglund, Anna, Kannst du pfeifen, Johanna?, Hamburg 1993
Varley, Susan, Leb wohl, lieber Dachs, München/Wien 1984

2. Das Thema im Lehrplan und in fragen – suchen – entdecken

Der Lehrplan wählt bewusst einen Zugang zur Thematik Leid und Tod, in dem sich die vielfältigen Fragen der Sch entfalten können. So heißt es in der Zielbeschreibung zum Inhaltsbereich 4.4.1: Sie sollen aufmerksam werden, wie Menschen mit Leid und Vergänglichkeit leben, und sich mit ihren eigenen Fragen und Antwortversuchen auseinander setzen. Das Kapitel „Mit Leid und Tod leben lernen" bietet unterschiedliche Einstiegsmöglichkeiten. Das Titelbild **fse 55** motiviert Sch zu einem philosophischen Gespräch über Leben und Tod, bei dem mehr Fragen als Antworten entstehen (was positiv zu werten ist). L wird sich mit Antworten zurückhalten. Die Doppelseite **fse 56/57** erdet den Zugang von **fse 55** mit ihrer Nähe zu Erfahrungen, die Kinder kennen. Das Bild eines ernst blickenden Kindes und die Erzählung über den Unfall und drohenden Tod eines Familienvaters führen Sch sensibel in die Auseinandersetzung mit Leidsituationen ein. So können sie indirekt durch das Identifikationsangebot eigene Erfahrungen und Befindlichkeiten zum Ausdruck bringen sowie Handlungsperspektiven entwickeln. **fse 58/59** weitet den Blick auf leidvolle Erfahrungen, wie sie häufig über die Medien thematisiert werden, und führt gleichzeitig den Fragehorizont von der existenziellen zur theologischen Dimension. Die Fotos **fse 58** fordern bewusst die Warum-Frage heraus, die die Frage nach Gott als Theodizeefrage enthält. „Warum lässt Gott zu, dass Kinder sterben?", „Warum lässt Gott zu, dass Menschen grausam leiden müssen?". Es sind Fragen, die sich nicht nur Erwachsene, sondern auch schon Sch in der Grundschule stellen. Die Theodizeefrage gilt als eine der wichtigsten Einbruchstellen, die den Glauben von Jugendlichen erschüttern, vermutlich auch deshalb, weil sie in jüngeren Jahren kaum Gelegenheiten hatten, solchen Fragestellungen gedanklich nachzugehen, sei es dass sie dafür kein Ohr fanden oder dass vorschnelle (Glaubens)Antworten ihr eigenes Denken unterdrückten.

Für diese anspruchsvolle Auseinandersetzung mit der Geschichte und vor allem mit den klassischen Antwortversuchen auf die am schwersten wiegende Frage aller Zeiten nimmt **fse 59** Sch in ihrer theologischen Kompetenz als Baumeister ihres Glaubensgebäudes ernst. Indem Sch Stellung beziehen, erkennen sie in einem vielgestaltigen Reflexions- und Kommunikationsprozess selbst, dass es keine tragfähige Antwort gibt und Leid und Tod für Menschen letztlich unbegreiflich bleiben.

Quasi als „Ausweg" aus der Unzulänglichkeit der Antworten bringt **fse 60/61** im Sinne des Lp die befreiende Botschaft der Psalmen ins Spiel. An den ausgewählten Psalmworten können Sch erkennen, wie gläubige Menschen in ihrem Leid in der Beziehung zu Gott geblieben sind, wie sie ihre Verzweiflung bittend und klagend vor Gott getragen und wie Menschen in der Beziehung zu Gott Rettung erfahren haben. Über das Material- und Aufgabenangebot finden Sch wieder vielfältige Möglichkeiten, eigene Erfahrungen, Ängste und Hoffnungen in Wort, Bild oder Musik zum Ausdruck zu bringen.

Mit dem Inhaltsbereich 4.4.2 rückt der Lehrplan über das neutestamentliche Glaubenszeugnis vom Leben Jesu, seinem Tod und seiner Auferweckung die ausdrückliche christliche Glaubens- und Hoffnungsperspektive in den Mittelpunkt. Auch hier geht es nicht darum, eine Glaubensantwort „einzufliegen", sondern in der Auseinandersetzung mit der biblischen Botschaft eigene Glaubensvorstellungen weiterzuentwickeln. Vorsichtig beschreibt der Lp als Ziel: „Das kann Sch ermutigen, auch in leidvollen Lebenssituationen auf Gottes Nähe und Beistand zu vertrauen und sich für die Botschaft der Auferstehung zu öffnen."

Anhand der biblischen Erzählung Lk 5,12-15 (Heilung eines Aussätzigen) **fse 62** und dem dazugehörigen Bild aus dem Echternacher Evangeliar **fse 63** werden Sch angeregt, die Leidsituation von Menschen zur Zeit Jesu wahrzunehmen. Sie erkennen, dass sich in Jesus Christus Gott auf die Seite der Kranken und Diskriminierten stellt und seine Zuwendung, Hoffnung und Rettung schenkt.

„Jesus geht einen schweren Weg" **fse 64/65** thematisiert das Leid, das Jesus selbst erfahren hat. Nicht erst am Ende seines Lebens erfährt Jesus Unverständnis und Ablehnung. Bewusst möchte die Zusammenstellung der Texte den Blick der Sch über die eigentliche Passion Jesu hinaus weiten. In der Wahrnehmung der Stationen des Lebensweges Jesu wird seine konsequente Haltung erkennbar und die Frage nach seiner Motivation und Kraftquelle geweckt. Seine konsequente Haltung führt Jesus schließlich in Leid und Tod. **fse 66/67** orientiert sich am Bekenntnis der ältesten Überlieferungen der Auferstehungsbotschaft im ersten Korintherbrief. Über das Bild- und Liedangebot wird ein tieferes Verständnis für die daraus erwachsende Hoffnung angebahnt. Auf der folgenden Doppelseite **fse 68/69** zeigen Symbole und Texte, wie sich Christen von dieser Hoffnung tragen lassen angesichts eines Todesfalles. Intendiert ist dabei auch eine kritische Wahrnehmungsschule. Die Schlussseite des Kapitels **fse 70** nimmt einen in der Wahrnehmung oft ausgeblendeten Ort des Lebens in den Blick, den Friedhof. Zunächst ist der Friedhof als Ort des Todes im Bewusstsein verankert. Die Seite regt im Bild- und Aufgabenangebot an, den Friedhof als Ort zu entdecken, der auch von den Sehnsüchten und Hoffnungen der Menschen auf ein Gehaltensein im Tod, auf ein Leben nach dem Tod Zeugnis gibt.

Am Ende des Kapitels werden Sch angeregt, in der Kinderliteratur verschiedene Bewältigungsmöglichkeiten der Todesproblematik zu entdecken (vgl. Literatur S. 158).

3. Verbindungen zu anderen Fächern

Die Bedeutung dieses Themenbereichs lässt sich auch ablesen an der Qualität und Anzahl der Querverbindungen zu anderen Fächern:

EVANGELISCHE RELIGIONSLEHRE: 4.2 Über Sterben und Tod nachdenken
ETHIK: 4.3 Über Sterben und Tod nachdenken
HEIMAT- UND SACHUNTERRICHT: 4.2 Ich und meine Erfahrungen
DEUTSCH: 4.2 Für sich und andere schreiben; 4.4 Lesen und mit Literatur umgehen
MUSIKERZIEHUNG: 4.3.2 Musik begegnen; 4.4.1 Sich zur Musik bewegen

4. Lernsequenz

Planungsskizze	Überschriften in fse	Inhalte im Lehrplan
I. Leid und Tod gehören zum Leben Leid und Tod im meinem Leben wahrnehmen	Titelseite **fse 55** Von Unheil und Tod betroffen sein **fse 56/57**	4.4.1 Menschen erfahren Unheil und Tod; wie Menschen mit solchen Erfahrungen leben
II. Wo ist Gott in Leidenssituationen von Menschen? Hilft Gott, wenn Menschen zu ihm rufen? Jesus Christus bringt Hoffnung und Rettung Jesus leidet selbst und stirbt einen grausamen Tod Auferweckung Jesu gibt Hoffnung	Fragen über Fragen fse **58/59** Hilfe von Gott erwarten? **fse 60/61** Jesus begegnet Menschen, die leiden **fse 62/63** Jesus geht einen schweren Weg **fse 64/65** Stärker als Leid und Tod **fse 66/67** Auferstehung Jesu – Hoffnung für alle **fse 68/69** Im Leid da sein für andere **fse 69**	4.4.1 Kinder fragen nach Leid und Tod; Antwortversuche von Menschen; Leid und Tod bleiben letztlich unbegreiflich 4.4.1 Not und Verzweiflung vor Gott bringen; auf Rettung hoffen (z. B. Psalmen) 4.4.2 Jesus bringt Menschen in Leid und Tod Hoffnung und Rettung 4.4.2 Jesus trägt Leid und Kreuz im Vertrauen auf Gott; die Auferweckung Jesu gibt Menschen Hoffnung und Zuversicht
III. Handeln angesichts von Leid und Tod	An das Leben glauben **fse 70**	4.4.2 Christen glauben: Unsere Verstorbenen leben in und bei Gott; Symbole, Riten und Gebete drücken den Glauben an die Auferstehung aus

Mit Leid und Tod leben lernen

1. Hintergrund

Antoni Tàpies (geb. 1923)

Der 1923 in Barcelona geborene Künstler Antoni Tàpies ist einer der bedeutendsten zeitgenössischen Maler. Tàpies verfolgt eine eigene unverwechselbare Bildsprache: eine Malerei aus Zeichensetzung und Spurensicherung, Reduktion und Assemblage (räumliches Klebekunstwerk). Ausgehend von surrealistischen Anfängen gab er den Anstoß für Informel, Konzeptkunst und die Arte Povera.

In seiner Jugend erlebte er die Auswirkungen, Schrecken und Tragödien des spanischen Bürgerkrieges. Ein Herz- und Lungenleiden zwangen ihn zu einem zweijährigen Sanatoriumsaufenthalt. Ein Jurastudium brach er ab und widmete sich nach einem kurzen Besuch der Kunstakademie weitgehend autodidaktisch der Malerei. Prägend für sein Werk ist seine lebenslange Beschäftigung mit Philosophie, Religionen, Literatur, Politik und Geschichte. So setzt er sich mit seinem ganzen Schaffen ausdrücklich für die Freiheit der künstlerischen Sprache ein. Die Freiheit Kataloniens und seiner Kultur waren ihm ein Anliegen.

In vielen seiner Bilder experimentiert Tàpies mit Materialien aus der Alltagswelt: Erde, Leim, Marmorstaub, Sand, Stoff, Textilien. Er entwickelt eine Bildsprache, in der fantastische, formale und stoffliche Elemente ineinander wirken. Dazu trägt er Material- und Farbschichten großflächig auf, spachtelt, schabt, schneidet heraus, schichtet übereinander und schlitzt auf.

„Wenn Tàpies das Material so zerstörerisch behandelt, dann verweist er auf die Schattenseite der menschlichen Existenz, wie Gewalt, Zerstörung, Aggression und Unterdrückung. Oft machen seine Bilder in ihrer düsteren Farbgebung einen verschlossenen, meditativen Eindruck, gehen an die Grenzen des Schweigens, der Leere. Die benutzten Gegenstände verharren ohne räumliche Distanz und Perspektive in strenger Stille. Nicht Fülle, sondern Askese machen diese Bilder aus. Vom Betrachter wird viel Fantasie und assoziative Kraft gefordert, um die Bedeutungsvielfalt wahrzunehmen" (Guhr S. 10-12).

Antoni Tàpies: „Fons-Forma" (Grund-Form)

1985, Mischtechnik und Assemblage auf Holz, 225 x 101 x 10 cm, Besitz: Galeria Fandos, Valencia

„Es (das Bild) ist klar in eine obere grau-blaue und in eine untere matt-rote Fläche gegliedert. Ein durch linienhafte, gestrichelte Einkerbungen plastisch wirkender Streifen am Beginn des grau-blauen Feldes trennt beide Flächen. Sie werden jedoch von einer kleinen Kreuzform füreinander geöffnet. Unter der Kreuzform setzt sich die matt-rote Farbschicht weiter fort und vermittelt den Eindruck, als ob die grau-blaue Fläche wie ein Rollo darüber gezogen sei. Beide Flächen setzen sich offenbar zu den Seiten sowie nach oben und unten weiterhin fort. Vor dem kreuzförmigen Eingang befinden sich ein paar alte Hausschuhe, so realistisch, als seien sie eben ausgezogen worden.

Die Hacken der Schuhe sind vom langen Gebrauch heruntergetreten, Farbflecken bedecken den porösen gealterten Stoff. Auf der rechten Seite eines jeden Hausschuhes schimmert das Rot des Bodens hindurch. Die Schuhe werfen Schatten, ohne dass eine Lichtquelle zu entdecken ist" (Guhr S. 13f).

Das Kreuz und die Schuhe fangen den Blick des Betrachters. Sie bilden eine Vertikale gegenüber der horizontalen Begrenzungslinie und dem Schriftzug am unteren Bildrand.

„Am rechten Bildrand oberhalb des Schriftzuges ‚Fons-Forma', aber auch oben im grau-blauen Feld befinden sich eine Art unentzifferbarer Schriftzeichen. Die grau-blaue Farbfläche zeigt unregelmäßige Einkerbungen, kleinere Kratzer, Einritzungen, eine körnige Struktur. Ein dunkelroter Fleck und ein länglicher Farbstreifen im roten Feld erinnern an Blutspuren. Durch die sparsam eingesetzten Bildmittel wirkt das Bild still und meditativ, aber auch von eindringlicher Intensität" (Guhr S. 14).

Antoni Tàpies verwendet in vielen seiner Bilder die Form des Kreuzes. Kreuze stehen für ihn nicht nur in einem christlichen Symbolzusammenhang, sondern schaffen durch ihre Geometrie Ordnung. Asymmetrische Bildelemente wie Buchstaben, Zahlen und Zeichen setzt der Künstler bewusst als Gegenpol ein.

Literatur

Guhr, Sigrid u. a., Ich möchte wissen, was dahinter ist ... Moderne Kunst im Religionsunterricht, Leipzig 1998

2. Einsatzmöglichkeiten im RU

Das Bild fse 55 betrachten

Das Gemälde ist als Farbfolie Nr. 18 in der Schatzkiste 3/4 enthalten.

Spontane Wahrnehmung: erste Kontaktaufnahme mit dem Bild; ungelenktes Anschauen und Wahrnehmen; nach einer Phase der Stille: spontane Äußerungen ohne Diskussion und Wertung.

„Ich sehe ...", „Mir fällt auf ..."

Analyse des Bildes: Was ist auf dem Bild zu sehen? Nimm dir Zeit und schau dir das Bild in Ruhe an! Umkreise es mehrmals mit deinen Augen. Beschreibe, was du siehst!
Sch beschreiben die rote und graue Farbfläche, die Verbindungsstelle, die (ausgeschnittene) Kreuzform; den Standort, Zustand und die Farbgebung der Schuhe, den Lichteinfall (Schatten und Glanz an den Schuhen); sie entdecken die Schriftzeichen.

Analyse des Bildgehaltes:
- Sch versuchen die Bildelemente zu deuten. Folgende Impulssätze können dabei hilfreich sein:
  Ich denke bei ... an ...
  Ich vermute ...
  Ich frage mich ...
- Sch deuten oft die alten ausgetretenen, „leeren" Schuhe vor dem Kreuz im Kontext Tod: „Da ist jemand gestorben" „Er steht nun vor dem Eingang zum Himmel". Das Kreuz wird oft als Eingang, als Durchbruchstelle einer Grenze und als Zeichen Gottes gesehen. Die graue Fläche überdeckt die rote Grundfläche. Das Grau (auch an den Schuhen) erinnert an die Erde. Was wohl unter der grauen Schicht ist? ... der Himmel ... Gottes Haus ... das Reich der Toten?
  Das Licht auf den Schuhspitzen scheint aus dem Bereich hinter dem Kreuz zu kommen.
- Sch fassen die Interpretation für sich zusammen, indem sie Titel für das Bild suchen.
  Sie überlegen evtl. auch, wieso Tàpies sein Werk „Grund-Form" nennt.

Weiterarbeit mit dem Bild:
Über einzelne Bildelemente lassen sich Bezüge zu verschiedenen Aspekten der Unterrichtssequenz herstellen. So könnte das Bild zu einem begleitenden Medium durch das Kapitel werden.
- Schreibmeditation (ggf. auch nach Arbeit mit **fse 56**):
  Sch erhalten eine vergrößerte Kopie des Bildes und schreiben in EA oder GA Fragen und Gedanken in die graue Fläche: Wenn jemand stirbt, denke ich ... frage ich mich ...
- Erneute Bildbetrachtung in neuen Kontexten:
  - Die Schuhe gehören dem Aussätzigen ... (**fse 62**)
  - Die Schuhe gehören Jesus ... (**fse 64-67**)
- Kreatives Schreiben/Malen: Was ist hinter dem Eingang? (ggf. auch nach der Arbeit mit **fse 66-69**)
  „Stell dir vor, du stehst in den alten Schuhen. Deine Füße spüren das raue brüchige Leder. Deine Augen sehen den hellen Lichtschein auf den Schuhspitzen. Um dich ist es ganz still. Du kommst dir ein wenig einsam vor, aber neugierig bist du doch. Du stehst ja vor einem Eingang. Schmal ist er, hat so eine merkwürdige Form – die eines Kreuzes. Du kannst nicht sehen, wie es dahinter aussieht. Geheimnisvoll wie eine andere Welt, wie ein anderes Land kommt es dir vor.
  Doch dann steigst du aus den Schuhen, gehst vorsichtig zu dem Eingang ..." (Guhr S. 17).
  Sch schreiben weiter nach ihren Vorstellungen und/oder malen dazu Bilder.
- UG: Mit Leid und Tod leben lernen: Was fällt dazu ein? Sch äußern sich spontan im Brainstorming.

Von Unheil und Tod betroffen sein fragen – suchen – entdecken **56/57**

1. Hintergrund

Beide Elemente der Doppelseite wollen Erfahrungen mit Unheilssituationen überzeugend und behutsam, aber nicht verharmlosend ansprechen. Bild und Erzählung sprechen auf indirekte Weise Begegnungen der Sch mit Leid und Tod in ihrem Lebensumfeld an.
Geschichte und Bild bieten alternative oder sich gegenseitig ergänzende Einstiegsmöglichkeiten in die Thematik an. Empfohlen wird der Einsatz des Bildes **fse 57** vor der Arbeit mit der Erzählung **fse 56**. So wird das Einbringen von Trauer-, Angst- und Verlusterfahrungen durch Sch in offener Bandbreite ermöglicht, da sie in ihrer Wahrnehmung noch nicht auf das Thema Tod fokussiert sind.
Die Erzählung beschreibt in aller Ernsthaftigkeit, wie die Nachricht vom schlimmen Autounfall von Pias Vater die Lebenssituation einer Familie ganz unerwartet verändert. Als schließlich sogar die Befürchtung im Raum steht, dass Pias Vater die Folgen des Unfalls nicht überleben wird, brechen Verlustängste auf, die von Pia konkret ausgesprochen werden: „Was soll aus uns werden?"
Sch können in der Geschichte wahrnehmen, wie Menschen auf Unglücksfahrungen reagieren (schockiert sein, Angst haben, Fragen brechen auf, traurig sein, verzweifelt und wütend sein, trösten, zur Seite stehen ...). Bewusst werden in der Geschichte keine (vorschnellen) Antworten gegeben.
Die Arbeitsaufgaben bieten vielfältige Ausdrucksmöglichkeiten an im Sinne eines ganzheitlichen Umgangs mit Erzählung und Bild. Die Anregung, Pia einen Trostbrief zu schreiben, bietet einen Ausweg aus der „Schwere" des Themas an und kann zugleich bei den Sch Kräfte mobilisieren, die zur Bewältigung von Leidsituationen hilfreich sind.

Von Unheil und Leid betroffen sein

Klangbild

Drückt mit Klängen (Orff-Instrumente) aus, wie sich Pias Gefühle verändert haben.
- Pia spielt.
- Pia erfährt, dass ihr Papa einen Unfall hatte.
- Pia ...
- ...

Stimmungsbild

Drücke Pias Stimmung und Gefühle nur mit Farben in einem Bild aus.

Gedanken und Fragen

Setzt euch in einer Kleingruppe um ein Plakat. Schreibt, ohne miteinander zu sprechen, Gedanken und Fragen auf, die Pia durch den Kopf gehen werden.

Trostbrief

Überlege, was Pia in ihrer Situation gut tun könnte. Schreibe ihr einen Trostbrief.

Gebet

Schreibe auf, wie Pia am Abend beten könnte.

Standbilder

Stellt in zwei Standbildern dar:
TRAUER – TROST
Fotografiert eure Ergebnisse mit einer Digitalkamera.

Psalmworte

Wähle passende Psalmworte aus für Pias Situation (Buch S. 60 und 61).
Suche für Pia auch Psalmworte gegen Angst und Verzweiflung.

Paula Modersohn-Becker (1876-1907)
Paula Becker wächst in Dresden auf, ihre Familie übersiedelt 1888 nach Bremen. Im Alter von 16 Jahren erhält Paula Becker in London an der School of Arts ersten Zeichenunterricht. Später nimmt sie neben ihrer Ausbildung zur Lehrerin privaten Malunterricht. 1898 übersiedelt sie in die Künstlerkolonie nach Worpswede. Dort schließen sich Künstler aus Protest gegen die Akademien und das Leben in der Großstadt zusammen. 1900 schließt sie Freundschaft mit Rainer Maria Rilke, der sich für einige Zeit der Kolonie der Künstler angeschlossen hatte. Unter dem Einfluss der Gemälde von Vincent van Gogh in Paris sucht Paula Becker die „Einfachheit der großen Form" und die Darstellung des „schlichten Menschen" wird zum Schwerpunkt ihres künstlerischen Schaffens. 1901 heiratet sie den Worpsweder Maler Otto Modersohn. Nach einer erneuten Parisreise entstehen unter Einfluss der Impressionisten zahlreiche Stillleben. 1907 stirbt Paula Modersohn-Becker kurz nach der Geburt ihrer Tochter Mathilde an einer Embolie. Die Nationalsozialisten diffamierten die Künstlerin 1937 als „entartete Künstlerin" und beschlagnahmten zahlreiche Kunstwerke aus deutschen Museen. 1978 gründet ihre Tochter Tille (1907-1998) die Paula-Modersohn-Stiftung.

Paula Modersohn-Becker: „Worpsweder Bauernkind", um 1905

91 x 61 cm, Modersohn-Becker Stiftung, Kunsthalle Bremen

Dieses Bild der Malerin Paula Modersohn-Becker ist weder Erzählung noch Porträt, obwohl es ohne Zweifel porträthafte Züge trägt. Es ist erst recht kein Beitrag zum Thema „Kindheit auf dem Lande", obwohl es sich, wie der Titel bestätigt, um ein Bauernkind aus Worpswede handelt. Hier fehlt alles Romantisierende und Verklärende, alles Stimmungsvolle und Sentimentale.

Auf einem Stuhl, vor einer vertäfelten Wand sitzt ein Mädchen. Es hat die Füße auf die oberste Sprosse des Stuhls gestützt, seine Hände ruhen gefaltet im Schoß. Das Kind hält sich sehr gerade. Durch den vom unteren Bildrand angeschnittenen Stuhl wirkt das Mädchen den Betrachtenden unmittelbar entgegengerückt. Die direkte Konfrontation wird noch verstärkt durch den unverwandten Blick des Kindes aus dem Bild heraus, der jedoch – und das ist das Befremdliche an diesem Werk – nicht eigentlich „trifft".

Der Bildhintergrund ist streng strukturiert und auch Stuhl und Körper erscheinen eigenartig „unplastisch" in die Bildfläche „hineingeschrieben". Die vorherrschenden Farben sind Grau- und Brauntöne, einzig Gesicht und Hände bilden helle Farbinseln. Das Mädchen sitzt regungslos und selbst der Gesichtsausdruck wirkt stillgestellt, dem Duktus der Einfachheit und Strenge der Komposition unterworfen. Diesem Kind fehlt jegliche Kindlichkeit oder zumindest das, was wir, unter dem Eindruck der kommerziellen Bilderflut, unter Kindlichkeit verstehen.

Dieses Mädchen im Bild von Paula Modersohn-Becker erscheint als ernster Mensch, nicht als niedlicher „Wonneproppen", nicht als eine zu klein geratene Erwachsene, auch nicht als unschuldiges Wesen aus einem fernen Kinderland. Es ist wohl kein Zufall, dass die Kassette der Wand das Haupt des Mädchens wie ein Nimbus rahmt und damit adelt (vgl. Rita Burrichter, Mit den Augen eines Kindes, in: KatBl 122 (1997), S. 2).

2. Einsatzmöglichkeiten im RU

Das Bild betrachten

- *Spontane Wahrnehmung:* erste Kontaktaufnahme mit dem Bild; ungelenktes Anschauen und Wahrnehmen; nach einer Phase der Stille: spontane Äußerungen ohne Diskussion und Wertung.
- *Analyse des Bildes:* Was ist auf dem Bild zu sehen? Sch beschreiben das Kind, seine Haltung, den ernsten, erstarrten, ins Leere gehenden Blick, die Farben, den Hintergrund.
- *Analyse des Bildgehaltes:* Sch deuten das Gesehene und stellen Vermutungen über die Gefühlslage des Mädchens an: Was mag dieses Mädchen erlebt haben?
- *Möglichkeiten der Weiterarbeit:*
Sch formulieren aus der Perspektive des Kindes: Was es sagen, schreien könnte? Wird die Aufgabe schriftlich ausgeführt, können Sprechblasen auf einem Plakat gesammelt und die darin angesprochenen Unheilsituationen als Stichworte groß dazu geschrieben werden.

Die Geschichte fse 56 kennen lernen

- Die Begegnung mit der Erzählung kann unterbrochen werden bei „Was ist, wenn ...", um Sch eigene Vermutungen einbringen zu lassen (z. B.: ... wenn Papa nicht mehr aus dem Koma aufwacht, ... wenn er querschnittsgelähmt ist, ... wenn er nicht mehr gesund wird, ... wenn er stirbt).
- Im Anschluss an die Begegnung mit der Erzählung unbedingt freie Äußerungen der Sch zulassen! Sie zeigen an, welche Aspekte und Erfahrungen den Sch wichtig geworden sind.

Weiterarbeit in Stationen oder arbeitsteiliger GA

Je nach Erfordernis der Sch wählt L aus dem Aufgabenangebot **AB 4.4.1** und **4.4.2, Arbeitshilfen S. 163**

und 167, aus und gestaltet damit den weiteren Lernprozess oder bietet verschiedene Stationen an, aus denen Sch selbstständig nach ihren Bedürfnissen und Neigungen auswählen.

3. Weiterführende Anregung

Einen Film zum Thema anschauen

Zu empfehlen ist der Dokumentarfilm „Willi will's wissen: Wie ist das mit dem Tod?" (VHS 4231625, Medienzentralen).
Zum Inhalt: Mit der Frage: Wie ist das mit dem Tod?" geht der Reporter Willi zu Menschen, die mit dem Thema Tod zu tun haben: Er trifft den Bestatter beim Ausheben eines Grabes und beim Vorbereiten eines Sarges. Gemeinsam gehen sie in den Verabschiedungsraum im Bestattungsinstitut, in dem ein Toter aufgebahrt ist. Im weiteren Filmverlauf spricht Willi mit einem Pastoralreferenten über das Weiterleben nach dem Tod und mit einem im Sterben liegenden alten Mann. Zwei Kinder bringen ihre Sicht des Todes ein. Abschließend ist Willi im Gasthaus bei einem Leichenschmaus dabei.
Zu empfehlen ist ein sequenzielles Sichten nach thematischen Einheiten.

Fragen über Fragen

fragen – suchen – entdecken **58/59**

1. Hintergrund

Diese Doppelseite gibt, wie im Titel schon ausgesagt, bewusst dem Fragen und den Fragen der Sch hinsichtlich der Thematik Leid und Tod Raum. Dies erscheint gerade deshalb von großer Bedeutung, weil im Alltag Sch oftmals wenig Gelegenheit haben zu fragen, was ihnen frag-würdig erscheint. Eigenes Fragen aber ist Ausgangspunkt für Denk- und Lernprozesse.
Das Foto **fse 58** oben und das Gedicht im Fragezeichen knüpfen an die vorausgehenden Seiten an. Angeregt werden Gedanken und Fragen, die Menschen angesichts des Todes stellen. Besonders das Gedicht weckt dabei das philosophierende Betrachten solcher Fragen.
Obwohl das Gedicht von Gina Ruck-Pauqét im Wesentlichen aus Fragen um den Tod besteht, entwickelt es im Verlauf – wohl gerade im Fragen – einen Sinnhorizont. Die angesichts eines Todesfalls häufig gestellte Frage nach der Todesursache und in ihrer Doppeldeutigkeit auch nach dem Sinn eröffnet das Gedicht. Wie eine Herausforderung wirken die beiden anschließenden Fragen mit ihrer Stoßrichtung: Was ist mit einem Menschen, wenn er gestorben ist? Gibt es einen Zielort und eine Zukunft? Der weitere Text weist zunächst wie eine Antwort auf das sichtbare Ziel, das Grab mit den Abschiedsgaben der Hinterbliebenen. Die folgenden Gedanken geben sich damit nicht zufrieden, indem sie danach fragen lassen: Wo bleibt das, was nicht körperlich ist, die Gedanken, Gefühle, die Träume und Hoffnungen des verstorbenen Menschen? Wo hält sich das alles versteckt? Zielt die Frage darauf ab, dass es an den Menschen liegt, die den Verstorbenen kannten, ihn in lebendiger Erinnerung zu halten?
Kann man den letzten drei Zeilen eine religiöse Sinndeutung entnehmen? Gibt es jemand, der weiß und versteht, wohin alles geht? Keine Antwort wird gegeben. Die Autorin weiß um das Geheimnis des Lebens, das für Menschen zu groß ist, um es zu verstehen. Auf diese Frage muss jeder Mensch selbst eine Antwort suchen. Sie ist eingebettet in seinen Sinnhorizont, sein Hoffen und Glauben.
Der Schlusssatz lässt zumindest danach fragen, ob der „eine" Gott sein könnte.
Nachdem auf der vorausgehenden Doppelseite Unheil und Tod schwerpunktmäßig im persönlichen Lebensumfeld angesprochen wird, weitet das Fotomaterial **fse 58** den Blick nun auf unterschiedliche Leiderfahrungen (Flüchtlinge, Krieg, Behinderung), die Sch vorwiegend aus den Medien kennen werden. Über das Betrachten der Fotos bringen Sch ihre Medienerlebnisse ins Gespräch. Indem Sch aus der Medienperspektive in eine Innensicht, z. B. durch Erstellen von Sprechblasen, geführt werden, nehmen sie die Leidsituationen neu wahr. Die zweite Aufgabenstellung motiviert zu differenziertem Fragen und intendiert auch eine ästhetische Gestaltungsform, die der Bedeutung des Fragens Ausdruck verleihen kann.
In den Äußerungen der Kinder zu den Fotos wird die Frage nach dem Warum eine große Rolle spielen, zugespitzt letztlich in der so genannten Theodizeefrage: Warum lässt Gott zu, dass es Leid auf der Welt gibt ?
fse 59 stellt diese Frage in den Mittelpunkt der Auseinandersetzung, eingeleitet durch die Geschichte „Nele denkt nach". In den vier Sprechblasen finden sich klassische Antwortversuche von Menschen aller Zeiten auf die Theodizeefrage. Das Schulbuch mutet und traut den Kindern hier einiges zu. Es geht nicht darum, die Antwortversuche in der vollen Tragweite zu verstehen, sondern sie bieten eine Reibungsfläche, sich mit der Gottesfrage im Horizont der Leidfrage auseinander zu setzen, auf diese Weise auch deren Antwortcharakter infrage zu stellen und eigene – wenn auch vorläufige – Sichtweisen zu entwickeln. Der Text „Nele denkt nach" setzt einige Impulse (z. B. Gott leidet mit und

ist den Leidenden nahe; Können wir uns Gottes Allmacht überhaupt vorstellen?), die Sch zum Weiterdenken anregen.

2. Einsatzmöglichkeiten im RU

Über Sterben und Tod nachdenken
- Sch betrachten und beschreiben das Foto, das Menschen an einem Grab zeigt.
- Sch sprechen Gedanken aus, die diesen Menschen durch den Kopf gehen könnten.
- Sch hören (evtl. mit geschlossenen Augen) das Gedicht im Fragezeichen, vorgetragen durch L, und äußern anschließend ihre Gedanken dazu.
- Sch lesen abschnittsweise jeweils bis zum nächsten Fragezeichen und sprechen dazu, was ihnen einfällt (ohne Wertung!).

Bilder von Leid und Not betrachten
- Sch beschreiben die dargestellten Lebenssituationen, bringen dazu ihr Medienwissen ein.
- Sch formulieren Gedanken- und Sprechblasen zu Menschen, die auf den Fotos zu sehen sind.

Fragegedichte gestalten
- Sch entscheiden, ob sie mit einem ausgewählten Foto arbeiten oder sich auf alle beziehen wollen.
- Sch sammeln in PA oder GA zu den dargestellten Leidsituation Fragen:
Fragen, die das Bild/die Bilder bei uns weckt/wecken; Fragen, die sich den Menschen in diesen Situationen stellen; Fragen, die wir Gott stellen möchten.
- Mit ihren Fragen füllen Sch analog zum „Fragezeichen-Gedicht" fse 58 den Umriss eines Fragezeichens **AB 4.4.3, Arbeitshilfen S. 167**.
- Anschließend tragen sie ihre Gedichte vor. Vermutlich kann anhand der Gedichte gut die Theodizeefrage zugespitzt werden.

Eine Frage-Wand gestalten
- Sch sammeln Bilder und Zeitungsartikel, die vom Leid der Menschen berichten, und gestalten zusammen mit ihren Fragegedichten eine Frage-Wand.
- Sch überlegen, wie man in solchen Leidsituationen helfen kann; sie sprechen darüber, wo Menschen hilflos sind.
- Das Lied „Klein Lena war krank" von Gerhard Schöne erzählt hierzu eine anregende Geschichte, die zeigt, wie eine Mutter ihrem Kind Nähe und Zuneigung schenkt und die Hoffnung nicht aufgibt, wo medizinische Hilfe am Ende scheint. Der Liedtext ist zu finden in: Franz W. Niehl, Leben lernen mit der Bibel. Der Textkommentar zu *Meine Schulbibel*, München 2003, S. 366, das Lied selbst befindet sich als Lied Nr. 18 auf der Liederkiste 3/4.

Sich mit Antwortversuchen auseinander setzen
- Sch lesen den Text „Nele denkt nach" bis „... überhaupt böse Menschen geschaffen?" und vergleichen evtl. Neles Fragen mit ihren Fragen der Fragegedichte.
- Sie suchen selbst nach Antworten auf diese schwierigen Fragen.
- Sie lesen dann weiter bis „weiterfragen." und besprechen, was Neles Vater meint, wenn er sagt, dass er auf diese Frage nur Antworten kenne, bei denen er weiterfragen müsse.
- Sch lesen die Antwortversuche der Menschen in den Sprechblasen und nehmen anschließend zu jeder dieser Ansichten schriftlich Stellung: **AB 4.4.4, Arbeitshilfen S. 171**.
- Um Sch auf diese anspruchsvolle Aufgabe vorzubereiten, sollte zu einem der Antwortversuche exemplarisch mit der Gesamtklasse gearbeitet werden. Besonders geeignet erscheint hierfür die Antwort in der rechten oberen Sprechblase, da sie im „Nele denkt nach"-Text eine Entsprechung in der Meinung von Neles Mutter findet. Sch identifizieren in den Antwortversuchen die Ansicht von Neles Mutter und nehmen kritisch Stellung dazu; auf Folie oder Tafel werden Ergebnisse festgehalten, z. B.:
Ja, das stimmt. Wir Menschen können uns entscheiden, was wir tun: wir können anderen helfen oder ihnen Schaden zufügen ...
Aber es gibt doch auch Naturkatastrophen und Unheil, an dem Menschen nicht schuld sind. Warum lässt Gott das zu?
- Sch geben nach ihrer schriftlichen Meinungsäußerung noch Bewertungen nach Noten (z. B.: 1 = der Meinung stimme ich voll zu; 3 = Ich stimme der Meinung nur teilweise zu; 6 = diese Ansicht lehne ich ab) für jeden Antwortversuch ab.
- Sch sprechen über ihre Bewertungen und begründen diese mit ihren schriftlichen Argumenten. Wichtige Argumentationen werden an der Tafel oder am OHP festgehalten. Sch ergänzen oder überarbeiten ihre Stellungnahmen abschließend.
- Sch erlesen den zweiten Teil des Textes „Nele denkt nach" und sprechen darüber:
Welche Gedanken helfen Nele weiter, obwohl auch sie keine Antwort geben?

Literatur

Oberthür, Rainer, Kinder fragen nach Leid und Gott. Lernen mit der Bibel im Religionsunterricht, München ⁴2004

Einander Trost schenken

- In den Arm nehmen
- Über das Haar streichen
- Sanft die Wange berühren
- Ganz fest umarmen
- Hin- und herwiegen
- An die Hand nehmen und begleiten
- Die Tränen abtrocknen
- Gemeinsam schweigen
- Gemeinsam Musik hören
- Gemeinsam beten
- Behutsame Fragen stellen
- Einfach da sein
- Gemeinsam Bilder und Fotos anschauen
- Gemeinsam weinen
- Zuhören
- Erzählen lassen
- Das Entsetzen teilen
- Unter Freunden sein
- Die Zuversicht stärken
- Versprechen zu helfen
- Einfach daneben sitzen
- Auf den anderen zugehen
- Den anderen ansehen

➤ Es gibt verschiedene Möglichkeiten getröstet zu werden. Lies die Beispiele durch und markiere mit Farben:
grün: Diese Art von Trost habe ich schon erlebt.
blau: So habe ich schon jemanden getröstet.
rot: Das könnte Pia gut tun.

Fragezeichen-Gedicht

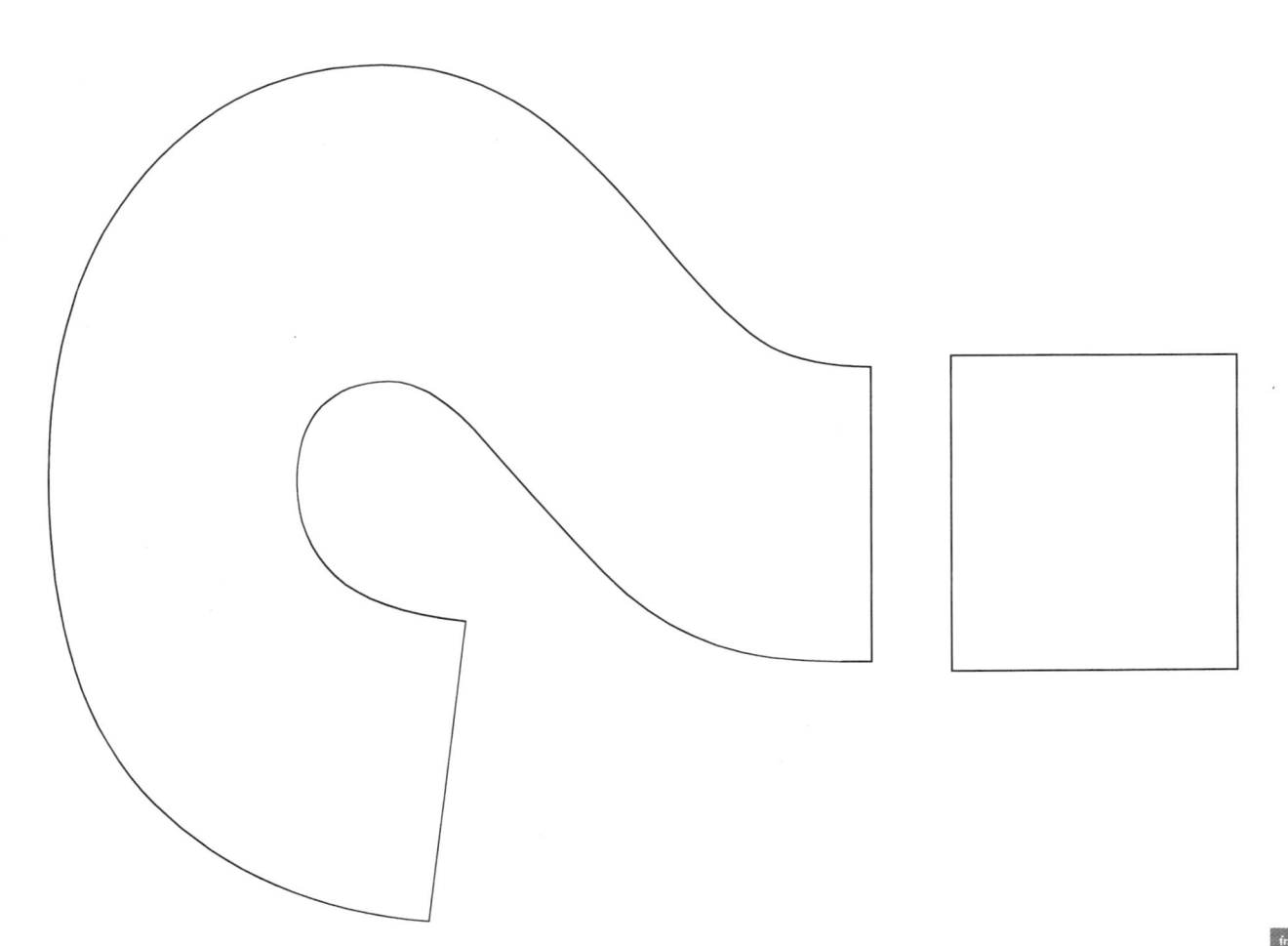

Hilfe von Gott erwarten?

fragen – suchen – entdecken 60–61

1. Hintergrund

Alle theologischen Erklärungsversuche verstummen angesichts der Leidsituationen in der Welt. Es stellt sich existenziell die Frage: Ist Hilfe von Gott zu erwarten? Die Doppelseite **fse 60/61** stellt deshalb die Erfahrung von Menschen in den Mittelpunkt, die sich in Situationen des Unheils und Leides auf den Glauben an Gott eingelassen haben. Die alttestamentlichen Psalmen sprechen in wortgewaltiger und bildhafter Dichte von solchen Glaubenserfahrungen. Einen breiten Raum nimmt dabei die Klage und Anklage gegen Gott ein. In ihr drückt sich nicht die Abkehr, sondern das gläubige Ringen um die Beziehung zu Gott aus. Die Psalmworte **fse 60** sind Klagepsalmen entnommen und thematisieren ausdrücklich auch das Gefühl der Gottferne und -verlassenheit in der Notsituation. Viele Psalmen geben Zeugnis, dass sich in der Klage bereits ein Umschwung vollzieht; die Klage ist oft der erste Schritt auf dem Weg, der aus der Hoffnungslosigkeit führt und Zuversicht entdecken lässt. So ist ein Charakteristikum der Psalmen, dass sie auch Gegenerfahrungen ausdrücken: Die Psalmworte **fse 61** sprechen von Vertrauen und Geborgenheit inmitten der Angst und von Rettung aus der Notlage.

Ingo Baldermann verweist auf die „überraschende Erfahrung, dass Kinder in Worten der Klagepsalmen sich selbst entdecken, dadurch einen erstaunlich direkten Zugang zur Bibel finden, zugleich eine Sprache für ihre sonst sprachlosen Ängste und schließlich über die Vertrauensworte der Psalmen den Zugang zu einer ganz elementaren tröstlichen neuen Wahrnehmung der Wirklichkeit Gottes" (Baldermann S. 45). In der Begegnung mit Psalmworten assoziieren Kinder eigene Erfahrungen, die im Dialog mit biblischen Worten eine fassbare Gestalt annehmen.

Die beiden Kunstwerke stellen Menschen in ausweglosen Situationen dar. Im Unterschied zur Klage der Skulptur von Käthe Kollwitz, die sich stumm äußert, zeigt Picasso einen Menschen, dessen Klage laut und unüberhörbar ist. Im Vergleich beider Bilder können Sch diese unterschiedlichen Haltungen erkennen und sich eigener Lebenssituationen erinnern.

Literatur

Baldermann, Ingo, Kinder entdecken sich selbst in den Psalmen. Kinderfragen, die aufs Ganze gehen, in: Bibel und Kirche 56 (2001), S. 45.

Pröschel, susanne, Picasso & Co., Donauwörth ³2003

Pablo Picasso (1881-1973)

„Der spanische Maler Pablo Picasso ist der bekannteste Maler des 20. Jahrhunderts. Er malte und zeichnete, war Bildhauer, Keramiker und auch Dichter. Er hat in vielen unterschiedlichen Stilrichtungen gearbeitet und gilt als Schöpfer des Kubismus. Picasso malte sein ganzes Leben lang gegenständlich, aber oft in sehr ungewohnten Zerlegungen oder Zusammenstellungen" (Kretschmer S. 55). Seine künstlerische Begabung wurde schon sehr früh gefördert, weil auch sein Vater Maler war. „Den Erzählungen nach konnte Picasso mit 13 Jahren schon ebenso gut malen wie sein Vater, sodass dieser angeblich von diesem Zeitpunkt an nie wieder gemalt habe" (Pröschel o. S.). Seine ersten Bilder wurden ausgestellt, als er 18 Jahre alt war. Ab 1904 lebte der Maler in Frankreich. Er erlebte dort auch die Kriegsjahre, blieb aber seiner Heimat immer verbunden. So entstand 1937 sein berühmtes Gemälde „Guernica", „mit dem er die Schrecken und Gräuel der Bombardierung des Dorfes Guernica verarbeitete ... 1958 kaufte er Schloss Vauvenargues bei Aix-en-Provence, in dessen Garten er nach seinem Tod 1973 beerdigt wurde" (ebd.).

Pablo Picasso: „Guernica", 1937 (Ausschnitt)

Öl auf Leinwand

Die Abbildung zeigt einen Ausschnitt aus Picassos berühmten großformatigen Gemälde „Guernica", das er für die Weltausstellung in Paris gemalt hat. Es thematisiert die Vernichtung der nordspanischen Stadt Guernica im April 1934 durch die deutsche Wehrmacht. In erschütternder Weise klagt der Künstler die Grausamkeit und Unmenschlichkeit des Krieges an als Aufschrei alles Lebendigen.

Der gewählte Ausschnitt verdichtet den leidvollen Aufschrei der gequälten Kreatur in einer Gestalt.

„Betrachten wir eine Zeit lang die verfremdete Figur in der erschreckend ausweglos erscheinenden Enge eines finsteren schwarzgrauen Raumes, so fällt auf, dass zwei weißgraue Flächen unseren Blick anziehen: die Darstellung des Schreies und die lukenartige Öffnung in diesem Zellenraum, eine Öffnung, die den Blick in eine unbestimmte Ferne zu führen scheint. Die räumliche Darstellung der Zellenluke und die Richtung des Schreies deuten gen Himmel. Es mag sein, dass sich der Ruf der Verzweiflung nach oben gegen das Inferno der Bomben richtet. Aber auch – und gleichzeitig – kann der Aufschrei gegen Gott gerichtet sein – klagend und anklagend ..." (Albert Biesinger/ Gerhard Braun, Gott in Farben sehen. Die symbolische und religiöse Bedeutung der Farben, München 1995, S. 208-210).

Die Heilung eines Aussätzigen

Strukturelemente einer vorausgehenden Lehrererzählung zur Erschließung der Lebenssituation des Aussätzigen:

Vom Beginn der Krankheit: Der Kranke entdeckt Veränderungen an seiner Haut; Schrecken überkommt ihn; sein Gang zum Arzt, der den schlimmen Verdacht bestätigt; vorschriftsmäßiger Gang zum Priester – Ausschluss aus Gemeinschaft und Gottesdienst – Vorschriften für Aussätzige – Abschiednehmen von der Familie, dem Dorf.

Im Lager der Unreinen: Eintritt in das Lager vor den Toren der Stadt; vom Leben in der Trostlosigkeit – an den anderen kann man ablesen, wie es einem selbst bald gehen wird; Gespräche, die sich um das Getrenntsein von Menschen und Gott drehen – die Gebete gehen ins Leere – Grübeln über mögliche Schuld im bisherigen Leben.

Neue Hoffnung: Nachricht vom Rabbi Jesus dringt bis ins Lager: Er soll der Bote Gottes sein; Sätze aus seinen Reden machen die Runde (z. B.: Kommt alle zu mir, die ihr mühselig und beladen seid. Selig sind, die da Leid tragen; denn sie sollen getröstet werden! Nicht die Gesunden brauchen den Arzt, sondern die Kranken! Ich bin gekommen, zu suchen und zu retten, was verloren ist!); – neue Perspektiven: neue Nähe zu Gott, neue Selbstachtung, Rückkehr ins Leben; Schwanken zwischen Resignation und Hoffnung.

Der Aussätzige macht sich auf den Weg zu Jesus.

Umriss Kreuz (Arnulf Rainer)

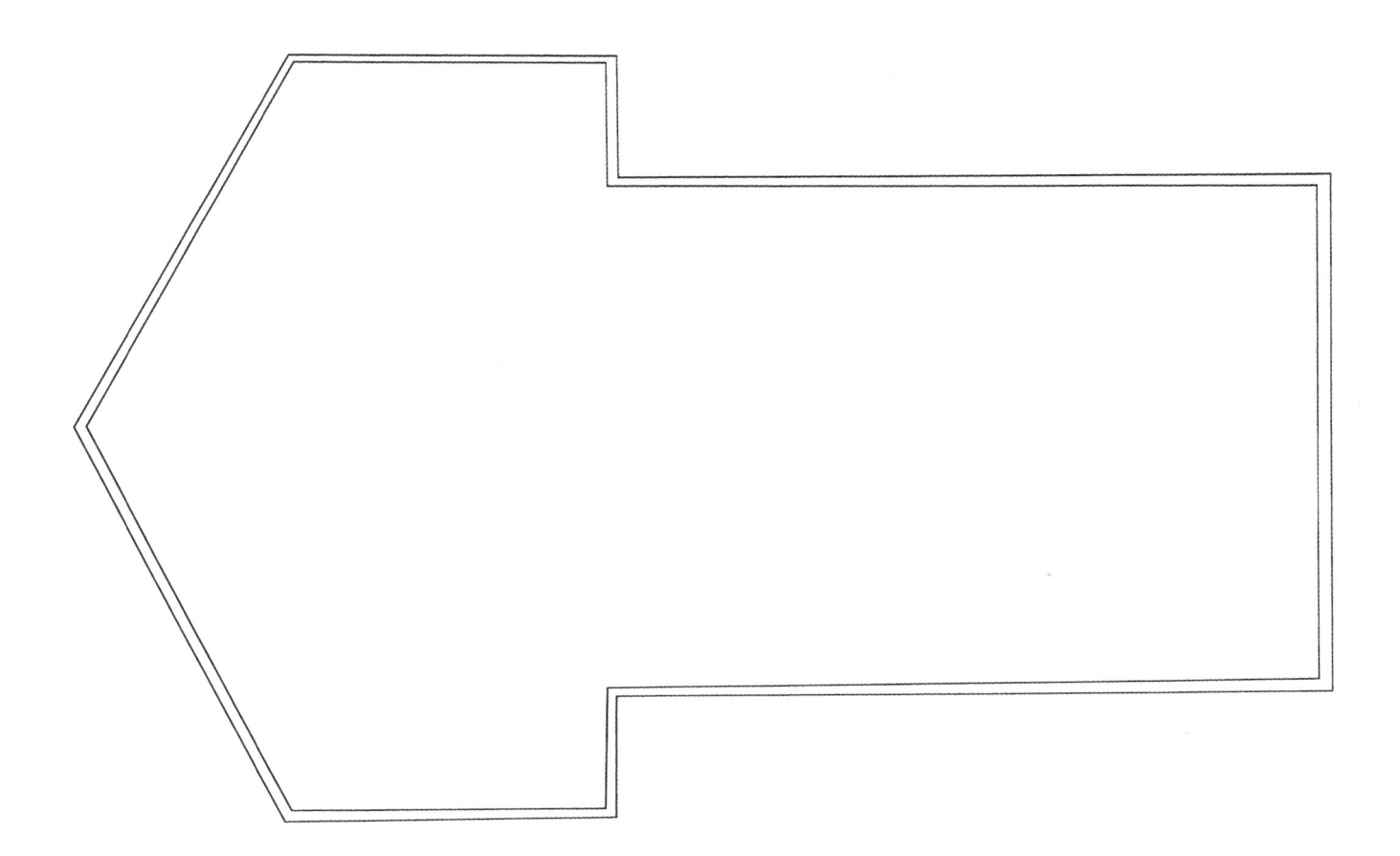

Käthe Kollwitz (1867-1945)

Käthe Kollwitz ist die bedeutendste deutsche Grafikerin und Bildhauerin des 20. Jahrhunderts. 1919 wird sie als erste Frau Mitglied der Preußischen Akademie der Künste und erhält gleichzeitig den Professorentitel. Ein Leben lang hat sie sich mit der Not und dem sozialen Elend der einfachen Menschen auseinander gesetzt. Mit ihren Kunstwerken erhob sie Klage gegen die menschenunwürdigen Zustände und den alles zerstörenden Krieg.

Der Druck der Nationalsozialisten wegen ihrer linken politischen Gesinnung veranlasste sie zum Austritt aus der Akademie der Künste, in der sie viel Anerkennung gefunden hatte. Käthe Kollwitz wurde jede Möglichkeit, Arbeiten in der Öffentlichkeit zu präsentieren, genommen. Auch privat folgten Schicksalsjahre: 1940 starb ihr Mann Karl, 1914 ihr 17-jähriger Sohn. Bei einem Luftangriff auf Berlin wurde ihre Wohnung von Bomben zerstört; ein Großteil ihrer Arbeiten verbrannte dabei. Kurz vor Kriegsende starb Käthe Kollwitz am 22. April 1945 in Moritzburg. Ihre Urne wurde im September 1945 in Berlin beigesetzt.

Käthe Kollwitz: „Klage um Ernst Barlach", 1938/39

Bronzeplastik, 27 x 25 x 9 cm, Museum am Ostwall, Dortmund

Die Künstlerin widmet ihr plastisches Werk dem Andenken an den im gleichen Jahr verstorbenen Bildhauer Ernst Barlach. Käthe Kollwitz schätzte und verehrte ihren Künstlerkollegen sehr. An seinem Totenbett hat sie noch Porträtzeichnungen von ihm angefertigt.

In ihrer Bronzeplastik verarbeitet sie ihre Trauer über Barlachs Tod, aber auch anderes Leid, das ihr Leben gezeichnet hat (s. o.). Die Plastik zeigt ihre eigenen Gesichtszüge. Die Augen sind geschlossen, die rechte Hand bedeckt ein Auge, die linke den Mund. In ihrer waagrechten und senkrechten Ausrichtung wirken die Finger wie Gitterstäbe und steigern die Wirkung des Gefangenseins im erfahrenen Leid.

Das kleinformatige Bronzerelief ist charakteristisch für das künstlerische Werk von Käthe Kollwitz: die reduzierte Formensprache, der starke Ausdruck menschlicher Empfindung und das Thema Leid und Schmerz.

Das Lied **fse 60/61** orientiert sich textlich stark am Psalm 30. Zentral ist die Aussage „Da hast du mein Klagen in Tanzen verwandelt" (Ps 30,12a). Darin drückt sich die Grundbewegung vieler Psalmen aus: Von der Klage über die Not hin zum Lob über erfahrene Heilung und Erlösung vom Leid.

Die Grafik **fse 61** setzt in einer Doppelspirale die Erfahrung von Not und Angst ins Bild, die Suche nach einem Ausweg, aber auch die Erfahrung einer Wende, die neue Lebensmöglichkeiten eröffnet.

Pilgertanz

Der Pilgertanz bringt die Suche vieler Menschen nach einem Ausweg, einer Wende in ihrem Leben zum Ausdruck. Wird er in Form eines Spiralweges getanzt, nimmt der die Grundbewegung aller Psalmen auf: Von der Klage über die Not hin zum Lob über erfahrene Heilung, die Erlösung.

Die Schrittfolge: „Drei Schritte vorwärts (re-li-re) und einen Schritt zurück (das Gewicht wird dabei auf den linken Fuß zurückverlagert, sodass ein Wiegeschritt entsteht). Der vierte Schritt ist kein eigentlicher Rückschritt, sondern ein Schritt der Rückbesinnung, des Innehaltens, des Kräftesammelns für den Neubeginn.

In der Tanzfassung „Kette" bewegen sich die Tanzenden erst nach links, mit-sonnen, d. h. mit der Sonne gehen und mit ihr untergehen, in die Richtung des Todes, mit Blick nach außen. Sie bewegen sich spiralförmig zur Mitte hin. Je näher sie dieser Mitte kommen, desto mehr erfahren sie Enge (Angst). In der Mitte aber geschieht die Wende. Jetzt läuft die Bewegung nach rechts, gegen-sonnen: der Sonne, dem Leben entgegen. Dabei sind die Tanzenden einander zugewandt. Die erste Tänzerin legt ihre freie rechte Hand auf die Schulter des letzten Tänzers. Der Kreis schließt sich (vgl. Ludwig Rendle u. a., Ganzheitliche Methoden für den RU. Ein Praxisbuch, München 1996, S. 63).

Grundsätzlich eignet sich für diesen Tanz jede ruhige Viertaktmusik. Besonders eindrucksvoll unterstützt die „Ouvertüre IV. Der Klang der Auferstehung" von H. J. Hufeisen auf seiner CD „Zugabe" musikalisch die Wende.

2. Einsatzmöglichkeiten im RU

Die Bilder fse 60 vergleichen

- Sch betrachten nacheinander die Bilder von Pablo Picasso und Käthe Kollwitz und sprechen darüber, was die dargestellten Menschen erlebt haben könnten.
- Sie nehmen nacheinander die Haltungen der dargestellten Personen ein und spüren diesen jeweils in einem Moment der Stille nach (L eröffnet und beendet die Übung mit einem akustischen Zeichen, z. B. mit Triangel, Klangschale).
- Sch sprechen darüber, welche Empfindungen, Gefühle und Gedanken sie mit den Haltungen verbinden.
- Sie suchen für jedes Bild einen passenden Titel. Die Ergebnisse stellen sie an der Tafel einander gegenü-

Warum lässt Gott zu, dass es Leid auf der Welt gibt?

Auf diese Frage suchten Menschen immer schon nach Antworten.
Wie denkst du über die Antwortversuche in den Sprechblasen?
Schreibe jeweils deine Meinung dazu. Versuche sie zu begründen.

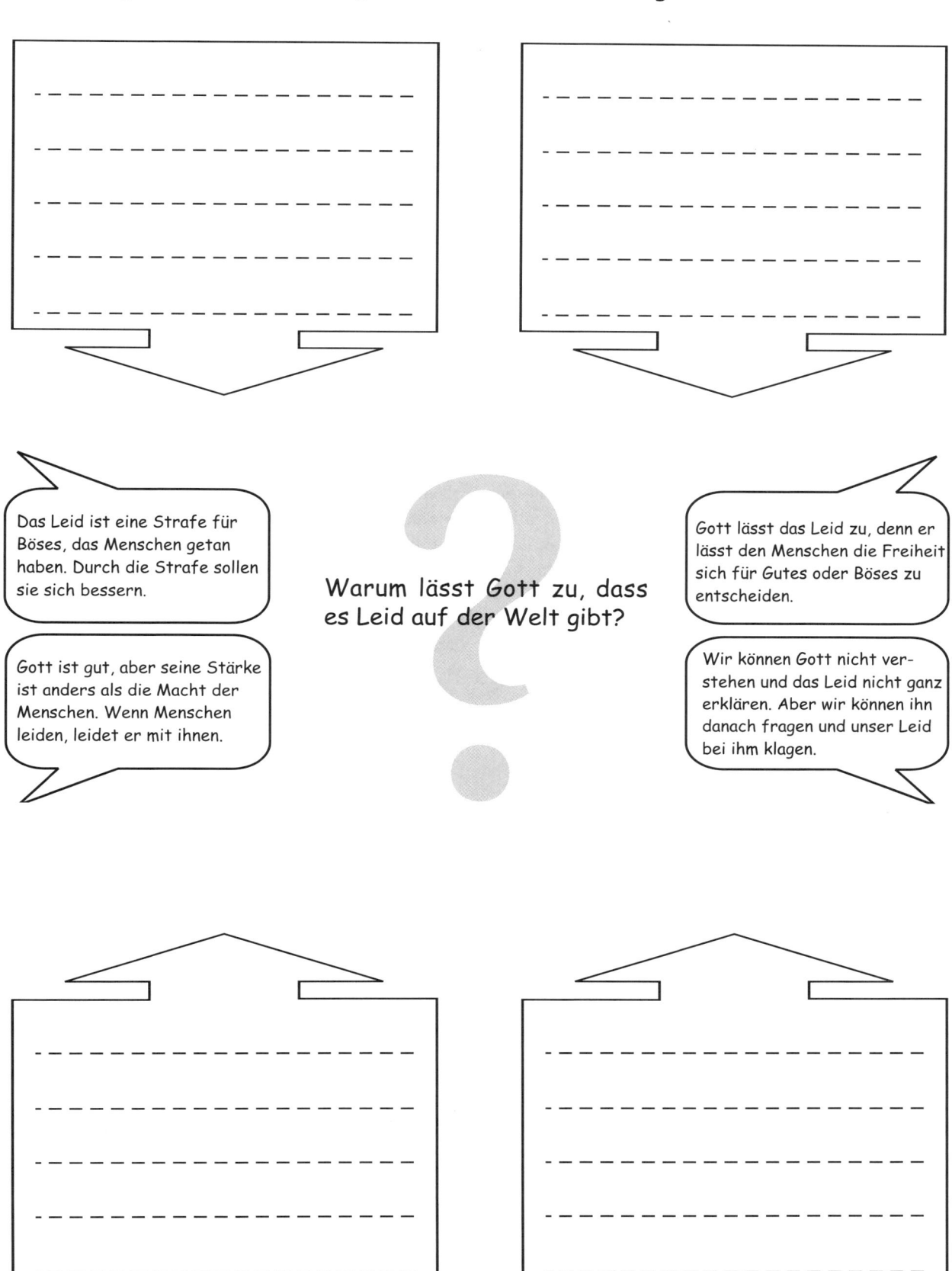

> Das Leid ist eine Strafe für Böses, das Menschen getan haben. Durch die Strafe sollen sie sich bessern.

> Gott ist gut, aber seine Stärke ist anders als die Macht der Menschen. Wenn Menschen leiden, leidet er mit ihnen.

Warum lässt Gott zu, dass es Leid auf der Welt gibt?

> Gott lässt das Leid zu, denn er lässt den Menschen die Freiheit sich für Gutes oder Böses zu entscheiden.

> Wir können Gott nicht verstehen und das Leid nicht ganz erklären. Aber wir können ihn danach fragen und unser Leid bei ihm klagen.

ber und arbeiten die beiden Grundhaltungen heraus: im Leid gefangen sein und verstummen – das Leid herausschreien, hadern und um Hilfe flehen.

Klageworte aus Psalmen mit Lebenssituationen verbinden

- L präsentiert die Psalmworte Ps 13,2-3 (evtl. auch Ps 10,1; 31,3) **fse 60**, auf DIN-A4-Blättern geschrieben, im Sitzkreis. Sch lesen die Sätze mehrmals und tragen einzelne Sätze auch dem Inhalt entsprechend sprachgestaltend vor.
- Sch führen ein UG anhand folgender Impulse:
- Was mag der Mensch, der so spricht, erlebt haben?
- Welche Gefühle sprechen aus diesen Sätzen? (Verzweiflung, Verlassenheit, Wut, Enttäuschung ...)
- An wen sind sie gerichtet?
- Sch führen ein Streitgespräch: Dürfen Menschen ihre Gefühle wie Enttäuschung, Wut usw. Gott gegenüber zum Ausdruck bringen?
- L informiert über das wichtige Moment der Klage im Psalmgebet, das die Beziehung zu Gott aushält und erhält (eine gute Freundschaft kann als hilfreicher Vergleich dienen).
- Sch überlegen, zu welchem der betrachteten Bilder **fse 60** die Psalmworte besser passen. Sie tendieren vermutlich zum Bild von Picasso, können aber auch entdecken, dass Menschen, die in ihrem Leid verstummen, in den Psalmen eine Sprache für ihre Situation finden können.
- Sch suchen in EA oder PA aus den Bildern und Fotos **fse 57-61** eines aus und schreiben auf, wie diese Menschen zu Gott sprechen, schreien, beten könnten. Sie verwenden dabei auch Psalmverse.
- *Alternativ* wählt jede/r Sch ein Psalmwort **fse 60** aus und gestaltet dazu ein Bild oder eine kurze Geschichte, die eine Situation zum gewählten Satz darstellt.

Worte gegen die Verzweiflung und Hoffnungslosigkeit finden

- Sch lesen die Psalmworte **fse 61**.
- Sie erkennen mithilfe von **fse 61 AA1**, dass in diesen Worten Erfahrungen von (unverhoffter) Hilfe und Rettung in der Not, von Geborgenheit und Schutz in Bedrohung, von Vertrauen und Dankbarkeit zum Ausdruck kommen.
- Sch suchen Worte gegen die Angst für die Menschen auf den Bildern **fse 56-60**. Dazu kann L zusätzliche Psalmworte anbieten (z. B. Rainer Oberthür, Psalmwortkartei).

Den Weg der Spirale erfahren

- Sch fahren mit dem Finger oder einem mit Kappe verschlossen Stift die Spirale **fse 61** nach und deuten anschließend den Weg und die Farbsymbolik.
- Sie ordnen die Psalmworte **fse 60** und **61** dem Spiralweg zu.
  Sie gestalten die Doppelspirale in ihrem Heft nach und schreiben Psalmworte passend in den Spiralweg.
- Sch tanzen im Pilgerschritt den Weg der Spirale um eine Mitte (Bilder, Psalmworte, Kerze ...), vgl. Stilleseiten: Ein Labyrinth begehen: Vorübung Arbeitshilfen S. 40, Pilgertanz S. 170.

Das Lied fse 60/61 singen

- Sch lernen und singen das Lied **fse 60/61**.
- Sie suchen zu den Strophen (Anregung geben auch die Bilder **fse 60**) und zum Kehrvers passende Gesten.

Jesus begegnet Menschen, die leiden fragen – suchen – entdecken 62/63

1. Hintergrund

Die Evangelien erzählen von vielen Begegnungen Jesu mit Menschen, die an körperlichen oder psychischen Behinderungen und Krankheiten litten. **fse 62/63** zeigt die Zuwendung Jesu zu den Kranken exemplarisch an der Heilung eines Aussätzigen (Lk 5,12-15).
Auch wenn sich die Historizität bestimmter Heilungen nicht eindeutig feststellen lässt, so wird exegetisch-theologisch heute nicht mehr daran gezweifelt, dass Jesus Kranke geheilt und Dämonen ausgetrieben hat. Zentrales Anliegen der Heilungsgeschichten ist es, Hoffnung stiftende und Leben fördernde Glaubenserfahrungen weiterzusagen, die Menschen in der Begegnung mit Jesus gewonnen haben. So wird auch an der Erzählung von der Heilung des Aussätzigen deutlich:

Die Zuwendung Jesu bezeugt die Lebensfreundlichkeit Gottes: „Es geht um die Befreiung von Lebens-Entstellungen, -Einschränkungen, -Verhinderungen und -Behinderungen" (Werner H. Ritter, in: Lachmann S. 282).
Heilungserzählungen sind Protestgeschichten: Jesus durchbricht in seinem Handeln den damals anerkannten Tun-Ergehens-Zusammenhang, nachdem Krankheit als Folge von Verfehlung und Sünde interpretiert wurde. So widerspricht Jesus auch der sozialen Ausgrenzung von kranken und behinderten Menschen, die mit der Zuschreibung des Sündigseins gegeben war.
Heilungserzählungen sind Geschichten gegen Resignation und Hoffnungslosigkeit:
Wo nach menschlichem Ermessen weder Heil noch

Heilung möglich sind, überliefern sie Erfahrungen, dass in der Begegnung mit und im Vertrauen auf Jesus Not gewendet wird, Rettung möglich wird und so das Reich Gottes schon angebrochen ist.

Nicht zuletzt sind sie auch Aufforderungsgeschichten, sich aus der Kraft dieser Hoffnung einzusetzen gegen die Ursachen von Unrecht und Leid in der Welt.

Die Heilung eines Aussätzigen (Lk 5,12-13.15)

Der biblische Text folgt dem typischen Erzählschema von Wundergeschichten:

1. Am Anfang steht die *Exposition* (V 12f): Ein Aussätziger kommt zu Jesus.
Der Begriff „Aussatz" umfasst in der Bibel verschiedene Hautkrankheiten. Nach dem jüdischen Gesetz wurden „Aussätzige" als kultisch unrein angesehen, da diese Krankheitsbilder als Strafe für schwere Sünden galten (2 Chr 26,20). Dies bedeutete den Ausschluss aus der Gemeinschaft des Volkes wie auch aus dem Kult Israels, also soziale und religiöse Isolation. Durch das Tragen zerrissener Kleidung, das Verhüllen des Bartes und Offentragen des Haares sowie den Ruf „Unrein, unrein!" mussten sich „Aussätzige" erkennbar machen.

2. *Begegnung mit dem Wundertäter:* Der Aussätzige setzt sich über das Annäherungsverbot hinweg. Sein Aktivwerden (zu Jesus gehen, Kniefall, Bitte) kann als Ausdruck seines hoffnungsvollen Glaubens an die helfende Macht Jesu gewertet werden.

3. Es folgt die *Darstellung des Heilungsvorgangs* (V 13f): Das Berühren des Aussätzigen demonstriert gleichzeitig die Nähe und die göttliche Wirkmacht Jesu, die verändert und zum Leben befreit.
Die Anweisung Jesu, niemandem von der Heilung zu erzählen und sich die Heilung vorschriftgemäß bei den zuständigen Priestern am Tempel bestätigen zu lassen (V 14), wurde im Text **fse 62** ausgespart.

4. Der *Erzählabschluss* (V 15) betont die Reaktion über den Erfolg und die Wirkung bei Beteiligten und Zuschauern. Trotz Jesu Verbot breitet sich Jesu Ruf aus und die Anzahl derer, die bei Jesus Rettung und Heilung suchen, wächst ständig.

Ein einführender Sachtext eröffnet den Sch neben dem medizinischen den sozialen und religiösen Kontext zum Krankheitsbild des Aussatzes. Damit wird das Anliegen der Heilungsgeschichte vorbereitet, dass es bei der Heilung durch Jesus nicht um einen medizinischen Eingriff geht, sondern um ganzheitliche Zuwendung. Der kurze Vorspann zur biblischen Perikope lässt das Wirken Jesu im Zusammenhang mit seiner hoffnungsvollen Botschaft für Menschen im Leid (vgl. Lk 6,21/Mt 5,4; Lk 5,31; Lk 19,10) erscheinen.

Evangeliar von Echternach, um 1040

Bibliothek Royal, Brüssel

Um 1040 entstand das großformatige Echternacher Evangeliar in der Malerschule des Klosters Echternach (Luxemburg) während der Hochphase ihrer buchkünstlerischen Tätigkeit. Der 44,0 x 30,5 cm große Codex ist durch die effektvolle Verschmelzung von Ornament und Schrift gekennzeichnet. Neben den kräftigen Farben Rot, Grün und Blau wurde viel Goldtinktur verwendet. Die Illuminationen bestehen u. a. aus einer frontalen Christusdarstellung, den vier Evangelisten, Szenen aus dem Neuen Testament, aufwändig gestalteten Initialen und Ornamentverzierungen. Die Buchmalerei folgt im Wesentlichen der byzantinischen Ikonografie. Charakteristisch für die Echternacher Malerschule sind die etwas länglich geformten Gesichter der dargestellten Personen.

„Heilung des Aussätzigen", um 1040

Auf den ersten Blick steigen Jesus und sechs Jünger in seinem Gefolge von einer Anhöhe herab. Sie treffen auf einen Mann, dessen Körper mit offenen Wunden bedeckt ist. In gebeugter Haltung streckt er Jesus flehend beide Hände entgegen. Jesus berührt den Scheitel des kranken Mannes mit seiner Hand.

Das Bild folgt einer wohl durchdachten Komposition, die die Aussage unerwartet zu steigern vermag. Die Handlung wird in Bewegung gehalten durch die von links oben nach rechts unten führende Bilddiagonale. Farbige Bildstreifen verstärken den Abstieg Jesu zum Aussätzigen. Alle Kompositionslinien lenken den Blick auf die heilende Berührung Jesu.

Die gesellschaftliche Ausgrenzung und seine von der Krankheit gezeichnete Existenz kommt in der Position am äußersten unteren Bildrand anschaulich zum Ausdruck. Jesu Hand schlägt in seiner Berührung die Brücke zum so Ausgegrenzten. Seine Größe und der goldene Nimbus mit Kreuzzeichen heben Jesu göttliche Erhabenheit und nachösterliche Gegenwart heraus. Die Schriftrolle in seiner Linken weist auf die Frohe Botschaft von der Nähe der befreienden Herrschaft Gottes hin. In Blickrichtung, Haltung und Gestik der Jünger wird Jesus imitiert und die Nachfolge angedeutet.

Ein wichtiges Ausdrucksmittel ist die Farbgestaltung des Bildes. Jesus ist ausgestattet mit den göttlichen Farben: Blau (Untergewand) für Himmel und Weite, Rot (Überwurf) für die Liebe Gottes, Gold (Nimbus) für den Herrschaftsbereich Gottes. Rot findet sich auch auf dem Gewand des Kranken. Das ganze Geschehen wird eingefasst durch einen schmalen Goldrand im Rahmen. Daneben spielt vor allem die Farbe Grün als Symbolfarbe der Hoffnung eine wichtige Rolle (vgl.

Goecke-Seischab, Margarete Luise/Harz, Frieder, Bilder zu neutestamentlichen Geschichten im Religionsunterricht. Einführung in die Bilddidaktik und Ikonographie christlicher Kunst für Grundschule und Orientierungsstufe, Lahr 1994, S. 152ff).

Literatur

Lachmann, Rainer u. a., Elementare Bibeltexte. Exegetisch – systematisch – didaktisch, Göttingen 2001

2. Einsatzmöglichkeiten im RU

Von der Situation eines Aussätzigen zur Zeit Jesu erfahren

- Sch bringen zur TA „Jesus begegnet Menschen, die leiden" ihr Vorwissen ein.
- Sch hören LE, Teil 1: Vom Leid der Aussätzigen zur Zeit Jesu: **M 4.4.5, Arbeitshilfen S. 169.**
- *Alternativ:* Sch lesen Sachtext „Zur Zeit Jesu gab es viele Aussätzige ..." **fse 62.**
- Sch formulieren ein Gebet eines Aussätzigen, indem sie passende Psalmworte aus **fse 60/61** auswählen und weiterschreiben (vgl. AA 1).

Jesu Botschaft und Handeln gegen Verzweiflung und Not wahrnehmen

- Sch hören LE, Teil 2: Ins Lager der Aussätzigen dringt die Nachricht vom Rabbi Jesus, der den Menschen in den Dörfern und Städten eine hoffnungsvolle Botschaft bringt.
- Sch sagen nach Modell Flüsterpost solche Hoffnungssätze weiter, evtl. ergänzen sie aus ihrer Erinnerung mit eigenen Worten Sätze Jesu, die den Menschen Mut und Hoffnung machen.
- *Alternativ:* Sch lesen Text **fse 62** „Die Nachricht ... auf den Weg".
- Sch arbeiten nach AA 2 und AA 3:
- Welche Gedanken könnten einem Aussätzigen beim Hören solcher Worte durch den Kopf gehen?
- Einer bricht auf zu Jesus: Welche Gefühle bewegen ihn auf dem Weg zu Jesus?
  Wichtig: Es gibt hier kein Richtig oder Falsch; ambivalente Äußerungen zulassen.
- Sch lernen die biblische Heilungsgeschichte kennen anhand der Arbeit mit dem Bild **fse 63.**
- *Alternativ:* durch LE oder Erlesen des Textes **fse 62.**

Die „Heilung eines Aussätzigen" betrachten

L arbeitet mit der Farbfolie Nr. 19 aus der Schatzkiste 3/4 am OHP (abdecken, Sprechblasen auflegen).

- Ein Aussätziger unterwegs zu Jesus: Auf Folie alles abdecken, außer den Füßen des Aussätzigen und dem Weg.
- Sch beschreiben den Weg; die Farben und deuten diese, als Hoffnungsspuren?
- Aussätziger begegnet Jesus: Jesus und Aussätzigen aufdecken
- Sch beschreiben den Aussätzigen: klein, mit Eitermalen gezeichnet, Gewand in ähnlichem Farbton wie Umhang Jesu ... ; seine Körperhaltung, Gestik und den Gesichtsausdruck: gebeugt, in die Knie gehend, bittend, schaut auf ...
  Sch beschreiben Jesus: groß, goldener Nimbus, rot-blaues Gewand ... ; was er tut: kommt zum Aussätzigen „herab", hält Schriftrolle, berührt den Aussätzigen, sieht ihn liebevoll an ...
- L legt Sprechblasen auf die Folie (nur wenn biblischer Text noch nicht gelesen wurde): Was sagt der Kranke, was sagt Jesus?
- Sch lesen die Erzählung Lk 5,12-15 **fse 62**, evtl. mit Vorgeschichte.
- Gesamtbild betrachten:
- Sch entdecken wichtige Züge der Erzählung im Bild und gestalten diese farblich im Umrissbild **AB.4.4.6, Arbeitshilfen S. 175.**
- Sch deuten wichtige Bildelemente:
- Nimbus: Zeichen seiner Sendung von Gott, Zeichen seines Leidens und der Auferstehung ...
- Jesu Hand als Zeichen von Gottes Nähe ...
- ähnliche Farbe des Gewandes von Jesus und dem Aussätzigen: geliebt von Gott ...
- Schriftrolle: Zeichen der hoffnungsvollen Botschaft Jesu ...
- Menschen hinter Jesus: Geheilte? Menschen in der Nachfolge Jesu (gleiche Gestik, Blickrichtung ...)?
- Sch malen das Bild weiter zu einem Triptychon **AB 4.4.6, Arbeitshilfen S. 175.** Hierzu gestalten Sch ein Bild zum Leben des Aussätzigen in seiner Krankheit (linkes Bildfeld) und nach seiner Heilung (rechtes Bildfeld). Sehr interessant sind Bilder, in denen Sch versuchen sich nicht gegenständlich, sondern in räumlichen Strukturen und Farben auszudrücken.

Weiterarbeit mit den Bildelementen

- Sch sammeln Hoffnungsworte Jesu für Menschen, die leiden (mithilfe *Meine Schulbibel* evtl. unter Angabe einiger Schriftstellen durch L, z. B. Mt 5,1-12 MSB Nr. 63; Lk 19,10 MSB Nr. 74; Mt 11,28) und schreiben sie auf eine Schriftrolle.
- *Alternativ:* Sch wählen aus einer Zusammenstellung Sätze Jesu aus, die ihnen hilfreich erscheinen.
- Sch erzählen und notieren in Kurzform andere Begegnungen Jesu mit Kranken und Vereinsamten (ein Blinder, ein Lahmer, eine gekrümmte Frau ...). Sie lassen sich dabei von folgenden Impulsen leiten: Wer kommt zu Jesus? Was tut Jesus? Was geschieht mit dem Notleidenden? Wie reagieren die Menschen?

Die Heilung eines Aussätzigen

4.4.6

Jesus geht einen schweren Weg

fragen – suchen – entdecken **64/65**

1. Hintergrund

„Jesus wurde wie ein Sklave und den Menschen gleich. Sein Leben war das eines Menschen" (Phil 2,7). In Solidarität mit den Menschen erlebt er auf seinem Lebensweg Höhen und Tiefen. Die Doppelseite **fse 64/65** verdeutlicht, dass Jesus, gerade weil er sich auf die Seite der Leidenden und Ausgegrenzten stellte, vielfältiges Leid erfahren musste. Dabei ist nicht ausschließlich an den Kreuzweg Jesu zu denken, sondern an Situationen, in denen ihm aufgrund seines Redens und Handelns Misstrauen, Spott, Intrigen, Hass, Isolation, Ablehnung und Verrat begegnete. Ausgewählte Stellen aus dem Markusevangelium konkretisieren diesen von Anfang an schweren und leidvollen Weg Jesu, den er neben seinen „Erfolgen" gehen musste und der schließlich in der Passion und der Kreuzigung endete. Grafisch wird auf den beiden Seiten Jesu Leben und Wirken ganz in markinischer Theologie als ein Weg von Galiläa nach Jerusalem, dem Ort seines gewaltsamen Todes, umgesetzt.

In der Auseinandersetzung mit den Wegstationen Jesu nehmen Sch Jesus wahr als einen Menschen, der Anfeindungen und Misserfolgen nicht ausgewichen ist. Bei der Orientierung an der Schlichtheit der Texte des Evangeliums verbietet sich jede dramatische Übertreibung. Im Zusammenhang mit der Passion und dem Tod Jesu taucht die Frage nach der Kraftquelle auf, die Jesus diesen Weg konsequent bis zum qualvollen Ende gehen ließ.

Schließlich können Sch erkennen, dass sich viele Bezugspunkte zum oft leidvollen Leben von Menschen heute herstellen lassen.

Mk 2,16 schildert ein Streitgespräch zwischen Jesus und den Schriftgelehrten aus der Gruppe der Pharisäer. Es wird deutlich, wie Jesu Zuwendung zu Sündern und Zöllnern auf Unverständnis stößt.

In **Mk 3,4-6** verbindet sich eine Heilungsgeschichte mit einem Konfliktgespräch. Besonders hervorgehoben wird dabei die Arglist der religiösen Gesetzeswächter, die einen Grund zur Anklage gegen Jesus suchen. Die nach ihrer Auslegung des Sabbatgebotes anstößige Heilung einer nicht lebensgefährlichen Erkrankung widerspricht dem Verständnis Jesu, der gerade im Einsatz für das Heil und die Freiheit eines Menschen den Sinn des Sabbatgebotes erfüllt sieht. Schon am Beginn des öffentlichen Wirkens Jesu zeigt die Beschlussfassung der Pharisäer das gewaltsame Ende Jesu an.

Mk 6,1-6 berichtet vom Auftreten Jesu in seiner Heimatstadt Nazaret. Wie eine Einschätzung seines Gesamtwirkens („Wunder": sein Handeln; „Weisheit": seine Wortverkündigung) wirkt die zunächst ambivalente, aber am Ende ablehnende Reaktion der Bewohner von Nazaret.

Mk 8,11-13: Mit seinen Taten und Worten erhebt Jesus einen messianischen Anspruch, den die Pharisäer mit ihrer Forderung nach einem „Zeichen vom Himmel" zu prüfen verlangen. In Jesu Weigerung wird erneut die Kluft zwischen den Pharisäern und ihm deutlich. Markus stellt die messianische Sendung Jesu unter den Vorbehalt des Glaubens: Jesus selbst ist das Zeichen, das es zu erkennen gilt.

Mk 14,10-11: Judas Iskariot, einer der Zwölf, liefert Jesus an die Hohen Priester aus. Jesus muss erfahren, dass aus seinem Jüngerkreis der Verräter kommt.

Mk 14,66-72: Petrus, der erstberufene Jünger, fällt von Jesus ab, indem er seine Identität als ein Jünger Jesu leugnet. Das Wort „leugnen" steht im Gegensatz zu „bekennen." Es stellt die Haltung des Petrus durch die dreimalige Wiederholung (im Originaltext) unmissverständlich dar.

Mk 15,16-32: Jesus wird der Prozess gemacht. Nach dem Todesurteil treiben die Soldaten ihr Spiel mit Jesus. Sie erniedrigen Jesus durch die spöttische Verkleidung und Begrüßung als „König der Juden". Nach römischer wie auch jüdischer Hinrichtungspraxis wird Jesus aus der Stadt geführt. Das Verteilen der Kleider gehörte zum Recht der Henker. Theologisch klingt hier der Ps 22,19 an, der das Leiden Jesu als Leiden des Gerechten vor Gott deutet. Jesu Verhöhnung durch die spöttische Aufforderung zur Selbsthilfe zeichnet ein Bild des Verharrens der Gegner Jesu in Unglauben und Verblendung.

Mk 15,33-39: Der Leidensweg Jesu endet im gewaltsamen Tod am Kreuz. Der Todesschrei Jesu (Ps 22,2) drückt zunächst äußerste Verlassenheit, Gottverlassenheit aus. Er kann zugleich als Gebet, als Hoffnung wider alle Hoffnung gedeutet werden (in Fortsetzung des Ps 22).

Literatur

Kertelge, Karl, Markusevangelium (Die neue Echterbibel, Kommentar zum NT, Bd.2), Würzburg 1994

2. Einsatzmöglichkeiten im RU

Ein schwerer Weg

– Sch sammeln (Brainstorming): Menschen müssen einen schweren Weg gehen (physisch – psychisch).
– Sch schreiben/erzählen: Da bin ich einen schweren Weg gegangen ...

Jesus erfährt selbst Leid auf seinem Weg – Stationen seines schweren Weges

Gestaltet eine Station des schweren Weges Jesu:
- Sucht einen Ausspruch, den Jesus wohl in dieser Situation zu hören bekam.
- Gestaltet ein Standbild mit einer Geste, die zeigt, wie sich Menschen gegenüber Jesus verhalten haben.
- Gebt der Station einen Titel: Jesus wird ...
- Spielt auf einem Orff-Instrument ein kurzes passendes Klangbild.

1
Als die Schriftgelehrten sahen, dass er mit Zöllnern und Sündern aß, sagten sie zu seinen Jüngern „Wie kann er zusammen mit Zöllnern und Sündern essen?"

Nach Mk 2,16

2
In der Synagoge saß ein Mann, dessen Hand verdorrt war. Jesus fragte: „Was ist am Sabbat erlaubt: Gutes zu tun oder Böses, ein Leben zu retten oder es zu vernichten?" Die Pharisäer schwiegen. Er war traurig über ihr verstocktes Herz und heilte den Mann mit der verdorrten Hand. Die Pharisäer aber fassten den Beschluss Jesus umzubringen.

Nach Mk 3,4-6

3
Pharisäer kamen zu Jesus und begannen ein Streitgespräch. Sie forderten von ihm ein Zeichen vom Himmel, um ihn auf die Probe zu stellen. Er aber verweigerte ihnen dies, stieg in ein Boot und fuhr ans andere Ufer.

Nach Mk 8,11-13

4
Einmal lehrte Jesus in der Synagoge seiner Heimatstadt. Viele, die ihm zuhörten, sagten: „Woher weiß er das alles? Was sind das für Wunder, die durch ihn geschehen? Ist das nicht der Zimmermann, der Sohn der Maria?" Und sie nahmen Anstoß an ihm und lehnten ihn ab. Er wunderte sich über ihren Unglauben.

Nach Mk 6,1-6

5
Judas, einer der Zwölf, ging zu den Hohen Priestern und wollte Jesus an sie ausliefern. Er suchte nach einer günstigen Gelegenheit.

Nach Mk 14,10-11

6
Während Jesus vor dem Hohen Rat verhört wurde, stand Petrus am Feuer und wärmte sich. Eine Magd sagte zu ihm: „Auch du warst mit diesem Jesus aus Nazaret zusammen." – Zu den anderen sagte sie: „Der gehört zu ihnen." – Petrus leugnete und schwor: „Ich kenne diesen Menschen nicht, von dem ihr redet."

Nach Mk 14,66-71

7
Nach seiner Verurteilung wurde Jesus von den Soldaten verspottet, geschlagen und angespuckt. Dann führten sie ihn hinaus nach Golgota, kreuzigten ihn und warfen das Los über seine Kleider. Die Leute, die vorbeikamen, verhöhnten ihn und riefen: „Hilf dir doch selbst und steig herab vom Kreuz."

Nach Mk 15,16-30

Den schweren Weg Jesu in Stationen darstellen

- Sch denken über die Frage nach, warum Jesus einen schweren Weg zu gehen hatte, vgl. Überschrift.
- UG: Sch stellen Vermutungen an.
- Sch setzen sich in GA jeweils mit einem der biblischen Texte **fse 64/65** (ohne Mk 15,33-39) auseinander.
- In einem ersten Schritt erlesen Sch den Text anhand **fse 64/65** oder Situationskarten **AB 4.4.7, Arbeitshilfen S. 177**,
- klären Verständnisfragen untereinander, mithilfe des Lexikonteils, z. B. Pharisäer, und durch Nachfragen bei L
- und sprechen darüber, wie Jesus in der jeweiligen Situation Ablehnung, Unverständnis usw. erfährt.
- Sch gestalten in ihren Gruppen zu ihrem Text eine Station des schweren Weges Jesu und erarbeiten hierfür:
  - einen Ausspruch, den Jesus zu hören bekam;
  - eine Geste, die zeigt, wie sich Menschen zu ihm verhalten haben, im Standbild (s. u.);
  - einen Titel für ihre Station. Diesen schreiben sie in großen Buchstaben auf ein DIN-A4-Blatt;
  - ein Klangbild.
- Sch stellen in der Reihenfolge der Texte ihre Stationen vor. Dazu schaffen sie ausreichend Platz vor der Tafel, die mit den Seitentafeln eine geeignete Kulisse bietet und an der jeweils die Titel der Stationen angeheftet werden.
  Jede Gruppe
  - trägt den biblischen Text vor,
  - spricht den gefundenen Ausspruch chorisch,
  - stellt das Standbild unter Betonung der Geste vor (um einen Bezugspunkt zu haben, sollte jeweils eine/r der Gruppe Jesus verkörpern). Größere Ernsthaftigkeit erreicht man, wenn während der Standbilder nicht gesprochen wird und L die Darstellung z. B. mit Digitalkamera festhält.

Hoffnung im Leidensweg Jesu entdecken

- Sch überlegen,
  - warum Jesus, als es für ihn gefährlich wurde, nicht einfach aufhörte von Gott zu erzählen, sich Menschen zuzuwenden, sich nicht schonte und die Solidarität mit den belasteten Menschen nicht aufkündigte;
  - woher Jesus die Kraft nahm, diesen Weg bis zum Ende zu gehen.
- Sch lesen Mk 15,33-39 **fse 65**.
  - L informiert: Der Evangelist Markus hat Jesus den Anfang des Psalms 22 in den Mund gelegt. Liest L den Psalm in Ausschnitten vor, entdecken Sch, dass der Beter darin am Ende sein Gottvertrauen ausdrückt.
  - *Alternativ:* L stellt dem Ps 22-Zitat aus dem Markus-Text das Zitat aus Ps 31,6, das Lukas Jesus am Kreuz in den Mund legt, gegenüber: Vater, in deine Hände befehle ich meinen Geist. Sch vergleichen.

3. Weiterführende Anregungen

Den schweren Weg heutiger Menschen gestalten

- Sch gestalten Leidsituationen heutiger Menschen mit Bild- und Textelementen aus Zeitungen. Wenn Sch dafür die vergrößerte Umrissvorlage **AB 4.4.8, Arbeitshilfen S. 169**, verwenden, können sie später auch die Auferstehungshoffnung, inspiriert vom Bild A. Rainers (vgl. S. 183), hineingestalten.

Eine kurze Kreuzwegandacht gestalten

- Für eine Darstellung der Stationen, z. B. in einer Kreuzwegandacht, erarbeiten Sch zusätzlich ein kurzes passendes Klangbild. Jede Gruppe erhält ein anderes Instrument, sodass eine Steigerung von Station zu Station möglich wird, und versucht damit bei jeder Station die Stimmung gegenüber Jesus zum Ausdruck zu bringen. Mit einem hell klingenden Instrument klingt parallel Jesu Gottvertrauen als Kraftquelle an. Bei der Andacht schließt jede Gruppe mit ihrem Klangbild ab. Ganz zum Schluss werden noch einmal alle Aussprüche, dann alle Gesten und schließlich alle Klänge in Reihe gesetzt. So wird eindrucksvoll eine Steigerung der zunehmend ablehnenden Haltung Jesus gegenüber wahrnehmbar, aber auch, wie Jesus sich auf diesem Weg von Gott begleitet weiß.

1. Station: Jesus wird beschuldigt

2. Station: Jesus wird bedroht

Tanzanleitung: Halleluja aus der Finnischen Messe
(Choreografie: Nanni Kloke)

Aufstellung im Kreis, Grundhaltung

Auftakt: 8 Takte, Tanz beginnt beim Einsetzen des Gesanges

Liederkiste 3/4 [12]

Teil A (2 x)

1-4   in Tanzrichtung: re – li – re Pause, li – re – li Pause (kurz – kurz – lang)

Teil B (2 x, dann wieder 2 x A)

5   zur Mitte: re – li – re Pause, dazu 3 x klatschen, von tief bis hoch

6   Balance nach links, dann nach rechts, Arme bleiben hoch

7   nach außen: li – re – li Pause, dabei Hände aufs Herz legen

8   Drehung im Uhrzeigersinn: re – li – re, Arme seitwärts öffnen
       (Freude austeilen)

Wie Christen ihre Hoffnung zeigen, wenn jemand stirbt ...

Texte der Hoffnung	Zeichen und Symbole	in der Kirche	im alltäglichen Handeln

Stärker als Leid und Tod

1. Hintergrund

fse 66/67 beschäftigt sich mit der Mitte des christlichen Glaubens. Die **Auferweckung** des Gekreuzigten ist das Fundament des Glaubens an Jesus Christus. Dieser Glaube kann historisch weder von der Tatsache der Kreuzigung noch von der Annahme eines leeren Grabes abgeleitet werden. „Auferweckung" sprengt die Vorstellungen von Raum, Zeit und Körperlichkeit. In der Auferweckung Jesu kommt der Protest gegen Todeserfahrung, Todesbehauptung und Todesmacht zum Ausdruck. Er wird gewagt in der Zuversicht auf den lebendigen Gott, der die Grenzen jedes Todes endgültig sprengen kann und so auf vielfältige Weise Tote zum Leben erweckt. Die Auferstehung ist „nicht ein anderes Ereignis nach dem Leben und nach dem Leiden Jesu, sondern das, was im Tod Jesu zutiefst geschehen ist: die getane und erlittene Übergabe des einen leibhaftigen Menschen an Gott und die erbarmend liebende Annahme dieser Hingabe durch Gott" (Walter Kasper, Jesus der Christus, Mainz 1975, S. 176).

So wie sich die Auferweckung Jesu nicht ableiten und beweisen lässt, so kann sie auch im Unterricht nicht „argumentativ" erschlossen werden. Was im Laufe des Kapitels schon vielfältig angeklungen ist, kann hier nur bekenntnishaft weitergeführt werden: Gott ist stärker als Leid und Tod. Die Auferstehung Jesu kann als bekannt vorausgesetzt werden und wird von Kindern dieses Alters auch kaum in Frage gestellt. Es geht im RU darum, diesem Bekenntnis in verschiedenen Gestaltungen nachzusinnen und so seiner Lebensbedeutung auf die Spur zu kommen. Auf **fse 66/67** finden sich deshalb drei **Glaubensbekenntnisse**, die in ihrer je eigenen Art und Gestaltungsform den Glauben an die Auferweckung Jesu zum Ausdruck bringen. Der biblische Text schlägt die Brücke zu den ersten Christen, deren Bekenntnis bis in den Gottesdienst heutiger Gemeinden weitergetragen wird. In bildhafter Weise kann in Arnulf Rainers Gemälde die Bedeutung der Auferweckung Jesu entdeckt werden. Die daraus erwachsende Hoffnung angesichts von Leid und Tod wird im Lied „Mitten in der Nacht ..." besungen. Die drei Elemente können aufeinander bezogen werden und sich auf diese Weise gegenseitig erschließen.

1 Kor 15,3-5

Ein sehr frühes Zeugnis der Auferstehung und Erscheinung findet sich im ersten Brief des Apostels Paulus an die Christengemeinde von Korinth (1 Kor 15,3-8). Der Brief stammt etwa aus dem Jahr 54 n. Chr. Dieses Glaubensbekenntnis wurde aber nicht von Paulus verfasst, sondern geht auf ältere Überlieferungen urchristlicher Gemeinden aus den Jahren 35-40 zurück, wo es wahrscheinlich im gottesdienstlichen Kontext verwendet wurde. Später entfalteten die Evangelisten im Licht dieser und weiterer Auferweckungsformeln ihre Erzählungen vom Wirken Jesu, von seiner Passion, den Erzählungen vom leeren Grab und den Erscheinungen des Auferstandenen.

Das Bekenntnis beginnt mit dem Hoheitstitel „Christus", der Jesus (wie einen König oder Hohen Priester) als den mit göttlicher Vollmacht beauftragten „Gesalbten" ausweist. Leiden und Kreuzigung werden im Bekenntnis nicht erwähnt, besonders hervorgehoben wird die Deutung seines Todes „für unsere Sünden". Damit ist nicht im Sinne der Kausalität ausgesagt, dass die persönlichen Verfehlungen jedes einzelnen Menschen den Tod Jesu verschuldet haben, sondern dass Jesus die Sündhaftigkeit und Todverfallenheit der Menschheit auf sich genommen und diese durch seinen Tod grundsätzlich von Sünde und Tod befreit hat. Im Text wird explizit betont, dass Jesus „gestorben" ist und „begraben" wurde. Das Grab realisiert die Wirklichkeit des Todes.

„Er ist ... auferweckt worden": das griechische Perfekt Passiv deutet die Fortdauer seines Lebendigseins an. Das Auferwecktwerden drückt die endgültige Bestätigung des Lebens Jesu durch Gott aus. Die Zeitangabe: „am dritten Tag" ist eine theologische Aussage und umschreibt den Zeitpunkt des rettenden göttlichen Eingreifens (Hos 6,2). Die eingefügten Hinweise „gemäß der Schrift" wollen nicht als wörtliche Belegstellen verstanden werden, sondern weisen auf alttestamentliche Bezugsstellen, die das Heilshandeln Gottes herausstellen und auf Jesus hin gedeutet werden. Im Psalm 22 kommt beispielsweise zum Ausdruck, dass Gott den hoffnungslos wehklagenden Gerechten nicht dem Tod überantwortet, sondern ihn in seiner Klage erhört.

Christus „erschien dem Kephas, dann den Zwölf": Die Vokabel „erscheinen" stellt die Selbstoffenbarung Gottes, des eigentlich wesenhaft Unsichtbaren heraus (vgl. Gott erschien dem Abraham ... Gen 12,7; dem Mose Ex 3,2) und meint, dass sich Jesus auf eine nicht beschreibbare Weise schauen ließ als der von Gott Geoffenbarte.

Die Liste der Zeugen der Offenbarungen Christi wird angeführt von Kephas (Petrus) und durch die nicht zeitlich zu verstehende Nachordnung der Zwölf ergänzt. Die Zahl „Zwölf" will nicht eine bestimmte Anzahl festschreiben, sondern benennt in symbolischer Anspielung die Zwölfergruppe der Apostel als Stammväter des neuen Gottesvolkes.

Mein Gedicht vom Himmel

Schreibe ein Gedicht zu „Himmel", in dem **alle fünf Sinne** vorkommen.
Jede Zeile beginnt gleich mit „Himmel":

_____ sieht aus _____

_____ riecht _____

_____ schmeckt _____

_____ fühlt sich an _____

_____ klingt _____

Bei-Gott-Sein stelle ich mir so vor

Einmal wird alles ganz anders sein.
So hoffen viele. So glauben viele.
Nach dem Tod wird es sein. Da sind wir ganz bei Gott im Himmel.
Er wird abwischen alle Tränen.
Der Tod wird nicht mehr sein,
keine Trauer, keine Klage, keine Mühsal.

_____

_____

_____

_____

Denn was früher war, ist vergangen.
Alles wird neu.

Nach Offb 21,1-5

Arnulf Rainer (geb. 1929)

Geboren in Baden bei Wien, besucht Arnulf Rainer 1940 eine nationalsozialistische Erziehungsanstalt, die er 1944 verlässt, weil er sich von seinem Kunstlehrer nicht zwingen lassen wollte, naturalistisch zu zeichnen. Das Studium an der Kunstakademie Wien beendet er 1949 schon nach drei Tagen und ringt als Autodidakt um eine angemessene künstlerische Form: Nach einer surrealistischen und einer ungegenständlichen, stark gestisch-motorischen Malerei, manchmal auch mit geschlossenen Augen (Kritzelexpressionen und Blindzeichnungen), setzt er sich 1953 intensiv mit Farbe auseinander. Nach einer misslungenen Ausstellung zerstört er etwa 100 Ölbilder und 30 Plastiken. In dieser Krise beginnt er 1954 mit seinen Übermalungen, die anfangs auf Ablehnung stoßen, ihn später aber berühmt machen. Zu dem inneren Zwang übermalen zu müssen, sagt Arnulf Rainer: „Ich wollte anfangs gar keine Übermalungen machen. Ich wollte spezifische Themen malen, aber dabei ist mir nur Schwarz, Schwarz, Schwarz eingefallen. Ich habe nicht anders können ... Mehr als einmal habe ich versucht auszubrechen. Aber es ist mir nicht gelungen. Ich habe vielmehr gesehen, dass die Qualität und die Wahrheit des Bildes nur wächst, wenn es sich mehr und mehr verdunkelt" (zit. nach Rombold, G., Der Streit um das Bild, Stuttgart 1988, S. 222. Vgl. auch Hilger, Georg, in: Bilder der Kunst für den Religionsunterricht. 36 Folien, München 2000, S. 42: zu Folie 20).

Arnulf Rainer: „Kreuz", 1987-1990

Öl auf Holz, 201 x 124 cm, Galerie Ulysses, Wien
In der Auseinandersetzung mit religiösen Themen (Christus, Mystik) hat Rainer auch das Motiv des Kreuzes mehrmals aufgegriffen.

Das abgebildete, ein in seinen Ausmaßen übermannshohe Werk hat einen längeren Entstehungsprozess (siehe Angaben oben) durchlaufen. Zunächst fällt die Form auf, die an ein nach oben weisendes Kreuz, einen Pfeil oder Grabstein erinnert. Eine ursprünglich weiße Grundfläche wurde mehrfach übertüncht. Eine zentrale Rolle spielt dabei Schwarz, das Blau überdeckt, dessen Spuren nur noch an den Rändern sichtbar sind. Durch farbgesättigten Pinsel- oder Schwammeinsatz entstanden von oben nach unten verlaufende Farbnasen. Als letzter Schritt der Übermalung kontrastiert der Künstler intensives Gelb mit dem dunklen Hintergrund. Es durchkreuzt sowohl vom Malprozess wie auch der Form nach die Dominanz des Schwarzen und zieht den Blick des Betrachters unweigerlich auf sich. Bei näherem Betrachten scheint ein anfänglich wässriges und transparentes Gelb immer mehr an Kraft und Kontur zu gewinnen. Im Verhältnis zur statischen Kreuzform des Gesamtbildes entwickelt das Kreuz im Bild eine ungeheure Dynamik. Die Einrahmung nimmt an einigen Stellen Farbe an bzw. Farbe durchbricht sie. Interessanterweise zeigt sich auf dem unteren Rahmenteil mehr Gelb, als das Auslaufen der Farbe erwarten lässt.

Die Darstellung lässt wegen ihrer Abstraktion einen großen Interpretationsspielraum zu. Mit in die Deutung einbezogen werden sollte der Entstehungsprozess des Bildes. Der Titel „Kreuz" bringt den biblischen Kontext ins Spiel. Weckt das gelbe „Kreuz" möglicherweise Assoziationen zu einer menschlichen Gestalt, dem Auferstandenen?

Lied: Mitten in der Nacht

Alle Strophen beginnen mit der Phrase: „Mitten in der Nacht". Darin drückt sich symbolisch das aussichtslose Umfangensein von Dunkelheit, von Leid und Not, letztlich vom Tod aus. 1 Kor 15,3 ist das bekenntnishafte Äquivalent dazu und im Bild von A. Rainer ist diese „Nacht" unschwer in der dunklen und mächtigen Hintergrundfarbe zu erkennen. Der Widerspruch des christlichen Auferstehungsglaubens gegen diesen Tiefpunkt menschlicher Existenz 1 Kor 15,4 f. drückt sich im Lied so aus: Es „blüht" daraus „Hoffnung", die zur „Zuversicht" wird, „Glaube", der auf dem „Vertrauen" beruht, „Liebe", die in Gottes Handeln und Zuwendung gründet, dass Auferstehung auch uns gilt. Im Bild äußert sich dieser Glaube im aktiven Durchkreuzen des dunklen Bereiches und in der Leuchtkraft des Kreuzes.

2. Einsatzmöglichkeiten im RU

Das „Kreuz" betrachten

- *Spontane Wahrnehmung:* erste Kontaktaufnahme mit dem Bild; ungelenktes Anschauen und Wahrnehmen; nach einer Phase der Stille: spontane Äußerungen ohne Diskussion und Wertung.
- *Analyse des Bildes:* Was ist auf dem Bild zu sehen?
  - Sch erschließen die Bildform: Kreuz, Pfeil, Haus, Grab ...
  - Sch beschreiben die verwendeten Farben; dabei bringen sie auch Assoziationen zu den Farben ein.
  - Sie überlegen, wie der Künstler das Bild gemalt hat: z. B. zuerst blau, dann ...;
  - Sch veranschaulichen diesen Prozess mit Tüchern in einem Bodenbild oder durch einen Klangteppich mit Orff-Instrumenten.
- *Analyse des Bildgehaltes:*
  - Sch deuten von der Entstehung, den Farben und Formen her: das Dunkle wird durchgestrichen, Gelb ist stärker als Schwarz ...

  Das Bild erinnert mich ... , erzählt mir ...

- Sch geben dem Bild einen Titel.
- *Kontextuelle Deutung und Gestaltung:*
  Sch erfahren den Titel des Werkes „Kreuz" und bringen das Bild mit dem Lebensweg Jesu in Verbindung (Wiederholung aus Vorstunden):
- Was Jesus getan hat: Jesus hilft, heilt, verkündet frohe Botschaft, verzeiht, erzählt von Gott.
- Was Jesus dabei erfahren musste: Jesus wird beschuldigt, bedroht, abgelehnt, verraten, verspottet, gekreuzigt, verlassen ...
- Sch deuten die Farbe Gelb im Kontext des Lebens Jesu: Auferweckung, Gott durchkreuzt die Macht des Dunklen, das Urteil der Menschen über ihn ...

Glaubensbekenntnis und Bild aufeinander beziehen

- Sch erlesen Einleitung und Glaubensbekenntnis 1 Kor 15,3-5 **fse 66**.
- Sch und L klären Begriffe und Fragen zum Text des Glaubensbekenntnisses, z. B. Kephas, die Zwölf.
- L informiert über die Entstehung und Verwendung dieses Glaubensbekenntnisses (siehe Hintergrund S. 180).
- Sch ordnen den Sätzen des Glaubensbekenntnisses Farben aus dem Bild zu und tragen es, in diesen Farben gestaltet, in ihr Heft oder in eine Umrissform des Bildes von A. Rainer ein: **AB 4.4.8, Arbeitshilfen S. 169**

Das Lied singen
- Sch hören und singen das Lied **fse 66**.
- Sie suchen Zeilen, die sich wiederholen.
- Sch suchen im Lied „Hoffnungsbilder".
- Sch beziehen den Inhalt auf das Bild und das Glaubensbekenntnis.

Freude in einem Tanz ausdrücken
- Sch erfinden einen Tanz zum Lied **fse 66** mit einfachen Schritten und Gesten.
- Sch wiederholen die Schritte des Pilgertanzes, vgl. Arbeitshilfen S. 170.
- Sch tanzen zum Halleluja aus der Finnischen Messe, **M 4.4.9, Arbeitshilfen S. 179**. Das Lied ist als Nr. 12 auf der Liederkiste 3/4 enthalten.

Eigene Hoffnungsbilder gestalten
- Sch tragen in bereits gestaltete Stationsbilder zu Leidsituationen Jesu oder heutiger Menschen (vgl. S. 178) mit leuchtstarken Farben (Jaxon-Ölkreiden oder „Zuckerkreide", Arbeitshilfen S. 185) „Hoffnung", die in der Auferweckung Jesu begründet ist, ein. Sie lassen sich dabei vom „Durchkreuzen" (Gemälde) oder „Blühen" (Lied) oder eigenen Ideen inspirieren.
- Sch schreiben mit dem Text des Liedes eigene Gedichte.
  Beispiel: Mitten in der Nacht beginnt der Tag ...
  Oder: Mitten in der Nacht blüht ...

Auferstehung Jesu – Hoffnung für alle   fragen – suchen – entdecken 68/69

1. Hintergrund

Der Glaube an die Auferweckung ist nicht einfach zusätzlicher Inhalt der christlichen Religion, sondern ihr Fundament. Er hat entscheidende Auswirkungen auf die christliche Existenz. Die Auferweckung Jesu ist nicht der Ausnahmefall, sondern begründete Hoffnung für alle Gläubigen auf Leben über den Tod hinaus (vgl. 1 Thess 4,13f; 1 Kor 15,20). Diese Hoffnung ist jedoch nicht einseitig auf das Jenseits ausgerichtet, sondern prägt gleichermaßen die Gegenwart und das jetzige Leben der Menschen. Wer aus der Überzeugung lebt, dass Gottes Heilsmacht selbst im Tod noch greift, kann sein Leben anders gestalten. Deshalb spricht Paulus in seinem Brief an die Thessalonicher von einer Hoffnung, die Auswirkungen hat auf die Grundeinstellung zum Leben und daher ablesbar wird an der Lebensgestaltung der Christen. Christliche Hoffnung ist davon überzeugt, dass dieses Leben nicht alles ist, sondern dass es darüber hinaus ein „mehr" gibt. Darin liegen Trost und Verheißung zugleich. Trost für die vielfältigen Opfer von Leben einschränkenden Umständen; Trost für die Hinterbliebenen, ihre verstorbenen Angehörigen und lieb gewordenen Menschen wiederzusehen; Verheißung für diejenigen, die trotz erfüllten Lebens eine Sehnsucht nach „mehr" spüren.

Aus dieser Hoffnung erwächst eine Kraft zum Aus- und Durchhalten, aber ganz wesentlich auch zum Handeln und zum Widerstehen gegen lebensfeindliche Tendenzen. Christen versuchten und versuchen diesen Glauben in vielen und unterschiedlichen Formen konkret zu leben.

fse 68/69 bieten Anregungen, die Bedeutung der christlichen Auferstehungshoffnung für die Menschen exemplarisch an einem Todesfall zu entdecken. Sie nehmen die Erzählung **fse 56** auf. Im Zentrum der Doppelseite vergegenwärtigt die Osterkerze in ihrer Symbolik die christliche Auferstehungshoffnung. Ihr Lichtschein verbindet sich mit der Ostersonne, in deren Schein der Paulus-Text an die Hoffnung der Christen erinnert. Um diese Mitte herum sind typische Elemente angeordnet, die in einem Sterbefall eine Rolle spielen: Todesanzeige, Sterbebild, Beileidskarte und

-brief, Trauerrand und Kreuz als Hinweise einerseits auf den Tod, andererseits auf den Glauben an Jesus Christus.

Eher unauffällig und unspektakulär sind christliche Handlungsperspektiven eingebunden: Vergegenwärtigung der Auferstehungshoffnung in biblischen Hoffnungstexten (Todesanzeige, Ostersonne), Hinwendung zum Gott des Lebens in liturgisch-kirchlichen Vollzügen (Gebet in der Sterbekarte, Hinweis auf die Trauerfeier, Entzünden der Osterkerze, Hören der biblischen Hoffnungsbotschaft) und Möglichkeiten der tröstenden und unterstützenden Anteilnahme (Beileidskarte mit Hoffnungssymbol, Hand auf Klingelknopf als Zeichen vielfältigen Kontaktangebots an die Hinterbliebenen, Brief als Angebot konkreter Hilfestellung). Dies gilt es zunächst von den Sch zu entdecken. Darin liegen Impulse für ein Gespräch, in das Sch ihre Erfahrungen einbringen können, darüber hinaus bieten sich vielfältige Arbeitsanregungen an, die unterschiedlichen Aspekte der Auferstehungshoffnung weiter zu verfolgen: Todesanzeigen auf ihren christlichen Hintergrund untersuchen; christliche Hoffnungszeichen und -symbole bei einer Beerdigung entdecken (GL S. 179f), einen Friedhof besuchen (vgl. **fse 70**), Vorstellungen vom Leben bei Gott, vom Himmel usw. besprechen.

Offb 21,4

Der Abschnitt entstammt dem letzten Buch des Neuen Testamentes, der „Offenbarung" („Apokalypse"). Sie wurde gegen Ende der Regierungszeit des römischen Kaisers Domitian (81-96 n. Chr.) geschrieben von einem nicht näher bekannten Verfasser, der sich selbst „Knecht Johannes" nennt. Der Verfasser rechnet damit, dass der Zwang zur göttlichen Verehrung des Kaisers in absehbarer Zukunft zu einer Verfolgung der Christen führen wird. Hauptthema ist der bevorstehende Triumph der Herrschaft Gottes, der mit der Auferstehung Jesu bereits begonnen hat. Ziel der Geschichte kann nur noch die Vollendung der Welt und die volle Offenbarung Gottes sein. In Metaphern, Symbolen und allegorischen Szenen malt der Autor ein Bild von der Vollendung der Welt. Dabei knüpft er an Schöpfungs- und Paradiesvorstellungen an, um die Fülle des Lebens zum Ausdruck zu bringen. Einen besonderen Stellenwert nimmt das Bild von der neuen Stadt, dem himmlischen Jerusalem ein. Im vorliegenden Abschnitt führt der Verfasser mithilfe negativer Bilder vor Augen, was nicht mehr sein wird: Tod, Trauer, Mühsal sind überwunden. Als Zeugnis des unerschütterlichen Glaubens an den Sieg Christi und seiner Getreuen ist diese einzige prophetische Schrift des Neuen Testamentes das große Trost- und Mahnbuch der Kirche geworden (vgl. Einleitung zum Buch „Die Offenbarung des Johannes" in der Einheitsübersetzung der Heiligen Schrift).

2. Einsatzmöglichkeiten im RU

Hoffnungsspuren im Angesicht des Todes entdecken

- L präsentiert die Todesanzeige **fse 68** auf dem OHP.
- Sch werden auf die Situation eines Todesfalles aufmerksam und erkennen ggf. im Namen des Verstorbenen den Vater von Pia aus der Erzählung **fse 56**.
- Sie sprechen über Gefühle der Angehörigen, bringen ihre Vorerfahrungen ein, was bei einem Sterbefall auf die Angehörigen zukommt und was zu tun ist.
- Sch betrachten **fse 68/69** und benennen die Elemente, die bei einem Todesfall eine Rolle spielen.
- Sch lesen den Abschnitt aus dem Paulusbrief 1 Thess 4,13-14.18 **fse 69**. Er kann eingeführt werden als Text, den die Angehörigen oder der Verstorbene selbst für die Trauerfeier ausgewählt haben oder hat.
- Sch versuchen die Wahl dieses Textes zu begründen und bearbeiten AA 1.

Mögliche Ergebnisse des AB 4.4.10

Texte der Hoffnung	Zeichen und Symbole	In der Kirche	Im alltäglichen Handeln
• Biblische Texte, z. B. Offb 21,4 • Gebete (Sterbebild)	• Osterkerze • Kreuz • Alpha und Omega • Licht/Ostersonne • Rose	• Trauerfeier • Friedhof • Gebet für die Verstorbenen • Hören von Hoffnungstexten der Bibel • Entzünden der Osterkerze	• Mitgefühl zeigen und Beileid aussprechen • Kontakt suchen und erhalten • Hilfe anbieten

- Sch stellen anhand **fse 68/69** in einer Tabelle zusammen, wie Christen ihre Hoffnung zeigen, trotz ihrer Trauer über den Tod eines Menschen: **AB 4.4.10, Arbeitshilfen S. 179**.
  Mögliche Ergebnisse s. Arbeitshilfen S. 184.

Das Kreuz als Zeichen der Erlösung erkennen
- Sch erzählen:
- – Wenn ich traurig bin ...
- – Traurig sein ist wie ...
- – L legt als Zeichen für Trauer ein quadratisches Stück Tonpapier auf den OHP.
- Sch überlegen, was Trauer aufbrechen kann: Menschen, die uns trösten, Hoffnungsworte, Weinen ...
- – So gibt es einen Weg durch die Trauer (Tonpapier wird in zwei Teile gerissen).
- Wenn jemand gestorben ist, sind wir sehr traurig. Aber auch in dieser tiefen Trauer gibt es einen Trost:
- – L zerreißt die Kartonteile noch einmal. Sch erkennen und deuten, was auf dem OHP sichtbar wird: Das Kreuz als Zeichen, dass Gott stärker ist als der Tod. Das ist unser Trost und unsere Hoffnung.

Todesanzeigen untersuchen
- Sch sammeln und untersuchen Todesanzeigen aus Tageszeitungen:
- – Sind darin christliche Bezüge erkennbar?
- – Sch notieren daraus christliche Hoffnungsworte und -symbole.
- Sch gestalten eine fiktive Todesanzeige mit Worten, Bildern, Symbolen nach eigenen Vorstellungen.

Eigene Vorstellungen vom Weiterleben bei Gott, vom Himmel entwickeln
- Hier kann mit dem Titelbild des Kapitels „Fons Forma" von Antoni Tàpies **fse 55** gearbeitet werden; Anregungen vgl. Arbeitshilfen S. 161 f.
- Sch lassen unterschiedliche „Himmelsmusik" auf sich wirken: Ob sie etwas erspüren lassen vom „Bei-Gott-Sein"?
- – Sch schreiben ihre Gedanken zu jedem Musikstück auf.
- – L spielt drei ca. zwei Minuten lange Ausschnitte von Musikstücken, die unterschiedlichen Charakter haben: Anregende Musikbeispiele aus der eigenen CD-Sammlung oder z. B.: Friedemann (Aquamarin, Biber 66431); Jan Garbarek/The Hilliard Ensemble, (Officium, ECM 1525), Kathi Stimmer-Salzeder/Stefan Starzer (Instrumentalmusik ERDE).
- Sch ertasten verschiedene Materialien, z. B.: Stein, Watte, Fell, Glas, Feder, Seide, Holz, Sandpapier ...: Welche Tasterfahrung passt für dich am besten zum „Himmel"?
- Sch schreiben ein „Himmelsgedicht", z. B. nach der Form „Gedicht mit allen Sinnen", **AB 4.4.11, Arbeitshilfen S. 181**.
- Sch lassen sich vom biblischen Text Offb 21,1-5 anregen. Sie schreiben nach ihren Vorstellungen weiter oder gestalten ein Bild dazu: **AB 4.4.12, Arbeitshilfen S. 181**.

Auferstehungshoffnung gestalten
- Sch gestalten eine christliche Trost- oder Osterkarte.
- – Sie wählen einen Satz, der Hoffnung, Trost oder Zuversicht zum Ausdruck bringt.
- – Sie schreiben ihn in Zierschrift auf die Karte.
- – Als Deckblatt malen sie die Auferstehungshoffnung nur mit Farben. Sehr gut eignen sich hierfür „Zuckerkreiden": Eckige Tafelkreiden werden mindestens für eine Stunde in Zuckerwasser gelegt. Vor dem Malen wird das Wasser abgeschüttet. Die Kreiden lassen sich sämig auftragen, trocknen schnell und erzeugen eine intensive Farbwirkung.
- Sch gestalten ein Trost- und Hoffnungsbuch für die Klasse. Sie suchen dafür Bilder, Fotos, Sätze aus der Bibel, Lieder, Gebete, die Menschen (ihnen) in schwierigen Situationen, in Not und Trauer Kraft, Mut und neue Zuversicht geben können.

An das Leben glauben — fragen – suchen – entdecken 70

1. Hintergrund

Am Ende des Kapitels soll die christliche Hoffnungsperspektive, die aus dem Auferstehungsglauben erwächst, in einen Anstoß zum praktischen Lernen umgesetzt werden. Im Mittelpunkt steht hierbei die Thematik „Friedhof". Der Friedhof ist für viele Menschen, vor allem für Kinder, kein vertrauter Ort mehr. Nicht selten wollen Eltern ihre Kinder vor der Berührung mit dem Tod und dem, was damit verbunden ist, bewahren und nehmen sie deshalb z. B. nicht zu Beerdigungen mit. Der Friedhofsbesuch hat vor allem in der Stadt keine Tradition (mehr). Deshalb gibt **fse 70** den Anstoß zum Besuch eines Friedhofs mit Sch, evtl. in Zusammenarbeit mit HSU.
Das Bild von Marc Chagall und die AA 1-2 wollen die eventuell zu erwartenden Vorstellungen vom Friedhof als gruseligen Ort der Toten aufweichen und einen neuen Wahrnehmungshorizont eröffnen. Der Ort, an dem unsere Toten ruhen, wird zumindest für Christen gleichzeitig ein Ort, der den Glauben an das Leben bei Gott vielfältig ausdrückt. Dies muss so einschrän-

kend formuliert werden, weil die Gräber eines Friedhofs die pluralen Lebensvorstellungen und religiösen Überzeugungen aus Vergangenheit und Gegenwart wiederspiegeln. So kann der Unterrichtsgang auch zur kritischen Wahrnehmung anleiten. Die Aufgaben AA 3-5 wissen sich dieser Intention verpflichtet, indem sie Sch anregen, differenziert und bewusst auf Grabinschriften und Symbole zu achten. Intensiviert wird dies noch durch die Aufgabenstellung, selbst ein Grabmal nach eigenen Vorstellungen zu entwerfen.
Der sechste Arbeitsauftrag regt Sch und L an, die vielen guten Kinderbücher zum Thema in ihre Arbeit einzubeziehen. Empfehlenswert ist ein fächerverbindendes Vorgehen. Eine Zusammenstellung geeigneter Kinderliteratur wird den Sch bei einer eigenständigen Suche in Bibliotheken sehr hilfreich sein. Eine kurze Auswahlliste geeigneter Bilder- und Kinderbücher findet sich in den Arbeitshilfen S. 158.

Marc Chagall (1887-1985)

Seine jüdische Herkunft und die dörfliche Atmosphäre seines Geburtsortes Liosno bei Witebsk in Weißrussland haben Chagall nachhaltig geprägt. Er begann 1907 in St. Petersburg Malerei zu studieren. 1910 reiste er nach Paris, wo er unter dem Einfluss van Goghs und der Fauves geriet, Modigliani und vor allem die Kubisten kennen lernte, mit deren Formproblemen er sich auseinander setzte. Durch Apollinaire ergab sich der Kontakt zu Herwarth Walden, in dessen Galerie „Der Sturm" er 1914 in Berlin seine erste Einzelausstellung hatte. Über Berlin kehrte er nach Russland zurück, wo ihn der Ausbruch des Ersten Weltkrieges festhielt. In dieser Zeit erarbeitete sich Chagall die bruchlose Verbindung eigener Vorstellungen mit den Möglichkeiten der westlichen Avantgarde. Seine Themen kreisen um seinen Heimatort Witebsk. Als Chagall 1922 nach Frankreich übersiedelte, kamen neue Bildmotive dazu: die Milde der Mittelmeerküste, der Eiffelturm, Notre-Dame und Pont-Neuf. Mit Vollards Auftrag Nikolai Gogols „Tote Seelen" zu illustrieren, begann 1923 Chagalls umfangreiche und großartige Tätigkeit als Illustrator. Um 1925 entdeckte er die Zirkuswelt für sich. Sie beflügelte seine Fantasie und ließ das ursprüngliche dunkle Glühen seiner Bilder in eine leuchtende Farbigkeit hinübergleiten. Früher vereinzelt, nun verstärkt erhoben sich Mensch und Kreatur märchenhaft in die Lüfte. Als die Kriegsdrohungen und politischen Spannungen zunahmen, änderte sich vorübergehend seine Thematik, wie bei der symbolischen Komposition „Die weiße Kreuzigung" (Chicago Art Institute) von 1938. Die Kriegsjahre und die ersten Jahre danach verbrachte Chagall in New York. Nach einer großen Ausstellung im Museum of Modern Art 1946 kehrte er 1947 nach Frankreich zurück, wo er seit 1950 seinen ständigen Wohnsitz in Saint-Paul-de Vence bei Nizza hatte. Dort starb er 1985 (in: Ingo F. Walther (Hg.), Malerei der Welt – Bd. II, Köln 1995, S. 693).

Marc Chagall: „Die Tore des Friedhofs", 1917

Öl auf Leinwand, 87 x 68,5 cm, Privatbesitz Basel
Der monumentale Eingang eines jüdischen Friedhofs dominiert die untere Bildmitte. Ein schwarz gestalteter Weg führt den Betrachter direkt darauf zu. Die Bildseite links vom Tor wirkt im Gegensatz zur rechten Seite düster und durch die schwarze Fläche bedrohlich. Die weit geöffneten Tore gewähren Einblick auf eine in helles buntes Licht getauchte Gräberlandschaft. Die Grabsteine wirken teilweise wie Menschengestalten. Aus ihrer Mitte ragt ein Baum scheinbar unendlich weit nach oben, dessen Blattform sich an anderen Bäumen wiederholt. Rechts vom Eingangstor befindet sich eine Öffnung im Zaun. Dahinter sieht man eine Stadt und im Vordergrund einen mächtigen Baum. Seine ausladende sattgrüne Krone, die über den oberen Bildrand hinaus wächst, und kräftige blaue Farbfelder füllen die oberen zwei Drittel des Bildes aus. Ein weißes Feld wirft gleißendes Licht auf den Friedhof und den großen Baum. Im Eingangsbereich wird das Dunkle scharf begrenzt durch den weißen Lichtstrahl.
Die Torpfeiler, vor allem der linke, zeigen Verfallserscheinungen. Die Farbe Rot ist dabei nicht einfach mit der Ziegelfarbe zu identifizieren, da sie auch an unbeschädigten Stellen und im Davidsstern auftritt. Die beiden Torpfosten und die Fläche über dem Eingang ragen in den blauen Himmelsbereich hinein. Die Dreiecksfläche des Mittelteils wiederholt sich in den weiter hinten gezogenen Linien und erweckt so den Eindruck eines Daches. Im oberen Eingangsbereich (Querbalken und Giebelseiten) finden sich einzelne Sätze aus Ez 37,12 und 14: Linke Giebelseite: Siehe, ich öffne eure Gräber; rechte Giebelseite: Ich hole (euch) mein Volk aus euren Gräbern; Querbalken: Ich bringe euch (zurück in das Land Israel) und: Ich (hauche) euch meinen Geist (ein) und ihr werdet lebendig. Dieses Zitat muss sicherlich im Zusammenhang mit den vielen Verfolgungen und Pogromen gesehen werden, die die jüdische Bevölkerung in der russischen Geschichte erlebt hat. Damit verbunden war die Sehnsucht, nach Palästina auszuwandern. Die Inschriften der Türpfosten sind nicht zu entziffern, sie weisen allerdings die Jahreszahlen 1812 und 1890 auf. Das letzte Datum findet sich auch im „Stern Davids" über dem Eingang. Welche Konnotation die Zahlen für Juden auch bedeuten, das Bild Chagalls erinnert an alle Juden, die in den von den russischen Zaren zugewiesenen Provinzen starben.

2. Einsatzmöglichkeiten im RU

Unsere Erfahrungen mit und Vorstellungen vom Friedhof
- Sch nennen oder schreiben spontan ihre Gedanken (Brainstorming) zum Wort „Friedhof" auf.
- Sch führen in GA oder PA ein Gespräch zu den Fragen:
– Wann warst du das letzte Mal auf einem Friedhof?
– Welche Gedanken, Stimmungen und Gefühle verbindest du mit einem Friedhof?
– Was bedeutet deiner Ansicht nach das Wort Friedhof?
– Was gibt es, das dir an Friedhöfen gefällt?

„Die Tore des Friedhofs" betrachten
- *Spontane Wahrnehmung:* erste Kontaktaufnahme mit dem Bild; ungelenktes Anschauen und Wahrnehmen; nach einer Phase der Stille: spontane Äußerungen ohne Diskussion und Wertung.
- *Analyse des Bildes:* Was ist auf dem Bild zu sehen? Sch beschreiben das Tor, die Bereiche neben, vor und hinter dem Eingangsbereich, die Farben, die Bäume, die Schrift.
- *Analyse des Bildgehaltes:* Sch versuchen die Bildelemente zu deuten:
– den dunklen Weg: schlimme Ereignisse, Tod ...
– evtl. die roten Flächen: Blut, Leid ...
– die bunten Farben im Friedhof: Leben, Freude, Hoffnung ...
– blaue Fläche: Himmel ...
- L informiert, dass Juden den Friedhof „Haus des Lebens" nennen. Sch vergleichen mit dem Gemälde und vermuten Gründe für diese Bezeichnung.
– Sch deuten die uns geläufigen Wörter „Friedhof" und „Gottesacker". Sie schlagen dazu auch im Lexikonteil **fse 4, S. 124**, nach.
- Sch stellen Vermutungen über die Inschrift auf dem Torbogen an. Evtl. machen sie schriftliche Vorschläge, was sie über den Eingang schreiben würden.
- Sch lesen die übersetzte Inschrift aus dem Buch Ezechiel (Hintergrund, Arbeitshilfen S. 186). Sie gestalten im Heft einen Friedhofseingang und suchen sich dazu aus den Klassenvorschlägen oder dem Ezechiel-Text Sätze aus, die ihnen zusagen.
- L gibt Information zum Künstler und zum historischen Hintergrund.

Einen Friedhof besuchen
– Sich einstimmen
- Sch machen sich bewusst, dass der Friedhof für viele Menschen ein besonderer Ort ist, weil dort ihre verstorbenen Angehörigen und Freunde liegen. Sch überlegen sich angemessene Verhaltensweisen, die die Atmosphäre des Friedhofs achten.
- L sammelt Sch zu Beginn des Besuchs evtl. mit einigen meditativen Gedanken.

Grabinschriften und -symbole entdecken
- Sch gehen in kleinen Gruppen durch den Friedhof und untersuchen Inschriften, Zeichen und Symbole anhand des **AB 4.4.13, Arbeitshilfen S. 188**.
– Vorbereitend kann ein Grab gemeinsam betrachtet werden.
- Nach Abschluss der Erkundung sammeln sich Sch an einer vereinbarten Stelle. Im Gespräch tauschen sie Eindrücke, Fragen etc. aus.
- Sch nehmen Abschied vom Friedhof. L schließt den Besuch mit einer kurzen Meditation oder mit einem Gebet.
- Sch werten die Ergebnisse ihrer Erkundung der Grabsteine in GA aus. Dazu vergleichen sie ihre Entdeckungen.
– Gemeinsam versuchen sie eine ausgewählte Grabinschrift und ein Zeichen oder Symbol zu deuten (möglichst aus Spalte 3 mit Hoffnungsperspektive). Hilfreich ist die Bereitstellung eines Symbollexikons.

3. Weiterführende Anregungen

Ein Buch zum Thema Sterben und Tod lesen
- Sch suchen nach Kinderliteratur zum Thema in der Schülerbücherei und Bibliotheken der Umgebung (evtl. mit einer Empfehlungsliste von L, vgl. Arbeitshilfen S. 158) und gestalten daraus eine Ausstellung in der Klasse.
- Sch erlesen Bücher, erstellen Kurzreferate, in denen sie den Inhalt zusammenfassen und Stellung nehmen, wie ihnen das jeweilige Buch gefallen hat.
– Die Kurzvorstellungen können in der Klasse, aber auch bei einem Elternabend gehalten werden. Die Bücher können auch bei einer Lesenacht eingesetzt werden.

Einen Führer für den Friedhof erstellen
- Sch stellen ein Buch zusammen, indem sie z. B.:
– Verhaltensregeln für den Friedhofsbesuch aufstellen;
– eine Übersicht mit wichtigen Bereichen im Friedhof erstellen;
– über die Geschichte des Friedhofs berichten;
– Symbole zeichnen oder fotografieren und deuten, die auf Grabsteinen zu finden sind;
– biblische Inschriften wiedergeben und illustrieren;
– auf interessante Gräber aufmerksam machen;
– Gebete und Trosttexte beifügen;
– evtl. bekannte Personen, die auf dem Friedhof ruhen, vorstellen.

Wovon Grabsteine erzählen

➤ Geh allein oder in einer kleinen Gruppe über den Friedhof und schau in Ruhe die Gräber an. Achte besonders auf Zeichen, Bilder und Sprüche auf den Grabsteinen.
➤ Zeichne und schreibe einige ab. Entdeckt ihr darin auch Spuren der christlichen Hoffnung auf ein Leben bei Gott?

Grabinschriften

Häufig steht auf Gräbern:	Ein interessanter oder merkwürdiger Satz:	Ein Gedanke, der Hoffnung macht/ein Spruch aus der Bibel:

Das könnte bedeuten:

Zeichen und Symbole (Figuren, Bilder ...) auf Gräbern

Ein häufiges Zeichen auf Grabsteinen:	Eine Darstellung, die du interessant oder merkwürdig findest:	Eine Darstellung, die Hoffnung macht:

Das könnte bedeuten:

➤ Ein Grab, das dir besonders gut gefällt: Beschreibe oder zeichne es auf die Rückseite.

5 Jesu Botschaft weitertragen

1. Religionspädagogische und theologische Hinweise

Die Weitergabe des Evangeliums gehört zu den Grundfunktionen der Kirche, die im Glauben an Jesus Christus lebt und wirkt. Sie ermöglicht die Kontinuität des Glaubens im Wandel der Zeit, indem sie heutige Ausdrucksformen christlichen Glaubens an das Heilswirken Jesu und die Verkündigung der Urkirche zurückbindet, ohne dabei jedoch rückwärts gewandt zu sein.

In der unterrichtlichen Auseinandersetzung mit dieser Tradierungsbewegung werden mehrere inhaltliche Stränge deutlich:

- Die Kirche definiert sich von ihrem Ursprung her, der durch das Wirken Jesu und seiner Apostel gekennzeichnet ist. Sie ist kein Selbstzweck.
- Christlicher Glaube und kirchliches Leben, die heute auf der ganzen Welt verbreitet sind, bauen in ihrem Kern auf Strukturen und Formen auf, die bereits im Urchristentum angelegt waren.
- Die kraftvolle „Initialzündung", welche aus der ursprünglichen Jesusbewegung eine missionarische Bewegung machte und in der neutestamentlichen Tradition als geistgewirkt gedeutet wurde, ermöglicht ein Verständnis von Geschichte als Heilsgeschichte, die sich in der Spannung zwischen dem in Jesus bereits angebrochenen und dem in seiner Vollendung noch ausstehenden Reich Gottes bewegt.
- Bei allen vielfältigen Ausdrucksformen, in denen heute in aller Welt der Glaube an Jesus Christus bezeugt wird, wissen sich Christen in der Weltkirche in ein und demselben Glauben miteinander verbunden.
- Dieses Bewusstsein der weltweiten Verbundenheit schließt eine neue Solidarität und Kommunikation untereinander mit ein.

Es geht in diesem Themenbereich nicht vorrangig um sachkundlich angelegten Kirchengeschichtsunterricht, sondern im Wesentlichen um die Frage nach der eigenen Identität der Kirche, um die Rückbesinnung auf ihren Auftrag und ihre Legitimation. Es geht um die Auseinandersetzung mit der ermutigenden Kraft des Evangeliums selbst, die Christinnen und Christen durch die gesamte Geschichte hindurch zu be-geisterten Zeugen werden ließ bzw. werden lässt.

Entwicklungspsychologische Voraussetzungen

Sch der 4. Jahrgangsstufe befinden sich in der Phase des kritischen Realismus. Für sie ist ein starkes Interesse an beobachtbaren und beweisbaren Sachverhalten kennzeichnend. Die Fragen, wie etwas funktioniert, wie etwas entstanden ist und wie die Dinge wirklich sind, beherrschen weithin ihr Denken. Dieser Wissbegier und Fähigkeit zum kausalen Denken kommen die Inhalte des Lehrplanthemas 4.5 entgegen, wenn es darum geht, zurückzufragen, worin christlicher Glaube und kirchliches Leben, die überall auf der Welt anzutreffen sind, denn eigentlich ihren Ursprung haben. In dieser Jahrgangsstufe hat sich durch das konkret-operative Denken (Piaget) bereits die Vorstellung von metrischer Zeit als Ordnungsprinzip entwickelt. Im Unterschied zu kirchengeschichtlichen Themen an weiterführenden Schulen ist im RU der Grundschule jedoch zu beachten, dass hier die Abstraktionsfähigkeit der Sch noch nicht ausgebildet ist. Kirchengeschichtliche Prozesse müssen anschaulich und narrativ an konkreten Personen festgemacht werden: Geschichte ist am leichtesten durch Geschichten zu vermitteln. Zudem orientiert sich die Aneignung von Geschichte in der Grundschule am lokalen und regionalen Raum. Ortsspezifische Bezugsmöglichkeiten sollen, wo immer möglich, genutzt werden.

2. Das Thema im Lehrplan und in fragen – suchen – entdecken

In den vorausgehenden Jahrgangsstufen haben sich Sch mit dem Leben der Pfarrgemeinde vor Ort auseinandergesetzt (2.5.; 3.3.3; 3.5). In der 4. Jahrgangsstufe wird nun auf das Verständnis christlichen Glaubens und kirchlichen Lebens von ihren Ursprüngen her abgezielt und die Kirche zugleich als weltweite Gemeinschaft in den Blick genommen.

fse 72/73 beginnt mit verschiedenen Schlaglichtern aus dem christlichen Gemeindeleben in einzelnen Ländern der Erde. Hierdurch soll bei den Sch die Frage nach den Anfängen des Christentums geweckt werden: Woher kommt es, dass es überall Christen gibt? Wie hat das Ganze angefangen? (LP 4.5.3)

Durch die Auseinandersetzung mit der Pfingsterfahrung als Initialzündung (**fse 74/75**) wird der Blick auf den Aufbruch, zu dem die Geistsendung führte, gerichtet. Das Leben der ersten Jerusalemer Gemeinde (**fse 76/77**) wird als Konsequenz dieses kraftvollen Aufbruchs sowie als Urbild und Vorbild christlichen Gemeindelebens dargestellt (LP 4.5.1).

Es folgt die altersgerecht vereinfachte Darstellung wesentlicher Missionsetappen, durch die das Evangelium von Jerusalem aus in alle Welt weitergetragen wurde: die Missionierung des Mittelmeerraums, die hier im Wesentlichen an der Figur des Apostels Paulus festgemacht wird (**fse 78/79**), sowie die Evangelisierung Germaniens, durch die der christliche Glaube in unserer Heimat Wurzeln fasste (**fse 80/81**; LP 4.5.2).

Im Anschluss an diesen schlaglichtartigen Überblick über den Weg des Evangeliums stehen unterschiedliche Formen, in denen heute das Evangelium weitergegeben wird, im Mittelpunkt (**fse 82/83**). Hierbei wird der Schwerpunkt auf verschiedene Ämter, Dienste und Charismen in der Kirche gelegt, die allesamt dazu beitragen, dass der Missionsauftrag Jesu verwirklicht wird (LP 4.5.3).

Der Kreis schließt sich, wenn auf **fse 84/85** wieder die Weltkirche in den Blick genommen wird, wobei hier akzentuiert wird, dass die Christen der ganzen Welt durch das Evangelium miteinander verbunden sind. Dieser Aspekt wird durch praktische Anregungen auf **fse 86** erweitert, die das eigene Bewusstsein, Teil der Weltkirche zu sein, vertiefen sollen (LP4.5.3).

3. Verbindungen zu anderen Fächern

KATHOLISCHE RELIGIONSLEHRE: 2.5 Zur Gemeinschaft der Kirche gehören; 3.6.3 Schritte zu einer gerechteren und friedvolleren Welt; 3.7.2 Bedeutung der Heiligen Schrift für Christen auf der ganzen Welt; 4.3.3 Miteinander in Frieden und Gemeinschaft leben; 4.4.2 Die Auferweckung Jesu gibt Menschen Hoffnung und Zuversicht, 4.7.3 Miteinander leben und glauben

EVANGELISCHE RELIGIONSLEHRE: 4.5 Mit dem Evangelium leben

ETHIK: 4.2 Miteinander arbeiten (hier: ein Hilfsprojekt planen und durchführen)

DEUTSCH: 4.2.1 Texte verfassen; 4.1.2 Sich und andere informieren

FREMDSPRACHEN: 4.4 Hörverstehen und elementares Sprechen (hier: einfache, kurze Texte verfassen)

HEIMAT- UND SACHUNTERRICHT: 4.4.2 Wir in der Welt – die Welt bei uns; 4.6 Orientierung in Zeit und Raum

WERKEN/TEXTILES GESTALTEN: 4.5 Interkulturelle Begegnungen

4. Lernsequenz

Planungsskizze	Überschriften in fse	Inhalte im Lehrplan
I. Auf der ganzen Welt leben Menschen nach dem Evangelium. Zielfrage: Woher kommt dieses Phänomen?	Überall auf der Welt gibt es Christen **fse 72/73**	4.5.3 In der weltweiten Gemeinschaft der Kirche leben
II. Das Evangelium wird von begeisterten Christen weitergegeben: - von Israel aus bis in alle Welt - von den Anfängen der Kirche bis in die Gegenwart hinein	Ein Aufbruch **fse 74/75** Wie die ersten Christen lebten **fse 76/77** Der Glaube überschreitet Grenzen **fse 78/79** Wie das Christentum zu uns kam **fse 80/81**	4.5.1 Pfingsten: Gottes Geist bewegt Menschen 4.5.2 Die Botschaft Jesu weitertragen
III. Durch das Evangelium sind alle Christen auf der Welt miteinander verbunden.	Christen übernehmen Verantwortung **fse 82/83** In Verbindung bleiben **fse 84/85** Verbindungen knüpfen **fse 86**	4.5.3 In der weltweiten Gemeinschaft der Kirche leben

Jesu Botschaft weitertragen

1. Hintergrund

Friedensreich Hundertwasser (1928-2000)

Der Maler und Architekt Hundertwasser wurde am 15. Dezember 1928 in Wien geboren. Sein eigentlicher Name war Friedrich Stowasser. Als Einundzwanzigjähriger nahm er den Künstlernamen Friedensreich Hundertwasser an (Das Wort „sto" bedeutet in einigen slawischen Sprachen „hundert"). Später wählte er für sich noch die weiteren Vornamen Dunkelbunt und Regentag.

Hundertwassers Ausbildung beschränkte sich auf ein dreimonatiges Studium an der Akademie für Bildende Künste (1948 in Wien), er war praktisch Autodidakt.

Zwischen 1948 und 1952 unternahm er zahlreiche Reisen, die sein weiteres künstlerisches Wirken beeinflussten. In dieser Zeit setzte er sich intensiv mit den Werken Schieles auseinander. Im Jahr 1952 stellte er bereits seine ersten Bilder aus, im folgenden Jahr malte er die erste Spirale, die seitdem als sein Markenzeichen gilt.

Er setzte sich für den Umweltschutz ein und beteiligte sich an Kampagnen im Kampf gegen die Kernkrafttechnik.

Hundertwasser lebte in Wien, Paris, Venedig und Hamburg. In Hamburg lehrte er seit 1959 als außerordentlicher Professor an der Hochschule für Bildende Künste.

Seine Naturverbundenheit sowie sein Einsatz für das Wohlergehen der Menschen veranlassten ihn u. a. zu spektakulären Aktionen, die ihm den Ruf eines Exzentrikers einbrachten. Die große Zeit des engagierten Friedens- und Umweltaktivisten wurden die 70-er und 80-er Jahre. Staatsaufträge aus Deutschland, Österreich und von den Vereinten Nationen machten Hundertwasser populär, zahlreiche Friedens- und Umweltschutzpreise folgten ebenso wie große internationale Ausstellungen.

Ab 1980 entwarf und baute er Häuser, darunter zum Beispiel das Hundertwasserhaus in Wien (1985), mit welchem er seine Vorstellungen von gesundem und gutem Wohnen umsetzte: Darin findet man keine geraden Linien, wenig ebene Flächen und kaum Symmetrie, die der Künstler als unnatürlich empfand und die ihm nicht mit seinem Anliegen vereinbar erschienen, die Menschen wieder in Einklang mit der Natur zu bringen. Aus den Fenstern wachsen Bäume, auf dem Dach Gras.

Ab 1999 hatte Hundertwasser seinen Lebensmittelpunkt in Neuseeland. Er lebte und malte einige Jahre auf dem Segelboot „Regentag", das er in Venedig gekauft und für sich umgebaut hatte. Am 19. Februar 2000 starb er an Bord des Kreuzfahrtschiffes „Queen Elizabeth II." und wurde im Garten der glücklichen Toten auf seinem Land in Neuseeland begraben (vgl. auch Arbeitshilfen 2, S. 190, und Arbeitshilfen 3, S. 127).

Literatur: Friedensreich Hundertwasser, Unendlichkeit ganz nahe. Katalog zur Ausstellung „Friedensreich Hundertwasser. Retrospektive 1948-1997" von 1994 auf der Darmstädter Mathildenhöhe, Darmstadt 1993/94

Die Spirale ist ein zentrales Motiv bei Hundertwasser, gewissermaßen seine Kennmarke. Es ist dem Betrachter überlassen, ob er dabei mehr die Bewegung von einer Mitte weg (= Expansion) oder eher die Bewegung auf die Mitte zu (= Konzentration) in den Blick nimmt. Das Auge kann entweder in das Liniengehäuse hineinwandern oder es ebensogut verlassen. Kennzeichnend für die Spiralbewegung ist das Doppelmotiv der Aus- und Einkreisung, bei der das Innen und Außen in einem wechselseitigen Bezug zueinander stehen: In ihrem Verlauf nach außen schafft sie sich ständig neuen Raum, orientiert sich dabei jedoch immer durch das pausenlose Kreisen um sich selbst an der eigenen Vergangenheit, sodass das Neue der Bewegung immer auch das Alte in sich einschließt; in ihrem Verlauf nach innen zieht sie sich in einen Kernbereich zurück, der den Konzentrationspunkt der gesamten Bewegung darstellt. Wegen dieser Doppelbedeutung sah Hundertwasser in der Spirale ein Symbol, das sowohl Tod und Leben als auch die Innenwelt und die Beziehung zur Außenwelt repräsentiert.

Die Linien in Hundertwassers Spiralen sind nie geometrisch exakt, sondern bedecken die auszufüllende Fläche abwechselnd dicker und dünner, sodass sie an die unregelmäßige Stiftführung von Kindern erinnern. Dem Betrachter bieten sich somit viele einzelne Schichten in bunten Farben, die das Zentrum umgeben und Assoziationen mit Wachstumsprozessen in der Natur wecken. Man ist ebenso versucht, hierbei an die „Häute des Menschen" zu denken, die Hundertwasser im Laufe seines Wirkens entdeckte. Der Künstler sprach oft von den drei Häuten des Menschen, von drei Schichten, welche ihn umgeben, schützen und gedeihen lassen: seine Körperhaut, seine Kleidung und sein Haus. Später fügte er diesen drei Häuten zwei weitere hinzu: das soziale Umfeld sowie das globale Umfeld, das den Menschen im Einklang mit der Natur sein lässt.

Ein Verständnis des Bildtitels „Unendlichkeit ganz

nahe" erschließt sich möglicherweise durch die Beobachtung, dass das kraftvolle Strahlungszentrum eine Dynamik auslöst, welche sich auch noch außerhalb des Bildes unaufhörlich fortzusetzen scheint. Als Ausgangspunkt dieser Bewegung macht der Betrachter einen winzigen weißen Punkt in der Mitte des Bildes aus. Leuchtende Farben betonen die Strahlkraft des Geschehens: Im Zentrum dominiert ein explosives Rot, die Übergänge in die orangefarbenen und gelben Bereiche sind von blauen, kanalähnlichen Linien sowie von schwarzen Streifen und Flecken durchzogen. Die von der Bildmitte ausgehende Bewegung erinnert nahezu an Kreise, die ein ins Wasser geworfener Stein zieht, und setzt sich zu den Bildrändern hin in kugelförmigen geometrischen Figuren sowie in der Darstellung eines asymmetrischen Kirchengebäudes fort. Aus dieser Kirche scheint sich eine menschliche Figur herauszulehnen. Die rote Farbe der Fenster legt einen inneren Zusammenhang mit dem kraftvollen Bildzentrum nahe. Dass eine Beziehung zwischen Zentrum und Peripherie besteht, wird auch an den schwarzgelben Streifen deutlich, welche wie Leitern oder Wege anmuten und das Innen mit dem Außen verbinden.

2. Einsatzmöglichkeiten im RU

Verzweckung vermeiden

Es wäre unredlich, ein abstraktes Kunstwerk im Unterricht so zu verzwecken, dass seine inhaltliche Unbestimmtheit oder Vieldeutigkeit zugunsten lehrhafter Absichten zurücktritt oder gar ganz ausgeblendet wird. Wenn im Kontext des Lehrplanthemas 4.5 mit dem Bild von Hundertwasser gearbeitet wird, darf es also nicht im Blick auf Lehrplanintentionen inhaltlich konkretisiert, in eine Richtung hin interpretiert und von seiner Aussage her festgelegt werden. Hundertwasser stellt hier nicht den Prozess der Verbreitung des Evangeliums oder der Entstehung der Kirche dar: Es handelt sich vielmehr um ein Bild, das multiperspektivisch gesehen werden kann. Der eigentliche Beitrag, den es im Kontext des RU leisten kann, besteht darin, Sch für die zunächst abstrakten Bewegungsrichtungen, Kraftimpulse, Entwicklungsprozesse und Übergänge zu sensibilisieren, die sich dann auch analog in den Inhalten des Lehrplanthemas 4.5 in konkreter Form wiederfinden lassen.

Beim unterrichtlichen Einsatz wird es also eher um das Entdecken von strukturellen Analogien gehen. Hundertwassers Bild eröffnet dabei kreative Denk- und Wahrnehmungsprozesse sowie unkonventionelle Ausdrucksmöglichkeiten. Erforderlich ist in jedem Fall ein offenes unterrichtliches Vorgehen, bei welchem Sch ihre Beobachtungen und Assoziationen frei einbringen können, ohne dass es dabei ein Richtig oder ein Falsch gibt.

Zentrieren und Motivieren

Das Bild ist als Folie Nr. 22 enthalten in der Schatzkiste 3/4.
- L deckt Folienbild so ab, dass nur der rote Kernbereich sichtbar ist. Erst dann wird OHP eingeschaltet.
- Spontane Äußerungen, z. B. rote Farbe; Sonne; Explosion; kleines Teilchen in der Mitte: Stein/Körnchen? ...
- L verändert die Abdeckung, sodass die das Zentrum umgebende rot-blaue Ausstrahlung sichtbar wird.
- Spontane Äußerungen, z. B. Kreise, Strahlung, Stein im Wasser ...
- „Wie würdest du das Bild weitermalen, wenn du der Künstler wärst?" Sch bekommen ein AB mit dem Zentrum des Bildes und malen weiter (evtl. fächerübergreifender Unterricht).

Unstrukturierte und strukturierte Wahrnehmung

- L zeigt das ganze Bild.
- Spontane Reaktionen, Assoziationen, Kommentare der Sch aufgreifen.
- Sch benennen und beschreiben einzelne Bildteile, z. B. „Kirche", „Mitte", „Strahlen", „Mensch" ..., während sie den jeweiligen Bildteil mit einer „Lupe" fokussieren: **M 4.5.1, Arbeitshilfen S. 193**.
- Sch finden Bewegungen im Bild, z. B. „von innen nach außen", „von außen nach innen", Kreisbewegung der Spiralen, „Mensch kommt aus Kirche heraus" usw.; Sch zeigen die Bewegungsrichtungen mithilfe von Pfeilen an, die auf das Folienbild gelegt werden: **M 4.5.1, Arbeitshilfen S. 193**.
- „Der Maler hat leuchtende Farben verwendet, die die Bewegungen auf diesem Bild eindrucksvoll verstärken."
- Sch nennen Farben und deren mögliche Symbolik, z. B. „Bei dem Rot in der Mitte denke ich an Feuer."
- Sch beschreiben die Stimmung, die das Bild bei ihnen auslöst.
- „Welchen Titel würdest du dem Bild geben?"
- L gibt kurze Information zu Maler und Bild.

Die Bildstruktur zum Lehrplanthema 4.5 in Beziehung setzen

Das Bild kann im Verlauf der Unterrichtssequenz an unterschiedlichen Stellen und mit unterschiedlichen Schwerpunkten als Element zur Wiederholung, Festigung und Vertiefung eingesetzt werden:
- 1. Schwerpunkt: „Überall auf der Welt gibt es christliche Gemeinden. Woher kommt das? Wie hat das angefangen?" (= Denkbewegung von außen nach innen)
- Sch erhalten ein AB, auf dem nur der äußere Rand des Hundertwasser-Bildes abgebildet ist. Sie erkennen, dass die Mitte des Bildes fehlt, die den eigentlichen Ausgangspunkt der Bewegung darstellt.

Hilfen zur Bildbetrachtung

- Der Leitgedanke des „Ausgangspunkts" wird auf die Entstehung der christlichen Gemeinden übertragen. Sch bringen Vorwissen aus dem Unterricht ein, wie diese Bewegung entstanden ist (Auferstehungs- und Geisterfahrung der Jünger, Zusammenleben in der Urgemeinde, missionarischer Aufbruch).
- Sch gestalten die Mitte des AB mit Symbolen und Farben, die diese Aufbruchbewegung darstellen, aus der kirchliches Leben entstanden ist. Das Bild „Unendlichkeit ganz nahe" kann dabei strukturelle und künstlerische Anregungen geben.
- 2. Schwerpunkt: „Der zündende Funke von Pfingsten löst eine Bewegung aus: Das Evangelium wird weitergetragen, über Jerusalem und Israel hinaus in alle Welt." (= Denkbewegung von innen nach außen)
- Sch erhalten ein AB, auf dem nur die Mitte des Hundertwasser-Bildes abgebildet ist. Sie erkennen, dass hier nur der Ausgangspunkt der Bewegung dargestellt ist, die sich auf dem Originalbild fortsetzt.
- Der Leitgedanke der „sich ausbreitenden Bewegung" wird auf die Weitergabe des Evangeliums bezogen. Sch bringen Vorwissen aus dem Unterricht ein, dass die Glaubenserfahrungen der ersten Christen in eine missionarische Aufbruchbewegung einmündete, durch die das Evangelium in alle Welt getragen wurde.
- Sch vervollständigen AB, indem sie den Weg der Glaubensverbreitung mit Symbolen und Farben gestalten, wobei sich die Motive aus den im vorausgegangenen Unterricht durchgenommenen Inhalte ergeben werden, z. B.: Missionstätigkeit des Paulus bzw. Bonifatius; Symbole aus dem Leben in unserer Pfarrgemeinde; christliches Leben in anderen Ländern; Symbole für das Papst- oder Bischofsamt usw. Das Bild „Unendlichkeit ganz nahe" kann dabei strukturelle und künstlerische Anregungen geben.

Überall auf der Welt gibt es Christen   fragen – suchen – entdecken 72/73

1. Hintergrund

Gläubige in verschiedenen Ländern drücken in unterschiedlichen Formen ihr Christsein aus (LP 4.5.3). Im RU kommt es darauf an, das bunte und vielschichtige Erscheinungsbild der Weltkirche auf eine Weise zu vermitteln, dass einerseits Sch von der Fremdheit und Andersartigkeit christlicher Glaubensäußerungen in anderen Ländern und Kulturen angesprochen werden, andererseits aber auch das Gemeinsame und Verbindende, das hinter den unterschiedlichen Ausdrucksformen steht, deutlich wird. Hierbei haben die auf **fse 72/73** aufgeführten Bilder und Texte lediglich exemplarischen Charakter und können durch weiteres geeignetes Material ersetzt oder ergänzt werden. Die Feststellung, dass es überall auf der Welt Christen gibt, mündet schließlich in die Frage ein: „Wie kann diese Beobachtung erklärt werden?"

Die Bilder und Texte auf fse 72/73
Beispiel Bolivien: Das Glaubensleben der Katholiken in lateinamerikanischen Ländern ist häufig mit einer ausgeprägten, oft synkretistischen Volksfrömmigkeit verbunden, in der unter anderem der Heiligenkult eine herausragende Rolle spielt. Die Wurzeln dieser bunten Frömmigkeit liegen in einem spätmittelalterlichen Volkskatholizismus zur Zeit der iberischen Fremdherrschaft und in den unterdrückten indianischen Kulturen.
Beispiel Ägypten: Die Staatsreligion in Ägypten ist der Islam. Etwa 90% der Bevölkerung bekennen sich zu dieser Religion; die restlichen 10% sind zumeist koptische Christen, die als Minderheit häufig ausgegrenzt und diskriminiert werden. Die Kopten sind eine der frühesten christlichen Kirchen überhaupt, halten an uralten Traditionen fest und führen ihre Gründung auf den Evangelisten Markus zurück.
Beispiel Kongo: Die afrikanische Liturgie ist von Lebendigkeit und Lebensfreude geprägt. Trommeln, Rasseln und Klanghölzer begleiten die Gesänge. Die Gottesdienst Feiernden bewegen sich spontan zum Rhythmus der Musik. Eine besondere Bedeutung kommt dem Tanz als liturgischer Ausdrucksform zu. In einer Gabenprozession werden im Tanzschritt Naturalien aufgehäuft, die nach dem Gottesdienst an Arme ausgeteilt werden. Christliche Gemeinden in Afrika sind lebendige Gemeinden, in denen auch Kinder und Jugendliche nicht fehlen.
Beispiel Finnland: Von den fünf Millionen Finnen sind rund 8 500 katholisch. Rund die Hälfte davon lebt in Helsinki, die anderen verteilen sich auf andere Städte und das Land. Der Zusammenhalt katholischer Christinnen und Christen in der Diaspora ist größer als in einer Volkskirche: So gibt es Menschen, die sonntags hundert Kilometer fahren, um eine Messe mitfeiern zu können. Neun Priester stehen der katholischen Bevölkerung des Landes in sieben Pfarrgemeinden als Seelsorger zur Verfügung.
Beispiel Philippinen: Das sanfte und schutzbedürftige Kind in der Krippe („Santo Nino") wird auf den Philippinen in tiefer Gläubigkeit verehrt. Man betet zu ihm, wenn der Regen auf den Feldern ausbleibt, und

Weltkarte

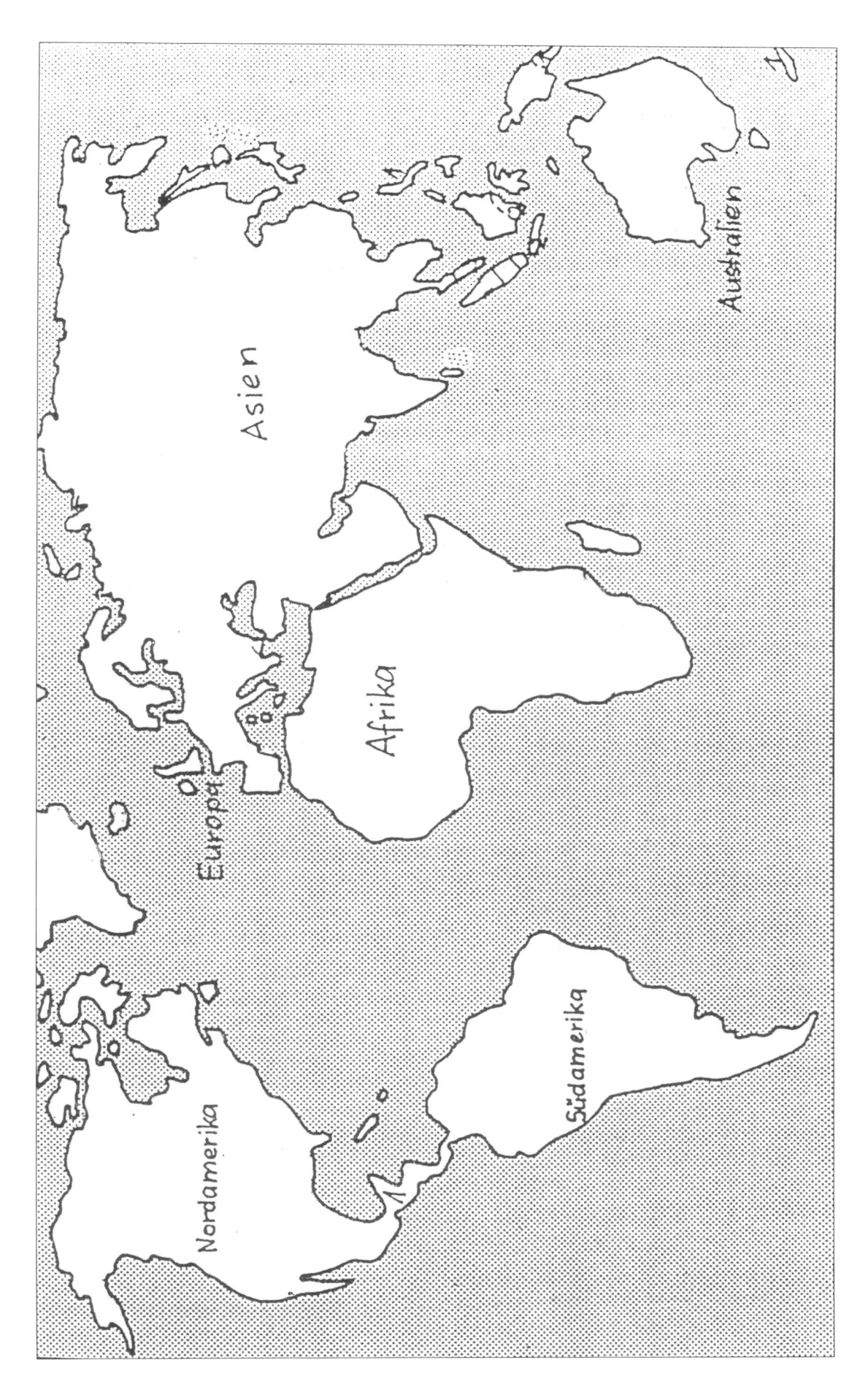

Asien

Australien

Afrika

Europa

Nordamerika

Südamerika

4.5.2

ruft es bei Krankheiten, Seuchen oder familiären Problemen an. In den Jahrhunderten der kolonialen Ausbeutung und Unterdrückung bot dieser Glaube eine Zuflucht, die irdisches Leid erträglicher machte. Der Seefahrer und Entdecker Ferdinand Magellan soll 1521 bei seiner Ankunft der Königin anlässlich ihrer Bekehrung zum Christentum einen „Santo Nino" geschenkt haben. Seitdem gilt hier das Jesuskind in der Krippe als nationales Heiligtum.

„Masithi" (Das „Große Amen"): Das Lied „Masithi" wurde 1977 von S. C. Molefe auf einem Komponisten-Workshop komponiert. Molefe († 1987) wirkte als Chorleiter und Komponist in einer katholischen Gemeinde im Transvaal (Südafrika). Das Lied ist inzwischen ein Lieblingsgesang vieler südafrikanischer Gemeinden. Es wird bei der Eucharistiefeier an das „Amen" des Hochgebets angefügt. „Durch ihn und mit ihm und in ihm ist dir, Gott, allmächtiger Vater, in der Einheit des Heiligen Geistes alle Herrlichkeit und Ehre jetzt und in Ewigkeit. Amen." Alle stimmen ein: „Masithi, Amen, wir preisen dich, o Herr!"

Eucharistiefeier

Die Eucharistiefeier **fse 72 rechts** weist Bekanntes wie auch Fremdartiges auf: Im Zentrum der Darstellung sind die Heilige Schrift oder das Messbuch, der Kelch und die Hostienschale zu sehen, die für die Praxis des christlichen Gottesdienstes überall auf der Welt stehen. Die Handhaltung der Gottesdienst Feiernden lässt sich als Zeichen geschwisterlicher Verbundenheit (Vaterunser/Friedensgruß) deuten. Zusammen mit der bunten Kleidung des Priesters und dem hüttenartigen Kirchenraum bringt die Darstellung zum Ausdruck, dass das verbindend Christliche in den verschiedenen Ländern der Erde in unterschiedlichen, kulturbedingten Ausprägungen existiert.

2. Einsatzmöglichkeiten im RU

Über die Bilder und Texte ins Gespräch kommen

- Sch betrachten die Bilder und beschreiben, was sie sehen.
- Sch lesen die Beschreibungen der einzelnen Bilder (GA). Anschließend stellen die Gruppen „ihre" Personen, Länder, die religiöse Praxis vor.
- UG: „An diesen Beispielen fällt mir auf ..., überrascht mich ..., gefällt mir ..."
- Sucht nach einem Bild (malt ein Bild), mit dem ihr eure Gemeinde vorstellt (evtl. auf Bilder in **fse 3** zurückgreifen).

Fremdsprachige Gebetsanfänge identifizieren

Es handelt sich auf **fse 72/73** um den Anfang des Vaterunsers in den Sprachen Italienisch (links), Pidgin-englisch (oben), Kirchenslawisch (rechts unten, Transkription rechts) und Englisch (links unten).

- Sch versuchen die vier fremdsprachigen Texte vorzulesen; ggf. Hilfestellung durch L.
- Sch vermuten, um welchen Text, um welche Sprache es sich handelt.
- **fse 73** AA 3: Warum ist ausgerechnet das Vaterunser in verschiedenen Sprachen abgedruckt? Nach weiteren Gemeinsamkeiten der Christen suchen: Bibel, Gebote, Sakramente, Diakonie usw.

Länder auf der Weltkarte finden

- L benötigt eine Umrisszeichnung der Kontinente auf einem großen Plakat: Kopiervorlage **M 4.5.2, Arbeitshilfen S. 195**, mit OHP auf einen großen Bogen Packpapier projizieren, die Umrisse nachzeichnen und die so entstandene Weltkarte farbig ausmalen.
- *Alternative:* M 4.5.2 auf Folie kopieren und an die Wand des Klassenzimmers projizieren.
- Sch ordnen die einzelnen Textbeispiele aus **fse 72/73** den Kontinenten zu: Südamerika (Bolivien), Afrika (Ägypten, Kongo, Südafrika), Europa (Finnland) und Asien (Philippinen).
- Die fremdsprachigen Vaterunser-Textanfänge werden zugeordnet: Europa (Englisch, Italienisch), Eurasien (Russland), Nordamerika (Englisch); Pidginenglisch, eine Mischung aus Englisch und ursprünglichen Ländersprachen, wird in ehemaligen Kolonialländern gesprochen, z. B. in Papua-Neuguinea.
- Nach jedem Sch-Beitrag wird an dem entsprechenden Kontinent ein Symbol für den christlichen Glauben befestigt, z. B. das urchristliche Fisch-Zeichen; das Symbol wird von Sch selbst entworfen und gestaltet.
- Als Hilfe bei der geografische Zuordnung dient ein Globus.

Überall auf der Welt gibt es Christen (AA 3)

- Sch stellen Vermutungen an, wie es dazu kam, dass es überall auf der Welt Christen gibt.
  Im UG wird erarbeitet, dass diese Tatsache Folge einer langen Missionsbewegung ist, die anfangs von „be-geisterten" Christen ausging, die von ihren Erfahrungen mit dem Leben, der Botschaft, dem Tod und der Auferstehung Jesu angetrieben wurden, den Glauben weiter zu verbreiten. Christen z. B. gehen in andere Länder und machen dort ihren Glauben bekannt (Kaufleute, Soldaten, Missionare ...).
- An dieser Stelle des Gesprächsverlaufs wird auf der Weltkarte (Israel) das Symbol der Osterkerze oder ein anderes Symbol (z. B. Fisch) angebracht.

Das afrikanische Lied „Masithi" einüben

Der über dem Lied abgedruckte Text (Beispiel Afrika:

Ein Aufbruch voller Begeisterung

1. Abschnitt
Wieder einmal hatten sich die Jüngerinnen und Jünger in einem Haus in Jerusalem hinter verschlossenen Türen versammelt. Da saßen sie nun und dachten daran, wie Jesus sich ihnen nach seiner Auferweckung zum letzten Mal gezeigt hatte. „Geht", hatte er gesagt, „erzählt allen Menschen die frohe Botschaft von Gott und habt keine Angst, denn ich bin immer bei euch!" Aber dann war er von ihnen gegangen. Hatte er sie nun endgültig verlassen? Was würde passieren, wenn sie jetzt hinausgingen und von Jesus erzählten? Würde es ihnen dann nicht ebenso ergehen wie ihm selbst? Würde man sie nicht auch gefangen nehmen oder gar töten? Davor hatten sie große Angst. Deshalb waren sie im Haus geblieben und hatten die Tür zugesperrt. Sie hatten allen Mut verloren. Zwar erinnerten sie sich, dass Jesus versprochen hatte, ihnen den heiligen Geist als Helfer zu schicken. Aber darunter konnten sie sich nichts vorstellen. Wie sollte das gehen? Solche Gedanken machten sie nur noch ratloser.

2. Abschnitt
Plötzlich kommt Leben in die Jünger. Ihre Angst ist auf einmal wie weggeblasen. Wie von einer unsichtbaren Macht gepackt, hält es sie nicht mehr im Haus. Sie stoßen die Türen auf. Sie eilen hinaus und von Feuereifer gepackt beginnen sie zu reden von dem, was sie erfüllt: „Jesus lebt! Er ist unser Herr!" Da sind genug Leute draußen, die sie hören, denn an Pfingsten sind viele Juden in Jerusalem, sogar aus dem Ausland sind sie gekommen, um hier das Erntedankfest zu feiern.

3. Abschnitt
Die Leute in Jerusalem hören die Jünger reden, voll Begeisterung. Sie staunen über sie und zugleich sind sie ratlos: „Was hat das zu bedeuten?", fragen die einen, andere sagen: „Die sind ja betrunken!"
Petrus, der sich bei der Verurteilung Jesu so vor seiner Entlarvung durch eine Dienstmagd gefürchtet hatte, tritt mutig vor die Tür und mit feurigen Worten ruft er den versammelten Juden zu: „Diese Männer sind nicht betrunken. Heute ist passiert, was der Prophet Joel vorausgesagt hat: Alle Menschen werden mit dem Heiligen Geist erfüllt werden: die Frauen und die Männer, die Alten und die Jungen." Die Juden, die Petrus zuhören, erinnern sich an die Worte des Propheten: „Ja, so steht es in unserer Bibel! Was der Prophet Joel gesagt hat, ist heute Wirklichkeit geworden."
Und Petrus redet weiter, noch immer vom Geist Gottes gepackt: „Ihr kennt Jesus aus Nazaret. Er hat unter euch gelebt und viele Wunder getan! Ihr wisst auch, dass ihr ihn durch die Römer ans Kreuz habt schlagen lassen. Gott aber hat ihn auferweckt, er lebt! Gott hat ihn zum Herrn und Messias, zu eurem Retter gemacht!"

4. Abschnitt
Die Predigt des Petrus hat die Zuhörer mitten ins Herz getroffen. Der Funke ist übergesprungen; Die Begeisterung des Petrus, seine feurige Predigt stecken die Zuhörer an. Sie fragen: „Was sollen wir tun?" „Und Petrus antwortet ihnen: „Glaubt an Jesus, den Gott von den Toten auferweckt hat, lasst euch auf seinen Namen taufen, dann werdet ihr den Heiligen Geist empfangen."
Viele Juden lassen sich an diesem Pfingstfest taufen. Die Jesus-Gemeinde wächst. Der Geist Gottes, den Jesus versprochen hat, beginnt zu wirken. Jetzt verstehen die Jünger, was Jesus mit der Sendung des Geistes meinte: Er ist die Lebenskraft, die Jesus ihnen schickt, dass sie mutig weiter von Jesus erzählen und die Menschen zum Glauben an ihn führen. Aus verängstigten Jüngern sind mutige Verkünder geworden: Der Heilige Geist hat sie dazu bewegt.

liturgischer Tanz) regt Sch dazu an, sich zum Lied „Masithi" geeignete Gesten und/oder Tanzschritte zu überlegen. Das Lied ist auf der CD „Masithi Singers. Chor und Musikgruppe aus Südafrika" enthalten. Bezug über www.missio-aachen.de/shop.

3. Weiterführende Anregung

Christen anderswo

Weitere Bilder, Texte, Tondokumente zum kirchlichen Leben in anderen Ländern bzw. Erdteilen sind erhältlich bei:

Bischöfliches Hilfswerk **Misereor** e. V., Mozartstraße 9, 52064 Aachen, Tel.: 0241/442-0, Fax: 0241/442-188, www.misereor.de

Bischöfliche Aktion **Adveniat**, Am Porscheplatz 7, 45127 Essen, Tel.: 02 01/17 56-0, Fax: 02 01/17 56-111, www.adveniat.de

Missio München, Pettenkoferstr. 26-28, 80336 München, Tel.: 089/89 5162 0, Fax: 089/5162 335, www.missio.de

Kindermissionswerk, „Die Sternsinger", Päpstliches Missionswerk der Kinder in Deutschland e.V., Stephanstraße 35, 52064 Aachen, Tel./Fax: 0241/4461-0, www.kindermissionswerk.de

Renovabis, Pfingstaktion für Osteuropa, Kardinal-Döpfner-Haus, Domberg 27, 85354 Freising, Tel.: 08161/5309-0, Fax: 08161/5309-11, www.renovabis.de

Ein Aufbruch

1. Hintergrund

Die Pfingstperikope

Pfingsten (hebräisch „Schawuot") war zunächst das Dankfest für die vergangene Gerstenernte, die erste Ernte im Jahresverlauf, und galt als Beginn der Zeit der Weizenernte, als Fest der „Erstlinge der Weizenernte". Es wurde am fünfzigsten Tag nach dem Pesachfest gefeiert (griechisch „pentekoste" = der Fünfzigste). Lukas stellte die Pfingstperikope an den Anfang seiner Apostelgeschichte, die er als Missionsgeschichte schrieb, und machte damit deutlich, dass Mission vom Geist initiiert und gelenkt wird. Der Zusammenhang von Ernte und Mission spielte bereits in den Gleichnissen Jesu eine bedeutende Rolle.

Im Judentum wurde das Pfingstfest auch mit dem Bundesschluss am Sinai und der Gabe der Zehn Gebote in Verbindung gebracht. Pfingsten wurde als neuer Bundesschluss gedeutet: Der Geist ist die neue Gabe für das neue Volk Gottes.

Eine weiterer Kontext erschließt sich, wenn die Pfingstperikope als Gegentext zur Erzählung vom Turmbau zu Babel gelesen wird: Im Gegensatz zur babylonischen Sprachverwirrung verstehen nun die Menschen einander, obwohl sie doch in verschiedenen Sprachen reden (vgl. Arbeitshilfen S. 252 (Kap. 6)).

Das Pfingstereignis (Apg 2,1-13): Der Text ist in zwei Teile gegliedert: VV 1-4 geben das Pfingstgeschehen wieder, VV 5-13 die Wahrnehmung und die Reaktion der Juden. V 1 beginnt mit der Zeit-, Orts- und Personenangabe (120 Personen (?) nach Apg 1,15 oder die 12 Apostel); VV 2-4 schildern im apokalyptischen Stil eine Audition (Brausen) und eine Vision (Zungen wie von Feuer), sinnenhafte Symbole für das anders nicht darstellbare Kommen des Heiligen Geistes. Die eindrucksvollen Bilder, mit denen Lukas die Geistsendung beschreibt, greifen die Begleiterscheinungen alttestamentlicher Gotteserfahrungen auf. Sie waren wohl seinen Lesern bekannt („Feuer" vgl. Ex 3,2; „brausender Sturm" vgl. Ex 19,16-19). V 4 deutet das Ereignis als Erfülltwerden mit dem Geist und beschreibt die Wirkung: Die Geisterfüllten verkünden Gottes große Taten in den Sprachen der Völker (V 11).

VV 5-13 schildern die Wahrnehmung des Ereignisses auf die Außenstehenden. Das Sprachenwunder bewirkt Bestürzung, Erstaunen und Ratlosigkeit: Die Menschen hören die Geisterfüllten in ihrer eigenen Sprache von den Taten Gottes erzählen. Einige von ihnen sehen im außerordentlichen Geschehen eine Folge der Trunkenheit (V 13).

Die Petrusrede (Apg 2,14–36): Petrus als Sprecher des Jüngerkreises tritt vor die erstaunte Menge. Er deutet zunächst das Pfingstwunder (VV 14-21); dann folgt die Botschaft von Jesus Christus (VV 22-36). Mit Petrus tritt die junge Christengemeinde zum ersten Mal an die Öffentlichkeit. Petrus weist zunächst den Verdacht der Trunkenheit zurück. Mit einem Prophetenzitat sucht er die Zuhörer für das außerordentliche Geschehen zu gewinnen (VV 16-21): Der Geist Gottes wird alle erfüllen, die den Namen Gottes anrufen; an den Söhnen, Töchtern und an den Alten wird sich die Wirkung des Geistes zeigen.

Das Pfingsthaus

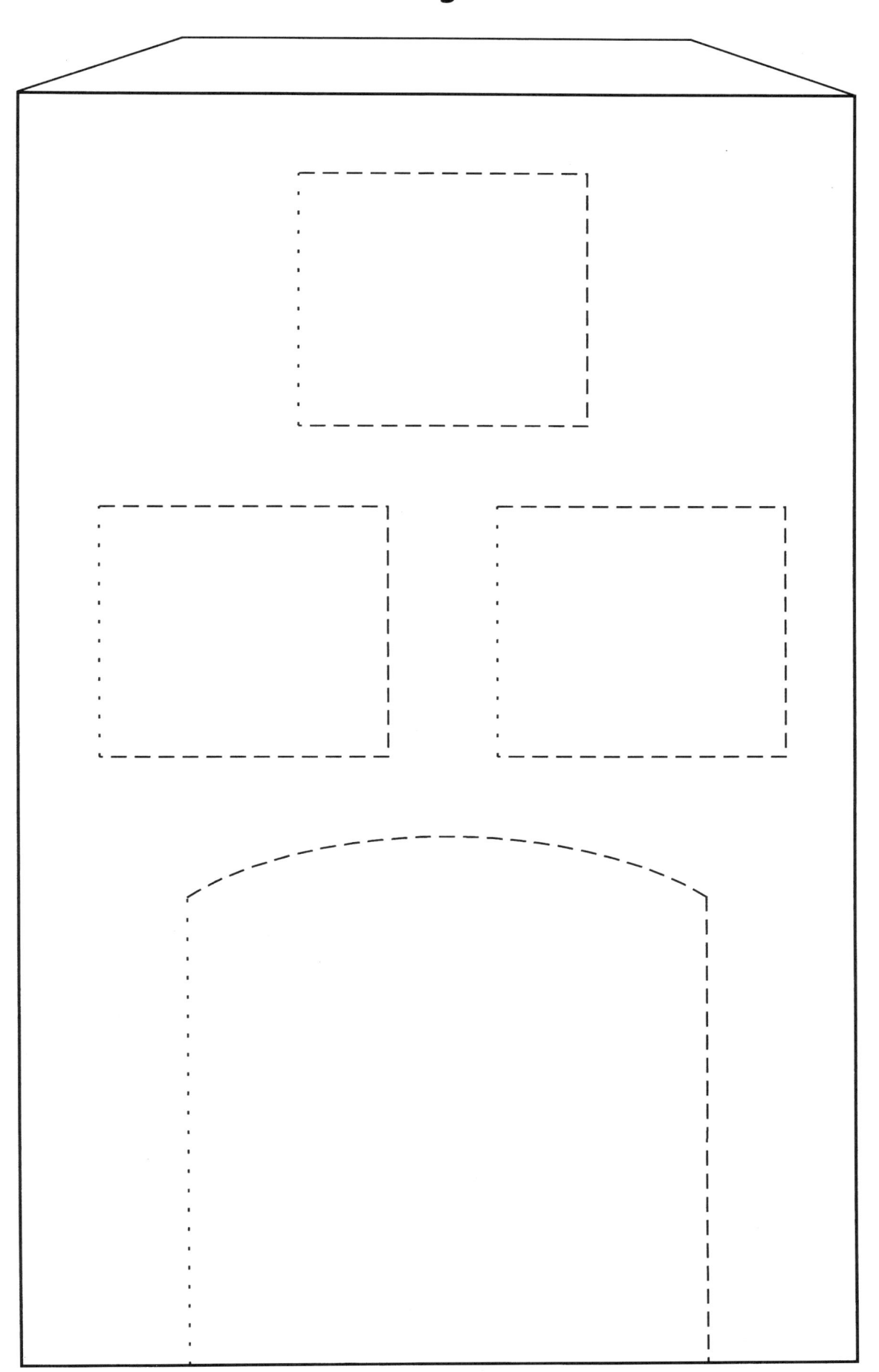

Mit den VV 22-24.36 folgt das Christuskerygma: Jesus, der durch Gott beglaubigt wurde durch seine Taten und Wunder, der gekreuzigt wurde und starb, den Gott aber auferweckte, er ist es, der den Geist sandte.

Die Wirkung der Petrusrede (Apg 2,37-41): Die Predigt des Petrus trifft die Zuhörer „mitten ins Herz"(V 37). Auf ihre Frage: „Was sollen wir tun?" antwortet Petrus, dass sie erfüllt werden mit dem Heiligen Geist, wenn sie umkehren und sich taufen lassen. Eine große Menge folgt der Aufforderung und lässt sich taufen. Die junge Christengemeinde wächst so durch das Wirken des Geistes.

Thomas Zacharias (geb. 1930)

Dr. phil. Thomas Zacharias war Professor für Kunsterziehung an der Akademie für Bildende Künste, München. Im religionspädagogischen Bereich wurde er mit seinen Arbeiten zu biblischen Motiven bekannt.

Die Charakteristika, die Günter Lange bereits an den Farbholzschnitten von Thomas Zacharias hervorhob, finden sich analog in dessen Radierungen zur Bibel wieder:

„1. Die Bilder dienen der Verfremdung des biblischen Textes. Schon die Transformation eines Gehaltes in ein anderes Medium (also vom Wort in das Bild) verfremdet. Durch die Abkehr von sanktionierten Formen der christlichen Ikonografie geschieht hier ein zusätzlicher, didaktisch willkommener Verfremdungseffekt.

2. Die Bilder ermöglichen dennoch genügend Einfühlung und Identifizierung; sie nutzen die Macht und die Offenheit allgemein zugänglicher Erfahrungen.

3. Es sind keine erzählenden Bilder. Die formale Dialektik der Bildmittel macht sie zum Schauplatz von Spannungen, die vom Betrachter Stellungnahme fordern. Die Bilder respektieren die biblischen Redegattungen (sie historisieren nicht); sie respektieren die Offenbarungsgrenzen.

4. Durch das Einbringen heutiger Glaubenserfahrungen geben sich die Bilder eindeutig als Deutungen zu erkennen. Sie erschweren die Gleichsetzung von Darstellung und Dargestelltem.

5. Die Bilder sind kein Wortersatz. Im Vergleich zur herkömmlichen christlichen Ikonografie sind sie mehrdeutig und damit – soweit sie im RU oder in der Gemeinde Verwendung finden – wortbedürftig, trotz ihres ästhetischen Eigenwerts" (Doedens, Folkert/Lange, Günter/Zacharias, Thomas, Farbholzschnitte zur Bibel von Thomas Zacharias, München 1973, S. 16).

Radierung von Thomas Zacharias

Die Abbildung ist dem Werk „Radierungen zur Bibel von Thomas Zacharias" entnommen und wird dort der Bibelstelle Apg 2,4 zugeordnet: Alle wurden mit dem Heiligen Geist erfüllt und begannen in fremden Sprachen zu reden, wie es der Geist ihnen eingab.

Die verfremdete, ungewohnte Form der Darstellung macht neugierig und veranlasst zu genauerem Hinsehen. Auf den ersten Blick assoziiert man vielleicht eine Wolke. Erst nach und nach wird man die Konturen verschiedener Köpfe wahrnehmen und Menschen entdecken, die in alle Himmelsrichtungen blicken. Von ihnen gehen Linien aus, die an Sprechblasen erinnern und über die Bildgrenzen hinaus laufen. Wenn Sch zum Zeitpunkt der Bildbetrachtung bereits die Pfingstgeschichte Apg 2,1-13 kennen gelernt haben, können sie in der Radierung Parallelen hierzu entdecken (Anzahl der Personen; die Personen wenden sich nach außen; sie sprechen etwas aus; es entsteht eine Bewegung in alle Richtungen). In der biblischen Perikope wird die Ursache dieses Vorgangs genannt: Die Sendung des Heiligen Geistes erfüllt die Jünger mit Kraft, sodass sie Mut gewinnen, zu den Menschen hinaus zu gehen und Zeugnis für ihren Glauben an den Gekreuzigten und Auferstandenen abzulegen. Im Mittelpunkt der Radierung ist ein kleines Herz zu entdecken. Es kann als Symbol für Liebe deutlich machen, dass das christliche Bekenntnis im Innersten von Liebe zu Gott und zu den Menschen getragen ist. Zugleich mag die Darstellung dieses lebenswichtigen Organs, das den Blutkreislauf des Körpers reguliert, im Kontext des Bildes Anlass geben, in der Erfahrung des Pfingstereignisses das zentrale Lebensprinzip der Kirche schlechthin zu sehen: Der Geist Gottes ist es, welcher der Kirche Lebenskraft schenkt.

Literatur

Pesch, Rudolf u. a., Evangelisch-Katholischer Kommentar zum Neuen Testament, EKK, Band 5/1: Die Apostelgeschichte, Zürich/Neukirchen-Vluyn 1986, S. 97-128

Quadflieg, Josef, Die Bibel für den Unterricht. Kommentar Neues Testament, Düsseldorf 1998

Stapelmann, Franz-Josef, in: Bistum Essen (Hg.), Wortbilder. Radierungen zur Bibel von Thomas Zacharias, Essen 1995, S. 78-81 (darin Äußerungen von Sch zur Radierung)

Theis, Joachim, Sturm und Feuerzungen (Textauslegung), in: Niehl, Franz W. (Hg.), Leben lernen mit der Bibel, München 2003, S. 271-273

Wischnewski, Christel, Sturm und Feuerzungen (Bausteine für die Praxis), in: ebd., S. 387-394

Zacharias, Thomas, Radierungen zur Bibel von Thomas Zacharias, Stuttgart 1993

Die Rede des Petrus

Alle Menschen werden mit dem Geist Gottes erfüllt.

Dann werden ...

... die Armen _____

... die Reichen _____

... die Kranken _____

... die Völker, die Krieg führen _____

... die Kinder _____

... traurige und einsame Menschen _____

... die _____

(überlege weiter)

➤ Sucht ein Beispiel aus und spielt es vor.
➤ Malt zu einem Beispiel ein Bild und gestaltet damit ein Plakat.

2. Einsatzmöglichkeiten im RU

Die Situation der Jünger am Pfingsttag nachempfinden

- Da auf **fse 74/75** die Situation der Jünger vor der Geistsendung nicht thematisiert wird, ist eine einleitende Hinführung zum Text erforderlich. Hierzu eignet sich der erste Abschnitt der Erzählvorlage **M 4.5.3, Arbeitshilfen S. 197**.
- Im Anschluss an die Begegnung mit dem Bibeltext **fse 74/75** das Verhalten der Jünger, des Petrus untersuchen und vergleichen: Vorher ..., nachher ... (vgl. M 4.5.3).
- In Standbildern nachstellen, wie sich die Jünger verändern.
- *Alternative:* Jeweils ein/e Sch formt als „Bildhauer/in" aus einem oder mehreren Teilnehmern eine Skulptur und stellt diese den anderen vor.
- Weitere Möglichkeiten: mit Farben Angst und Trauer bzw. Mut und Begeisterung ausdrücken; Töne und Melodien, mit denen wir diese Situationen „hören" können, auf Orff-Instrumenten spielen, ein Elfchen mit dem Wort Angst bzw. Mut dichten.
- Eintrag ins Ich-Buch: Was oder wer hilft mir in der Angst? Was oder wer hat mir geholfen mutig zu sein?
- „Woher kommt es, dass aus den ängstlichen Jüngern mutige Zeugen werden?" – Nach der Ursache für diese Veränderung fragen und suchen (**fse 74**: 1. Abschnitt).

Die Wirkung des Geistes in bildhaften Ausdrücken entdecken

Der Bibeltext Apg 2,1-13 drückt ein inneres Geschehen mithilfe von Symbolen, wie „Feuerzungen" oder „Sturmwind", aus. Bei der inhaltlichen Erschließung solcher Symbole kann es hilfreich sein, entsprechende Redewendungen auf ihre Grunderfahrungen hin zu untersuchen. Daran soll deutlich werden, dass der Geist zwar nicht zu sehen, seine Wirkung jedoch zu spüren ist.

- Sch lesen Redewendungen auf Satzstreifen:
  „ ... plötzlich ging mir ein Licht auf!"
  „ ... da war ich Feuer und Flamme!"
  „ ... da brannte ich vor Begeisterung!"
  „ ... da war meine Angst wie weggeblasen!"
  „ ... plötzlich hatte ich wieder Mut!"
  „ ... auf einmal verstanden wir uns gut!"
- Sch suchen sich einen Satzstreifen aus und erzählen von eigenen Erfahrungen, die ihnen dazu einfallen.
- Sch suchen Satzstreifen aus, die zur Pfingstgeschichte passen, und vergleichen die Redewendungen mit dem Bibeltext.

Erzählvorlage nutzen

- Anstelle des Bibeltextes **fse 74/75** kann die Erzählvorlage **M 4.5.3, Arbeitshilfen S. 197**, eingesetzt werden. In dieser werden die Symbole für das Wirken des Geistes („Sturm", „Feuerzungen") bereits narrativ als inneres Geschehen umgesetzt, sodass Verständnisschwierigkeiten vermieden werden.
- Das an Symbolik reichhaltige Lied ist als Nr. 8 auf der Liederkiste 3/4 enthalten: Geist wie Feuer.

Das Pfingsthaus gestalten

- Sch erhalten **AB 4.5.4, Arbeitshilfen S. 199**. Die Tür und die Fenster werden entlang der gestrichelten Linien aufgeschnitten und an den gepunkteten Linien gefalzt, sodass sie geöffnet werden können. Dann wird das AB in das Religionsheft eingeklebt.
- Sch klappen die Tür und die Fenster auf und schreiben in das Innere des Hauses, in welcher Situation sich die Freundinnen und Freunde Jesu vor der Geistsendung befanden (z. B.: Sie sperren sich ein, sind ängstlich, mutlos und ratlos, fühlen sich von Gott verlassen ...).
- Anschließend wird auf der Außenseite des AB stichwortartig notiert, was sich durch das Kommen des Heiligen Geistes geändert hat (z. B.: Der Geist Jesu schenkt ihnen neuen Mut und Eifer, sie verlieren ihre Angst, gehen hinaus, bekennen offen ihren Glauben ...).
- Für den Eintrag sollen vor allem Formulierungen ausgewählt werden, die Sch im vorausgegangenen Gespräch geäußert haben.

Den Anfang der Petrusrede deuten

- Sch finden in EA oder PA Möglichkeiten, wie die Rede des Petrus **fse 75** sich im Leben von Menschen auswirken kann: **AB 4.5.5, Arbeitshilfen, S. 201**.

Das Bild erschließen

Begleitend zur inhaltlichen Auseinandersetzung mit der Radierung von Thomas Zacharias wird **AB 4.5.6, Arbeitshilfen S. 203**, eingesetzt.

- Die Bildstruktur klären:
- Sch äußern erste Beobachtungen/Assoziationen.
- Sch erkennen nach und nach zwölf unterschiedliche Köpfe: Diese Wahrnehmung der Bildstruktur kann verstärkt werden, indem Sch auf dem AB die Umrisse der zwölf Köpfe nachzeichnen (s. u.).
- UG oder L-Information: Aus der Gruppe der Jüngerinnen und Jünger um Jesus wird ein engerer Kreis der „zwölf Apostel" gebildet (lt. Apg 1,15-26 wurde Matthias als Ersatz für den Jünger Judas, der Jesus verraten hatte, ausgelost). Die Zahl 12 erinnert an die zwölf Stämme Israels und sagt: Die Geschichte Gottes mit Israel geht nun weiter mit Jesus.
- Sch erkennen Linien, die vom Mund jeder Person ausgehen.

Ein Aufbruch voller Begeisterung

- Die Bildaussage erarbeiten:
- Sch vervollständigen einige Sprechblasen und schreiben hinein, welche Botschaft die Jünger verkünden; Grundlage hierfür ist der Bibeltext auf **fse 74/75** bzw. die L-Erzählung **M 4.5.3, Arbeitshilfen S. 197**.
- Sch kennzeichnen die Blickrichtung, in die jede Person blickt, mit einem kleinen Richtungspfeil.
- UG: Die Apostel tragen das Evangelium in alle Richtungen: Hier beginnt die Verbreitung der frohen Botschaft, die schließlich dazu führt, dass es heute auf der ganzen Welt Christen gibt (vgl. **fse 73** AA 3).
- Sch suchen auf dem Bild die gemeinsame Mitte, die die Apostel miteinander verbindet: Sie finden das Herz, malen es aus und deuten es frei (Liebe, Heiliger Geist, Glaube ...).
- Sch kolorieren das AB „mit pfingstlichen Farben".

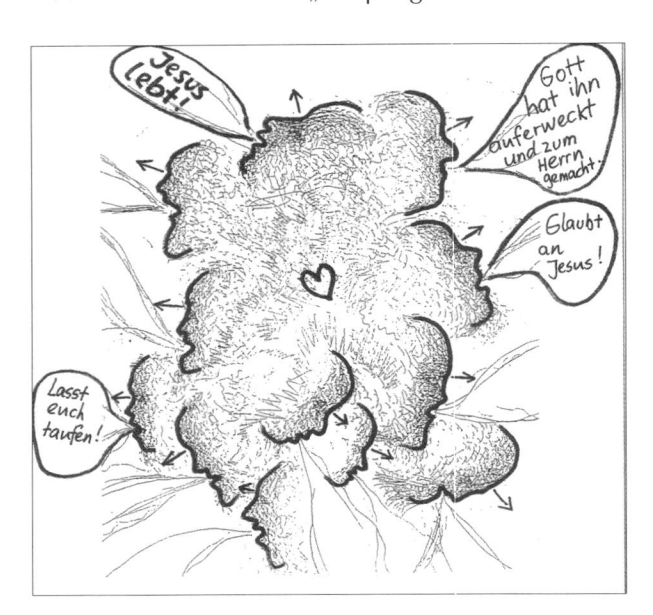

Das Lied erlernen und singen

Das Lied eignet sich als vertiefendes Element im Anschluss an die Auseinandersetzung mit der Verwandlung der Jüngerinnen und Jünger durch die Geist-Erfahrung.
Es ist als Lied Nr. 8 enthalten in der Liederkiste 3/4.

- Sch ergänzen Satzanfänge unter Verwendung von Aussagen aus dem Lied, dem Bibeltext oder der Bildbetrachtung, z. B.: „Der Heilige Geist bewirkt, dass ..." (vgl. **fse 75**, AA 2).
- *Alternative:* Kreatives Schreiben unter Verwendung von Aussagen aus dem Lied, dem Bibeltext und/oder der Bildbetrachtung, z. B. Schreiben eines Fünfzeilers:
  In der 1. Zeile soll eine Überschrift stehen, die aber erst am Schluss formuliert wird;
  in die 2. Zeile werden Begriffe geschrieben, die die Situation der Jünger vor der Geistsendung zum Ausdruck bringen (mutlos, traurig, ängstlich);
  in die 3. Zeile werden Begriffe geschrieben, die das Ereignis der Geistsendung beschreiben (Sturm, Feuer, Getöse);
  in die 4. Zeile werden Begriffe geschrieben, die die Situation der Jünger nach der Geistsendung zum Ausdruck bringen (furchtlos, mutig, entschlossen, begeistert);
  in der 5. Zeile formulieren Sch ihre eigenen Eindrücke, Gedanken, Assoziationen stichwortartig.

Das Lied „Bruder Petrus" singen und im Text das Pfingstereignis suchen

Im Refrain des Liedes **M 4.5.7, Arbeitshilfen S. 205**: „Feuereifer treibt dich an" wird die Pfingsterfahrung der Apostel als Initialzündung deutlich, die die Jüngerinnen und Jünger zu begeisterten Zeugen werden ließ.

Wie die ersten Christen lebten

fragen – suchen – entdecken **76/77**

1. Hintergrund

Apg 2,42-47

Bei diesem Text handelt es sich um einen Sammelbericht, ein Summarium. Weitere Summarien über das Leben der Urgemeinde findet man in Apg 4,32-35 und Apg 5,12-16. Die Exegeten sind sich darin einig, dass es sich dabei nicht um historisch genaue Beschreibungen der Jerusalemer Gemeinde handelt. Vielmehr zeichnet Lukas ein Idealbild von Gemeinde, in der die Mitglieder miteinander im Geist, im Gebet und in der Lehre verbunden sind und Gütergemeinschaft praktizieren. Diese Darstellung hat im Laufe der Geschichte idealtypische Bedeutung für die Gestalt christlicher Gemeinden gewonnen: Wenn sie im RU aufgegriffen wird, lassen sich mit ihr die wesentlichen Grundvollzüge kirchlichen Lebens herausarbeiten: Martyria (Bekenntnis), Leiturgia (Liturgie) und Diakonia (Diakonie), die miteinander durch das Prinzip der Koinonia (Gemeinschaft) verbunden sind.

Die Texte und Bilder auf fse 76/77

Tempel: Die Urgemeinde war zunächst nicht vom Judentum geschieden. Sie kam weiterhin im Tempel zusammen (Apg 2,46; Mt 5,23f) und sang dort vermutlich Psalmen. Offensichtlich bezahlten die Christen

Bruder Petrus

T/M: Josef Schwaller

Kehrvers

Bru-der Pe-trus, Fel-sen-mann, Feu-er-ei-fer treibt dich an,
al-len Men-schen zu ver-kün-den, dass Gott sie ver-wan-deln kann.

1. Als Fi-scher warfst du einst am See Gen-ne-sa-ret an je-dem
Tag die Net-ze aus. Doch als dich Je-sus rief, warst du be-
reit zu geh'n, ver-ließt die Boo-te und dein Haus.
Du sahst, wie er den Men-schen Gu-tes tat, und hör-test auf dem
Weg durch's gan-ze Land die Wor-te, die er sprach. Da hast du
fest-ge-stellt: Er ist von Gott zu uns ge-sandt!

2. Von Je-sus aus-er-wählt als Fels der Kir-che lern-test du das
Wort des Herrn ver-steh'n: „Wer von euch groß sein will, muss eu-er
Die-ner sein." An sei-nem Bei-spiel war's zu sehn.
Du glaub-test stark zu sein, doch als du schwach warst, hast du erst er-
kannt, was wirk-lich zählt. Je-sus, der auf-er-stand, hat dir ge-
zeigt, dass Gott auch dich in sei-nen Hän-den hält.

3. Durch Got-tes Geist ge-stärkt, gingst du hi-naus, wie dir von Je-sus
auf-ge-tra-gen war, „die fro-he Bot-schaft nun in al-le
Welt zu tra-gen mit der gan-zen Jün-ger-schar.
Im Glau-ben, der in dei-nem Her-zen brann-te, konn-test du auch
Schwe-res ü-ber-stehn'n und die Ver-hei-ßung, dass du nie-mals
fal-len wirst, gab dir den Mut den Weg zu geh'n.

auch die Tempelsteuer (Mt 17,24-27). Das Bekenntnis zu Jesus als dem Messias führte nicht zwangsläufig zum Bruch mit dem Judentum, solange noch die jüdischen Gesetze als verbindlich anerkannt wurden.

Taufe: In urchristlicher Zeit taufte man in natürlich fließendem Wasser. Die Taufe erfolgte durch Übergießen, nachdem der Täufling in das Wasser hinabgestiegen war. (Erst ab dem 3. Jh. gab es eigene Taufräume mit einem Taufbecken, woraus sich in späterer Zeit der Taufstein entwickelte.) Auf dem dargestellten Bild ist der Täufling ein Erwachsener: Bewusste Umkehr und die eigene Entscheidung, den Glauben anzunehmen, waren Voraussetzung für die Taufe. Die Kindertaufe, bei der die Paten stellvertretend für den Täufling das Glaubensbekenntnis sprechen, wurde erst in späterer Zeit praktiziert.

Barnabas: Das Beispiel von Barnabas, der seinen Acker verkaufte und den Erlös der Gemeinde zur Verfügung stellte, damit niemand Not leiden musste, ist Apg 4,37f. entnommen. Unabhängig von der Frage, ob es sich bei der Gütergemeinschaft der Urgemeinde um historische Praxis handelt oder nicht, wird daran deutlich, dass für den Theologen Lukas das Grundprinzip der Diakonia konstitutiv für ein christliches Gemeindeverständnis ist. Bereits die frühe Kirche sah die Versorgung sozial Schwacher, besonders von Witwen und Waisen, als vordringliche Aufgabe an, die sie aus der diakonischen Gemeindekasse finanzierte und durch die Bestellung von eigens dafür zuständigen Diakonen (Apg 6) organisierte.

„Eucharistiefeier": Anfangs wurde die Eucharistie in den Privathäusern der Gemeindemitglieder unter dem Vorsitz des jeweiligen Hausvaters oder der Hausmutter gefeiert (Apg 2,46). Diese so genannte „Hauskirche" stellt das älteste Modell christlichen Gemeindelebens dar. In der Tatsache, dass sich die Urgemeinde neben ihrer Gebetsgemeinschaft mit dem Jerusalemer Tempel zu Hausgottesdiensten versammelte und hierdurch den Wiederholungsauftrag Jesu (Lk 22,19) befolgte, deutet sich bereits die Entwicklung zu einer Sondergemeinde an.

„Brotbrechen": Frisch gebackene Brotfladen werden im Orient nicht geschnitten, sondern auseinandergerissen. Dieses Brotbrechen geschieht durch den Hausvater selbst, der die Stücke dann an die Mahlgemeinschaft verteilt. Auch über Jesus wird in der Schrift bezeugt, dass er das Dankgebet sprach, das Brot brach und es erst dann den Seinen reichte.
Der Hinweis in der Bildbeschreibung, dass es in der Urgemeinde auch Streitigkeiten gab, soll dem Missverständnis entgegenwirken, als sei das von Lukas skizzierte Idealbild von Gemeinde eine historisch genaue Beschreibung. Indem z. B. Paulus schreibt, er sei Kephas (Petrus) „offen entgegengetreten, weil er sich ins Unrecht gesetzt hatte" (Gal 2,11), wird deutlich, dass es auch schon in der frühen Zeit des Christentums „binnenkirchliche" Auseinandersetzungen gab.

Literatur

Gnilka, Joachim u. a., Herders Theologischer Kommentar zum Neuen Testament m. Suppl.-Bdn., Band 7, Die frühen Christen, Freiburg 1999

Schenke, Ludger, Urgemeinde, Stuttgart 1990

Schüssler Fiorenza, Elisabeth, Zu ihrem Gedächtnis ... Eine feministisch-theologische Rekonstruktion der christlichen Ursprünge, Gütersloh ²1993

2. Einsatzmöglichkeiten im RU

Über die Bilder und Texte miteinander ins Gespräch kommen

- Daniel führt durch Jerusalem zur Zeit der ersten Christen! Erste Beobachtungen (nur Bilder).
- UG: „Was ist dir aufgefallen?", „Was hat dich neugierig gemacht?", „Kommt dir irgendetwas aus der Jerusalemer Gemeinde (un-)bekannt vor?" usw. Möglicherweise werden Sch die ihnen nicht bekannte Form der Taufe in lebendigem (= fließendem) Wasser ansprechen, ggf. auch die hier dargestellte Form der Eucharistiefeier (Tischgemeinschaft in den Häusern).
- L gibt weitere Hintergrundinformation zu den Bildern und Texten.
- *Alternative:* GA: Es werden verschiedene Gruppen gebildet: „Tempel", „Barnabas", „Taufe" usw.
- L hat für jede Gruppe Arbeitsaufträge vorbereitet, z. B.: Fragen zum Sachtext beantworten, in einem Bibellexikon nachschlagen, mit der heutigen kirchlichen Praxis vergleichen. Mögliche Stichwörter hierzu:
Psalmen, hl. Schrift unserer Väter (Bibellexikon); Taufe (Mt 28,19; Apg 2: fse 75); Barnabas: Lk 12,33; 14,33; Witwen und Waisen: Mt 25,35.40b; auch Ex 22,21; Tischgemeinschaft: Lk 22,19.
- Daniels Führung wird von den verschiedenen Gruppenmitgliedern „vorgespielt" und evtl. auch per Rekorder aufgenommen.
- Die Erzählfigur Daniel stellt am Ende des Rundgangs durch die Jerusalemer Urgemeinde die Frage „Und was könnt ihr mir über eure Gemeinde erzählen?"
- Die Beiträge der Sch werden stichwortartig an der Tafel festgehalten und an die Führung durch Jerusalem angefügt.
- In diesem Zusammenhang aktivieren Sch ihr Vorwissen, das sie bereits aus den vorausgegangenen Jahrgangsstufen mitbringen (LP: 2.1, 2.5, 3.3.3, 3.4, 3.5).

Über das Leben der Urgemeinde
Zur Visualisierung einer Lehrer-Erzählung

Das Leben der Jerusalemer Urgemeinde kennen lernen

- Als *Alternative* zum Erlesen bietet sich eine perspektivische L-Erzählung über die Inhalte von **fse 76/77** an, in der L aus der Sicht der Erzählfigur Daniel mit den Sch einen Rundgang durch die Jerusalemer Urgemeinde macht.
- Begleitend hierzu zeichnet L an die Tafel einen „Weg durch Jerusalem" und bringt sukzessiv Bilder zur jeweiligen Erzählhandlung an. **M 4.5.8, Arbeitshilfen S. 207**, enthält die Kopiervorlagen der einzelnen Bilder, die L vorbereitend einzeln stark vergrößert und koloriert.

Mit dem Leben einer heutigen Pfarrgemeinde vergleichen

- UG: Sch finden Gemeinsamkeiten zwischen dem heutigen Gemeindeleben und dem Leben der Urgemeinde. Diese werden nach zusammenhängenden Bereichen geordnet, zu denen jeweils eine Überschrift gefunden wird, z. B.: „den Glauben bekennen", „miteinander Eucharistie feiern", „Bedürftigen helfen".
- Zur schriftlichen Sicherung wird **AB 4.5.9, Arbeitshilfen S. 209**, verwendet. Es bietet die Möglichkeit, die vielfältigen Ausdrucksformen christlichen Gemeindelebens auf die wesentlichen Grundvollzüge kirchlichen Lebens zu beziehen, die eine christliche Gemeinde konstituieren.

- Gestaltungsarbeit: Sch malen zu den einzelnen Diensten und Aufgaben einer christlichen Gemeinde Bilder und fügen diese zu einer großen Collage zusammen.

„Lösungs"ideen:

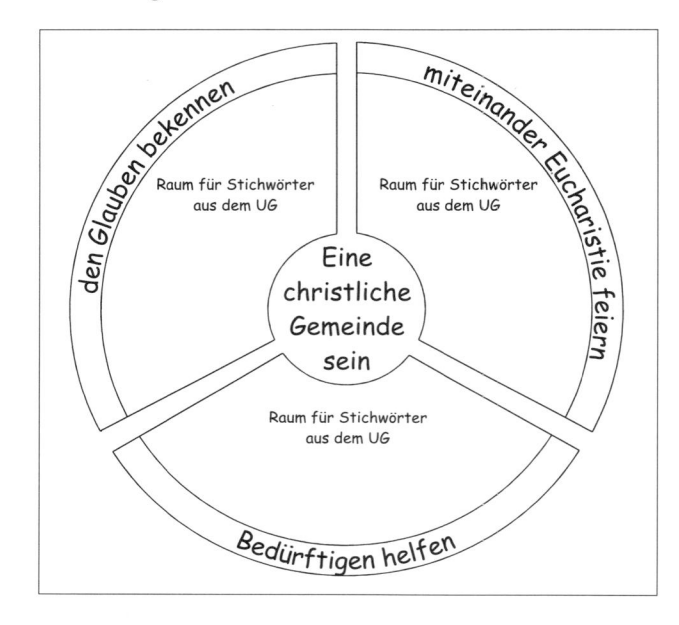

[Diagramm: Kreis mit Zentrum „Eine christliche Gemeinde sein", umgeben von drei Segmenten: „den Glauben bekennen", „miteinander Eucharistie feiern", „Bedürftigen helfen", jeweils mit „Raum für Stichwörter aus dem UG"]

Sich im Lexikon informieren

Sch schlagen im Lexikonartikel Information über den Evangelisten „Lukas", den Verfasser eines Evangeliums und der Apostelgeschichte, nach und formulieren ihr neu erworbenes Wissen eigenständig.

Der Glaube überschreitet Grenzen

fragen – suchen – entdecken **78/79**

1. Hintergrund

Die Überschrift „Der Glaube überschreitet Grenzen" ist bewusst mehrdeutig formuliert, denn bei der Weitergabe des Glaubens, wie sie auf **fse 78/79** dargestellt ist, geht es nicht allein um eine räumliche Verbreitung. Zunächst kommt natürlich das Überschreiten geografischer Grenzen in den Blick: Die Botschaft wird über Israel hinaus verbreitet, sie erreicht neue Länder. Eine weitere, kulturbezogene Form der „Grenzüberschreitung" ist durch den Übergang vom Judenchristentum zum Heidenchristentum gegeben, der durch das Jerusalemer Apostelkonzil (Apg 15,1-35; Gal 2,1-10) ermöglicht wurde. Aber auch viele Schwierigkeiten, Hindernisse und Gefahren, die sich bei der Weitergabe des Evangeliums ergaben (z. B. die Christenverfolgungen), waren Grenz-Situationen, die die frühen Christen herausforderten.

Die Landkarte auf fse 78/79

Es ist zu beachten, dass die an das Mittelmeer angrenzenden Kontinente Europa, Afrika und Asien nach antikem Verständnis „die Welt" darstellten. Amerika und Australien kamen erst in der Neuzeit hinzu. Die Texte auf **fse 78/79** sind einzelne Streiflichter zur frühen Verbreitung des christlichen Glaubens in diesen drei Kontinenten und verweisen darauf, dass das Evangelium Jesu Christi in der ganzen damals bekannten Welt verkündet wurde: Das Christentum war zwar nur in einzelnen Zentren bekannt, keineswegs flächendeckend, es war aber immerhin in jedem der damals bekannten Erdteile exemplarisch präsent.

Liedruf „Geht in alle Welt"

Das Lied greift den Missionsauftrag Jesu an seine Jüngerinnen und Jünger auf. Dieser ist im Neuen Testament in unterschiedlichen Varianten (Mk 16,15, Mt 28,19f., Lk 24,47f., Joh 15,26f., Joh 20,21, Apg 1,8) überliefert. Das heutige Missionsverständnis basiert stärker auf Sendungsworten Jesu (Joh 20,21

Die Aufgaben einer christlichen Gemeinde

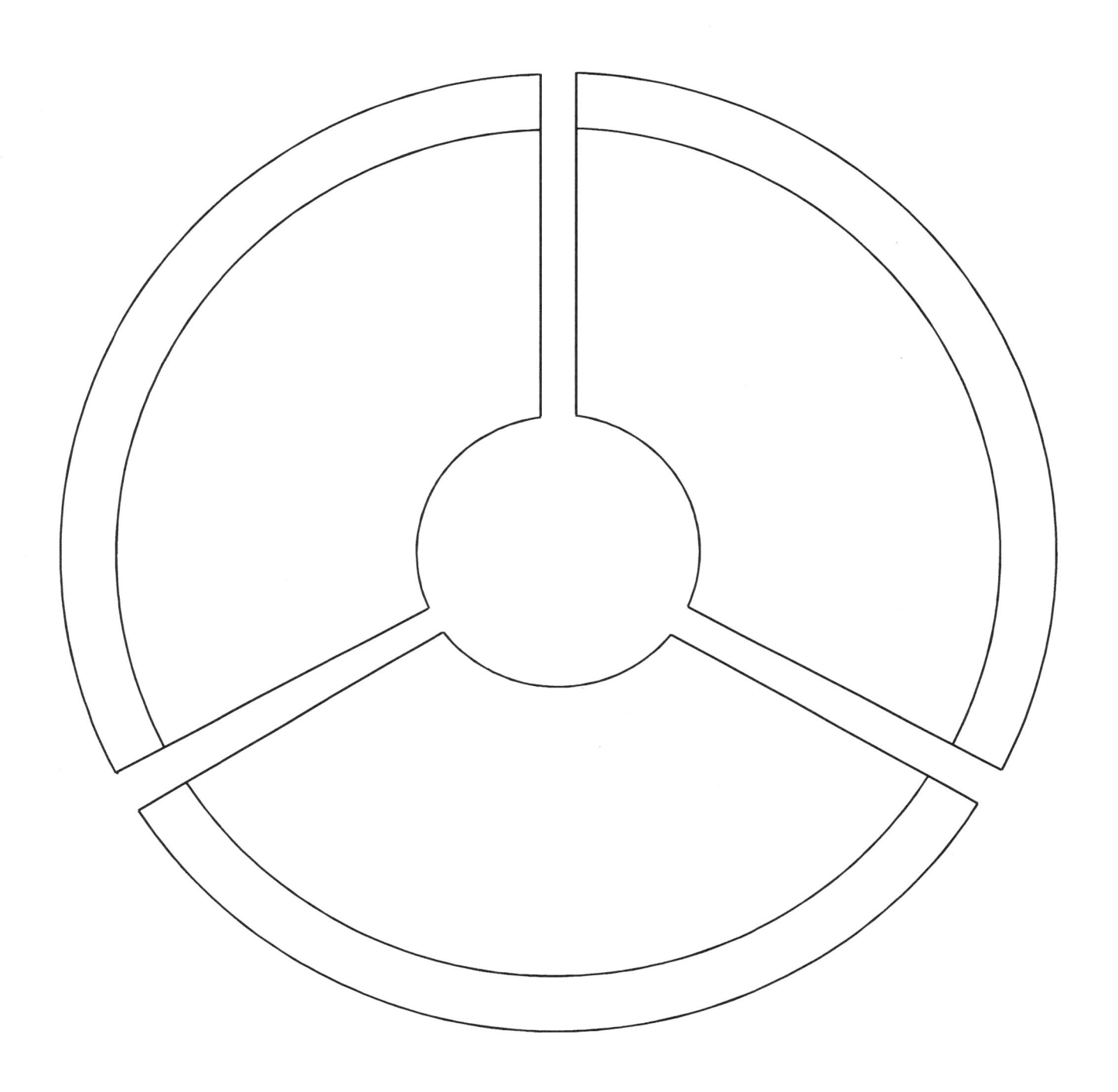

und Apg 1,8), die zum Zeugnis aufrufen, als auf dem so gen. „Taufbefehl Jesu" (Mt 28,19f.), welcher in der Vergangenheit wohl auch häufig im vereinnahmenden Sinn missverstanden wurde.

Literatur

Biser, Eugen, Der unbekannte Paulus, Düsseldorf 2003
Schnabel, Eckhard J., Urchristliche Mission, Wuppertal 2002
Then, Reinhold/Bösl, Renate, Mit Paulus unterwegs, Stuttgart 2003

2. Einsatzmöglichkeiten im RU

Information schrittweise erarbeiten

- Sch betrachten die Landkarte und tragen ihre Kenntnisse zusammen. Geografisches Wissen kann in der 4. Jahrgangsstufe noch nicht allgemein vorausgesetzt werden; es ist jedoch möglich, dass einzelne Sch durch Urlaubsreisen bereits Vorkenntnisse mitbringen, die hier genutzt werden können.
- Sch lesen die Texte in den Kästchen.
- Sch suchen den Text, der die Botschaft benennt, die in allen Ländern verbreitet wird: Jesu Botschaft von Gott, der alle Menschen liebt. AA 3: Woher kommt die Begeisterung der Apostel? AA 4: Nach Gründen für das Verhalten der Apostel suchen.
- Aus den Texten Länder bzw. Orte heraussuchen, in denen dieser Glaube verbreitet wurde: Jerusalem (Israel), Ephesus (Türkei), Athen, Philippi, Korinth (Griechenland), Rom (Italien), Alexandria (Ägypten).

Den Liedruf erlernen und singen

Der Liedruf **fse 79** kann im RU genutzt werden
- als Hinweis auf den Auftrag Jesu an seine Jünger, überall Zeugnis für das Evangelium abzulegen;
- als strukturierendes Element und inhaltliche Klammer, die ggf. im Zusammenhang mit M 4.5.11 eingesetzt wird: Jeweils nach einzelnen Beiträgen der Sch wird der Liedruf kehrversartig wiederholt, um so den inneren Zusammenhang der einzelnen Missionsetappen zu verdeutlichen.

Die Verbreitung des Glaubens mit Teelichtern darstellen

- L benötigt eine großformatige Landkarte des Mittelmeerraums, auf der Sch brennende Teelichter abstellen können. Diese wird z. B. angefertigt, indem L die Kopiervorlage **M 4.5.10, Arbeitshilfen S. 211**, mithilfe des OHP auf einen großen Bogen Packpapier projiziert, die Umrisse nachzeichnet und die so entstandene Landkarte mit Farbe ausmalt.
- Eine Jesuskerze oder Osterkerze wird angezündet und im Kreis weitergereicht, bis sie bei L ankommt. Jede/r, die oder der die Kerze in Händen hält, äußert eigene Assoziationen zu Licht bzw. Feuer. Hierbei kommt das Vorwissen der Sch zur Sprache: Auferstehung Jesu, Pfingsterfahrung der Jünger (Feuerzungen) usw.
- L fasst ggf. zusammen: „Das Feuer, das hell macht und wärmt, ist für die Christen zu einem Symbol für ihren Glauben geworden: Wie Jesus seinen Glauben weitergegeben hat und so das Leben vieler Menschen hell und hoffnungsvoll gemacht hat, so haben auch die frühen Christen begonnen, die frohe Botschaft weiterzugeben."
- Sch lesen abschnittweise die Sätze von **M 4.5.11, Arbeitshilfen S. 213**, vor, nach jedem Abschnitt wird ein Teelicht an der Jesuskerze oder Osterkerze entzündet und auf der passenden Stelle der Landkarte abgestellt.
- Abschluss: Sch äußern sich frei zu dem Gesamtbild, das nun entstanden ist.
- Weitere vertiefende Elemente: Liedruf **fse 79** oder Lied **M 4.5.12, Arbeitshilfen S. 213**: „Wir tragen dein Licht".

Paulus-Text

Auf **AB 4.5.13, Arbeitshilfen S. 215**, sind verschiedene Ereignisse aus dem Leben und Wirken des Apostels Paulus, wie sie in der lukanischen Apostelgeschichte erzählt werden, zusammengestellt. Es geht darum, den Prozess der Glaubensweitergabe als einen spannenden und dramatischen Vorgang darzustellen und ihm mit der Figur des Paulus ein Gesicht zu geben. Eine vertiefte Auseinandersetzung mit dem Leben und Wirken des Apostels wird hier nicht angestrebt, diese bleibt dem RU an weiterführenden Schulen vorbehalten.

- Die beiden Arbeitsaufträge auf dem AB können durch **fse 78/79** AA 3 und AA 4 erweitert und vertieft werden.
- Sch schlagen im Lexikon nach und informieren sich im Stichwort „Apostel" über den Apostel Paulus.

Der Mittelmeerraum

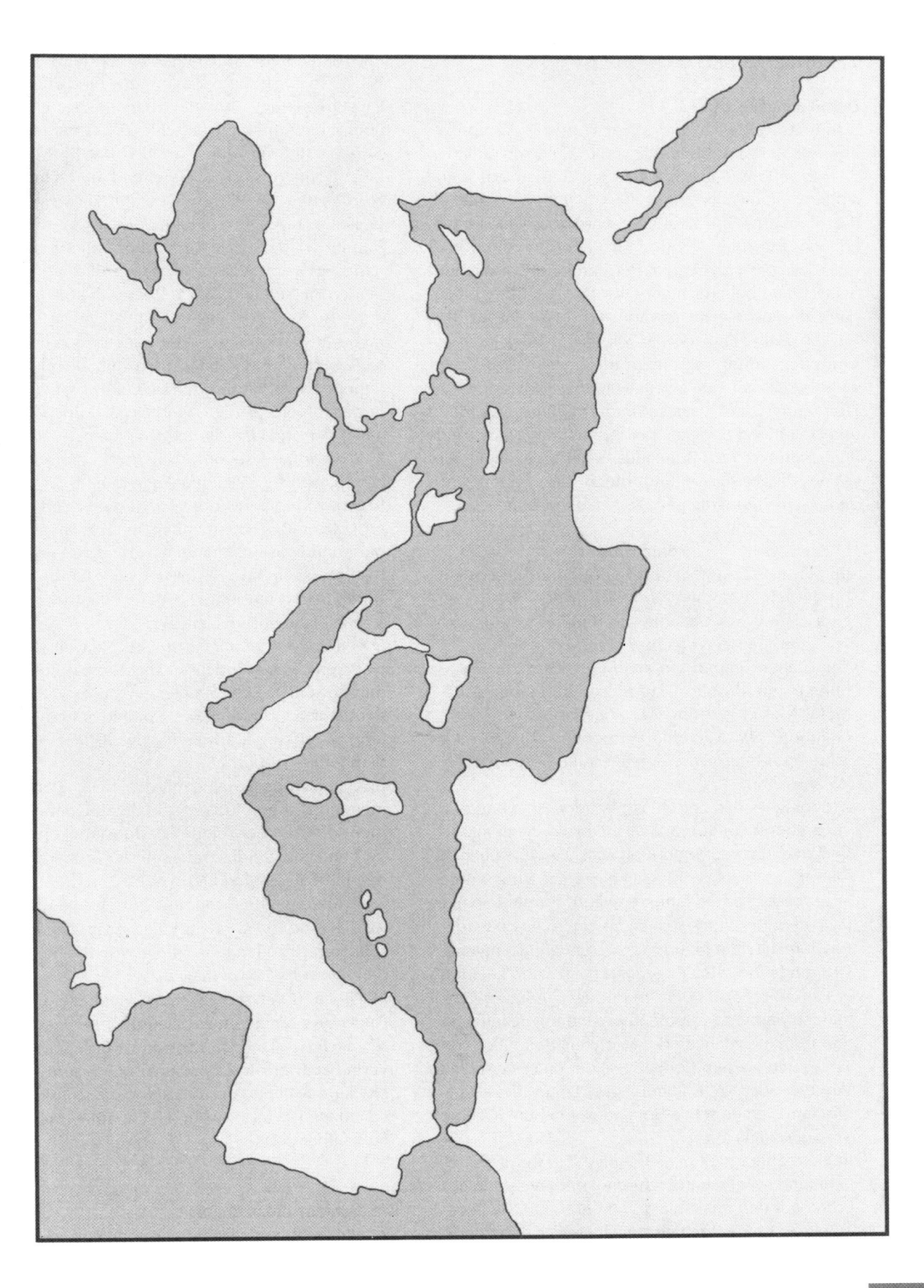

4.5.10

Wie das Christentum zu uns kam

1. Hintergrund

Der Text fse 80/81

Der Text bündelt in narrativer Form die komplexe, über mehrere Jahrhunderte und in unterschiedlichen Phasen verlaufende Missionierung Germaniens, ohne auf zu viele Details einzugehen. Durch römische Soldaten, Beamte und Kaufleute wurde das Christentum erstmals nördlich der Alpen bekannt, wo die Römer u. a. das vom Volksstamm der Kelten bewohnte Süddeutschland beherrschten. Die Stadt Augusta vindelicum, die auf **fse 80** erwähnt wird, ist das heutige Augsburg. Der Hinweis des Kaufmanns Alexander auf seine Begegnung mit einem irischen Missionar verweist bereits auf eine zweite Etappe der Missionierung Germaniens, die durch Wandermönche aus Irland und Schottland erfolgte. Der aus England stammende Benediktinermönch Bonifatius steht für die angelsächsische Missionsbewegung, durch die sich das Christentum in Germanien erst fest etablierte.

Bonifatius

Im Jahr 672 oder 675 wurde Bonifatius unter dem bürgerlichen Namen Winfried in der englischen Grafschaft Wessex geboren. Vermutlich entstammte er einem Adelsgeschlecht.
Seine Eltern gaben ihn schon als Kind zur Erziehung in ein Kloster in Exeter, von dort ging er später ins Kloster Nursling (bei Winchester), wo er sein Gelübde als Benediktinermönch ablegte. Als Mönch und Priester widmete er sich besonders der Wissenschaft.
716 fasste er den Entschluss, bei den Angelsachsen zu missionieren. Kurze Zeit später zwangen ihn jedoch die nach dem Tod Pippins II. ausgebrochenen Kämpfe zur Rückkehr in seine Heimat. Hier wurde er zum Abt von Nursling gewählt. Ein Jahr später legte er diese Würde jedoch ab, um sich wieder der Mission zu widmen, und verließ endgültig England. 718 führte ihn seine Pilgerfahrt nach Rom. Hier traf er Papst Gregor II., der ihn mit der Predigt in Germanien und der Sakramentenspendung beauftragte und ihm in Gedenken des Märtyrers Bonifatios von Tarsos den Namen Bonifatius („der gutes Geschick Verheißende", „Wohltäter") gab. Unter diesem römischen Namen setzte Bonifatius von nun an seine Missionstätigkeit fort.
In Germanien hielt er sich einige Zeit bei dem Benediktinermönch und Erzbischof der Friesen, Willibrord, auf und unterstützte ihn bei seiner Missionsarbeit. 721 ging Bonifatius nach Hessen, wo er sein erstes Kloster in Amöneburg gründete.
Kurz darauf reiste er erneut nach Rom, wo er durch Papst Gregor II. zum Bischof geweiht wurde. Der Papst beauftragte ihn außerdem, ihm stetig Bericht über seine Arbeit in Deutschland zu erstatten.
Ausgestattet mit einem Schutzbrief Karl Martells ging Bonifatius ins weitgehend nichtchristliche Nordhessen. Die Legende erzählt, dass er im Dorf Geismar die Donar-Eiche fällte, einen uralten Baum, der dem Kriegsgott Thor, auch Donar genannt, geweiht war. Es wird erzählt, die herbeieilenden Hessen und Donar-Priester hätten gespannt auf eine Reaktion ihres „Gottes" gewartet, doch nichts geschah. Viele Hessen ließen sich daraufhin taufen. Bonifatius ließ aus dem Holz der Eiche eine Kapelle bauen und weihte sie Petrus.
In den Jahren 724/725 widmete sich Bonifatius vor allem der Christianisierung Thüringens.
732 ernannte Gregor III. ihn zum Erzbischof und zum päpstlichen Vikar von Germanien.
In Bayern reorganisierte er 739 die 23 Jahre zuvor errichteten Bischofssitze Regensburg, Passau, Salzburg und Freising. Um 741/2 gründete er dann die Bistümer Würzburg, Büraburg (Fritzlar) und Erfurt; später noch Eichstätt. Diese Kirchenstrukturen bestehen bis in unsere Gegenwart.
Er verbot den Verkauf christlicher Sklaven an Nicht-Christen. 744 gründete er das Kloster Fulda, das ihm persönlich sehr am Herzen lag. Es war die bedeutendste Gründung des Bonifatius und geht auf eine Schenkung Karlmanns, des Bruders von Karl dem Großen, zurück.
Bonifatius arbeitete eng mit den aus England kommenden Nonnen (u. a. der heiligen Lioba) zusammen, die ihm bei seiner Missionstätigkeit halfen, und unterstützte die Frauenklöster Tauberbischofsheim, Kitzingen und Ochsenfurt.
747 überzeugte Bonifatius die fränkischen Bischöfe, eine Ergebenheitserklärung an den Papst zu schicken. Im gleichen Jahr übernahm Bonifatius den Bischofssitz von Mainz.
Nachdem Bonifatius alles geordnet hatte, was er in Angriff genommen hatte, kehrte er mit fast 80 Jahren nach Friesland zur Mission zurück. Seine Arbeit verlief sehr erfolgreich, bis er am 5. Juni 754 bei Dokkum während der Firmspendung am Pfingstfest erschlagen wurde. Sein Leichnam wurde nach Fulda überführt.

Die Bonifatiuserzählung

Die alte Erzählung **fse 80** über Bonifatius, der die Donar-Eiche fällt und so die heidnischen Hessen zum Christentum bekehrt, ist ein beliebtes unterrichtliches

Das Licht des Glaubens weitertragen

„In **Jerusalem** machen die Freundinnen und Freunde Jesu eine Erfahrung, die ihr Leben verändert: Jesus, der am Kreuz starb, lebt. Sie spüren die Kraft seines Geistes."
    (Sch zündet Teelicht an Oster- oder Jesuskerze an und stellt es auf der Landkarte ab.)

„Der Apostel Paulus trägt mit seinen Mitarbeitern diesen Glauben auch in andere Länder. Er gründet in der heutigen **Türkei** christliche Gemeinden."
    (Sch zündet Teelicht an Oster- oder Jesuskerze an und stellt es auf der Landkarte ab.)

„Paulus bringt den christlichen Glauben auch nach **Griechenland**. Dort entstehen die ersten christlichen Gemeinden Europas."
    (Sch zündet Teelicht an Oster- oder Jesuskerze an und stellt es auf der Landkarte ab.)

„Paulus kam als Gefangener nach **Rom**. Nach christlicher Überlieferung war auch Petrus in Rom. Beide wurden bei einer Christenverfolgung hingerichtet."
    (Sch zündet Teelicht an Oster- oder Jesuskerze an und stellt es auf der Landkarte ab.)

„Nach einiger Zeit gibt es auch in den anderen Ländern rund um das Mittelmeer christliche Gemeinden, zum Beispiel in **Nordafrika**, **Frankreich** und **Spanien**.
    (Sch zünden Teelichter an Oster- oder Jesuskerze an und stellen sie auf der Landkarte ab.)

„Allmählich verbreitet sich der christliche Glaube in **ganz Europa** und wird so auch in unsere Heimat getragen."
    (Sch zünden Teelichter an Oster- oder Jesuskerze an und stellen sie auf der Landkarte ab.)

Wir tragen dein Licht

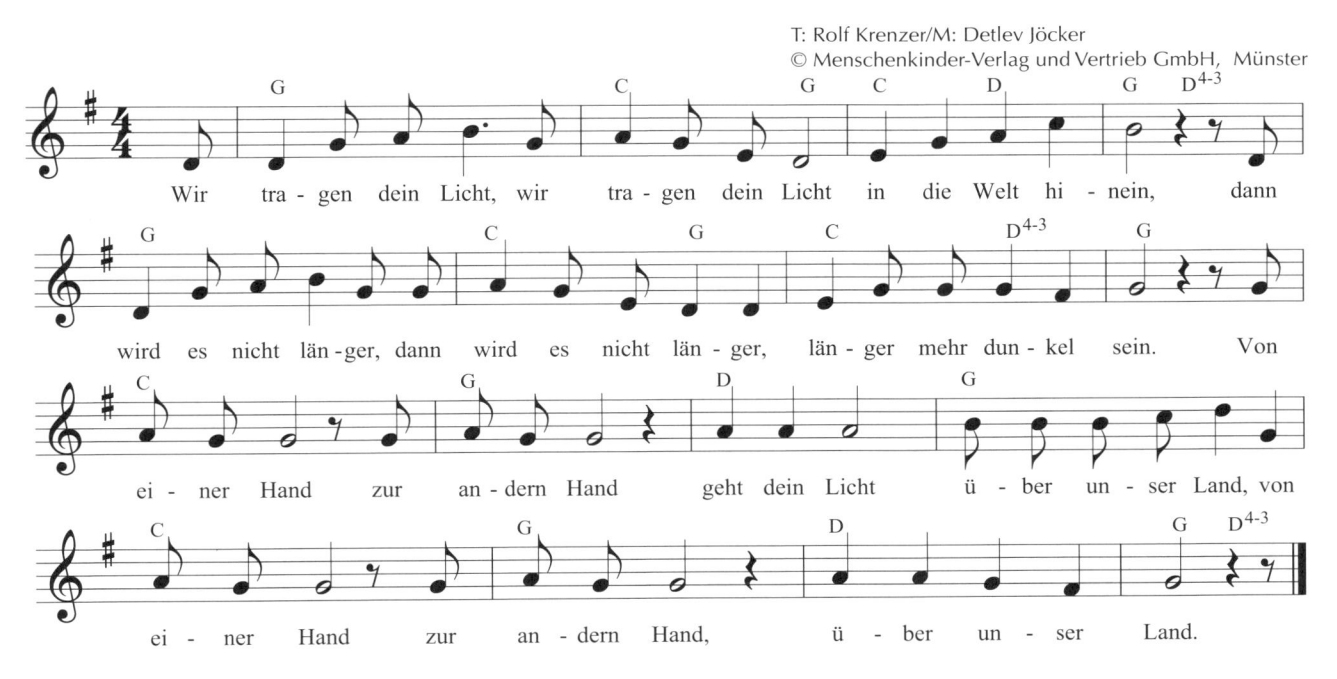

T: Rolf Krenzer/M: Detlev Jöcker
© Menschenkinder-Verlag und Vertrieb GmbH, Münster

Wir tragen dein Licht, wir tragen dein Licht in die Welt hinein, dann wird es nicht länger, dann wird es nicht länger, länger mehr dunkel sein. Von einer Hand zur andern Hand geht dein Licht über unser Land, von einer Hand zur andern Hand, über unser Land.

2. Wir tragen dein Licht, wir tragen dein Licht
in die Welt hinaus
und tragen es weiter und tragen es weiter,
weiter von Haus zu Haus.
Von einer Hand ...

3. Es leuchtet dein Licht, es leuchtet dein Licht
in der Dunkelheit
und schenkt neuen Mut und schenkt neuen Mut,
Mut und Geborgenheit.
Von einer Hand ...

Element, mit dem die Thematik der Germanenmission auf narrative Weise vermittelt werden kann. Mit ihr ist jedoch auch die Gefahr eines fundamentalen Missverständnisses verbunden: Eine derartige „missionarische" Praxis zeigt eindeutige Anzeichen von Kulturimperialismus und von Intoleranz gegenüber Andersdenkenden und Andersgläubigen. Wenn Bonifatius laut dieser Legende etwas, das anderen heilig ist, auf respektlose und gewaltsame Weise zerstört, schwingt hierbei ein längst überholtes Missionsverständnis mit, das den heutigen Inkulturationsbestrebungen bei der Weitergabe des Evangeliums entgegensteht. Insofern ist es nötig darauf hinzuweisen, dass die in der Erzählung geschilderte Episode zeit- und kulturgeschichtlich bedingt war. L soll auf das veränderte Missionsverständnis in unserer Zeit aufmerksam machen.

Literatur

Padberg, Lutz E. von, Bonifatius. Missionar und Reformer, München 2003

www.dbk.de/aktionen/bonifatius-jubilaeum

2. Einsatzmöglichkeiten im RU

Den Weg des Evangeliums von Jerusalem bis in unsere Heimat veranschaulichen

- Aktivierung des Vorwissens der Sch: „Wir wissen bereits, was die Jüngerinnen und Jünger Jesu angetrieben hat, das Evangelium weiterzutragen."
- Begleitend zu den Sch-Beiträgen werden Bilder oder Gegenstände aus dem vorausgegangenen Unterricht auf ein Tuch gelegt, z. B.: Osterkerze, Feuerzungen aus rotem Tonpapier, Erzählbilder zur Urgemeinde **M 4.5.8, Arbeitshilfen S. 207**.
- Auf ein anderes Tuch werden christliche Symbolgegenstände aus dem unmittelbaren Erfahrungsbereich der Sch gelegt, z. B. Schulkreuz, Bibel, Jesuskerze, Ansichtskarte der örtlichen Pfarrkirche, Religionsbuch, Religionsheft, Kettchen mit Kreuzanhänger, evt. von den Sch mitgebrachte Gegenstände.
- Begleitendes UG: „Das Evangelium, das die Jüngerinnen und Jünger weitergetragen haben, hinterlässt in unserer Umgebung Spuren."
- Die beiden Tücher werden durch weitere Tücher, die als Weg gestaltet sind, miteinander verbunden.
- Sch bringen Vorwissen über die Anfänge der christlichen Missionsbewegung ein, begleitend dazu kann das – zuvor großformatig kopierte – Paulusbild vom Textblatt **AB 4.5.13, Arbeitshilfen S. 215**, auf den Weg gelegt werden.
- Als Überleitung zu weiteren Phasen der christlichen Mission legt L das – zuvor vergrößerte und kolorierte – Bonifatiusbild aus dem **AB 4.5.14, Arbeitshilfen S. 217**, auf den Weg.
- Sch vermuten: „Bischof", „Bibel", „Schwert".
- Sch lesen **fse 80/81** bzw. L erzählt vom Leben und Wirken des Bonifatius.

Expertengruppen Claudius – Kaufmann – Bonifatius

- Sch erarbeiten den jeweiligen Textabschnitt in Expertengruppen (Gruppe „Claudius", Gruppe „Kaufmann", Gruppe „Bonifatius").
- L erstellt zur Unterstützung ein AB mit Stichworten, das Sch ergänzen.
- Sch gehen anschließend in gemischte Gruppen zusammen und informieren die neuen Gruppenmitglieder über ihre Ergebnisse.
- Sch deuten das Bonifatiusbild, das auf dem Weg liegt: „Bischof Bonifatius verkündet das Evangelium und stirbt am Ende eines gewaltsamen Todes."
- Abschließend wird das gesamte Bodenbild betrachtet: Gemeinsamer Rückblick auf den Weg, den das Evangelium zurückgelegt hat.

Am Text weiterarbeiten

Es werden drei Gruppen gebildet und folgende Arbeitsimpulse bearbeitet:

- **Gruppe 1: „Soldaten"**
- Sammelt Begriffe, die im Alltag der Soldaten eine wichtige Rolle spielten (z. B. Schwert, kämpfen ...)
- Was könnte Soldaten an der Botschaft des Evangeliums interessiert haben?
- Spielt ein kurzes Interview mit dem Soldaten Claudius. *Beispiel:*

Interviewer: Guten Tag, Claudius. Woher kommst du und was machst du hier bei uns?
Claudius: ...
Interviewer: Wie sieht dein Alltag als Soldat aus?
Claudius: ...
Interviewer: Was hat dich am Evangelium fasziniert?
Claudius: ...
Interviewer: Du triffst viele Menschen, die keine Christen sind. Was erzählst du ihnen von deinem Glauben?
Claudius: ...

- **Gruppe 2: „Händler"**
- Sammelt Begriffe, die im Alltag der Händler eine wichtige Rolle spielten (z. B. Geld, reisen, verkaufen ...).
- Was könnte Händler an der Botschaft des Evangeliums interessiert haben?
- Spielt ein kurzes Interview mit dem Händler Alexander (in Anlehnung an das Beispiel oben).

- **Gruppe 3: „Mönche"**
- Sammelt Begriffe, die im Alltag der Mönche eine wichtige Rolle spielten (z. B. beten, Kirche, Evan-

Der Apostel Paulus verkündet das Evangelium

Ich bin Paulus aus Tarsus. Früher war ich ein Feind der Christen, heute aber gehöre ich zu den Aposteln. Ich bin von Jesus dazu berufen worden, den Glauben auch außerhalb von Israel bekannt zu machen. Überall, wohin ich kam, habe ich christliche Gemeinden gegründet.

In Lystra wurden mein Begleiter Barnabas und ich für griechische Götter gehalten, weil durch unser Gebet ein Gelähmter geheilt wurde. Wir hatten Mühe, die Volksmenge davor zurückzuhalten, uns einen Stier zu opfern.

Immer wieder machten mir jüdische Glaubensbrüder Vorwürfe, weil ich von den Heiden nicht verlangte, dass diese vor ihrer Taufe zuerst Juden werden müssten. Man warf deswegen sogar mit Steinen nach mir.

Einmal sah ich im Traum einen Mann, der mir winkte und zurief: „Komm herüber zu uns nach Griechenland und hilf uns." Für mich war das ein Hinweis Gottes, dass ich den christlichen Glauben nach Europa bringen musste.

Die Purpurhändlerin Lydia in Philippi gehörte zu den ersten Menschen in Europa, die den christlichen Glauben annahmen.

In Philippi sperrte man mich und meinen Begleiter Silas ins Gefängnis, weil ich eine Magd von einem Wahrsagegeist befreit hatte. Doch in der Nacht kam ein Erdbeben und die Zellentür sprang auf. An diesem Abend ließ sich unser Gefängniswärter von mir taufen.

In Athen predigte ich auf dem Marktplatz von unserem Gott, den die Griechen noch nicht kannten. Doch ich wurde in aller Öffentlichkeit von den großen Gelehrten verspottet.

In Ephesus verdarb ich den Silberschmieden, die griechische Götterfiguren herstellten, das Geschäft. Zu ihnen kamen immer weniger Kunden, weil ich in der Stadt gepredigt hatte, dass es nur einen Gott gibt. Schließlich musste ich die Stadt verlassen.

Auf meinen Reisen bin ich oft geschlagen und ausgepeitscht worden. Ich erlitt dreimal Schiffbruch. Weil man mich beschuldigt hatte, einen Aufruhr verursacht zu haben, kam ich in römische Gefangenschaft.

➤ Unterstreiche mit heller Farbe, was Paulus alles tut.
➤ Unterstreiche mit dunkler Farbe die Hindernisse, die ihm die Arbeit als Missionar erschweren.

gelien abschreiben, in Armut leben, das Evangelium verkünden ...).
- Was könnte Mönche an der Botschaft des Evangeliums interessiert haben?
- Spielt ein kurzes Interview mit dem Mönch Bonifatius (in Anlehnung an das Beispiel oben).

Das Bonifatius-Rätsel lösen
Das Silbenrätsel **AB 4.5.14, Arbeitshilfen S. 217**, eignet sich dazu, nach Lektüre eines Sachtextes bzw. nach der L-Erzählung zum Leben des Bonifatius Inhalte zu wiederholen und Grundwissen zu sichern.
Lösung: a) Winfried, b) England, c) Benediktinermönch, d) Germanen, e) Eiche, f) Donar, g) Bischof, h) Friesen, i) Fulda, k) Deutschlands
Das Bonifatiusbild auf dem AB stellt den Missionar im bischöflichen Ornat dar. Das mit einem Schwert durchschlagene Evangeliar verweist auf seinen gewaltsamen Tod.

Im Lexikon nachschlagen
Im Lexikon wird der Begriff „Benediktiner/innen" erklärt. Dieses Hintergrundwissen kann im Zusammenhang mit der Biografie von Bonifatius im RU aufgegriffen werden.

Eintrag ins Ich-Buch
- Sch besinnen sich darauf, welche Spuren des christlichen Glaubens sie in ihrer eigenen Umgebung vorfinden:
  - in ihrer Wohngegend,
  - bei ihnen zu Hause (Wahrung der Intimsphäre beachten!),
  - in der Schule,
  - in ihrer Freizeit.
- Die Ergebnisse werden auf Fußspuren geschrieben und ins Ich-Buch eingeklebt.

Christen übernehmen Verantwortung — fragen – suchen – entdecken **82/83**

1. Hintergrund

Die Konzeption der Doppelseite
Im Zentrum stehen verschiedene Jesusworte, die in den christlichen Gemeinden als Auftrag bzw. Vermächtnis Jesu verstanden wurden und so Eingang in das Neue Testament fanden. Sie machen deutlich, was Christsein bzw. Kirchesein ausmacht. Die grafische Aufmachung der Doppelseite veranschaulicht dies, indem der helle Schein vom Zentrum aus in die einzelnen Beispiele kirchlichen Engagements hineinstrahlt. So zeigt sich auch, was Paulus im ersten Korintherbrief ausführt: „Es gibt verschiedene Gnadengaben, aber nur den einen Geist. Es gibt verschiedene Dienste, aber nur den einen Herrn. Es gibt verschiedene Kräfte, die wirken, aber nur den einen Gott: Er bewirkt alles in allen" (1 Kor 12,4-6). Jeder, der an dem Ort, an den er gestellt ist, seine Gaben zum Aufbau der Gemeinde einsetzt, verwirklicht auf seine Weise etwas vom Auftrag Jesu, egal ob es sich dabei um Kinder oder Erwachsene, um Laien oder Kleriker, um Amtsträger oder ehrenamtliche Mitarbeiter/innen handelt. Kirche ist nur von ihrer Mitte, vom Beispiel und Auftrag Jesu, her zu verstehen.

Die Bilder und Texte auf fse 82/83
Hier wird kirchliches Leben an exemplarischen Personen und Institutionen dargestellt. Die Kirchenkonstitution „Lumen Gentium" des Zweiten Vatikanischen Konzils hatte ihre Ausführungen über den Petrusdienst mit dem Prinzip der „Kollegialität der Bischöfe" verbunden. Dieses Verständnis liegt dem Text und Bild zum Papstamt (**fse 82** unten) zugrunde. **fse 83** rechts akzentuiert am Bischofsamt in erster Linie den Dienstcharakter und stellt hierbei Erwin Kräutler als glaubwürdiges Beispiel vor.
Im Zusammenhang mit der Lehre vom „gemeinsamen Priestertum aller Getauften" hatte das Zweite Vatikanum auch die besondere Sendung der Laien herausgestellt: Vor dem Hintergrund der Mitverantwortung für das Ganze der Gemeinde übt heute der Pfarrgemeinderat gemeinsam mit dem Pfarrer auch Leitungsfunktionen in der Gemeinde aus. Dies wird an der hier vorgestellten Pfarrgemeinderatsvorsitzenden (**fse 82** Mitte) deutlich. Das Beispiel des Schülers Stefan (**fse 82** oben) stellt zudem die Mitverantwortung von Kindern und Erwachsenen heraus, die sich in der Übernahme ehrenamtlicher Dienste und in der aktiven Teilnahme am Gemeindeleben zeigt.

> **Biografie: Bischof Erwin Kräutler**
> 1939 geboren, 1958 Abitur in Feldkirch und Eintritt in die Kongregation der Missionare vom Kostbaren Blut. Studium in Salzburg, 1965 Priesterweihe, anschließend Missionar am Unteren Xingu und Amazonas.
> Im Januar 1981 wird er Bischof der flächenmäßig größten brasilianischen Diözese, Xingu, mit rund 350 000 km² und etwa 400 000 Einwohnern, davon 3 500 Indianern. Kräutlers Einsatz folgt der „Option für die Armen und die kulturell anderen".
> Auf seine Proteste gegen politische, soziale und wirtschaftliche Missstände reagieren die Verant-

Bonifatius-Rätsel

be – bi – che – da – deutsch – dik – do – ei – eng – frie – fried – ful – ger – land – lands – ma – mönch – nar – ne – nen – ner – schof – sen – ti – win

a) Bonifatius hieß eigentlich _____

b) Er stammte aus _____

c) Er war ein _____

d) Er trug das Evangelium zu den _____

e) Bei den Hessen fällte er eine heilige _____

f) Die Hessen verehrten damals den Gott _____

g) Der Papst weihte Bonifatius zum _____

h) Auf einer Missionsreise erschlugen ihn die _____

i) Sein Grab befindet sich in der Stadt _____

k) Sein Ehrenname lautet: Apostel _____

4.5.14

wortlichen mit eindeutigen Drohungen. 1983 wird er bei einer Solidaritätsaktion mit Arbeitern, denen man monatelang den Lohn vorenthielt, niedergeschlagen, verhaftet und verhört. Kräutlers Einsatz für die Rechte der indigenen Völker in der Verfassung bringt ihm Diffamierung, Angriffe und Todesdrohungen. 1987 wird er bei einem inszenierten Autounfall schwer verletzt, ein Mitbruder kommt ums Leben.

Von 1983-1991 ist er Präsident des Indianermissionsrates der Brasilianischen Bischofskonferenz (CIMI). Als Präsident von CIMI erreicht Kräutler 1988 mit internationaler Unterstützung die Anerkennung der Rechte der Indianervölker in der Verfassung. Seither bemüht er sich um die Durchsetzung dieser in der Konstitution verankerten Rechte. Bei zahlreichen Reden, Vorträgen und Diskussionen im In- und Ausland informiert er die Öffentlichkeit vom Überlebenskampf der indigenen Völker auf dem lateinamerikanischen Kontinent, drängt zum Bewusstseinswandel und zur Verhaltensänderung. Unermüdlich tritt er für die an den Rand gedrückten Menschen ein und fordert gerechte Lebensbedingungen. Seine Sorge gilt auch der Bewahrung der Schöpfung.

Das Wirken des Bischofs wurde mit vielen Preisen und Ehrungen ausgezeichnet.

Literatur
Kräutler, Erwin, Mein Leben ist wie der Amazonas, Freiburg 1994
Ders., Die Nacht ist noch nicht vorüber, Freiburg 1993

2. Einsatzmöglichkeiten im RU

Jesusworte klären
- Sch lesen die Jesusworte **fse 82/83** und deuten den hellen Kreis in der Mitte.
- UG: „Welche dieser Aussagen kennt ihr schon?" Sch bringen ihr Vorwissen ein.
- Ggf. Kontexte einzelner ausgewählter Zitate im UG klären: In welchem Zusammenhang steht dieses Wort? Wer sagt es zu wem?
Die entsprechenden Bibelstellen sind: Lk 22,32 („Stärke deine Brüder ..."), Mt 20,26 („Wer von euch groß sein will ..."), Mt 5,14 („Ihr seid das Licht ..."), Mk 1,17 („Folgt mir nach"), Mk 16,15 („Geht hinaus in alle Welt ..."), Mt 16,18 („Du bist der Fels ..."), Joh 13,34 („Wie ich euch geliebt habe ...").
- Sch suchen ein Jesus-Wort aus und finden in PA dazu Erklärungen und Beispiele.

Jesusworte und kirchliches Leben aufeinander beziehen
- Sch ordnen die Jesusworte den Beispielen aus dem kirchlichen Leben zu (die meisten Jesusworte könnten mehrfach zugeordnet werden; wichtig ist die Begründung, die Sch für ihre Zuordnung angeben). Sch erkennen, dass jedes christliche bzw. kirchliche Handeln am Auftrag Jesu orientiert ist.
- *Alternative:* Sch beginnen mit den Beispielen im Außenkreis und ordnen dann die Jesusworte zu. Sie suchen weitere Beispiele.
- L stellt Informationsmaterial für Freiarbeit zur Verfügung, z. B. zu Schwester Dr. Ruth Pfau (Arbeit mit Leprakranken), Hospizarbeit, Angebote für Kinder, Alte, Ausländer ... Sch suchen „Heilige des Alltags" und erstellen dazu ein Poster (www.ktf.uni-passau.de/institutionen/mendl/local_heroes/_index.htm).

Den Heimatbischof kennen lernen
Sch suchen im Internet Informationen über den eigenen Bischof oder den Papst.
Den Link zur Homepage der jeweiligen Heimatdiözese findet man auf der Homepage der Deutschen Bischofskonferenz: www.dbk.de.

„Gott baut ein Haus, das lebt"
In diesem Lied wird die Kirche als Haus aus lebendigen Bausteinen dargestellt: **M 4.5.15, Arbeitshilfen S. 219**.
- Sch benennen anhand der Liedstrophen die einzelnen Bausteine, um die es geht, z. B.:
„in verschiednen Zeiten": Rückgriff auf **fse 74-81** (Jünger, Urgemeinde, Paulus, Bonifatius ...);
„in allen Ländern": Rückgriff auf Inhalte aus **fse 72/73** bzw. **fse 78-82**;
„da, wo du nötig bist": Rückgriff auf **fse 82/83**.
- Sch schreiben ihre Äußerungen stichwortartig auf die Puzzleteile: **AB 4.5.16, Arbeitshilfen S. 219**, die L zuvor stark vergrößert und zerschnitten hat.
- Aus den Puzzleteilen wird eine Kirche zusammengesetzt.

Lied „Bruder Petrus"
- Am Beispiel des Petrus scheint der Zusammenhang verschiedener Teilinhalte des Lehrplanthemas 4.5 (Pfingsten, Urgemeinde, missionarischer Aufbruch, Dienste in der Kirche, Papsttum) auf. Der Liedtext **M 4.5.7, Arbeitshilfen S. 205**, fasst die einzelnen Wegstationen des Petrus zusammen und fokussiert diese im Refrain jeweils auf den Auftrag hin, die Botschaft Jesu weiterzutragen.
- Sch ordnen die Jesusworte aus **fse 82/83** den einzelnen Liedstrophen zu.

Im Lexikon nachschlagen
Im Lexikon wird der Begriff „Konzil" erklärt. Dieses Hintergrundwissen kann im Zusammenhang mit dem Konzilsbild **fse 82** unten von Bedeutung sein.

Gott baut ein Haus, das lebt

T/M: Waltraud Osterlad

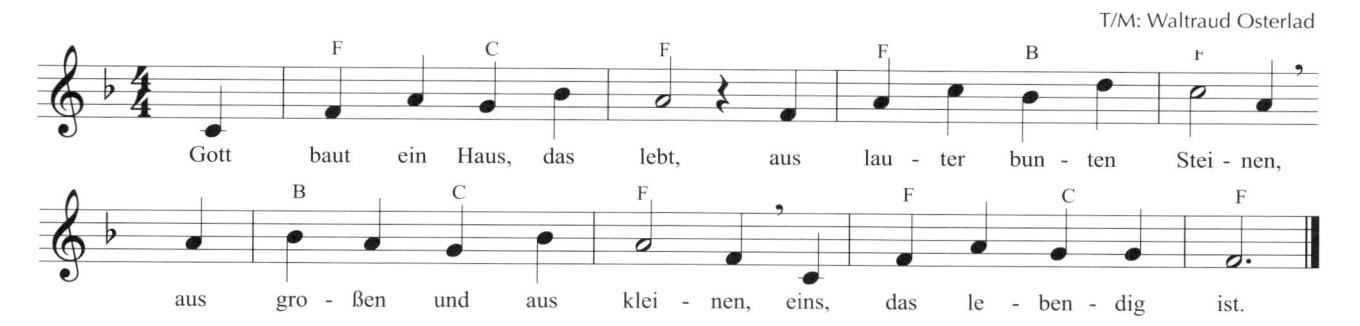

Gott baut ein Haus, das lebt, aus lauter bunten Steinen,
aus großen und aus kleinen, eins, das lebendig ist.

2. Gott baut ein Haus, das lebt;
wir selber sind die Steine,
sind große und auch kleine,
du, ich und jeder Christ.

3. Gott baut ein Haus, das lebt,
aus ganz, ganz vielen Leuten,
die in verschiednen Zeiten
hörten von Jesus Christ.

4. Gott baut ein Haus, das lebt;
er sucht in allen Ländern
die Menschen zu verändern,
wie's dafür passend ist.

5. Gott baut ein Haus, das lebt.
Er selbst weist dir die Stelle
in Ecke, Mauer, Schwelle,
da, wo du nötig bist.

6. Gott baut ein Haus, das lebt;
er gibt dir auch das Können,
lässt dir den Auftrag nennen,
damit du nützlich bist.

7. Gott baut ein Haus, das lebt.
Wir kennen seinen Namen
und wissen auch zusammen,
dass es die Kirche ist.

Ein Haus aus lebendigen Steinen

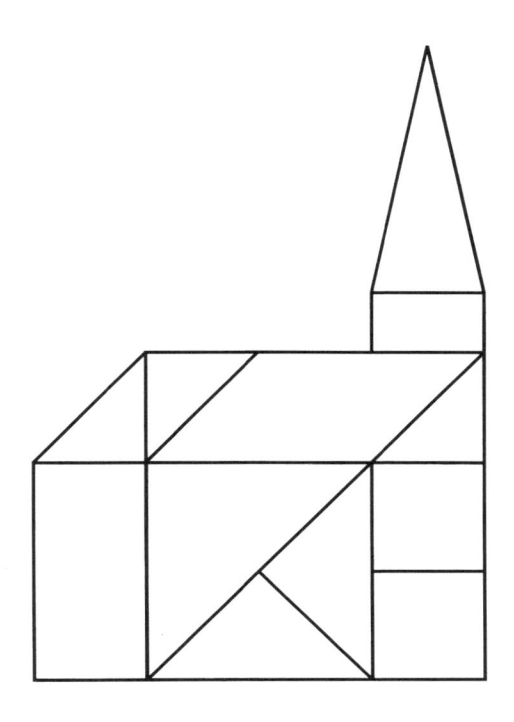

In Verbindung bleiben

1. Hintergrund

Die Vermittlung dieses Lehrplaninhalts ist mit der Schwierigkeit verbunden, dass die christlichen Gemeinden in anderen Ländern, um die es hier geht, weit entfernt sind. Wenn Sch in ihrem eigenen Lebensumfeld keine echte Berührung mit dem Thema haben, bleibt der RU auf einer allgemeinen und abstrakten Ebene stehen. Umso wichtiger ist es daher, dass L lokale Voraussetzungen (z. B. bereits bestehende Gemeindepartnerschaften, örtliche Eine-Welt-Läden, Projekte) in Erfahrung bringt und für den RU nutzt.

Zum Text fse 84

Diese Erfahrung des gegenseitigen Helfens und Gebrauchtwerdens machen auch die christlichen Gemeinden, von denen auf **fse 84** berichtet wird. Das Geben und Nehmen, das im Lied **fse 85** angesprochen ist, kehrt hier wieder.

Die deutsche Gemeinde denkt nicht nur an sich, sondern sieht auch Leid und Not anderer Christen in der Welt. Sie zieht daraus die Konsequenz, diese Not durch materielle Zuwendung zu lindern und das Leid in den Fürbitten vor Gott zu tragen.

Schwester Johanna aus einer Gemeinde in Chile berichtet von ihrem Gemeindeleben: Die Christen treffen sich in der Kirche, feiern Eucharistie auch ohne Pfarrer, lesen in der Bibel und versuchen ihre Probleme gemeinsam zu besprechen und einander Halt zu geben. Die anders gelagerte Situation der Gemeinde von Schwester Johanna erfordert andere Aktivitäten als in der Gemeinde in Deutschland: gemeinsam eine Kirche bauen, den „eigenen" Stein mit denen vieler anderer zusammenbauen und das gemeinschaftliche Erlebnis feiern.

Die Deutung der gemeinsam erbauten Kirche als Symbol für eine lebendige Gemeinde ist nicht nur für die chilenische Partnergemeinde, sondern auch für die Gemeinde von Pfarrer Schubert in Deutschland hilfreich. Im RU kann deshalb gefragt werden: „Wie ist das bei uns in der Gemeinde: Welche ‚Steine' gibt es da?"

Um den Fokus nicht allein auf den Aspekt des Helfens und Tuns einzuengen, ist schließlich nach der Verbindung beider Gemeinden zu suchen. Sie liegt im gemeinsamen Grund, im Stein, der gelegt ist, Jesus Christus, ähnlich wie im Lied **fse 85** von Gott als der Mitte gesungen wird.

Lied „Gut, dass wir einander haben"

In den einzelnen Strophen des Liedes werden gegensätzliche Begriffe genannt (reden – hören, schwach sein – Kraft haben usw.), die auf ein gegenseitiges Geben und Nehmen und die Ergänzung durch Gegensätze abzielen. Die Einheit der Weltkirche zeigt sich so in der Verbundenheit und Solidarität ihrer einzelnen Glieder, wodurch nationale, ethnische und ökonomische Verschiedenheiten überbrückt werden. Die Mitte allen Tuns und Lassens ist der miteinander verbindende Glaube an die Gegenwart Gottes.

2. Einsatzmöglichkeiten im RU

Zwei Gemeinden kennen lernen

- UG: „Hier werden zwei christliche Gemeinden vorgestellt, eine deutsche und eine chilenische." Sch beschreiben die beiden Gemeinden und suchen nach Begriffe, die im Leben der jeweiligen Gemeinde eine Rolle spielen.
- Im Gespräch über die Probleme im Leben von südamerikanischen Christen, von denen Schwester Johanna schreibt, bietet sich ein Rückbezug auf **fse 83** (Erwin Kräutler) an.
- Sch finden Ähnlichkeiten zwischen den Aussagen im Brief von Schwester Johanna **fse 84** und dem Lied **M 4.5.15, Arbeitshilfen S. 219**: Leitgedanke: Kirche, ein Haus aus lebendigen Steinen.
- Sch schreiben ihre Äußerungen stichpunktartig auf Puzzleteile **AB 4.5.16, Arbeitshilfen S. 219**, zuvor stark vergrößert und zerschnitten.
- Die Puzzleteile werden zu einer Kirche zusammengefügt.
- Sch deuten das so entstandene „Haus aus lebendigen Steinen" aus Pfarrer Schuberts Sicht: „Wir können von den Christen in Chile viel lernen". Sch überlegen einzelne Beispiele;
- Sch deuten aus der Sicht der chilenischen Gemeinde: „Jede/r ist für die Gemeinschaft wichtig, auch die Kleinste und der Schwächste gehören dazu". Sch überlegen sich Gründe hierfür.
- Pfarrer Schuberts Hinweis auf die Fürbitten seiner Gemeinde für die Christen in Chile wird weitergeführt: Sch formulieren eigene Fürbitten für die christlichen Gemeinden in der Welt.

Einen Brief an eine/n Missionar/in schreiben

- Manche Pfarrgemeinden haben Kontakte zu christlichen Gemeinden in anderen Ländern. Wenn der RU von solchen Voraussetzungen ausgehen kann, bietet es sich an, zu den jeweiligen Ansprechpartnern/innen Kontakt aufzunehmen. Dadurch können Sch authentische Information zum Alltag und zum kirchlichen Leben der Christen in einem anderen Land erfragen. Der Entschluss zur Durchführung ei-

Memory-Karten zum Lied „Gut, dass wir einander haben"

reden	streiten	hören	sich lieben
andere tragen	wider-sprechen	sich anpassen	anderen zur Last fallen
schwach sein	weinen	Kraft haben	jubeln
Hilfe brauchen	alles haben	mit anfassen	alles brauchen

nes Projekts bzw. einer Aktion zugunsten der jeweiligen Gemeinde kann daraus erwachsen oder sogar eine Schulpartnerschaft entstehen.

Lied: „Gut, dass wir einander haben"
Das Lied ist als Nr. 11 auf der Liederkiste 3/4 enthalten.
- Sch üben den Kehrvers ein und denken über den Text nach: – „Gut, dass wir einander haben": Wer sagt das, warum brauchen wir einander, wer braucht wen? (Familie, Freund/in, Verwandte, Lehrer, Verkäuferin, Busfahrer ...)
- „Sorgen, Freuden, Kräfte teilen": Sch überlegen sich hierzu Situationen aus dem Alltag.
- Sch üben die einzelnen Strophen ein und beziehen den Text in GA auf konkrete Beispiele aus dem Alltagsleben:
- L legt die ausgeschnittenen Kärtchen **AB 4.5.17, Arbeitshilfen S. 221**, als Memory-Spiel aus; Sch suchen die zusammenpassenden Gegensatzpaare: die Begriffe sind den Liedstrophen entnommen.
- Zu jedem gefundenen Gegensatzpaar überlegt die Gruppe gemeinsam:
  1. Wie passen diese beiden Begriffe zusammen?
  2. Wir finden Situationen im Leben, in denen diese Begriffe eine Rolle spielen.
- Der Arbeitsauftrag auf **fse 85** regt dazu an, weitere Kärtchen für das Memory-Spiel anzufertigen: Sch schreiben Begriffe auf, die die Unterschiede zwischen der deutschen und der südamerikanischen Pfarrgemeinde zum Ausdruck bringen.
- UG: „Im Kehrvers heißt es: Gott ist in unserer Mitte. Ist das wichtig? Wenn Gott nicht in unserer Mitte ist?"
- Sch schreiben ins Ich-Buch: Wen ich brauche, wer mich braucht. L stellt ggf. Bezug zu **fse 32/33** her.

3. Weiterführende Anregungen

Einen Eine-Welt-Laden besuchen
Der Unterrichtsgang wird mit der Vermittlung von Hintergrundinformation zu fair gehandelter Ware (www.transfair.org) verbunden.

Ein Projekt, eine Aktion durchführen
Wenn aus dem Briefkontakt zu einer Gemeinde im Ausland mehr werden soll: Anregungen hierzu erhält L von Hilfswerken wie Misereor oder dem Kindermissionswerk (Adressen vgl. S. 198).

Verbindungen knüpfen

1. Hintergrund

Aktion PrayNet
Im Januar 1999 begann ein aus Schüler/innen, Lehrer/innen, Mönchen und Eltern bestehender ökumenischer Gesprächskreis am Egbert-Gymnasium Münsterschwarzach mit Unterstützung der Benediktinerabtei Münsterschwarzach, ein weltweites Kindergebetsnetz aufzubauen. In der Öffentlichkeit wird die Aktion heute von einer ökumenischen Patengemeinschaft zwischen der Abtei Münsterschwarzach, dem katholischen Hilfswerk Missio und dem Missionswerk der Evangelisch-Lutherischen Kirche in Bayern repräsentiert. Kinder und Jugendliche auf der ganzen Welt sind eingeladen, untereinander Gebete auszutauschen. Sie schreiben diese auf vorgefertigte Karten, schicken sie an eine Partnergruppe und werden so Teil eines weltweiten Gebetsnetzes. Die Gebetskarten können bei der Zentrale von PrayNet bestellt werden. Interessierte Schulen können sich als Gebetspartner auf der Homepage von PrayNet (www.praynet.de) in eine Datenbank eintragen und dort auch auf die Adressen möglicher Partner zugreifen. Noch mehr zu empfehlen ist es jedoch, Kontakte oder Partnerschaften, die es in der örtlichen Gemeinde bereits gibt, zu nutzen. In ihren Gebeten sollen die jungen Menschen ihre eigenen Träume und Wünsche, Ängste und Sorgen zum Ausdruck bringen. Aus Schulen, die sich bereits an dieser Aktion beteiligt haben, wird berichtet, dass diese viele Gebetskarten von ihrer Partnerschule zugeschickt bekamen, wobei ältere Sch, Eltern oder auch Lehrkräfte beim Übersetzen halfen. Jeder Gebetskarte wird ein Faden beigelegt, zum Schluss werden die verschiedenen Fäden von den Sch symbolhaft zu einem Netz geknüpft, das die weltweite Vernetzung symbolisiert. Häufig ist die Aktion des Schreibens und Verschickens der Gebetskarten im RU mit dichten Gesprächen verbunden, in denen Sch authentisch über eigene Befindlichkeiten sprechen. Die Erfahrung, eigene Freuden, Sorgen oder Anliegen mit einer Partnerschule auszutauschen und ähnliche Texte von Kindern aus einem anderen Land zu erhalten, lässt ein Gefühl weltweiter Verbundenheit entstehen. Die Gebete eröffnen Wege der Versöhnung und des Friedens, wenn Sch verfeindeter Nationen oder Gruppen sich am PrayNet beteiligen.

Da beim Beten konfessionelle Grenzen keine Rolle spielen, praktizieren Kinder mit dem PrayNet weltweit lebendige Ökumene.
Häufig wird die Aktion an der jeweiligen Schule mit einem PrayNet-Gottesdienst verbunden, in den die Gebete aus Partnergemeinden integriert werden. Im RU wird das PrayNet zum Anlass, dass Kinder über ihre eigene Gebetspraxis nachdenken und die spirituelle Tiefe des Gebets für sich entdecken.
Das PrayNet eignet sich auch als geistliche Begleitung von sozial ausgerichteten Spendenaktionen (z. B. Sternsinger) oder Patenschaften, z. B. von einer Schulklasse für Kinder in einem anderen Land. Dann erfahren die Jugendlichen beides: Beten und tatkräftig Solidarität üben.
Mit dem PrayNet können fächerübergreifende Schulprojekte gestaltet werden. Die Exotik fremder Sprachen, in denen die Gebete aus anderen Ländern ankommen, und der Inhalt der persönlichen Gebetsanliegen von Kindern anderer Kontinente wecken bei den Sch das Interesse an fremden Kulturen.

Literatur, Information und Materialien

Eujen, Sabine, Die Aktion Praynet, in: KatBl 129 (2004), S. 441-443
PrayNet, Abtei der Benediktiner, Schweinfurter Straße 40, 97359 Münsterschwarzach. Tel. 09324/20255, Fax: 09324/20460, E-Mail: praynet@praynet.de

2. Einsatzmöglichkeiten im RU

Eine PrayNet-Aktion durchführen
- L hilft den Sch die Gebetskarte **fse 86** aus dem Englischen zu übersetzen (Lieber Gott, ich bitte dich: Mach die Welt zu einem friedlichen Ort und hilf allen, damit sie sich glücklich fühlen. Amen. *Daniel John Gagliardi*).
- Sch vergleichen den Text der Gebetskarte mit dem Bild **fse 86**.
- L informiert über die Aktion PrayNet als Gebets- und Friedensnetz und schlägt den Sch vor, sich mit einer Partnerschule an der Aktion zu beteiligen.
- Die Formulierung von Gebeten, in denen Sch ihre Freuden, Sorgen, Hoffnungen und Wünsche zusammenfassen, wird durch ein UG vorbereitet: „Wem teile ich meine Freuden oder Sorgen mit? Kann das auch Gott sein? Wenn ja: Wie will ich Gott anreden?"
- Sch bekommen Gebetskarten (erhältlich bei PrayNet); vor dem jeweiligen Beschriften werden die Gebete auf Englisch übersetzt, wenn die Partnerschule im Ausland liegt (Hilfe durch L, Eltern oder ältere Sch erforderlich).
- Jeder Gebetskarte wird ein Faden als symbolischer Teil des weltweiten Gebetsnetzes beigelegt.

Im Lexikon nachschlagen
Im Lexikon wird der Begriff „Misereor" erklärt. Der Lexikonartikel verweist auf die Möglichkeit, an der Schule Projekte und Aktionen für die Menschen in der Dritten Welt durchzuführen. Auch das Stichwort „Renovabis" (**fse 129**) liefert Material, das für die Unterrichtsthematik relevant sein kann.

Unseren Lernweg besprechen
Im Rückblick auf den Lernweg, der in der Auseinandersetzung mit dem gesamten Lehrplanthema 4.5 zurückgelegt wurde, eignen sich die Lernkärtchen **AB 4.5.18, Arbeitshilfen S. 225**, zur Wiederholung und zur Vorbereitung auf eine eventuelle Lernzielkontrolle. In ihrer inhaltlich komprimierten Form unterstützen sie den systematischen Aufbau von Grundwissen und fördern somit nachhaltiges Lernen. Der Einsatz dieser Kärtchen setzt voraus, dass die Inhalte im vorausgegangenen RU didaktisch-methodisch aufbereitet und erarbeitet wurden, er kann also nicht die eigene Auseinandersetzung mit den Inhalten ersetzen.

3. Weiterführende Anregung

Einen Projekttag und einen Schulgottesdienst zum Thema „Kinder einer Erde" gestalten
Erfahrungsbericht der Religionslehrerin Martha Lippert:
An der Maximilian-Kolbe-Schule Lebenhan fand ein Projekttag statt, zu dem auch die Eltern eingeladen waren. An Wäscheleinen, die durch die Gänge gespannt waren, hingen die vielen PrayNet-Gebetskarten, die eine Partnerschule aus Swasiland geschickt hatte. In einem Klassenzimmer wurden Produkte eines Eine-Welt-Ladens verkauft, in einem anderen Raum bot eine Dia-Show Einblicke in den Lebensalltag in Afrika. Fair gehandelter Kaffee, Tee, Kakao wurden ausgeschenkt, nach afrikanischen Rezepten hergestellte Speisen wurden angeboten.
Seinen Höhepunkt fand der Projekttag im **Gottesdienst** zum Thema „Kinder einer Erde":
- *Zum Einzug*: afrikanische Rhythmen (Trommlergruppe).
- *Nach der Begrüßung und einem Gebet*: gemeinsames Lied „Masithi" (**fse 72**).
- Einige Sch gaben einen Rückblick auf die an der Schule durchgeführte PrayNet-Aktion und nannten die Länder, zu denen bis dahin schon Kontakte hergestellt worden waren (Erstklässler hielten dabei selbst hergestellte Schilder mit den Namen der Länder in die Höhe).

- *Gebetseinleitung*: „Überall auf der Welt sagen Kinder Danke, haben Kinder Sorgen und Nöte. Wir wollen in diesem Gottesdienst die Freuden und Sorgen von Kindern aus der ganzen Welt vor dich bringen."
Einzelne Sch lasen nun Auszüge aus den Gebeten der Partnerschulen und aus den eigenen Gebeten vor.
- *Evangelium*: „Am Pfingstfest waren die Jünger auch so zusammen wie wir hier. Sie waren in einem Haus, hinter verschlossenen Türen. Sie beteten, weil ihr Freund Jesus gestorben war. Während sie so zusammen waren, veränderte sich etwas. Sie spürten, dass Jesu Kraft, sein Geist, seine Liebe noch bei ihnen war.
Es heißt, es kamen Feuerzungen, d. h. sie hatten auf einmal wieder Mut, sie waren Feuer und Flamme (evt. rote Tücher).
Es heißt, Sturm kam auf, d. h. sie ließen sich mitreißen und bewegen von dem Geist der Liebe, von dem Geist der Verbindung (Bewegen der Tücher).
Es heißt, sie öffneten die Türen, gingen hinaus, sprachen mit den Menschen aus Phrygien, Pamphylien, aus Pontus, aus Kolumbien, Swasiland ...
Kurz: Sie sprachen mit den vielen Fremden und alle verstanden sie – obwohl sie anders waren, anders aussahen, anders sprachen" (vgl. **fse 74/75**).
- *Aktion*: Kirchentüren wurden geöffnet; Sch zogen aus der Kirche aus und erhielten am Ausgang starke Bindfäden (ca. 1 m lang), die sie mithilfe der L – klassenweise geordnet – zu einem großen Netz verknüpften, angefeuert durch die Trommlergruppe.
- *Zusammenfassung*: „Wir haben ein Netz geknüpft, wir haben Verbindungen hergestellt zu den Kindern in unserer Klasse, in unserer Schule und in der ganzen Welt. Wir sind Kinder einer Erde." Ein großer Erdball wurde auf das fertig geknüpfte Netz gelegt, Sch hielten das Netz fest.
- *Fürbitten, Vater unser* (im Kreis stehend, Netz haltend).
- *Nach dem Segen*: gemeinsames Lied „Masithi" **fse 73**.

Lernkärtchen

Pfingsten
- wird 50 Tage nach Ostern gefeiert.
- Die Jüngerinnen und Jünger erfahren die Kraft des Heiligen Geistes.
- Die Jüngerinnen und Jünger fangen an, ihren Glauben weiterzuerzählen.

Die Urgemeinde
- war die Gemeinde der ersten Christen in Jerusalem.
- Sie beteten täglich zusammen mit den anderen Juden im Tempel.
- Sie feierten in ihren Privathäusern Gottesdienst und brachen das Brot.
- Sie unterstützten mit ihrem Besitz Arme, Witwen und Waisen.

Petrus
- war zuerst Fischer.
- folgte Jesus als Jünger nach.
- wurde der Sprecher der Apostel.
- leitete zusammen mit Jakobus die ersten christlichen Gemeinden.
- Eine Legende erzählt, dass er bei einer Christenverfolgung in Rom hingerichtet wurde.

Paulus
- war einer der ersten christlichen Missionare.
- setzte durch, dass auch Nichtjuden Christen werden durften.
- gründete mit seinen Mitarbeitern Christengemeinden in der Türkei und in Griechenland.
- Eine Legende erzählt, dass er bei einer Christenverfolgung in Rom hingerichtet wurde.

Bonifatius
- hieß zuerst Winfried und war ein englischer Mönch.
- brachte das Evangelium zu den Germanen.
- wurde vom Papst zum Bischof geweiht.
- fällte bei den Hessen die Donar-Eiche.
- wurde von Friesen ermordet, als er ihnen das Evangelium predigte.
- gilt als Apostel der Deutschen.

Mission
- Der Ausdruck kommt vom lateinischen Wort „missio" = Sendung.
- Jesus hatte seine Jüngerinnen und Jünger ausgesandt, das Evangelium zu verkünden.
- Christliche Missionare haben das Evangelium auf der ganzen Welt verbreitet.
- Heute setzen sich Christen überall auf der Welt für Frieden und Gerechtigkeit ein.

Die Kirche
- ist die Gemeinschaft von Christ/innen auf der ganzen Welt.
- wird überall dort lebendig, wo Menschen das Evangelium ernst nehmen, beten und Eucharistie feiern.
- Die katholische Kirche wird vom Papst und den Bischöfen geleitet.

Christliche Gemeinden
- zeigen ihren Glauben und geben ihn weiter.
- beten und feiern gemeinsam.
- kümmern sich um Menschen, die Hilfe brauchen.
- gehören zur großen Gemeinschaft der Weltkirche.

6 Mit Bildern und Symbolen sprechen

1. Religionspädagogische und theologische Hinweise

Symbole und Symbolhandlungen sind im Leben der Sch allgegenwärtig. Sie leben mit Symbolen und handeln symbolisch. Mit einer bestimmten Kleidung, mit verschiedenen Gegenständen (z. B. Freundschaftsband, Gruppenemblemen) und spezifischen Verhaltensweisen (Grußzeremonien) geben Sch ihrem Fühlen und Denken Ausdruck und deuten es so.

Auch die Religionen verfügen über eine reiche Symbolwelt. In Bildern, Feiern, Gebärden, Ritualen, Gebäuden und Erzählungen tradieren sie ihre Botschaft und machen diese erlebbar. Der RU ermöglicht in unterschiedlichen Zugängen Erfahrungen mit Symbolen und Symbolhandlungen. Im Umgang mit dem Sichtbar-Vordergründigen wird das Unsichtbar-Hintergründige erahnt, dieses zeigt sich wiederum im Sinnlich-Wahrnehmbaren. Die Mehrdimensionalität der Wirklichkeit ist das Grund-Thema des Religionsunterrichts. Viele Inhalte des RU können als Einführung und Einübung in symbolisches Denken verstanden werden. Symbole verweisen auf die nicht sichtbare „Hälfte" der Wirklichkeit, sie zeigen, dass diese nicht im Eindimensional-Vorfindbaren aufgeht.

Der **Begriff „Symbol"** geht auf das griechische Wort „symbolon" und auf das dazugehörige Verb „symbalein" zurück. Es bedeutet soviel wie zusammenwerfen, das Getrennte zusammenfügen. Das dazugehörige Substantiv meint: das Zusammengefügte, auch Erkennungszeichen (für Freunde).

Zur Veranschaulichung der Wortbedeutung eignet sich die Vorstellung eines antiken Brauches: „Zwei Freunde im alten Griechenland nehmen Abschied voneinander. Sie ritzen ihre Namen auf eine Tonscherbe und brechen sie in zwei Stücke. Jeder nimmt eine Hälfte mit; jeder weiß, dass er den Freund lange nicht sehen wird. Das Brechen von Ton und Namen drückt den Schmerz des Abschieds aus. Das sorgfältige Bewahren bringt Treue zum Ausdruck. Jede Hälfte verweist auf die Freundschaft, die gestern erlebt wurde, und ist zugleich ein Zeichen der Hoffnung auf die Freundschaft, die morgen neu erfahren werden kann. Der zerbrochene Teil der Tonscherbe (des Ringes oder der Schale) ist zwar selbst nicht Freundschaft, aber er ist ein sinnliches Erkennungszeichen, das abwesende Freundschaft vergegenwärtigen, in die Gegenwart hineinziehen kann. Nach langer Zeit treffen sich die Freunde wieder. Bei einer Schale Wein setzen sie die Tonstücke zusammen. Ton und Namen ergänzen sich wieder. Sie feiern das Glück der Wiedervereinigung der Getrennten" (Biehl, S. 46).

Einige Eigenschaften der Symbole

Symbole werden wegen ihrer Bedeutungsfülle mehr umschrieben als definiert.

1. Symbole weisen über sich hinaus. Das sinnlich Erfahrbare eröffnet im Symbol eine Dimension, die sonst verschlossen bleibt. Das geschieht dadurch, dass ein sinnlich erfahrbares Element (z. B. die Tonscherbe) auf eine dahinterliegende (zweite) Wirklichkeit, auf das eigentlich Gemeinte (z. B. Freundschaft) verweist. Das Sinnhafte ist gegenwärtig im Sinnlichen; innere und äußere Wirklichkeit sind zwar zu unterscheiden, aber nicht zu trennen.

2. Zugleich repräsentiert das sinnlich erfahrbare Element das im Symbol Gemeinte, da es an der Wirklichkeit dessen partizipiert, für die es steht. Es setzt die im Symbol gemeinte Wirklichkeit (z. B. Freundschaft, Treue) gegenwärtig. Das, worauf verwiesen wird, wird zugleich verkörpert und verbürgt. So erschließt sich die Tiefendimension menschlichen Seins.

3. Symbole müssen von einer Gemeinschaft anerkannt sein (z. B. der Friedensgruß im Gottesdienst; die Farbe Schwarz bei der Trauer). Sie stehen in einem soziokulturellen Kontext, sind geschichtlich bedingt, werden gefunden, können aber auch wieder verschwinden oder zum leeren Klischee erstarren. Im Kommunikationsprozess erschließt sich ihre Wirkung.

4. Sehr viele Symbole haben eine ambivalente Bedeutung. Sie verweisen auf Lebensförderliches, aber auch Zerstörendes (z. B. Wasser als Symbol des Lebens und der Vernichtung). Symbole sind vieldeutig und bedeutungsoffen, unterschiedliche Gefühle, Erwartungen, Erlebnisse können im Symbol ausgedrückt und gegenwärtig gesetzt werden.

5. Vom Symbol unterscheidet sich das Zeichen, das durch Konvention seine Eindeutigkeit erhält. Es ist eindimensional zu verstehen, Produkt einer Vereinbarung und beliebig veränderbar (z. B. Verkehrszeichen). Es hat im Gegensatz zum Symbol keinen Anteil an dem, worauf es verweist. So ist das Stoppschild eine eindeutige Anweisung für den Verkehrsteilnehmer ohne eine dahinterliegende tiefere Wirklichkeit, die es zu entdecken gälte.

Die Bedeutung des Symbols für die Religion und den RU

Wie bereits angedeutet, ist das Symbol für die Religion unentbehrlich. Indem es über alles gegenständlich und empirisch Feststellbare hinausweist, öffnet sich das Symbol für den religiösen Bereich und die Transzendenz. Das Heilige wird im Profanen erahnt. So wird das Symbol zur Sprache der Religion (Paul Tillich). Es stellt eine „Brückenfunktion" dar zwischen dem Sichtbaren, Anschaubaren, Erlebbaren und den Wirklichkeitsschichten des Transzendenten, Unanschaulichen. Die Erschließungsfunktion des Symbols drängt zum sprachlichen Ausdruck, der Kommunikation mit anderen Menschen ermöglicht.

Die Bibel überliefert in Bildern und Symbolen die Erfahrungen von Menschen mit dem Göttlichen. Sie verweist darin auf die innere Dimension der Wirklichkeit, auf das, „was uns unbedingt angeht" (Paul Tillich). So ermöglichen z. B. Ursymbole wie Licht, Feuer, Quelle, Baum usw. eine ganzheitliche Annäherung an das Unaussprechliche und Unanschauliche der göttlichen Wirklichkeit.

Im Themenbereich 4.6: „In Bildern und Symbolen sprechen" kommt ausdrücklich zur Sprache, was im RU von Anfang an Gegenstand des Unterrichtens war (vgl. z. B. die Anregungen auf den Seiten „Stille entdecken" der einzelnen Jahrgangsbände).

Die Entwicklung des Symbolverständnisses

Für die unterrichtliche Praxis ist die Berücksichtigung des Symbolverstehens bei Sch hilfreich, wie sie Fowler beschreibt:

1. Das magisch-numinose Verstehen: Die Symbolwelt ist zugleich die reale Welt (Vorschulalter).
2. Das eindimensional-wörtliche Verstehen: Die symbolisch-metaphorischen Aussagen werden „wörtlich" und „buchstäblich" verstanden, ihr Verweischarakter wird noch nicht erfasst (Grundschulalter).
3. Das mehrdimensional-symbolische Verstehen: Der Hinweischarakter und die übertragene Bedeutung werden erfasst. Das Symbol wird als Symbol verstanden (Ende der Grundschulzeit).
4. Weitere Phasen sind das symbolkritische und das nachkritische Verstehen, die in der Grundschulzeit in der Regel nicht mehr zum Tragen kommen.
(nach Biehl, S. 158-161)

Lernprozesse, die für das Symbolverstehen hilfreich sind

1. Gegenstände werden in ihren anschaulichen Bezügen umfassend erfahren. *Beispiele:* Weg (**fse 4**), Brot (**fse 3**), Wasser (**fse 2**), Tür (**fse 1**), **fse 4,93**: Licht, zerbrochenes Gefäß, Stadt auf dem Berg.
2. Menschliche Grunderfahrungen, die mit den Gegenständen untrennbar verbunden sind, werden thematisiert: alte Kinderbücher, der Teddy sind Symbole für tief eingegrabene Erfahrungen der Kindheit (**fse 89**), ebenso wie die Gegenstände (**fse 89/90**) auf Erlebnisse und Erfahrungen verweisen: Geborgenheit, Sehnsucht, Freude, Stolz ... Menschliches Verhalten soll in seiner Symbolhaftigkeit verstanden werden: die Hand zur Versöhnung reichen, einen Menschen umarmen, ihm den Rücken kehren. Sch können im eigenen Umfeld nach Symbolen suchen und ihren Verweischarakter erfassen.
3. In Metaphern und Redewendungen wird die Verbindung von Anschaulichem und Unanschaulichem erfasst (**fse 92/93**), in Erzählungen die Symbolik entdeckt (**fse 96/97**).
4. Die religiöse und christliche Dimension der Symbole und Symbolhandlungen werden zu verstehen gesucht: Psalmverse (**fse 93**), die Fußwaschung (**fse 95**), Gleichnisse usw.
5. Eigene Erlebnisse und Erfahrungen werden in Symbolen oder Symbolhandlungen ausgedrückt. Sch versuchen schöpferische Weiterentwicklung von Symbolen und Symbolhandlungen.

Literatur

Baudler, Georg, Korrelationsdidaktik. Leben durch Glauben erschließen, Paderborn 1984

Biehl, Peter, Symbole geben zu lernen, Neukirchen-Vluyn, Bd. I 1987, Bd. II 1993

Hilger, Georg/Ritter, Werner H., Religionsdidaktik Grundschule. Handbuch für die Praxis des evangelischen und katholischen Religionsunterrichts, München 2006, bes. 205 ff: Symbole wahrnehmen, verstehen und gestalten

Weidinger, Norbert, Sich religiöse Ausdrucksmöglichkeiten aneignen – Symbolisierungsdidaktik in der Grundschule, in: Handreichungen zum Lehrplan Katholische Religionslehre Grundschule, München 2002, S. 96 – 106

2. Das Thema im Lehrplan und in fragen – suchen – entdecken

Für jeden Menschen gewinnen oftmals banale Gegenstände oder Handlungen große Bedeutung für sein Leben. Auf **fse 88/89** werden Sch durch einige Beispiele angeregt, von Gegenständen oder Handlungen zu erzählen, die für sie und ihr Leben besonders wichtig geworden sind.

Bäume begleiten unser Leben. Auf **fse 90/91** gewinnen Sch durch das Bild des Baumes Einblick in die Bedeutung von Symbolen und erfahren durch Bilder und Texte, dass Bäume seit jeher für das Leben und den Glauben vieler Menschen von elementarer Wichtigkeit waren.

Unsere Sprache ist voll von Wortbildern. Auf **fse 92** werden Sch auf einige dieser Wortbilder in ihrer alltäglichen Sprache aufmerksam gemacht und angestoßen, weitere zu suchen und zu verstehen; auf **fse 93** erfahren Sch, dass auch Texte der Bibel Wortbilder enthalten. Sie schlüsseln diese Wortbilder auf und entdecken dahinter die tiefen Glaubenserfahrungen, die Menschen mit ihrem Gott gemacht haben.

Im täglichen Umgang mit unseren Mitmenschen wird deutlich, dass Vieles, was uns wichtig ist, keiner Worte bedarf. Die Geschichte **fse 94** lässt Sch auf die Suche nach Gesten und Handlungen gehen, die ohne Worte das Miteinander der Menschen untereinander verdeutlichen und lebenswert machen. Jetzt bereitet es ihnen keine Schwierigkeiten, ihre eigenen Handlungen und Gesten des täglichen Lebens zu betrachten und im gemeinsamen Nachdenken auf neue zu stoßen. Das Beispiel aus der Bibel, das auf **fse 95** in Wort und Bild zu sehen ist, zeigt den Sch, dass die Menschenfreundlichkeit Jesu zu seinen Jüngern auch durch nonverbale Handlungen und Gesten deutlich wird.

Auf **fse 96/97** entdecken Sch die Symbolsprache im Märchen der Gebrüder Grimm „Das Wasser des Lebens".

Auf **fse 98/99** begegnen Sch der alttestamentlichen Geschichte vom Turmbau zu Babel. Indem sie sich mit Text, Lied und Bild auseinander setzen und davon ansprechen lassen, deuten sie die Bilder und Symbole für ihr Leben. Jesus erzählt für die Menschen seiner Zeit in ausdrucksstarken Bildern vom Reich Gottes. Wenn Sch sich auf **fse 100/101** eigene Gedanken zu den Bildern machen, sich intensiv mit dem Bild vom Wachsen des Senfkorns auseinander setzen und die Bilder in unterschiedlichen Gestaltungen darstellen, werden sie für die symbolhafte Sprache in der Bibel sensibel und verinnerlichen sie als „Schatz" für ihr weiteres Leben. Im Lied **fse 102** entdecken Sch Bilder der Hoffnung auf eine bessere Welt und malen sie evtl. weiter. Sie können mit fantasievollen Gestaltungsmöglichkeiten, wie Farben, Musik, Spiel und Gesten, vom Reich Gottes auf Erden träumen.

3. Verbindung zu anderen Themenbereichen und Fächern

KATHOLISCHE RELIGIONSLEHRE: 1.3.1 Jesus ist wie Licht; 1.5.3 Osterfreude ausdrücken; 2.3.1 Menschen drücken ihre Hoffnungen und Sehnsüchte aus; 2.4.1 Mit Jesus kommt Gottes Reich; 2.5.1 Zeichen der Taufe; 3.3.2 Zeichen und Gesten der Versöhnung; 3.4.1 Brot und Wein als Zeichen von Gemeinschaft; 4.1.2 Gottes Wegweisungen, um Freiheit zu bewahren: Symbol „Weg" gestalten

EVANGELISCHE RELIGIONSLEHRE: 4.4.2 Die Speisung der 5000 als Hoffnungsgeschichte für das Zusammenleben erfassen; 4.4.1 Jesu Seligpreisungen

DEUTSCH: 4.3.3 Vielfalt und Reichtum der Sprache entdecken und nutzen (gebräuchliche Redensarten und Sprichwörter); 4.4.1 Leseinteresse vertiefen, themenbezogene Buchausstellung organisieren

KUNSTERZIEHUNG: 4.5 Zukunftsvisionen; 4.6 Vereinfachte Darstellungen und Symbolisierungen

HEIMAT- UND SACHUNTERRICHT: 4.2.2 Vorstellungen von der eigenen Zukunft

4. Lernsequenz

Planungsskizze	Überschriften in fse	Inhalte im Lehrplan
I. Bilder und Symbole im täglichen Sprachgebrauch	Gegenstände beginnen zu erzählen **fse 88/89**	4.6.1 Gegenstände und Handlungen haben eine besondere Bedeutung
	Der Baum – ein Bild für das Leben **fse 90/91**	4.6.1 Symbolische Sprache erkennen
	In Wort-Bildern sprechen **fse 92/93**	4.6.1 Sich in Bildern ausdrücken
	Ohne Worte sprechen **fse 94/95**	4.6.1 Symbole und Gesten für bestimmte Lebenssituationen finden
	Märchen erzählen vom Leben **fse 96/97**	4.6.1 Symbolsprache in Märchen entdecken
II. Religiöse Sprachbilder und Symbole in der Bibel	Die Bibel erzählt vom Leben **fse 98/99**	4.6.2 Bilder der Bibel drücken Lebens- und Glaubenserfahrungen aus
	Bilder vom Reich Gottes **fse 100/10**	4.6.2 Jesus spricht in Bildern vom Reich Gottes
III. Sich in Bildern ausdrücken	Komm, bau ein Haus **fse 102**	Symbole der Hoffnung darstellen

Mit Bildern und Symbolen sprechen

fragen – suchen – entdecken **87**

1. Hintergrund

Joan Miró (1893-1983)

Der Künstler Joan Miró wurde als Sohn eines Goldschmieds in Barcelona in Spanien geboren; als Katalane setzte er sich für ein unabhängiges Katalonien ein.

Der Beginn seines künstlerischen Schaffens war von den damals aktuellen Stilrichtungen des Fauvismus und Kubismus geprägt. Später wandte sich der Künstler dem Dadaismus und Surrealismus zu und versuchte, beeinflusst von den Ideen Sigmund Freuds, die Realität von Metamorphosen, Träumen und des Unterbewussten darzustellen. Er war ein Zeitgenosse von Kandinsky, Klee, Chagall und Picasso. Ab 1930 fand er seinen eigenen Stil, der vor allem von kräftigen und einfachen, klaren Formen geprägt ist. Viele seiner Bilder wurden in großen Auflagen auf den Markt gebracht, sodass er ein breites Publikum ansprechen konnte. Ab 1956 lebte er in einer Villa in Palma de Mallorca. Diese wurde 1992 zum Miró-Museum und der Öffentlichkeit zugänglich. In einem Nachruf hieß es: Joan Miró sei als Maler ein wahrer Poet gewesen.

Joan Miró: „Der Sonnenschlucker" (Mangeur de Soleil), 1955

Lithografie, 76 x 56 cm
Das Gemälde ist als Folie Nr. 23 in der Schatzkiste 3/4 enthalten.

Das Kunstwerk „Der Sonnenschlucker" ist mit den fünf Farben Rot, Blau, Schwarz, Gelb und Grün gemalt. Es zeigt eine Person ohne Arme und Beine mit einem überproportional großen Kopf und ebensolchen Augen. Im Körper, gemalt mit schwarzen, sehr kräftigen Pinselstrichen, herrscht die Farbe Blau vor; der Rumpf beinhaltet einen großen roten Kreis. Diese beiden Farben begegnen dem Betrachter nochmals bei den Augen, das rechte durchzieht ein blauer Farbstreifen, im linken sticht Rot hervor, dazu vier kleine Rechtecke mit den drei Grundfarben und Weiß. Nur über dem linken Auge zeigen sich drei hochgestellte Striche wie Wimpern. Kopf und Körper werden durch einen langen schwarzen Hals verbunden. Rechts von diesem ist ein einfacher, schwarzer Stern gemalt und daneben ist ein kleiner grüner Fleck zu sehen.

Der dargestellte Sonnenschlucker wirkt auf den Betrachter stabil und fragil zugleich. Kann der extrem dünne Hals dem körperbreiten Kopf Halt verschaffen? Der schmale Mund verzieht sich zu einem kaum erkennbaren, einseitigen Lächeln. Die Sonne am Platz des Herzens verleiht dem Sonnenschlucker Tiefe und Wärme, sein kalter Körper taut auf, wird warm. Diese Wärme spiegelt sich im geöffneten Auge wider. Ist der

Sonnenschlucker gerade noch mit einem „blauen Auge" davongekommen? Ein kleiner Hoffnungsstern erscheint über seinem Herzen, zwischen Hals und Kopf, noch ist er schwarz, doch der winzige grüne Punkt daneben gibt Anlass zur Hoffnung, dass eine positive Veränderung möglich ist. Sein Leben steht (wieder?) unter einem glücklichen Stern. Vielleicht drückt der Sonnenschlucker eine fundamentale menschliche Erfahrung aus: Man muss nicht Schwarz sehen, es gibt immer einen neuen Anfang, einen Hoffnungsstern, ein kleines Lächeln, auch wenn äußerlich alles schwarz und düster erscheint.

Auch viele biblische Erzählungen berichten von diesen Erfahrungen: z. B. Die Israeliten erleben den Exodus und die Befreiung aus Ägypten, Jesus schenkt Ausgegrenzten seiner Zeit einen neuen Anfang (vgl. Sünderin, Zachäus, Aussätzige, Ehebrecherin ...), erzählt Gleichnisse vom beginnenden Reich Gottes (Senfbaum, barmherziger Samariter), schenkt den Emmausjüngern in ihrer „dunklen" Verzweiflung Hoffnung und Wärme, Mut zum Neubeginn und Zuversicht. Im Sonnenschlucker zeigt sich diese geballte Hoffnungssicht und auch im Psalm 126,1-3.5 hören wir von diesem Geschenk der Rettung und des neuen Anfangs: „Als der Herr das Los der Gefangenschaft Zions wendete, da waren wir alle wie Träumende. Da war unser Mund voll Lachen und unsere Zunge voll Jubel ... Ja, Großes hat der Herr an uns getan ... Mit Jubel ernten, die mit Tränen säen."

2. Einsatzmöglichkeiten im RU

Mein Sonnenschlucker

- Sch assoziieren zum Begriff „Sonnenschlucker" ihre Gedanken (z. B. als Mindmap). Unterstützende Fragen: Was ist ein Sonnenschlucker? Wie könnte ein Sonnenschlucker aussehen ...?
- Sch malen „ihren" Sonnenschlucker auf festes Papier mit Rahmen: Male mit kräftigen Pinselstrichen mit deinen Wasserfarben einen „Sonnenschlucker". Verwende nur die Farben: Schwarz, Blau, Gelb, Rot und Grün.
- Sch legen ihre Bilder in den Kreis und betrachten reihum die „Ausstellung".
- Sch betrachten das Bild **fse 87** oder als Folie: „So hat sich der spanische Künstler Joan Miró einen Sonnenschlucker vorgestellt": Schau dir den Sonnenschlucker von Miró zuerst genau an. Schreibe dann deine Gedanken zu diesem Bild in die Sprechblase **AB 4.6.1, Arbeitshilfen S. 231**.
- Sch gestalten mit vergrößerter Sonnenschlucker-Darstellung, ihren eigenen Bildern und den Sprechblasen ein Plakat. Als Rahmen des Plakats eignen sich Chiffontücher oder Tonpapiere in den verwendeten Farben.
- L informiert über den Künstler Miró.

Gegenstände beginnen zu erzählen

fragen – suchen – entdecken **88/89**

1. Hintergrund

Die Doppelseite **fse 88/89** zeigt, dass Gegenstände „erzählen" können. Scheinbar banale Dinge ohne Bedeutung und ohne erkennbar großen materiellen Wert können für Menschen zu einem Schatz von unermesslichem Wert werden. Nicht der materielle Wert macht diese Gegenstände zum Schatz, sondern die „Botschaft", die Erinnerung, die Geschichte, die die oder der Einzelne mit diesem Gegenstand verbindet und im jeweils zugeordneten Text verdeutlicht. Diese Kostbarkeiten sind für die Einzelnen „mehr", sie können trösten, Mut machen, an Vergangenes erinnern, ein Zeichen für Menschen und Gefühle sein. Daher bietet sich gleichzeitig mit **fse 88/89** die Gelegenheit, eine Sensibilität für Mitmenschen, deren Empfindungen und Gefühle, für ihre „Geschichte" zu entwickeln und zu fördern. Sch wird es hier ermöglicht zu spüren und zu erkennen, dass Dinge eine äußere und eine innere Wirklichkeit besitzen können, eine äußere und eine innere Botschaft transportieren können (vgl. Brückenfunktion von Symbolen). Dies ist eine erste Voraussetzung, um ein Symbolverständnis anzubahnen.

2. Einsatzmöglichkeiten im RU

Mein „Schatz"

- Vorbereitende Hausaufgabe: Sch bringen einen Gegenstand mit, der für sie zum „Schatz" geworden ist, mit dem sie Erinnerungen verbinden, der für sie einmalig ist, und schreiben ihren Namen auf ein Kärtchen.
- Sch gestalten mit Tuch und Naturmaterialien eine Mitte um eine Kerze.
- Sch beschäftigen sich mit „ihrem Schatz", evtl. zu ruhiger Musik:
- Schau deinen Gegenstand ganz genau an. Fühle deinen Gegenstand in deinen Händen. Zeichne mit einem Finger seine Konturen, seine Oberfläche nach. Lass deine Gedanken kreisen. Dein Gegenstand erinnert dich vielleicht an ein schönes Erlebnis, vielleicht an einen lieben Menschen ...

Meine Gedanken zum „Sonnenschlucker"

> Der Sonnenschlucker _ _ _ _
> _ _ _ _ _ _ _ _ _ _ _ _ _ _ .
> _ _ _ _ _ _ _ _ _ _ _ _ _ _
> _ _ _ _ _ _ _ _ _ _ _ _ _ _
> _ _ _ _ _ _ _ _ _ _ _ _ _ _
> _ _ _ _ _ _ _ _ _ _

Mein Gegenstand erzählt

> Ich bin wichtig und wertvoll, weil _ _ _ _ _ _ _ _ .
> _ _ _ _ _ _ _ _ _ _ _ _ _ _
> _ _ _ _ _ _ _ _ _ _ _ _ _ _
>
> Ich erinnere dich an _ _ _ _ _ _ _ .
> _ _ _ _ _ _ _ _ _ _ _ _ _ _
> _ _ _ _ _ _ _ _ _ _ _ _ _ _

- Suche dir für deinen Gegenstand einen Platz in unserer Mitte aus und lege ihn behutsam dort hin. Lege dein Namenskärtchen dazu.
- Wenn dein Gegenstand reden könnte, würde er vieles erzählen. Schreibe dieses auf die Sprechblase **AB 4.6.2, Arbeitshilfen S. 231**.
- Sch stellen im Kreisgespräch ihre „Schätze" vor und lassen diese erzählen.
- L: Du kennst jetzt die Geschichte von jedem „Schatz". Was hat sich für dich verändert? Sicherlich kannst du erkennen, warum ein Gegenstand zum „Schatz" wurde. – Stell dir vor, ein Außenstehender kommt zu uns! Wie sieht *er* unsere „Schätze"?
- Sch kleben ihre Sprechblase in ihr „Ich-Buch" und malen ihren „Schatz" dazu.
  Alternative: L fotografiert, evtl. mit Digitalkamera, das Bodenbild der Schätze. Jede/r Sch erhält ein Foto und gestaltet damit eine Heftseite bzw. eine Seite im „Ich-Buch".

Gegenstände beginnen zu erzählen
- Sch beschäftigen sich in arbeitsteiliger GA mit den Gegenständen **fse 88/89**.
  - Sch betrachten einen Gegenstand und erzählen darüber mit eigenen Worten.
  - Sch bearbeiten in EA **AB 4.6.3., Arbeitshilfen S. 233**.

3. Weiterführende Anregung

Symbolgeschichten hören
- Die „Geschichte vom Holzpferd": **M 4.6.4, Arbeitshilfen S. 235**.
- Die Geschichte „Mit dem Herzen sehen": **M 4.6.5, Arbeitshilfen S. 237**.

Der Baum – ein Bild für das Leben

fragen – suchen – entdecken **90/91**

1. Hintergrund

Die Doppelseite **fse 90/91** stellt den Sch auf vielfältige Weise, in Texten und Bildern, ein Ursymbol der Menschen, den Baum, vor. Den Mittelpunkt von **fse 90** bildet der Umriss eines mächtigen Baumes, in dessen Krone ein Baum von sich „erzählt". Links oben ist das Foto eines Grabkreuzes zu sehen. In der Mitte des Kreuzes befindet sich ein Baum, der Lebensbaum, als Zeichen für die Hoffnung auf ein neues Leben bei Gott. Rechts oben ist ein Holzschnitt der Künstlerin Sigmunda May abgebildet. Im Text Jer 17,7-8 wird der Mensch selbst mit einem Baum verglichen. **fse 91** zeigt ein Bild des modernen Künstlers René Magritte mit dem Titel „Saft des Lebens".

In allen Kulturen begegnet den Menschen der Baum als Symbol für das menschliche Leben. Der Baum hat, ähnlich wie der Mensch, eine aufrechte, nach oben weisende Gestalt, er steht als Einzelner in der Landschaft oder fügt sich, seine Einzigartigkeit bewahrend, in eine Gruppe mit vielen anderen. Die Vielfalt der Bäume gleicht der Vielfalt der Menschen: Es gibt große und kleine, schlanke und dicke, gerade und krumme, junge und alte Bäume. Bäume sind fest in der Erde verwurzelt und beziehen u. a. aus dieser Erde ihre Lebenskraft und ihre Energie. Die Wurzeln und der aufrechte Stamm geben dem Baum Halt, die Baumkrone wächst nach oben, dem Licht und dem Himmel entgegen, und trotzt Wind und Wetter. In seinem Schatten kann man ruhen und bei Regen Schutz suchen.

Hier bietet sich der fragende Vergleich mit dem Menschen an: Woher beziehe ich meine Lebensenergie, meine Kraft? Woher komme ich? Worin bin ich verwurzelt? Was gibt meinem Leben Halt? Was macht mich stark? Wohin richtet sich mein Leben aus, was ist mein Ziel? Wohin strecke ich mich? Welche Früchte trage ich? Bin ich den Stürmen des Lebens gewachsen? Bin ich belastbar und flexibel? Kann ich für andere Schutz und Zufluchtsort sein?

In alten Mythen stellt der Weltenbaum die Verbindung zwischen Himmel und Erde her, besondere Bäume wurden zu Kultstätten (vgl. Donareiche). Auch heute noch spielen Bäume im Jahreskreislauf der Menschen eine wichtige Rolle: der festlich geschmückte Christbaum, der traditionell bunt geschmückte Maibaum, der Baum auf dem Dachfirst beim Richtfest eines neu gebauten Hauses, die Birken beim Fronleichnamsaltar, der Baum, der bei besonderen Anlässen im menschlichen Leben gepflanzt wird. Auch die Bibel kennt sowohl im AT als auch im NT die Besonderheiten des Baums: den Baum der Erkenntnis im Paradies, Abraham begegnet Gott bei den Eichen von Mamre, die Psalmen verwenden das Bild vom Baum zum Vergleich mit den Menschen, Zachäus steigt auf einen Baum und erhält eine neue Lebensperspektive, Jesus vergleicht das Reich Gottes mit einem Senfbaum, der aus einem winzigen Samen zu einem mächtigen Baum gedeiht, und nicht zuletzt den Kreuzesbaum, der für Jesus vom Baum des Todes zum Lebensbaum wurde. Einige Heilige zeigen als ihr Attribut den Baum, z. B. benutzt der Hl. Christophorus einen

Gegenstände beginnen zu erzählen

Ich bin nur ... ein Schal.	Ich bin für Tommi wichtig und wertvoll, weil ... _____ _____ _____
Ich bin nur ... ein Teddy.	Ich bin für ... wichtig und wertvoll, weil ... _____ _____ _____
Ich bin nur ... ein Stopfei.	Ich bin wichtig und wertvoll, weil ... _____ _____ _____
Ich bin nur ... ein Armband.	Ich bin wichtig und wertvoll, weil ... _____ _____ _____
Ich bin nur ... ein Schlüssel	Ich bin wichtig und wertvoll, weil ... _____ _____ _____

... wie verstehst du ihre Botschaft?

Baum als Stock beim Durchschreiten des Flusses, Jakobus, der Apostel und Pilger, steht auf Darstellungen in Toulouse und Santiago de Compostela zwischen zwei Baumstümpfen, der Hl. Sebastian erlitt Qualen und Tod, angebunden an einem Baum, zum Fest der Hl. Barbara werden Apfel- oder Kirschzweige zum Erblühen in die Vase gestellt ...

Das positive Symbol des Baumes erleichtert es den Sch, einen Zugang zu diesem Symbol des Lebens zu finden (vgl. auch Arbeitshilfen **fse** 2 zum Thema „Baum", S. 26ff).

Sigmunda May (geb. 1937)
Sigmunda May signiert ihre Holzschnitte bescheiden mit den Initialen M. S. M. Diese stehen für Maria Sigmunda May OSF. Die Künstlerin lebt als Franziskanerin in Sießen/Saulgau. Sie trat im Alter von 21 Jahren in den Orden ein und studierte nach dem Abitur bis 1966 an der Kunstakademie der TH in Stuttgart. Sie arbeitete ab 1969 als Kunsterzieherin am St. Agnes-Gymnasium in Stuttgart. In den folgenden Jahren begann sie selbst künstlerisch zu arbeiten, Holz und Stein sind ihre bevorzugten Materialien. Ab 1973 entstehen Holzschnittfolgen in Schwarz-Weiß, nur wenige mehrfarbig. Seit 1975 wurden ihre Arbeiten durch zahlreiche Ausstellungen immer mehr bekannt. Sie laden den Betrachter ein, sich von den herben Holzschnitten zu einer neuen Begegnung mit Jesus einzulassen. Alle Werke der Künstlerin sind Begegnungsbilder mit Jesus und seiner froh machenden Botschaft.

Sigmunda May: „Senfkorn Hoffnung", 1978
Der Holzschnitt (80 x 100 cm) zeigt auf den ersten Blick einen breiten, weit ausladenden, kräftigen Baum mit einem starken Stamm und einer stolzen Krone. Bei genauem Hinsehen erkennen wir, dass dieser Baum nicht aus Stamm, Ästen, Zweigen und Blättern besteht, sondern aus vielen einzelnen Menschen, die sich lebendig um eine Mitte, Jesus, scharen. Dieser umfasst mit seinen weit ausgebreiteten Armen alles, er verschenkt sich und ist damit Richtung weisend für alle Menschen, die mit ihm verbunden sind. Menschliche Körper bilden einen knorrigen Stamm. „Hände öffnen sich zur Mitte als Strahlenkranz um die Hostie des Hauptes. Nach allen Richtungen streckt der Baum sich aus, will die Liebeskraft des Lebenszentrums weiterreichen. Das Blattwerk der Hände lädt ein, greift aus, nimmt mich bei der Hand, bezieht alle Menschen mit ein. Die Sprache des Holzschnittes ist eindeutig, wir dürfen sie nicht in billige Wörter und Begriffe übersetzen. Wir sollten lieber die Lebenskraft dieses Menschenbaumes erspüren. Sie stammt aus diesem Jesus, dessen Geist das Senfkorn zu dem gewaltigen Baum wachsen lässt. Aber seine Haltung ist nicht nur die des Gebers und des Umarmers, sondern auch die des Gekreuzigten. Und alle, die aus ihm wachsen, haben Teil an seinem Schenken und seinem Sich-Verschenken bis in den Tod" (Josef Sudbrack, Sigmunda May, in: Peter F. Bock, Begegnungen mit Jesus – Urbilder des Menschlichen, Mainz 1984, S. 61).

René Magritte (1898-1967)
Der Maler René Magritte wurde in Lessines in Belgien geboren und studierte von 1918 bis 1922 in Brüssel an der Académie Royale des Beaux-Arts. Zunächst war er gezwungen, seinen Lebensunterhalt u. a. als Tapetendesigner und Plakatmaler zu bestreiten, bis er sich durch die finanzielle Unterstützung einer Galerie ausschließlich der Kunst widmen konnte. 1927 hatte er mit vorwiegend abstrakten Bildern seine erste Einzelausstellung. Zwischen 1927 und 1930 zog es Magritte in die Nähe des Surrealismus, auch Collagen, Fotografien und Wandgemälde gehören zu seinen Werken. Er zählt neben Salvador Dali und Max Ernst zu den wichtigsten Surrealisten des 20. Jahrhunderts, deren Werke Betrachter bis heute in den Bann ziehen. Die Kunst der Moderne versteht sich als Metakunst, als Kunst über Kunst. Der Künstler fesselt durch traumhaft anmutende Atmosphäre, er spielt mit realen Gegenständen, verändert Perspektiven und Inhalte, um den Prozess der Wahrnehmung bewusst zu machen. Er beabsichtigt Irritationen des Betrachters. Magritte versteht den Titel eines Bildes nicht als Hilfe zur Erläuterung, nicht als Kommentar zum Bild, sondern vielmehr als Vervielfältigung der Assoziationen. Die Titel für seine Werke entstanden stets nach Fertigstellung der Gemälde, Magritte sah sie als poetisches Element. Manchmal wurden sie von seinen Freunden vorgeschlagen.

René Magritte: „Die Stimme des Blutes", 1961
Das Gemälde (Öl auf Leinwand, 78,8 x 58,6 cm) ist auf den ersten Blick der Fotografie eines Baumes sehr ähnlich. Es zeigt einen sich mächtig erhebenden Baum. Dieser ist, wie auch die Landschaft, in Blau gehalten, der Stamm des Baumes ist mit Registern ausgestattet, in deren halb geöffneten Fächern allerlei Rätselhaftes zu sehen ist: ein hell erleuchtetes Haus, eine Kugel, ein kaum geöffnetes Fach mit verborgenem Inhalt.

„Die Stimme des Blutes" mutet an, ein mysteriöses Kunstwerk zu sein. Es entzieht sich einer schlüssigen Interpretation, es erinnert an Symbole und lässt schwer deren innere Wirklichkeit erkennen. Dies ist typisch für ein Kunstwerk des Surrealismus. „Als letzter Aberglaube ... bleibt dem westlichen Kulturkreis das Märchen vom Schöpfertum des Künstlers. Es gehört zu den ersten revolutionären Akten des Surrea-

Die Geschichte vom Holzpferd

Das Holzpferd lebte länger in dem Kinderzimmer als irgend jemand sonst. Es war so alt, dass sein brauner Stoffüberzug ganz abgeschabt war und eine ganze Reihe Löcher zeigte. Die meisten seiner Schwanzhaare hatte man herausgezogen, um Perlen auf sie aufzuziehen. Es war in Ehren alt und weise geworden ...
„Was ist wirklich?" fragte eines Tages der Stoffhase, als sie Seite an Seite in der Nähe des Laufställchens lagen, noch bevor das Mädchen heimgekommen war um aufzuräumen.
„Bedeutet es, Dinge in sich zu haben, die summen, und mit einem Griff ausgestattet zu sein?"
„Wirklich", meinte das Holzpferd, „ist nicht, wie man gemacht ist. Es ist etwas, was an einem geschieht. Wenn ein Kind dich liebt für eine lange Zeit, nicht nur, um mit dir zu spielen, sondern dich wirklich liebt, dann wirst du wirklich."
„Tut es weh?", fragte der Hase.
„Manchmal", antwortete das Holzpferd, denn es sagte immer die Wahrheit. „Wenn du wirklich bist, dann hast du nichts dagegen, dass es weh tut."
„Geschieht es auf einmal, so wie wenn man aufgezogen wird", fragte der Stoffhase wieder, „oder so nach und nach?"
„Es geschieht nicht auf einmal", sagte das Holzpferd.
„Du wirst. Es dauert lange. Das ist der Grund, warum es nicht oft an denen geschieht, die leicht brechen oder die scharfe Kanten haben oder die schön gehalten werden müssen. Im Allgemeinen sind zu der Zeit, da du wirklich sein wirst, die meisten Haare verschwunden, deine Augen ausgefallen; du bist wackelig in den Gelenken und sehr hässlich. Aber diese Dinge sind überhaupt nicht wichtig; denn wenn du wirklich bist, kannst du nicht hässlich sein, ausgenommen in den Augen von Leuten, die überhaupt keine Ahnung haben."
„Ich glaube, du bist wirklich", meinte der Stoffhase. Und dann wünschte er, er hätte das nicht gesagt – das Holzpferd könnte empfindlich sein.
Aber das Holzpferd lächelte nur.

Margery Bianco

lismus, diesen Mythos mit sachlichen Mitteln und in schärfster Form attackiert und wohl auf immer vernichtet zu haben, indem er auf der rein ‚passiven' Rolle des Autors im Mechanismus der poetischen Inspiration mit allem Nachdruck bestand und jede ‚aktive' Kontrolle durch Vernunft, Moral oder ästhetische Erwägungen als inspirationswidrig entlarvte. Als Zuschauer kann er der Entstehung des Werkes beiwohnen und seine Entwicklungsphasen mit Gleichgültigkeit oder Leidenschaft verfolgen" (Max Ernst, Was ist Surrealismus?, in: Kunst/Theorie im 20. Jahrhundert, Bd. 2, Ostfildern/Ruit, 1998, S. 600).

Literatur

Berg, Sigrid, Biblische Bilder und Symbole erfahren, München 1996
Bihler, Elsbeth, Symbole des Lebens – Symbole des Glaubens, Limburg 1994
Freudenberg, Hans/ Pfeiffer, Anke (Hg.), Biblische Symbole erschließen mit Religionsunterricht praktisch, Göttingen 2000
Gollwitzer, Gerda, Bäume. Bilder und Texte aus drei Jahrtausenden, Herrsching 1984
Lonhardt, Wolfgang, Über Blumen und Bäume staunen, Gütersloh 2004

2. Einsatzmöglichkeiten im RU

In Berührung mit einem Baum kommen
- Sch betrachten unterschiedliche Baumbilder (Kalenderblätter, Fotos ...).
- Sch suchen sich „ihren" Baum aus, stellen sich dazu und begründen ihre Wahl.
- *Alternative:* Sch entdecken bei einem Unterrichtsgang „ihren" Baum.
- Sch erzählen eigene Baumerlebnisse, Baumgeschichten von ihrem „Lieblingsbaum".

Körperübung „Baum"
- Sch suchen sich im Klassenzimmer einen Platz und hocken zusammengekauert auf dem Boden.
- L leitet Sch zu einer Fantasieübung gemäß dem Text **fse 90** Mitte an.
- Sch tauschen sich über ihre Erfahrungen aus.

Vom Eindruck zum Ausdruck
- Male mit Wasserfarben dich als Baum.
- Sch schreiben in kalligrafisch ansprechender Form einzelne Zeilen des Textes **fse 90** unten und fügen diese zum ganzen Text zusammen.
- Sch gestalten mit ihren Baumbildern einen Baumkreis um den Text **fse 90** unten herum.
- Sch gestalten mit verkleinertem Text **fse 90** Mitte oder einem wichtigen Satz aus dem Bibeltext in ihrem „Ich-Buch" eine Baumseite.

Der Baum – ein Bild für das Leben
- Sch entdecken in den Bildern und Texten **fse 90** in EA, PA oder GA, dass der Baum ein Bild für das Leben ist.
- Sch bearbeiten **AB 4.6.6, Arbeitshilfen S. 241**. Das AB kann auch als Grundlage für Stationenarbeit dienen.
- Sch lernen Lied: „Alle kommen zu dem Baum" **M 4.6.7, Arbeitshilfen S. 242**.
- Sch finden Bewegungen dazu und setzen diese evtl. bei einem Schulgottesdienst ein.

René Magritte: eine Bildbetrachtung
- Sch betrachten das Gemälde von René Magritte.
- Sch beschreiben ihre Wahrnehmung: „Ich sehe ... Mir gefällt ... Ich finde komisch, dass ..."
- L informiert über Leben und künstlerisches Schaffen von René Magritte (vgl. Hintergrund, S. 234).
- L: Stell dir vor, René Magritte käme uns besuchen. Welche Frage würdest du ihm stellen?
- Sch versuchen im UG eine Interpretation mit ihren Assoziationen und achten dabei besonders auf: Hintergrund, Farben, Landschaft, Ausgestaltung des Baumes, geöffneter Baumstamm, Inhalt im Baumstamm ...
- Wodurch wird dieser Baum zu einem Bild für das Leben?
- Sch erhalten ein Umrissbild des Magritte-Baumes, in dem die „Türen" im Baumstamm angedeutet sind. Sch hinterkleben das Umrissbild, können so ihre Baumtüren öffnen und Symbole nach eigenen Ideen und Vorstellungen einfügen.

Gebete und Texte zum Symbol „Baum"
- Sch beten das Gebet „Herr, wie ein Baum": **AB 4.6.8, Arbeitshilfen S. 243**.
- Sch lesen den Text: „Was ich dir wünsche": **AB 4.6.9, Arbeitshilfen S. 243**.
- „Vom Bäume-Pflanzen für andere nach uns". Ein Textpuzzle für eine Hoffnungsgeschichte, frei nach Leo Tolstoi: Sch erhalten die zerschnittene Erzählung **AB 4.6.10, Arbeitshilfen S. 245**. In GA legen sie die Streifen zusammen und lesen die Hoffnungsgeschichte.

Mit dem Herzen sehen

Aber nachdem der kleine Prinz lange über den Sand, die Felsen und den Schnee gewandert war, geschah es, dass er endlich eine Straße entdeckte. Und die Straßen führen alle zu den Menschen.
„Guten Tag", sagte er.
Da war ein blühender Rosengarten.
„Guten Tag", sagten die Rosen.
Der kleine Prinz sah sie an. Sie glichen alle seiner Blume.
„Wer seid ihr?", fragte er sie höchst erstaunt.
„Wir sind Rosen", sagten die Rosen.
„Ach!", sagte der kleine Prinz ...
Und er fühlte sich sehr unglücklich. Seine Blume hatte ihm erzählt, dass sie auf der ganzen Welt einzig in ihrer Art sei. Und siehe!, da waren fünftausend davon, alle gleich, in einem einzigen Garten!
Sie wäre sehr böse, wenn sie das sähe, sagte er sich, sie würde fürchterlich husten und so tun, als stürbe sie, um der Lächerlichkeit zu entgehen. Und ich müsste wohl so tun, als pflegte ich sie, denn sonst ließe sie sich wirklich sterben, um auch mich zu beschämen ...
Dann sagte er sich noch: Ich glaubte, ich sei reich durch eine einzigartige Blume, und ich besitze nur eine gewöhnliche Rose. Sie und meine drei Vulkane, die mir bis ans Knie reichen und von denen einer vielleicht für immer erloschen ist, das macht aus mir keinen sehr großen Prinzen ...
Und er warf sich ins Gras und weinte.

***

In diesem Augenblick erschien der Fuchs.
„Guten Tag", sagte der Fuchs.
„Guten Tag", antwortete höflich der kleine Prinz, der sich umdrehte, aber nichts sah.
„Ich bin da", sagte die Stimme, „unter dem Apfelbaum ..."
„Wer bist du?", sagte der kleine Prinz. „Du bist sehr hübsch ..."
„Ich bin ein Fuchs", sagte der Fuchs.
„Komm und spiel mit mir", schlug ihm der kleine Prinz vor. „Ich bin so traurig ..."
„Ich kann nicht mit dir spielen", sagte der Fuchs. „Ich bin noch nicht gezähmt!"
„Ah, Verzeihung!", sagte der kleine Prinz.
Aber nach einiger Überlegung fügte er hinzu:
„Was bedeutet ‚zähmen'?"
„Du bist nicht von hier", sagte der Fuchs, „was suchst du?"
„Ich suche die Menschen", sagte der kleine Prinz. „Was bedeutet ‚zähmen'?"
„Die Menschen", sagte der Fuchs, „die haben Gewehre und schießen. Das ist sehr lästig. Sie ziehen auch Hühner auf. Das ist ihr einziges Interesse. Du suchst Hühner?"
„Nein", sagte der kleine Prinz, „ich suche Freunde. Was heißt ‚zähmen'?"
„Zähmen, das ist eine in Vergessenheit geratene Sache", sagte der Fuchs. „Es bedeutet, ‚sich vertraut machen'."
„Vertraut machen?"
„Gewiss", sagte der Fuchs. „Noch bist du für mich nichts als ein kleiner Junge, der hunderttausend kleinen Jungen völlig gleicht. Ich brauche dich nicht und du brauchst mich ebenso wenig. Ich bin für dich nur ein Fuchs, der hunderttausend Füchsen gleicht. Aber wenn du mich zähmst, werden wir einander brauchen. Du wirst für mich einzig sein in der Welt. Ich werde für dich einzig sein in der Welt ..."
„Ich beginne zu verstehen", sagte der kleine Prinz. „Es gibt eine Blume ... ich glaube, sie hat mich gezähmt ..." (...)

„Mein Leben ist eintönig. Ich jage Hühner, die Menschen jagen mich. Alle Hühner gleichen einander und alle Menschen gleichen einander. Ich langweile mich also ein wenig. Aber wenn du mich zähmst, wird mein Leben voller Sonne sein. Ich werde den Klang deines Schrittes kennen, der sich von allen anderen unterscheidet. Die anderen Schritte jagen mich unter die Erde. Der deine wird mich wie Musik aus dem Bau locken. Und dann schau! Du siehst da drüben die Weizenfelder? Ich esse kein Brot. Für mich ist der Weizen zwecklos. Die Weizenfelder erinnern mich an nichts. Und das ist traurig. Aber du hast weizenblondes Haar. Oh, es wird wunderbar sein, wenn du mich einmal gezähmt hast! Das Gold der Weizenfelder wird mich an dich erinnern. Und ich werde das Rauschen des Windes im Getreide lieb gewinnen."
Der Fuchs verstummte und schaute den Prinzen lange an.
„Bitte ... zähme mich", sagte er.
„Ich möchte wohl", antwortete der kleine Prinz. „aber ich habe nicht viel Zeit. Ich muss Freunde finden und viele Dinge kennen lernen."
„Man kennt nur die Dinge, die man zähmt", sagte der Fuchs. „Die Menschen haben keine Zeit mehr, irgendetwas kennen zu lernen. Sie kaufen sich alles fertig in den Geschäften. Aber da es keine Kaufläden für Freunde gibt, haben die Leute keine Freunde mehr. Wenn du einen Freund willst, so zähme mich!"
„Was muss ich da tun?", sagte der kleine Prinz.
„Du musst sehr geduldig sein", antwortete der Fuchs. „Du setzt dich zuerst ein wenig abseits von mir ins Gras. Ich werde dich so verstohlen, so aus dem Augenwinkel anschauen und du wirst nichts sagen. Die Sprache ist die Quelle der Missverständnisse. Aber jeden Tag wirst du dich ein bisschen näher setzen können ..."

***

Am nächsten Morgen kam der kleine Prinz zurück.
„Es wäre besser gewesen, du wärst zur selben Stunde wiedergekommen", sagte der Fuchs. „Wenn du zum Beispiel um vier Uhr nachmittags kommst, kann ich um drei Uhr anfangen, glücklich zu sein. Je mehr die Zeit vergeht, umso glücklicher werde ich mich fühlen. Um vier Uhr werde ich mich schon aufregen und beunruhigen; ich werde erfahren, wie teuer das Glück ist. Wenn du aber irgendwann kommst, kann ich nie wissen, wann mein Herz da sein soll ... Es muss feste Bräuche geben."
„Was heißt ‚fester Brauch'?", sagte der kleine Prinz.
„Auch etwas in Vergessenheit Geratenes", sagte der Fuchs. „Es ist das, was einen Tag vom andern unterscheidet, eine Stunde von den andern Stunden. Es gibt zum Beispiel einen Brauch bei meinen Jägern. Sie tanzen am Donnerstag mit den Mädchen des Dorfes. Daher ist der Donnerstag der wunderbare Tag. Ich gehe bis zum Weinberg spazieren. Wenn die Jäger irgendwann einmal zum Tanze gingen, wären die Tage alle gleich und ich hätte niemals Ferien."
So machte der kleine Prinz den Fuchs mit sich vertraut. Und als die Stunde des Abschieds nahe war:
„Ach!", sagte der Fuchs, „ich werde weinen."

„Das ist deine Schuld", sagte der kleine Prinz, „ich wünschte dir nichts Übles, aber du hast gewollt, dass ich dich zähme ..."
„Gewiss", sagte der Fuchs.
„Aber nun wirst du weinen!", sagte der kleine Prinz.
„Bestimmt", sagte der Fuchs.
„So hast du also nichts gewonnen!"
„Ich habe", sagte der Fuchs, „die Farbe des Weizens gewonnen."

Dann fügte er hinzu: „Geh die Rosen wieder anschauen. Du wirst begreifen, dass die deine einzig ist in der Welt. Du wirst wiederkommen und mir adieu sagen, und ich werde dir ein Geheimnis schenken."

***

Der kleine Prinz ging, die Rosen wieder zu sehn. „Ihr gleicht meiner Rose gar nicht, ihr seid noch nichts", sagte er zu ihnen. „Niemand hat sich euch vertraut gemacht und auch ihr habt euch niemandem vertraut gemacht. Ihr seid, wie mein Fuchs war. Der war nichts als ein Fuchs wie hunderttausend andere. Aber ich habe ihn zu meinem Freund gemacht und jetzt ist er einzig in der Welt."
Und die Rosen waren sehr beschämt.
„Ihr seid schön, aber ihr seid leer", sagte er noch. „Man kann für euch nicht sterben. Gewiss, ein Irgendwer, der vorübergeht, könnte glauben, meine Rose sei euch ähnlich. Aber in sich selbst ist sie wichtiger als ihr alle, da sie es ist, die ich begossen habe. Da sie es ist, die ich unter den Glassturz gestellt habe. Da sie es ist, die ich mit dem Wandschirm geschützt habe. Da sie es ist, deren Raupen ich getötet habe (außer den zwei oder drei um der Schmetterlinge willen). Da sie es ist, die ich klagen oder sich rühmen gehört habe oder auch manchmal schweigen. Da es meine Rose ist."

Und er kam zum Fuchs zurück.
„Adieu", sagte er ...
„Adieu", sagte der Fuchs. „Hier mein Geheimnis. Es ist ganz einfach: Man sieht nur mit dem Herzen gut. Das Wesentliche ist für die Augen unsichtbar."
„Das Wesentliche ist für die Augen unsichtbar", wiederholte der kleine Prinz, um es sich zu merken.
„Die Zeit, die du für deine Rose verloren hast, sie macht deine Rose so wichtig."
„Die Zeit, die ich für meine Rose verloren habe ...", sagte der kleine Prinz, um es sich zu merken. [...]
„Die Menschen haben diese Wahrheit vergessen", sagte der Fuchs. „Aber du darfst sie nicht vergessen. Du bist zeitlebens für das verantwortlich, was du dir vertraut gemacht hast. Du bist für deine Rose verantwortlich ..."
„Ich bin für meine Rose verantwortlich ...", wiederholte der kleine Prinz, um es sich zu merken.

Antoine de Saint-Exupéry

3. Weiterführende Anregungen

Der Traum der drei Bäume
- Sch lernen das Bilderbuch „Der Traum der drei Bäume" kennen: Angela Elwell Hunt, Der Traum der drei Bäume, Gießen 1994.
  In dieser Geschichte träumen drei Bäume. Jeder von ihnen hat einen ganz besonderen Wunsch: Der erste möchte eine Schatztruhe werden, der zweite möchte ein Schiff werden, der dritte möchte der mächtigste Baum der ganzen Welt werden. Die Träume gehen ganz anders in Erfüllung, als die drei Bäume es sich wünschen: Der erste Baum wird eine Futterkrippe, in die Jesus gelegt wird, der zweite wird zum Fischerboot, das beim Seesturm eine besondere Rolle spielt, der dritte wird zum Kreuz und erinnert alle Menschen an Gott.
  Zu diesem Bilderbuch ist auch ein Hör- und Singspiel erhältlich: Krenzer/Fietz, Der Traum der drei Bäume, Abakus-Musikverlag, Greifenstein 1993.

Baumbilder mit Naturmaterialien gestalten
- Sch legen Baumbilder aus gesammelten Materialien: Rindenstücken, Ästen, Blättern, Früchten, Moos, Holzspänen ...
- Sch gestalten Wollfaden-Baumbilder und gestalten die Rahmen aus Rindenstückchen.
- Sch drucken mit gesammelten Blättern und Wasserfarben einen Baum auf Papier und schreiben einen biblischen oder profanen Baumtext dazu.

Ein Symboltuch gestalten
- Sch gestalten ein Symboltuch: Jede/r Sch erhält ein 20 x 20 cm großes helles Stoffstück, gestaltet dies zum Thema „Der Baum – ein Bild des Lebens". Das zusammengenähte große Tuch kann zur Gestaltung im Schulhaus oder im Rahmen eines Schulpastoraltages zu diesem Thema zum Einsatz kommen.

In Wort-Bildern sprechen

fragen – suchen – entdecken **92/93**

1. Hintergrund

Die Doppelseite **fse 92/93** zeigt in Wort und Bild exemplarische Redewendungen aus dem Lebensalltag der Kinder, **fse 93** zeigt biblische Wortbilder. Beide Seiten ermöglichen den Sch, sich in die Situation eines Menschen einzufühlen, der so spricht. Sie sollen sensibilisiert werden für die bildreiche Sprache im täglichen Leben. Die auf dieser Seite grafisch dargestellten Wortbilder zeigen die situativ empfundene Befindlichkeit von Menschen. Sch haben die Gelegenheit sich mit der übertragenen Bedeutung von Redewendungen und Bildworten auseinander zu setzen.
Unter „Redewendung" ist ein formelhaft gewordener Ausdruck zu verstehen. „Sprichwörter, lat. ‚proverbia', im Volksmund umlaufende kurze Sprüche oder Lebensregeln in behauptender Form, die durch besondere sprachliche Mittel (z. B. Alliteration, Reim) eine bewährte Erfahrungstatsache bildhaft, einfach, häufig mit Witz festlegen wollen. Besonders beliebt sind treffende Personifizierungen von Dingen und Zuständen; gedankliche Abstraktion wird vermieden. Das Sprichwort ist Gemeingut von Sprachgemeinschaften" (Der große Brockhaus, Wiesbaden 1980, Bd. 10, S, 643).
Da Sprichwörter, Redewendungen und Bildworte national geprägt sind, besteht in multinationalen Klassen die Chance, dies den Sch zu verdeutlichen. Die Worte können wohl übersetzt werden, das innere Bild wird aber nicht automatisch in die andere Sprache transportiert.
Sch begegnen auf **fse 93** Bildworten aus AT und NT, lernen diese zu interpretieren und mit ihren Lebenserfahrungen zu verknüpfen.

2. Einsatzmöglichkeiten im RU

Bildworte entdecken
- L stellt Kopien der sechs grafisch dargestellten Bildworte **fse 92** in ca. DIN-A5-Größe zur Verfügung. Diese liegen verdeckt im Kreis.
- Nimm dir eine Karte. Suche ohne Worte die Mitschüler, die dasselbe Bild genommen haben wie du. Jede/r in deiner Gruppe erklärt mit eigenen Worten das Bild.
- Findet in GA in 15 Minuten eine Möglichkeit, dieses Bild kreativ umzusetzen. Ihr könnt es z. B. pantomimisch darstellen, ein kurzes Rollenspiel einüben, ein Plakat gestalten, ein Standbild entwerfen, eine Collage erstellen, ein Cluster schreiben ...
- Findet drei weitere Redewendungen oder Bildworte und deren Bedeutung.
- Sch stellen Ergebnisse der GA vor, die Klasse errät das vorgestellte Bildwort oder die Redewendung.
- Jeweils drei Sch erhalten die Bildworte von **fse 92** unten (Jemanden auf den Arm nehmen, Mir steht das Wasser bis zum Hals, Der kann mir den Buckel runterrutschen), stellen diese der Klasse ohne Worte vor.
- Sch achten einen Tag lang darauf, welche Bildworte in ihrer Umgebung gebraucht werden, und notieren alle gefundenen Bildworte.

Der Baum – ein Bild für das Leben

Ein Baum im Grabkreuz – ein Bild für das Leben?
Was meinst du dazu?

_____

_____

_____

_____

Jesus Christus – ein Bild für das Leben?
Beschreibe das Bild mit eigenen Worten.

_____

_____

_____

_____

Der Jeremia-Text – ein Bild für das Leben?
1. Stelle den Inhalt des Textes bildlich dar.
2. Formuliere einen eigenen Satz zu deinem Bild.

_____

_____

_____

Gesegnet ...

Jer 17,7-8

Alle kommen zu dem Baum

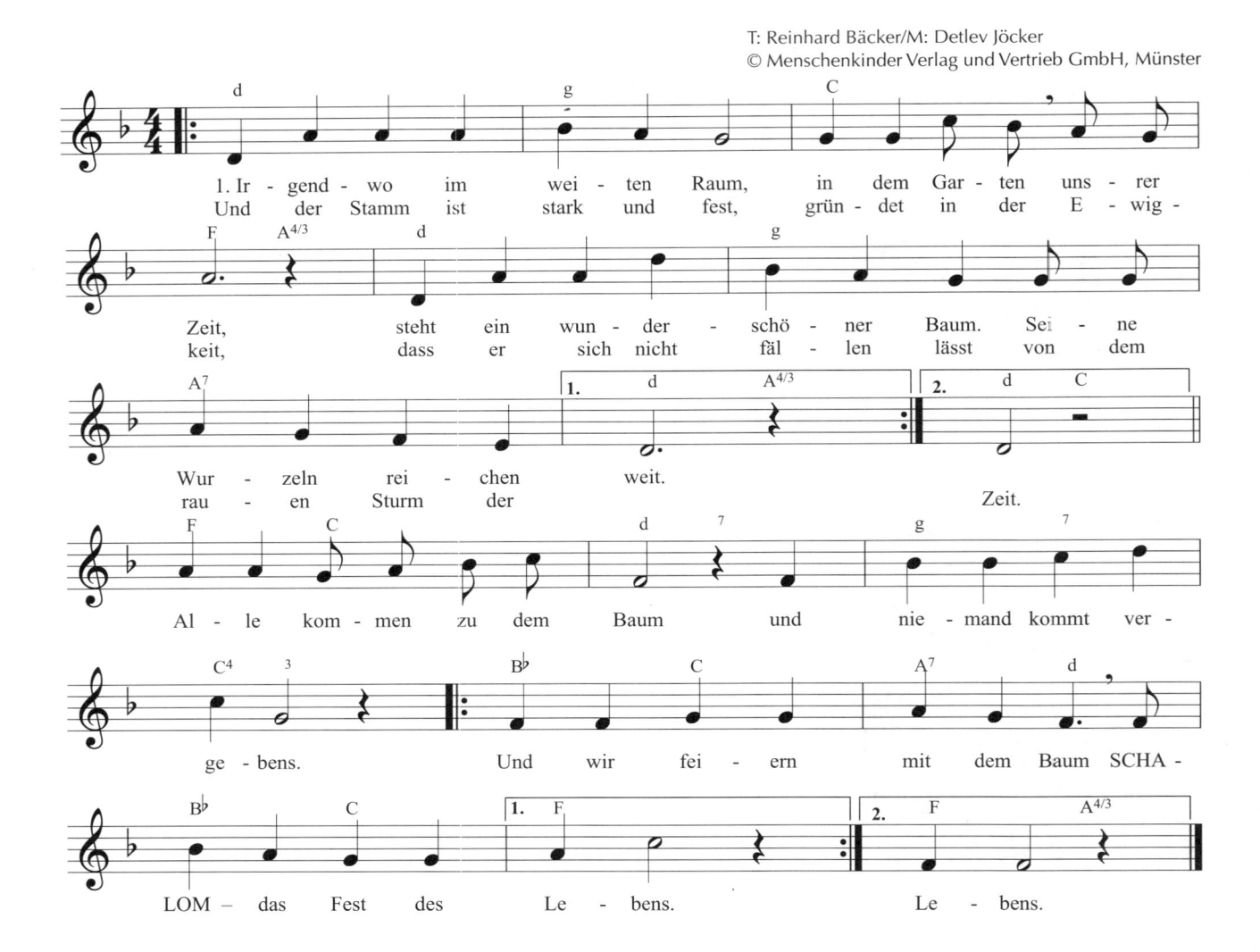

T: Reinhard Bäcker/M: Detlev Jöcker
© Menschenkinder Verlag und Vertrieb GmbH, Münster

1. Irgendwo im weiten Raum,
in dem Garten unsrer Zeit,
steht ein wunderschöner Baum.
Seine Wurzeln reichen weit.
Und der Stamm ist stark und fest,
gründet in der Ewigkeit,
dass er sich nicht fällen lässt
von dem rauen Sturm der Zeit.

Alle kommen zu dem Baum
und niemand kommt vergebens.
Und wir feiern mit dem Baum
SCHALOM – das Fest des Lebens.

2. Seine Krone glänzt und strahlt,
leuchtet wie ein Sonnenball,
den ein Künstler fein gemalt
im unendlich weiten All.
Zarte Knospen werden wach.
Blüten wachsen bunt und schön.
Durch das grüne Blätterdach
kann ich in den Himmel sehn.

3. Tausend Äste breiten sich
dicht verwoben und verzweigt
über einen großen Tisch,
der sich bis zur Erde neigt.
Denn der Tisch ist reich gedeckt.
Früchte gibt es ohne Zahl.
Und der Baum ruft: „Kommt und schmeckt!
Feiert hier das Freudenmahl."

Herr, wie ein Baum

Herr, wie ein Baum, so sei vor dir mein Leben,
Herr, wie ein Baum sei vor dir mein Gebet.

Gib Wurzeln mir, die in die Erde reichen,
dass tief ich gründe in den alten Zeiten,
verwurzelt in dem Glauben meiner Väter.

Gib mir die Kraft, zum festen Stamm zu wachsen,
dass aufrecht ich an meinem Platze stehe
und wanke nicht, auch wenn die Stürme toben.

Gib, dass aus mir sich Äste frei erheben,
oh, meine Kinder, Herr, lass sie erstarken
und ihre Zweige recken in den Himmel.

Gib Zukunft mir und lass die Blätter grünen
und nach den Wintern Hoffnung neu erblühen,
und wenn es Zeit ist, lass mich Früchte tragen.

Herr, wie ein Baum, so sei vor dir mein Leben,
Herr, wie ein Baum sei vor dir mein Gebet.
Lothar Zenetti

Was ich dir wünsche

Was ich dir wünsche?
Nicht, dass du so groß bist wie ein Baum,
so stark oder so reglos.
Aber dass du hin und wieder nach oben schaust,
wo die Kronen sind und der Himmel.
Dass du stehen bleibst
und nicht immer weiter rennst.
Dass du stehen lernst und wachsen wie ein Baum.
Denn du bist nicht am Ziel.
Du hast die Kraft in dir,
die auch im Baum ist: die Kraft zu wachsen.
Du bist noch zu etwas berufen.
Bleib stehen. Schau nach oben
und fühle die Kraft aus Gott,
die wachsen will in dir.
Jörg Zink

Bildworte in der Bibel
- Bildworte der Bibel von **fse 93** werden auf großen „Schriftrollen" an fünf Stellen im Klassenzimmer ausgelegt.
- Zu ruhiger Musik gehen Sch umher, lesen alle fünf Schriftverse und bleiben bei dem Text stehen, der sie besonders anspricht.
- In einem „Schweigegespräch" notieren sie in ca. 5 Minuten ihre Gedanken dazu auf einem vorbereiteten Blatt.
- Sch klären im Plenum die Impulsfrage: Was hat ein Mensch erlebt, der so spricht? Warum vergleicht sich Jesus z. B. mit einer Tür?
- Sch versuchen die Bildworte zu deuten: **AB 4.6.11 oben, Arbeitshilfen S. 246**.
- L kopiert **AB 4.6.11 unten** auf Transparentpapier und klebt die mittlere kleine Fläche in die Mitte der „Schriftrollen" AB 4.6.11 oben.
- Sch schreiben auf die linke Hälfte der Schriftrolle je einen Text von **fse 93**, malen auf die rechte Hälfte ein dazu passendes Bild.
- Sie schreiben auf die linke Hälfte der Transparentkopie die Angabe der Bibelstelle, auf der rechten Hälfte formulieren Sch, wie sich jemand fühlt, der so spricht.
- *Alternative:* Sch kleben die kopierte Bibelstelle ins „Ich-Buch" und schreiben dazu eine eigene Geschichte.

Bibeldetektive spielen
- Sch finden mithilfe von *Meine Schulbibel* und von ausgewählten Textstellen weitere Bildworte und gestalten diese nach eigenen Vorstellungen:
Ps 23,4: „Muss ich auch wandern in finsterer Schlucht ..."; Ps 102,8: „Ich liege wach und klage wie ein einsamer Vogel auf dem Dach"; Mt 5,13: „Ihr seid das Salz der Erde"; Lk 5,31: „Nicht die Gesunden brauchen den Arzt, sondern die Kranken"; Joh 6,48: „Ich bin das Brot des Lebens"; Joh 10,11: „Ich bin der gute Hirte".

In Wort-Bildern sprechen

fragen – suchen – entdecken **94/95**

1. Hintergrund

Vieles im Zusammenleben mit unseren Mitmenschen läuft ohne Worte ab, wir kommunizieren „nonverbal" miteinander. Besonders religiöse Inhalte werden oft in Zeichen, Gesten, Riten und Symbolen „transportiert". Sch erhalten hier die Gelegenheit, ihre Sensibilität für religiöse Sprache zu vertiefen. Die Doppelseite **fse 94/95** macht Sch mit einer Geschichte eines Jungen bekannt, der im Alter von sechs Jahren gestorben ist. Sehr einfühlsam wird erzählt, dass Tommy ohne viele Worte, sondern mit einfachsten Gesten die Zuneigung seiner Mitmenschen gewonnen hat. Er hat ihnen Fröhlichkeit, Zuversicht und Liebenswürdigkeit vermittelt ohne mit ihnen in einem verbalen Kontakt gestanden zu haben.

fse 95 zeigt ein Steinrelief einer romanischen Kirche in Frankreich, auf dem in ungewöhnlicher Weise die Szene der Fußwaschung dargestellt ist. Die Darstellung wird mit der Bibelstelle Joh 13,4-6.12 gedeutet. Das Ritual der Fußwaschung mutet uns heute ein wenig befremdlich an. Zur Zeit Jesu allerdings war es durchaus üblich, notwendig und ein Zeichen von Wertschätzung und Gastfreundschaft, wenn dem Gast nach seiner Ankunft die Füße gewaschen wurden. Üblicherweise wurde dieser Dienst von den Sklaven des Hauses verrichtet. „Die Fußwaschung, nach Joh 13,1-17, ist eine Zeichenhandlung Jesu: Der Knechtsdienst, den Jesus in der Nacht vor seinem Tode leistet, ist einerseits Zusammenfassung seines gesamten Wirkens als Selbstpreisgabe für andere, andererseits Verpflichtung für die Jünger zu demütigem Dienen aneinander" (Klaus Koch u. a. (Hg.), Reclams Bibellexikon, Stuttgart 1978, S. 152).

In einigen katholischen Gemeinden und in allen Bischofskirchen ist es üblich, am Gründonnerstag das Ritual der Fußwaschung an 12 ausgewählten Gemeindemitgliedern, stellvertretend für die Gemeinschaft der Christen, zu vollziehen.

Steinrelief: Fußwaschung

Das Steinrelief der Westfassade der Abteikirche in St. Gilles-du-Gard stellt die Szene der Fußwaschung dar. Jesus wäscht Petrus vor dem letzten Abendmahl die Füße. Ungewöhnlich ist die Darstellung der Geste des Petrus. Dieser drückt sein Erstaunen über die Handlungsweise des Meisters mit einer nonverbalen Geste aus: Du wäschst mir die Füße? Diese Geste kann auch als Illustration des biblischen Textes gedeutet werden: Petrus bittet Jesus, ihm nicht nur die Füße, sondern auch das Haupt zu waschen.

Das Kloster von St. Gilles-du-Gard wurde im 7. Jahrhundert vom griechischen Eremiten Ägidius gegründet. Die Krypta ist die letzte Ruhestätte des Klostergründers. 1226 wurde die Abtei dem König von Frankreich unterworfen, 1538 von Papst Paul III. in ein Stift umgewandelt. Die Kirche, die im 17. Jahrhundert auf die Hälfte ihrer Länge reduziert wurde, zeigt eine reich verzierte Fassade mit Skulpturen des 12. Jahrhunderts. Archäologische Ausgrabungen haben inter-

Textpuzzle für eine Hoffnungsgeschichte
(nach Leo Tolstoi)

Früher sahen die Kinder den alten Mann täglich, wenn er hierher zum Rand der Stadt kam, um in seinem Garten zu arbeiten. Aber

nun kam er immer seltener. Das Laufen und Bücken fiel ihm schwer, seine Hände wurden steif und steifer. – Aber heute war er wieder

gekommen und trug einen kleinen Sack in der Hand. Die Kinder sahen, wie er sich mühte ein Loch zu graben und dabei viele Pausen

machen musste. Nun ging er zum Sack, um das Mitgebrachte herauszunehmen. „Was machst du da?", fragten die Kinder über den

Zaun. „Ich pflanze ein Apfelbäumchen", sagte der alte Mann und hob einen kleinen Setzling in die Höhe. – „Das soll mal ein Baum

werden? Wie lange dauert denn das?", wunderten sich die Kinder. „Das wird Jahre dauern, hoffentlich wächst er an", meinte der alte Mann.

„Aber du machst dir jetzt soviel Mühe und hast vielleicht später gar nichts mehr davon, vielleicht bist du dann schon längst tot", sagte

eines der Kinder. „Das macht nichts", antwortete der alte Mann, „andere mögen sich dann freuen, dass ich den Baum noch gesetzt

habe." Und dann fügte er noch hinzu: „Seht, wir leben von den Bäumen, die andere vor uns auch so auf Hoffnung gepflanzt haben."

Die Bibel spricht in Bildworten

Thomas war sehr krank

Thomas war sehr krank

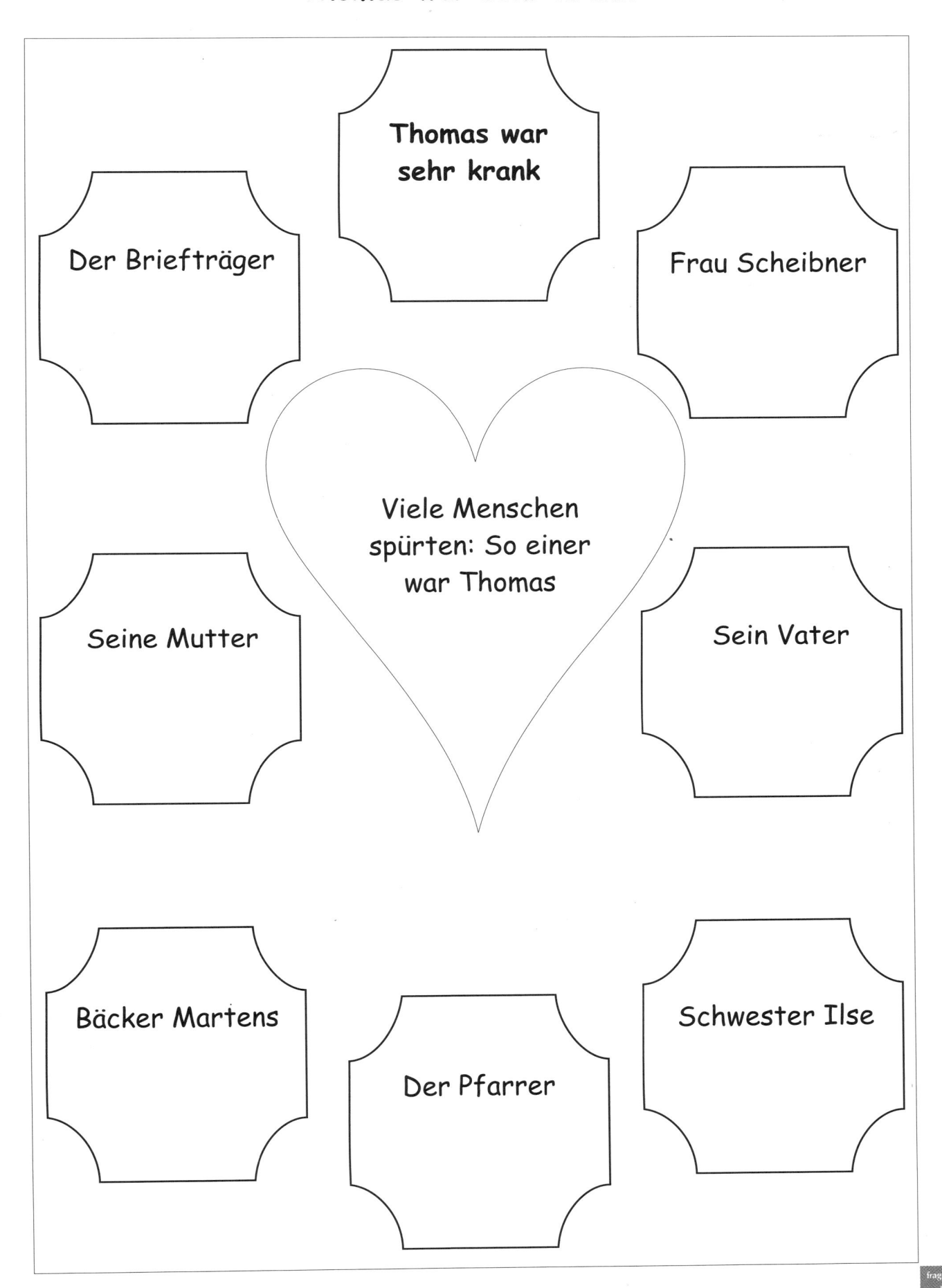

Der Briefträger

Frau Scheibner

Viele Menschen spürten: So einer war Thomas

Seine Mutter

Sein Vater

Bäcker Martens

Der Pfarrer

Schwester Ilse

essante Überreste des ehemaligen Chores der Abtei zu Tage gefördert. Die Abtei wird von der UNESCO zum Weltkulturerbe gezählt.

2. Einsatzmöglichkeiten im RU

Ohne Worte sprechen
- L liest die Geschichte vor bis „... sagt Schwester Ilse aus der Klinik in Göttingen." (Ende zweiter Absatz) L: „Tommy war wohl ein ganz besonderer Mensch, denke darüber nach."
- Sch lesen abschnittsweise die Geschichte.
- Sch erarbeiten mit **AB 4.6.12, Arbeitshilfen S. 247**, in arbeitsteiliger GA, dass viele Menschen Tommy gemocht haben, und finden je ein Stichwort, was Tommy den Menschen vermittelt hat, z. B. Freude, Liebenswürdigkeit, Trost, Fröhlichkeit, Zuversicht ... und schreiben oder malen auf ihrem AB.
- Sch stellen nonverbal die Ausdrucksformen dar, wie Tommy auf die Menschen zugegangen ist, z. B. Lächeln, „Geschenke" machen, Hand geben, jemanden trösten ...

Jesus wäscht Petrus die Füße – verzögerte Bildbetrachtung
- L fertigt vom Relief **fse 95** eine Folie und eine passgenaue Abdeckschablone **M 4.6.13, Arbeitshilfen S. 249**.
- Sch betrachten zunächst nur das Gesicht des Petrus (Teil 1 aufdecken).
- L: Was sagt dieser Mensch ohne Worte? Wann und warum reagieren Menschen so? – Was ist passiert, dass dieser Mensch so „spricht"? Sch vermuten und tauschen sich aus.
- Teil 2 wird aufgedeckt. Sch erkennen einen Teil des Vorgangs und suchen einen möglichen Zusammenhang.
- Sch sehen das gesamte Bild und beschreiben es: Ich sehe ... Mir fällt auf ...
- L liest Text Joh 13,4-6.12, **fse 95** unten, und erklärt den Sch den geschichtlichen Hintergrund dieser Handlung (Hintergrund S. 244).
- Sch lernen das Lied: „Liebe ist nicht nur ein Wort", **M 4.6.14, Arbeitshilfen S. 251**.
- Sch lernen das Lied: „Dies ist mein Gebot": **M 4.6.15, Arbeitshilfen S. 251**.

Märchen erzählen vom Leben

fragen – suchen – entdecken **96/97**

1. Hintergrund

Märchen sind für viele Menschen aus ihrem Leben nicht wegzudenken. Besonders auf Kinder üben Märchen eine magische Faszination aus. Die Doppelseite **fse 96/97** stellt den Kindern ein weniger bekanntes, hier stark gekürztes Märchen der Gebrüder Grimm vor. Den Sch bietet sich die Möglichkeit über die Erschließung der Märchensymbole wichtige Hinweise für ihr eigenes Leben zu erhalten, „mehr" zu sehen.

Der Begriff „Märchen" stammt vom mittelhochdeutschen „maere" (= Kunde, Nachricht). Märchen heben in fantasievoller und liebevoller Weise Naturgesetze auf, es gibt Wunder, Zwerge, Feen, Riesen, Personen überwinden Zeit und Raum, Tiere, Pflanzen und Gegenstände können sprechen und befinden sich mit den Menschen auf der gleichen Ebene. „Es war einmal ...", so beginnen in der Regel Märchen in unserem Kulturraum. Aus ältester Zeit sind bereits Märchen aus römischen, arabischen und fernöstlichen Kulturen bekannt. Die europäischen Märchen zeigen Einflüsse aus diesen alten Erzählungen. Seit den Kreuzzügen lassen sich in Märchen auch indische Einflüsse feststellen. Ein Grund für die Faszination, die Märchen ausüben, liegt wohl darin, dass sie uns mit grundlegenden Werten und Symbolen unserer Kultur vertraut machen: Wir lernen über Gut und Böse, Helles und Dunkles, Arm und Reich, Liebe und Hass, Geiz und Großzügigkeit, Strafe und Belohnung ... Sie lehren uns mit Ängsten umzugehen, sowohl die Grausamkeiten als auch die schönen Seiten des Lebens zu verstehen. Das Faszinierende an Märchen ist, dass stets das Gute siegt, das Böse überwunden wird und verliert. Märchen bergen die Essenz uralter menschlicher Erfahrungen.

Die Literatur unterscheidet zwischen Volks- und Kunstmärchen. Volksmärchen wurden mündlich tradiert und erst später schriftlich festgehalten. Grimms Märchen (Volksmärchen) gehören noch immer zu den meistgelesenen Büchern in Deutschland. Die Gebrüder Grimm wurden nicht nur durch ihre Arbeit als Germanisten und Verfasser eines Wörterbuches bekannt, sondern durch ihre umfassende Sammlung von Märchen. Kunstmärchen, früher z. B. von Wilhelm Hauff oder Hans Christian Andersen verfasst, sind heute in Form moderner Märchen, wie z. B. Momo, Herr der Ringe oder Harry Potter, unter den Weltbestsellern zu finden.

Bruno Bettelheim meint: „Gerade weil dem Kind sein Leben oft verwirrend erscheint, muss man ihm die Möglichkeit geben, sich selbst in dieser komplizierten Welt zu verstehen und dem Chaos seiner Gefühle einen Sinn abzugewinnen. Es braucht Anregungen, wie es in seinem Inneren und danach auch in seinem Leben Ordnung schaffen kann. Es braucht – gerade das ist in unserer Zeit besonders notwendig – eine morali-

Abdeckschablone zum Relief „Fußwaschung"

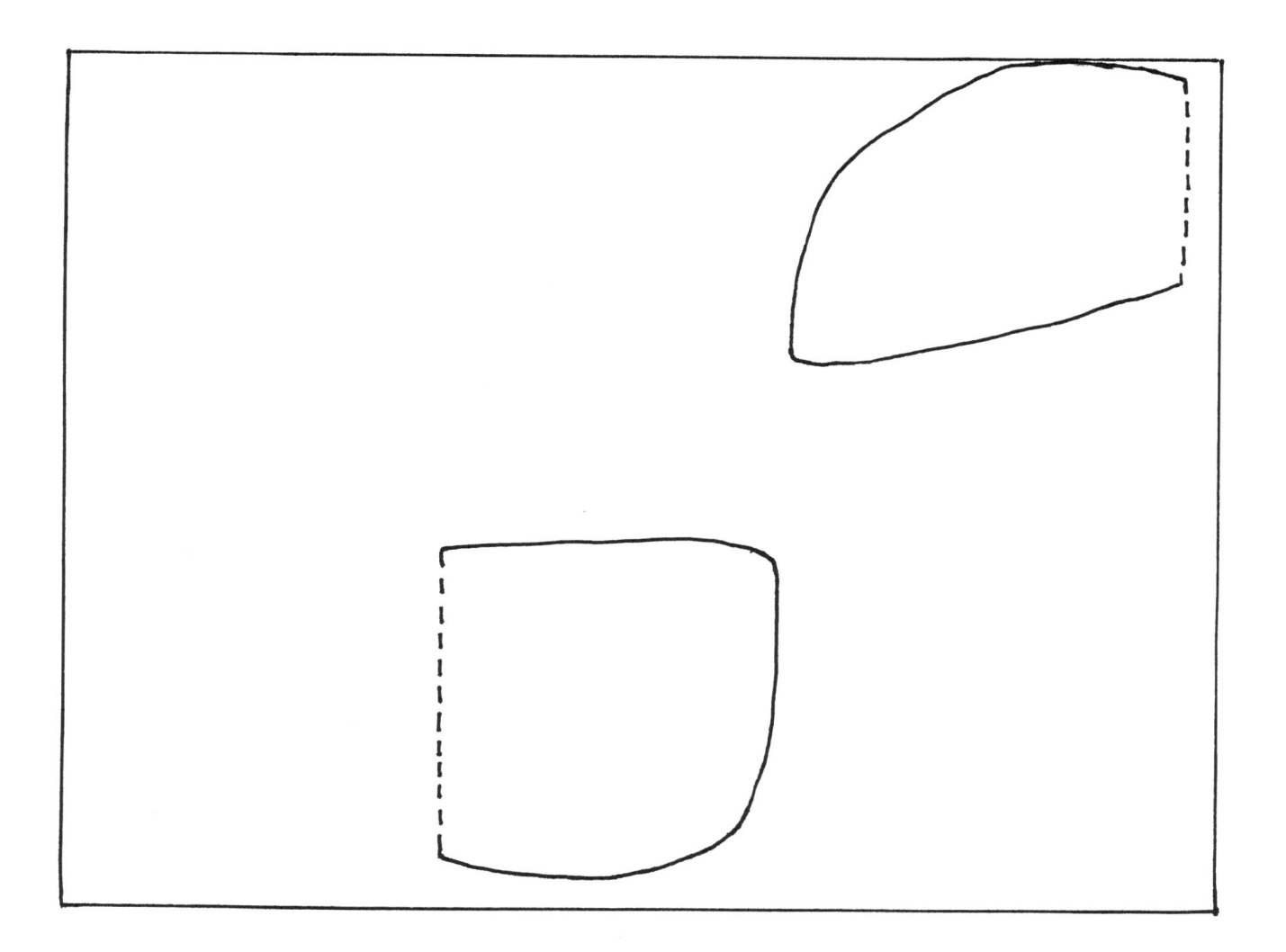

sche Erziehung, die unterschwellig die Vorteile eines moralischen Verhaltens nahe bringt, nicht aufgrund abstrakter ethischer Vorstellungen, sondern dadurch, dass ihm das Richtige greifbar vor Augen tritt und deshalb sinnvoll erscheint. Diesen Sinn findet das Kind im Märchen" (Bruno Bettelheim, Kinder brauchen Märchen, Stuttgart 1977, S. 135).

Um eine gelingende Auseinandersetzung mit dem Märchen im RU anzubahnen, ist es unbedingt erforderlich, dass L sich im Vorfeld intensiv mit diesem Märchen auseinander setzt.

Die Symbole im Märchen „Das Wasser des Lebens" fse 96/97

Der König: Der König hat im Märchen keine politische Herrschaftsfunktion, sondern wer im Märchen König wird, der hat einen Wandlungsprozess bestanden und sich durch Taten als derjenige erwiesen, der „über den Dingen" steht. Er regiert und herrscht über seine eigenen niederen Triebe, aber auch über die Menschen, die seine Bewusstseinsebene noch nicht erreicht haben.

Der Zwerg: Der Zwerg wird im Märchen als der Gegenspieler des Königs gesehen. Durch seine geringe Größe läuft er Gefahr übersehen zu werden, hilft aber, wenn er beachtet und liebevoll behandelt wird, in Not und Gefahr weiter.

Weg: Der Mensch befindet sich, wie alle Geschöpfe, zeit seines Lebens in Bewegung, er ist auf seinem Lebensweg, er ist auf der Suche nach dem richtigen Weg. Unterwegssein heißt auch, sich Gefahren auszusetzen. Erlebnisse auf Wegen sind nicht kalkulierbar. Weggefährten sind wichtig, Entscheidungen auf dem Weg bleiben nicht erspart.

Löwe: Der Löwe ist ein ambivalentes Symbol: Als wildes Tier macht er vielen Menschen Angst, ist ein Symbol für Schwierigkeiten, für rohe Gewalt, ist aber gleichsam auch ein Bild für Stärke, Kraft, neues Leben. Wegen dieser Symbolik wurde er häufig als Wappentier gewählt. Im Märchen versucht sich der Mensch vor ihm zu schützen und ihn zu besänftigen; der Held muss ihm oftmals furchtlos und mutig entgegentreten.

Tor: Tore und Türen können offen oder geschlossen sein. So laden sie zum Eintreten ein oder sie verwehren den Eintritt. Mit einem Tor werden zwei Welten oder zwei Bereiche miteinander verbunden. Es gibt ein Hier und Dort, ein Draußen und Drinnen. Tore erwecken die Neugier zu wissen, wer oder was sich dahinter verbirgt.

Brunnen: Ein Brunnen symbolisiert die Tiefe, das Unendliche, die Lebensquelle. Ein Brunnen kann ein Ort der Begegnung sein, der Wende, der Wandlung. Menschen sind wie ein Brunnen, schöpfend geben sie aus seiner Tiefe.

Wasser: Wasser als Ursymbol ist eng mit dem Leben verbunden. Aus dem Wasser entsteht Leben, Wasser erhält und rettet Leben. Wo Wasser ist, kann Leben aufblühen.

Literatur

Berg, Sigrid, Biblische Bilder und Symbole erfahren. Ein Material- und Arbeitsbuch, München/Stuttgart 1996
Betz, Felicitas, Märchen als Schlüssel zur Welt, Lahr 1985
Rosenberg, Alfons, Ursymbole und ihre Wandlung, Freiburg 1992
Schilling, Klaus, Symbole erleben: Glauben erfahren mit Hand, Kopf und Herz, Stuttgart 1991
Zerling, Clemens/Bauer, Wolfgang, Lexikon der Tiersymbolik, München 2003

2. Einsatzmöglichkeiten im RU

Wasser ist Symbol für das Leben

- Sch erhalten je ein blaues Tuch (Baumwolle, Chiffon, Serviette), Wasserbilder (Postkarten, Kalenderbilder), blaue Muggelsteine, Wasserkrug, Wasserglas und gestalten damit eine große „Wassermitte".
- Sch erhalten blaue Papierwassertropfen und schreiben zu den Impulsen: Wasser ist ..., Wasser kann ... ihre Ideen auf.
- L stellt zu ruhiger „Wassermusik" eine „Rose von Jericho" in einer Schale mit warmem Wasser zur Mitte.
- Sch beobachten meditativ das Aufblühen der Wüstenblume im Wasser.
- Sch erhalten Psalm 104,10-14.16,25, **AB 4.6.16, Arbeitshilfen S. 253**, beten gemeinsam und gestalten zwei Lieblingszeilen im Heft oder „Ich-Buch".

„Das Wasser des Lebens"
– ein Märchen erschließen

- L erzählt oder liest das Märchen in entspannter Atmosphäre vor. Evtl. unterstützt durch vergrößert kopierte oder selbst gemalte Bilder aus **fse 96/97** (Brunnen, Löwe, Tor, Zwerg, Becher ...).
- Sch äußern sich spontan zum Märchen: „Mir gefällt ..., Mir gefällt nicht ..., Mich fasziniert ...
- Jede/r Sch schreibt auf fünf Wortkärtchen Gedanken, Stichpunkte oder Sätze zu den einzelnen Symbolen.
- Sch tauschen sich im UG aus und legen oder kleben ihre Kärtchen zu den Symbolen.
- L ergänzt evtl. die Bedeutung der Symbole (vgl. linke Spalte).
- Sch lernen das Lied: „Wasser ist Leben": **M 4.6.17, Arbeitshilfen S. 254.**

Kreativer Umgang mit dem Märchen

- Sch spielen in arbeitsteiliger GA einzelne Szenen als Rollenspiel nach.
- Sch legen mit Tüchern, Lege- und Naturmaterialien, Knetgummi (zum Stabilisieren von Ästen oder zum Modellieren von Figuren) ein Bodenbild zu den einzelnen Szenen.

Liebe ist nicht nur ein Wort

T: Eckart Bücken/M: Gerd Geerken
© Gustav-Bosse-Verlag, Kassel

1. Liebe ist nicht nur ein Wort, Liebe, das sind Worte und Taten. Als Zeichen der Liebe ist Jesus geboren, als Zeichen der Liebe für diese Welt.

2. Freiheit ist nicht nur ein Wort, Freiheit, das sind Worte und Taten. Als Zeichen der Freiheit ist Jesus gestorben, als Zeichen der Freiheit für diese Welt.

3. Hoffnung ist nicht nur ein Wort, Hoffnung, das sind Worte und Taten. Als Zeichen der Hoffnung ist Jesus lebendig, als Zeichen der Hoffnung für diese Welt.

Dies ist mein Gebot

T/M: aus Amerika
dt. von Ursel Schreiber
© Butzon & Bercker, Kevelaer

Dies ist mein Gebot, dass ihr liebt einander, dass die Freude in euch sei, dass die Freude in euch sei, dass die Freude in euch sei.

2. Dies ist mein Gebot, dass ihr dient einander, so wie ich euch hab gedient ...
3. Dies ist mein Gebot, dass ihr stärkt einander, einer trag des anderen Last ...

- Sch modellieren ihr Lieblingssymbol aus dem Märchen mit Fimo, Efaplast oder Salzteig.
- Sch malen ihre Lieblingsszene in ihr „Ich-Buch".
- Sch schreiben einer frei gewählten Figur aus dem Märchen einen Brief ins „Ich-Buch".
- Sch gestalten ein Leporello zum Märchen.

Die Bibel erzählt vom Leben

1. Hintergrund

Die Doppelseite **fse 98/99** mit dem Titel „Die Bibel erzählt vom Leben" stellt in Text und Lied die Erzählung vom Turmbau von Babel vor. Die Karikatur **fse 99** schlägt die Brücke vom Damals ins Heute. Die Geschichte vom Turmbau zu Babel übt auf Menschen eine ungeheuere Faszination aus; mehr als 600 künstlerische Auseinandersetzungen mit dem Motiv sind bekannt.

Babel

Für die etymologische Erklärung des Wortes „Babel" gibt es zwei Varianten: Zum einen kann es sich vom assyrischen Wort „bab-ili" (= Tor Gottes) herleiten, zum anderen vom hebräischen Wort „balal" (= verwirren). Babel und Babylon sind zwei verschiedene Bezeichnungen für einen Ort, für die Hauptstadt von Babylonien. Diese Stadt lag südlich vom heutigen Bagdad, am Euphrat im Zweistromland, und galt im Altertum als die bedeutendste Stadt des Vorderen Orients (vgl. **fse 130**). Dies bezeugen heute zahlreiche Keilschriften. Unter Hammurabi erreichte Babylon große politische Bedeutung.

„Durch archäologische Funde und auch in der außerbiblischen Literatur sind Turmbauten im Euphrat-und-Tigris-Gebiet reich bezeugt. Der Turm zu Babel war nach Schilderungen der Bibel aus Ziegel gebaut (vgl. Gen 11,3), wohl weil es im Zweistromland keine Steinbrüche gab und wenig Bauholz. Ähnlich gebaut wurden um 600 v. Chr. auch die ‚Hängenden Gärten von Babylon', die heute noch zu den sieben Weltwundern der Antike zählen" (vgl. Josef Quadflieg, Die Bibel für den Unterricht, Kommentar AT, Düsseldorf, 1996).

Die Erzählung vom Turmbau zu Babel

Gen 11,1-9 wird von alttestamentlichen Exegeten als Übergangsstelle zwischen der Urgeschichte und den Vätergeschichten eingeordnet. Die Erzählung vom Turmbau wird aus zwei verschiedenen Perspektiven erzählt: Der Fokus der auf **fse 98 oben** abgedruckten Perikope ist der des Menschen. Die zweite Hälfte der Geschichte, nicht im Schulbuch abgedruckt, schildert die Begebenheit aus der Sicht Gottes.

Die Erzählung ist einfach zu verstehen. Menschen kommen durch Wanderung vom Osten, wo die Wiege der Menschheit stand, in eine Ebene im Land Schinar im Westen, lassen sich dort nieder und bilden ein Volk. Sie haben eine Sprache, sie sprechen die gleichen Worte und bilden eine Gemeinschaft. Das Volk lebt beinahe in paradiesischen Zuständen. Doch will es über sich hinauswachsen, die Menschen wollen wie Gott werden, sie wollen einen großen Namen haben. Das wird durch den Bau eines Turmes symbolisiert, der bis zum Himmel reichen soll; er reicht jedoch „nur" bis zu den Wolken. Gott ist aber höher und größer als die Menschen, er muss herabsteigen, um ihn zu sehen (vgl. Gen 11,5). – Dies ist eine verbreitete Lesart, die im Turmbau einen Akt menschlichen Größenwahns sieht. „Betrachten wir aber einmal genauer, was die Menschen erreichen wollen: Sie sprechen eine Sprache und wollen eine Stadt und einen Turm bauen, damit sie sich nicht verlieren in der Weite der Welt. Hier ist positiv beschrieben, was der Sinn der Zivilisation ist: Sie ist gemeinsame Arbeit, damit in der Unwirtlichkeit der Welt Heimat entsteht. – Warum soll das schlecht sein?", fragt Franz W. Niehl. Eine andere Lesart der Lehrgeschichte sieht daher im Turmbau nur ein Nebenmotiv und betont das Motiv der Verwirrung der Sprache. Aus dieser Sicht vereitelt Gott nicht den Turmbau, sondern den Versuch, sich einen Namen zu machen. Hintergrund ist die Sprachpolitik der biblischen Herrscher und der Herrscher bis heute: Sie versuchen, den unterworfenen Völkern ihre Sprache aufzuzwingen. Nach dieser Lesart hat der Gott der Erzählung nichts gegen Türme und den zivilisatorischen Fortschritt einzuwenden, er hat aber etwas gegen den Herrschaftsanspruch der Großreiche. „Die Vielfalt der Sprachen soll die Menschen offenkundig vor Schaden bewahren. Nur *eine* Sprache zu sprechen, begünstigt die Gigantomanie" (Niehl, S. 50).

Das Pfingstereignis kann der Sprachverwirrung und der Kommunikationshemmung beim Turmbau zu Babel geradezu als „Anti-Babel" gegenüber gestellt werden. „Pfingsten" heißt: Alle Menschen verstehen einander, obwohl sie in ihrer je eigenen Sprache sprechen.

Verschiedene Fragen zur Symbolik des Turms und zur Einheit der Sprache lassen sich anfügen: Wie bewerten wir die Vielfalt der Kulturen und Sprachen? Wie gelingt Verständigung? Was drücken Hochhäuser und (Kirch-)Türme aus? Wie lebt es sich in einer Zivilisation, die immer größer, immer schneller, immer höher hinaus will und nach dem Sinn des Fortschritts nicht fragt?

Psalm 104

Du lässt die Quellen hervorsprudeln in den Tälern,
sie eilen zwischen den Bergen dahin.
Allen Tieren des Feldes spenden sie Trank,
die Wildesel stillen ihren Durst daraus.
An den Ufern wohnen die Vögel des Himmels,
aus den Zweigen erklingt ihr Gesang.
Du tränkst die Berge aus deinen Kammern,
aus den Wolken wird die Erde satt.
Du lässt Gras wachsen für das Vieh,
auch Pflanzen für die Menschen, die er anbaut,
damit er Brot gewinnt von der Erde.
Die Bäume des Herrn trinken sich satt.
Da ist das Meer so groß und weit,
darin ein Gewimmel ohne Zahl:
kleine und große Tiere.

Wasser ist Leben

T: Reinhard Bäcker
M: Detlev Jöcker
© Menschenkinder Verlag und Vertrieb GmbH, Münster

1. Auf der Suche nach dem Leben
   lasst uns zu dem Brunnen gehen.
   Was die Menschen dort erleben,
   kann auch unter uns geschehen.

   Kehrvers: Wasser ist Leben,
   Gott will es geben.
   Und aus der Ferne
   kommt er zu mir.

2. Auf der Suche nach dem Leben
   lasst uns in den Brunnen sehen.
   Was die Menschen dort erleben,
   kann auch unter uns geschehen.
   Wasser ist Leben.
   Gott will es geben.
   Und in der Tiefe
   ist er mir nah.

3. Auf der Suche nach dem Leben
   lasst uns bei dem Brunnen bleiben.
   Was die Menschen dort erleben,
   kann auch unsre Angst vertreiben.
   Wasser ist Leben.
   Gott will es geben.
   Und in der Nähe
   spricht er mich an.

4. Auf der Suche nach dem Leben
   lasst uns an den Brunnen denken.
   Was die Menschen dort erleben,
   kann auch uns Vertrauen schenken.
   Wasser ist Leben.
   Gott will es geben.
   Und in der Weite
   geht er mit mir.

5. Auf der Suche nach dem Leben
   wird uns Gott am Brunnen stärken.
   Er allein kann Leben geben.
   Hilf uns, Gott, dass wir es merken.
   Wasser ist Leben.
   Gott will es geben.
   Und für das Leben
   danke ich dir.

Türme

4.6.18

Literatur

Minkowski, Helmut, Der Turmbau zu Babel, Freren 1991
Niehl, Franz W., Der Turm von Babel, in: ders. (Hg.), Leben lernen mit der Bibel. Textkommentar zu *Meine Schulbibel*, München 2003, S. 49-52
Themenheft: Turmbau zu Babel, KatBl 4/2002

Marie Marcks (*1922)

Die Karikaturistin wurde in Berlin geboren, lebt heute in Heidelberg und gilt im deutschsprachigen Raum als „Grand Old Lady" der humoristischen Zeichenkunst. Ihre erste Veröffentlichung erschien 1963. Marie Marcks möchte mit ihren Karikaturen aufklären, entlarven, das Komische und Lächerliche am privaten, öffentlichen und politischen Alltag aufzeigen. Ihre Karikaturen werden heute in verschiedenen Zeitungen und Zeitschriften, u. a. Süddeutsche Zeitung, Die Zeit, Titanic, Spielen und Lernen, veröffentlicht. Für ihre Arbeit erhielt sie den Satirepreis „Göttinger Elch" und das Bundesverdienstkreuz.

Cartoon: Turmbau

Der Cartoon zeigt viele Kleinigkeiten und Details, darum ist eine Vergrößerung notwendig, wenn er im Unterricht Verwendung findet.

Der Cartoon zeigt einen leicht schiefen, hochzeitstortenförmigen Turm, um den sich serpentinenförmig eine Straße empor schlängelt. Auf der Straße sind unzählige Menschen unterwegs, die alle eine Zahl bei sich tragen, unten die Zahlen 5 und 4, in der Mitte 3 und 2, oben die 1. Entlang der Straße befinden sich verkehrszeichenähnliche Schilder mit Zahlen, beginnend links unten mit 4, 5 und an der Spitze des Turmes endend mit 1. Die Menschen hasten empor, behindern sich gegenseitig beim Vorwärtskommen, stoßen sich beiseite und in den Abgrund. Je höher der Turm erklommen wird, desto mühsamer kommen die Menschen vorwärts, desto weniger Menschen sind anzutreffen. Das Ziel aller aufstrebenden Menschen ist ein Automat, ein altertümlicher Großcomputer, der auf der Spitze des Turmes auf zwei griechischen Säulen steht und in die Wolken reicht. Es sind zwei Schilder mit „yes" und „no" zu erkennen, hier werden Anerkennung und Ablehnung durch einen anonymen Automatismus ausgesprochen. Ein „Abgelehnter" stürzt sich wohl aus Verzweiflung in die Tiefe.

Die Aussage des Cartoons kann von Schülern relativ leicht gefunden werden: Menschen wollen „nach oben". Nur wer gut ist, wer gute Noten erzielt, kommt voran. Jeder ist auf seinen Vorteil bedacht, Gestürzte werden übergangen, die Noten werden als Waffen im Kampf gegeneinander eingesetzt. Je höher der Turm bestiegen wird, desto weniger Menschen sind anzutreffen, der Aufstieg ist mühsam und lebensgefährlich.

Nach oben zu gelangen ist eine einsame Sache, nur der Stärkste kommt nach oben, nur der Beste kann die Nr. 1 sein. Die letzte Instanz entscheidet über „Sein oder Nichtsein". Warum mühen sich die Menschen so ab? Was treibt sie nach „oben"? Welche Werte zählen im Leben, zählen nur Leistung und Erfolg? Gibt es auf dem Weg nach oben zwischenmenschliche Begegnungen?

2. Einsatzmöglichkeiten im RU

Wir arbeiten im Team

- Sch finden sich in drei Gruppen ein. Folgendes Material wird zur Verfügung gestellt: Schachteln, Papier, Schere, Klebstoff, Bauklötze, Lego-Steine ...
- Jede Gruppe erhält zwei Briefumschläge:
- Arbeitsauftrag (im weißen Umschlag):
    1. Arbeite im Team ohne Worte.
    2. Ihr habt zehn Minuten Zeit.
    3. Fertige mit deinen Gruppenmitgliedern aus dem zur Verfügung stehenden Material einen beeindruckenden Gegenstand.
- Reflexionsauftrag (im roten Umschlag):
    1. Überlege: Wie hast du dich während der Arbeitszeit gefühlt?
    2. Wie gelang dir das Arbeiten in der Gruppe?
    3. Besprecht euch in zwei Minuten über den Verlauf eurer Gruppenarbeit.
- Sch stellen im Plenum ihr „Bauwerk" und ihren Arbeitsverlauf vor.

Türme, beeindruckende Bauwerke

- Sch schreiben ein Akrostichon zum Wort „Turm".
- Sch betrachten vergrößerte Bilder von verschiedenen Türmen **M 4.6.18, Arbeitshilfen S. 255**, wählen ein Bild aus und notieren ihre spontanen Assoziationen dazu.
- L: Warum bauen Menschen Türme? (berühmt werden, hoch hinaus wollen, mächtig sein, schützen, Wahrzeichen ...)
- Sch entdecken, dass Türme ein weit verbreitetes Symbol sind, z. B. in Märchen (Rapunzel, Dornröschen ...) und in Heiligenlegenden (Hl. Barbara, Hl. Bernhard).
- Sch skizzieren mit Bleistift einen Turm in ihr Heft und schreiben in diesen die Antworten des UG: Ein Wortturm entsteht.
- Sch lernen Lied: „Gott, bist du ein hoher Turm?" **M 4.6.19, Arbeitshilfen S. 257**.

Der Turm zu Babel (Teil 1)

- Textbegegnung **fse 98** oben.
- Sch kleben kopierten Text in ihr Heft, schreiben die Geschichte weiter und gestalten den Eintrag (auch im „Ich-Buch" möglich).

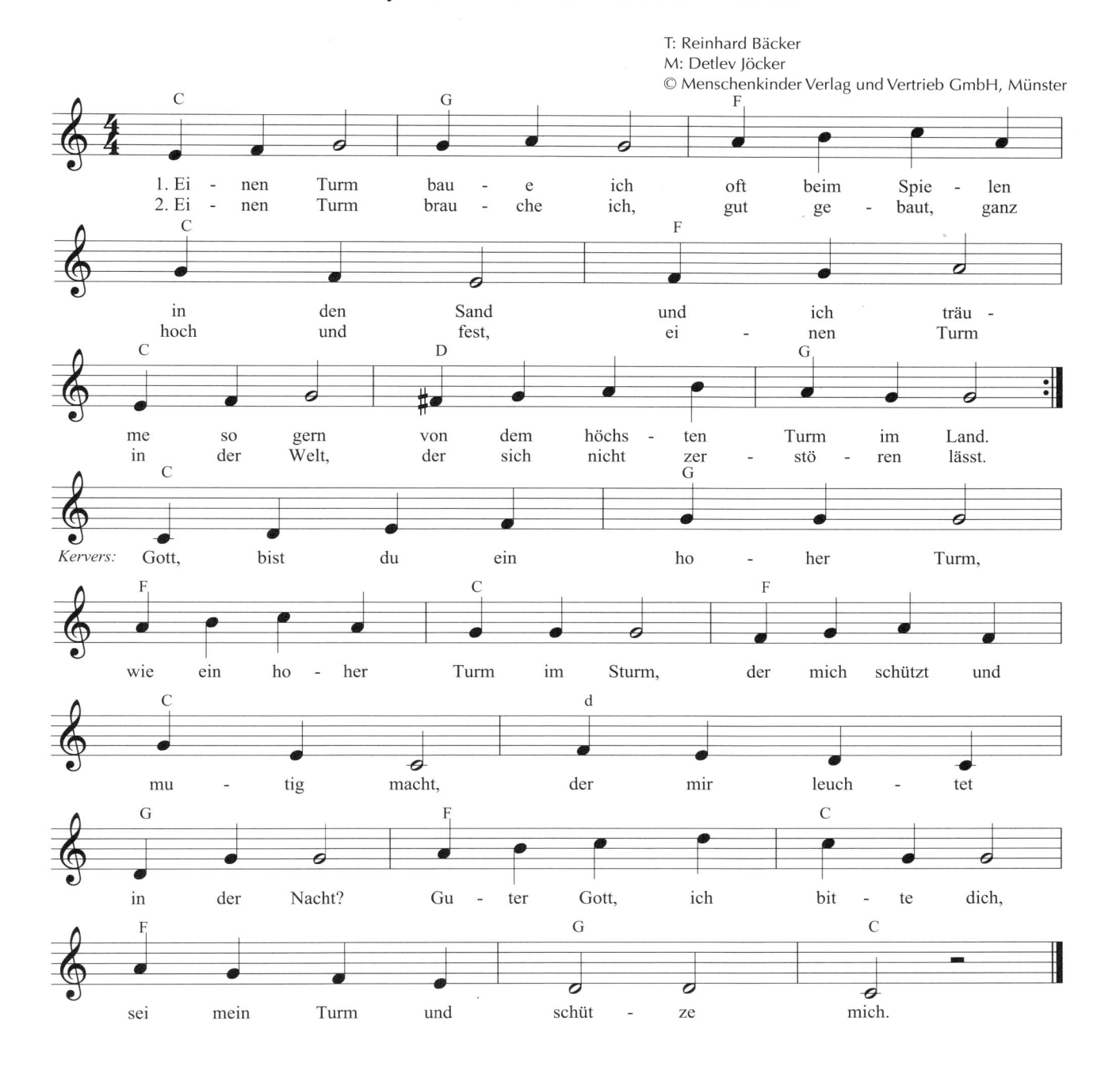

Gott, bist du ein hoher Turm?

T: Reinhard Bäcker
M: Detlev Jöcker
© Menschenkinder Verlag und Vertrieb GmbH, Münster

1. Einen Turm baue ich oft beim Spielen in den Sand,
   und ich träume so gern von dem höchsten Turm im Land.

2. Einen Turm brauche ich, gut gebaut, ganz hoch und fest,
   einen Turm in der Welt, der sich nicht zerstören lässt.

Kehrvers: Gott, bist du ein hoher Turm, wie ein hoher Turm im Sturm, der mich schützt und mutig macht, der mir leuchtet in der Nacht? Guter Gott, ich bitte dich, sei mein Turm und schütze mich.

3. Einen Turm suche ich,
   einen Turm zur Sicherheit,
   der mich schützt und bewahrt.
   Gottes Segen wird uns schützen
   in den Stürmen unserer Zeit.

4. Auf den Turm steige ich,
   denn ich will ganz oben sein,
   und der Turm macht mich groß,
   unten bin ich doch so klein.

Kehrvers: Gott, bist du ein hoher Turm ...

5. Von dem Turm sehe ich,
   was in unsrer Welt geschieht,
   und ich lade dich ein:
   Sing mit mir vom Turm ein Lied.

Kehrvers: Gott, bist du ein hoher Turm ...

- *Alternative:* „Stell dir vor, du wärst beim Turmbau dabei gewesen. Schreibe, was du erlebt hast." („Ich bin Samuel/ Sara, ich lebe in einer schönen Gemeinschaft, wir sprechen alle dieselbe Sprache. Doch eines Tages ...)
- Sch singen das Turmbaulied **fse 98** unten und denken sich Bewegungen dazu aus.

Der Turm zu Babel (Teil 2)
- Sch lesen in *Meine Schulbibel* den Text zu Ende.
- L: Dieser Text erzählt aus einer anderen Perspektive als der im Schulbuch!
- Sch erarbeiten die Folgen des „Hoch-hinaus-Wollens": Menschen verstehen sich nicht mehr, Störung der Kommunikation ...
- L: Erinnere dich an deine Teamarbeit. Welche Zusammenhänge mit dem Bibeltext erkennst du?

Cartoon Marie Marcks
- Sch betrachten den Cartoon – stark vergrößert auf Folie – abschnittsweise von unten nach oben.
- Sch entdecken: Der Weg hinauf ist mühsam, viele bleiben „auf der Strecke", einige werden überrannt, nur wenige kommen oben an. Ganz oben sein, der Mächtigste sein ...
- Sch lassen einzelne Personen des Cartoons „sprechen", legen Sprechblasen dazu, gestalten Hefteintrag.
- Sch suchen eine Verbindung zwischen Cartoon und Bibeltext.

Eine Turmcollage gestalten
- Sch gestalten mit einem Bildausschnitt des Cartoons ein Bild über das Höher-Hinaus in der Schule.
- Sch arbeiten mit Zeitungsausschnitten (siehe AA **fse 99** unten).
- Sch bauen einen Turm aus Schachteln und bekleben diese mit Stichpunkten:
- – Womit wollen die Menschen heute „hoch hinaus"? Wie gehen sie miteinander um?
- – Wie wirkt sich die Vielfalt der Baumeister mit ihren Ideen aus?
- Sch lernen das Lied: „Wir wollen aufsteh'n" **M 4.6.20, Arbeitshilfen S. 259**. Das Lied ist als Nr. 2 auf der Liederkiste 3/4 enthalten.

3. Weiterführende Anregungen

Stationenarbeit
Die einzelnen „Bausteine" zu **fse 98/99** können auch Grundlage einer Stationenarbeit/Lernstraße sein.

Türme
Sch informieren sich selbstständig, z. B. im mit dem Deutschen Jugendliteraturpreis ausgezeichneten Buch: Maar, Paul, Türme. Ein Sach- und Erzählbuch, Hamburg 1987.

Bilder vom Reich Gottes
fragen – suchen – entdecken **100/101**

1. Hintergrund

Die Doppelseite **fse 100/101** schildert in Wort und Bild verschiedene Perspektiven des Reiches Gottes. Sch werden mit hinein genommen in die Welt der Menschen zur Zeit Jesu und lernen deren Lebensumstände, Bedürfnisse, Ängste, Sehnsüchte, Wünsche und Hoffnungen kennen. Sie erfahren, dass Jesus vom Reich Gottes erzählt und den Menschen Hoffnung und Perspektive vermittelt. In **fse 101** wird deutlich, dass das Reich Gottes im täglichen Leben Wirklichkeit werden kann, klein anfängt und seine Vollendung bei Gott findet.

Reich Gottes
Der Begriff „Reich Gottes" leitet sich aus der griechischen Sprache her. „basileia tou theou" ist der Schlüsselbegriff im Leben und in der Botschaft Jesu. Dieser Begriff wird im AT spärlich verwendet, dagegen im NT über 150 mal. Das Matthäusevangelium spricht vom „Reich der Himmel", während Markus und Lukas vom „Reich Gottes" sprechen. Alle Evangelisten verfassen ihre Evangelien in griechischer Sprache, Matthäus jedoch ersetzt das Wort „Gott" durch das Wort „Himmel". Ist dies der Grund dafür, dass bei vielen Menschen die Vorstellung vom Reich Gottes in weite Ferne, ins Unerreichbare, ins Jenseits verschoben ist? „Was also bei Matthäus ‚Himmelreich' heißt, ist nichts anderes als eine für jüdische Ohren besser erträgliche Umschreibung dessen, was bei Jesus und den anderen Evangelisten ‚Reich Gottes' heißt" (Ingo Baldermann, Gottes Reich – Hoffnung für Kinder, Neukirchen-Vluyn 2002, S. 14).

Jesus kennt die schwierigen Lebensumstände der Menschen seiner Zeit, die meisten waren sehr arm. Sie kämpften ums tägliche Überleben, alle litten unter der Besatzung und Ausbeutung des Landes durch die Römer (vgl. willkürliches Zollwesen, Steuern ...). Ver-

Aufsteh'n, aufeinander zugeh'n

T/M: Clemens Bittlinger
Rechte beim Autor

Kehrvers: Wir wollen aufsteh'n, aufeinander zugeh'n, voneinander lernen, miteinander umzugeh'n. Aufsteh'n, aufeinander zugeh'n und uns nicht entfernen, wenn wir etwas nicht versteh'n.

1. Viel zu lange rumgelegen,
   viel zu viel schon diskutiert.
   Es wird Zeit, sich zu bewegen,
   höchste Zeit, dass was passiert.

2. Jeder hat was einzubringen,
   diese Vielfalt, wunderbar!
   Neue Lieder woll'n wir singen,
   neue Texte, laut und klar.

3. Diese Welt ist uns gegeben,
   wir sind alle Gäste hier.
   Wenn wir nicht zusammenleben,
   kann die Menschheit nur verlier'n.

4. Dass aus Fremden Nachbarn werden,
   das geschieht nicht von allein.
   Dass aus Nachbarn Freunde werden,
   dafür setzen wir uns ein.

schiedene jüdische Gruppierungen wollten die Lebensbedingungen verändern und fanden dafür unterschiedliche Ansätze: Die Zeloten (Eiferer) riefen zum gewalttätigen Widerstand auf. Die Essener (Frommen) kapselten sich von der Gesellschaft ab und zogen sich zurück. Die Pharisäer (Abgesonderte) glaubten das Reich Gottes durch die strenge Einhaltung religiöser Gesetze schaffen zu können. Dies steht im Gegensatz zur Botschaft Jesu, der das Reich Gottes stets als Geschenk sieht. „Wenn ein Mensch sich der Botschaft Jesu öffnet, so wird er bereits jetzt und hier der neuen Welt Gottes teilhaftig. Wenn Jesus in den Seligpreisungen (Mt 5,3-12) den Armen die Teilhabe am Reich Gottes zuspricht, so ist dies nicht eine Vertröstung auf eine ferne Zukunft, sondern verbindliche Zusage, die den Menschen in eine jetzt schon beginnende, von Gott gesetzte und garantierte neue Wirklichkeit einbezieht" (Klaus Koch (Hg.), Reclams Bibellexikon, Stuttgart 1978, S. 423).

Gleichnisse

Jesus erzählt vom angebrochenen Reich Gottes in Gleichnissen, die alltägliche Begebenheiten schildern (z. B. ein Schaf wird gefunden, Sauerteig geht auf, ein Schatz liegt im Acker ...). Gleichnisse laden uns ein, „Erfahrungen des alltäglichen Lebens und die Wirklichkeit des Reiches Gottes in einer für die Hörer oft überraschenden und herausfordernden Weise zusammen zu sehen. Sie verstricken die Hörer in Geschichten, die ihre bisher selbstverständlichen Sichtweisen und Verhaltensmuster einerseits aufnehmen, andererseits in einer oft unerwarteten Weise in Frage stellen. Gleichnisse sind in ihrer „erschließenden" Kraft keine „uneigentliche" Rede, sondern in einem ursprünglichen Sinn „eigentliche" Rede. Sie lassen sich nicht auf eine „abstrakte" Wahrheit reduzieren. Sie provozieren zur Stellungnahme, zu Zustimmung oder Widerspruch. Sie zielen auf eine „Umkehr der Einbildungskraft" (Paul Ricoeur) der Hörerinnen und Hörer. Sie erheben einen Wahrheitsanspruch und formulieren einen Handlungsappell, der nur vom Hörer des Gleichnisses selbst eingelöst werden kann, wenn er die im Gleichnis eröffnete Möglichkeit in die konkrete Wirklichkeit des eigenen Lebens einholt und dort real werden lässt" (Werner Simon, Gleichnisse, in: F. Schweitzer/G. Faust-Siehl, Religion in der Grundschule (Arbeitskreis Grundschule) Frankfurt 1995, S. 197).

Jesus lädt im Besonderen jene Menschen ein, die gesellschaftlich ausgegrenzt sind. Er stellt Kinder in die Mitte und sagt, dass ihnen das Reich Gottes gehört (Lk 18,16), denn im Kleinen und Unscheinbaren beginnt das Reich Gottes zu wachsen (Mt 18,4); es ist eine „Kategorie der Hoffnung" (Ingo Baldermann, a. a. O.).

Ein ganzheitlicher Umgang mit Gleichnissen verbietet es geradezu diese in Teile zu zerlegen. Sch erfahren im „Hineingehen" in eine Erzählung, in ein Gleichnis, deren Bedeutung. Sie bleiben in der Geschichte, bewegen sich dort, denken und fühlen dort und verbinden dies so mit den Erfahrungen ihres eigenen Lebens.

2. Einsatzmöglichkeiten im RU

Vor 2000 Jahren in Kafarnaum

- L erzählt „Vor 2000 Jahren in Kapernaum **fse 100** bis: „... Manche zweifeln daran, dass Gott selbst Gerechtigkeit schaffen wird."
- L: Stell dir vor, du hättest all dies erlebt. Vieles liegt im Argen. Notiere auf dunklen Wortkarten, was dein Leben schwer macht (evtl. schwarzes Tonpapier mit weißem Stift beschreiben).
- Sch legen ihre Antwortkarten mit je einem Stein zu einem Bodenbild zusammen (im Kreis um einen Gymnastikreifen).
- Sch lesen den Text **fse 100** zu Ende und klären im UG das Symbol „Berg" (Überblick haben, über den Dingen stehen, anstrengend ...).
- L: „Alles wird ganz anders." Notiere deine Wünsche, Sehnsüchte und Träume von einer neuen Wirklichkeit zu einer „Traummusik" auf hellen Papierstreifen:
  „Ich träume von ... Es wäre schön, ... Ich wünsche mir ..."
- *Alternative:* Sch malen ihre Hoffnungsbilder.
- Sch legen helle Streifen auf die dunklen und stellen je ein Teelicht neben den Stein.
- Sch erkennen im „Fremden" Jesus und stellen zum Zeichen für Jesus eine brennende Kerze in die Mitte.

Jesus schenkt neue Hoffnung

- L legt „Glaubt mir, es wird alles ganz anders" als Wortstreifen in die Mitte.
- L legt die Seligpreisungen **fse 100,** ansprechend in Schriftrollen gestaltet (auf farbiges Papier, aufgerollt, mit Goldband verknotet), zur Mitte.
- L: „Jesus gibt seinen Freunden, seinen Zuhörern Hoffnung in ihrer schier ausweglosen Situation, er steckt viele mit seiner Vision vom Reich Gottes an." Sch „entdecken" die Hoffnungssätze, indem sie die Schriftrollen öffnen und den Text langsam vorlesen.
- Sch schreiben ein Akrostichon zu „Selig" in ihr „Ich-Buch".

Ein Hoffnungsspiel

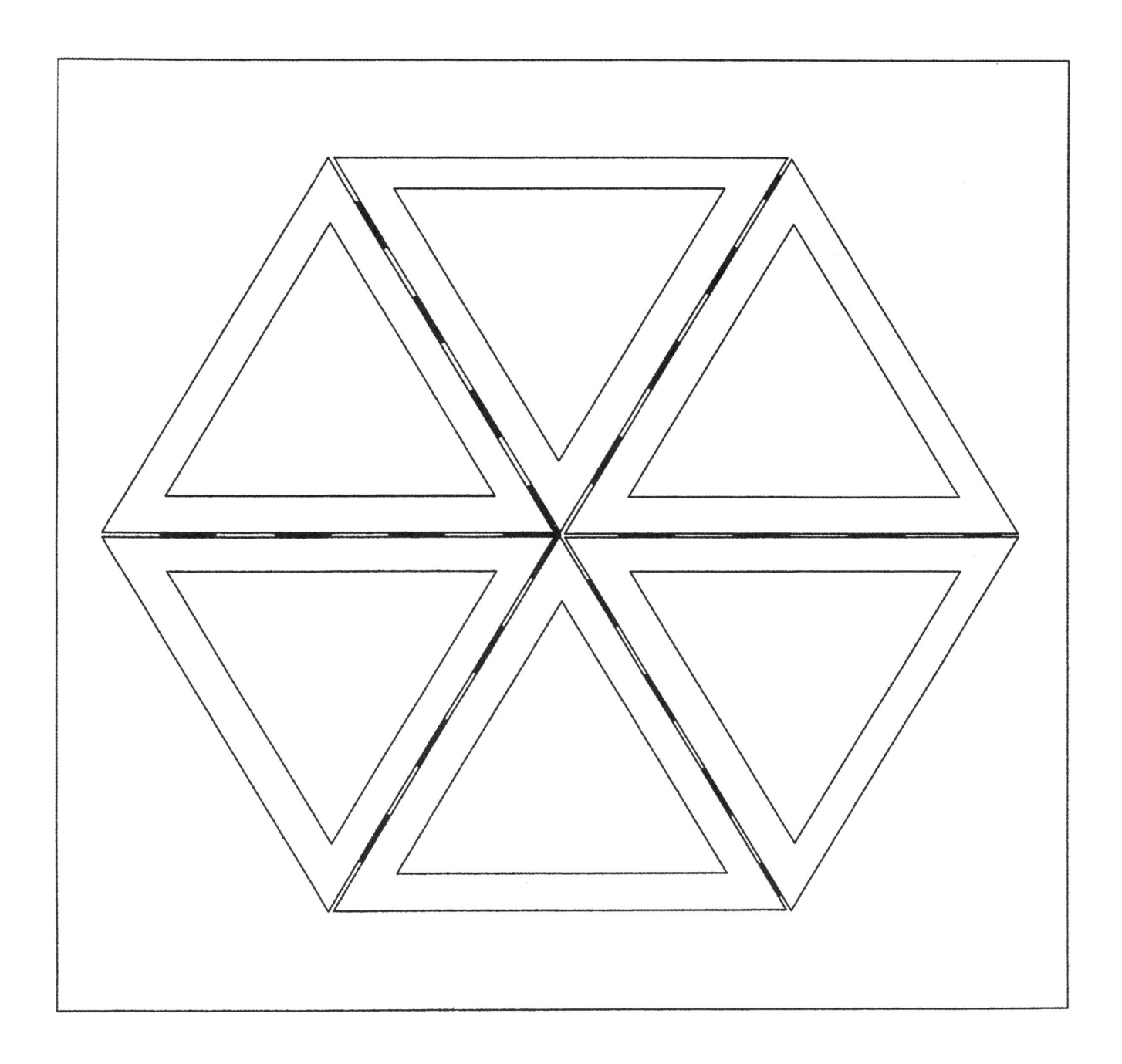

Anleitung:

1. Beschrifte die Seiten der einzelnen Dreiecke mit dem Text „Selig seid ihr".
2. Schneide die gestrichelten Linien vorsichtig ein.
3. Klappe die sechs Flügel nach außen.
4. Beschrifte die inneren Flügel mit den Hoffnungssätzen aus deinem Buch.
5. Schneide den viereckigen Rahmen aus und klebe ihn am äußeren Rand in dein Heft.
6. Male in die Mitte dein Hoffnungsbild.

Selig seid ihr

T: Friedrich Karl Barth/Peter Horst
M: Peter Janssens
© Peter Janssens Musikverlag, Telgte-Westfalen

1. Se - lig seid ihr, wenn ihr ein - fach lebt.
   Se - lig seid ihr, wenn ihr Las - ten tragt.

2. Selig seid ihr, wenn ihr lieben lernt.
   Selig seid ihr, wenn ihr Güte wagt.

4. Selig seid ihr, wenn ihr Frieden macht.
   Selig seid ihr, wenn ihr Unrecht spürt.

3. Se - lig seid ihr, wenn ihr Lei - den merkt.
   Se - lig seid ihr, wenn ihr ehr - lich bleibt.

Fantasieübung „Senfkorn"

Ich bin ein kleines Senfkorn und liege in der Erde. Ich fühle mich sicher und geborgen. Die Sonne scheint auf die Erde und wärmt mich. In mir beginnt es sich zu regen und die Schale wird mir zu eng.
(Die Kinder beginnen sich langsam zu regen und sich zu bewegen; sie heben vorsichtig den Kopf und nehmen die Arme auseinander.)
Ich spüre, wie meine Schale aufbricht, wie sich kleine Wurzeln bilden und in der Erde verankern. Ich wende mich der warmen Sonne zu. Langsam strebe ich dem Licht der Sonne zu und durchbreche die warme Erde.
(Die Kinder stehen auf, suchen einen festen Stand und strecken die Arme nach oben.)
Ich wachse und wachse und werde größer und größer. Aus mir wird ein kleiner, dann ein großer Baum. Mir wachsen starke Äste und viele Blätter.
(Die Kinder heben die Arme nach oben oder zur Seite und öffnen die Hände.)
Ich habe tiefe Wurzeln, die mich tief in der Erde halten.
(Die Kinder bleiben fest mit den Füßen auf dem Boden stehen.)
Meine Äste wiegen sich im Wind.
(Die Kinder bewegen sich.)

Das Gleichnis vom Senfkorn

Den Menschen im Volk Israel geht es nicht gut. Viele sind arm, manche sogar so arm, dass sie nicht genug zu essen haben. Viele müssen als Tagelöhner auf den Feldern für wenig Lohn hart arbeiten. Wenigen Großgrundbesitzern gehört das meiste Land. Die Zöllner, die von den Römern eingesetzt sind, verlangen von den Menschen oft willkürlich Abgaben und Zölle. Die meisten glauben schon nicht mehr daran, dass sich an dieser Lage noch einmal etwas ändert. Zwar gibt es immer wieder Versuche von einigen, mit einem Aufstand die römische Besatzungsmacht zu vertreiben, aber diese Aufstände werden von den Römern immer brutal niedergeschlagen. Andere hoffen auf eine Änderung und auf ein Eingreifen Gottes dadurch, dass sie alle Gesetze und Anordnungen genau befolgen. Aber die meisten Menschen glauben schon nicht mehr daran, dass noch irgendetwas besser wird. „Nach uns fragt sowieso niemand mehr, wir sind immer die Betrogenen", sagen sie. „Auch Jahwe, unser Gott, scheint uns vergessen zu haben." Und nun ist aus Nazaret ein Fremder gekommen, Jesus heißt er. Er redet und denkt anders. „Glaubt mir", sagt er, „alles wird anders. Das Reich Gottes ist nahe. Das Reich Gottes gehört gerade euch, den Armen."
„Wie wird dieses Reich Gottes denn aussehen?", fragen sie ihn. „Hungernde werden satt, Trauernde werden getröstet, Weinende werden lachen, Blinde werden sehen, Lahme werden gehen, Taube werden hören, Tote werden auferstehen."
„Das hört sich schön an", antworten sie ihm. „Aber ob wir das noch erleben?"
Und Jesus wird noch deutlicher: „Das Reich Gottes ist jetzt schon angebrochen, es ist euch hier und jetzt schon ganz nahe."
Doch die Menschen in Kafarnaum können ihm nicht glauben: „Wie soll das gehen?" Da sagt er ihnen: „Womit kann man das Reich Gottes vergleichen? Es gleicht einem Senfkorn. Dieses ist das Kleinste von allen Samenkörnern, das man in die Erde sät. Ist es aber gesät, dann geht es auf und wird größer als alle anderen Gewächse und treibt große Zweige, sodass in seinem Schatten die Vögel des Himmels nisten können."

Nach Mk 4,30-32

„Selig seid ihr"
- Sch umschreiben das Wort „selig" mit eigenen Worten (Freut euch, seid zuversichtlich ...).
- Sch gestalten mithilfe von **AB 4.6.21, Arbeitshilfen S. 261**, ihr Hoffnungsspiel.
- Sch singen das Lied „Selig seid ihr" **M 4.6.22, Arbeitshilfen S. 262**.

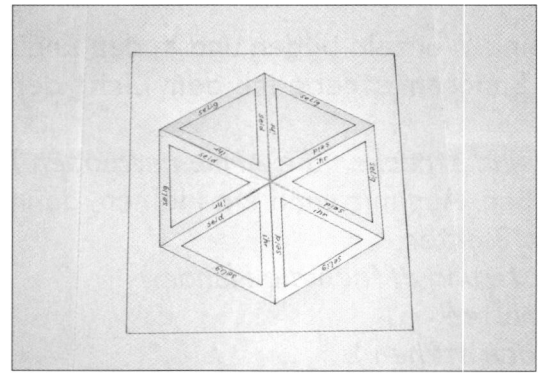

AB 4.6.20, geschlossene Bastelanleitung

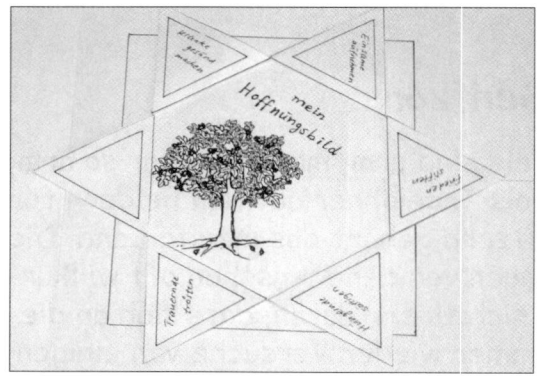

Geöffnetes Hoffnungsspiel mit exemplarischem Hoffnungsbild in der Mitte

Das Reich Gottes – mehr als nur ein Traum?
- Sch lassen sich auf eine Fantasieübung ein: **M 4.6.23, Arbeitshilfen S. 263**.
- Sch malen zu meditativer Musik „Mein Senfbaum".
- Sch informieren sich mithilfe von **fse 101** über die Besonderheit des Senfkornes und des Senfbaumes.
- Sch sammeln verschiedene Samen, betrachten und bestaunen die unterschiedlichen Größen, Farben und Muster, setzen die Samen ein, beobachten ihr Wachsen und beschenken sich gegenseitig. Sie erfahren: Aus etwas sehr Kleinem kann etwas Großes werden.

Kleines Senfkorn Hoffnung
- L-Erzählung zum Gleichnis vom Senfkorn: **M 4.6.24, Arbeitshilfen S. 263**.
- Sch gestalten ein Bodenbild oder Plakat: Senfkorn, Wurzeln, Stamm, Äste, Zweige.
- Sch schreiben Hoffnungssätze: **AB 4.6.25, Arbeitshilfen S. 265**.

Alternative: Sch schreiben diese auf grüne Blätter und kleben sie zum Bodenbild des Senfbaumes.

Reich Gottes – eine neue Welt
Sch erhalten **AB 4.6.26, Arbeitshilfen S. 267**, und gestalten in EA oder PA die Segmente der Erdkugel mit Bildern vom Reich Gottes.

3. Weiterführende Anregung

„Selige" durchwirken die Welt
- L bringt Vorbereitetes für eine Flechtarbeit mit:
  - Ein weißes DIN-A3-Blatt der Länge nach in 8-9 ca. 2,5 cm breite Streifen schneiden.
  - Ein weißes DIN-A4-Blatt der Länge nach in 5 ca. 2,5 cm breite Streifen schneiden.
- Mit den Streifen flechten:
  - Einen kurzen Streifen oben legen, die langen Streifen so kleben, dass der erste Streifen auf den kurzen, der nächste darunter geklebt wird ...
  - Fünf kurze Streifen einflechten und festkleben.
- Den geflochtenen Bereich farbig gestalten und mit dem Text „Selig sind ..." beschriften. Die Längsstreifen mit den Hoffnungssätzen gestalten, z. B. „... die Trauernden, denn sie werden getröstet werden".

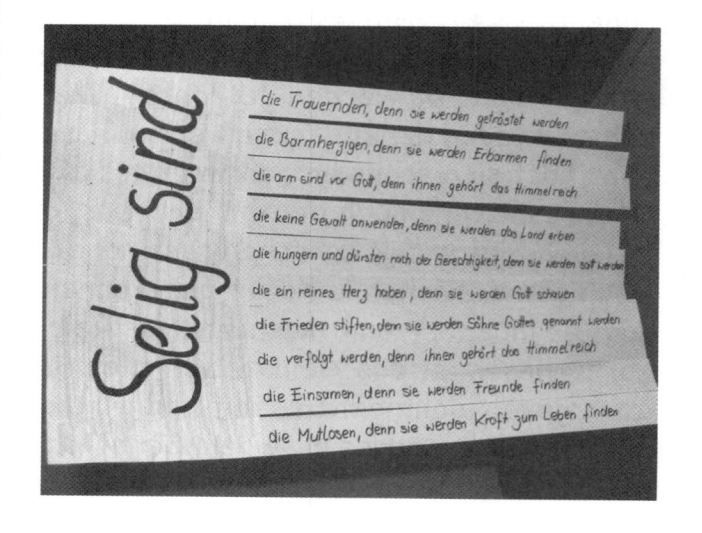

Hoffnungssätze

Weinende werden lachen.

Hungernde werden satt.

Kleine werden wichtig.

Ausgeschlossene werden dabei sein.

Finde selbst Hoffnungssätze:

- Das Ganze als Mobile an einem Hoffnungszweig aufhängen.
- *Alternative:* Mit großen weißen Stoffbahnen gestalten und als Gottesdienstelement oder zur Schulhausgestaltung verwenden.

Literatur

Rendle, Ludwig, Zur Mitte finden, Donauwörth 2002
Spuren. Jesus bringt die Botschaft vom Reich Gottes, Freiburg 1996

Komm, bau ein Haus

fragen – suchen – entdecken **102**

1. Hintergrund

fse 102 schließt das Kapitel „In Bildern und Symbolen sprechen" mit einem Lied ab. Jede/r ist aufgefordert am Reich Gottes mitzuwirken, mitzubauen, an seiner Verwirklichung teilzuhaben. Sch sind eingeladen mithilfe ihres erworbenen Wissens mit Bildern, Symbolen und Reich-Gottes-Ideen weitere Strophen des Liedes zu entwickeln. Ihrer Fantasie können sie freien Lauf lassen und ein Hoffnungshaus aufbauen.
Wenn sich Sch mit ihrer Schulbibel beschäftigen, werden sie auf Gleichnisse Jesu stoßen, die sie auf vielfältige Weise kreativ bearbeiten können. Hoffnungsgeschichten oder Hoffnungselfchen können das Thema zu einem fruchtbaren Abschluss bringen.
„Die Hoffnung auf das Reich Gottes ist wie ein ... Netz, das es erlaubt, die unterschiedlichsten Erfahrungen einzusammeln, sie nicht dem Abgrund der Verzweiflung zu überlassen, sondern in das Netz dieser Hoffnung einzubinden ... In allen Fällen geht es darum, dass nicht einseitig ich den Text interpretiere, sondern sogleich der Text mein Leben neu strukturiert und interpretiert. Solche elementaren biblischen Sätze, wie wir sie ... in der Predigt Jesu finden, sind auf dieses Wechselspiel angelegt; sie wollen mein Leben und meine Wahrnehmung verändern, das ist ihre eigene Didaktik" (Ingo Baldermann, a. a. O., S. 31).
Jesu Erzählungen vom Reich Gottes sind so bildhaft und einprägsam, dass es Menschen leicht fällt, sie im Gedächtnis zu behalten und so zum gedanklichen Begleiter werden zu lassen.

2. Einsatzmöglichkeiten im RU

Komm, bau ein Haus
- Sch singen das Lied **fse 102** und finden weitere Strophen dazu.
- Sch gestalten ihr „Hoffnungshaus" im Heft, im „Ich-Buch" oder auf einem Plakat. Dazu werden geöffnete „Fenster" mit hellem Transparentpapier hinterklebt und mit Hoffnungsbildern, Texten oder digitalen Fotos der Sch gestaltet.

Hoffnung ist wie ...
- Sch suchen Metaphern für „Hoffnung" im gesamten 6. Kapitel,
- z. B. Hoffnung ist (wie) ...
  ... aus dem Wasser des Lebens schöpfen.
  ... trotz verschiedener Sprachen sich zu verstehen.
  ... im Schatten eines Baumes zu ruhen.
  ... fest verwurzelt zu sein.
- Diese Hoffnungsbilder werden mit verschiedenen Formen des kreativen Schreibens ausgedrückt: Akrostichon, Elfchen, Haiku, Rondell, Clustern, einen Hoffnungswörtersack füllen, ABC-Darium.
- Gedichte mit allen Sinnen schreiben: Hoffnung klingt, Hoffnung schmeckt, Hoffnung sieht aus wie ...
- Auch die Verklanglichung der Hoffnungsbilder ist ein schönes, meditatives Element.
- Sch gestalten Hoffnungskarten mit einem Hoffnungsbild oder Hoffnungstext und verschenken diese.

Literatur

Baldermann, Ingo, Schmitz, Dagmar Antje, Handbuch des kreativen Schreibens, Donauwörth 2001
Sauter, Ludwig, Kreatives Schreiben im Religionsunterricht, Stuttgart 2005

Eine neue Welt

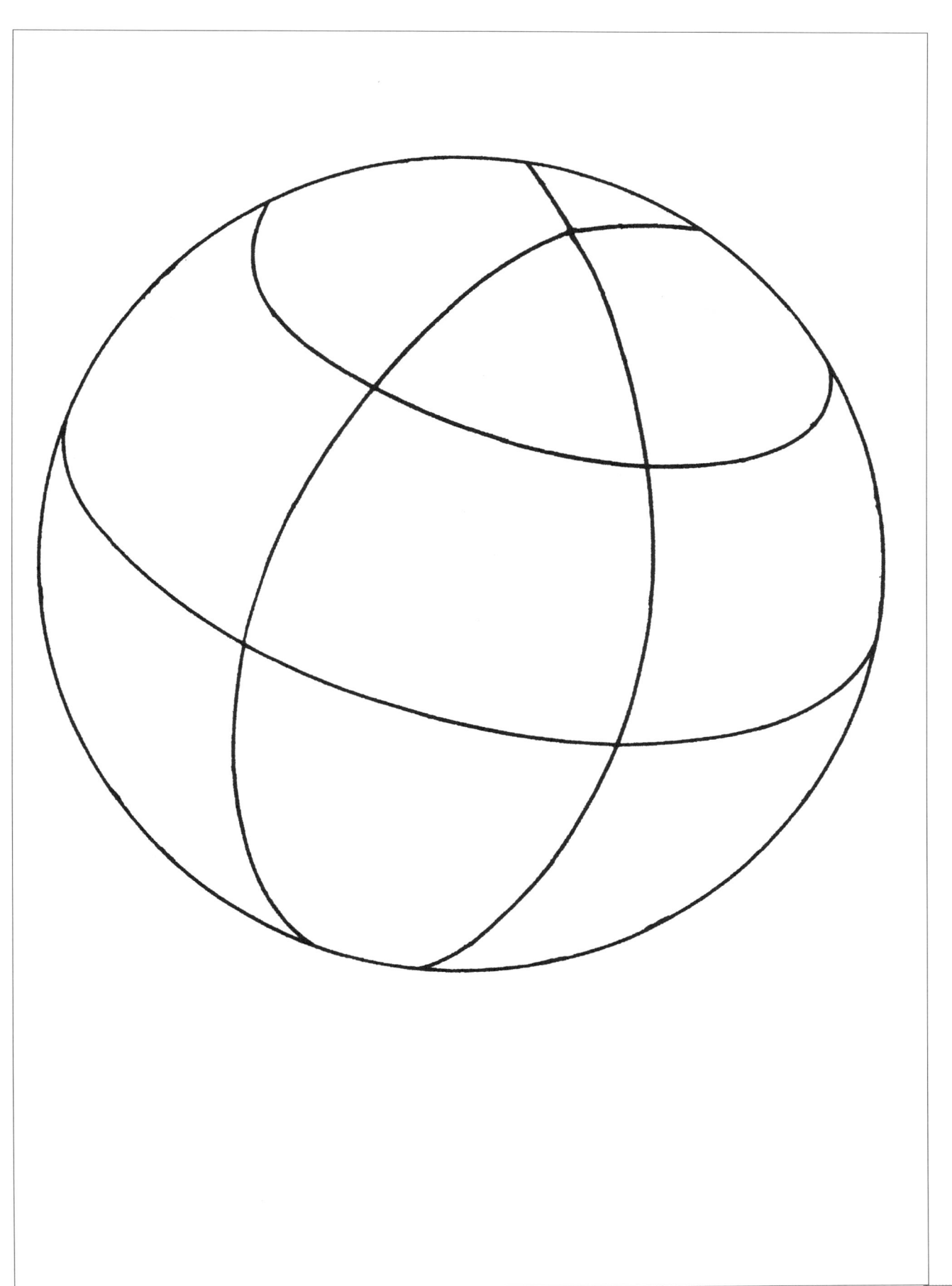

7 Kirchen und Konfessionen – ein Evangelium

1. Religionspädagogische und theologische Hinweise

Die Kinder erleben in der Schule wie auch in der Familie oder im Freundeskreis, dass Christen in verschiedenen Bekenntnissen leben. Als Christ/in gehört man einer „Konfession" an, einer Glaubensgemeinschaft, die sich an dem orientiert, was alle bekennen, die zu dieser Gemeinschaft durch Sozialisation, Elternhaus, Umweltfaktoren und persönlicher Entscheidung angehören. Im Verständnis von Konfessionalität gibt es verschiedene Entwicklungen und Akzentuierungen.

In der frühen Kirche richtete sich das christliche Bekenntnis auf Jesus Christus im Sinne einer existenziellen Wahrheit, die auch eine kirchliche Dimension hat. Denn das Bekenntnis zu Jesus Christus verbindet alle, die sich zu ihm bekennen, auch untereinander zur Gemeinschaft der Kirche als dem „Leib Christi".

Später wandelte sich das geglaubte Bekenntnis zu einer sich verselbstständigenden Lehre, die von Irrlehren zu unterscheiden ist. Bekenntnis wurde zur satzhaften, dogmatischen Wahrheit. Daraus entwickelte sich eine Form, die inhaltlich von der gegnerischen Position her bestimmt ist, das *apologetische Gegenbekenntnis*.

Der Begriff der Konfession bezeichnet seit dem 19. Jh. die voneinander getrennten christlichen Kirchengemeinschaften. Die Verflechtung von kirchlichen Kontroversen und politischen Fragen sowie die Übereinstimmung von Konfessionsgrenzen und Territorien seit der Reformation brachte es mit sich, dass sich die Konfessionen immer stärker profilieren und voneinander abheben mussten. „Konfessionalismus" ist die daraus folgende Erstarrung und Enge kirchlicher Formeln und Formen, die einem lebendigen Austausch mit anderen Konfessionen und Religionen und dem Lernen voneinander entgegensteht.

Im Anschluss an das Zweite Vatikanische Konzil hat sich in der katholischen Kirche ein anderes Verständnis von Konfession durchgesetzt, das die deutschen Bischöfe so umschrieben haben: „An die Stelle von Selbstbeharrung, Abgrenzung und Isolierung tritt nun gesprächsfähige Identität. An die Stelle von Verschmelzung und Vereinheitlichung tritt der in der eigenen Geschichte gewonnene Reichtum als Gewinn auch für die anderen" (Die deutschen Bischöfe, Die bildende Kraft des Religionsunterrichts. Zur Konfessionalität des kath. Religionsunterrichts, Bonn 1996, S. 41). Demzufolge verlangen die ökumenische Ausrichtung und die Bereitschaft zu ökumenischem Lernen nicht ein Aufgeben der Konfession, sondern vielmehr bedarf es eines erkennbaren Standortes, der aus der eigenen Identität heraus zu einem auch inhaltlich orientierten Dialog und zur Verständigung befähigt und verhelfen kann. Nur so kann der Reichtum der Liturgie, der Volksfrömmigkeit, der Wertschätzung der Bibel und der theologischen Akzentsetzung, den die Konfessionen in ihrer jeweiligen Geschichte gesammelt haben, auch den anderen zum Gewinn werden. Der katholischen Kirche hat das Zweite Vatikanische Konzil in der Ökumene eine Neubesinnung gebracht: Im Gegensatz zur alten Forderung nach einer Rückkehr der von Rom getrennten Kirchen sah das Konzil die Anerkennung des christlichen Erbes in den anderen Kirchen. Anerkennung findet auch in der katholischen Kirche das Modell einer „Einheit in versöhnter Verschiedenheit", d. h. dass das Anderssein der einzelnen Kirchen und Konfessionen bejaht und anerkannt wird, ohne als ausschließend und trennend gewertet zu werden. Diese neue Entwicklung wird von Sieger Köder auf dem Kapiteleingangsbild dargestellt.

> **Das Zweite Vatikanische Konzil und die Ökumene**
>
> Die römisch-katholische Kirche bejahte die interreligiöse und die innerkirchliche Ökumene erst auf dem Zweiten Vatikanischen Konzil. Im Ökumenismusdekret *Unitatis redintegratio* (abgekürzt UR) verstand sie Ökumene positiv als Aspekt der „katholischen", d. h. weltweiten Kirche. Im Gegensatz zur alten Forderung nach einer Rückkehr der von Rom getrennten Kirchen stand das Konzil zur eigenen Reformbedürftigkeit. Schlüssel zu dieser Anerkennung bildete die Einsicht, dass Gottes Geist auch außerhalb der eigenen Kirche wirksam ist. Das Konzil hielt daran fest, „dass einige, ja sogar viele und bedeutende Elemente oder Güter, auf denen insgesamt die Kirche erbaut wird und ihr Leben gewinnt, auch außerhalb der sichtbaren Grenzen der katholischen Kirche existieren können: das geschriebene Wort Gottes, das Leben der Gnade, Glaube, Hoffnung und Liebe und andere innere Gaben des Heiligen Geistes und sichtbare Elemente" (UR Nr. 3).
>
> Gegenüber der Orthodoxen Kirche kam es am 7. Dezember 1965 zur Aufhebung des 1054 ausgesprochenen Kirchenbannes und gegenüber der

> Evangelischen Kirche wurden die Lehrverurteilungen der Reformationszeit weitgehend zurückgenommen. Für das ökumenische Lernen ist die Vorstellung einer „Einheit in der Vielfalt" oder einer „Versöhnten Verschiedenheit" und nicht der Einförmigkeit bedeutsam.

> keinen gemeinsam verantworteten RU geben werde, sollte dies nicht davon abhalten, die Möglichkeiten der evangelischen und katholischen Kooperation im RU auszuschöpfen und weiter auszubauen (vgl. Herder Korrespondenz 55 (2001), S. 226).

Der RU muss vor allem Hilfen zu einem elementaren religiösen Lernen von einem konfessionellen Standpunkt aus anbieten. Dabei kann oft von einer verdeckten, aber vielfach vorhandenen Alltagsreligiosität der Sch ausgegangen werden. Hierzu gehören auch verkümmerte Formen eines ursprünglich christlich geprägten religiösen Brauchtums, auch etwa die Tatsache der eigenen Taufe, des christlichen Namens, der Feste des Kirchenjahres, in vielen Fällen der Erstkommunion. Wenn auch der Faktor Konfessionalität im Sinne einer geprägten Praxis nicht bei allen Sch vorausgesetzt werden darf, ist doch daran festzuhalten, dass Sch, die aufgrund ihrer Herkunft oder eigenen Wahl den RU besuchen, ein Recht darauf haben, die Konfession, der sie angehören oder die sie gewählt haben, in ihrem Reichtum und ihrer Spiritualität kennen zu lernen.

Nach dem Prinzip der Korrelation sind die Lebenswelten der Sch im Horizont der Glaubenstradition zu reflektieren. Die Glaubenstraditionen sind aber konfessionell geprägt, wenn sie auch zugleich unter einem ökumenischen Anspruch stehen. Deshalb muss auch RU notwendigerweise konfessionell geprägt sein, weil er auf gelebte Religiosität und Zeugenschaft angewiesen ist.

> **Konfessionell-kooperativer RU**
> Unter konfessionell-kooperativem RU ist ein grundsätzlich konfessionell getrennter Unterricht zu verstehen, der aber in ökumenischer Offenheit und kooperativ mit anderen Konfessionen stattfindet. Er dient neben dem vertieften Verständnis der eigenen Konfession dem Abbau von konfessionellen Vorurteilen, dem Kennenlernen der jeweils anderen Kirche oder Religionsgemeinschaft und der Kommunikationsfähigkeit mit anderen Glaubenseinstellungen. Die deutschen Bischöfe betonen in dem Beschluss „Die bildende Kraft des Religionsunterrichtes" (1996), dass alle Möglichkeiten eines konfessionell-kooperativen RUs ausgeschöpft werden sollten (a.a.O., S. 58ff.). Auf einer Tagung zur evangelisch-katholischen Kooperation hat der Vorsitzende der Katholischen Bischofskonferenz, Kardinal Lehmann, in einem Interview von „avantgardistischen Schrittmacherdiensten", gesprochen, die der RU in der Ökumene leisten solle. Auch wenn es vor einer weiteren Annäherung der Kirchen noch

2. Das Thema im Lehrplan und in fragen – suchen – entdecken

Das Thema „Christen leben in verschiedenen Konfessionen" (LP 4.7) soll den Sch helfen, die Gemeinsamkeiten und Unterschiede im Glauben und im Leben der evangelischen und katholischen Konfession kennen zu lernen, die Ursprünge der konfessionellen Unterschiede zu entdecken und Formen gemeinsamen christlichen Lebens zu finden.

Vermutlich haben Sch schon in der Schule, im Freundeskreis oder in der Familie erlebt, dass Christen verschiedenen Bekenntnissen angehören. In einem ersten Schritt nehmen sie noch einmal ihre täglichen Erfahrungen wahr und beschreiben z. B., dass es verschiedene Kirchen im Ort gibt oder dass Sch den RU ihrer eigenen Konfession besuchen und deswegen die Klasse aufgeteilt wird.

Erste Erklärungsversuche von Erst- und Zweitklässlern, warum es evangelische und katholische Christen gibt, werden Viertklässler nicht befriedigen und sie anspornen, nach besseren Erklärungen zu suchen (**fse 104/105**).

Über den LP hinaus wurde auf der Doppelseite **fse 106/107** der Versuch unternommen, an Kapitel 4.5 „Jesu Botschaft weiter tragen" die Entwicklung der Kirche von den Anfängen bis zur Trennung in der Reformation darzulegen. Sch lernen dabei nicht nur, dass es immer wieder zu Kirchentrennungen gekommen ist, sondern auch die Entstehung und Eigenart der orthodoxen Kirche kennen.

Schwerpunkt des siebten Kapitels ist jedoch der Vergleich von evangelischer und katholischer Konfession. Um die evangelische Kirche von ihren Ursprüngen her verstehen zu können, ist es notwendig, die Person und Glaubensweise Martin Luthers kennen zu lernen (**fse 108/109**).

Auf dieser Grundlage werden auf den folgenden Seiten Unterschiede und Gemeinsamkeiten dargestellt. Diese werden zunächst aufgezeigt am Beispiel zweier Kirchengebäude (**fse 110/111**) und an Beispielen aus dem Leben evangelischer und katholischer Christen (**fse 112/113**). Anschließend werden Gemeinsamkeiten, wie das Vaterunser und das Apostolische Glaubensbekenntnis, dargelegt (**fse 114/115**) sowie Beispiele und Möglichkeiten der Zusammenarbeit beider Konfessionen aufgezeigt (**fse 116/117**). Am Ende eines Schuljahres ist es möglich, dass die Lerngruppen und Klassen miteinander einen Schulgottesdienst feiern. Als Ausdruck der Gemeinschaft einer Schule werden diese Gottesdienste häufig gemeinsam gefeiert (**fse 118/119**).

3. Verbindungen zu anderen Themenbereichen ...

– „Gemeinsamer Anfang – Wege trennen sich" (**fse 106**)
– **fse 4**, 5. Kapitel „Jesu Botschaft weiter tragen" – v. a. „Ein Aufbruch" (**fse 74/75**) und „Wie die ersten Christen lebten" (**fse 76/77**).
– „Unterschiede wahrnehmen – in den Kirchengebäuden" (**fse 110**, in Beziehung zu **fse 2**, S. **74/75** „Zur Gemeinde gehören").
– „Miteinander Gottesdienst feiern" (**fse 118**), Verbindung zu **fse 3**, S. 74 „Bet- und Breakfast – eine Frühschicht".

... und Fächern

EVANGELISCHE RELIGIONSLEHRE: 4.7.2 Einander besser verstehen
HEIMAT- UND SACHUNTERRICHT, hier: Christen können aus der Geschichte der Kirche lernen: 4.6.1: Regionalgeschichte
DEUTSCH: 4.1.2 Sich und andere informieren

4. Lernsequenz

Planungsskizze	Überschriften in fse	Inhalte im Lehrplan	
I. Warum gibt es evangelisch und katholisch?	Evangelisch sein – katholisch sein **fse 104/105** Gemeinsamer Anfang – Wege trennen sich **fse 106/107**	4.7.1	Erfahrungen mit anderen christlichen Konfessionen Warum Christen zu unterschiedlichen christlichen Konfessionen gehören
II. Wie es zur Trennung kam Unterschiede in der Lehre und im Leben der evangelischen und katholischen Christen Gemeinsamkeiten in Lehre und Glaubensleben	Martin Luther **fse 108/109** Unterschiede wahrnehmen **fse 110/111**	4.7.2	Christen können aus der Geschichte der Kirchen lernen Die Bedeutung Martin Luthers für den evangelischen Glauben
		4.7.2	Ein evangelisches Kirchengebäude kennen lernen
		4.7.3	Feste, Feiern und Bräuche evangelischer Christen – einander vom Glauben erzählen
III. Wie können wir in versöhnter Verschiedenheit miteinander glauben und leben?	Unterschiede wahrnehmen – im Leben der Christen **fse 112/113** Gemeinsamkeiten entdecken **fse 114/115** Verschieden sein – miteinander Christ sein **fse 116/117**	4.7.3	Gemeinsam an Jesus Christus glauben
		4.7.3	Voneinander lernen und sich gegenseitig bereichern

Kirchen und Konfessionen – ein Evangelium

1. Hintergrund

Sieger Köder (* 1925)

Sieger Köder, katholischer Priester und Künstler, ist ein gegenständlicher Maler. Er gilt als kraftvoller und farbgewaltiger „Prediger mit Bildern". Seine Arbeiten, gleich ob große Gemälde, Altartafeln, Kreuzwegdarstellungen, Glasfenster oder Zeichnungen, sind stets engagierte Kunst. Ein Motto, das sein Schaffen begleitet, ist, die Heilsbotschaft des Alten und Neuen Testaments mit Bildworten unserer Zeit als historisch bezeugtes und aktuelles Angebot eines liebenden Gottes zu interpretieren.

Sieger Köder: „Der Geist Gottes bewegt die Menschen", o. J.

Das Bild ist überwiegend in Rottönen gehalten. Dazu bildet der blaue Hintergrund einen starken Farbkontrast. Den größten Teil des Bildes nimmt der grafisch klar gegliederte Bau eines Hauses ein. Auffallend an diesem Haus sind seine weit geöffneten Fensterflügel. Durch diese ist vielfältiges Leben im Gebäude zu erkennen. Im ersten Stock blicken drei verschieden liturgisch gekleidete Menschen durch die geöffneten Fenster. Im zweiten Stock beugen sich aus vier offenen Fenstern junge Menschen mit unterschiedlichen Accessoires heraus: Aus dem linken Fenster ein junger Mann mit einer Fahne, auf der das Christuszeichen abgebildet ist, aus den beiden mittleren Fenstern eine Frau und ein Mann, die in ihren Händen ein Spruchband mit der Aufschrift *Schalom* und *pacem in terris* (hebr. = Friede und lat. = Friede auf Erden) sowie mit einer gemalten Taube halten. Aus dem rechten Fenster lehnt sich eine Ministrantin heraus, die mit schwungvoller Bewegung ein Weihrauchfass schwingt. Ein Dach des Gebäudes ist, ebenso wie das Fundament, nicht zu sehen. Ein großer, kräftiger Mann tritt scheinbar auf den Betrachter zu und hält diesem ein aufgeschlagenes Buch mit der Aufschrift „Evangelium" entgegen. Die rechte Hand hebt er hoch, um seiner Botschaft Gewicht und Richtung zu verleihen. Hinter dieser Person sind durch eine geöffnete Flügeltür mehrere in sich versunkene Menschen zu erkennen. Am linken und rechten unteren Rand des Bildes kauern dunkle Gestalten.

Das Bild des Künstlers Sieger Köder springt durch seine kräftige rote Farbe förmlich ins Auge. Das Haus mit seinen klaren grafischen Linien und Formen ist prall gefüllt mit Leben und gleicht dennoch eher einer Baustelle, scheint unvollendet zu sein.

Die Person im Vordergrund tritt dynamisch aus dem Haus, lässt all ihre Ängste und Sorgen hinter sich und zeigt die Basis der Frohen Botschaft, das Evangelium. Dies lässt die in grau-grün gehaltenen Menschen, die ihm räumlich sehr nahe sind, völlig unbeeindruckt. Sie scheinen förmlich unansprechbar, unberührbar zu sein. Sie schenken der Person (es handelt sich wohl um Petrus) und ihrer Botschaft keinen Blick und keine Aufmerksamkeit. Über der Person sieht man mehrere Menschen im gemeinsamen Gebet und umgeben von der dominierenden Farbe Rot des Bildes in Form von Flammen, Maria und die Jünger, erfüllt vom Heiligen Geist an Pfingsten.

Die oben schon genannten Personen in liturgischen Gewändern, die sich aus den Fenstern des ersten Stocks beugen, sind drei bedeutende Gestalten der großen christlichen Kirchen: Im linken Fenster ist der evangelische Theologe und Märtyrer Dietrich Bonhoeffer (1906-1945) mit der Bibel in der Hand zu erkennen. Dieser gilt für die christlichen Kirchen als glaubwürdiger Zeuge eines wahrhaftigen Lebens aus dem Geiste Jesu Christi. Ein Gedicht von ihm ist zu einem bekannten Kirchenlied vertont worden: „Von guten Mächten wunderbar geborgen, erwarten wir getrost, was kommen mag. Gott ist mit uns am Abend und am Morgen und ganz gewiss an jedem neuen Tag."

Im mittleren Fenster ist der orthodoxe Patriarch Athenagoras (1886-1972) zu sehen, bekannt als leidenschaftlicher Kämpfer für die Einheit der Christen. Als Symbol für den Auferstandenen trägt er die brennende Osterkerze. Die Begegnungen des Patriarchen mit Papst Paul VI. 1964 und 1967 stehen am Anfang einer neuen Gesprächsbereitschaft zwischen orthodoxer und katholischer Kirche.

Aus dem rechten Fenster beugt sich Papst Johannes XXIII. (1881-1963, sein Pontifikat dauerte von 1958 bis 1963). Seine geöffneten Hände wollen geradezu den Geist Gottes, den frischen Wind in das Haus Gottes, die Kirche, hineinholen. Er war der Initiator des Zweiten Vatikanischen Konzils und verlieh dadurch der katholischen Kirche neue Konturen und eine neue Offenheit gegenüber der Welt.

Der zweite Stock steht offen für Menschen aus unserem Alltag, Gottes Geist wirkt auch in ihnen. Die Aufschriften *Schalom* und *pacem in terris* auf dem Spruchband erinnern an den Titel eines Lehrschreibens, das Papst Johannes XXIII. kurz vor seinem Tod verfasste. Dieses setzt sich vehement für die Gleichheit aller Menschen ein. Bildlich dargestellt wird dieser Friedenswunsch durch die Taube.

Mit der Darstellung der Vertreter verschiedener Konfessionen, die zwar aus unterschiedlichen Fenstern blicken, aber doch in einem Haus wohnen, drückt das Bild etwas von dem ökumenischen Modell der „versöhnten Verschiedenheit" aus. Dies wird auch in der Kapitelüberschrift „Kirchen und Konfessionen – ein

Evangelium" zum Ausdruck gebracht und bildet das Leitmotiv der folgenden Seiten.

Literatur

Möres, Cornelia, Windows to heaven, Kevelar 2004
Ökumenischer Namenkalender www.klosterkirchberg.de/Lexi/kxpat.htm, dort Information zum Patriarchen Athenagoras I.

2. Einsatzmöglichkeiten im RU

Die Aussagen des Bildes erschließen

Das Gemälde ist als Folie 24 in der Schatzkiste 3/4 enthalten.

- Sch entdecken und beschreiben Farben, Formen und dargestellte Personen. Mithilfe der Abdeckschablone **M 4.7.1, Arbeitshilfen S. 273**, kann die Bildbetrachtung verzögert und intensiviert werden:
  Teil 1: Petrus und das Evangelium
  Teil 2: Erster Stock des Hauses
  Teil 3: Zweiter Stock des Hauses
  Teil 4: Die grauen, unbeteiligten Personen
- Sch erkennen den Aufbau des Bildes, indem sie drei Stifte auf das Bild auf fse **103** legen, ausgehend von Petrus (siehe Grafik unten).
- Sch beschreiben die Dynamik des Bildaufbaus (Das Evangelium eröffnet ungeahnte Möglichkeiten, Petrus ist der Fels, Gottes Geist belebt und begeistert ...).
- Im UG entdecken Sch, wie Sieger Köder die beiden Bedeutungen des Begriffes „Kirche" (als Gemeinschaft der Gläubigen und als Gebäude) künstlerisch dargestellt hat.

Sich mit dem Bild kreativ auseinander setzen

- Sch erhalten eine Schwarz-Weiß-Kopie des Bildes von Sieger Köder, kleben es in die Mitte eines DIN-A3-Blattes und malen mit Wasserfarben oder Wachsmalkreiden eine Bilderweiterung zu allen Seiten hin.
- Sch lassen die Personen des Bildes auf großen Papier-Sprechblasen „reden".
- Sch legen mit ihren entstandenen Gemälden eine große „Kirche" im Klassenraum, der Aula oder verwenden diese bei einem Schulgottesdienst.
- Zum Abschluss wird das Lied „Gott baut ein Haus, das lebt": **M 4.5.15, Arbeitshilfen S. 219**, gesungen.

Ein Akrostichon gestalten

- Sch bearbeiten **AB 4.7.2, Arbeitshilfen S. 275**, und schneiden an den gestrichelten Linien die Fenster ein, klappen diese auf, kleben das AB nur an den Außenrändern in ihr Heft.
- In PA finden Sch Begriffe zu den Anfangsbuchstaben des Wortes „EVANGELIUM" (z. B. E = Einheit, V = Verbundenheit, A = Angenommensein, N = Neubeginn ...) und schreiben die Ergebnisse in die jeweils aufgeklappten Fenster.

| Katholisch – evangelisch | fragen – suchen – entdecken **104/105** |

1. Hintergrund

Diese erste Doppelseite des siebten Kapitels bezieht sich auf den Erfahrungsbereich der Sch zum Thema „evangelisch/katholisch".

Am deutlichsten zeigt sich die Unterscheidung der Konfessionen in der Schule bei der Aufteilung der Klasse im RU. In der Grundschule ist dieser in der Regel das einzige Fach, bei dem sich Sch in verschiedene Gruppen begeben. Die Illustration mit der Stundentafel und dem geöffneten Klassenzimmer weist auf diesen Sachverhalt hin. Weitere Hinweise sind die abgebildeten Anzeigetafeln für Gottesdienste, wie sie an vielen Ortseingängen zu finden sind, sowie die Kirchengebäude der verschiedenen Konfessionen in einem Ortsplan. In vielen Orten finden sich auch evangelische und katholische Kindergärten, Sozialstationen von Diakonie und Caritas und andere konfessionell getrennte Institutionen. Der Arbeitsimpuls auf der Seite kann noch erweitert werden, wenn Sch die Gebäude dieser Institutionen ebenfalls in ihren Ortsplan einzeichnen. Die unterschiedliche Ausgestaltung der Gottesdiensträume wird später (**fse 110/111**) thematisiert.

Die Impulse auf **fse 105** führen die erste Wahrnehmung weiter und vertiefen sie. Sch werden angeregt, von eigenen Erfahrungen mit anderen Konfessionen zu berichten: Vielleicht haben sie im Familien- oder Bekanntenkreis schon einen evangelischen Gottesdienst erlebt oder im Urlaub eine orthodoxe Kirche besucht.

Die gesammelten Beobachtungen können zu der grundsätzlichen Frage führen: „Warum gibt es überhaupt die Unterscheidung zwischen evangelisch und katholisch?" oder „Wie wird man evangelisch oder katholisch?" Die auf fse angeführten Antworten sind au-

Sehhilfe:
Sieger Köder, Der Geist Gottes bewegt die Menschen

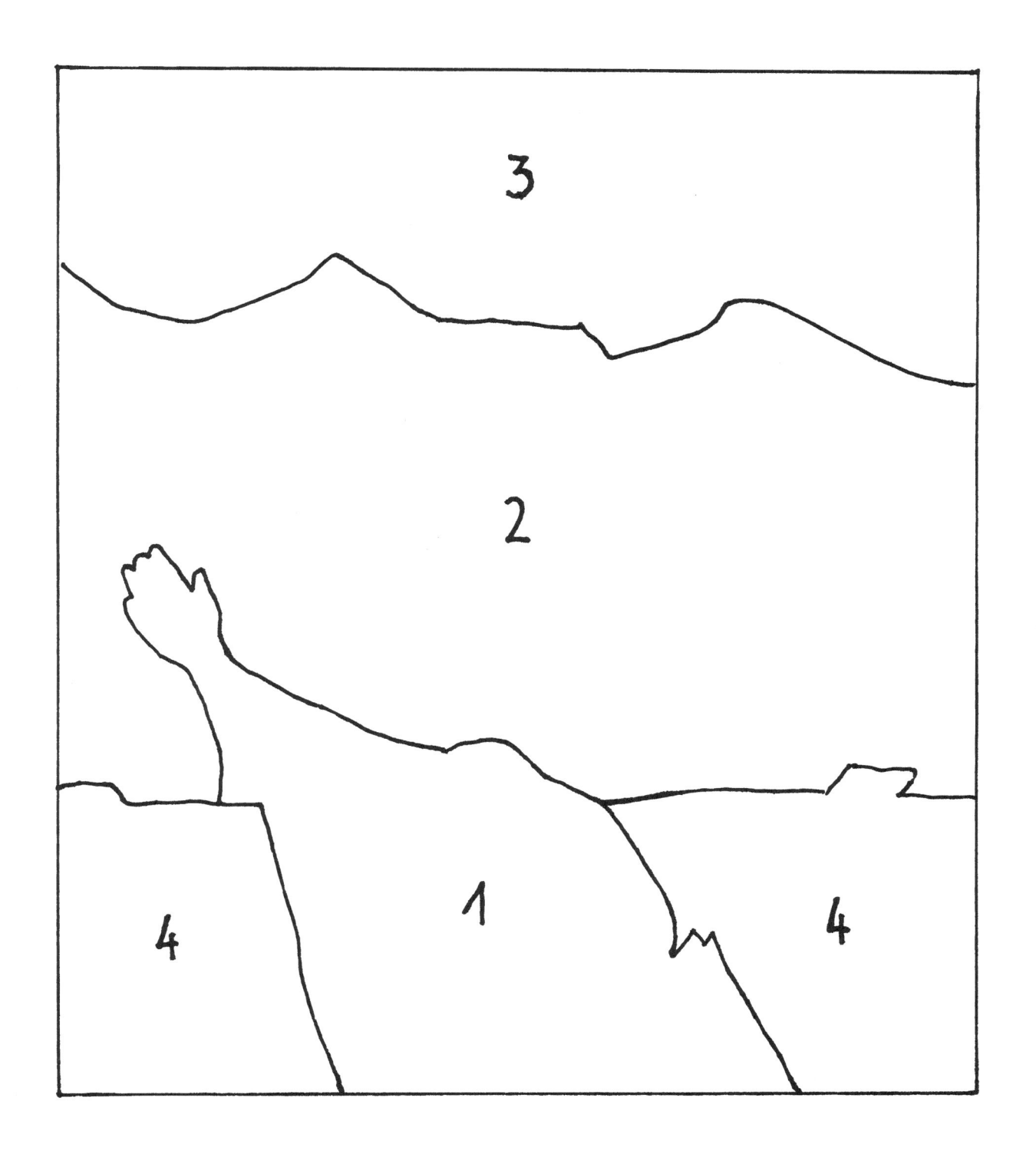

thentische Kinderantworten und wurden nur sprachlich leicht verändert (vgl. Biesinger/Schweitzer, S. 33ff.).

Die Viertklässler/innen werden schnell erkennen, dass die Erklärungsversuche der Kinder aus der ersten und zweiten Klasse noch vordergründig und nicht befriedigend sind. Sie werden nun nach eigenen Erklärungen suchen und sicherlich weitere finden, aber es wird ihnen dabei auch deutlich werden, dass sie über die Entstehung von „evangelisch" und „katholisch" noch zu wenig wissen.

Diese Einsicht motiviert dazu, sich mit den Hintergründen und den Umständen der Kirchentrennung zu beschäftigen.

Literatur

Biesinger, Albert/Schweitzer, Friedrich, Gemeinsamkeiten stärken – Unterschieden gerecht werden, Gießen 2002
Damals. Das Magazin für Geschichte und Kultur, Heft 3/2004: Die großen Reformatoren
Bibel heute, Heft 136/1998: Katholiken und Protestanten einig in Sachen „Rechtfertigung"
Kirchhoff, Ilka, Gemeinsam glauben in verschiedenen Kirchen, Rehburg-Loccum 1998

Internet-Adressen

www.damals.de
www.dbk.de
www.ekd.de

2. Einsatzmöglichkeiten im RU

Welche Stunde beginnt für die Klasse 4a?
- L fertigt von der Illustration **fse 104** oben (ohne Stundenplan) eine Folie.
- Sch denken im UG über die dargestellte Situation nach (Sch teilen sich für Handarbeit, Sport, Förderunterricht, Neigungsgruppen, Religion).
- Sch betrachten die Illustration **fse 104** mit dem Stundenplan und überlegen, aus welchen Gründen sich Sch zum RU teilen.

Ich bin katholisch …
- Sch denken in EA zu besinnlicher Musik mithilfe des **AB 4.7.3, Arbeitshilfen S. 277**, über ihre Zugehörigkeit zur katholischen Konfession nach und sprechen über ihre Gedanken im Plenum.
- Sch trennen den unteren Teil des AB ab und kleben den oberen auf ein großes, von L vorbereitetes Fragezeichen (evtl. auf Packpapier). L ergänzt die Collage mit den vergrößert kopierten Sprechblasen aus **fse 105** oben.
- Sch schlagen ihnen unbekannte Begriffe, wie z. B. orthodox, Konfirmation, im Lexikon nach.

Kirche vor Ort wahrnehmen
- Sch erhalten eine DIN-A4-Kopie ihres Wohngebietes aus dem Stadtplan. Darauf kennzeichnen sie ihr Zuhause und ihre Pfarrkirche und zeichnen ihren Weg zur Kirche ein.
- Sch kennzeichnen auch die evangelische Kirche auf ihrem Plan.
- Sch zeichnen die Ortskirchenschilder aus **fse 104** (unten) in ihr Heft, holen als Hausaufgabe Informationen zu Gottesdienstzeiten beider Kirchen in ihrem Heimatort oder Stadtviertel ein und beschriften die Schilder.

Warum gibt es evangelische und katholische Kinder?
- Sch interviewen als Reporter Sch der ersten und zweiten Klasse ihrer Schule zur Frage: „Warum gibt es evangelische und katholische Kinder?"
- Sch vergleichen ihre Antworten mit den Kinderbeispielen aus **fse 105** unten.
- Sch erörtern ihre eigenen Erklärungen, evtl. in Kooperation mit der evangelischen Religionsgruppe.
- Sch singen gemeinsam das Lied „Im Namen des Vaters" (**M 4.7.4, Arbeitshilfen S. 279**).

3. Weiterführende Anregung

Sich der eigenen Taufe erinnern
- Sch bringen Fotos von ihrer Taufe mit und sprechen darüber.
- Sch gestalten dazu eine Seite in ihrem „Ich-Buch".
- Sch nehmen nach Möglichkeit mit ihrer Religionsgruppe an einer Taufe in ihrer Pfarrgemeinde teil.

Evangelium

E	V	A
N	G	E
L	I	U

M

Gemeinsamer Anfang – Wege trennen sich — fragen – suchen – entdecken **106/107**

1. Hintergrund

Die Doppelseite **fse 106/107** verschafft einen Überblick über die Geschichte des Christentums bis zur Reformation. Sie knüpft an das Kapitel 5 „Jesu Botschaft weiter tragen" an, in dem die Ausbreitung des Christentums vom Pfingstfest bis heute dargestellt wird. Dort haben Sch erfahren, mit welcher Begeisterung die ersten Christen ihren neuen Glauben weitergegeben haben.

Die Geschichte der Kirche ist immer auch eine Geschichte der **Verfolgung** von Christen. Bei den ersten Gemeinden im römischen Reich entstand der Konflikt, dass sie in ihrem Glauben an den Gott Jesu Christi nicht auch noch den römischen Kaiser als Gott verehren konnten. Aus dieser Zeit stammt die Katakombe, **fse 106**, Foto links oben. Katakomben waren Begräbnisstätten, die vom römischen Gesetz geschützt waren. Daher waren die Christen bei Verfolgung in den Katakomben einigermaßen sicher. Manchmal trafen sie sich dort auch zu Gottesdiensten. Vor allem am Todestag bekannter Märtyrer feierten sie an deren Grab die heilige Messe.

Die entscheidende Wende von der eben noch verfolgten Christengemeinde zur staatlich geduldeten und bald begünstigten Kirche erfolgte unter Kaiser Konstantin. Unter seinem Nachfolger wurde das Christentum zur **Staatsreligion**. Christen konnten im staatlichen Schutz sogar zu Ehren und Macht kommen. Der Sonntag wurde 321 gesetzlicher Feiertag.

Für die rasch wachsende Zahl der Christen wurden die alten Versammlungsräume, die überwiegend in Privathäusern waren, zu klein. Deshalb trafen sich die Gemeinden in den geräumigen Markt- und Gerichtshallen (lat. *basilica* = Säulenhalle). Auch die mit staatlicher Hilfe überall neu entstehenden Gotteshäuser nannte man **Basilika**. Im Mittelpunkt der Gerichtshallen stand ein Bild des Kaisers (grch. *basileus* = Herrscher), vor dem die Richter im Auftrag des Kaisers Recht sprachen. An die Stelle dieses Kaiserbildes stellten die Christen ein Kreuz.

Das Foto **fse 106** rechts oben zeigt eine solche Basilika im heutigen Aquileia an der östlichen Adria, eines der ältesten heute noch erhaltenen Gebäude dieser Bauart. Zu erkennen sind der mittlere höhere Teil und die beiden Seitenteile recht und links mit niedrigerem Dach.

Das **Glaubensbekenntnis** in unterschiedlichen Formulierungen und Interpretationen spielte in den ersten Jahrhunderten eine große Rolle. Ein gemeinsames Glaubensbekenntnis hat sich aus den Fragen an den – damals erwachsenen – Täufling herausgebildet: „Glaubst du an Gott, den Vater ..., an Christus Jesus ... und an den Heiligen Geist?"

Bei der Frage, ob Jesus Christus gottähnlich oder gottgleich sei, gab es unterschiedliche Positionen. Beim Konzil von Nicäa (325) wurde diese Frage geklärt: Jesus ist gottgleich. Auch das Konzil von Chalkedon (451) bestimmte das Verhältnis von Gottheit und Menschheit Jesu. Dabei gab es jeweils Abspaltungen derjenigen, die sich der festgelegten Glaubensüberzeugung nicht anschließen konnten.

Mit der Errichtung einer neuen Hauptstadt Konstantinopel im Osten des Reiches bildete sich ein neues Zentrum nicht nur im römischen Reich, sondern auch unter den Christen. Man sprach von der griechischen **Kirche im Osten** und der lateinischen Kirche im Westen. Es entwickelten sich unterschiedliche Meinungen in der Glaubenslehre und verschiedene Gestaltungsweisen der Gottesdienste.

Im Jahre 1054 kam es zum endgültigen Bruch, weil beide Kirchen einen Universalanspruch behaupteten, den die jeweils andere Kirche nicht akzeptierte. Nun entwickelte sich die orthodoxe Kirche mit eigener, von Rom losgelöster Organisation und einem eigenen kirchlichen Leben.

Zu einer weiteren folgenschweren Trennung kam es knapp 500 Jahre später in der so genannten **Reformation**. Das Kapitel 4.7 beschäftigt sich im Folgenden schwerpunktmäßig mit Ursachen, Verlauf, den Folgen der Reformation und den heutigen Möglichkeiten einer ökumenischen Zusammenarbeit.

Internet-Adresse

www.catacombe.roma.it ist eine reich bebilderte Seite zu den christlichen Katakomben von Rom. Übersichtlich aufgebaut und sehr informativ – von der Beschreibung des Katakombenbaus über die Situation der Christen zur Zeit der Verfolgung bis zu praktischen Tipps für den Besuch der Katakomben.

2. Einsatzmöglichkeiten im RU

Die Anfänge des Christentums als Weg gestalten

- Sch gestalten den gemeinsamen Anfang der Kirchen mit einem langen Seil oder mit Tüchern als Weg.
- Sch schreiben markante Jahreszahlen auf Wäscheklammern, flache Steine oder Wortkarten (30, 100, 200, 300, 400, 500, 600, 700) und stellen als Symbol für den auferstandenen Jesus und die frohe Botschaft eine Osterkerze zum Jahr 30.

Ich bin katholisch

Das wurde mir zum ersten Mal bewusst, als _____

_____

... weil meine Eltern _____

_____

... und gehe in die _____

... feiere Geburtstag und meinen _____

... und bin im Religionsunterricht bei _____

_____

... und mein Heimatpfarrer heißt _____

... und meine Pfarrei hat den Namen _____

_____

... und habe in der dritten Klasse dieses Fest gefeiert: _____

_____

... und werde in ein paar Jahren _____

_____

... und überlege mir manchmal, warum _____

_____

_____

- L bereitet den Text von **fse 106**, in inhaltlich sinnvollen Abschnitten vergrößert, vor.
- *Alternative*: Sch lesen Text **fse 106** und L hält die vergrößerten Textanfänge des **AB 4.7.5, Arbeitshilfen S. 281**, bereit.
- Sch erarbeiten im gemeinsamen UG die chronologischen Stationen der Anfänge des Christentums und ordnen diese dem Bodenbild zu.
- Sch bearbeiten das AB, ergänzen den Text und verbinden die Texte mit den entsprechenden Jahreszahlen (*Lösung* s. u.).
- Sch betrachten die Fotos der Katakombe und der Basilika **fse 106** oben und informieren sich mithilfe des Internets und von Büchern über die dargestellten Bauwerke.

Die Spaltungen wahrnehmen

- Sch verlängern den oben dargestellten Weg und legen die fehlenden zwei Jahreszahlen (1054, 1517) dazu, vgl. **AB 4.7.6, Arbeitshilfen S. 280**.
- Sch lesen den Text **fse 107**; gemeinsam werden noch nicht bekannte Begriffe mithilfe des Lexikons geklärt. L informiert mithilfe einer Landkarte dieser Zeit über geografische Gegebenheiten (Konstantinopel, Rom, Jerusalem).
- Sch bearbeiten das AB.

- Sch stellen Zusammenhang her zwischen dem Kapiteleingangsbild **fse 103** und **fse 106/107** (z. B. Dietrich Bonhoeffer, Patriarch Athenagoras und Papst Johannes XXIII. als Vertreter der verschiedenen Konfessionen).

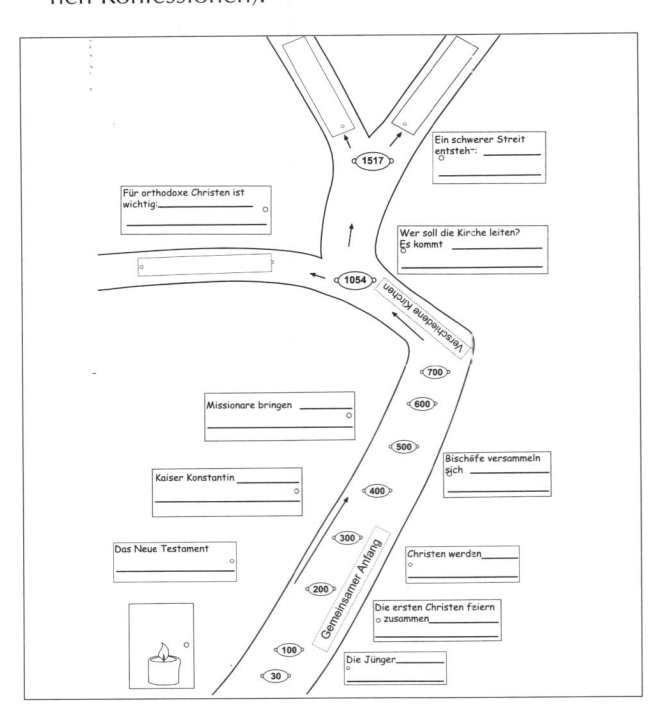

Martin Luther – Stationen der Trennung

fragen – suchen – entdecken **108/109**

1. Hintergrund

Die Doppelseite **fse 108/109** macht Sch mit Werdegang und Denken Martin Luthers vertraut und zeigt gleichzeitig die ersten Stationen der Trennung von katholischer und evangelischer Kirche auf. Der Text auf fse ist verständlicherweise vereinfacht und beschränkt sich auf die wesentliche Information.

Martin Luther (1483–1546) und die Reformation

Die Kindheit Martin Luthers ist deswegen bedeutsam, da die strenge Erziehung des jungen Martin sicherlich dazu beigetragen hat, dass er sich vor Gott als einem strengen Richter fürchtete. Der Vater, Hans Luther, brachte es vom einfachen Berghauer zum Betreiber von Kupferhütten und damit zu Wohlstand und Ansehen. Sein Sohn sollte die Karriere des Vaters auf einer anderen Ebene fortsetzen. Nach dem Besuch der Lateinschule in Mansfeld und der Dom- und Stadtschule in Eisenach begannen die ersten Studienjahre in Erfurt (1501–1505) mit dem Studium der „Freien Künste" (Grammatik, Dialektik, Rhetorik, Arithmetik, Astronomie, Geometrie, Musik). Anschließend sollte Martin nach dem Wunsch des Vaters das Jurastudium aufnehmen. Einige entscheidende Erlebnisse (plötzlicher Tod eines Freundes, der so genannte Blitzschlag bei Stotternheim sowie eine gefährliche Degenverletzung) gaben Luthers Leben jedoch eine Wende. Dabei stellte er sich die zentrale Frage des mittelalterlichen Menschen: Was geschieht mit mir, wenn ich sterbe? Kann ich vor dem Thron Gottes bestehen?

Neben guten Werken galt in jener Zeit das Klosterleben als besonders sicheres Heilsmittel, weil es ganz Gott geweiht war. So trat Luther 1505 ins Augustinerkloster Erfurt, ein besonders strenges Kloster, ein, obwohl ihm seine Freunde abrieten und sein Vater dagegen war. Trotz härtesten Klosterlebens fand er keine Antwort auf die Frage: Wie bekomme ich einen gnädigen Gott?

Bei der Vorbereitung einer Vorlesung über den Römerbrief kam Luther zu einer Entdeckung, die wiederum sein ganzes Leben veränderte: Er erkannte, dass Gott die Gerechtigkeit, die er von den Menschen fordert, ihnen aus Gnade schenkt.

Anja und Uwe entdecken Unterschiede in ihren Konfessionen

1.
Anja besucht ihren Cousin Uwe in den Ferien. Schon lange haben sich beide auf dieses Wiedersehen gefreut. Sie haben sich vieles zu erzählen. Der erste Abend wird sehr lang. Für den nächsten Tag haben sie sich Einiges vorgenommen.
Als sie erwachen, prasselt laut der Regen auf das Dachfenster. Oh je, was wird aus unseren Plänen?, denken beide. Da fällt Anja ein, dass sie ihr Fotoalbum mitgebracht hat. Aufgeregt zeigt sie Uwe ein Foto vom Fest ihrer Erstkommunion, die sie vor einigen Monaten gefeiert hat. Zu jedem der bunten Fotos weiß Anja eine spannende Geschichte zu erzählen …

2.
Da erinnert sich auch Uwe an das Album, das die Mutter erst vor kurzem mit neuen Fotos beklebt hat. Er zeigt Anja voll Freude ein Foto, das der Vater am Fest der Konfirmation seines Bruders gemacht hat. Lange stecken beide ihre Köpfe in die Alben und vergessen den Regen und die Zeit …

3.
Als sie ihre Fotoalben zuklappen, macht Anja ein nachdenkliches Gesicht:
„Weißt du, Uwe, was ich mich schon lange frage? Du bist mein Cousin und bist evangelisch – und ich bin katholisch, warum ist das so?"

Im Namen des Vaters

T: A. Wortmann/M: H. Wortmann
© Studio Union im Lahn-Verlag, Limburg, Butzon & Bercker, Kevelaer

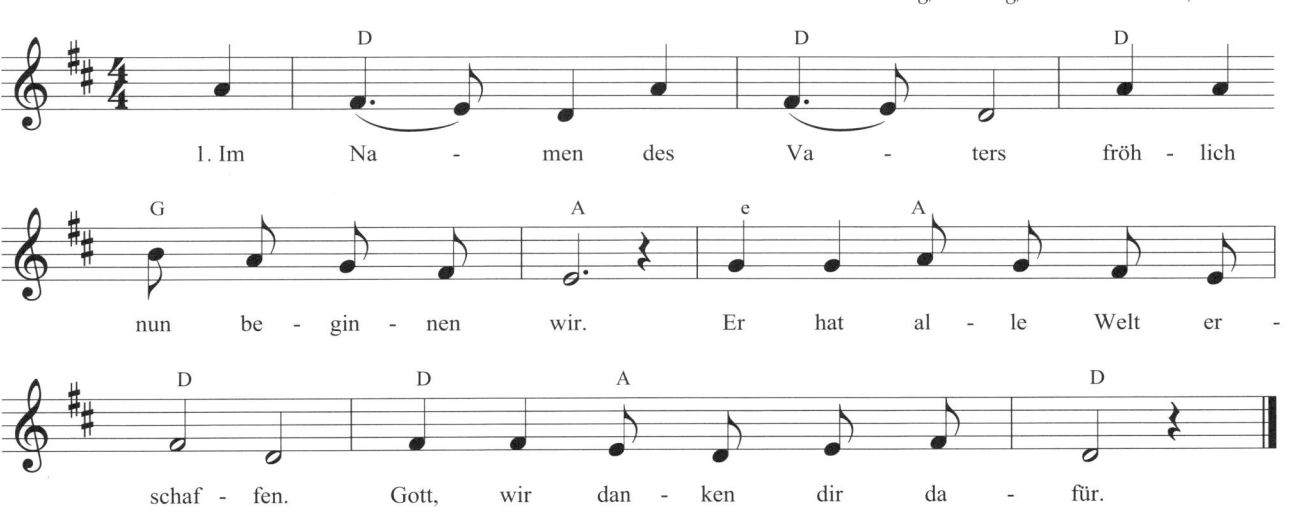

1. Im Namen des Vaters fröhlich nun beginnen wir. Er hat alle Welt erschaffen. Gott, wir danken dir dafür.

2. Im Namen des Sohnes kommen wir zusammen hier.
Er ist unser aller Bruder.
Jesus Christ, wir danken dir.

3. Im Namen des Geistes bitten wir um deine Kraft.
Jedem Kinde soll er helfen,
dass es seine Arbeit schafft.

1517

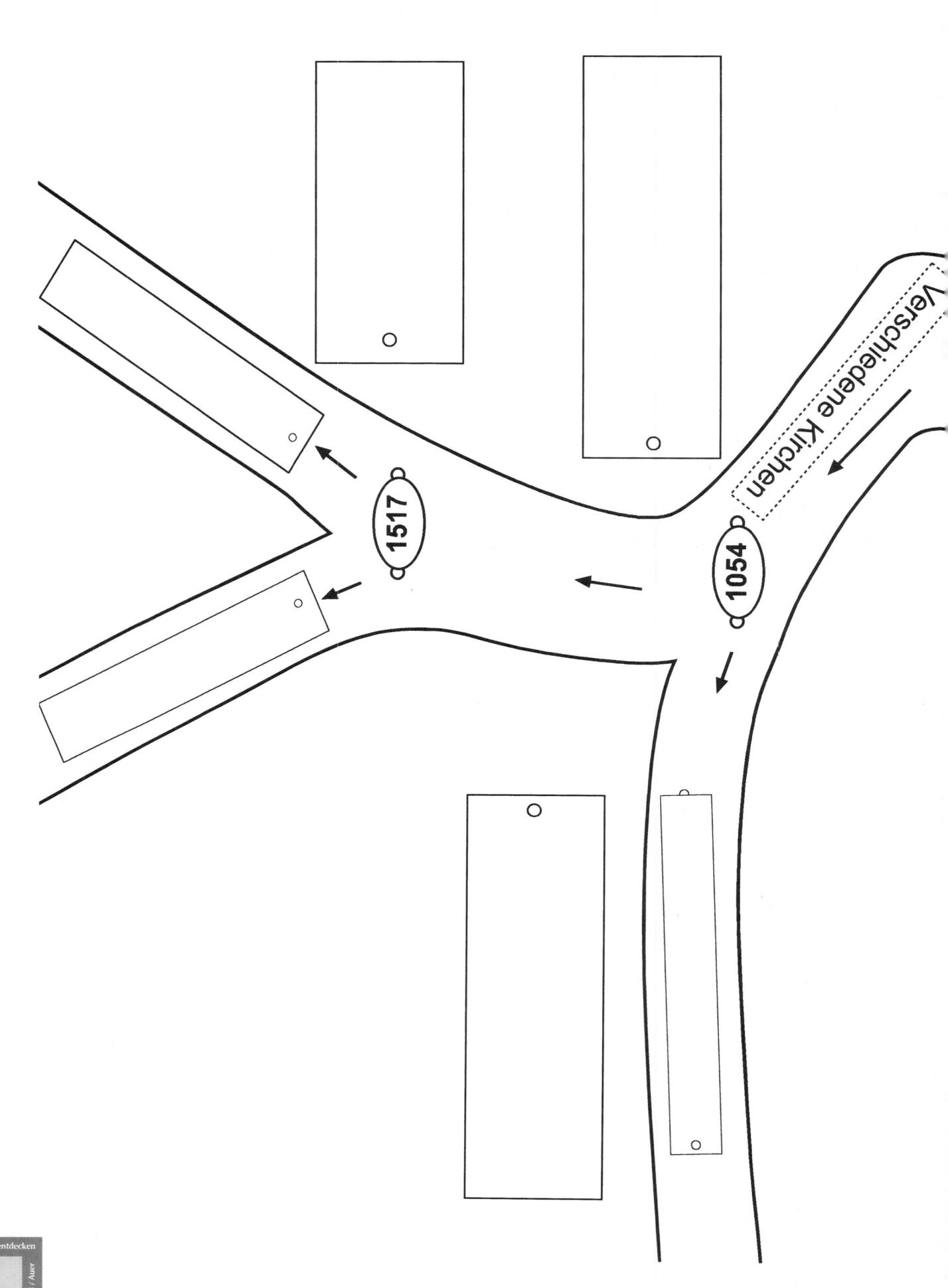

1054

Verschiedene Kirchen

4.7.6

Gemeinsamer Anfang

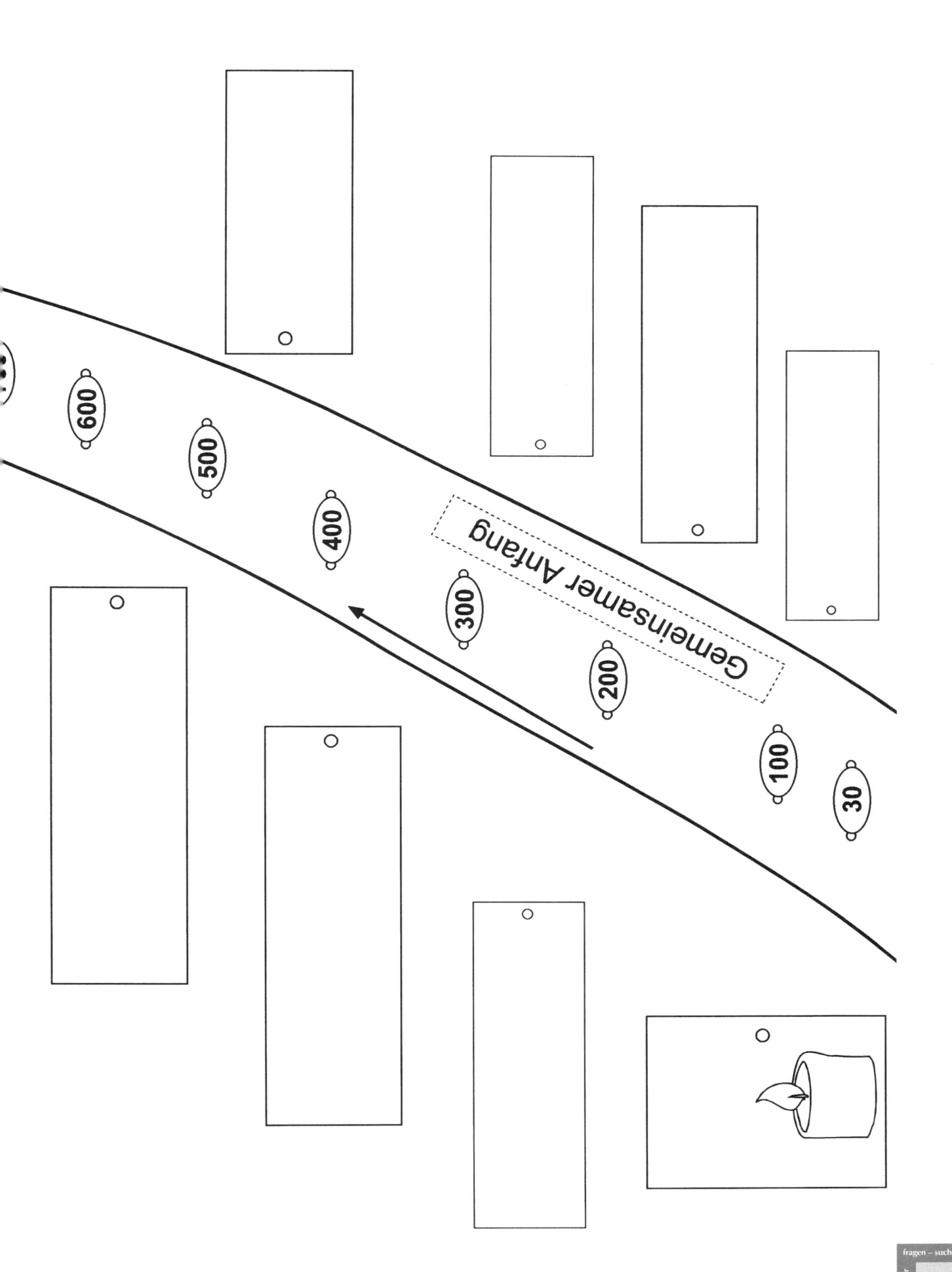

30 · 100 · 200 · 300 · 400 · 500 · 600

4.7.5

An die Öffentlichkeit drang diese Erkenntnis Luthers durch den Ablass-Streit: In 95 Thesen nahm er gegen den Ablass und für Gottes Gnade als alleiniger Ursache des Heils Stellung. Am 31. Oktober 1517 sandte Luther diese Thesen an den Erzbischof Albrecht von Mainz und andere bedeutende Gelehrte seiner Zeit. Begünstigt durch die in Europa damals erfundene Drucktechnik konnten sich die Thesen rasch über den Adressatenkreis hinaus in ganz Deutschland verbreiten.

Seine Lehre entfaltete Luther im Jahre 1520 in drei wichtigen Schriften. Er lehnte einen eigenen geistlichen Stand ab und sprach vom allgemeinen Priestertum der Gläubigen. Außerdem ließ er nur die Sakramente der Eucharistie und der Taufe gelten.

Vor dem Reichstag in Worms im Jahre 1521 musste Luther seine Lehre öffentlich vor Kaiser und Reich verantworten. Da er den dort geforderten Widerruf verweigerte, wurde über ihn die Reichsacht verhängt (so genanntes Wormser Edikt). Doch gewährte ihm sein Gönner, Kurfürst Friedrich der Weise von Sachsen, auf der Wartburg oberhalb von Eisenach Unterschlupf. Als „Junker Jörg" übersetzte Luther dort das Neue Testament aus dem Lateinischen und Griechischen ins Deutsche.

Der Reichstag von Worms und die über Luther verhängte Reichsacht konnten die Reformation nicht mehr stoppen. Sie breitete sich trotzdem in ganz Deutschland ungehindert aus.

Die entstandenen Konfessionen von Katholiken und Lutheranern oder „Evangelischen" standen sich bis ins 20. Jh. eher feindselig gegenüber. Doch die bereits im 19. Jh. begonnene ökumenische Bewegung brachte viele Annäherungen und mehr Verständnis füreinander.

Lucas Cranach d. Ä. (1472–1553)

Der Zeichner, Maler, Holzschnitzer und Kupferstecher Lucas Cranach d. Ä. nannte sich nach dem Ort Kronach, wo er 1472 geboren wurde. Er lernte in der Werkstatt seines Vaters und wurde 1505 von Friedrich dem Weisen an den Kursächsischen Hof nach Wittenberg gerufen. Durch seine freundschaftliche Verbindung mit Martin Luther wurde Cranach zum Schöpfer zahlreicher protestantischer Kunstwerke (z. B. Porträts von Martin Luther, Holzschnitte zur Bibel und zu den Reformationsschriften, Zeichnungen für das Gebetbuch Kaiser Maximilians). 1553 starb er in Weimar.

Lucas Cranach d. Ä.: „Der predigende Martin Luther", 1547

Die beiden auf **fse 109** abgebildeten Darstellungen sind zwei Ausschnitte der Predella des Reformationsaltars von St. Marien in Wittenberg. Er wurde von Lukas Cranach d. Ä. geschaffen und von Lukas Cranach d. J. vollendet. Das mittlere Drittel des Altarbildes, eine bildhohe Christusdarstellung am Kreuz, wurde im Schülerbuch aus didaktischen Gründen weggelassen. Das rechte Bild zeigt einen gereiften Reformator in schwarzer Kutte, der von der Kanzel aus der Heiligen Schrift vorliest. Seine rechte Hand zeigt auf das in **fse** nicht sichtbare Kruzifix. Auffallend ist, dass Luthers Blick nicht der Richtung seiner Hand folgt und dass das Innere der Kirche völlig kahl und schmucklos ist. Der linke Ausschnitt zeigt eine aufmerksame Zuhörerschar, überwiegend sitzende Frauen und Kinder und stehende, gebannt lauschende Männer jeglichen Alters.

Internet-Adresse

www.lutherhaus-eisenach.de: Informationen über Person, Leben und Werk Martin Luthers

2. Einsatzmöglichkeiten im RU

Martin Luther kennen lernen

- Sch informieren sich als vorbereitende Hausaufgabe bei der evangelischen Religionsgruppe, im Internet oder aus Büchern über Martin Luther.
- Sch begegnen der historischen Person Martin Luther im Text **fse 108**.
- Jede/r Sch entscheidet sich für einen wichtigen Satz aus dem Text und schreibt diesen auf einen Textstreifen.
- Je vier Sch arbeiten in GA mit folgendem Arbeitsauftrag: Erkläre den anderen deiner Gruppe, warum dir dein gewählter Satz besonders wichtig ist.
- Anschließend werden die erste und dritte Aufgabe von **fse 109** in GA bearbeitet:
- Überlegt, woher der Name „evangelische Kirche" kommt. Sicherlich könnt ihr entdecken, welches Wort in „evangelisch" steckt.
- Die Ergebnisse werden in **AB 4.7.7, Arbeitshilfen S. 283**, eingetragen und im Plenum präsentiert.

Das Wissen über Martin Luthers Leben vertiefen

- Sch bearbeiten vertiefend in EA **AB 4.7.8, Arbeitshilfen S. 285**, „Über Martin Luthers Leben".
- Sch suchen die wichtigen Orte aus dem Leben Martin Luthers auf einer Landkarte (Eisleben, Eisenach, Wittenberg, die Wartburg).
- Sch zeichnen die wichtigsten Lebensstationen Luthers als „Weg" in ihr Heft. Dazu malen sie z. B.

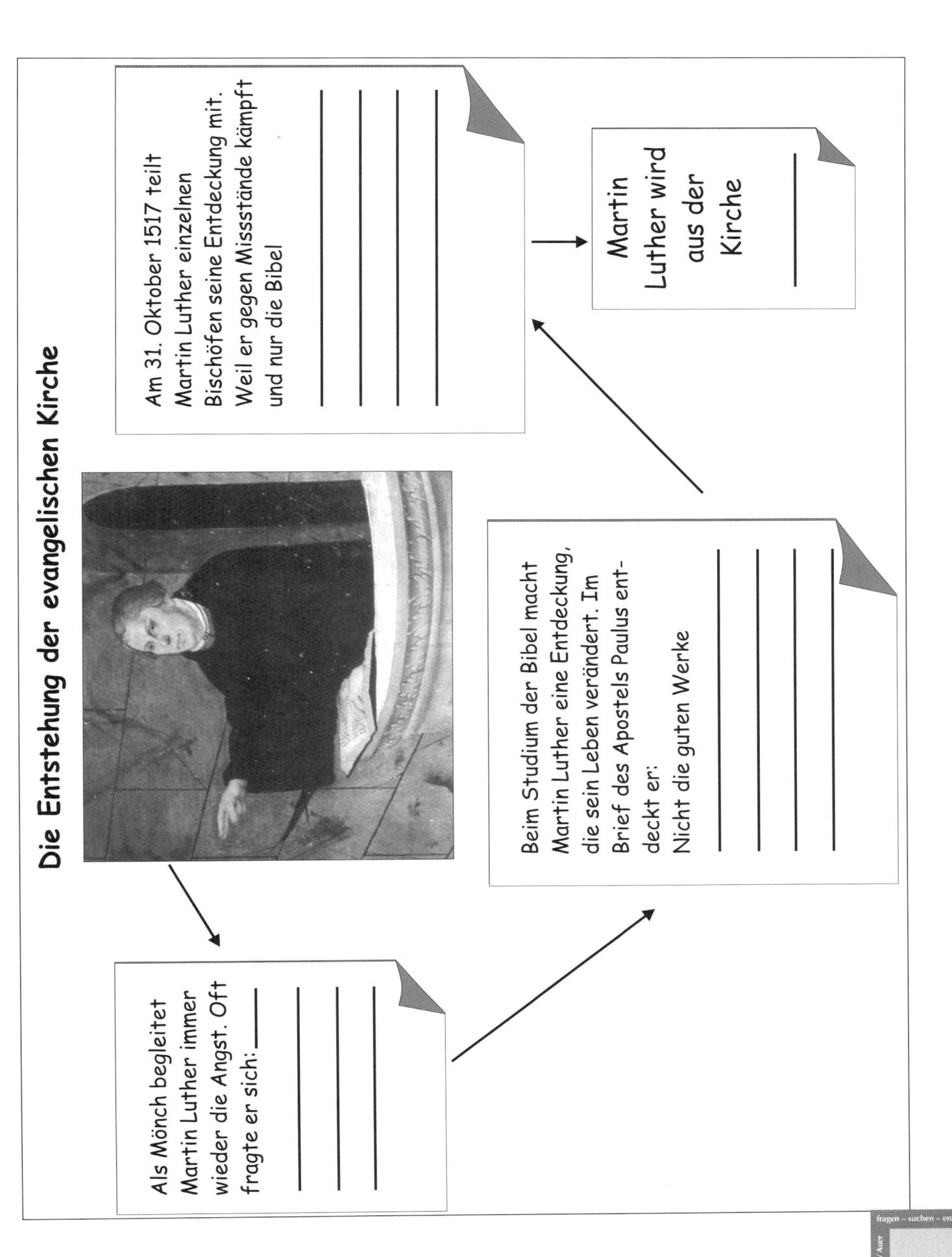

Die Entstehung der evangelischen Kirche

Am 31. Oktober 1517 teilt Martin Luther einzelnen Bischöfen seine Entdeckung mit. Weil er gegen Missstände kämpft und nur die Bibel _____

Martin Luther wird aus der Kirche _____

Beim Studium der Bibel macht Martin Luther eine Entdeckung, die sein Leben verändert. Im Brief des Apostels Paulus entdeckt er: Nicht die guten Werke _____

Als Mönch begleitet Martin Luther immer wieder die Angst. Oft fragte er sich: _____

eine Bibel, eine Burg oder ein Fragezeichen. Auch eine verkleinerte Darstellung des Bildes von Martin Luther kann Verwendung finden.

Das Bild „Der predigende Martin Luther" betrachten

- Sch betrachten die Bilder **fse 109**. L setzt folgende Impulse:
- „Martin Luther hat den Menschen seiner Zeit vieles zu sagen", oder
- „Die Menschen hören die Texte der Bibel zum ersten Mal in ihrer Muttersprache und entdecken viele Neuigkeiten. Lass die verschiedenen Menschen sprechen."
- Sch beschriften Sprechblasen und legen sie zu den Personen im Buch.
- *Alternative:* Die Bilder aus dem Buch werden stark vergrößert kopiert und mit Sprechblasen als Bodenbild bearbeitet bzw. als Plakat gestaltet.

Die Lutherrose als Symbol für Martin Luthers Theologie

Die so genannte Lutherrose ist das Wappen Martin Luthers und beinhaltet dessen gesamte Theologie. Sie ist beinahe wie ein Mandala aufgebaut: In ihrer Mitte befindet sich ein rotes Herz mit einem schwarzen Kreuz. Das Herz befindet sich in einer weißen Rose, die durch fünf große und fünf kleine Blütenblätter dargestellt ist. Die Rose befindet sich vor blauem Hintergrund. Eingerahmt wird die Lutherrose von einem goldenen Ring.

- L fertigt eine Folie der Lutherrose **AB 4.7.9, Arbeitshilfen S. 286**, koloriert diese in den entsprechenden Farben und zerschneidet sie in ihre einzelnen Bestandteile.
- Ausgehend von der Mitte wird das Lutherwappen im UG interpretierend auf dem OHP aufgebaut. Sch verbalisieren ihre Assoziationen zu den einzelnen Symbolen der Lutherrose: Herz, Kreuz, Rose, Hintergrund, Ring.
- Sch erhalten den Infotext „Die Lutherrose": **AB 4.7.10, Arbeitshilfen S. 286**.
- Sch bearbeiten **AB 4.7.9, Arbeitshilfen S. 286** und gestalten die „Lutherrose" mit Ton/Glanzpapier oder Malstiften.

Einen Brief für das „Ich-Buch" schreiben

Sch schreiben einen Brief an Martin Luther, verschließen den Brief in einem Umschlag und kleben diesen ins „Ich-Buch".

Unterschiede wahrnehmen – in den Kirchengebäuden fragen – suchen – entdecken 110/111

1. Hintergrund

Die beiden Fotos aus einer katholischen und einer evangelischen Kirche auf **fse 110/111** sind sicherlich gegenüber einem Kirchenbesuch ein Notbehelf oder dienen zur Vorbereitung. An manchen Orten wird vielleicht nur die Kirche einer Konfession anzutreffen sein. Dann bieten die Fotos eine gute Möglichkeit des Kennenlernens und des Vergleichs.

Im **Kirchenbau** spiegeln sich das Kirchenverständnis wie auch die grundsätzlichen Glaubensaussagen der jeweiligen Konfession wider.
Während in der katholischen Kirche (**fse 110**) der Altar im Mittelpunkt steht, spielt in der evangelischen Kirche auch die Kanzel eine zentrale Rolle (**fse 111**). Entsprechend der Lehre Martin Luthers ist „Kirche" die um das Wort und die Sakramente versammelte Gemeinschaft der Glaubenden (vgl. 7. Artikel des Augsburger Bekenntnisses).

Obwohl Martin Luther auf diese Einheit großen Wert legte, wird mancherorts das **Abendmahl** bis heute in einer Sonderfeier am Rande des Hauptgottesdienstes gehalten. Durch die gottesdienstliche Erneuerung in den 70er und 80er Jahren des 20. Jhs. haben jedoch viele Gemeinden die ursprüngliche Einheit wieder entdeckt und feiern das Abendmahl als Zeichen der Gemeinschaft regelmäßig in den Sonntagsgottesdiensten. Dennoch bleibt eine Vorrangstellung der Verkündigung der Heiligen Schrift im evangelischen Gottesdienst, die sich von der Lehre Luthers von der Heiligen Schrift als einziger Autorität für Christen ableitet (*sola skriptura*).

Die katholische Kirche akzentuiert genau umgekehrt: Die **Eucharistiefeier** ist „Quelle und Höhepunkt des christlichen und kirchlichen Lebens" (LG Nr. 11). Die sonntägliche Eucharistiefeier ist der wichtigste Ausdruck des christlichen Lebens und des Lebens einer christlichen Gemeinde. Aus diesem Grunde ist der Altar als Mitte der Gemeinde besonders hervorgehoben. Der Ambo ist in der katholischen Kirche wesentlich kleiner und unscheinbarer als die Kanzel in der evangelischen Kirche. Aber auch in der katholischen Kirche wurde die unterschiedliche Gewichtung von Wort und Sakrament etwas ausgeglichen: Während man vor dem Zweiten Vatikanischen Konzil den Wortgottesdienst nur als so genannte Vormesse betrachtete, hat das Konzil betont, dass eine Messfeier einen Wortgottesdienst und eine Mahlfeier beinhaltet. Man spricht deshalb vom „Tisch des Wortes" (Ambo) und vom „Tisch des Brotes" (Altar).

Über Martin Luthers Leben

Stell dir vor, du interviewst
Martin Luther.
Hier sind die Fragen.
Du findest die möglichen
Antworten in
fragen – suchen – entdecken S. 108.

Herr Luther, wann und wo sind Sie geboren?
_____

Welches Bild von Gott hatten Sie als Kind?
_____

Für welchen Beruf haben Sie sich als junger Mann entschieden?
_____

Wovor hatten Sie als Mönch Angst?
_____

Welche Entdeckung veränderte Ihr Leben?
_____

Der 31. Oktober 1517 war für Sie ein wichtiges Datum. Erklären Sie uns, warum?
_____

Warum wurden Sie aus der Kirche ausgeschlossen?
_____

Was geschah auf der berühmten Wartburg erstmalig?
_____

Seit wann gibt es evangelische und katholische Christen?
_____

Herr Luther, ich danke Ihnen für dieses Interview!

Die Lutherrose

Interpretation der Lutherrose

Im Zentrum des Lutherwappens erinnert das schwarze Kreuz im roten Herzen an den Glauben an Jesus Christus, den Gekreuzigten. Dieser Glaube ist selig machend.
Das rote Herz symbolisiert, dass die Liebe Gottes unseren Glauben lebendig macht. Dieses Herz ist eingebettet in eine weiße Rose. Weiß ist die Farbe der Reinheit und die Farbe der Engel. Die Rose ist für Martin Luther ein Bild dafür, dass der Glaube Freude, Trost und Frieden gibt.
Die Rose ist umgeben von einem blauen Hintergrund. Dieser symbolisiert den Himmel und ist für Luther ein Zeichen dafür, dass die himmlische Freude ihren Ursprung in Geist und Glaube hat.
Abgerundet und umschlossen, geradezu zusammengehalten wird dieses Wappen von einem goldenen Ring. Ein Ring hat keinen Anfang und kein Ende und soll so ausdrücken, dass die himmlische Freude ewig ist. Er ist golden und drückt so die Kostbarkeit dieser ewigen Freude aus.

Unterschiede wahrnehmen

Teil 1

Susanne besucht ihren Großvater. Der Opa schlägt vor, ihr die Kirchen seines Wohnortes zu zeigen. Nicht übermäßig begeistert, stimmt Susanne zu, aber nur, weil es manchmal etwas langweilig bei Opa zu Hause ist.

Opa fragt, ob sie zuerst in die katholische oder in die evangelische Kirche gehen möchte. Susanne entscheidet sich für die katholische Kirche, da sie als evangelisches Mädchen die evangelische Kirche ja schon kennt.

Als sie in die katholische Kirche eintreten, steht eine alte Frau vor ihnen. Am Eingang taucht sie ihre Finger in eine Art Schüssel und macht ein Kreuzzeichen. Neugierig schaut Susanne in das Becken und ist ganz erstaunt, dass Wasser darin ist. „Das ist Weihwasser", erklärt ihr Opa. „Katholische Christen bekreuzigen sich mit dem Weihwasser, wenn sie in die Kirche kommen und wenn sie hinausgehen. Sie erinnern sich damit an ihre Taufe und daran, dass sie zu Jesus Christus gehören. Sie sagen oder denken dabei ‚im Namen des Vaters und des Sohnes und des Heiligen Geistes'. Diese Worte werden auch bei der Taufe gesprochen. Das ist übrigens bei uns Evangelischen ebenso."

„Schau mal", flüstert Susanne, „die Frau dort hat im Gang geknickst und kniet jetzt in einer Bank". „Mit der ‚Kniebeuge' hat sie sich klein gemacht um zu zeigen, dass sie Gott verehrt. Außerdem ist dort im Altarraum der Tabernakel. Siehst du dort diesen verzierten Kasten? Darin werden die geweihten Hostien von der Eucharistiefeier – wir nennen das Abendmahl – aufbewahrt. Die Katholiken glauben, dass bei der Eucharistie das Brot der Leib Christi und der Wein das Blut Christi werden und es bleiben. Deshalb ist Jesus in den gewandelten Hostien, die im Tabernakel aufbewahrt werden, leibhaftig gegenwärtig und darum machen die Leute dort eine Kniebeuge, um ihre Verehrung zu zeigen."

„Warum brennt dort ein rotes Licht?", fragt Susanne. „Das ist das ewige Licht. Es zeigt, dass Jesus im Zeichen des geweihten Brotes da ist. – Hast du das Taufbecken schon entdeckt?"

„Opa, was sind denn das für Schränke?" Susannes Opa lächelt und sagt leise: „Das sind Beichtstühle. In der Mitte ist Platz für den Priester und auf einer der beiden Seiten können Gemeindemitglieder hineingehen, die beichten wollen. Sie sagen dort alles, was sie in ihrem Leben falsch gemacht haben. Am Ende der Beichte sagt dann der Priester: ‚Ich spreche dich von deiner Schuld los' – so wie Jesus es früher getan hat."

„Darf ich nach vorne gehen?", fragt Susanne. „Natürlich!", sagt der Opa, „aber bitte sei leise!" Jetzt entdeckt Susanne geschnitzte Heiligenfiguren, zwölf Kreuzwegstationen und zwölf Kerzenleuchter an den Wänden der Kirche. Opa schaut in ihr fragendes Gesicht und erklärt ihr, dass diese Leuchter „Apostelleuchter" genannt werden.

Vorne in der Kirche sieht Susanne eine Marienstatue, vor der viele Kerzen flackern. „Die Katholiken verehren Maria besonders, weil sie die Mutter von Jesus ist. Wenn sie Bitten oder Sorgen haben, zünden sie eine Kerze an und beten hier."

„Schau, Opa, in der Mitte der Kirche steht ein Altar und darüber hängt ein großes Kreuz, wie bei uns. Ich sehe auch kleine Glocken am Boden stehen und daneben – was ist das für ein Stehpult?" „Das ist der Ambo. Von hier aus werden die Lesungen und das Evangelium vorgelesen. Und die Glocken läuten die Ministranten im Gottesdienst. Wenn du dich jetzt umdrehst, siehst du die Orgel und jetzt merkst du, dass wir eigentlich vieles gemeinsam haben."

Teil 2

„Komm, lass uns jetzt zur evangelischen Kirche gehen", sagt Opa. Unterwegs meint Susanne: „Danke, Opa, das war richtig interessant. Ich habe heute viel Neues erfahren." Bald erreichen sie die evangelische Kirche. „Na, Susanne, fallen dir Unterschiede zur katholischen Kirche auf?", fragt der Opa. „Mhm, das ist irgendwie schlichter, es gibt viel weniger Statuen und Bilder. Und eine Kanzel gab es in der katholischen Kirche nicht."

„Bei den Katholiken wird heute vom Ambo, dem Lesepult, aus gepredigt. In den evangelischen Kirchen gibt es die Kanzel noch, da man von ihr aus besser gesehen und gehört werden kann. Du weißt, dass für uns Evangelische die Predigt und das Wort Gottes das Wichtigste im Gottesdienst sind."

„Ja, das weiß ich, ich habe nämlich im Religionsunterricht gelernt, dass das auf Martin Luther zurückgeht." – „Aber Opa, warum haben wir denn keinen Tabernakel? Wir feiern doch auch Abendmahl mit Brot und Wein!", fragt Susanne.

„Weißt du, wenn wir Abendmahl feiern, ist Jesus immer unter uns in unserer Gemeinschaft."

„Opa, da fällt mir ein Lied ein, das ich in der Schule gelernt habe. Das würde jetzt prima passen. Kennst du das Lied: ‚Wo zwei oder drei in meinem Namen versammelt sind'?"

Opa nickt und sie singen gemeinsam das Lied.

Ein weiterer grundlegender Unterschied zwischen katholischer und evangelischer Theologie zeigt sich in der Frage der **Gegenwart Jesu Christi** in der Eucharistie. Während die evangelische Kirche die Gegenwart Jesu Christi in den Gestalten von Brot und Wein nur für die Dauer der Feier des Gottesdienstes beschränkt sieht, hält die katholische Kirche an der fortdauernden eucharistischen Gegenwart Jesu Christi fest. Deshalb werden bei der Eucharistiefeier übrig gebliebene Hostien im „Tabernakel" oder Sakramentshäuschen ehrfürchtig aufbewahrt. Der Tabernakel ist in der Regel kunstvoll gestaltet, ein „Ewiges Licht", eine meist rote Öllampe, weist auf die Gegenwart Jesu Christi im Tabernakel hin.

Die Ehrfurcht vor der Gegenwart Jesu Christi im Tabernakel bzw. in der Eucharistiefeier drücken Katholiken in einer knienden Körperhaltung aus. Deshalb bieten die Kirchenbänke in der katholischen Kirche in der Regel die Möglichkeit zum Sitzen und zum **Knien**. Im evangelischen Sonntagsgottesdienst wird nicht gekniet. Bei Gebeten, dem Verlesen des Evangeliums, beim Glaubensbekenntnis und beim Segen steht die Gemeinde. Ansonsten sitzt sie. Daher gibt es keine Kniebänke in einer evangelischen Kirche.

Die **hl. Maria** ist für katholische Christen in vielfacher Weise Vorbild im Glauben. Deshalb finden sich in allen katholischen Kirchen Statuen oder Bilder von Maria mit Blumenschmuck oder Kerzen. Oft wird missverständlich behauptet, Katholiken würden Maria anbeten. Das stimmt nicht; sie bitten vielmehr Maria um ihre Hilfe und Fürsprache.
Auch finden sich in vielen katholischen Kirchen Statuen oder Bilder von **Heiligen**, z. B. von den Patronen, denen die jeweilige Kirche geweiht ist.
Nach katholischem Verständnis ist die Kirche auf dem Zeugnis der zwölf **Apostel** grundgelegt. Dies kommt zum Ausdruck in der Darstellung der Apostel oder der Apostelleuchter oder zumindest in Form von zwölf kleinen Kreuzen im Kirchenschiff.

In vielen katholischen Kirchen finden wir **Kreuzwegstationen**, auf denen die Passion Christi nachvollzogen wird.

Im Altarraum einer katholischen Kirche befinden sich Sessel für den **Priester** und die Ministranten. Damit wird das Amtsverständnis des katholischen Priesters symbolisch ausgedrückt, der Kraft seiner Weihe durch den Bischof *wie Christus* der Gemeinde *wie der Braut Christi* gegenübersteht.
Der evangelische **Pfarrer** tritt nur im unmittelbaren Dienst an die Kanzel oder den Altar, sonst nimmt er in den Bänken der Gemeinde Platz; er ist nicht geweiht, sondern „ordiniert", d. h. durch die Gemeinde eingesetzt für die rechtmäßige Verkündigung und Sakramentenverwaltung.

Nicht zu sehen sind auf dem Foto in **fse** die Weihwasserkessel am Eingang einer jeden katholischen Kirche. Das geweihte Wasser erinnert an die Taufe; beim Betreten der Kirche entnehmen die Gläubigen mit den Fingern einige Tropfen aus dem **Weihwasserbecken** und bekreuzigen sich damit.
Ebenso befinden sich in jeder katholischen Kirche **Beichtstühle oder Beichträume** zum Ablegen der Beichte oder für ein Beichtgespräch.

Alle diese Unterschiede zeigen, wie bereits erwähnt, auch etwas von dem unterschiedlichen Verständnis des Kirchenraums in der evangelischen und katholischen Theologie. Während eine katholische Kirche ein heiliger Raum auch über den Gottesdienst hinaus ist (vgl. Tabernakel und Ewiges Licht), ist eine evangelische Kirche im Grunde nur der Versammlungsraum der Gemeinde, der seine Heiligkeit durch den Vollzug des Gottesdienstes erhält. So lässt sich erklären, warum evangelische Kirchen außerhalb der Gottesdienstzeiten oft verschlossen sind.

2. Einsatzmöglichkeiten im RU

Unterschiede der Kirchenräume wahrnehmen
- Sch betrachten die Fotos **fse 110/111**, beschreiben sie im UG und nehmen Unterschiede und Gemeinsamkeiten der beiden Kirchenräume wahr.
- Sch erhalten den Text „Unterschiede wahrnehmen" **AB 4.7.11, Arbeitshilfen S. 287**.
- L liest Teil 1 der Geschichte.
- Sch markieren alle Gegenstände, die in der Geschichte genannt werden, mit einem farbigen Stift.
- Sch entdecken, dass verschiedene, im Text genannte Gegenstände auf dem Foto der katholischen Kirche **fse 111** nicht zu sehen sind (z. B. Taufbecken und Kreuzwegstationen).
- L liest Teil 2 der Geschichte, Sch verfahren wie oben.

3. Weiterführende Anregungen

Unterrichtsgang in die evangelische Kirche
- L bereitet Unterrichtsgang in die evangelische Kirche vor. Viele evangelische Pastoren sind gerne bereit, durch ihre Kirche zu führen.
- Sch zeichnen beim Unterrichtsgang einen Gegenstand aus der evangelischen Kirche auf vorbereitete, feste DIN-A5-Blätter.
- Sch gestalten gemeinsam ein Kirchenplakat mit ihren gemalten Gegenständen.

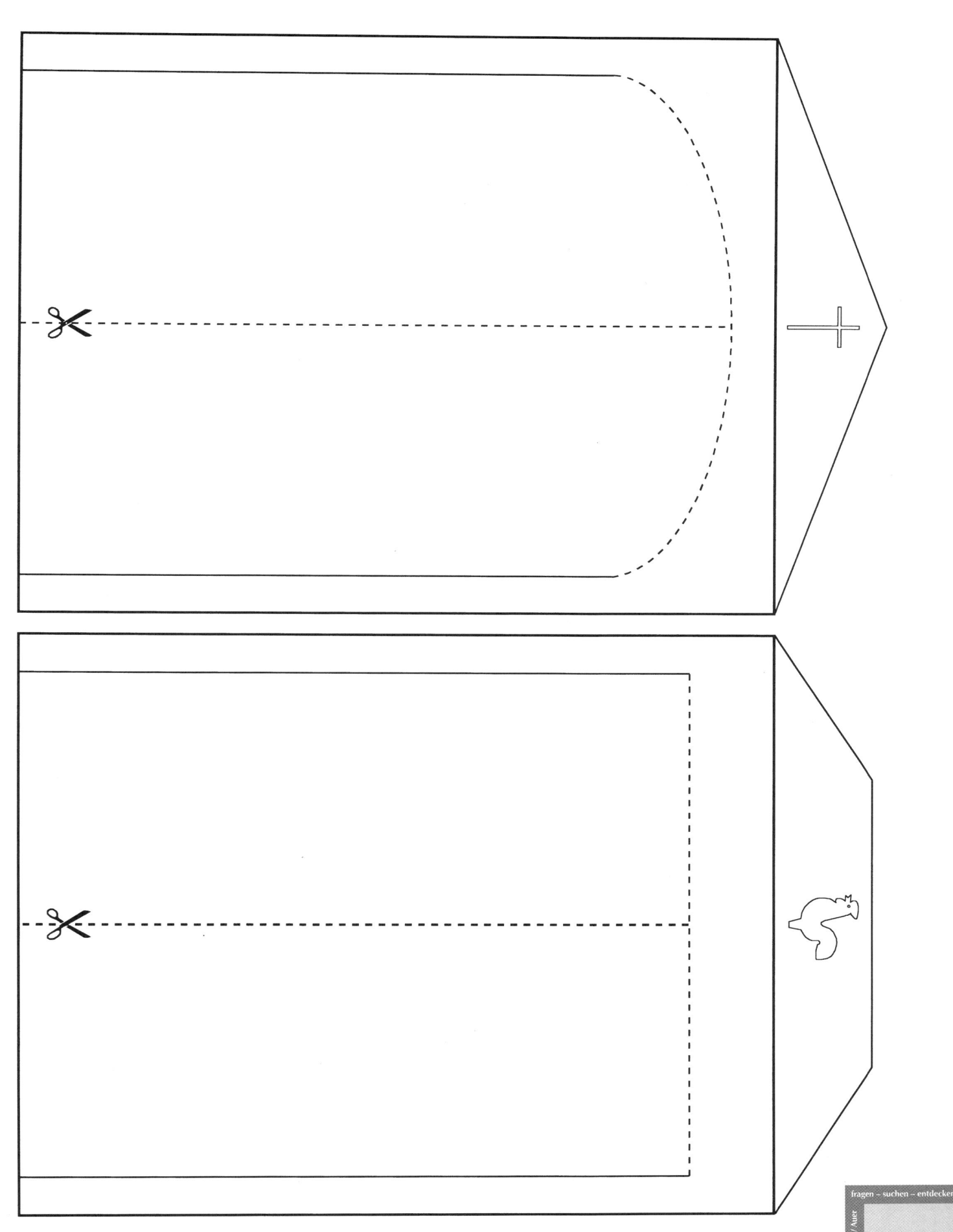

Kirchenräume

4.7.12

Mit der evangelischen Religionsgruppe kooperieren
- Sch der katholischen Religionsgruppe führen ihre evangelischen Mit-Sch durch ihre katholische Kirche, erklären diese und umgekehrt.
- Beide Gruppen bereiten einen gemeinsamen ökumenischen Gottesdienst vor und feiern diesen mit den Pfarrern beider Kirchen.

Eine katholische/evangelische Kirche gestalten
- Sch kleben den Innenraum/Klapp-Umriss **AB 4.7.12, Arbeitshilfen S. 289**, zweimal ins Heft und gestalten mit den wesentlichen Merkmalen eine evangelische und eine katholische Kirche (Abb. s. rechts).
- *Alternative:* L zeichnet Grundrisse der jeweiligen Heimatkirchen und Sch gestalten diese nach deren Erkundung aus.
- *Weitere Alternative:* Sch malen im Pausenhof mit bunten Straßenmalkreiden Kirchen. Dann „besuchen" Sch sich gegenseitig und der/die jeweilige Künstler/in bietet eine kleine Führung durch die Kirche an (in EA, PA, GA).

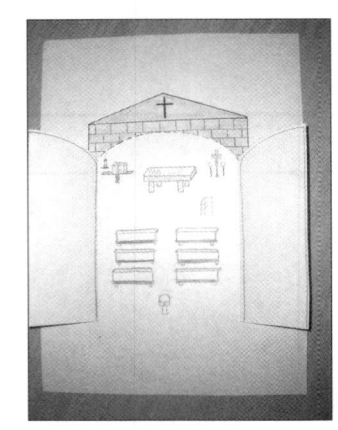

Unterschiede wahrnehmen – im Leben der Christen   fragen – suchen – entdecken 112/113

1. Hintergrund

fse 112/113 zeigt in zwei fiktiven Fotoalben von „Anja" und „Uwe" die unterschiedlichen Ausprägungen des kirchlichen Lebens in der evangelischen und katholischen Konfession. Wichtige Ereignisse ihres religiösen Lebens haben die Kinder auf Fotos in ihrem je eigenen Fotoalbum festgehalten.

Gemeinsames Sakrament bei beiden Konfessionen ist die Taufe, deren Riten der Spendung einander sehr ähnlich sind.

Evangelischerseits ist die **Konfirmation** die erste Teilnahme am Abendmahl und damit auch die volle Aufnahme in die Gemeinde (**fse 113** Mitte links).

In der katholischen Kirche entsprechen der Konfirmation zwei Sakramente: die Feier der **Erstkommunion** und die Spendung der **Firmung** durch den Bischof oder seinen Vertreter (**fse 112** Mitte links und oben rechts).

Typisch katholisch ist das Foto von jungen Leuten vor dem Petersdom. Die Jugendlichen halten ein Transparent der Aktion bzw. des **Konziliaren Prozesses** in den Händen: „Entwicklung, Gerechtigkeit und Frieden". Dieses Engagement bezieht sich auf die Erhaltung der Umwelt und auf das Ringen um Gerechtigkeit gegenüber den Entwicklungsländern. Diese Anliegen werden auch von der evangelischen Kirche vertreten. Vermutlich widmet sich der evangelische Jugendgottesdienst diesem Thema, bei dem ein Jugendlicher eine Weltkugel hochhält (**fse 113** Mitte rechts).

fse 112 Mitte rechts sehen wir eine Ministrantin und einen **Ministrant**en mit einem **Weihrauchfass**. Beides kennt nur die katholische Kirche. Messdiener oder Ministranten sind dem Priester bei der Feier des Gottesdienstes behilflich und erhöhen durch ihre Kleidung auch die Feierlichkeit einer Liturgie. Bei feierlichen Gottesdiensten schwenken Ministranten das Weihrauchfass. In ihm werden auf glühenden Kohlen Weihrauchkörnchen verbrannt. Diese werden aus getrocknetem Harz eines bestimmten Baumes gewonnen und steigen aus der Glut als aromatisch duftender Rauch auf. Im Altertum ließen sich die Herrscher Weihrauch als Zeichen ihrer Würde voraus tragen. Deshalb haben die ersten Christen den Weihrauch abgelehnt. Erst später wurde er umgedeutet und in die Gottesdienste eingeführt. Beweihräuchert werden das Evangelienbuch, der Altar, der Priester und die Mitfeiernden des Gottesdienstes als Zeichen der Verehrung. Der aufsteigende Rauch symbolisiert auch die aufsteigenden Gebete der Gläubigen.

Die Bedeutung der **Bibel** für die Gestaltung des Lebens in so genannten Bibelkreisen zu bedenken und zu besprechen hat dagegen in der evangelischen Kirche eine lange Tradition. Spätestens seit dem Zweiten Vatikanischen Konzil wurde die Bibel aber auch von katholischen Christen wieder entdeckt, sodass das Foto **fse 113** links unten auch in katholischen Gemeinden zu finden ist. Vielerorts gibt es ökumenische Bibelkreise von Christinnen und Christen beider Konfessionen.

Eine ausgesprochen evangelische Tradition bilden schließlich die so genannten Posaunenchöre (**fse 113** rechts unten).

Anjas Fotoalbum

Die Geschichte der Posaunenchöre

Posaunenchöre kann man bis ins 18. Jh. zurückverfolgen. Zu Beginn des 19. Jhs. entstanden vielerorts „Posaunistenchöre". Von diesen leitet sich der heutige Begriff ab, obwohl in den heutigen Chören nur ein geringer Anteil der Musiker die Posaune bläst. Martin Luther hat bei seiner Bibelübersetzung das Wort „Schofar", eigentlich das „Widderhorn" aus dem jüdischen Gottesdienst, mit „Posaune" übersetzt. Dies galt als die theologische Legitimierung des Posaunenchors. Die Epoche der evangelischen Posaunenarbeit prägte um 1890 der Pastor Johannes Kuhlo, der in ganz Deutschland als der „westfälische Posaunengeneral" bekannt wurde. In der NS-Zeit oftmals verboten, wurden nach dem Krieg viele Posaunenchöre wieder gegründet und sind heute aus der evangelischen Kirchenmusik nicht mehr wegzudenken. Mit ihrer Musik leisten sie einen Beitrag zur Verkündigung der frohen Botschaft. In Deutschland gibt es heute ca. 7 000 Posaunenchöre mit fast 120 000 Bläsern.

2. Einsatzmöglichkeiten im RU

Anja erzählt

- L erzählt ersten Teil der Geschichte „Anja und Uwe" **M 4.7.13, Arbeitshilfen S. 279**.
- Sch betrachten das Fotoalbum **fse 112**, erzählen, was ihnen zu den einzelnen Fotos einfällt (L ergänzt, z. B. über den Weltjugendtag oder das Sakrament der Firmung).
- Sch erinnern sich beim Fragezeichen an ein persönliches Erlebnis (z. B. Hochzeit eines Verwandten, St.-Martins-Umzug, Fronleichnamsprozession oder Maiandacht).
- Sch erhalten **AB 4.7.14, Arbeitshilfen S. 291**, beschreiben auf dem jeweiligen Bildumriss mit einem Stichwort das entsprechende Foto von **fse 112**.
- Sch schneiden die gestrichelten Linien ein und kleben das AB nur an den äußeren Rändern in ihr Heft.
- In die aufgeklappten Türen malen oder kleben sie Bilder, die zum Stichwort passen (auch eigene Fotos oder deren Kopie können verwendet werden).

Uwe erzählt

- L erzählt den zweiten Teil der Geschichte „Anja und Uwe": **M 4.7.13, Arbeitshilfen S. 279**.
- Sch betrachten das Fotoalbum **fse 113** und bringen ihr Wissen aus dem evangelischen Leben ein.
- Sch informieren sich im Lexikon über das Stichwort „Konfirmation".
- Sch beschriften die Bildumrisse auf **AB 4.7.15, Arbeitshilfen S. 293**, mit einem entsprechenden Stichwort, schneiden die gestrichelten Linien ein und kleben das AB an den äußeren Rändern in ihr Heft.
- Sch schreiben in die aufgeklappten Bildfenster einen kurzen Infotext zu den Fotos **fse 113**.

Unterschiede und Gemeinsamkeiten wahrnehmen

- L liest dritten Teil der Geschichte „Anja und Uwe": **M 4.7.13, Arbeitshilfen S. 279**, und leitet Sch zur Diskussion über die Unterschiede beider Konfessionen an.
- Sch vergleichen Feste, Kleidung der Pfarrer beider Konfessionen, Ministranten, Weihrauch usw.
- L informiert über Papst, Vatikan, Petersdom und Bischöfe.
  (*Papst:* von Kardinälen gewählt, leitet als Stellvertreter Christi die katholische Kirche.
  Vatikan: Stadtstaat in Rom, Wohn- und Dienstort des Papstes.
  Petersdom: größte Kirche der Erde, Grabeskirche des Apostels Petrus, daher eine der wichtigsten Pilgerstätten der kath. Kirche, die imponierende Kuppel ist das größte freitragende Ziegelbauwerk der Welt (mehr im Internet unter www.vatican.va).
  Katholischer Bischof: vom Papst ernannter Leiter einer Diözese, spendet die Firmung, ist Vorgesetzter der Priester.
  Evangelischer (Landes-)Bischof: Vorsitzender einer Landessynode, wird von der Synode, dem Kirchenparlament, gewählt.)
- Abschließend singen Sch das Lied: „Wir wollen aufstehn, aufeinander zugehn": **M 4.6.20, Arbeitshilfen S. 259**.

Gottesdienstordnungen vergleichen

- Sch bearbeiten **AB 4.7.16, Arbeitshilfen S. 295**.
- Sch bringen Gottesdienstanzeiger, Gemeindebriefe, Pfarrblätter mit und vergleichen, welche Gottesdienst- und Andachtsarten angeboten werden.

Das Gelernte in einem Spiel vertiefen

Mithilfe der Fragekärtchen **M 4.7.17, Arbeitshilfen S. 297**, erklären sich Sch liturgische Gegenstände, ohne die abgedruckten Begriffe zu verwenden.

Uwes Fotoalbum

Gemeinsamkeiten entdecken

1. Hintergrund

Die Doppelseite **fse 114/115** weist auf die elementaren Gemeinsamkeiten beider Konfessionen hin. Das Zentrum des christlichen Glaubens zeigt sich in den Kreuzesdarstellungen im Altarraum evangelischer und katholischer Kirchen (**fse 114** links oben). Die Taufe (Taufstein **fse 114** rechts unten) begründet das Christsein und ist daher beiden christlichen Konfessionen gemeinsam.

Das gemeinsame Glaubensbekenntnis unterscheidet sich nur durch ein Wort im dritten Artikel, auf **fse 114/115** in der sechsten Zeile von unten: „christliche Kirche" bzw. „katholische Kirche" (von grch. *katholon* = allgemein, umfassend, s. u.).

Gemeinsam sind beiden Konfessionen nicht nur das Vaterunser, sondern auch zahlreiche weitere Gebete und Lieder. Im „Gotteslob" der katholischen Kirche und im „Evangelischen Gesangbuch" sind gemeinsame, ökumenische Lieder mit einem „ö" neben der Liednummer gekennzeichnet.

Und schließlich werden auch die christlichen Feste zum größten Teil von beiden Konfessionen gefeiert, z. B. Weihnachten oder Erntedank. Nur die Heiligen- und Marienfeste sowie Fronleichnam sind ausschließlich katholische Feiertage.

Katholisch – evangelisch – protestantisch

Katholisch kommt vom griechischen Wort *katholon* und bedeutet „für alle" oder „allgemein". Seit dem 2. Jh. n. Chr. wurde dieser Begriff für die Kirche verwendet, denn Jesus Christus hat sie für alle gestiftet. Seit der Reformation wird der Begriff für die römisch-katholische Kirche gebraucht.

Evangelisch leitet sich vom Wort „Evangelium" (frohe Botschaft) ab und meint „aus dem Evangelium stammend". Für Martin Luther ist die Bibel die wichtigste Grundlage des Glaubens. Deshalb hat er die Anhänger der Reformation „evangelische Christen" genannt.

Protestantisch kommt vom Wort „protestieren" (Einspruch erheben). 1529 protestierten die Landesfürsten, die Martin Luther unterstützten, auf dem Reichstag zu Speyer dagegen, dass ihre Religionsfreiheit von der römisch-katholischen Mehrheit aufgehoben wurde. Jeder sollte ihrer Meinung nach in Glaubensfragen für sich selbst entscheiden und Verantwortung tragen. So entstand der Begriff „Protestanten".

Das Apostolische Glaubensbekenntnis

Das Apostolische Glaubensbekenntnis geht in seinem Kern auf das Taufbekenntnis der Christen in den ersten Jahrhunderten zurück. Seine Bestandteile sind ursprünglich kurze Fragen an die Taufbewerber gewesen, die diese mit „Ja" beantworteten. Daraus wurden später die Bekenntnisaussagen „Ich glaube …". Seit Anfang des 5. Jhs. ist das Apostolische Glaubensbekenntnis in seiner heutigen Form schriftlich belegt. Bis heute ist es gleichermaßen der Grundtext der katholischen, der orthodoxen und der protestantischen Kirchen.

2. Einsatzmöglichkeiten im RU

Das Glaubensbekenntnis sprechen

- Zwei Sch lesen zu Beginn der Stunde das Glaubensbekenntnis der evangelischen und der katholischen Christen **fse 114/115** Zeile für Zeile parallel.
- Sch entdecken den geringen Unterschied des einen Wortes (christliche/katholische Kirche).
- L klärt die Begriffe evangelisch/katholisch (s. o.).

Gemeinsamkeiten entdecken

- Sch notieren auf gelben und lilafarbenen Wortkärtchen (die beiden Kirchenfarben!) die Begriffe für die Gemeinsamkeiten, die sie auf **fse 114/115** entdecken (z. B. Kreuz, Glaubensbekenntnis, Vaterunser, Taufe, Kirche, Weihnachtsfest, Brauchtum im Kirchenjahr, gemeinsames Liedgut).
- Sch überlegen, welche wichtigen Gemeinsamkeiten im Leben der evangelischen und katholischen Christen fehlen, und notieren diese ebenfalls auf gelben und lilafarbenen Kärtchen (z. B. Ostern, Feier der Karwoche, Pfingstfest, Kindergottesdienste, Erntedankfest, Orgel, Brot und Wein, Bibel, RU, Kirchensteuer).

So ist ein Gottesdienst aufgebaut

Evangelischer Gottesdienst   *Katholische Messe*
(ohne Abendmahlsfeier)

Evangelischer Gottesdienst (ohne Abendmahlsfeier)	Katholische Messe
Glockengeläut	Glockengeläut Orgelvorspiel
Eröffnung und Anrufung Orgelvorspiel Begrüßung (Votum und Gruß) Lied Psalmlesung Ehre sei dem Vater Bußgebet/Schuldbekenntnis Herr, erbarme dich (Kyrie) Gnadenzusage Ehre sei Gott (Gloria) Tagesgebet	**Eröffnung** Einzug Eingangslied Begrüßung und Einführung Schuldbekenntnis Herr, erbarme dich (Kyrie) Ehre sei Gott (Gloria) Tagesgebet
Verkündigung und Bekenntnis Schriftlesung Halleluja Lied Evangelium Lied Glaubensbekenntnis Lied Predigt Lied Dankopfer (Einsammeln der Kollekte)	**Wortgottesdienst** Erste Lesung Zwischengesang Zweite Lesung Halleluja Evangelium Predigt Glaubensbekenntnis (Credo) Fürbitten
	Eucharistiefeier Gabenbereitung und Gabengebet Eucharistisches Hochgebet (mit Wandlung) Kommunion (Vaterunser, Friedensgruß, Brotbrechung, Kommunionausteilung, Danklied) Schlussgebet
Sendung und Segen Abkündigungen (Mitteilungen) Fürbittengebet Vaterunser Segen Orgelnachspiel	**Entlassung** Mitteilungen Schlusslied Segen und Entlassung Auszug

➤ Auf diesem Arbeitsblatt findest du den Ablauf eines evangelischen Sonntagsgottesdienstes und einer katholischen Messfeier. Verbinde das Gemeinsame mit einem Strich und schreibe danach eine Liste der gemeinsamen Elemente.

4.7.16

- Sch tragen ihre Ergebnisse zusammen und gestalten ein Bodenbild (vgl. Abb. unten).
- Für jede Gemeinsamkeit stellen Sch ein Teelicht ins Bodenbild.
- Sch bearbeiten **AB 4.7.18, Arbeitshilfen S. 298**, und kleben es zur Ergebnissicherung ins Heft.
- Sch singen Lied auf **fse 115** „Nun singe Lob, du Christenheit". L weist auf das gemeinsame Liedgut im „Gotteslob" und „Evangelischen Gesangbuch" hin.

3. Weiterführende Anregung

Gotteslob – Evangelisches Gesangbuch
- Sch suchen in beiden Gesangbüchern gemeinsame Lieder.
- Sch gestalten mit ausgewählten Liedern einen ökumenischen Gottesdienst.

Verschieden sein – miteinander Christ sein

fragen – suchen – entdecken **116/117**

1. Hintergrund

Trotz einiger inhaltlicher Unterschiede in theologischen Fragen, die einer vollen Gemeinschaft noch im Wege stehen, ist eine Zusammenarbeit als Ausdruck des „Miteinander Christseins" möglich. Die gemeinsame Zukunft beider Konfessionen wird auch heute nicht mehr gesehen als Rückkehr der einen zur anderen, sondern im Sinne einer „versöhnten Verschiedenheit", d. h. es werden unterschiedliche Auslegungen und Ausgestaltungen des christlichen Glaubens und Lebens bestehen bleiben, aber nicht mehr als ausschließend und Kirchen trennend betrachtet.

Auf der Grundlage einer solchen Perspektive ist ein unbefangener Umgang der Konfessionen miteinander nicht nur möglich, sondern auch geboten. Um der Glaubwürdigkeit ihres Zeugnisses willen müssen die christlichen Konfessionen den Eindruck der Zerrissenheit vermeiden und in Eintracht und Kooperationsbereitschaft die christliche Botschaft verkünden und im Alltag leben.

In vielen Bereichen haben sich beide Kirchen zum gemeinsamen Tun zusammengeschlossen, z. B. im karitativen Bereich bei Sozialstationen, der Telefonseelsorge oder bei Beratungsstellen.

Zu einer festen Einrichtung an Schulen sind ökumenische Gottesdienste, Frühschichten oder Bibelkreise geworden. In vielen Gemeinden werden Kinderbibeltage und der Weltgebetstag der Frauen am 8. März ökumenisch vorbereitet und gefeiert. In diesen gemeinsamen Aktionen bringen die Christinnen und Christen beider Konfessionen zum Ausdruck, dass sie letztlich zusammengehören und dass sie mehr gemeinsam haben als sie noch trennt.

Ökumene
Ökumene ist die deutsche Schreibweise des Wortes *oikoumene*, welches sich aus den griechischen Wörtern *oikos* = „Haus" und *menein* = „bleiben" zusammensetzt. Ökumene bedeutet also wörtlich übersetzt: „im Haus bleiben". Bekannt sind drei Bedeutungen:
1. In der Antike umfasste der Begriff die gesamte bewohnte Erde.
2. Nach der ersten Kirchenspaltung (1054 n. Chr.) verstand man unter Ökumene die Gemeinschaft zwischen Ost- und Westkirche.
3. Heute bezeichnet Ökumene das Bemühen um Einheit unter allen christlichen Kirchen und Glaubensgemeinschaften.

Das Zeichen für Ökumene setzt sich aus vier Bildern zusammen: Dem *Kreis* als Symbol für die Erde, den *Wellen* als Symbol für ein bewegtes, lebendiges Leben, dem *Schiff* als einem Symbol für die Gemeinde der Christen, dem *Mast*, der aussieht wie ein Kreuz und an Jesus Christus erinnert.

2. Einsatzmöglichkeiten im RU

Was heißt eigentlich „Ökumene?"
- Sch lesen die Geschichte **fse 116** oben und klären den Begriff „Ökumene" im Lexikon.
- Sch malen das Zeichen für Ökumene in den Kreis des **AB 4.7.19, Arbeitshilfen S. 299**, überlegen gemeinsam, was die einzelnen Bilder bedeuten, und schreiben in kurzen Sätzen auf das AB, was Ökumene ist.

Verschieden sein – miteinander Christ sein
- Sch betrachten die Seiten **fse 116/117**.
- Im UG werden die unterschiedlichen ökumenischen Aktivitäten besprochen und evtl. erklärt bzw. ergänzt.
- Sch erkundigen sich über weitere gemeinsame Angebote der Kirchen, z. B. bei den Eltern, bei den verschiedenen Religions-L, bei pastoralen MitarbeiterInnen der Gemeinden, im Internet (z. B. Telefonseelsorge, Sozialstationen, ökumenisches Friedensgebet in Assisi).

Ratespiel zur Kircheneinrichtung

Altar	Tabernakel	Orgel	Opferstock
Tisch	Kommunion	Pfeifen	Geld
Hl. Messe	Schale	Musik	Spenden
Priester	heilig	Organist	Dieb
Feier	Schränkchen	Lieder	Kirche

Osterkerze	Ambo	Beichtstuhl	Kanzel
Licht	Lesung	dunkel	Predigt
Osternacht	Lektor	Pfarrer	Pfarrer
Jesus	Pult	Sünden	hoch
Zeichen	Mikrofon	Vergebung	evangelisch

Taufbecken	Kirchturm	Evangelium	Kreuz
Wasser	Glocken	Ambo	Jesus
Täufling	Stufen	Frohe Botschaft	Holz
Pate/Patin	Tauben	Neues Testament	hängen
Feier	Uhr	Priester	Nägel

Gesangbuch	Gottesdienst	Kindergottesdienst	
Gotteslob	Messe	Spielen	
Lieder	Sonntag	Singen	
Orgel	Feier	Geschichten	
Hl. Messe	Eucharistie	Sonntag	

Das haben wir gemeinsam

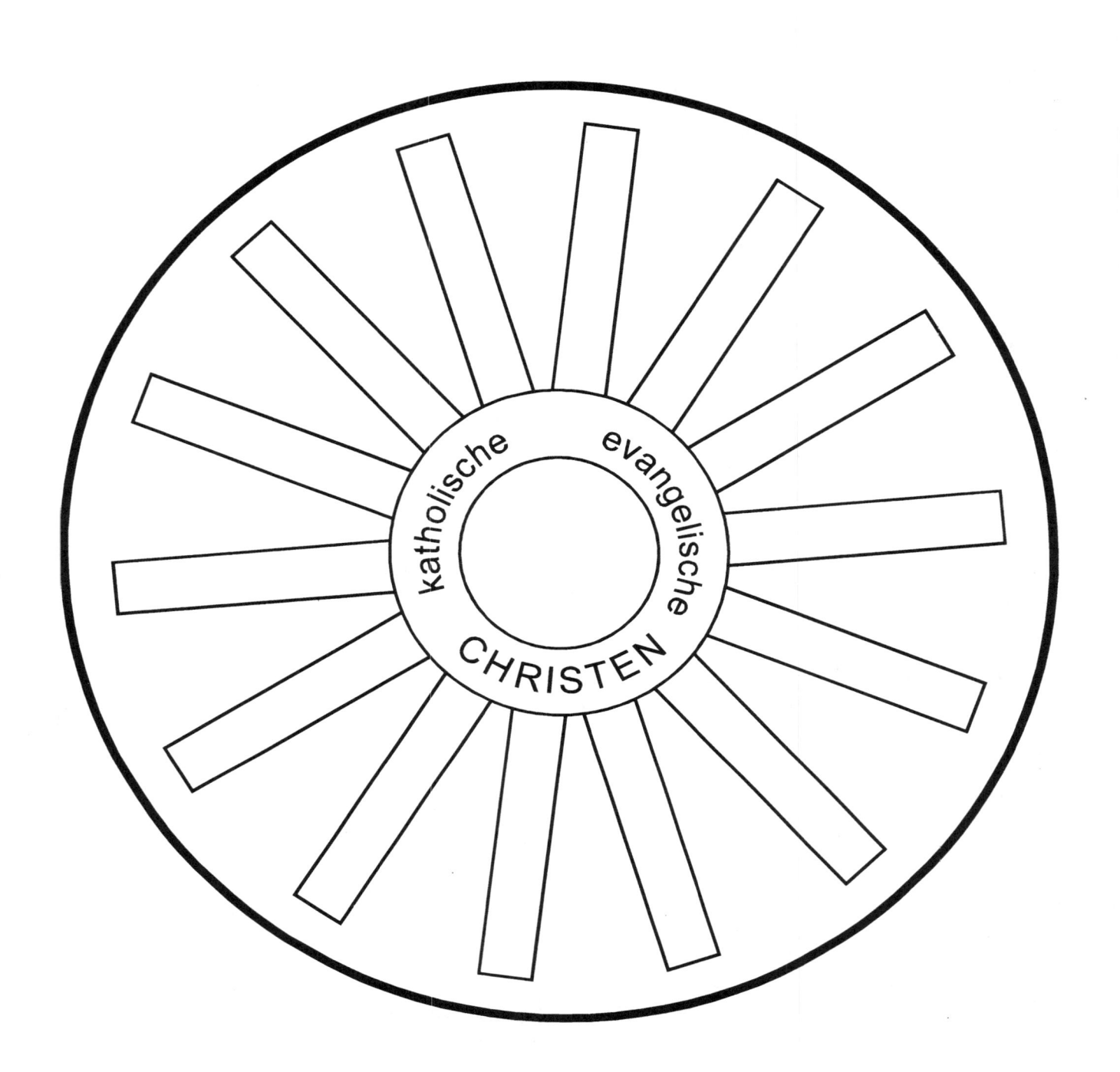

katholische evangelische CHRISTEN

Verschieden sein – miteinander Christ sein

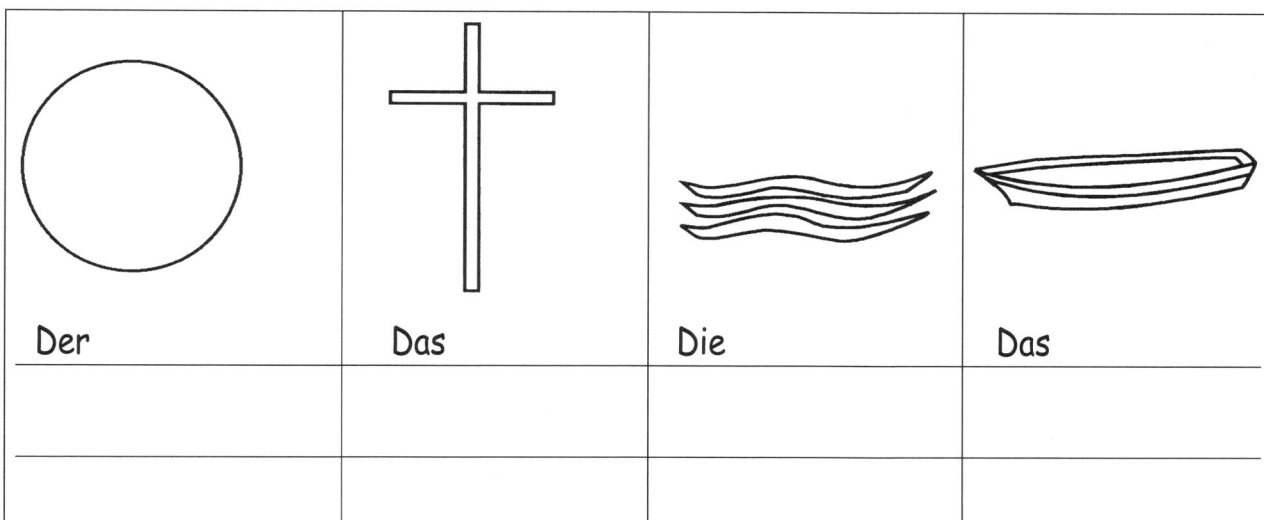

Der	Das	Die	Das

➤ Das Wort ÖKUMENE kommt _____

_____

_____

_____

_____

➤ Diese ökumenischen Aktivitäten gibt es in meiner Umgebung:

_____

_____

- Sch tragen ihre Ergebnisse als kurze Referate vor.
• Sch betrachten abschließend die Zeichnung der Schülerin Franziska **M 4.7.20, Arbeitshilfen S. 301**, die L als Folie für den OHP kopiert hat, und überlegen, mit welchen Bausteinen die Brücke der Ökumene als Verbindung der beiden Kirchen geschaffen werden kann.
• Sch lernen das Lied: „Herr gib mir Mut zum Brücken bauen" **M 4.7.21, Arbeitshilfen S. 302**.

Eine Ideensäule basteln
• Sch entwickeln gemeinsame ökumenische Ideen: z. B. eine ökumenische „Frühschicht" gestalten, Kirchenführungen für Kinder vorbereiten, Mitarbeit/Teilnahme bei der ökumenischen Kinderbibelwoche, beim Schulsommerfest Aktionen planen und Spenden für „Brot für die Welt" oder „Misereor" sammeln.
- Sch gestalten damit eine Ideensäule **AB 4.7.22, Arbeitshilfen S. 303**, als kleines Modell oder, stark vergrößert und auf festes Papier geklebt, als Säule für die Aula.

Evangelisch-katholisches Zusammenleben früher
• Sch betrachten am OHP das auf Folie kopierte **M 4.7.23, Arbeitshilfen S. 305**, und beschreiben das Foto.
- L informiert: *Früher gab es in vielen Orten Europas getrennte Friedhöfe für katholische und evangelischen Menschen. Ehepaare, die verschiedenen Konfessionen angehörten, durften nach ihrem Tod nicht in einem gemeinsamen Grab beerdigt werden. Im niederländischen Ruermond fand ein Paar dennoch eine rührende Antwort auf diese hartherzige Regelung:*
Als im Jahre 1880 Herr van Gorkum starb, wurde er auf dem evangelischen Teil des Friedhofs, unmittelbar an der Mauer zum katholischen Friedhof bestattet. Auf der gegenüberliegenden Mauerseite wurde 1888 seine katholische Frau beerdigt. Die Grabsteine der beiden überragen die trennende Mauer und verbinden sich in Form der verschränkten Hände der Verstorbenen. Das Grabmal macht deutlich, dass Menschen schon damals unter der Trennung der Konfessionen litten und eine ökumenische Gesinnung im Herzen trugen. – Heute spricht man von „konfessionsverbindenden Ehen".

Bedeutende Christen beider Konfessionen überzeugen durch ihr Leben
• Sch lernen verschiedene Persönlichkeiten kennen, die sich in besonderer Weise für ihren Glauben und für die Menschlichkeit eingesetzt haben, z. B. Martin von Tours, Franz von Assisi, Elisabeth von Thüringen, Dietrich Bonhoeffer, Edith Stein, Maximilian Kolbe, Frère Roger ...
Nähere Information in: Cornelia Möres, Windows to Heaven, Kevelaer 2004.

3. Weiterführende Anregungen

Großeltern erzählen
• L lädt Sch-Großeltern in die Klasse ein. Sie erzählen von ihrer katholischen bzw. evangelischen Kindheit (auch von ihrem „RU").
- Sch überlegen sich konkrete Fragen an die Großeltern: „Wie war ... bei euch vor 60 Jahren?"
- Sch erzählen von ihrem RU heute.

Ein evangelischer Pfarrer/eine evangelische Pfarrerin erzählt
• Die Lerngruppe lädt den Pfarrer/die Pfarrerin der evangelischen Gemeinde ein und lässt sich vom Alltag in der evangelischen Gemeinde erzählen.

Eine evangelische Taufe besuchen
• Sch besuchen mit L oder ihren Eltern einen evangelischen Gottesdienst mit Taufe und berichten im RU davon.
- Sch malen ein Bild für den Täufling mit guten Wünschen.

Ökumene (Schülerarbeit)

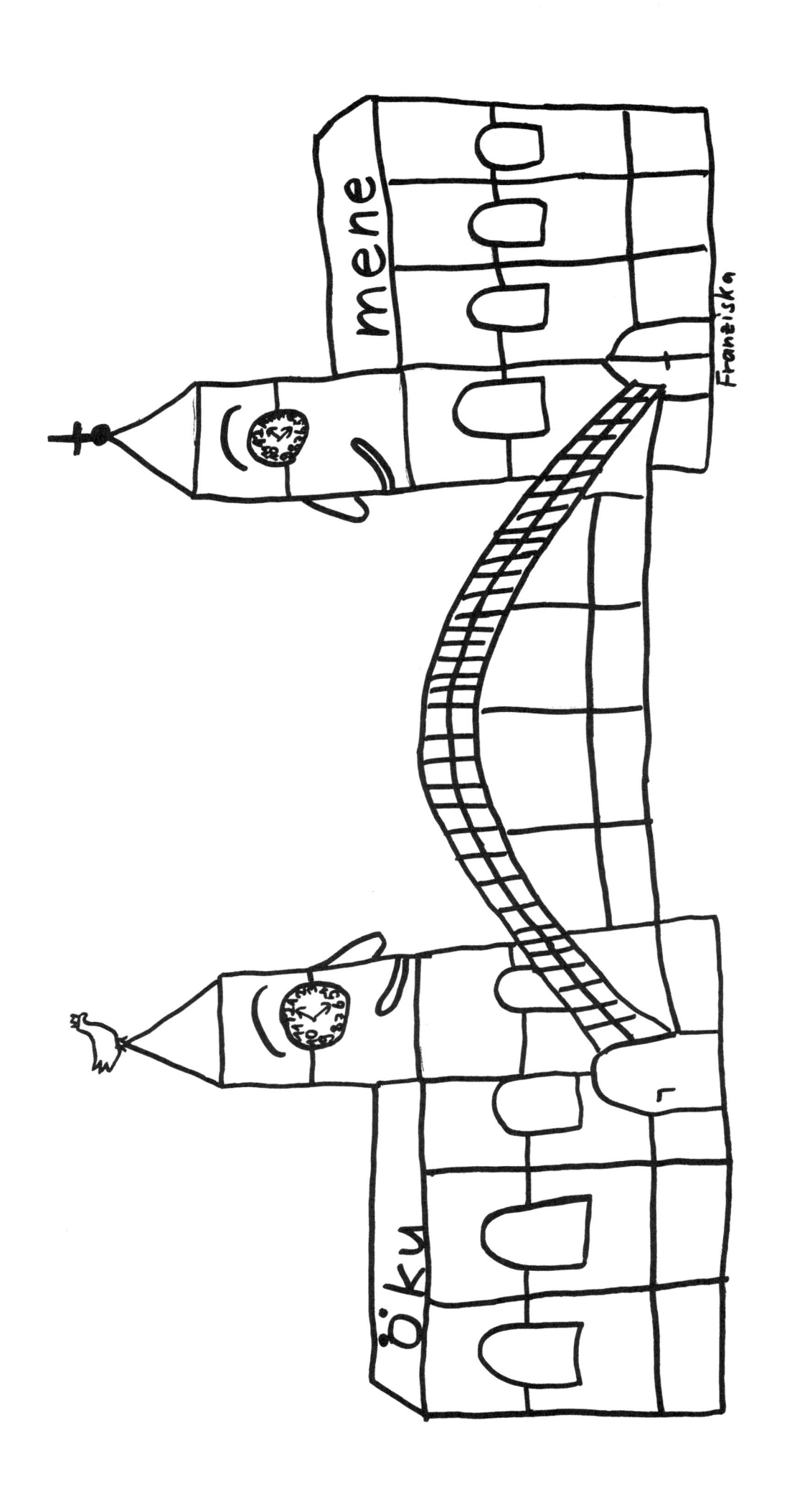

Herr, gib mir Mut zum Brücken bauen

T: Kurt Rommel/M: Paul Bischoff
© Gustav Bosse Verlag, Kassel

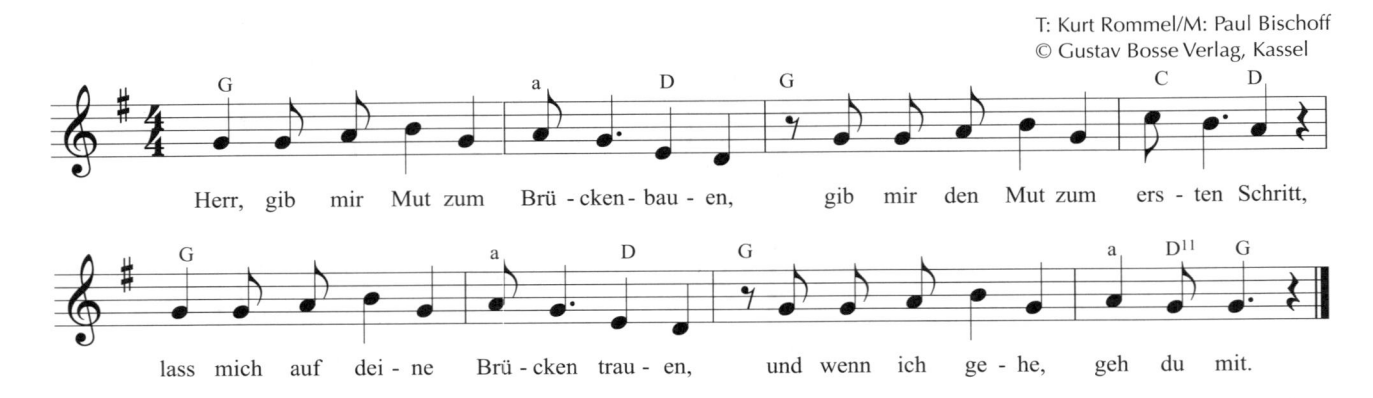

Herr, gib mir Mut zum Brü-cken-bau-en, gib mir den Mut zum ers-ten Schritt,
lass mich auf dei-ne Brü-cken trau-en, und wenn ich ge-he, geh du mit.

2. Ich möchte gerne Brücken bauen, wo alle tiefe Gräben sehn.
   Ich möchte über Zäune schauen und über hohe Mauern gehn.

3. Ich möchte gerne Hände reichen, wo jemand harte Fäuste ballt.
   Ich suche unablässig Zeichen des Friedens zwischen Jung und Alt.

4. Ich möchte nicht zum Mond gelangen, jedoch zu meines Feindes Tür.
   Ich möchte keinen Streit anfangen. Ob Friede wird, das liegt an mir.

5. wie Strophe 1.

Lasst uns miteinander

T/M: mündlich überliefert

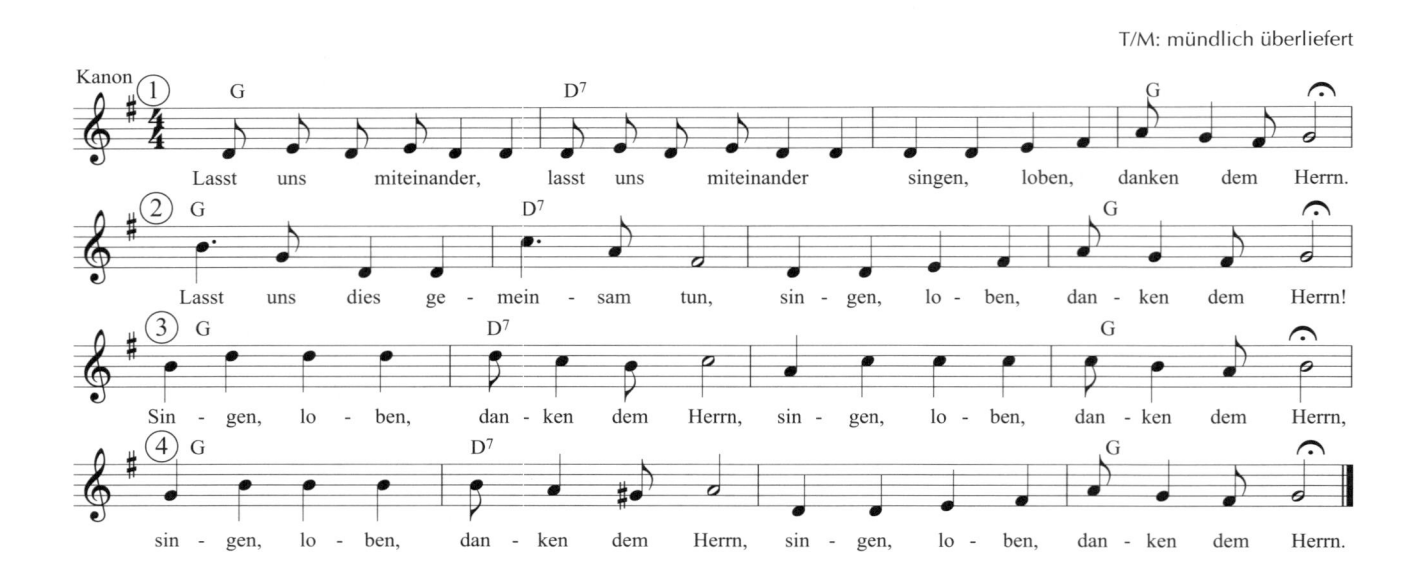

Kanon

1. Lasst uns miteinander, lasst uns miteinander singen, loben, danken dem Herrn.
2. Lasst uns dies ge-mein-sam tun, sin-gen, lo-ben, dan-ken dem Herrn!
3. Sin-gen, lo-ben, dan-ken dem Herrn, sin-gen, lo-ben, dan-ken dem Herrn,
4. sin-gen, lo-ben, dan-ken dem Herrn, sin-gen, lo-ben, dan-ken dem Herrn.

Ideensäule

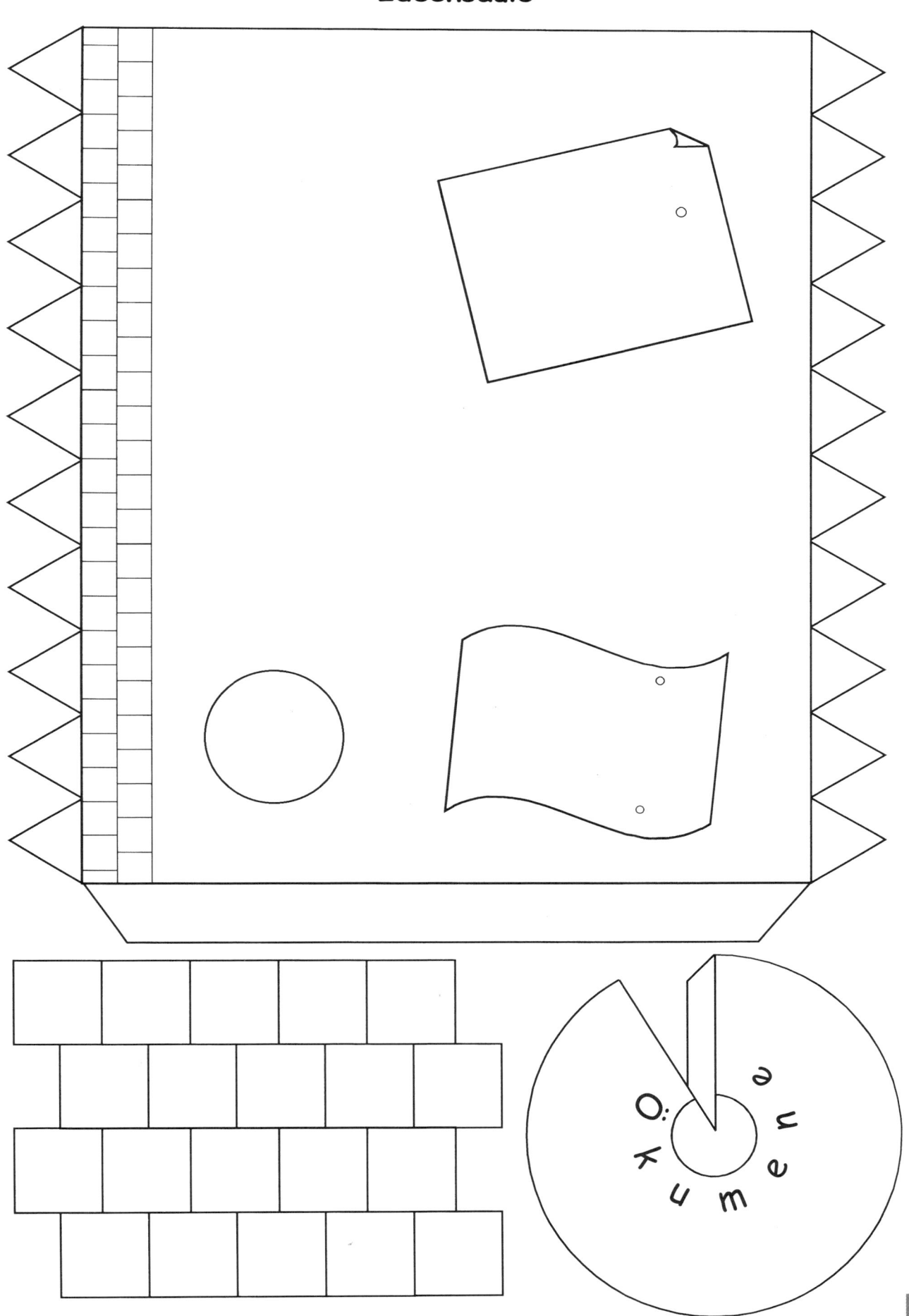

Ökumene

Miteinander Gottesdienst feiern

fragen – suchen – entdecken 118/119

1. Hintergrund

Schulgottesdienste werden an bestimmten Knotenpunkten im Schuljahr gefeiert. Als Feiern oder Feste sind sie regelmäßig wiederkehrende Unterbrechungen des normalen Schulalltags, bei denen an die tragenden Grundlagen einer Gemeinschaft erinnert wird. Feiern haben eine geordnete Form, die nicht ohne Grund verletzt werden soll. Von dem bedachten und ernsthaften Ablauf hängt es entscheidend ab, ob das Anliegen des Gottesdienstes zur Geltung kommt. Es ist außerdem konstitutiv, dass sich möglichst alle Beteiligten mit ihren Fragen, Sorgen und Freuden in der Gottesdienstfeier wiederfinden können. Schulgottesdienste bieten die Möglichkeit, dass sich möglichst alle durch die Übernahme einer Aufgabe an der Gestaltung beteiligen.

Als schulische Feiern haben Schulgottesdienste ihre bestimmten Anlässe im Jahreslauf einer Schule. Am Schuljahresanfang können Hoffnung und Bangen, Freude und Angst im Blick auf das neue Schuljahr zum Ausdruck gebracht und Gott um Hilfe gebeten werden. Am Schuljahresende wollen sie deutlich machen, dass die Erlebnisse der dankbaren, aber auch der klagenden Erinnerung und damit der bewussten Integration in das eigene Leben bedürfen. Alle Gottesdienste wollen darüber hinaus die Gewissheit stärken, dass Gott mitgeht auf dem Weg des Lebens.

2. Einsatzmöglichkeiten im RU

Lasset uns gemeinsam ...

- Die katholische Religionsgruppe lädt evangelische Sch in ihre Klasse ein unter dem Motto „Wir haben in den letzten Stunden viel voneinander und miteinander erfahren und gelernt."
- UG: Sch nennen Trennendes beider Konfessionen.
- Sch singen Lied: „Herr, gib uns Mut zum Brücken bauen" (**M 4.7.21, Arbeitshilfen S. 302**).
- Evangelische und katholische Sch stellen sich in je einer Gruppe einander gegenüber. Bei jeder Gemeinsamkeit der Konfessionen „bauen" beide Religions-L mit farbigen Chiffontüchern Schritt für Schritt eine verbindende Brücke am Boden.
- Nach jedem „Stein" (Tuch) wird der Refrain des Liedes gesungen.
- Sch erkennen die tragende Verbindung, bei der jede/r zur Mitarbeit aufgerufen ist.
- Je zwei Sch kommen sich auf der „Brücke" entgegen, treffen sich in der Mitte und begrüßen sich mit einem guten Wunsch („Ich wünsche dir ...).
- Sch singen gemeinsam „Lasst uns miteinander": **M 4.7.24, Arbeitshilfen S. 302**, und denken sich Bewegungen mit den farbigen Chiffontüchern aus.

3. Weiterführende Anregungen

Einen ökumenischen Abschlussgottesdienst feiern

- Sch planen im Plenum einen ökumenischen Abschlussgottesdienst und wählen ein Thema aus (L schlägt evtl. verschiedene Themen vor).
- Sch bereiten den Gottesdienst in arbeitsteiliger GA mithilfe von **fse 118/119** vor:

Gruppe 1: Erinnere dich an deine Grundschulzeit. Sammle wichtige Ereignisse und male oder schreibe sie auf Papiersonnen oder Papierwolken. Im Gottesdienst kannst du sie den anderen vorstellen. Du kannst auch Erinnerungsgegenstände mitbringen, z. B. das Lesebuch der ersten Klasse, ein Foto deiner Einschulung, ein Werkstück aus dem Handarbeitsunterricht o. Ä.

Gruppe 2: Wählt mit eurem/eurer Religions-L ein Evangelium aus, das euch in der Grundschulzeit besonders wichtig wurde. Besprecht, wie ihr dieses darstellen könnt, z. B. Rollenspiel, Bilder auf Plakate, Schattenspiel, biblische Erzählfiguren als Bodenbild, Folien auf OHP.

Gruppe 3: In eurer Grundschulzeit habt ihr viele Menschen kennen gelernt, die euch begleitet haben. Wem wollt ihr danken? Ihr habt viele schöne Erlebnisse gehabt. Wofür könnt ihr danken? So könnten eure Danksätze beginnen: „Gott, wir danken ..."

Gruppe 4: Vieles liegt nicht in unseren Händen. Sammelt Vorschläge für Fürbitten. Wofür wollt ihr bitten? Für wen wollt ihr bitten? So könnten eure Bittsätze beginnen: „Wir bitten ..."

Gruppe 5: In eurem RU habt ihr viele Lieder gelernt. Einige singt ihr besonders gern. Wählt Lieder aus, die zu eurem Gottesdienst passen.

Gruppe 6: Nach dem Ökumenischen Gottesdienst wollen wir ein Fest feiern. Dazu ist vieles nötig. Überlegt, was ihr essen, trinken und spielen wollt. Plant dieses Fest und verteilt die Aufgaben. Notiert auf einer Liste, wer welche Aufgaben übernimmt.

- Sch singen das Lied auf **fse 118** „Danket, danket dem Herrn"

Mein „Ich-Buch" ergänzen

- Sch kleben ihre Arbeitsanweisung und ihre dazu formulierten Gedanken zur Erinnerung in ihr „Ich-Buch".

Mauern überwinden

4.7.23

- L druckt für jede/n Sch ein digitales Foto des Gottesdienstes aus.
- Sch kleben dieses Foto ins „Ich-Buch" und lassen alle Mitfeiernden der ökumenischen Feier unterschreiben.

Literatur

Jäggle, Martin/ Krobath, Thomas, Ich bin Jude, Moslem, Christ. Junge Menschen und ihre Religion, Innsbruck, 2002
Küstenmacher, Tiki, Tikis Evangelisch-Katholisch-Buch, Stuttgart 1996

Ich-Buch

fragen – suchen – entdecken **120/121**

1. Hintergrund

Den L und Sch, die bereits in **fse 2** und **fse 3** mit dem Ich-Buch gearbeitet haben, sind die beiden Seiten **fse 120/121** vertraut.
Die Zielsetzungen, die in den Arbeitshilfen zu **fse 2** und **fse 3** angegeben sind, gelten auch für **fse 4**: In Wort und Bild halten Sch ihre Erlebnisse, Erfahrungen, Fragen, Vorstellungen und Wünsche fest. Sie holen das Vergangene in die Gegenwart; sie nehmen das Zukünftigen in Gedanken, Wünschen, Vorhaben vorweg; sie erfahren die Gegenwart als erfüllte Zeit. Alles gehört zur eigenen Geschichte und macht die Person einmalig und achtenswert. Das Ich-Buch kann ein Baustein sein zur Konkretisierung der Leitlinie des Lehrplans: Kinder sollen eine bejahende Lebenseinstellung aufbauen und lernen, die eigene Person anzunehmen (vgl. Leitlinien 1.1). Der RU unterstützt diese grundlegende Erziehungsaufgabe (vgl. Fachprofil).
Im 4. Schuljahr liegt ein Schwerpunkt auf der Beachtung der Zeitstruktur: Am Ende der Grundschulzeit gilt es zurückzuschauen, einen (kleinen) Lebensabschnitt zu überblicken **(fse 121**: Abschied von der Grundschule), dann auch den neuen Lebensabschnitt bewusst ins Auge zu fassen (**fse 121**: Ich gehe in eine andere Schule). Vgl. dazu auch: Deutsch: Über zukünftige Vorhaben sprechen (4.3.2) und HSU: Vorstellungen von der eigenen Zukunft (4.2.2).
Die nachfolgend genannten Inhalte sind Beispiele, die durch die Anregungen in **fse 2** und **fse 3** ergänzt werden können.

2. Einsatzmöglichkeiten im RU

Das Ich-Buch gestalten

- Sch entscheiden sich, ein neues Buch anzulegen oder das bereits angelegte weiterzuführen.
- L und Sch besprechen die Anlage des Buches, sammeln Vorschläge, die im Buch Aufnahme finden können. Sie überlegen, welche Zeiten (Freiarbeit, Ende der Woche) für die Einträge günstig sind.
- Sch gestalten die erste Seite gemeinsam (Musterseite).
- Sch überlegen, wo sie ihr Ich-Buch aufbewahren wollen, wer Einsicht bekommt usw.

Sich vom Religionsbuch anregen lassen

- *Freizeitgestaltung*: Im Religionsbuch ist als Beispiel die sportliche Aktivität angegeben. Sch werden im Gespräch weitere Freizeitaktivitäten (**fse 3,** 125) entdecken und für sich ergänzen. Neben kurzen Erlebnisberichten können vor allem Fotos und Bilder diese Rubrik anregend gestalten.
- *Die Welt der Schule*: Auch hier ist ein breites Spektrum für Einträge möglich.
- Neben erfreulichen Situationen werden Sch ermutigt, auch traurige und konfliktreiche Erlebnisse niederzuschreiben und Enttäuschungen nicht zu verdrängen. Sch lernen so, dass beide Seiten zum menschlichen Leben gehören. Niederschriften können Anlass sein, Hilfen bei L, Eltern und anderen Vertrauenspersonen (RL) zu suchen.
- Die Inhalte des RU geben vielfachen Anlass für einen Eintrag ins Ich-Buch: Erzählungen, Fragen, Gebete, Gottesvorstellungen, „Kindertheologie".
- *Allerlei von mir*: Unter dieser Formulierung subsumieren Sch alles, was zu ihnen gehört, was ihnen wichtig ist, was sie entdecken, was sie wissen und wissen möchten, was sie können usw. Dieser Bereich spricht vor allem die Individualität der Sch an. Sie bestimmen, was ihnen notierenswert erscheint.
- *Abschied von der Grundschule – ich gehe in eine andere Schule*. Beide Aspekte regen Sch an, die Vergangenheit und Zukunft in den Blick zu nehmen. Die Zusammenschau der vier Schuljahre kann unter verschiedenen Aspekten erfolgen: L und Klassenkameraden – Lernzuwachs – Feste und Feiern – bedeutende Ereignisse usw. Der Lebensabschnitt Grundschule ist es wert, aufgezeichnet und erinnert zu werden.
- In das 4. Schuljahr ragt für Sch auch ihre zukünftige Schullaufbahn hinein. Für sie wird bedeutsam, was die Eltern mit ihren Kindern und für sie beschließen. Daran knüpfen sich Erwartungen, Neugierde, Befürchtungen und Hoffnungen. Ihrem Ich-Buch können sie anvertrauen, was sie bewegt. Sch erfahren dabei, dass Zukunft zwar planend vorweggenommen werden kann, dass aber eine letzte Sicherheit nicht zu gewinnen ist. Die Bitte um den Segen Gottes, um seine Begleitung kann den Sch ein Stück Vertrauen und Zuversicht geben.

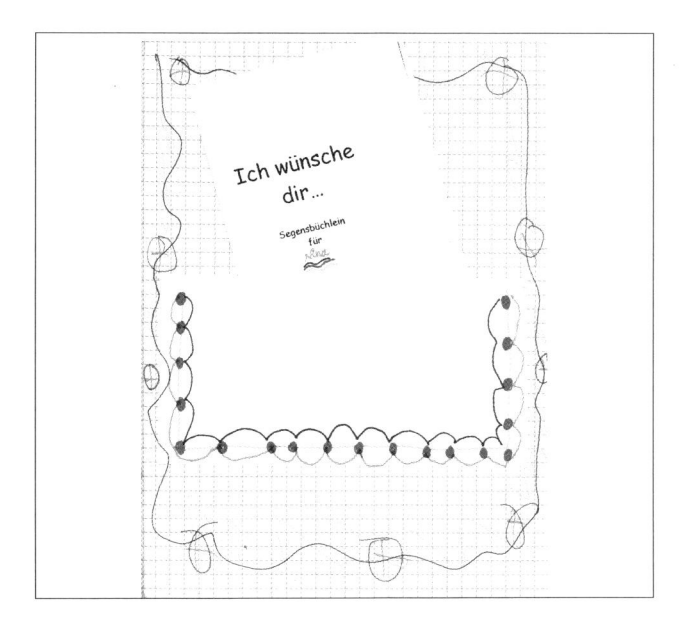

3. Weiterführende Anregungen

Ich-Ideen im Gottesdienst
Zu einem Schulschlussgottesdienst (vgl. AH S. 304) tragen Sch auch Ideen aus ihrem Ich-Buch bei.

Erinnerungen
- Die letzte Seite jedes Ich-Buchs wird von allen Sch unterschrieben, ergänzend kann ein Klassenfoto eingeklebt werden.
- Ebenso fügt L am Ende des Buches eine persönliche Widmung, einen Wunsch für den weiteren Lebensweg an.

Blanko-Rahmen für Arbeitsblätter

Quellenverzeichnis

4.0.1	T: Reinhard Bäcker/M: Detlef Jöcker © Menschenkinder Verlag und Vertrieb GmbH, Münster
4.0.2	T: Diethard Zils/M: Martin Hörster © Musikverlag Martin Hörster, Dortmund
4.0.3	T/M: © Elisabeth Unkel, München
4.0.5	Elsbeth Bihler, Symbole des Lebens – Symbole des Glaubens. Werkbuch für Religionsunterricht und Katechese, Bd. II © 1994 Lahn-Verlag, Limburg/Kevelaer, 2. Aufl. 1996, S. 233f.
4.0.6	klassisches oder kretisches L. © Gernot Candolini, www.labyrinthe.at: Homepage des Autors und Labyrinthbauers mit Informationen zu Veranstaltungen und Seminaren, Bauunterstützung für Labyrinthe und Materialien zum download; römisches L., Quelle unbekannt, Chartres, Alfons Rosenberg, die Stadt Scimangada, in: Herman Kern, Labyrinthe
S. 38	in: Peter Hofacker/Mathias Wolf, Labyrinthe – Ursymbole des Lebens © Verlag Herder, Freiburg im Breisgau 2002, S. 40f. – Konstruktionsskizze für Labyrinthe: Gernot Candolini, Innsbruck
S. 40	T: Norbert Weidinger, Jutta Richter/M: Ludger Edelkötter © KiMu Kinder Musik Verlag GmbH, 45219 Essen
4.1.1	T: Rolf Krenzer/M: Ludger Edelkötter © KiMu Kinder Musik Verlag GmbH, 45219 Essen
S. 48	Foto: Angelika Paintner, Ichenhausen
4.1.4	T: Reinhard Bäcker/M: Detlev Jöcker © Menschenkinder Verlag und Vertrieb GmbH, Münster
4.1.5	Dan Rubinstein (*1940), Moses vor dem Dornbusch, Glasfenster R2, Auszug aus Ägypten, Glasfenster R4, Moses auf den Felsen, Glasfenster R5, Moses mit den Gesetzestafeln, Glasfenster R7, alle in der kath. Kirche St. Verena in Stäfa/Zürich © Dan Rubinstein, Zürich/VG Bild-Kunst, Bonn 2003
4.1.7	T: Diethard Zils/M: aus Argentinien © Gustav Bosse Verlag, Kassel – Elsbeth Bihler, Symbole des Lebens – Symbole des Glaubens. Werkbuch für Religionsunterricht und Katechese, Bd. II © 1994 Lahn-Verlag, Limburg/Kevelaer, 2. Aufl. 1996, S. 94
4.1.8	Marc Chagall (1887-1985), Moses erhält die Tafeln des Bundes, Verve-Bibel, Nizza © VG Bild-Kunst, Bonn 2004, Umrisszeichnung
4.1.9	T: Rolf Krenzer/M: Detlev Jöcker, in: Zehn Gebote geb ich dir © Menschenkinder Verlag und Vertrieb GmbH, Münster
S. 64	Marc Chagall (1887-1985), Moses erhält die Tafeln des Bundes, Verve-Bibel, Nizza © VG Bild-Kunst, Bonn 2004
4.1.11	T: Rolf Krenzer/M: Detlev Jöcker, in: Zehn Gebote geb ich dir © Menschenkinder Verlag und Vertrieb GmbH, Münster
S. 68	Foto: Angelika Paintner, Ichenhausen
4.1.14	T: Alois Albrecht/M: Peter Janssens, in: Auf Messers Schneide, 1992 © Peter Janssens Musik Verlag, Telgte-Westfalen
4.1.15	Käthe Kollwitz (1867-1945), Deutschlands Kinder hungern, 1924, Vorzeichnungen zu dem gleichnamigen Plakat für die Internationale Arbeiterhilfe Berlin von 1924 (Kl 190), Lithokreide, 435 x 290 mm, Käthe Kollwitz-Museum Köln, Träger Kreissparkasse Köln © VG Bild-Kunst, Bonn 2004 – Lucas Cranach d. Ä. (1472-1553), Der predigende Martin Luther, Predella des Cranach-Altars in der Stadtkirche Wittenberg (mit Lucas Cranach d. J.), Foto: Artothek (Detail)
4.1.16	T: Eugen Eckert/M: Jürgen Kandziora, Rechte bei den Autoren, in: Z-CD „Zweifach", HABAKUK, Frankfurt am Main, www.habakuk-musik.de
4.2.1	Martin Auer, in: Hans-Joachim Gelberg (Hg.), Überall und neben dir © 1986 Beltz & Gelberg in der Verlagsgruppe Beltz, Weinheim & Basel, S. 64
4.2.3	© Anne Walcher, Lebensquell. Beratung und Seminare, Babenhausen
4.2.4	Idee nach Reinhard Brunner, Hörst du die Stille?, Kösel-Verlag, München 1991, S. 77 f.
4.2.10	nach Siglinde Preitz, Quelle unbekannt
4.2.11	in: Peter Boekholt, Im Aufbruch. Wege ins Leben © 1985 Verlag Butzon & Bercker, Kevelaer
4.2.12	nach: Hugo Kükelhaus, fassen, fühlen, bilden. Organerfahrungen im Umgang mit Phänomenen, Gaia-Verlag, Köln 1982, S. 8ff.
4.2.15	Ernst Alt (* 1935), Semen Abrahae (Verheißung an Abraham), 1976, Aquarell mit Feder, Deckweiß, 20 x 24 cm, Rechte beim Künstler
4.2.18	Keith Haring (1958-1990), Untitled, 1987 © The Estate of Keith Haring, New York (bearbeitet)
4.3.2	Michail Krausnick, Werbespott, in: Hans-Joachim Gelberg (Hg.), Großer Ozean, 2000 Beltz & Gelberg in der Verlagsgruppe Beltz, Weinheim & Basel, S. 112
S. 126	Fotos: Angelika Dott, Kaufering
4.3.6	Tastir-Mosaike © Kamal Ali, Fes, in: Karl Gerstner, Du sollst dir kein Bildnis machen – Nachzeichnung eines Mosaiks aus dem Alcazar in Sevilla
S. 130	Foto: Angelika Dott, Kaufering
4.3.11	Der Koran © Gütersloher Verlagshaus GmbH, Gütersloh
4.3.12	Ahmad von Denffer, Rechte beim Autor
4.3.14	Illustration: Eva Czerwenka, Straubing
4.3.15	Illustration: Eva Czerwenka, Straubing
4.3.16	Klaus Gebauer, in: Wir besuchen eine Moschee, hg. v. Landesinstitut für Schule und Weiterbildung, Soest 1994, S. 15 (s/w)
4.3.21	Pablo Picasso, Gesicht des Friedens, 1951 © VG Bild-Kunst, Bonn 2004
4.3.22	Schlomith Grossberg, 13 Jahre, Israel, in: Dieter Steinwede, Neues Vorlesebuch Religion 1, Lahr 1996, S. 200 –

	Ingeborg Görler, ebd., S. 193 f. – in: Georg Schwikart/Werner Wanzura, Die großen Gebete. Juden, Christen, Muslime, Verlag Styria, Graz 1996, S. 114
4.4.2	Zit. n. Mariele Leist, Leid und Trost © Verlag Herder, Freiburg im Breisgau 1980
4.4.6	Heilung des Aussätzigen, Echternacher Evangeliar, um 1040, Bibliothek Royal, Brüssel, Umrisszeichnung
S. 178	Fotos: Ludwig Sauter, Babenhausen
4.4.9	Choreografie: Nanni Kloke
S. 196	nach: Masithi-Messe, Gesänge für den Gottesdienst aus Südafrika, Übers. Dr. Anneliese Mayer/Dr. Oswald Hirmer, hg. v. Missio München, S. 17
4.5.6	Thomas Zacharias (*1930), Pfingsten © VG Bild-Kunst, Bonn 2004
4.5.7	T/M: Josef Schwaller, Bichl
4.5.8	Illustration: Eva Czerwenka, Straubing
4.5.11	nach: Wolfgang Kalmbach (Hg.), Baupläne Religion 8 © 1991 by Calwer-Verlag, Stuttgart, S. 71
4.5.12	T: Rolf Krenzer/M: Detlev Jöcker, in: Sei gegrüßt, lieber Nikolaus © Menschenkinder Verlag und Vertrieb GmbH, Münster
4.5.13	Mosaik, Ravenna, Kösel-Archiv
S. 216f.	Quelle nicht zu ermitteln
4.5.14	in: Handreichung II für den katholischen Religionsunterricht in der Schule für Lernbehinderte, hg. v. Kath. Schulkommissariat in Bayern, München 1988
4.5.15	T/M: Waltraud Osterlad, Bischöfliches Ordinariat Limburg, Liturgiereferat
S. 223f.	Martha Lippert, Niederlauer-Oberebersbach
4.6.3	Illustrationen: Eva Czerwenka, Straubing
4.6.4	© für die deutsche Übersetzung: in: Margery Bianco/William Nicholson, Der kleine Kuschelhase oder Wie die Dinge wirklich werden © Verlag Herder, Freiburg im Breisgau 1992 – Illustration: Lilo Fromm
S. 236	Foto: Angelika Paintner, Ichenhausen
4.6.5	Antoine de Saint-Exupéry, Der Kleine Prinz © 1950 und 1998 Karl Rauch Verlag, Düsseldorf
4.6.6	Foto: Ludwig Sauter, Babenhausen – Nr. 64, Senfkorn Hoffnung, Holzschnitt von Sr. M. Sigmunda May OSF © Kloster Sießen
4.6.7	T: Reinhard Bäcker/Detlev Jöcker © Menschenkinder Verlag und Vertrieb GmbH, Münster
4.6.8	in: Lothar Zenetti, Die wunderbare Zeitvermehrung, Pfeiffer Verlag, München 1979, S. 18
4.6.9	„Was ich dir wünsche? Nicht dass du so groß bist wie ein Baum …", in: Jörg Zink, Mehr als drei Wünsche © Kreuz Verlag, Stuttgart 2004, S. 17
4.6.10	aus: Wolfgang Longardt, Das neue Spielbuch Religion © Patmos Verlag GmbH & Co., Düsseldorf 1999, S. 78ff.
4.6.14	T: Eckart Bücken © Strube Verlag, München-Berlin/M: Gerd Geerken © Gustav Bosse Verlag, Kassel
4.6.15	T/M: aus Amerika, dt. Ursel Schreiber, in: Hubertus Tommek, Preist Gott. Auslieferung: Verlag Butzon & Bercker, Kevelaer
4.6.17	T: Reinhard Bäcker/M: Detlev Jöcker © Menschenkinder Verlag und Vertrieb GmbH, Münster
4.6.18	Fotos: BMW-Gebäude – Eiffelturm – Frauenkirche: Ralf Zednik, Fremdenverkehrsamt München – Fernsehturm: Bernhard Römmelt, München – Kastell des Cansignori della Scala (14. Jh.) – Leuchtturm: Nicole Hackenberger, Augsburg – Stadtansicht von San Gimignano – Schiefer Turm: Rolf Hartmann, München – Wolkenkratzer: Nicole Hackenberger, Augsburg
4.6.19	T: Reinhard Bäcker/M: Detlev Jöcker © Menschenkinder Verlag und Vertrieb GmbH, Münster
4.6.20	T: Clemens Bittlinger/M: Clemens Bittlinger/Purple Schulz, Rechte bei den Autoren, www.bittlinger-mkv.de
4.6.22	T: Friedrich Karl Barth/Peter Horst/M: Peter Janssens, in: Uns allem blüht der Tod, 1979 © Peter Janssens Musik Verlag, Telgte-Westfalen
4.6.23	in: Ludwig Rendle, Zur Mitte finden, Donauwörth 2002, S. 60
4.6.24	in: Ludwig Rendle, Zur Mitte finden, Donauwörth 2002, S. 61
S. 264	Fotos: Rolf Hartmann, München – Ludwig Rendle, Oberroth – Ursula Heilmeier, München
S. 272	Schülerarbeit, Foto: Angelika Paintner, Ichenhausen
4.7.4	T: Anneliese Wortmann/M: Hartmut Wortmann, in: Liederbuch und CD „Es läuten alle Glocken" © Lahn-Verlag, Limburg/Kevelaer
4.7.7	Lucas Cranach: wie 4.1.15
4.7.8	Lucas Cranach: wie 4.1.15
4.7.11.	nach: Gerd-Rüdiger Koretzki (Hg.), Religion entdecken, verstehen, gestalten 5/6 © Verlag Vandenhoeck & Ruprecht, Göttingen 2000, S. 170f.
S. 290	Foto: Ursula Heilmeier, München
S. 294	Foto: Angelika Paintner, Ichenhausen
4.7.21	T: Kurt Rommel/M: Paul Bischoff © Gustav Bosse Verlag, Kassel
4.7.23	Foto: Jan Heiner Schneider, Emmerich
4.7.24	T/M: mündlich überliefert
S. 337	Abb. aus den Ich-Büchern von 4.-Klässler/innen

Die überwiegende Zahl der Quellenangaben ist aufgeführt. In Einzelfällen ließen sich die Rechtsinhaber oder Quellen nicht rekonstruieren. Für Hinweise sind wir dankbar. Sollte sich ein/e nachweisbare/r Rechtsinhaber/in melden, zahlen wir das übliche Honorar.

Lebensbilder

Motive aus dem Alltag von Kindern, symbolische Gegenstände, von Gottesdienst-Räumen und religiösen Vollzügen bieten Anlässe für situationsbezogene Gespräche und kreativen Einsatz, für Stille-Übungen und Meditation in Schule und Gemeinde.
Mit methodischen Hinweisen zu den Einsatzmöglichkeiten der Folien und mit ausführlichen Registern zum raschen Finden der Motive.

Lebensbilder 1/2 und **3/4**
Fotos aus dem Alltag
Religion in der Grundschule
36 Farbfolien zu Bd. 1/2
bzw. zu Bd. 3/4
Fotos: Hans-Werner Kulinna u. a.
Je DIN-A5-Mappe. Je € 30,–

Lebensbilder 1/2:
ISBN 978-3-466-50700-9 (Kösel)
ISBN 978-3-403-04195-5 (Auer)

Lebensbilder 3/4:
ISBN 978-3-466-50701-6 (Kösel)
ISBN 978-3-403-04196-2 (Auer)

Kompetent & lebendig.
SPIRITUALITÄT & RELIGION

Kösel
Auer

Kösel-Verlag, München, e-mail: info@koesel.de
Besuchen Sie uns im Internet: www.koesel.de
Auer Verlag, Donauwörth, email: info@auer-verlag.de
Besuchen Sie uns im Internet: www.auer-verlag.de